新时代：治国理政与文化自信

——安徽省社会科学界第十二届(2017)学术年会论文集

安徽省社会科学界联合会　编

合肥工業大學出版社

图书在版编目(CIP)数据

新时代:治国理政与文化自信:安徽省社会科学界第十二届(2017)学术年会论文集/安徽省社会科学界联合会编.—合肥:合肥工业大学出版社,2017.12

ISBN 978-7-5650-3813-6

Ⅰ.①新… Ⅱ.①安… Ⅲ.①社会科学—文集 Ⅳ.①C53

中国版本图书馆CIP数据核字(2017)第328035号

新时代:治国理政与文化自信

——安徽省社会科学界第十二届(2017)学术年会论文集

安徽省社会科学界联合会 编　　责任编辑 王钱超

出 版	合肥工业大学出版社	版 次	2017年12月第1版
地 址	合肥市屯溪路193号	印 次	2017年12月第1次印刷
邮 编	230009	开 本	787毫米×1092毫米 1/16
电 话	人文编辑部:0551-62903205	印 张	39.75
	市场营销部:0551-62903198	字 数	684千字
网 址	www.hfutpress.com.cn	印 刷	安徽昶颉包装印务有限责任公司
E-mail	hfutpress@163.com	发 行	全国新华书店

ISBN 978-7-5650-3813-6　　定价:68.00元

安徽省社会科学界第十二届(2017)学术年会组织机构名单

组织委员会

主　任　马　雷

委　员　(以姓氏笔画为序)

丁家云　卜幼凡　叶晓明　朱灿平　江　涛
孙东海　杨永生　李　中　李仁群　李琳琦
吴天宏　吴劲松　陈初升　陈超英　苗　键
周　军　周加来　施立业　洪永平　顾党胜
程　艺

秘书长　江　涛

学术委员会

主　任　马　雷

副主任　江　涛　程雁雷　徐柳凡　夏美武

委　员　(以姓氏笔画为序)

马立钊　刘志迎　孙　超　杨永生　杨松水
宋　宏　张启兵　张寒生　陈祥明　周祥飞
施立业　黄志斌　程继新　戴兆国

秘书长　程继新

前　言

安徽省社科界学术年会已成功举办了十一届，得到了省委、省政府的高度重视和充分肯定，得到了广大社科工作者的热情参与和广泛认同，取得了多学科、高层次、权威性、品牌化的口碑"美誉"，成为我省社科界一年一度不可或缺、最新成果集中展示的高峰盛会。经过多年精心打造，年会的吸引力、凝聚力和权威性不断增强，优秀成果结集出版的《兴皖学术文库》，也成为我省社科界一年一度的学术精品。

2017年学术年会的主题是"新时代：治国理政与文化自信"，以全面贯彻党的十九大精神为主线，突出"新时代"这一时代主题，紧扣安徽实际，彰显智库支撑，重点围绕安徽改革发展的重大理论与实践问题开展研究，注重学术创新及成果转化应用，进一步增强年会的整体影响力和品牌辐射力，不断推动哲学社会科学的繁荣发展。学术大会由省社科联主办，三个专场由省社科联分别与巢湖学院、铜陵学院、黄山市社科联等单位共同主办，采取学术专场和年会大会集中举办的形式。

本届学术年会得到学术界的热烈响应，共收到应征论文404篇，经各专场专家委员会和年会学术委员会两轮严格评审，评选出60篇优秀论文参加学术年会大会交流，并按学术专著范式汇编成册，公开出版。本届学术年会和文集的编辑出版，得到了巢湖学院、铜陵学院、黄山市社科联等单位的支持和帮助，得到了我省广大社科工作者的热情参与。同时，合肥工业大学出版社的领导和编辑对论文集的编辑出版付出了辛勤劳动，在此表示衷心感谢！

目　录

第一专场

国家治理体系与治理能力现代化

为了国家的治理:当代中国乡村集体典型治理实践分析 ……… 董颖鑫[3]
习近平关于党的制度建设思想研究 ……………………………… 胡　媛[17]
国家治理现代化视域下“制度治党”意义之维 ………………… 贾绍俊[25]
五大发展理念实施绩效综合测度体系研究
——以安徽省五大发展行动实施为视角 ……… 李旭辉　李认认[33]
构建中国特色哲学社会科学
——哲学的思考与探索 ……………………………………… 刘新跃[43]
新时代我国社会主要矛盾的变与不变的辩证法 ……………… 鲁世山[50]
区域公共治理合作中的价值困境及策略选择
——以长三角区域为例 ……………………………………… 倪永贵[59]
用社会主义制度逻辑规范资本逻辑 …………………………… 陶富源[69]
以科技创新助推精准扶贫的对策与思考
——以安徽省为例 …………………………………………… 汪恭礼[82]
习近平治国理政思想的三大鲜明特征 ………………………… 汪盛玉[93]
试论推进中国特色社会主义总布局的实践性原则 …………… 王宏兴[99]
康德的超验论及其意义 ………………………………………… 温纯如[108]
政治关联影响企业债务融资吗
——基于安徽民营上市公司的经验证据 ……………………… 吴克平[118]

大市场监管体制改革:反思与超越
——构建回应性监管新格局 …………………………… 徐　鸣[134]
习近平生态理念对马克思生态思想的创新与发展 …………… 徐　平[145]
文化自信及其当代意义研究 …………………………………… 周银珍[152]
“权能分离”语境下农地承包经营权集合信托流转的反思与重构
——基于安徽省农地承包经营权集合信托流转的分析 … 朱鹤群[163]
如何构建新时代中国特色社会主义主流道德观
——基于“道德的唯物性”视角探赜 ………………………… 余京华[174]
本体论与认识论对立下的精神及其客体化悖论 …………… 张　栋[186]
网络共享:共享发展的新趋向 ……………… 周甄武　廖婷婷　张　羽[194]

第二专场

区域经济发展与安徽改革新路

高技术产业与传统产业的关联效应分析 ………………………… 王顺城[209]
长三角经济一体化安徽区域分工路径研究 …………………… 林　斐[219]
提升安徽省新能源汽车产业竞争力问题研究
……………………………………… 吴　骏　李海滨　张传坤[229]
以强化改革意识为突破加快处置我省“僵尸企业” … 任志安　金雨生[240]
安徽省经济增长和产业结构对城镇化影响的实证研究
…………………………………………………… 戚　莹　李　刚[256]
创新投入驱动区域经济发展的实证研究 …………… 曹承龙　朱晓玲[268]
我国区域创新空间关联网络特征及其影响因素研究
——基于社会网络分析法 ………………………… 方大春　马为彪[276]
我国碳金融发展及国际经验借鉴 ………………………………… 王宗鹏[292]
现阶段安徽收入分配之思考 ……………………………………… 张　扬[300]
关于特色小镇建设的思考 ……………………… 王　宇　宋春华　潘　炜[305]
供给侧背景下安徽省资源禀赋对产业结构的影响研究
…………………………………………………… 魏　遥　许　菲[311]

推进“三重一创”建设，构建现代产业体系
——以安徽宣城市为例 …………………………………… 汪恭礼[327]
关于铜陵实施五大发展行动计划的对策研究 ……………… 方　元[337]
五大发展战略与皖北区域经济崛起新路研究 ……………… 房　建[345]
供给侧结构性改革视角下安徽省特色农业产业发展新动能研究
…………………………………………………………………… 江六一[361]
基于长三角一体化的政府人力资本投资协同
——以皖江城市带与苏南城市群为例 ……………………… 周　娟[368]
经济增速下行条件下金融风险预警与金融稳定性研究 ……… 张　凌[378]
关于金融新常态下政府投融资研究
——以铜陵市为例 ………………………………………… 陈晓燕[388]
进入壁垒、R&D 激励与社会福利
——兼评我国高新技术产业的市场准入标准 ……………… 李　停[398]
“共享经济”的经济学分析与安徽省实践研究 ……………… 张汗青[413]

第三专场

优秀传统文化与文化自信

全球化背景下的文化自信问题探析 ………………… 刘　灿　王　燕[423]
高校红色文化传扬的平台优化与模式构建 ………………… 项银霞[432]
古代徽商精神及其当代价值 ……………………………… 张　绪[441]
徽州历史上乡贤文化的基本要素 ………………………… 张小明[447]
文化自信：文化创新的新向度
——论徽州文化传承与创新的当代使命 …………………… 丁　惠[455]
皖籍历史文化名人的治家之道及其当代价值研究
…………………………………… 吕君丽　陈恩虎　李晓萌[463]
创新设计视角下安徽非物质文化遗产品牌构建研究 ……… 崔　磊[474]
论中国共产党“规矩思想”的新内涵 ……………………… 王生怀[484]
皖南优秀传统文化的当代价值 …………………………… 夏建圩[496]

论文化记忆与文化自信 …………………………………………… 左路平[503]
清代徽州汉学再认识 ……………………………………………… 陈居渊[513]
我国公共危机事件网络舆论研究综述 ………………………… 昂 娟[527]
祭祀首重社事:传统徽州社祭文化探析 ……………………… 张小坡[539]
安徽淮河流域文化遗产的时空格局及影响因素
——基于文物保护单位的视角
………… 白如山 刘恺恺 张玥婷 高 雅 韦玉秀 刘 岩[555]
徽文化的产业化与黄山“特色小镇”建设问题研究 …………… 许顺进[566]
安徽红色文化传承普及的路径选择 …………………………… 钱和辉[572]
以红色文化涵养社会主义核心价值观 ……………… 张正光 杨光宝[578]
对大别山“两源两地”形成原因的深层解读
——基于安徽“将军县”金寨的考察 ……………………… 胡遵远[585]
新徽派版画的风景意象与文化认同 …………………………… 刘坛茹[593]
安徽非物质文化遗产的人文精神与当代价值研究 …………… 张黎黎[598]

附录 安徽省社会科学界第十二届(2017)学术年会专场入选论文目录
……………………………………………………………………… [608]

第一专场

国家治理体系与治理能力现代化

为了国家的治理：当代中国乡村集体典型治理实践分析

董颖鑫

摘 要：党和政府为了尽快推进农村现代化，在改革开放前后都树立了大批乡村集体典型。乡村集体典型是根据中国传统和革命经验而发掘出的社会主义意识形态的物化载体，衍变为显赫的乡村治理工具。乡村典型总是努力把村庄治理和国家意图勾连起来，似乎其所开展的每一项治理活动都不是为了自己，而是为了国家，在实际效果上起到一种非正式的治理功能，表达政治忠诚，示范政治整合，引领制度变迁，引导乡村治理按照国家治理的轨道运行。

关键词：乡村治理；乡村集体典型；政治忠诚；政治整合；制度创新

一、导 言

中国共产党执政后的首要任务是巩固扩大执政的社会基础，而在中国这样的传统农业大国，乡村社会尤显重要。共产党主要通过“行政下乡”和“政党下乡”，形成国家对乡村的强大的支配控制能力。然而，基于行政成本的考虑，国家政权也只能设到乡镇一级，乡镇以下则以党组织为核心的准政府组织代行国家管理职能。为了避免基层村组织蜕化为“营利型经纪”，实现乡村和国家的无缝隙对接，党和政府则动用了种种治理技术来彻底改造乡村的传

作者简介：董颖鑫(1968—)，男，安徽巢湖人，巢湖学院乡村治理研究所教授，政治学博士，研究方向为当代中国政治。

统治理方式,重建乡村治理结构,增强乡村治理效果。在诸如树立乡村典型①、驻村工作队、干部挂职、召开群众大会和张贴标语等诸种乡村治理技术中,尤以树立乡村典型最为显赫,因其具有毛泽东所说的功能,即经过选择的典型性的经验能"使自己领导的群众运动按照正确的路线向前发展"[1]。

国家通过树立既外在于政府权力又依赖于政府权力的乡村典型体现党的战略或策略构想,作为推进乡村治理的试验"点"。这种新的乡村治理技术借助乡村典型具体而实在的"可见性"宣传国家政策方略,发挥以点带面功效,如毛泽东所言,既能解决思想问题,使"采取消极态度的人们积极起来",也可以解决实际问题[2]。乡村集体典型本是一般的村庄,不是国家的正式组织,和其他村庄一样是国家治理的对象,但因其通过努力在自己的村庄获得了合乎国家需要的突出治理成果,从而成为其他村庄的学习榜样,此时"乡村典型作为政治的产物,某种意义上被国家化了,不再是被治理的乡村,反倒具有治理别的乡村的国家职能"[3],即通过国家肯定、领导赞赏和舆论宣传等手段把乡村典型的治理实践升华为一般乡村的治理标准,帮助国家实现治理乡村社会的目标。

从乡村典型的治理实践来看,乡村典型总是努力把村庄治理和国家意图勾连起来,似乎其所开展的每一项治理活动都不是为了自己,而是为了国家,起到了一种非正式的国家治理功能,表达政治忠诚,示范政治整合,引领制度变迁。

二、政治忠诚:乡村典型治理实践之宗旨

一般来说,乡村典型本就是服务于政治需要的政治产品,政治忠诚是乡村典型治理实践的唯一宗旨,是为了国家治理的首要政治任务。因此,乡村典型在村庄治理过程中都尽可能张扬地表现自己对国家的忠诚,积极建构村庄和国家的一致关系,把村庄的治理目标和党的执政目标紧密联系起来,以服务于国家政权建设作为第一要务,成为党的政治理想的具象物。这种政治忠诚在乡村治理实践中既体现为宏大的政治追求,还体现为崇高的道德境界以及突出的经济成绩。

① 本文主要论及各个时期影响力大、代表性强、层次高的最为知名的乡村集体典型(文中多简称为乡村典型),如抗战时期成立的五公村耿长锁合作社、毛泽东在《中国农村的社会主义高潮》一书中表扬的众多合作化典型、"大跃进"时期的嵖岈山人民公社、后"大跃进"时代的大寨大队、"改革开放第一村"小岗村以及致富典型南街村和华西村等。

（一）宏大的政治追求

乡村典型的政治忠诚首先表现为颇为喧嚣的宏大政治追求。乡村典型既是政治的产物，又是意识形态的化身，因此，在村庄治理过程中往往高调突出对于党的意识形态的核心社会主义的追求。五公村能够在烽火连天的抗日战争时期组织土地合伙组，当然是落实毛泽东提出来的“组织起来，生产度荒”的号召，初衷是为了解决经济困难，但能够被各级政府当作典型，就不只是生产成绩突出，而是五公合作社规模的不断扩大，越来越具有社会主义性质，“成为冀中地区支持者们的骄傲”[4]101。中国革命的成功、苏联的示范和共产党人对社会主义的渴望所造成的政治态势，使得早期的乡村典型追求越来越多的社会主义因素，而规模大和公有化程度高被认为是社会主义的基本内容，所以合作化时期的乡村典型都是以“又大又公”为追求目标，使得标志农业社会主义改造成功的高级社不足敷用，逻辑演绎的极端是嵖岈山卫星人民公社的成立。嵖岈山人民公社的一系列做法，如“均贫富”“大协作”“组织军事化”“行动战斗化”“生活集体化”等被毛泽东认作是具有共产主义性质的群众性行动，因而人民公社则是过渡到共产主义的“最好的组织形式”，是“未来共产主义社会的基层单位”[5]。

人民公社经历了最初的严重挫折以后，大寨脱颖而出。毛泽东认为大寨典型的意义不只是周恩来所总结的“大寨精神”[5]。大寨在成为全国典型前后，大寨大队党支部书记陈永贵提出了许多“共产主义”的口号，如“我向往的是集体农庄，向往的是共产主义”“只要大家一起走到共产主义，你还怕饿死不成？”“我一辈子一定要看到共产主义在中国的实现”[5]。所以，他们那样辛勤忘我地劳动，不仅仅是为了“自己做饭自己吃”，而是要为社会主义打基础，要让人们看看社会主义有多么远大的前途，集体经济的力量有多么大[6]。

改革开放后，由小岗村的大包干引发了中国经济发展的新潮流，人们搁置“主义”之争，以经济发展为中心，把经济发展擢升为至上的考核标准，政治忠诚不再是不可或缺的道具，但仍为这些乡村典型娴熟地运用。小岗村的包产到户最初被认为是挖社会主义的墙脚，搞单干走资本主义道路，但还是要戴上一顶“红色”的帽子，被解释为仍然是集体所有制，仍在走社会主义道路。像南街村和华西村在大力发展经济的同时，却不忘“主义”，而且是传统色彩很浓的社会主义。南街村采取单一的公有制和分配上的平均主义，直接以建设“共产主义小社区”相标榜，吸引世人的眼球，激起某些人心中怀旧的情愫，无论真诚与否，从社会主义国家的应有之义来看却不能否定这种做法的正当性。华西村虽没有这么张扬，在坚持单一公有制的同时有所变通，在基本生活必需品平均分配的基础上，适当拉开收入差距，却也时时处处巧妙地传递出类似的信息。单看华西村的一些宣传口号即可略知一二,如“为人民服务,生命不息,服务不止”;“个人富了不算富,集体富了才算富;一村富了不算富,全国富了才算富”;“社会主义就是让人民过上幸福生活,社会主义定能富华西”;等等。

(二)崇高道德境界

一般来说,任何时代的政治本身并不自足,也不是目的,它是走向一种极遥远也极高明的道德状态的途径或方法,因此,道德成为政治的基础和归宿[8]。乡村典型的政治追求一般都显著地打上共产主义的烙印,而共产主义说到底是一个道德社会,共产主义的自由联合体社会的维持和运转只能依赖人们由于高尚的道德而产生的高度自觉性,而不是现代社会的国家暴力机器。因此,乡村典型的政治忠诚也须具有相应的崇高的道德境界,因为“用道德性的理想要求于政治原则,以及用政治原则协助社会体现公共性的道德理想,正足以纠正政治的虚空与道德的蹈空”[7]。

乡村典型的道德追求虽是受制于旧道德传统的惯性,但总能及时高调凸显新的道德要求。按照中国传统的德治观念,人民对统治者的服从不是因为统治者的政治权威,而是因为它的德行使人心悦诚服。道德是判断行为正当与否的观念标准,一个人或一个集体有道德表明其承担了对家庭、他人、社会和国家应负的责任和应尽的义务。传统的德治观和现代的共产主义道德观以暧昧的方式混杂在中国乡村典型身上,因为乡村本来就是传统观念的大本营,乡村典型又是共产主义理想的模范践行者。五公合作社办社之初由于多种原因成绩卓著,吸引了十几户缺少劳力、家庭破落的农户加入了合作社,合作社没有嫌贫爱富,而是很慷慨地来者不拒;又由于工作队的过高的社会主义要求,一些农户退出了合作社,合作社也没有横加阻拦,而是很宽大公正地满足退社者的要求[4]101-111。这既有传统道德“仁义”的影子,也是新道德“公正民主”的体现。此外,合作社还收留残疾人和孤儿,帮助军属和贫困户,竭尽全力支援战争。而五公合作社的领导人被认为是“献身于合作社福祉的、无私的劳动者”[4]168。20世纪50年代初,五公合作社响应国家号召,多种粮食和棉花,大幅减少副业收入,反映了合作社以国家利益至上的社会主义的爱国情怀。当五公村成立大社的时候,合作社领导人耿长锁要把合作社建成大家庭[4]226。家庭本是私有制的产物,而合作社是打破私有制的集体组织,把合作社建成大家庭无非是希望合作社社员之间的关系能像亲人一样和谐密切,把传统道德和现代理想完美地结合起来。

后来的乡村典型也都不出意料地展示其崇高的道德境界。嵖岈山人民公社随着生产关系的转变,公有化程度的提高,社员共产主义觉悟不断高涨,社会主义和共产主义互助合作关系在生产和生活上都得到贯彻。大寨典型的道德境界则体现在周恩来概括的大寨精神之中,即“政治挂帅、思想领先的原则;自力更生、艰苦奋斗的精神;爱国家、爱集体的共产主义风格”。小岗村率先搞大包干,被认为具有敢为天下先的牺牲精神,江泽民曾给予很高的评价:“在当年‘一大二公’的环境下,你们敢于包干到户,是冒了很大风险的。你们靠的是实事求是的原则,靠的是改革的勇气,靠的是团结的力量,靠的是穷则思变的精神。”[8]华西村则用血、用汗、用泪凝聚成了12字的“华西精神”,即“艰苦奋斗,团结奋斗,服从分配”[9]。南街村则“通过大学毛著,使南街的党员、干部树立起全心全意为人民服务的思想和作风;通过大学雷锋使我们村民树立起吃亏精神和奉献精神”[10]。乡村典型所表现出的各种各样的精神究其根本,无非是要突出其满足政治要求的崇高道德追求。

(三)经济发展突出

政治忠诚不仅需要用华丽的语言和积极的态度来包装,更要体现为实实在在的经济发展。共产党人的最高政治理想是实现共产主义,但马克思和恩格斯论证的共产主义首先是一个物质产品极大丰富的社会。中国几千年的小农经济生产力落后,鸦片战争后国家更是积贫积弱,经济现代化是共产党人实现政治理想的物质前提。历数不同时期的乡村典型,虽然政治忠诚表现方式各有不同,但无一例外都具有亮丽的经济成绩,是意识形态的正确性和政治制度的合理性的证据,无疑也是乡村典型政治忠诚的最好证明。

五公土地合伙组在合作的当年,“每亩223斤的产量远远超过可怜的村民们一般旱地产量”[4]100,在以后的几年里五公合作社的经济收入都足以配得上“典型”的称号,远高于村里绝大多数单干户。嵖岈山人民公社在创办的过程中充斥了作为小生产者农民的狂热,但其理由却不是“一大二公”,而是大社能更方便地整合生产力促进经济发展,因为小社是搞大型水利、矿产开发和农业机械化的障碍。而且,大社带来了生产力的大发展,公社总收入由并社前的80000元左右上升到公社建立以后的1400多万元……每人平均收入80元,超过了解放前当地富裕中农每年收入平均40元的一倍[11]。大寨能成为典型主要是能够在恶劣的生产条件下取得经济发展,特别是在大灾之年,“谢绝了‘外援’,并提出一定要做到‘三不要’(不要国家的救济粮、救济款、救济物资)、‘三不少’(社员口粮、劳动日分配、卖给国家的粮食不少)”[12]。大寨充分调动群众积极性,开展农田基本建设,改善农业生产条件,将“七沟八梁一面坡”的穷山沟改造成为“层层梯田米粮川”,实现农业增产。大寨“自力更生发展生产”的经验自然受到一贯以自力更生作为立国之本的毛泽东的赏识,被认为具有普遍意义。

改革开放后,党的基本路线强调以经济建设为中心,能成为典型的首要条件是经济发展。小岗村之所以能成为“中国改革开放第一村”,就在于大包干的优良经济成绩为中国改革杀出一条血路。小岗村原是凤阳县有名的“吃粮靠返销、用钱靠救济、生产靠贷款”的“三靠村”,小岗村大包干当年的粮食总产量就由多年徘徊的3万斤激增到14万斤。南街村、华西村更是农村致富的典型。华西村改革开放后大力发展乡镇企业,取得经济社会和人民生活全面发展,特别是因为工业产值规模巨大博得“天下第一村”的美名。以华西村1994年为例,一、二、三产业总产值达16.16亿元,其中工业产值达15.18亿元,占94%,说明华西村已完成由单一农业经营向一、二、三产业综合发展的转变,由乡土社会向工业社会的转变,由农业文明向工业文明的转变[9]。南街村是紧邻河南省临颍县城的郊区村,在村支部书记王宏斌的带领下“玩泥蛋起家,玩面蛋发家”,发展乡镇企业,依靠当地资源,大搞农副产品深加工,使南街村成为产、供、销一条龙和农、工、贸一体化的混合经济实体,企业资产12亿元,1999年总产值达到14.2亿元,利税6600万元,经济增长2000多倍[10]。这些典型村庄的经济发展有力地证明了改革开放后党的路线、方针、政策的正确,是政治忠诚的最好献礼。

三、政治整合:乡村典型治理实践之功用

新中国建立后,虽然政治制度可在朝夕之间发生变迁,但党的理想却不可能一蹴而就。共产党要面对的仍是小农的汪洋大海,农村的现代化建设是当务之急。但现代性意味着稳定,而现代化则意味着动乱[13],所以,开展乡村政治整合,将乡村各种社会政治力量有机地统一到党的领导下,实现国家与乡村的融合与合作,使得政治系统能够维护动态稳定,从而获得乡村持续发展的动力,实现农村社会发展从自在到自为的转变,对中国的现代国家建设具有决定性作用。乡村典型治理实践在乡村政治整合中发挥标杆作用,引领乡村社会重构,是为了国家治理的主要表现。乡村典型的政治整合功能体现在示范乡村的再组织化、乡村精英的再造以及价值观念的重塑等几方面。

(一)示范乡村组织化

就新中国建立的独特历史情境而言,政治整合首先要面对的是分散的小农去组织化和国家追求工业化所需要的农村组织化的冲突,小农无时不在生产的“私”和社会主义意识形态所追求的“公”上的价值冲突。乡村组织化可以解决两个有紧密内在联系的问题:“一是超越传统的家族主义的社会观念,

确立国家观念和意识……；二是超越由小农经济所决定的马铃薯式的分散的社会结构和无政府主义观念，使国家和社会形成一个有机的整体。”[14] 而乡村社会的重新组织化首先是从乡村典型开始，再逐步推向全国。

社会主义改造农村的基本路径是“组织起来”，走集体化道路，这也是农村政治整合的基本目标。五公村能够成为典型，就是因为率先组织起来，在五公村成立只有四户的土地合作组。正是由于该土地合伙组的存在，带动五公村又成立其他的土地合伙组，最后发展成全村规模的合作社。五公合作社和其他大大小小的农村典型一起承担掀起中国农村的社会主义高潮的重任，并在强大的政治压力下，带头完成社会主义改造。也许我们可以说，人民公社的建立是对农村的过度政治整合，可是如果没有嵖岈山人的积极主动，人民公社化也许不会那么快在中国实现，尽管这是毛泽东等中央领导人已经在南宁会议上作出的决定。但嵖岈山典型的主动积极，不但促成了人民公社的早日到来，还为人民公社提供了合法性证明，基层的积极性被视为农民自发建设社会主义的热情，中央“只好”顺应民意，满足广大人民群众的进步要求。大寨则基本上被看作以阶级斗争方式巩固人民公社制度的典型，设法维护人民公社的政治整合成果。小岗村的分田到户看似破坏了人民公社的政治整合成果，却是以统分结合双层经营的家庭联产承包责任制对农村社会的再组织。如果说这种组织方式还是让人觉得是去组织化的话，那么华西村和南街村则是在市场经济背景下，市场化成为社会组织化的主要机制的情况下，高调坚持集体所有制，实行按劳分配，不仅是对传统社会主义理想的坚持和发扬，更是以村集体的形式对村庄的严密组织和控制，还要通过培训、参观和考察等形式传播到其他农村地区。

（二）引导精英再造

在20世纪前半期，中国的国家政权建设主要通过加强国家政权对乡村社会的渗透和控制以提升国家对乡村社会资源榨取能力，与之相随的则如杜赞奇所言是国家政权的“内卷化”，乡村精英沦为“营利型经纪”，是国家征收赋税、实现对乡村社会统治的中介。“营利型经纪”往往借用国家的名义巧取豪夺以中饱私囊，不但损害了国家的声誉和合法性，还阻碍了国家对乡村社会的有效治理。事实上，历史更为悠久的传统“皇权政治‘在人民实际生活上看，是松弛和微弱的，是挂名的，是无为的’（费孝通，1998：63）。连接两种秩序和力量的，是乡绅阶层。于是乡绅—宗族几乎成了传统乡村社会的代名词”[15]3。

所以，新中国建立后的迫切任务是要在乡村完成精英再造，以新的农村精英取代原有的“营利型经纪”，防止国家政权的内卷化。由于共产党是穷人的党的定位,在新中国成立后的三十年,贫苦的家庭出身成为新的农村精英的基本政治条件。特别是在对1949年以前出生的乡村劳模的宣传中,我们可以发现往往都刻意突出他们的苦寒出身,如耿长锁曾经要卖儿鬻女以及讨饭谋生[16]30-31,陈永贵也是苦难深重,孤苦伶仃[17],吴仁宝则"真想浑身都长满铁拳,砸烂黑暗的社会,砸碎不平的世界"[18]。在强调阶级冲突的革命思维主导下,他们的贫农身份更容易取得党的信任,成为他们后来在乡村崛起的政治资本,有资格获得在乡村的领导权,从而取代传统乡村社会的绅士富人、家族长老、部族头人、地方强人对传统中国乡村的治理,成为国家深入乡村社会的主要力量,把国家的政治权力延伸到村庄之中。当然,其中的一些人由于政治上特别忠诚,从而脱颖而出,被树立为典型,展示了新的政治系统中的农村基层精英的适当形象。这些典型村庄的新精英所获得的政治荣誉和地位,也对乡村精英产生了积极的正向引导作用,防止了乡村精英的无规则的肆意妄为,以致不受控制。当乡村典型的精英们积极响应党的号召,努力追求组织化、集体化和公有化的社会主义方向时,也基本摧毁了传统乡村社会旧的经济体制存在的基础,使得村庄党支部的领导模式与宏观政治体制基本统一起来,国家政权深入农村再无从前的非正式的经济体制的羁绊,不再是"国权不下县,县下惟宗族,宗族皆自治,自治靠伦理,伦理造乡绅"[15]2。可以说,乡村精英的再造为乡村社会的政治一体化提供了坚实的框架支撑,方便了国家将中国乡村社会的广大民众纳入无所不包的政治体系之中,并增强了对农民的动员和控制能力。

改革开放后,我们所希望造就的乡村精英是能把个人的魅力型权威与党组织、行政组织的法理型权威很好地结合起来,构成村庄发展的动力与保证。华西村和南街村作为曾经大力宣传的明星村,两个村庄的领导人也是当之无愧的乡村精英,在村庄具有难以撼动的权威和影响力,党的方针政策总能得到似乎"下必甚焉"式的执行。

(三)重塑价值观念

政治整合很重要的一个方面是价值观念的整合。价值观念是行动的思想前提,价值观念的整合可以获得低成本的"服从"的统治。马克思主义关于经济基础与上层建筑关系的论述,已经清楚地阐明意识形态对生产力与生产关系的作用及反作用关系。按照儒家的传统,"统治人民最理想的办法,自然是'仁政'和'德治'……而非光靠法律和行政手段"[15]105。可共产党的价值观念的最初来源是从西方和苏联传来的马克思列宁主义,和中国传统的儒家文化存在的差距,即使不至于水火不容,至少对于广大农民来说是完全陌生且难以理解的,是全新的"思想""主义"和社会目标。在此情况下,要实现新的意识形态对根基深厚的传统思想观念的更替，将一个有着亿万分散农户的乡土社会整合进党和国家主导的政治系统，形成强大的国家支配能力，却不是轻而易举的事。尽管新国家可以凭借权威把土地收拢为集体所有，把小农变为集体成员，对农产品实行统购统销，建立起国家整合乡村社会的经济基础，但人心的归顺却是难以捉摸和控制的。意识形态的外部强制灌输总没有农民的自发呼应，甚或更加激进的自觉追求有说服力。所以，国家总是适时地“安排”乡村典型基于某种政治目标感召的“政治热情”，来淋漓尽致地表达国家的激进的意识形态，重塑乡村价值观念。

乡村典型重塑价值观念的方法是积极政治归因，把村庄一切的社会经济进步都归结为新意识形态的功劳，从而挤压旧意识形态的生存空间。耿长锁曾说，合作社一直“盲目地经营”，社员们没有正确的理想。在庆祝五公村成立10周年的大会上，耿长锁特别提到了毛泽东的《组织起来》的讲话，“机敏地声称，他和其他社员10年来所做的事都是遵循了毛主席的教导”[4]219。1954年，耿长锁甚至给毛泽东写过一封信，信中特别强调，“十年来，我们一致遵循您和党所制订的‘组织起来’的路线”，并把合作社的所有成就归功于党和毛泽东[4]222。嵖岈山人民公社水浇地增加到万亩，小麦增产翻两番，是全民整风运动、社会主义思想教育运动以及社会主义建设总路线的宣传教育运动，进行大整大改，开展了两条道路的斗争的结果[11]。大寨尽管自然条件不利，但是有建设社会主义的雄心大志，充分发扬革命精神，就一定能够使大地变样，使河山易色，创造出伟大的成绩[19]。小岗村搞大包干，“一夜越过温饱线”，也是因为落实党的改革开放的好政策。

“红色”南街村的积极政治归因在改革开放后的去政治化时代尤显突出。由于毛泽东思想在改革后仍是中共意识形态的一部分，王宏斌就把村庄的经济发展、企业管理、产品销售都和毛泽东思想这一政治正确话语联系起来，在1996年的一次讲话中说，“回顾十多年创业的历程，我们不但用毛泽东思想教育了人，而且还用毛泽东思想指导、发展、壮大了集体经济”[20]。邓小平理论在中共十五大上被写进党章以后，南街村又有了“毛泽东思想治村，邓小平理论富民”一说。

乡村典型的价值重塑方式则是多种多样的。改革开放以前多采用阶级斗争和政治运动的方式，改革开放后则在袭用以前方法的基础上更多借助经济杠杆。南街村违反了制度和纪律的村民要进学习班进行思想教育，还同评选十星文明家庭结合起来。在十星评比中，少一星扣一项福利，评比不到六星，令其搬出集体公寓，停止一切福利等。华西村的价值观念重塑更是独辟蹊径，煞有介事地创办了精神文明开发公司，全面负责精神文明建设的“产、供、销”，跟踪全村的思想动态，对表现不佳者进行经济处罚，对优秀事迹大力宣传，给予优厚物质奖励，形成了有利于物质文明建设的和深化改革的舆论力量、价值观念、文化条件和社会环境，为经济健康快速发展提供了精神动力、智力支持和思想保证[9]。

四、制度创新：乡村典型治理实践之精髓

1949年共产党执政后，中国农村发展大体经历了三个阶段，即农业合作化阶段、人民公社阶段和包产到户阶段。不同阶段的所有制结构和生产组织形式差别甚大，如何推动每个阶段的发展以及每个阶段上升到另一个阶段都不是轻而易举的事。这种非连续性制度变迁的根源是政府抱着急迫改变乡村贫穷落后面貌的强烈愿望，以一种革命理想主义激情主导乡村发展，总希望通过更加积极的主观努力实现赶超目标，而一些农民政治家狡黠地迎合国家需要，率先进行制度创新，使自己的村庄被擢升为典型，引领乡村制度变迁。制度创新是乡村典型治理实践的精髓，是为了国家治理的直接表现。

（一）合作化时期乡村典型的制度创新

新中国成立初期，全国农村经过普遍废除封建土地制度，实行土改，但问题也很快出现，最主要的是土改后紧接着出现的中农化趋势和“两极分化”的苗头。农村土地买卖开始出现，许多具备了独立生产条件的中农不愿参加互助合作，要求发家致富和单干，对旧式富农道路感兴趣，引起了党内许多人的忧虑，担心农村会走向资本主义。农业生产发展方向问题越来越引起中国共产党人的重视。当时，中国共产党所理解和追求的社会主义基本上以“苏联模式”为范本，农业的合作化和集体化改造是社会主义的应有之义，只是对于农业合作化的时机和速度，党内存在意见分歧。

河北五公村的互助合作在其发展初期就体现了“较多社会主义因素”，成为时代的先行者，事迹被广泛宣传，在中国农村产生了前所未有的影响力。早在1943年，河北省饶阳县五公村以耿长锁为代表的四户贫苦农民就组织起来，办起了半社会主义性质的“土地合伙组”，被誉为“开放在华北农村的第一枝社会主义之花”。《人民日报》为庆祝五公村集体化二十周年而发表的社论指出：“在民主革命阶段办起这样一种具有较多社会主义因素的生产合作社，在个体经济茫茫大海中建立一块社会主义阵地，这应当说是一个伟大的创举，一个可贵的试验……”[16]1 二十年前五公村四户农民开始走的道路，也正是后来全国农民所走的道路。恶劣的生存环境硬是逼出了一个超前的合作

化模范。在1944—1945年冬,五公村50%的农户加入互助组、换工组或合作社。1946年春,饶阳县召开“群英大会”,耿长锁第一次代表合作社出席会议,并介绍了合作社两年来的经验。如果说战时的互助合作是为了应对紧迫的经济困难,而在和平年代仍然坚持合作化,并不断扩大合作的规模,则可以被认为是农民的社会主义追求。1952年11月五公村成立了全村规模的合作社,是“全国大合作社的杰出代表”。1956年取消土地分红,把半社会主义性质的初级社转变为完全社会主义性质的高级社,完成农业由小农经济私有制到集体所有制的社会主义改造。

本来,按照1953年6月中共中央制定的过渡时期总路线的设想,基本实现个体农业的社会主义改造,需要用三个五年计划左右的时间。然而,进入1955年下半年,农业合作化运动的速度异常加快,到1956年年初,全国就实现了初级形式的合作化,不久又实现了高级形式的合作化。农业社会主义改造完成的时间大大提前,自然是多方面原因促成的,其中,类似耿长锁合作社的众多合作化典型为开展更大范围的农业合作化提供了依据和动力。

(二)人民公社化时期乡村典型的制度创新

高级社的建立标志着中国农村的社会主义改造的完成,实现了共产党把分散的私有制下的小农整合进公有制下的生产组织的目标。农业合作化运动合乎逻辑地延伸催生了中国农村人民公社制度的诞生。

在由高级社到人民公社的生产关系的急速变革过程中,嵖岈山人民公社率先搞“一大二公”的人民公社制度创新,发挥了不可替代的示范推动作用。嵖岈山公社在1957年冬到1958年春治山治水的过程中,因社的规模小而引起了一些矛盾,不少干部和群众确有将小社并成大社的要求,以利于统一规划,统一指挥,统一分配,依据成都会议文件精神以及时任信阳地委书记路宪文的指示,“群众有要求,就按上级文件办吧”[21],把嵖岈山一带的四个乡27个农业生产合作社合并为“嵖岈山大社”,实行政社合一。嵖岈山人民公社的建立首先推动了河南省的人民公社化运动。嵖岈山人民公社能成为全国典型不仅在于其建立得早,更重要的是嵖岈山人民公社制定了独一无二的《河南省遂平县嵖岈山卫星公社试行简章(草案)》,为人民公社制度确立了基本框架,之后,《红旗》《人民日报》以及各省、市、自治区报刊纷纷转载,作为各地大办人民公社的借鉴。全国迅速形成了人民公社化运动的热潮,短短几个月实现全国范围的人民公社化。“可以说,全国各地的农村人民公社,差不多都是按照这份《简章(草案)》依样画葫芦建立起来的。”[22]

但人民公社作为农业生产组织的经济绩效则很难令人满意,中国农业陷入体制和资金的困局,自力更生成为在当时恶劣的国际政治环境下解决困难的唯一选择。大寨红旗的升起是对这一执政需求的及时回应,也是人民公社政社合一制度发展的必然产物。大寨及时地提供了在僵硬的集体体制下如何进行农业生产的生动实例,有效地解决了集体化模式中所包含的两难课题,即在确保外部剥夺的同时杜绝内部剥夺。大寨在农田水利建设、科学种田、劳动管理、干部参加劳动以及村社管理体制等方面进行了一系列制度创新,实现了农业增产,全国农业学大寨由此风起云涌。

(三)改革开放后乡村典型的制度创新

历史已表明,新的更加高级的"集体组织"只是凭借国家的强制力得以维持,并没有深入人心。特别是由于人民公社的退出机制不具备,监督机制又不健全,难以保证人多地少的生产条件下的劳动力的足够投入,不可避免生产效率低下,这样的集体主义究其实质是漠视个人价值和正当个人利益,没有为个人利益的实现创造条件,难以得到农民的广泛认同。人民公社的低效率,加上国家对于农村的过度抽取,农村的集体剩余非常有限,农民的生活水平长期得不到提高,甚至温饱都难以维持,而从根本上说,"利益是一切社会政治组织及其制度的基础"[23],当集体以牺牲个人利益为代价从而不能服务其成员的利益时,集体必然难以维持,农业生产组织制度的创新势在必行。

小岗村正是在此背景下以一种极其悲壮的形式揭开了我国农村经济改革的序幕,成为中国改革开放第一村。1978 年,安徽省凤阳县小岗村的 18 户农民秘密聚会,通过按手印的方式率先突破人民公社体制,打破集体生产组织方式,把属于集体的土地承包到户,冒险尝试搞大包干,竟然成就了新时期的农业生产组织制度创新,拉开了中国农村改革的序幕。对小岗村人敢为天下先的创新精神,人们给予了极高的评价,甚至称小岗村为农民"二次革命"的圣地[24]。毋庸置疑,小岗村已经成为中国农村改革的一个符号。

小岗村凭借生死契约而一战成名,但"一步迈过温饱线,二十年未进富裕门","三农"问题依然严峻。华西村和南街村制度创新的意义在于通过集体组织形式大力发展乡镇企业,走乡村工业化道路,实现乡村城镇化,似乎以非农化方式开辟出了中国农村的一条新路,为解决中国"三农"问题提供了一条相对成功的经验。华西村是"苏南模式"成功的典型体现,其在经济体制转型初期发挥村级组织的准政权的力量以及信誉优势,有效整合华西村的人力、物力、财力等生产要素,迅速形成生产力,为华西村博得"天下第一村"的美名。南街村能成为全国的典型,经济发展是一个方面,更主要的是在集体主义受到市场经济冲击日益式微的时候,突兀地举起共产主义大旗,推崇独树一帜的革命型村庄文化、平均主义的分配制度和"外圆内方"的经营管理理念,形成了著名的"南街模式"。

五、结　语

纵观近70年不断更替的乡村集体典型轰轰烈烈演绎的乡村治理实践，确有诸多的经验和教训值得记取。这些乡村典型的治理实践可谓丰富，对中国乡村治理现代化道路进行了积极的探索，尝试突破中国常态的乡村治理结构，为乡村治理模式的改进提供了新的选择和可能性，在特定时期为中国乡村治理的进步做出了自己的贡献。

只是乡村典型作为政治橱窗里的展品，为获得推展势能，经常被纯化的宣传推至很高的地位，以突出其政治追求的崇高性和超越性，却难免经常出现人为拔高、脱离实际的情况。如南街村毫不讳言建设"共产主义小社区"的宏图大略，而华西村宣称"看社会主义"要到华西，这样的说辞虽有一定的经济成绩做支撑，但在当前的经济发展条件下却难掩其乌托邦色彩。

乡村集体典型虽是为了国家的治理，其贡献的亦不过是一时一地之经验，由于为了国家治理而追求普适性，却终因自身的特殊性和诸多的局限性使得这种普遍性追求陷入尴尬。在一个具有更多自主选择权的时代，农民会以自己的经济理性加以评判，如果乡村典型的治理状态可望而不可即，那么，乡村典型的治理实践对于大多数村庄则是甚为隔膜，乡村典型的治理难免示范功能错位、示范空间逼仄，有可能适得其反，误导国家的乡村治理。这就可以理解乡村典型的治理实践为何在改革开放前如鱼得水，改革开放后则日益式微。

参考文献：

［1］转引自《红旗》1969年第11期，第23页。

［2］《毛泽东选集》第5卷，人民出版社1977年版，第221–224页。

［3］董颖鑫：《树立乡村集体典型的三重逻辑——基于新中国成立以来乡村集体典型历史演替的分析》，《华中科技大学学报》2014年第4期。

［4］［美］弗里曼等：《中国乡村，社会主义国家》，社会科学文献出版社2002年版。

［5］孙启泰，熊志勇：《论晚年毛泽东的理想社会模式与农业学大寨运动的兴起》，《北京大学研究生学刊》1990年第2期。

［6］《人民日报》社论：《用革命精神建设山区的好榜样》，1964年2月10日第一版。

［7］胡传胜：《至治与牧民：中国传统政治理想》，《南京社会科学》2007年第12期。

［8］《总书记来到小岗村》，《人民日报》，1998年9月28日第4版。

[9] 冯治:《华西村的经济社会发展道路》,《当代中国史研究》1995 年第 4 期。

[10] 中共临颍县南街村委员会:《实事求是——大胆探索加速建设南街共产主义小社区》,《真理的追求》2000 年第 12 期。

[11] 陈国强,等:《人民公社的生产关系与生产力的发展——遂平县嵖岈山卫星人民公社参观体会》,《中南财经政法大学学报》1958 年第 5 期。

[12] 江波:《“农业学大寨”运动的由来》,《党史纵览》2005 年第 11 期。

[13] 塞缪尔 · R. 亨廷顿:《变化社会中的政治秩序》,三联书店,1989 年版,第 40 页。

[14] 林尚立:《当代中国政治形态研究》,天津人民出版社 2000 年版,第 147 页。

[15] 黄宗智:《中国乡村研究(第一辑)》,秦晖:《传统中华帝国的乡村基层控制:汉唐间的乡村组织》,商务印书馆 2003 年版。

[16] 南开大学历史系　五公大队村史编写组编:《五公人民的战斗历程》,中华书局 1978 年版。

[17] 谭成健:《大寨》,郑州中原农民出版社 1998 年版,第 15—16 页。

[18] 冯治:《吴仁宝评传》,人民出版社 1995 年版,第 5 页。

[19]《人民日报》社论:《用革命精神建设山区的好榜样》,1964 年 2 月 10 日第一版。

[20] 熊焕业、李火烨:《解读南街村》,香港名家出版社 2002 年版,第 42—43 页。

[21] 秦闳韬:《走进难以忘却的时代——中国第一个人民公社诞生纪实》,《中州今古》2004 年第 1 期。

[22] 罗平汉:《关于第一个人民公社的几点考辨》,《党史研究与教学》2008 年第 6 期。

[23] 王浦劬:《政治学基础》,北京大学出版社 1995 年版,第 71 页。

[24] 张德元:《小岗村观感》,《三农中国》2004 年第 2 期。

习近平关于党的制度建设思想研究

胡 媛

摘 要:新时期,习近平总书记着重强调党的制度建设的作用,并围绕制度建设提出了一系列重要论述,他强调制度建设要以党章和民主集中制为根本和核心、要深化干部人事制度方面的改革、要把权力置于制度的约束下、坚持思想建党和制度治党的紧密结合等。这些思想涉及了组织建设、作风建设等多方面,进一步丰富了党的制度建设思想,提高了党的建设科学化水平,推进从严治党的基本要求全面实现。

关键词:习近平;党的制度建设;从严治党

习近平关于党的制度建设思想是在马克思、恩格斯、列宁和党的历任领导集体关于制度建党思想的基础上,站在时代的旗帜下,结合中国的基本国情,对党的建设和治国理政的新思考、新发展。这一思想不仅涉及了思想建设、组织建设、作风建设和反腐倡廉建设等方面,覆盖了所有全面从严治党的责任主体,还丰富了党的制度建设思想的内涵,为制度建设的实践提供方向,使全面从严治党真正贯彻落实。

一、习近平关于党的制度建设思想的理论依据和现实背景

(一)习近平关于党的制度建设思想的理论依据

任何思想的产生都有其理论来源,习近平的制度建设思想就是在马克思、恩格斯、列宁和党的历任领导集体关于制度建党思想的基础上产生和发展的。马克思、恩格斯是无产阶级政党的开创者,在领导无产阶级的过程中,提出了实行党内民主制的思想,创立了党的代表大会制度以及加强党内民主

作者简介:胡 媛(1993—),女,江苏南京人,安徽师范大学政治学院硕士研究生,从事中共党史研究。

监督的一系列具体制度，这些体现无产阶级政党性质的制度为马克思主义政党制度建设奠定了基础。列宁在革命斗争的过程中推动了马克思主义政党的制度建设理论进一步发展。他首次提出以民主集中制作为党内组织制度，又先后制定《关于监察委员会的决议》《监察委员会条例》等规章制度，初步形成党内监督制度。

在领导中国共产党的革命和建设过程中，毛泽东对制度建设进行探索，构建了党的制度建设的基本框架。他初步肯定了民主集中制的作用，并提出民主集中制是“在民主基础上的集中，在集中指导下的民主”[1]；其次强调建立人民代表大会制度等政治制度；最后建立并完善包括党的组织制度和党的监督制度等在内的各项具体制度建设。改革开放以后，邓小平汲取了社会主义建设时期的历史教训并根据党面临的新考验，强调制度问题具有根本性、全局性、稳定性和长期性的特性，必须把制度建设作为党的建设的根本，并且对制度如何划分、建立的内容以及如何建立健全做了深刻的论述。江泽民又进一步继承发展了邓小平的理论体系，指出要坚持党的根本制度、完善具体制度，并从多方面加强党的制度建设。他提出“贯彻三个代表要求，我们必须坚持民主集中制，建立健全科学的领导体制和工作机制，发扬党内民主”[2]。胡锦涛在新的形势下，强调要创立以党章为核心的党内法规制度体系，坚持思想建设、制度建设与作风建设的统一等。他在中纪委六次全会上指出：“要进一步加强制度建设，加强以党章为核心的党内法规制度体系建设，着力提高制度的科学性、系统性、权威性，做到用制度管权、用制度管事、用制度管人，推进党风廉政建设和反腐败工作制度化、规范化。”[3]

（二）习近平关于党的制度建设思想的现实背景

中国共产党是一个长期执政的党，党的战斗力与人民群众的未来和幸福息息相关。“十八大强调，我们党担负着团结带领人民全面建成小康社会，推进社会主义现代化、实现中华民族伟大复兴的重任。”[4]在新时期我国仍处在改革发展的攻坚期，虽然经济持续快速发展，但我国的基本国情和基本矛盾没变，发展依然是我国解决各种问题的关键。在这种情形下要承担起实现中华民族伟大复兴这一更加紧迫的重任，则需要加强党的制度建设，使党约束在制度和法律下，始终具备先进性和纯洁性，确保党执政基础的巩固。

随着党员队伍的不断扩大，党员的来源也趋于多样化和复杂化，党员素质高低不齐，党员干部易受到外界的影响，犯错误的可能性大大增加。在党的群众路线教育实践活动工作会议上，习近平强调在新时期党面临着精神懈怠的危险、能力不足的危险、脱离群众的危险、消极腐败的危险，形式主义、官僚主义、享乐主义和奢靡之风的现象在党内也大量存在。十八大以后，党内开展了群众路线教育实践活动,对党内的作风问题进行了整治,使得“四风”问题有所改善,但取得的成效并不显著,有些问题并没有从根本上解决。因此,为了避免作风问题的反复出现,减少党员犯错误的可能性,巩固党建工作的成果,除了在思想上对党员加强教育,培养党性,还要加强制度建设,制定完备的制度体系,以制度来约束党,净化党内政治生态。

随着时代的发展,在建设党的伟大事业过程中,旧的问题解决了,新的问题又会产生,因此制度总是需要不断完善和发展的。如果用旧的制度体制来解决新的问题,那么问题也不可能从根本上得到解决。党内现时存在着一些法规滞后于党的建设发展问题,例如《党的纪律检查机关案件审理工作条例》《中国共产党党内监督条例(试行)》《中国共产党地方组织选举工作条例》等。这些条例制度,有的制定时间较长或较早,有的内容不够全面,因此都不能完全适应党的建设需要。这就需要党对不适应当前形势的制度条例进行全面深入的清理,在此基础上抓紧制定一批制度条例。十八届六中全会上,党中央针对党内监督条例中存在的监督主体较分散、监督责任不完全清晰、监督制度可操作性和实效性不强等问题修订了《中国共产党党内监督条例(试行)》,并制定了新形势下党内政治生活的若干准则。因此我们可以看出,加强党的建设,要不断根据形势的发展,结合党长期以来的历史经验,对党的建设过程中产生的问题以制度规定的方式解决,修订完善相关配套的制度。这就为党的制度建设的进一步发展奠定了最坚实的基础。

二、习近平制度建设思想的基本内容

(一)坚持以党章为根本、以民主集中制为核心的党的制度建设

中国共产党自成立以来就很重视党章在党的建设过程中的作用,党章作为党的根本大法随着时代的发展得到不断的修正与完善,是制定党内各项制度的总依据。党的十八大审议通过了新的党章修正案,明确了党章是加强党的执政能力建设、保证党先进性和纯洁性的总规则。十八大以后,习近平在《认真学习党章　严格遵守党章》一文中指明:“党章是党的总章程,集中体现了党的性质和宗旨、党的理论和路线方针政策、党的重要主张,规定了党的重要制度和体制机制,是全党必须共同遵守的根本行为规范。”[5]而要发挥党章在制度建设中的统筹作用,首先要认真学习党章的基本内涵。党章中具体涵盖了党的性质、宗旨、重大方针政策、党的制度和各级党组织的行为规范、党的各级领导干部的基本条件以及党的纪律等规定。只有先熟悉了党章的内容,才能

更好地遵守与维护党章。其次,要遵守党章。遵守党章的前提是要有党章意识。“每一个共产党员特别是领导干部都要树立党章意识,自觉用党章规范自己的一言一行,在任何情况下都要做到政治信仰不变、政治立场不移、政治方向不偏。”[4]132 最后,要维护党章的权威性和严肃性。党组织要坚决执行党章的规定,查处和纠正违反党章的现象。为了落实党章中关于加强党员教育管理的要求,2016 年,中共中央印发了《关于在全体党员中开展“学党章党规、学系列讲话,做合格党员”学习教育方案》。习近平强调要在全党开展“两学一做”的专题教育活动,并把学习党章作为对全党最基本的要求。

民主集中制作为中国共产党有别于世界其他政党的显著特征之一,在党建设的各个时期始终是保持党的团结和战斗力的基石。2012 年,习近平在全国创先争优表彰大会上指出:“民主集中制是我们党的根本组织制度和领导制度,它正确规范了党内政治生活、处理党内关系的基本准则,是反映、体现全党同志和全国人民利益与愿望,保证党的路线方针政策正确制定和执行的科学的合理的有效率的制度。”[6] 2013 年 11 月,中央颁布了《中央党内法规制定工作五年规划纲要》,规定要“完善党的民主集中制建设方面的党内法规,加快构建党内民主制度体系”[4]488。在以民主集中制为核心加强制度建设的过程中,习近平还重点强调党内制度一方面要充分体现民主,另一方面要有助于实现集中,应正确看待民主与集中二者之间的关系。因此他在十八届六中全会上提出了要坚持集体领导制度,使集体领导和个人分工负责紧密结合。综上我们可以看出,强调民主集中制有利于维护党内秩序的稳定性,保证党决策过程的民主化和科学化,使制度建设更具有效性。

(二)深化干部人事制度改革,建立高素质的干部队伍

十八大以来,习近平指出,建设中国特色社会主义,完成党制定的各项目标任务,重点在于建立一支高素质干部队伍。因此他不仅强调对干部在思想上进行培养教育,还格外重视深化干部人事制度改革,把选拔任用干部作为关系党和人民建设事业的关键性任务来抓。而选拔好的干部关键是必须有科学完备的用人体制。习近平在全国组织工作会议上的讲话中强调:“要紧密结合干部工作实际,认真总结,深入研究,不断改进,努力形成系统完备、科学规范、有效管用、简便易行的制度机制。”[4]345 针对党内干部工作中存在的“唯票取人”,依靠竞争性选拔方式选拔人才时重知识轻能力等问题,习近平提出要健全领导干部任用选拔机制。2014 年中共中央修订了《党政领导干部选拔任用工作条例》,对选拔任用干部的准则、条件、方式等进行了规定,发挥了党组织在干部选拔过程中的统领作用。此外,选拔出好的干部以后,并不是标志着干部队伍建设的结束,还要进一步加强对干部的培养和管理,“要把

从严管理干部贯彻落实到干部队伍建设全过程”[4]350。在干部管理方面，习近平提出：“要根据形势变化完善干部管理规定，既重激励又重约束，把哪些能做、哪些不能做真正搞得清清楚楚、明明白白。另一方面要严格执行干部管理各项规定。”[7]在干部工作期间，为了保证干部权力运用的有效性和合理性，应完善领导干部考核评价制度，把握好考核干部的标准，改变过去片面地以经济增长率与国内生产总值来评定干部工作政绩的标准，要全面辩证地看待干部的政绩表现，要求各级干部树立正确的政绩观。一旦干部工作失误造成严重后果甚至有违法违规现象的，党组织就会根据实际情况进行问责。2016年中共中央政治局审议通过了《中国共产党问责条例》，规定了对于在工作中玩忽职守、损害群众利益的党员领导干部要严肃追究责任。这一条例的颁布标志着党政领导干部问责制度的进一步完善。

（三）创新反腐体制机制，把权力关进制度的笼子里

权力具有两面性，运用得好可以为人民群众谋利，促进党的发展；运用得不好，可能会造成腐败，对党造成致命伤害。当前之所以出现违法乱纪的行为，固然是因为党的干部没有用好自己手上的权力，但究其根本原因是对权力缺乏有效的制约与监督。而对权力的约束与监督关键是要落实在制度上。

制度拥有根本性、全局性、稳定性和长期性的特性，假如缺少有效的制度保障，党就无法完全遏制和解决腐败问题。因此习近平强调：“要加强对权力运行的制约和监督，把权力关进制度的笼子里，形成不敢腐的惩戒机制、不能腐的防范机制、不易腐的保障机制。”[4]136同时，习近平指出，要“把权力关进制度的笼子里，首先要建好笼子。笼子太松，或者笼子很好，但门没关住，进出自由，那是起不了什么作用的”[8]。因此，用制度管控权力，最根本的是要创立完备的反腐败体制。2013年，中共中央印发了《中央党内法规制定工作五年规划纲要（2013—2017）》，指出要健全权力运行制约和监督体系，查办腐败案件的党内法规，纪律处分制度和党员申诉制度，处理检举、控告的制度、纪检监察体制机制。2015年，党中央修订颁布了《中国共产党巡视工作条例》《中国共产党廉洁自律准则》《中国共产党纪律处分条例》等党内法规。2016年十八届六中全会又审议通过了《关于新形势下党内政治生活的若干原则》和《中国共产党党内监督条例》，提出要“完善权力运行制约和监督机制，形成有权必有责、用权必担责、滥权必追责的制度安排”[9]。这些法规制度的建立与修订，有利于弥补制度上的漏洞与缺陷，实现制度的科学化。

深入推进反腐倡廉制度建设，除了创建完备的体制机制外，还要落实法规制度的执行力。再好的制度不落实在行动上，也发挥不了什么实质性的作用。习近平要求，“要狠抓制度执行，扎牢制度篱笆，真正让铁规发力、让禁令

生威"[10]。2013 年，在党的群众路线教育实践活动工作会议上的讲话中，习近平强调："坚持制度面前人人平等、执行制度没有例外，坚决维护制度的严肃性和权威性，坚决纠正有令不行、有禁不止的各种行为，使制度真正成为党员、干部联系和服务群众的硬约束。"[4]318 因此要真正把权力关进制度的笼子里，应把制度的制定和执行统一起来，创新完善前后衔接、上下配套的反腐机制，切实落实制度的执行和监督工作，使权力在制度规定下刚性运行。

（四）坚持思想建党和制度治党紧密结合

在党的发展历程中，毛泽东高度重视思想建党，曾以整风运动、党校教育等方式提高全党的思想政治素养。改革开放以后，邓小平重视思想建党之外，突出了制度建设的根本性地位。十八大以来，习近平在全党开展了党的群众路线教育实践活动、"三严三实"专题教育和"学党章党规，学系列讲话，做合格党员"学习教育等活动，领导党员和干部解决思想上存在的问题，同时也制定完善了一系列制度来巩固党的建设的成果。2014 年在党的群众路线教育实践活动总结大会上，习近平明确了要坚持思想建党和制度治党紧密结合的重要观点。这一观点的提出是新时期党的建设面临新情况新问题的必然选择，它贯穿于党的建设的全过程，是实现全面从严治党的内在要求。思想建党，顾名思义就是从思想上建设党，通过说服教育的方式让党员在思想上进行提升，统一认识。制度治党是通过制定强制性的制度法规来保证党的建设的顺利推进。二者相互依存，缺一不可。制度的制定和执行都需要党员干部的领导，思想理论素养高的干部制定出的制度更科学，制度执行力更强，反之则相反。但思想上的教育并不是万能的，思想建设的成果也需要制度来巩固。制度具有普遍性和强制性，思想上的变化是多样的，这就需要制度来约束。当前党内存在的违法乱纪的腐败现象，就有制度上存在漏洞造成的。习近平深刻指出："思想教育要结合落实制度规定来进行，抓住主要矛盾，不要搞空对空。要使加强制度治党的过程成为加强思想建党的过程，也要使加强思想建党的过程成为加强制度治党的过程。"[7] 因此，应使思想建党和制度治党相结合，使教育与制度同向、同时发力。一方面要提升党员思想水平，制定科学的制度并贯彻落实；另一方面让党内干部学习党章等相关的党内法规制度，树立牢固的制度意识，营造遵守与维护制度的良好氛围。

三、习近平关于党的制度建设思想的价值

（一）丰富和发展党的制度建设思想，指导新形势下党内制度建设的实践

马克思主义执政党始终重视党自身的制度建设，马克思、恩格斯、列宁对

制度建设理论的初步探讨,打下了马克思主义政党制度建设的基础。毛泽东在革命的道路上,逐渐确立了党的制度的基本框架。改革开放以后,党和国家领导人为党的制度建设作出了不懈努力,形成了较为丰富的党的制度建设思想。十八大以后,以习近平为核心的党中央更是把制度建设提到了党的建设的突出位置,深刻总结党的制度建设的历史经验,切实遵循党的制度建设的基本规律,继承和发展了毛泽东、邓小平等领导人关于党的制度建设的思想,提出了制度建设是一个整体的工程,要着眼于党的制度体系建设,维护制度权威,严格执行制度,以制度约束权力,把权力关进制度的笼子里等思想,这使得党的制度建设的思想获得了进一步丰富和发展。习近平的制度建设思想与马克思列宁主义、毛泽东等党的领导人的思想既一脉相承又与时俱进,是新形势下党的制度建设的内在要求,为党的制度建设提供了科学的理论指导。

(二)构建系统完备的党内制度体系,提高党的建设科学化水平

中国共产党制度建设的关键在于构建科学完善的制度体系,科学的制度体系是由相互联系、功能协调的各种制度组成的,这些制度只要制定出来,就对集体中的所有人有强大约束力和控制力。因此制度越具体,越完备,党的建设水平就越高,执政能力就越强。习近平的制度建设思想就是以形成科学完善的制度体系为目标的,他指出:“要坚持和完善现有制度,从实际出发,及时制定一些新的制度,构建系统完备、科学规范、运行有效的制度体系,使各方面制度更加成熟更加定型,为夺取中国特色社会主义新胜利提供更加有效的制度保障。”[4]76 为此,习近平在党的建设的方方面面提出要制定和完善制度。在思想建设方面,习近平要求全党开展“三严三实”、学习党章的教育活动,完善党员干部的理论学习制度、道德建设制度等党内法规制度;在组织建设方面,重点是要完善干部队伍建设、基层组织建设、党员队伍建设等方面的党内法规,包括干部选拔任用方面的党内法规、基层组织工作制度等法规,推动组织建设朝制度化方向发展;在作风建设方面,通过构建作风问题的有效机制来保证“四风”问题的根本解决;在反腐倡廉建设方面,建立健全惩治和预防腐败体系,提出要加大教育、监督、惩处的力度,提高制度的系统性和科学性。这些制度的建立和完善是把思想建设、组织建设、作风建设、反腐倡廉建设和制度建设协调统一起来,对于构建科学完备的制度体系,增强党的执政能力有着至关重要的作用。

(三)推进全面从严治党的制度化、规范化,实现国家治理的现代化

党的制度建设是从严管党的根本保障,科学严密的制度安排有利于推进从严治党的规范化和常态化。缺乏完备的制度体系,忽略制度建设的四个特

性,党的建设就无法真正实现科学化、制度化。在党的发展建设中,习近平认识到了党内制度建设的重要性,进一步提出了“制度治党”的命题,以及围绕这一命题提出将思想建党与制度建党相结合、建立完备的党内法规制度等一系列重要观点。习近平强调:“我们党坚持以上率下,坚定推进全面从严治党,坚持思想建党和制度治党紧密结合,从制定和落实八项规定入手,相继开展党的群众路线教育实践活动……管党治党取得新的明显成效、创造积累了新的经验。”[11]“制度治党”从本质上说,就是要求把科学的制度设计、坚决的制度执行和完善的制度监督相联系,三者的结合能够保证全面从严治党制度最终得到贯彻落实,使全面从严治党科学化、制度化。“制度治党”的提出是党的建设过程中的经验总结和当前政党治理现代化的现实需要,有助于弥补思想建党的不足,让制度管控权力,有利于实现国家治理的现代化。

参考文献:

[1] 中共中央文献编辑委员会. 毛泽东选集(第3卷)[M]. 北京:人民出版社,1991:1057.

[2] 江泽民. 论三个代表[M]. 北京:人民出版社,2002:170.

[3] 胡锦涛. 在中纪委第六次全体会议上发表重要讲话[N]. 人民日报,2006-01-06(01).

[4] 中共中央文献研究室. 十八大以来重要文献选编(上)[M]. 北京:中央文献出版社,2014.

[5] 习近平. 认真学习党章　严格遵守党章[N]. 人民日报,2012-11-20(01)

[6] 全国创先争优表彰大会召开[N]. 人民日报,2012-06-30(01).

[7] 习近平. 在党的群众路线教育实践活动总结大会上的讲话[N]. 人民日报,2014-10-09(01).

[8] 中共中央宣传部. 习近平总书记系列重要讲话读本[M]. 北京:学习出版社、人民出版社,2016:117.

[9] 中共十八届六中全会在京举行[N]. 人民日报,2016-10-28(02).

[10] 中共中央纪律检查委员会,中共中央文献研究室. 习近平关于党风廉政建设和反腐败斗争论述摘编[M]. 北京:中央文献出版社、中国方正出版社,2015:127.

[11] 中共中央举行学习《胡锦涛文选》报告会[N]. 人民日报,2016-09-30(01).

国家治理现代化视域下“制度治党”意义之维

贾绍俊

摘　要：中国国家治理现代化的过程必然是伴随着制度变革和治理创新相结合的过程，这是国家治理现代化背景下实施并加强“制度治党”的重要依据。中国共产党是中国现代化和国家治理现代化关键主体和领导力量，推进党的自身建设制度化，发挥“制度治党”的实际功效，在全面深化改革和推进国家治理现代化过程中意义极为重大。

关键词：国家治理；党的自身建设；制度治党；现代化；制度化

党的十八届三中全会明确把“完善和发展中国特色社会主义制度，推进国家治理体系和治理能力现代化”作为“全面深化改革的总目标”。这一全新执政理念和战略目标的提出，不仅为坚持和发展中国特色社会主义提供了新基点，同时也揭示了全面深化改革、国家制度发展、国家治理现代化和党的自身建设制度化四者间的内在关系。正如习近平所言：提出推进国家治理体系和治理能力现代化，“这是坚持和发展中国特色社会主义的必然要求，是实现社会主义现代化的应有之义”②。在中国政治语境下，坚持和发展中国特色社会主义，不断完善和发展中国特色社会主义制度包括党的自身建设制度是一个重要方面，而以现代化为目标推进并全面实现社会主义现代化则是另一个重要方面。这两个方面不论在理论建构上还是在实践运行中都相辅相成并统一于党领导的中国特色社会主义现代化建设的伟大事业之中。因此，在全面深化改革目标提出以后，在国家治理现代化视域中研究中国共产党“制度治党”的意义和路径等一系列问题，成为新常态下深入探究和推进全面从严治党的一项重要课题。本文拟在国家治理现代化语义中从历史背景、理论和

作者简介：贾绍俊（1980—），男，安徽寿县人，安徽省社会科学院党建与政治研究室主任、助理研究员，哈尔滨师范大学思想政治教育专业2015级博士研究生，安徽科学社会主义学会副秘书长、政治学会理事，研究方向：党史党建、政治哲学、公民政治与公民思想政治教育。

② 习近平：《切实把思想统一到党的十八届三中全会精神上来》，《人民日报》2014年1月1日。

现实等维度探讨“制度治党”重大意义,以求对新阶段提高党的建设科学化水平提供些许有益理论参考。

一、背景之维:“制度化”恰适“现代化”①

“完善和发展中国特色社会主义制度,推进国家治理体系和治理能力现代化”这一全面深化改革总目标的提出,是十一届三中全会以来,在党领导的中国特色社会主义改革开放的伟大实践不断发展基础上一脉相承又不断突破创新的思想理论成果,是党领导社会主义现代化建设并根据新的发展情势部署并创新中国现代化战略的重要体现。

从党的历史来看,党自成立之日起,就把自身建设与中国现代化的历史进程紧密联结起来,并把团结带领人民实现社会主义现代化和中华民族伟大复兴作为自己始终不渝的奋斗目标。中国共产党先后领导的新民主主义革命、社会主义革命以及对社会主义建设的早期探索,均是党致力于领导实现中国现代化的现实验证,这些革命和建设探索取得的成果也着实奠定了中国现代化的初步基础。尤其是新中国的成立和社会主义制度的确立,不仅实现了民族独立,而且开创了以人民当家做主为本质属性、以社会主义制度为基本制度、基本起点和基本保证的现代化进程。

1978 年,党的十一届三中全会作出了把党和国家的工作重心转移到经济建设上来、实行改革开放的伟大决策。党领导的现代化事业在经历了一些曲折和挫败以后,以邓小平为代表的党的第二代领导集体在深刻汲取“文革”历史教训并准确把握我国现代化建设所处的历史阶段和面临的国内国际环境的基础上,提出了把我国建设成为“富强、民主、文明、和谐的社会主义现代化国家”的战略目标。与此同时,邓小平已经深刻认识到党的制度建设在整个现代化事业中的重要地位,他多次强调党员干部要遵守民主集中制,多次强调党章是最根本的党规党纪,并深刻指出:“领导制度、组织制度问题更带有根本性、全局性、稳定性和长期性。这种制度问题,关系到党和国家是否改变颜色,必须引起全党的高度重视”;“这些方面的制度好可以使坏人无法任意横行,制度不好可以使好人无法充分做好事,甚至会走向反面”。② 可以说,正

① 作者注:文中的“现代化”代指“国家治理现代化”,“国家治理体系和治理能力现代化”为其主要意蕴;“制度化”代指“党的自身建设制度化”,“制度治党”是其主要体现。

② 《邓小平文选》第 2 卷,北京:人民出版社 1994 年版,第 333 页。

是因为以邓小平为代表的党的历代领导集体都高度重视党的制度建设,并不断推进党的建设制度化、规范化和现代化,新中国成立以来特别是改革开放以来我们党才能始终成为社会主义现代化建设事业的坚强领导核心,党才能够领导人民取得改革开放和现代化建设事业的巨大成就;也正是因为我们党在牢牢坚持中国特色社会主义根本制度和基本制度不动摇的基础上不断推进国家经济、政治、文化、社会、生态文明和党的自身建设等各个领域的制度改革和体制创新,中国现代化才充满希望、有了保证。

2013 年,党的十八届三中全会在党的十八大提出"全面建成小康社会"战略目标的基础上,在中国现代化进入"全面建成小康社会"这一关键一步进入"倒计时""决胜阶段"的重要历史节点上,对全面深化改革进行了战略部署和系统安排,并提出了"完善中国特色社会主义制度,推进国家治理体系和治理能力现代化"这一具有全新内涵、全新要求的现代化改革目标。以习近平为核心的党的领导集体在总结并站在改革开放 30 多年历史成就和经验的基础上,对中国现代化发展的历史阶段和世情党情国情进行了深入研判、全面把握、精准定位,提出了"全面建成小康社会"的战略目标和"全面深化改革"的战略部署。这不仅是针对 2020 年也就是建党 100 周年即将到来之际向全党和全国人民做出的庄严承诺,而且是对建国 100 周年即本世纪中叶"中国要基本实现社会主义现代化"这一重要目标做出的战略布局。从 1982 年党的十二大算起到 2012 年党的十八大,党中央总共召开了七次(加上即将召开的十九大也正好已经八次)党的全国代表大会,从十一届三中全会到十八届三中全会,党中央总共召开了八次三中全会。纵观历次会议,尽管因为所处时代和方位不同,党领导并要求解决的针对性问题存在差异,但是始终贯穿其中的还是坚持和发展中国特色社会主义,而从改革角度来讲,历次党的代表大会和三中全会也始终把改革作为重要问题进行总体设计和具体部署。改革改什么,当然主要是改革制度,改体制机制,推进社会主义制度不断实现自我完善和发展。

2017 年 7 月 26 日,习近平总书记在省部级主要领导干部"学习习近平总书记重要讲话精神,迎接党的十九大"专题研讨班开班式上发表的重要讲话中指出:"党的十八大以来,在新中国成立特别是改革开放以来我国发展取得的重大成就基础上,党和国家事业发生历史性变革,我国发展站到了新的历史起点上,中国特色社会主义进入了新的发展阶段。"①这一重要讲话是在第

① 《高举中国特色社会主义伟大旗帜　为决胜全面小康社会实现中国梦而奋斗》[N]. 人民日报,2017-07-28(01).

一个百年目标已经进入决胜阶段,第二个百年目标越来越近的重要历史时期,党对中国社会主义现代化和自身建设发展方位的伟大判断,也是对改革开放近40年来现代化建设取得重大成就的伟大判断。这一判断充分体现了中国共产党作为马克思主义政党所具有的与时俱进的伟大品格和领导人民推动社会发展的自觉性和先进性。

但是同时,我们也要看到,习近平总书记"新的发展阶段"的判断,同样是蕴含着党对当前经济发展情势的清醒认识,是对党情国情世情全面把握基础上的判断。当前,我国已进入改革开放的关键时期,各项改革进入攻坚阶段,经济发展进入新常态,经济与社会结构调整加速又亟待优化升级,特别是生态文明建设体制亟待加强和完善,各领域深层次矛盾日益暴露出来,改革任务更加艰巨复杂。同时,世界多极化和全球化仍在曲折中发展,而破坏世界和平和国际合作的不稳定因素增多,各种国际力量激烈较量并且形式更加多样,全球化信息化时代西方国家的意识形态和价值观对我国主流意识形态和核心价值观形成较大冲击,中国智慧和中国方案对解决人类普遍性问题的贡献引起国际社会广泛关注且产生了较大反响。但是,中国共产党"民主、和睦、协作、共赢"的国际精神主张和"共筑人类命运共同体"的呼吁从中国的国际话语权建设角度和国际影响力来说都还存在很多挑战,特别是受到一些国家民族主义、极端主义、分裂企图和霸权思维的实际对抗仍然极为明显。

因此,十八大以来以习近平为核心的党中央坚持协调推进"四个全面"战略布局,坚持制度治党和思想建党紧密结合,特别凸显"制度治党"的巨大威力,深入推进党的建设制度改革,提升并发挥制度治党的巨大效力,正体现了党对"制度化"恰适"现代化"的理论自觉和实践主动。

二、内涵之维:"现代化"内求"制度化"

一种理论或者概念在其生成和界定中都具有特殊的意义,从概念生成和内涵角度来把握国家治理体系和治理能力现代化,可以更好地从理论上掌握"现代化"对"制度化"的内生需求,进而深化对党的建设制度化以及加强"制度治党"重大意义的认识。

从概念生成来讲,"国家治理"是对"国家统治"和"国家管理"两个概念的扬弃。因此,国家治理现代化本身就是人类社会现代化发展的重要标识和结果,是现代国家的产物。在内容上,中国国家治理现代化包括国家治理体系现代化和治理能力现代化两个方面。党的十八届三中全会提出了"国家治理体系和治理能力现代化”的概念(也是目标和任务),这是中共中央第一次把“治理体系”“治理能力”与“现代化”三者通过“国家”这一主体联系起来并在党的重要会议、重要文献和全面从严治党重要历史时期明确提出。这本身就是站在中国现代化的高度,从国家治理体系和治理能力的整体考虑而进行的理论创新和战略定位,是党治国理政理念的一次重要创新,是对现代化与国家治理内在关系深刻揭示的结果,也是对人类现代化经验深切把握的结果,体现了“现代化与国家治理有着密切的内在关系”,证明“现代化构成了国家治理的题中应有之义”①。

从内涵来看,国家治理体系和治理能力现代化都对“制度化”提出了内生需求。习近平在《切实把思想统一到党的十八届三中全会精神上来》的讲话中指出:“国家治理体系和治理能力是一个国家制度和制度执行能力的集中体现。国家治理体系是在党领导下管理国家的制度体系,包括经济、政治、文化、社会、生态文明和党的建设等各领域体制机制、法律法规安排,也就是一整套紧密相连、相互协调的国家制度;国家治理能力则是运用国家制度管理社会各方面事务的能力,包括改革发展稳定、内政外交国防、治党治国治军等各个方面。国家治理体系和治理能力是一个有机整体,相辅相成,有了好的国家治理体系才能提高治理能力,提高国家治理能力才能充分发挥国家治理体系的效能。”②可见,无论是治理体系还是治理能力的现代化,离开制度中介,没有精心合理而科学的制度安排是难以实现的。在中国政治语境中,国家治理现代化从被提出和推行开始,就被理论界很多学者称为“第五个现代化”。这“第五个现代化”是在现代化实践进程中提出的,因此也是总结我国现代化建设的经验而提出的,相对于以往我们党提出的工业、农业、国防和科技“四个现代化”而言的。国家治理现代化主要是从上层建筑和意识形态层面特别是从制度现代化角度来思考我国社会主义改革和现代化问题,因此制度化乃是国家治理现代化最典型且最本质的特征。

概言之,正如有的学者所言:“国家治理的现代化,就是制度的现代化,也可以说是政治现代化。”③以推进国家各项治理包括党的治理制度化,以各项制度和体制建设包括党的自身建设现代化来推进和实现社会主义现代化成了新时期我国现代化发展的基本特点和主要路径,这也体现了党对“现代化”内涵及其对“制度化”内生需求的正确把握。

① 辛向阳:《马克思主义视野下的国家治理》,桂林:广西师范大学出版社,2014 年,第 30 页。
② 习近平:《切实把思想统一到党的十八届三中全会精神上来》,《人民日报》2014 年 1 月 1 日。
③ 陈庆宗,张禹东,曾路:《华大讲堂 2014》,北京:社会科学文献出版社,2015 年,第 8 页。

三、关系之维:“制度化”协同“现代化”

从关系来看,国家治理体系现代化本身就蕴含着国家制度体系的不断完善和发展,这说明国家治理现代化对制度建设的依赖性,也就是对“制度化”的内生需求。但是,如果要进一步弄清国家治理现代化对“制度治党”的内生需求,自然必须从党的执政地位来说明,也就是从中国共产党与国家现代化的关系来理清。

中国(乃至任何一个国家)实现现代化的过程是从传统社会向现代社会变革的过程。中国共产党团结和带领广大人民进行长期的革命、建设和改革的过程实际上正是党领导中国社会变革的过程,也是中国现代化的过程。新中国成立以后,中国共产党成为我国唯一执政党,在改革开放中,中国共产党更是中国特色社会主义事业的坚强领导核心,同时也是中国现代化建设的积极倡导者、设计者、有力领导力量和关键的实践主体。从党的执政地位来讲,坚持党的领导是中国各项事业改革、制度建设和治理创新的基础和前提,也是坚持和发展中国特色社会主义、实现社会主义现代化的本质要求和政治保证。然而,坚持党的领导就必须加强党的建设,而加强党的建设最关键最根本的就是要加强党的制度建设。在现代社会,制度是一个组织存在和发展的基本保障,没有制度,政党、国家、社会的正常运转就不可能实现。在当今中国,建构并完善制度体系是国家治理现代化的首要任务,而制度化建设不仅是中国共产党实现自身现代转型的基本要求,而且也是党治国理政的首要任务。正所谓,治国必先治党,治党务必从严,而从严首先要在制度上从严,而制度从严的前提是要制度规范、制度完善,没有漏洞、不留死角,而关键则是制度落实、制度执行,这正是当前“制度治党”的内在诉求。

制度变迁是社会变迁的主要标识,也是现代化治理的关键和基础。国家治理体系现代化要求国家各领域的制度和体制机制要适应和符合现代化的要求、沿着现代化的路径不断改革创新发展,而国家治理能力现代化则要求政党、政府、社会组织和个人要具备现代意识、具有现代能力。如前所述,这些均需要做好制度设计、安排和选择,不断改革和完善中国特色社会主义制度体系。中国共产党是执政者,也是领导者,从现代化的责任和使命来讲,党的自身建设及其现代化水平不仅是中国现代化整体水平的突出体现,更是使中国现代化沿着正确方向前行的重要保证。十八届三中全会提出的国家治理现代化是一个多元共治、协同发力的过程,制度体系、制度水平和制度执行力是其中的轴线，而中国共产党则是中国现代化轴线的牵引者和领航者。在国家治理体系现代化的整体要求下，党的自身建设各项制度是整个国家制度体系的重要的且是关键的部分，国家治理体系和治理能力现代化关键就是党的建设制度化、现代化。

概言之，在全面深化改革的过程中，进一步改革和完善党的建设各项制度，已经是国家治理现代化的题中应有之义，“把权力关进制度的笼子里，坚持用制度管权管事管人”①，已经是全面从严治党最重要的路径；党领导和推动的改革事业越是向纵深发展，越需要提升党的建设制度化水平；国家治理现代化越是向纵深推进，越需要深化党的建设制度改革，这已然成为党通过“制度化”协同推进“现代化”的关键举措和重要路径。

四、现实之维：“制度化”提效“现代化”

国家治理现代化是一种全新的治理理念与模式，其视域下“制度治党”的重大意义不仅可以从理论上（如前述内涵和关系维度）得到论证和阐释，还可以在实践维度上得到证明。

前文之所以强调中国共产党是各种参与国家治理主体中最关键的领导力量，主要是说明党的自身建设之于我国现代化建设的重大意义，然而这并不是否定其他治理主体特别是广大人民群众的积极作用；相反，加强和完善党的领导，其实质就是要更科学地协调党的领导和其他主体的关系，通过完善党的领导制度、规范党的权力行使、提高党的领导水平来提升多元共治的实际效果。也正是基于此，十八届三中全会通过的《关于全面深化改革若干重大问题的决定》中提出的改革包含了经济、政治、文化、社会、生态文明体制改革，以及党的建设制度改革和国防与军队改革等当前我国改革问题可能涉及的几乎全部领域，并且从改革的举措和要求来看，基本上是要从制度完善和体制改革等角度提出的，这与全面深化改革的总目标相一致，也与推进国家治理现代化相契合。十八届四中全会在十八届三中全会对“全面深化改革”进行专题部署之后，又以“全面推进依法治国”进行专题部署，这不仅体现了我们党战略和政策的统一性和协同性，更体现了我们党在新时期更加重视制度建设、更加务求实效的自觉意识。我们知道，从国家治理的角度来讲，法

① 中共中央宣传部：《习近平总书记系列重要讲话读本》，北京：学习出版社、人民出版社，2014年，第85页。

制是各项治理体系最关键的部分,制度建设最关键的是党的制度建设,而制度建设最主要甚至最有效的乃是法制建设,这自然也包括党内法规建设。

从党的制度建设的现实来看,“改革开放以来,我们党不断推进制度建设,制度建设成效斐然。从 1978 年到 2012 年,以中央名义制定颁发了 700 多件党内法规和规范性文件”①。党的十八大以来,以习近平同志为核心的党中央高度重视党的制度建设,制定颁发了《中央党内法规制定工作五年规划纲要(2013—2017 年)》,制定出台了《深化党的建设制度改革实施方案》,在实际工作中对党的思想、组织、作风、反腐倡廉建设等各个方面的一系列制度进行进一步改革完善,并根据党的建设新情况、新问题进行制度建设创新,推出了一系列能够发挥“制度治党”实效的党规、党纪和制度。以“中央八项规定”为例,据有关报道,中央八项规定实施以来,截至 2017 年 8 月底,各级纪检监察机关共查处违反中央八项规定精神问题 18.43 万起,处理党员干部 25.02 万人,给予党纪政纪处分 13.61 万人②。再以党的巡视制度为例,近 5 年来,中央巡视组开展 12 轮巡视,共巡视 277 个党组织,借助巡视利剑,中央查处了苏荣、王珉、黄兴国等一大批高级领导干部,揭露了山西“系统性塌方式腐败”、湖南衡阳破坏选举案、四川南充拉票贿选案、辽宁拉票贿选案等一系列重大案件③。这些都是十八大以来党中央致力于党的制度建设,通过制度治党,落实并推进全面从严治党的生动写照,也是在国家治理现代化总体要求下,我们党坚持以深化改革为动力和突破口,通过不断改革党的思想教育制度、组织建设制度、干部人事制度、党内监督制度等制度来不断提高党的制度建设科学化水平,狠抓党的制度执行力,从而为国家治理现代化提供坚实基础和有力保证的生动写照,也是党积极以“制度化”提效“现代化”的生动写照。

总之,在全面深化改革的过程中,“现代化”离不开“制度化”,“制度化”是推进“现代化”带有关键性甚至根本性的问题。在全面深化改革的过程中,加强党的自身建设制度化成了推进国家治理现代化的题中应有之义。在国家治理现代化视域下,中国共产党是中国现代化的领导力量和关键主体,“制度治党”是党在自身建设上适应国家治理现代化和全面深化改革的理论自觉和实践主动,在现代化进程中具有极为重要的意义,值得从理论和实践多个维度深入考量。

---

① 李学同,陈金龙:《新时期全面从严治党知识 100 问》,广州:广东人民出版社,2015 年,第 223 页。

② 吴储岐:《八项规定书写作风建设新篇章》,《人民日报》2017 年 10 月 04 日。

③ 孟祥夫:《党内监督:巡视“利剑”展锋芒》,《人民日报》2017 年 07 月 26 日。

五大发展理念实施绩效综合测度体系研究

——以安徽省五大发展行动实施为视角

李旭辉　李认认

摘　要：自“五大发展理念”首次提出以来，安徽省就开始坚持以新发展理念引领发展的新思路，并制定出“建设‘五大发展’的美好安徽”行动指南，即要坚持以新发展理念为引领，全面实施“五大发展行动”，引领具有安徽特色的经济社会发展之路。而《安徽省五大发展行动计划》为安徽省以新发展理念引领安徽省经济社会发展提供了具体方案。因此，为了全面考核评价安徽省在经济社会发展中实施五大发展理念的效果，本研究引入二次加权因子分析法，以安徽省16个地级市作为评价对象，实证评价安徽省在五大发展理念引领下经济社会发展绩效，为安徽省推进“‘五大发展’美好安徽”建设提供参考依据。

关键词：安徽；五大发展理念；经济社会发展；评价体系；二次加权因子分析法

发展理念是经济社会发展行动的先导，并从根本上决定着经济社会发展的成效。党的十八届五中全会通过的《中共中央关于制定国民经济和社会发展第十三个五年规划的建议》（以下简称《建议》），首次明确提出“创新、协调、绿色、开放、共享”五大发展理念，这点明了破解发展难题的新路径，对制约经济社会发展的瓶颈问题提出了破解之策。《建议》明确指出：“五大发展理念是‘十三五’乃至更长时期我国发展思路、发展方向、发展着力点的集中体现。”因此，必须将五大发展理念贯穿于“十三五”经济社会发展的各领域、各环节，作为引领经济社会发展的“指挥棒”和“风向标”。

以五大发展理念引领经济社会发展，关键是要将反映五大发展理念实施状况的指标作为经济社会发展评价体系的重要构件，让其成为经济社会发展

作者简介：李旭辉（1981—），男，山东烟台人，副教授，硕士生导师，安徽财经大学管理科学与工程学院实验实训中心主任。研究方向：经济统计。

进程中的“指南针”和“紧箍咒”。在五大发展理念视角下，各个省区市经济社会发展整体状况如何？在“创新、协调、绿色、开放、共享”五大方面发展有哪些优势与不足？具体特征和差距如何？这是将五大发展理念贯穿于经济社会发展过程中要解决的重要问题，而问题解决的关键途径就是构建基于五大发展理念的经济社会发展评价体系，并进行科学严谨的实证分析。基于五大发展理念的经济社会发展评价体系构建是促进五大发展理念稳步推进的重要抓手，是引导各级政府按照“五大发展理念”要求、推进经济社会健康持续发展的“指挥棒”，具有重要的现实意义和价值。

一、文献综述

随着新发展理念的提出和实施，结合五大发展理念与经济社会发展的相关研究引起了学者们的关注。从评价视角来看，针对经济社会发展综合评价的研究，学者们主要从生态文明、协调发展、主体功能区、大都市发展等视角进行了研究。这些视角都是围绕国家在某个时期的相关战略展开研究的，但缺少从“五大发展理念”战略视角对经济社会发展评价体系的研究。《建议》明确指出“五大发展理念必须贯穿于‘十三五’经济社会发展的各领域各环节”，因此，从“五大发展理念”视角构建经济社会发展综合评价体系是新形势下的必然要求，也是本文的创新之一。

从评价方法来看，在经济社会发展的评价体系相关研究中，学者主要采用了主观赋权法或者客观赋权法，不同的评价方法会对评价结果的科学性和准确度有重要影响，因此，评价方法必须依据所研究的问题来合理选择和设计。在本研究中，“将五大发展理念贯穿于经济社会发展全过程”的要求意味着，应随着经济社会发展客观环境的变化，适时调整每个发展理念在经济社会发展过程中的重要程度。而主观赋权法仅受专家经验的影响，无法适应客观条件变化，因而本研究不适合采用主观赋权法。因此，本研究采用客观赋权评价方法。客观赋权评价方法有多种可供选择，但要依据研究问题中指标的特征来决定。因子分析法是一种适合指标相关性较强的客观赋权法。由于本研究选择的评价对象（样本）的数量小于评价指标（变量）的个数，无法对所有评价对象通过一次因子分析得到评价对象综合评价值。借鉴陈敏（2016）等学者在主成分方法应用评价中二次加权的思想，本研究提出二次加权因子分析法。第二次因子分析是在第一次因子分析得到的所有对象五个方面评价得分的基础上进行二次加权因子分析，从而得到每个评价对象的经济社会发展综合评价得分。

二、基于五大发展理念的经济社会发展评价指标体系

（一）指标体系构建依据

发展理念是行动纲领，决定经济社会发展的价值取向与目标、方向与道路。因此，“创新、协调、绿色、开放、共享”五大发展理念必须贯穿于经济社会发展各领域各环节。

1. 创新发展

创新是发展的基点，为经济社会发展提供持续动力。传统的主要依靠资本、劳动力、资源等生产要素投入驱动的发展模式日益呈现出动力不足、质量不高、效益不好、不可持续等问题。因此，经济社会发展就必须把发展基点放在创新上，将各种创新要素通过一定的资源配置、系统整合、组织管理等形式达到经济资源的最大利用状态，从而为经济社会发展提供恒久的内生动力。由于创新活动是从创新投入的人力（研究与实验发展人员）和财力（相关经费）到其创新成果产出的转化过程。因此，可从创新投入和创新产出两个方面来反映经济社会的创新发展水平。

2. 协调发展

协调发展，就是要改变单一发展偏好，实现整体发展；就是要通过促进城乡区域协调发展和经济社会协调发展，解决发展不协调、不均衡问题，增强发展的整体性，从而提高经济社会协调发展水平。因此可从城乡协调和经济社会协调两个方面来反映协调发展水平。

3. 绿色发展

绿色是发展的底线，是经济社会发展的基本要求。坚持绿色发展是实现人与自然和谐的必由之路，所以应致力于建设资源节约型、环境友好型社会，保护并改善生态环境，形成绿色生活方式。因此，绿色发展主要从资源消耗、生态环境和绿色生活三个方面来衡量。

4. 开放发展

开放是发展的格局，为经济社会可持续发展提供重要支撑。开放发展是经济社会发展评价体系的重要内容。根据开放发展理念的主要目标，开放发展主要可以从贸易开放度和投资开放度两个方面来综合反映。

5. 共享发展

共享是发展的目标，是创新、协调、绿色和开放发展的最终目标。共享发展是全面建成小康社会的基本要求，只有把共享发展理念贯穿到经济社会的各个方面，使人民群众共享发展成果，才能激发广大人民群众的创造活力，才能激发其全

面建成小康社会的动力。因此,共享发展是经济社会发展绩效评价的重要内容。

(二)评价指标体系构建

结合五大发展理念的内涵和要求,遵守可操作性、全面性、可获得性、前瞻性和应用性相等原则,在创新发展、协调发展、绿色发展、开放发展、共享发展五个准则层基础上构建了包含13个一级指标和28个二级指标的基于五大发展理念的经济社会发展评价指标体系(如表1所列)。

表1　基于五大发展理念的经济社会发展评价指标体系

目标层	准则层	一级指标	二级指标	单　位
基于五大发展理念的经济社会发展绩效	创新发展	创新投入	R&D人员数量	人
			R&D经费支出	万元
		创新产出	规模以上工业企业研发发表科技论文数	篇
			大中型工业企业工业总产值	亿元
			发明专利申请受理数	项
	协调发展	城乡协调	城乡人均可支配收入差值	—
			城乡人均生活消费支出差	—
		经济社会协调	社会保障和就业支出占财政支出的比重	—
			城镇登记失业率	%
	绿色发展	资源消耗	单位地区生产总值能耗	吨标准煤/万元
			单位地区生产总值电耗	千瓦小时/万元
		生态环境	建成区绿化覆盖率	%
		绿色生活	万人公共交通车辆	标台/万人
			城市污水处理率	%
	开放发展	贸易开放度	进出口总额/GDP	—
			地区进出口总额/全省进出口总额	—
		投资开放度	外商投资企业年末企业数	个
			外商投资企业投资总额	万美元
			各市外商直接投资项目个数	个
	共享发展	经济成果	人均GDP	%
			一般公共服务支出	万元
			人均教育支出	万元/人
		社会成果	每十万人口拥有大专及以上学历人口	人/十万人
			千人口卫生技术人员	人/千人

三、基于二次加权因子分析评价方法与评价模型

因子分析综合评价方法的具体步骤为：首先，收集所有评价对象对应评价指标的所有原始观测值数据，对其进行标准化处理，并计算标准化后的协方差矩阵，即相关系数矩阵 F。同时，对评价对象的数据是否适合做因子分析进行统计检验，常用的检验方法有两种，分别是 KMO 检验和 Bartlett 球形检验。其次，建立初始因子模型，并估计有关参数。在本研究中采取学者普遍采用的基本原则，即累计方差贡献率大于 85%，然后给出公共因子的表达式。根据上述参数估计，可以得到公共因子个数和因子载荷矩阵确定的因子模型 $X = AF + \in$。要得到评价对象的评价值，还需要在此基础上得到公共因子的表达式，即公式(1)。

$$F_i = \sum_{j=1}^{p} c_{ij} x_j \quad (i = 1,2,l,k;j = 1,2,l,p) \tag{1}$$

公式(1)中，F_i 为第 i 个公共因子，c_{ij} 为公共因子表达式的待估系数，估计的方法，采取回归方法。

最后构造综合评价模型，实施综合评价分析。利用上述步骤得到了公共因子表达式后，其综合评价模型可以记为：

$$y_i = \sum_{j=1}^{k} w_j F_{ij} \quad (i = 1,2,l,n;j = 1,2,l,k) \tag{2}$$

式中，y_i 代表第 i 个评价对象的综合评价值，F_{ij} 代表第 i 个评价对象的第 j 个公共因子的值，其数值主要利用公式(1)求得。w_j 代表第 j 个公共因子 F_j 的权重，w_j 的取值一般认为取第 j 个公共因子的方差贡献率作为权数。最终利用公式(2)，可以求得每一个评价对象的评价值，即可进行综合评价排序与对比分析。

四、基于五大发展理念的经济社会发展绩效实证评价与分析

(一)数据来源与预处理

实证评价的数据来自《安徽统计年鉴》(2016 年)提供的 2015 年 16 个地级市观测数据值。首先需要对数据进行预处理，具体包括指标类型一致化处

理和指标无量纲化处理。在类型一致化处理中将表1中负向评价指标数据全部取倒数,从而全部转化为正向指标数据。数据的无量纲化处理按照因子分析法的适用特点,对评价指标原始数据的无量纲化处理采用标准化的方法,即有

$$u_{ij} = O^{x_{ij}|x}/s$$

(二)基于一次因子分析的经济社会发展绩效分项评价

1. 分项评价

首先对经济社会发展的五个方面进行基于一次因子分析的分项评价。按照上述的步骤和方法,可以分别获得16个地级市的其他分项评价结果:创新发展得分、协调发展得分、开放发展得分、绿色发展得分和共享发展得分(如表2所列)。

表2 基于五大发展理念的经济社会发展分项评价得分及综合评价得分

城市	创新发展		协调发展		绿色发展		开放发展		共享发展		综合发展	
	得分	排名	得分	排名	得分	排名	得分	排名	得分	排名	得分	排名
合肥	3.433	1	0.010	10	1.377	1	3.348	1	2.706	1	2.523	1
淮北	-0.347	10	-0.555	13	-0.217	10	-0.525	14	-0.106	9	-0.435	14
亳州	-0.599	15	0.419	6	0.738	3	-0.603	15	-1.307	16	-0.139	6
宿州	-0.586	13	0.025	9	-0.004	6	-0.505	12	-0.867	13	-0.404	13
蚌埠	-0.026	4	0.093	8	1.009	2	-0.157	5	0.250	4	0.405	3
阜阳	-0.360	11	0.759	2	-0.350	12	-0.412	9	-1.039	15	-0.304	11
淮南	-0.287	8	-1.371	16	-0.263	11	-0.639	16	-0.967	14	-0.847	16
滁州	-0.035	5	-0.057	12	0.139	5	-0.168	6	-0.441	12	-0.095	5
六安	-0.439	12	0.420	5	-0.060	7	-0.450	10	-0.369	10	-0.179	8
马鞍山	0.038	3	-1.129	14	-0.663	1	60.077	4	0.796	3	-0.356	12
芜湖	1.040	2	0.697	3	0.186	4	1.199	2	1.391	2	1.014	2
宣城	-0.303	9	0.180	7	-0.595	14	-0.200	8	0.174	5	-0.247	10
铜陵	-0.197	7	-1.146	15	-0.508	13	0.223	3	-0.425	11	-0.565	15
池州	-0.594	14	1.247	1	-0.645	15	-0.515	13	0.024	8	-0.149	7
安庆	-0.097	6	0.422	4	-0.080	9	-0.198	7	0.050	7	0.026	4
黄山	-0.640	16	-0.015	11	-0.067	8	-0.475	11	0.131	6	-0.246	9

2. 分项评价的结果分析

结合表2的分项得分和排名以及图1的波动趋势,可以揭示出每个城市在创新、协调、绿色、开发和共享发展方面的优势和不足。首先从创新发展水平来看,合肥市的创新公因子的得分是3.433,居于第一名,而其他城市的创新发展水平得分都不超过1.040,显然相差较大。由此表明安徽省创新发展水平呈现不均衡的态势。其次,芜湖、马鞍山和蚌埠的得分相对较高,表明这些城市创新发展能力也比较强。而亳州、池州、黄山等城市的综合得分值低,反映出这些城市的创新发展能力较弱。

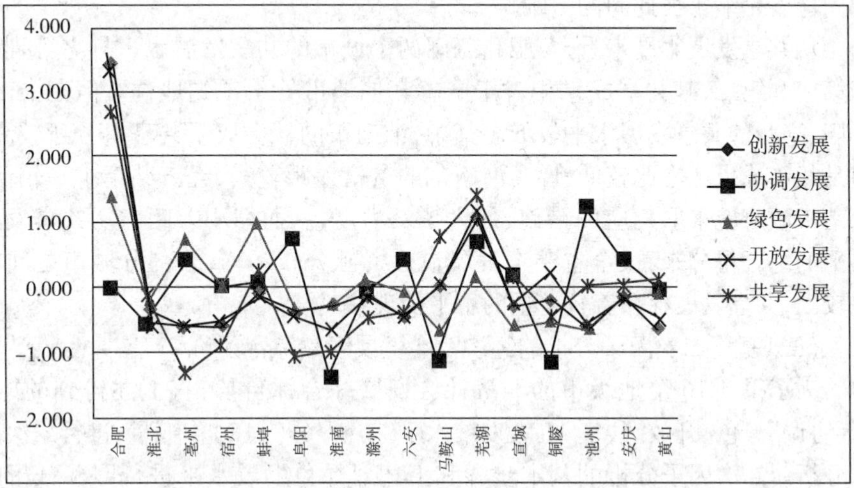

图1 16个地级市五个准则层分项评价得分波动图

从协调发展水平来看,池州在经济社会协调和城乡协调方面都有较好的排名,最终综合排名为第一,说明池州在协调发展建设方面取得了优异的成绩。在“经济社会协调因子”排名中,合肥、阜阳、宣城分别排在第二、一、四名,而在“城乡协调因子”排名中却落至第十三、七、十一名,反差较大,说明这三个城市在经济社会协调发展中有良好的优势,但是在城乡协调方面需要优化和改进。

从绿色发展水平来看,位于前三名的分别为合肥、蚌埠和亳州,后三名为宣城、池州和马鞍山。其中,合肥的综合得分最高,主要基于它在三个公共因子资源消耗、城市建设、绿色生活得分都很高。亳州在资源消耗因子和城市建设因子上得分高,而在绿色生活因子上得分很低,说明城市资源消耗低与城市建设对绿色发展水平影响较大。而宣城的综合得分都比较低,这主要基于它三个公共因子分数都偏低的原因,这意味着宣城市整体绿色发展水平较低，因此宣城在资源消耗、城市建设和绿色生活等方面要着力加强和优化。而池州和马鞍山资源消耗因子分数较低，说明资源消耗过大，生产效率低，生产水平不高，应提高生产效率，节能减排，落实可持续发展理念。

从开放发展水平来看，合肥市的综合得分居第一位，反映出其较强的开放发展水平。其次，芜湖、铜陵、马鞍山市的综合得分相对较高，这些城市利用自身的优势提高了其开放发展能力，而淮北、亳州、淮南等市的综合得分值低，排名靠后，反映出这些城市的开放发展水平相对较低。从图 1 可以看到，安徽省各城市间的开放发展存在着非常严重的不平衡现象。因此，政府相关部门应着手缩小彼此间的差距。

从共享发展水平来看，合肥和芜湖两个城市的共享发展水平排名分别位于第一和第二，其共享成果相对于全省其他地市处于领先地位。但是淮南、阜阳、亳州的共享发展水平较低。其中，淮南市的社会成果共享得分还较高，但是经济成果水平比较低，说明淮南市的贫富差距较大，经济共享水平较低，淮南市政府应采取相应的措施，加大扶贫力度，从而缩小差距。从共享发展水平的综合得分来看，全省共享发展投入资源分布不均，且部分城市之间相差较大，共享发展存在着较严重的不平衡现象。

（三）基于二次因子分析的经济社会发展绩效综合评价

为了得到 16 个地级市的经济社会发展综合评价值，将上述得到的“创新、协调、绿色、开放、共享”五大发展水平综合得分（表 2）作变量，进行二次因子分析。二次因子分析的基本步骤和上述对绿色发展水平进行因子分析的基本步骤一致，最终得到 16 个地级市的经济社会发展综合评价值和排名（如表 2 的第十二、十三列）。

从经济社会发展综合评价结果来看，通过对 16 个样本城市经济社会发展水平综合评价并比较分析，合肥市经济社会发展水平综合得分居第一名，这说明其五大发展理念实施的效果最好。从分项来看，合肥市在创新发展、绿色发展、开放发展和共享发展中均稳居第一名，但在协调发展上却排在第十名，这主要是由于合肥市的城乡协调因子得分较低。因此，合肥市应在统筹城乡协调发展方面着力改进。芜湖市综合得分居于第二名，从分项来看，除了绿色发展得分稍低，其他得分都稳居全省前列，因此对于芜湖市来说，当前最重要的工作内容是推进绿色发展，提高资源利用率。蚌埠、安庆、滁州分居第三至第五位，其中，安庆的绿色发展因子排名较低，其他因子排名较高，对于安庆来说，降低资源消耗、加大城市建设是实施五大发展理念的首要任务。对蚌埠来说，协调因子的排名较低，这主要是城乡协调方面的不足导致，蚌埠应加大城乡协调方面的投入。淮南市是最后一名，主要是基于在协调、开放、共享方面排名较低,但是在创新与绿色发展方面还不错,因此,淮南应该在保持自身发展优势的同时,发展外向型经济,提高消费水平,加大投资力度,提高经济发展水平。总之,综合安徽省16个地级市的五大发展绩效评价值来看,存在的主要问题是16个地级市发展不平衡,差距明显,比如排在第一名的合肥经济社会发展水平综合得分是第二名芜湖综合得分的3倍多。发展的不平衡性不利于经济社会发展的统筹推进,不利于经济社会均衡协调发展。因此,政府有关部门要因地制宜出台相关扶持政策,缩小各个地级市的经济社会发展的差距,努力提高创新、协调、绿色、开放和共享发展水平,从而推进安徽省经济社会均衡协调发展。

五、以五大发展行动为引领,优化安徽省经济社会发展水平的措施

(一)让创新成为发展的风向标

在五大发展理念中,"创新"不仅被置于首位,作为引领发展的第一动力,而且被摆在国家发展全局的核心位置。从实证结果分析可知,安徽省创新发展水平呈现发展不均衡且大部分地区创新水平不高的情况。第一名合肥市的创新公因子的得分是3.433,而其他样本城市的创新发展水平得分都不超过1.040。因此,首先,安徽省各地市政府要加大财政科技资金的投入力度,狠抓高技术产业和战略性新兴产业,推动产业结构升级。其次,要发挥好政府的引导作用,营造浓厚的创新氛围,激发当地企业创新的热情,以此吸引大批创新型科技人才。最后,安徽省各地政府应根据自身创新发展现状,制定创新发展方案,培育和壮大创新型企业,发展资源环境可承载的特色产业,以科技创新引领发展。

(二)推进城乡一体化,增强协调发展能力

协调是持续健康发展的内在要求。通过上述实证分析可知,城乡一体化是影响协调发展的重要因素,因此,要统筹安徽省城乡协调发展,提高协调发展能力。首先,推行多元协同发展的城镇化道路,因地制宜,基于本身实际状况,逐渐构建区域中心城市、地方中心城市和小城镇等多层级多元化城镇化体系。例如省会城市应该努力成为中部区域中心城市,而其他城市应构建成为地方中心城市或者安徽省内区域中心城市。其次,合理分工城乡产业,坚持工业反哺农业、城市支持农村,构筑优势互补、合理分工的城镇产业发展格局。

(三)提高资源利用率,激发绿色发展动力

绿色发展理念与生态文明建设是一致的。绿色发展最有利于人民的福

祉,切实关系到每个人的生活环境与健康。而资源消耗是影响绿色发展水平的重要因素。减少资源消耗,就要合理利用资源,提高资源利用率。因此,安徽省首先应该提升资源综合利用水平,鼓励企业发展循环经济,开展省级园区循环化改造试点创建,推进节水、节能、资源综合利用等工程建设。同时安徽省也要通过环境保护带动提高绿色发展水平,重点加强自然保护区、城市森林、湿地等重要生态功能区的环境保护。

(四)提高贸易开放度,构建全方位开放新格局

开放发展是地区经济繁荣发展的必由之路。从上述因子分析结果可知,贸易开放度权重系数占开放发展总权重系数的44.4%,可见贸易开放度是影响开放发展水平的重要因素。安徽省要提高贸易开放度,构建全方位的开放新格局:首先,要不断深化与周边发达省份、台湾地区和港澳等地区的深度合作;其次,要融入"一带一路"沿线沿岸国家和地区的建设;最后,要积极参与全球经济,拓宽国外市场渠道,加强综合保税区、出口加工区和合肥港等开放创新平台建设,并提供各种便利,大力引进海外高层次人才。

(五)增加公共服务供给,促进共享发展

共享发展是经济社会发展的归宿。共享发展就要使全体人民有更多幸福感、获得感,走向全面小康。其中公共服务供给是创造共享发展环境的基础,是影响共享发展水平的重要因素。因此,安徽省要持续扩大公共服务供给,集中力量做好基础性、普惠性、兜底性民生工程,从而巩固民生保障制度。一是要深入推进分级医疗,继续扩大试点,提高家庭医生签约服务覆盖率。二是加强教育建设,尤其是高水平大学建设,从而培养高层次人才。三是借助"互联网+"思维推动公共服务供给创新,提高服务的效率,增加人民的满意度。除了在增加公共服务供给以外,政府还应在脱贫攻坚、社会保障、就业等方面着手优化,推进安徽省共享发展。

构建中国特色哲学社会科学

——哲学的思考与探索

刘新跃

摘　要：十八大以来，以习近平为核心的党中央高度重视并采取切实措施构建中国特色哲学社会科学，从哲学角度思考探索该问题，主要是坚持以马克思主义和马克思主义中国化最新成果为指导，坚持发扬理论联系实际的学风，坚持"二为"方向和"双百"方针，继承弘扬中华民族优秀文化、吸收借鉴外来优秀文化，加强哲学社会科学自身和自然科学的交叉合作。

关键词：中国特色哲学社会科学；构建；哲学思考

一、以习近平为核心的党中央高度重视构建中国特色哲学社会科学

十八大以来，以习近平为核心的党中央高度重视并采取一系列重大举措，加快构建中国特色哲学社会科学：(1)中共十八大闭幕不久，2012 年 11 月 29 日，习近平同志就率中央政治局常委和中央书记处同志到国家博物馆参观《复兴之路》展览，就中国梦进行全面阐述，强调要实现中华民族伟大复兴。(2)2013 年 8 月 19 日，在全国宣传思想工作会议上，习近平指出："经济建设是党的中心工作，意识形态工作是党的一项极端重要的工作"。(3)2013 年 12 月 3 日，在主持中央政治局第十一次集体学习时，习近平指出，马克思主义哲学深刻揭示了客观世界特别是人类社会发展规律，在当今时代依然有着强大生命力，依然是指导我们共产党人前进的强大思想武器。(4)2014 年 10 月 15 日，习近平专门召开文艺工作座谈会，并指出："文艺要反映好人民心声，就要坚持为人民服务、为社会主义服务这个根本方向。这是党对文艺战线提出的一项基本要求，也是决定我国文艺事业前途命运的关键。只有牢固树立马

作者简介：刘新跃(1961—)，安徽阜阳人，安徽工业大学党委书记、教授。

克思主义文艺观,真正做到了以人民为中心,文艺才能发挥最大正能量。”(5)2015 年 1 月 23 日下午,中央政治局第二十次集体学习专门安排学习辩证唯物主义基本原理和方法论。(6)2016 年 2 月 19 日,习近平在党的新闻舆论工作座谈会上指出:“党的新闻舆论工作是党的一项重要工作,是治国理政、定国安邦的大事,要适应国内外形势发展,从党的工作全局出发把握定位,坚持党的领导,坚持正确政治方向,坚持以人民为中心的工作导向,尊重新闻传播规律,创新方法手段,切实提高党的新闻舆论传播力、引导力、影响力、公信力。”(7)2016 年 4 月 19 日,习近平在网络安全与信息化工作座谈会上指出:“我们要本着对社会负责、对人民负责的态度,依法加强网络空间治理,加强网络内容建设,做强网上正面宣传,培育积极健康、向上向善的网络文化,用社会主义核心价值观和人类优秀文明成果滋养人心、滋养社会,做到正能量充沛、主旋律高昂,为广大网民特别是青少年营造一个风清气正的网络空间。”(8)2016 年 5 月 17 日,习近平在哲学社会科学工作座谈会上指出:“广大哲学社会科学工作者要树立良好学术道德,自觉遵守学术规范,讲究博学、审问、慎思、明辨、笃行,崇尚‘士以弘道’的价值追求,真正把做人、做事、做学问统一起来。要有‘板凳要坐十年冷,文章不写一句空’的执着坚守,耐得住寂寞,经得起诱惑,守得住底线,立志做大学问、做真学问。要把社会责任放在首位,严肃对待学术研究的社会效果,自觉践行社会主义核心价值观,做真善美的追求者和传播者,以深厚的学识修养赢得尊重,以高尚的人格魅力引领风气,在为祖国、为人民立德立言中成就自我、实现价值。”讲话发出了“加快构建中国特色哲学社会科学”的召唤。(9)2016 年 12 月 7 日,中共中央国务院专门召开全国高校思政工作会议,习近平在会议上讲了 3 个多小时的话,其中专门就加强和改进思政课、提高思政课质量提出了明确要求:“要用好课堂教学这个主渠道,思想政治理论课要坚持在改进中加强,提升思想政治教育亲和力和针对性,满足学生成长发展需求和期待,其他各门课都要守好一段渠、种好责任田,使各类课程与思想政治理论课同向同行,形成协同效应。”(10)2016 年 12 月,中央下发《中共中央国务院关于进一步加强和改进高校思想政治工作的意见》(中发〔2016〕31 号文件)。(11)2017 年 3 月 5 日,中央专门下发《中共中央关于构建中国特色哲学社会科学的意见》(中发〔2017〕8 号文件)。(12)2017 年 10 月 18 日,习近平在党的十九大报告中指出:“深化马克思主义理论研究和建设,加快构建中国特色哲学社会科学,加快中国特色新型智库建设。”同时他指出:“落实意识形态工作责任制,加强阵地建设和管理,注意区分政治原则问题、思想认识问题、学术观点问题,旗帜鲜明反对和抵制各种错误观点。”以习近平为核心的党中央之所以如此高度重视构建中国特色哲学社会科学,是因为构建中国特色哲学社会科学对于坚持和发展什么样的中国特色社会主义和怎样坚持和发展中国特色社会主义,实现中华民族伟大复兴中国梦有着非常重要的现实意义和历史意义。

一是从习近平新时代中国特色社会主义思想形成看,习近平总书记在十九大报告中指出:"十八大以来,国内外形势变化和我国各项事业发展都给我们提出了一个重大时代课题,这就是必须从理论和实践的结合上系统回答新时代坚持和发展什么样的中国特色社会主义,怎样坚持和发展中国特色社会主义","围绕这个重大时代课题,我们党坚持以马克思列宁主义、毛泽东思想、邓小平理论、三个代表重要思想、科学发展观为指导,坚持解放思想、实事求是、与时俱进、求真务实,坚持辩证唯物主义和历史唯物主义,紧密结合新的时代条件和实践要求,以全新的视野深化对共产党执政规律、社会主义建设规律、人类社会发展规律的认识,进行艰辛理论探索,取得重大理论创新成果,形成了新时代中国特色社会主义思想。"下一步,学习好宣传好诠释好落实好新时代中国特色社会主义思想更需要哲学社会科学,当然,用新时代中国特色社会主义思想武装全党和广大人民同样需要加快构建中国特色哲学社会科学。

二是从全面建成小康社会、实现中华民族伟大复兴中国梦的宏伟目标上看,只有经济建设、政治建设、文化建设、社会建设、生态文明建设各个环节、各个方面协调发展才是小康社会的题中应有之义,而这五个方面的发展都需要中国特色哲学社会科学的支撑;也只有自然科学和社会科学的共同发展和繁荣,才能达到共同和谐。在坚持创新、协调、绿色、开放、共享的发展理念中一刻也离不开哲学社会科学。没有了哲学社会科学既不可能实现创新发展,也不可能实现协调发展,离开了哲学社会科学也不可能绿色、开放和共享发展。

三是从社会主要矛盾的新变化看,中国特色社会主义进入新时代,社会主要矛盾已经转变成人民日益增长的美好生活需要同不平衡不充分发展之间的矛盾。人民日益增长的美好生活的需要,除了物质的需要外,在当下中国尤其是对精神、文化、自我价值、政治、民主等方面的需要,而解决好这些矛盾恰恰都需要哲学社会科学的支撑。

四是从我国历史进程看,哲学社会科学发挥了巨大的作用:五四运动前夕,"德先生""赛先生"的引进和传播,加上工人阶级掌握了先进的理论,中国的面貌焕然一新;39 年前,关于真理标准问题的大讨论和思想解放运动,对我国改革开放产生了巨大的推动作用,对于人们思想观念、经济社会发展的影响也是空前的。

五是从科学技术的发展现状看,随着科学技术的快速发展,她的双刃剑的本性越来越被世人所认识,高科技在带给人类财富和美好生活的同时,也不可避免地造成无可挽回的破坏和严重违反人性、危及人的尊严事件的发生,这必然引起世界范围思想家、哲学家和政治家的深思。

六是从高等学校的基本功能上看,担负着为党和国家培养高素质优秀人才重任的高校,毫无疑问,这样的优秀人才,应该是既具备科学精神、又体现人文精神的全面发展的人才。另一方面,在当前高教改革中,一个重要的任务是改革人才培养模式,加强素质教育。素质教育包括思想道德素质、文化素质、业务素质和身体心理素质,可以看出四个素质中除业务素质(也有哲学社会科学的内容)外,都是哲学社会科学的内容。爱因斯坦说:"用专业知识教育人是不够的,通过专业知识教育,学生可以成为一种有用的机器,但不能成为和谐发展的人。"他还说:"学校应该永远以此为目标,即学生离开学校的时候是一个和谐的人,而不是一个专家。"其实,一个人的素质像冰山一样,露出水面大家看到的是学历、文凭、专业知识,但真正决定这个人能不能成功的是责任感、价值观念、毅力和协作精神,而这都是哲学社会科学所具备的人文精神。所以,构建中国特色哲学社会科学已成为我国高校发展的一个趋势。高校作为我国哲学社会科学非常重要的一支力量,理应在其中发挥更大作用。

七是从科学和教育的发展看,当前科学和教育发展中出现的哲学社会科学和自然科学相互结合,文科教育和理科教育相互渗透的趋势,反映出哲学社会科学在整个科学事业和教育事业中具有愈来愈重要的地位。比如计算机科学、环境科学都是哲学社会科学与自然科学融合而产生的。

二、构建中国特色哲学社会科学的哲学思考与探索

哲学思考与探索构建中国特色哲学社会科学,也就是用哲学的思维和方法来构建中国特色哲学社会科学。其中包括:中国特色特在哪里?构建哲学社会科学应坚持哪些原则?前者是特殊性的问题,后者是普遍性的问题。普遍性寓于特殊性之中,共性寓于个性之中。

中国特色特在哪?首先,特在中国是个有着5000多年文明史的古国,是世界四大文明发源地之一,而且是5000多年文明从未中断过(这就为构建中国特色哲学社会科学提供了丰富的营养)。其次,特在社会主要矛盾是人民日益增长的美好生活需要和不平衡不充分发展之间的矛盾(这也是哲学社会科学需要提供精神动力和智力支撑的地方)。再次,特在我们始终坚持以马克思主义和

中国化的马克思主义为指导思想，进行中国特色社会主义改革和建设；既立足本国实际又合理吸收借鉴别国好的经验（决定了哲学社会科学必须以马克思主义和中国化的马克思主义为指导，同时要面向世界）。其四，特在我们有新时代中国特色社会主义思想的指引（是马克思主义中国化的又一次飞跃，尤其是对构建中国特色哲学社会科学提供了指导思想和基本遵循）。其五，特在我们一直坚持与时俱进的马克思主义理论品质，并不断进行改革创新。我认为在加快构建中国特色哲学社会科学中应该坚持的原则有以下六点：

第一个原则是，坚持马列主义、毛泽东思想、中国特色社会主义理论体系和习近平新时代中国特色社会主义思想为指导。特别强调这样三个问题：一是坚持为指导时，首先要巩固和发展马克思主义在意识形态中的指导地位，应旗帜鲜明地绝不允许搞指导思想多元化，应该在哲学社会科学中坚持四项基本原则，当然在新的历史时期对坚持四项基本原则应赋予新的内涵，但坚持四项基本原则这个根本道理在我们的哲学社会科学研究中要得到切实的贯彻。二是以为指导时必须保持她的与时俱进的理论品质。因为170多年来实践证明马克思主义发展的一个突出特点就是她是随着时代的发展而发展的，这是她的理论生命力之所在，如果她不能与时俱进了，那么她也就没有生命力了。我们讲指导思想时，就是讲要坚持马克思主义的这种理论品质。我们要把这一点和刚才讲到的坚持马克思主义的指导地位看作是一个问题的两个方面，是具有同等地位的。三是以其为指导时，要高度重视马克思主义理论和哲学社会科学的理论创新。马克思主义的理论品质突出表现在理论创新上。当前最紧迫的理论创新，就是要把习近平新时代中国特色社会主义思想宣传好诠释好阐述好，把我们党的指导思想阐述好，把十八大以来以习近平为核心的党中央提出的一系列理论方针政策阐述好。用发展着的马克思主义和中国化的马克思主义指导构建中国特色哲学社会科学。

第二个原则是，坚持和发扬理论联系实际的学风、坚持问题导向。在实际工作中理论联系实际要注意两点：一是要反对本本主义，坚持一切从实际出发。因为马克思主义和非马克思主义学风的分水岭就是看你是否一切从本本出发，还是从实际出发。一切从本本出发就会窒息马克思主义，一切从实际出发才是理论联系实际的好学风。二是要在科研的观念和方法上有重大变化，或说是要有重大创新、突破。有了这一条其他方面的问题就可以得到更好的解决。坚持问题导向是马克思主义的鲜明特点。只有聆听时代和人民的声音，回应时代和人民的呼唤，认真研究解决重大而紧迫的问题，才能真正把握住历史脉络、找到发展规律，推动理论创新。当前关键的是把习近平总书记在“5·17讲话”中提出的“五个面对、六个如何”解决好，把习近平新时代中国特色社会主义思想宣传好贯彻落实好！

第三个原则是，坚持“二为”方向（为人民服务、为社会主义服务）和“双百”方针（百花齐放、百家争鸣）。关于这点有这样几个问题值得我们注意：一是不同的学术观点和学派，是构建中国特色哲学社会科学的必要条件，没有这一条，中国特色哲学社会科学不可能得到兴盛和发展，我们要大力提倡哲学社会科学研究中有不同的学术观点和学术流派的存在和发展；二是只有坚持“二为”方向和“双百”方针，才有可能在哲学社会科学研究中形成一个民主、团结、文明、和谐的学术氛围；三是在贯彻“二为”方向和“双百”方针时一定要注意区分学术问题和思想认识问题以及政治问题。这个问题在学术研究中变得越来越复杂。对于政治问题我们必须旗帜鲜明，必须坚持四项基本原则，反对一切违背四项基本原则和新时代中国特色社会主义思想的错误言论，这一点必须明确。对于大量存在的学术问题，应该采取积极的态度，也就是前面讲的允许不同的学术观点和流派存在。另一方面要发扬民主，首先还是把它作为一个学术观点来看待，作为一个不同的、新的学术观点来看待。因为一个新的、不同的学术观点一开始提出的时候总是被少数人接受，可能会引起同行中甚至更多的人的疑义。多数情况下大部分还是学术问题，不能把学术问题上升为政治问题；对于思想认识问题，也应该本着批评—团结—批评的原则，帮助其提高思想认识水平和觉悟。如何处理好这些问题，需要有高的理论水平、宽广胸怀、政治胆略和高超的工作艺术。

第四个原则是，要站在时代发展的高度，继承发扬中华民族优秀文化传统，吸收借鉴世界优秀文化成果。首先，就是要立足现时代，立足当代中国的实际，研究和弘扬中华民族优秀文化传统。任何研究历史都是为现实服务的，不过是自觉和不自觉的问题。研究历史不是复古，也有一个创新的问题。其次，对西方学术思潮和理论著作，既要批判和摈弃错误的和反动的东西，也要大胆吸收和借鉴科学的、有用的成果。在我们的研究中有时会出现两种不同的倾向：一种是对当代西方的学术思潮和理论著作不加分析地吸收；另一种是认为当代西方的学术思潮和理论著作没有什么价值，只推崇古代西方的学术思潮和理论著作，而对现代的学术思潮基本上采取排斥态度。对此，我们要有更大的理论气魄，要看到西方文化中的精华，当然，也要看到其糟粕，对于西方文化中有价值的东西我们要吸收，对其错误的东西要摈弃。再次，我们要以借鉴和吸收为手段，以发展和创新为目的。借鉴和吸收并不是照搬西方文化，而是以发展和创新我们的哲学社会科学为目的，以加快构建中国特色哲学社会科学为目的。

第五个原则是，要坚持以人民为中心的理念。为什么人的问题是中国特色哲学社会科学研究的根本性、原则性问题。世界上没有纯而又纯的哲学社会科学。世界上伟大的哲学社会科学成果都是在回答和解决人与社会面临的重大问题中创造出来的。研究者生活在现实阶级社会中,研究什么、主张什么,坚持什么、反对什么都会打上阶级的烙印。我们的党是全心全意为人民服务的党,我们的国家是人民当家做主的国家,党和国家一切工作的出发点和落脚点是实现好、维护好、发展好最广大人民的根本利益。构建中国特色哲学社会科学,就必须坚持以人民为中心的研究导向。离开了人民,哲学社会科学就不会有吸引力、感染力、生命力,也就没有了源头活水。我们在构建中国特色哲学社会科学时就要坚持人民是历史创造者的观点,尊重人民主体地位,聚焦人民实践创造,自觉地把学术追求同国家和民族发展紧紧联系在一起,努力多出经得起实践、人民、历史检验的研究成果。

第六个原则是,要加强哲学社会科学之间以及哲学社会科学与自然科学之间的交叉合作。要处理好学习与借鉴之间的关系。不论是学习还是借鉴,都必须建立在自己潜心钻研、精心刻苦的基础上。这就要求从事哲学社会科学的同志要具有世界眼光、中国情怀和时代特征;要具有宽广的胸怀,包容的心态;要坚持以“创新、协调、绿色、开放、共享”五大发展理念为指导,不忘本来、吸收外来、面向未来;要加强哲学社会科学的管理创新、制度创新和机制创新,营造一个有利于哲学社会科学之间以及其与自然科学之间交叉合作的氛围和制度体系及运行机制,加快构建中国特色哲学社会科学学科体系、学术体系和话语体系。

其实,还应有个原则,就是必须坚持中国共产党对构建中国特色哲学社会科学的全面领导。由于这点是天经地义、不言而喻的,在这里就不赘述了。

参考文献:

[1] 习近平在中国共产党第十九次全国代表大会上的讲话(2017 年 10 月 18 日)

[2]《习近平在哲学社会科学工作座谈会上的讲话》(2016 年 5 月 17 日)

[3]《习近平在全国宣传思想工作会议上的讲话》(2013 年 8 月 19 日)

[4]《习近平在文艺工作座谈会上的讲话》(2014 年 10 月 15 日)

[5]《习近平在党的新闻舆论工作座谈会上的讲话》(2016 年 2 月 19 日)

[6]《习近平在网络安全与信息化工作座谈会上的讲话》(2016 年 4 月 19 日)

[7]《习近平在全国高校思政工作会议上的讲话》(2016 年 12 月 7 日)

[8]《中共中央关于构建中国特色哲学社会科学的意见》【中发(2017)8 号文件】

[9] 习近平《决胜全面建设小康社会　夺取新时代中国特色社会主义伟大胜利》《求是》2017 年第 21 期 P3-28 页

新时代我国社会主要矛盾的变与不变的辩证法

鲁世山

摘　要:中国特色社会主义进入新时代,我国社会主要矛盾已经转化为人民日益增长的美好生活需要和不平衡不充分的发展之间的矛盾。这一创新性的重大战略判断,既是符合我国社会发展历史阶段客观实际的真理性认识,又充分体现了新时代我国社会主要矛盾的内涵、产生的历史方位、解决的着力点等方面的"变"与我们党注重抓主要矛盾的传统、新时代我国社会主要矛盾在党和国家工作中的地位作用、对我国社会主义所处历史阶段的判断、解决的领导和依靠力量等方面"不变"的辩证法。

关键词:新时代;主要矛盾;历史方位

在十九大报告中,习近平总书记深刻指出,中国特色社会主义进入新时代,我国社会主要矛盾已经转化为人民日益增长的美好生活需要和不平衡不充分的发展之间的矛盾。这一创新性的重大战略判断,全面、准确地反映了进入新时代我国社会主要矛盾所发生的历史性变化,是符合我国社会发展历史阶段客观实际的真理性认识。学习贯彻十九大精神,需要对新时代我国社会主要矛盾进行全面而深入的解读,理解蕴含其中的变与不变的辩证法。

一、新时代我国社会主要矛盾的历史性变化

马克思主义认为,世界上的一切事物无不处在运动变化发展之中,辩证法不承认任何一成不变的东西,除了发展和变化,什么都不存在。我国社会主要矛盾也不例外,在革命、建设和改革的不同时期,我国社会的主要矛盾都有所不同。特别是经过改革开放近40年的发展,中国特色社会主义初级阶段

作者简介:鲁世山(1964—),男,陆军党的创新理论学习研究中心研究员,陆军炮兵防空兵学院教授。

的主要矛盾时至今日已发生了历史性的变化。

（一）新时代我国社会主要矛盾的内涵发生了历史性变化

新时代我国社会主要矛盾是相对于此前阶段的改革开放新时期我国社会主要矛盾而言的。

以1978年党的十届三中全会为标志，我国社会进入了改革开放和中国特色社会主义建设新时期。十一届三中全会明确提出把全党工作的着重点和全国人民的注意力转移到社会主义现代化建设上来。1981年党的十一届六中全会明确指出："我国所要解决的主要矛盾，是人民日益增长的物质文化需要同落后的社会生产之间的矛盾。"此后，直至十八大的党的多次代表大会都重申我国社会这一主要矛盾。这一主要矛盾的内涵包括两个方面：一方面是落后的社会生产，它是这一主要矛盾的矛盾主要方面，它的解决决定着次要方面的解决；另一方面是人民日益增长的物质文化需要，它是矛盾的次要方面，若落后的社会生产问题解决不好，人民日益增长的物质文化需要就不可能得到满足。因此，为解决这一主要矛盾，我们党紧紧抓住矛盾的主要方面，以经济建设为中心，大力发展社会生产力。经过近40年的量的积累和一次次阶段性部分质变，中国特色社会主义进入了新时代，我国社会主要矛盾的内涵已经发生了历史性变化，表现在主要矛盾的主次方面都发生了转化。

从矛盾的主要方面看，我国社会生产力水平总体上显著提高，我国GDP总量已经稳居世界第二，社会生产能力在很多方面已进入世界前列，如果还用"落后的社会生产"来概括，已经不是我国社会发展进入中国特色社会主义新时代的准确而客观的反映。但是，这并不是说，进入中国特色社会主义新时代我国社会主要矛盾的矛盾主要方面已经全部解决好而没有一点问题了，而是矛盾主要方面已经呈现出新情况、新问题，在经历了近40年的发展之后，更加突出的问题是发展不平衡不充分，存在着区域之间、城乡之间、部门之间、领域之间、群体之间等不平衡，包括经济、政治、文化、社会、生态等方面发展在内的发展不充分的问题，这已经成为满足人民日益增长的美好生活需要的主要制约因素。矛盾的这一方面若解决不好，不仅影响着我国经济社会科学发展、可持续发展，而且直接影响着人民对美好生活需要的实现。因此，进入中国特色社会主义新时代，我国社会主要矛盾的矛盾主要方面已经由"落后的社会生产"转化为"不平衡不充分的发展"。

从主要矛盾的矛盾次要方面看，改革开放以来，我们党通过大力发展社会生产力和大力推进中国特色社会主义文化建设，物质文化的生产能力和生产水平大大提高。同时，我们党深入贯彻以人民为中心的发展思想，大力实行富民政策，一大批惠民举措落地实施，民生不断改善，人民获得感显著增强，物质文化生活水平显著提高，我国稳定解决了十几亿人的温饱问题，总体上实现小康，不久将全面建成小康社会。这就是说，经过改革开放近40年的发展，我国社会主要矛盾的矛盾次要方面已经基本解决。但是，人民对美好生活的需要是不断向前发展的，人民对美好生活的需要日益广泛，这不仅表现在对物质文化生活需要的层次提出了更高要求，而且表现在生活需求的面也越来越广泛，在民主、法治、公平、正义、安全、环境等方面的要求日益增长。可见，进入中国特色社会主义新时代，我国社会主要矛盾的矛盾次要方面已由“人民日益增长的物质文化需要”转化为“人民日益增长的美好生活需要”。这样，我国社会主要矛盾已经由过去的“人民日益增长的物质文化需要同落后的社会生产之间的矛盾”转化为新时代的“人民日益增长的美好生活需要和不平衡不充分的发展之间的矛盾”。

（二）新时代我国社会主要矛盾产生的历史方位发生了历史性变化

习近平总书记在十九大报告中指出，经过长期努力，中国特色社会主义进入了新时代，这是我国发展新的历史方位。这一重要论述，深刻揭示了新时代我国社会主要矛盾发生历史性变化的时代根基。

所谓历史方位，是指国家在自身发展和世界历史发展进程中所处的地位、环境和条件。准确判断国家的历史方位，必须从本国和世界的历史、现状和未来着眼。

改革开放之初，我们党在重新确立我国社会主要矛盾时，我国社会发展的历史方位是，我国的经济总量规模很小，经济发展起点比较低，人口基数庞大，科学教育文化事业比较落后，技术和生产水平较低，综合国力不强。1978年，我国国内生产总值位列世界第十位，人均国内生产总值只有381元，世界银行统计数据表明我国人均国民总收入只有190美元，我国总体上属于低收入国家。在当时具体历史条件下，我国社会发展比较偏重于经济发展的速度。总之，中国特色社会主义处于发展的初始阶段。正是根据我国发展的这一历史方位，我们党把“人民日益增长的物质文化需要同落后的社会生产之间的矛盾”确立为我国社会的主要矛盾。

但是，历史方位不是固定不变的，它随着国家经济社会的发展而变化。改革开放以来，我们党制定了一整套符合我国社会主义初级阶段国情的路线方针政策，经济社会得到了快速发展。我国的经济总量连上新台阶，综合国力大幅提升。国内生产总值由1978年的3645亿元迅速跃升至2012年的519470亿元。其中，用了8年时间，到1986年国内生产总值跃升到1万亿元大关；用了5年时间，到1991年上升到2万亿元；用了10年时间，到2001年超过10万亿元大关，10年间平均每年上升近1万亿元；此后5年，平均每年上升2万亿元,2006年国内生产总值超过20万亿元;之后每2年上升10万亿元,2012年国内生产总值已接近52万亿元。这期间,我们党根据执政不同阶段的情况,为适应国内外形势和环境的变化,不断提出新的具体目标和任务,这是党对我国发展历史方位所作的较小范围的调整和变化。2012年党的十八大以来的5年,我们党和国家坚定不移地贯彻新发展理念,坚决端正发展观念,转变发展方式,发展质量和效益不断提升。经济保持中高速增长,在世界主要国家中名列前茅,国内生产总值从2012年的52万亿元增长到2017年的80万亿元,稳居世界第二,对世界经济增长的贡献率超过30%。我国的经济结构不断优化,区域发展协调性增强,创新型国家建设成果丰硕,对外贸易、对外投资、外汇储备稳居世界前列。我国经济实力、科技实力、国防实力、综合国力进入世界前列,推动我国国际地位实现前所未有的提升,党的面貌、国家的面貌、人民的面貌、军队的面貌、中华民族的面貌发生了前所未有的变化,中华民族正以崭新姿态屹立于世界的东方。总之,正如习近平总书记在十九大报告中所指出的,经过长期努力,中国特色社会主义进入了新时代,这是我国发展新的历史方位。这一新的历史方位,正是我们党作出"我国社会主要矛盾已经转化为人民日益增长的美好生活需要和不平衡不充分的发展之间的矛盾"这一全局性的创造性的战略判断新的根本依据。

(三)新时代我国社会主要矛盾解决的着力点发生了历史性变化

中国共产党人的初心和使命是为中国人民谋幸福,为中华民族谋复兴。过去,我国社会主要矛盾是人民日益增长的物质文化需要同落后的社会生产之间的矛盾,对人民日益增长的物质文化需要,不能抑制,只能保护并尽力帮助其实现。因此,为满足人民日益增长的物质文化需要,只能通过重点解决落后的社会生产来实现。为此,我们党工作的重心和着力点就是要紧紧抓住经济建设,大力解放和发展生产力,不断提高物质文化生产水平,高度重视经济增长速度,甚至在一些地方一度出现"GDP崇拜"现象。紧紧抓住经济建设这个中心工作是完全正确的,它带来了我国综合国力大幅度跃升,人民物质文化生活水平大幅度提高,全国绝大多数群众物质文化生活实现了由贫困到温饱、由温饱到小康、由小康到全面小康的飞跃。

但是,随着我国经济社会发展和综合国力大幅度提高,人民群众的物质文化需要基本得到满足之后,对生活提出了更高更美好的向往和需要,由此带来了我国社会主要矛盾发生了历史性转化,随着主要矛盾的矛盾次要方面由人民日益增长的物质文化需要转化为人民日益增长的美好生活需要,主要矛盾的矛盾主要方面由落后的社会生产转化为不平衡不充分的发展,为解决好新时代我国社会这对变化了的主要矛盾,必须重点抓住矛盾的主要方面,由此带来了党和国家工作着力点的变化。这就是,在中国特色社会主义新时代,解决我国社会主要矛盾的基点仍然是立足于发展,但是,发展的内涵和外延都发生了历史性变化,从发展内涵的要求看,要大力提升发展质量和效益;从发展外延的要求看,要更好满足人民在经济、政治、文化、社会、生态等方面日益增长的需要,更好地推动人的全面发展、社会全面进步。

二、新时代我国社会主要矛盾的不变因素

毛泽东同志深刻地指出:“无论什么事物的运动都采取两种状态,相对地静止的状态和显著地变动的状态。”[①]新时代我国社会主要矛盾既有显著地变动的状态即变的一面,还有相对地静止的状态即不变的一面。

(一)新时代我们党紧紧抓准社会主要矛盾的光荣传统没有变

抓主要矛盾的工作方法是我们党宝贵的传家宝。毛泽东同志深刻地指出:“研究任何过程,如果是存在着两个以上矛盾的复杂过程的话,就要用全力找出它的主要矛盾。捉住了这个主要矛盾,一切问题就迎刃而解了。”[②]他还批评道:“万千的学问家和实行家,不懂得这种方法,结果如堕烟海,找不到中心,也就找不到解决矛盾的方法。”[③]这种高度重视抓住主要矛盾的思想和方法一直指导并贯穿于中国革命、建设和改革的全过程。

在革命战争年代,我们党总是能够正确地认识每个历史阶段的方位,准确抓住各个不同历史阶段的主要矛盾并正确而有效地解决主要矛盾,最终夺取了中国革命的伟大胜利。在第一次国内革命战争时期,年轻的中国共产党准确地抓住了中国社会主要矛盾是人民大众同封建军阀和帝国主义的矛盾,为解决这一主要矛盾,中国共产党实行了与中国国民党合作的政策,共同打倒封建军阀。北伐战争胜利后,蒋介石发动“四一二”反革命政变、汪精卫发动“七一五”反革命政变,破坏国共合作,大肆屠杀共产党人,中国革命进入土地革命战争时期,我们党及时地认识到我国社会主要矛盾已经转化为代表中国人民利益的共产党和代表大地主大资产阶级利益的国民党反动派之间的矛盾。为了解决这一主要矛盾,开始了武装反抗国民党反动派的斗争。抗日战争爆发后,我们党及时而正确地认识到中华民族和日本帝国主义的矛盾上

① 《毛泽东选集》第1卷,人民出版社1991年版,第332页。
② 《毛泽东选集》第1卷,人民出版社1991年版,第322页。
③ 《毛泽东选集》第1卷,人民出版社1991年版,第322页。

升为我国社会的主要矛盾,为解决这一主要矛盾,我们党果断提出,团结一切可以团结的力量,结成最广泛的抗日民族统一战线,团结和带领中国人民经过八年艰苦卓绝的伟大斗争,取得了抗日战争的伟大胜利。抗日战争胜利后,国民党反动派不顾全国人民期盼和平民主的愿望,悍然挑起了全面内战,中国革命进入解放战争时期,我们党及时指出中国社会主要矛盾已经转化为中国共产党领导的广大中国人民同美帝国主义支持的国民党反动派之间的矛盾,为解决这一主要矛盾,我们党领导人民开展了三年解放战争,彻底推翻了长期压在中国人民头上的帝国主义、封建主义、官僚资本主义三座大山,解放了除沿海少数岛屿之外的全中国。

新中国成立之后,我们党仍然高度重视社会的主要矛盾。1956 年党的八大明确提出我们社会的主要矛盾是"人民对于建立先进工业国的要求同落后的农业国的现实之间的矛盾,已经是人民对于经济文化迅速发展的需要同当前经济文化不能满足人民需要的状况之间的矛盾"。这个判断是正确的,可惜好景不长,1962 年党的八届十中全会错误地改变了对这个主要矛盾的看法,认为无产阶级同资产阶级的矛盾为整个社会主义历史阶段的主要矛盾,由于对我国社会主要矛盾认识发生了偏差,带来了党和国家工作重点的错误转移,产生了以阶级斗争为纲的错误指导,严重影响了我国经济社会发展,从而严重影响了我国社会主要矛盾的解决。1978 年党的十一届三中全会明确提出把全党工作的着重点和全国人民的注意力转移到社会主义现代化建设上来。1981 年党的十一届六中全会明确指出:"我国所要解决的主要矛盾,是人民日益增长的物质文化需要同落后的社会生产之间的矛盾。"此后,党的十三大、十五大、十六大、十七大、十八大都重申了我国社会这一主要矛盾,始终传承注重抓我国社会主要矛盾这一光荣传统。

经历改革开放近 40 年的发展,虽然我国社会主要矛盾的具体内涵已经发生了转化,但是习近平总书记在党的十九大报告中所作的全新概括,充分体现出我们党抓主要矛盾的传统没有变。正因为我国社会的主要矛盾已经发生了转化,若还是把过去的主要矛盾仍然当成新时代已经发生转化了的主要矛盾,那就无法抓住真正的主要矛盾,习近平总书记在十九大报告中及时作出这一重大、全新的战略判断,正是我们党高度重视并善于及时而准确地抓住我国社会主要矛盾的生动体现,充分说明新时代我们党注重准确抓我国社会主要矛盾的光荣传统不仅没有变,而且进一步弘扬光大。

(二)新时代我国社会主要矛盾在党和国家工作中的地位作用没有变

毛泽东曾深刻指出:"在复杂的事物的发展过程中,有许多矛盾的存在,其中必有一种是主要的矛盾,由于它的存在和发展规定和影响着其他矛盾的存在和发展。”[①]主要矛盾在复杂事物发展过程中“起着领导的、决定的作用,其他则处于次要和服从的地位”[②]。这就是说,无论处于什么时代,革命战争年代也好,社会主义建设时期和改革开放新时期也好,只要是该时代的主要矛盾,其在党和国家工作中必然处于支配地位,起着领导和决定的作用,主要矛盾解决不好,其他矛盾就难以正确解决。

当前,我国社会已经进入中国特色社会主义新时代。经过建国68年特别是改革开放近40年的建设发展,我国社会发生了翻天覆地的历史性变化,尤其是党的十八大5年来,党和国家事业全面开创新局面,经济建设取得重大成就,全面深化改革取得重大突破,民主法治建设迈出重大步伐,思想文化建设取得重大进展,人民生活不断改善,生态文明建设成效显著,强军兴军开创新局面,港澳台工作取得新进展,全方位外交布局深入展开,全面从严治党成效卓著,取得了全方位的、开创性的成就,实现了深层次的、根本性的变革。但是,正如习近平总书记在十九大报告中所总结的,我们的工作还存在许多不足,也面临不少困难和挑战。主要是:发展不平衡不充分的一些突出问题尚未解决,发展质量和效益还不高,创新能力不够强,实体经济水平有待提高,生态环境保护任重道远;民生领域还有不少短板,脱贫攻坚任务艰巨,城乡区域发展和收入分配差距依然较大,群众在就业、教育、医疗、居住、养老等方面面临不少难题;社会文明水平尚需提高;社会矛盾和问题交织叠加,全面依法治国任务依然繁重,国家治理体系和治理能力有待加强;意识形态领域斗争依然复杂,国家安全面临新情况;一些改革部署和重大政策措施需要进一步落实;党的建设方面还存在不少薄弱环节。

可见,进入中国特色社会主义新时代,我国社会存在的矛盾和问题仍然纷繁复杂,而且必须着力加以解决。但是,这些矛盾在党和国家工作中的地位和作用是不同的,绝大部分矛盾都是次要矛盾,处于被支配地位和被决定作用。只有人民日益增长的美好生活需要和不平衡不充分的发展之间的矛盾是我国社会主要矛盾,这对矛盾不解决或解决不好,决定着其他矛盾的解决,因此,尽管新时代我国社会主要矛盾的内涵已经发生转化,但是,它在党和国家工作中的支配和主导地位、发挥的决定作用没有变。

(三)新时代我国社会主要矛盾的变化对我国社会主义所处历史阶段的判断没有变

我们党团结带领人民进行28年浴血奋战的新民主主义革命,先后经历了

① 《毛泽东选集》第1卷,人民出版社1991年版,第320页。

② 《毛泽东选集》第1卷,人民出版社1991年版,第322页。

第一次国内革命战争、土地革命战争、抗日战争和解放战争四个历史时期,之所以划分为四个不同的历史时期,就是因为每个历史时期我国社会主要矛盾不同。尽管有四个历史时期的划分,尽管每个历史时期我国社会主要矛盾都发生了变化,但是,我们党对我国社会所处的新民主主义革命这个大的历史阶段的判断没有变,这是由新民主主义革命的性质和总任务所决定的。

同样,社会主义初级阶段是一个大的历史阶段,它是由我国的基本国情所决定的,只要社会主义初级阶段的基本国情没有变,我国就将仍然处于社会主义初级阶段。但是,这个大的历史阶段又可划分为若干个不同的历史时代,因为量变积累达到一定的程度,必然会发生阶段性部分质变,这个阶段性部分质变的表现就是每个历史时代主要矛盾发生了变化,但是这种阶段性部分质变及其所带来的各个历史时代社会主要矛盾的变化并没有改变社会主义初级阶段的总目标、总任务和基本国情,因而,正如习近平总书记在十九大报告中所指出的,必须认识到,我国社会主要矛盾的变化,没有改变我们对我国社会主义所处历史阶段的判断,我国仍处于并将长期处于社会主义初级阶段的基本国情没有变,我国是世界最大发展中国家的国际地位没有变。为此,全党要牢牢把握社会主义初级阶段这个基本国情,牢牢立足社会主义初级阶段这个最大实际,牢牢坚持党的基本路线这个党和国家的生命线、人民的幸福线。

(四)新时代我国社会主要矛盾解决的领导和依靠力量没有变

社会主要矛盾是需要党和国家集中主要力量加以解决的矛盾。主要力量来自何处?谁来领导?这些问题如果认识不清、解决不好,社会主要矛盾就无法解决好。

我们党在96年的奋斗历程中,无论是革命、建设、改革的每个历史时期及其不同发展阶段对我国社会主要矛盾的判断,还是动员和集中各方面力量对主要矛盾的解决,都充分发挥了领导的作用。进入中国特色社会主义新时代,中国共产党适时地对我国社会主要矛盾作出全新的准确的战略判断,而不是其他党派、团体和个人提出这个带全局性、历史性的战略判断。可见,我们党在新时代我国社会主要矛盾的提出上充分发挥了领导作用。同样,这一主要矛盾的解决也只能由中国共产党来领导。正如习近平总书记在十九大报告中所明确指出的,我们党要团结带领人民有效应对重大挑战、抵御重大风险、克服重大阻力、解决重大矛盾。“解决重大矛盾”当然包括我们党领导和带领人民解决新时代我国社会主要矛盾。他所强调的坚持党对一切工作的领导,当然包括对解决新时代我国社会主要矛盾的领导。在解决新时代我国社会主要矛盾中,党必须继续发挥主心骨作用,不断增强党的政治领导力、思想引领力、群众组织力和社会号召力,切实解决发展不平衡不充分的问题,人民日益增长的美好生活需要才能得到满足。

人民群众是历史的创造者,解决新时代我国社会主要矛盾必须紧紧依靠人民群众。人民群众不仅是美好生活的需要者、享用者,也是美好生活的生产者、提供者。我们党历来善于凝聚人民、依靠人民解决我国社会主要矛盾,善于解放人民的创造力量去破解解决主要矛盾过程中出现的各种困难和挑战。解决发展不平衡不充分的问题,党和国家研究制定的路线方针政策和重大决策要依靠人民群众的聪明智慧,党的路线方针政策和重大战略决策的落地落实要依靠人民群众的伟大力量,党的路线方针政策的检验要依靠人民群众的伟大实践。一言以蔽之,人民群众依然是解决新时代我国社会主要矛盾的依靠力量没有变。

综上,新时代我国社会主要矛盾是变与不变的矛盾统一体。变化是常态,不变是根本。党和国家工作的着力点要紧紧抓住关系全局的发生了历史性变化的新时代我国社会主要矛盾,夺取全面建成小康社会的决定性胜利,为第二个百年奋斗目标的实现奠定坚实的基础,更好地推动人的全面发展和社会的全面进步。

区域公共治理合作中的价值困境及策略选择

——以长三角区域为例

倪永贵

摘　要:新世纪以来,经济社会发展呈现区域化态势,区域公共事务也随之急剧增加,区域治理合作成为必要。不过,在社会实践中,区域公共治理合作时常遭遇困境,合作成效并不理想。造成这种情况的原因是多方面的,而价值则是最重要的因素。区域公共治理合作的价值困境体现在价值理念矛盾、价值目标偏位、价值标准错位和价值思维匮乏等方面。破解区域公共治理合作的价值困境之道,不仅需要重塑价值理念,培育正确的价值取向,而且要构建公平合理的利益平衡机制,建立健全制度体系,确保区域公共治理合作有序发展,合作效果有效实现。

关键词:区域公共治理;合作;价值困境;策略

新世纪以来,随着科技的飞速进步,以及市场经济的不断发展,地区之间联系愈加紧密,经济社会发展呈现区域化态势;而同时,高度复杂性和高度不确定性的风险因素也随之逐渐增多,跨界公共危机频繁发生,使得区域公共治理问题凸显,区域合作成为必要。为此,党的十八届三中全会提出要"完善和发展中国特色社会主义制度,推进国家治理体系和治理能力现代化"。而从总体上看,国家是若干具有不同特征的区域组成,所以说推进区域治理现代化是优化国家治理体系、提升国家治理能力的重要举措。而要实现区域治理现代化,积极开展区域合作则是重要的途径。然而,近年来,尽管经过不断探索与发展,我国区域治理合作也取得了较大进步,但是总体而言,合作效果并不理想,还存在一些亟待解决的问题。

从社会心理学的角度看,任何社会行动都是基于一定的价值观念而产生的,所以作为集体社会行动的区域公共治理合作,虽然影响其发展的因素多

作者简介:倪永贵,(1974—),男,安徽太和人,博士,阜阳师范学院政法学院教师,从事区域合作治理、政府组织改革等方面研究。

种多样,但是从根本上讲,价值则是最关键的因素。价值贯穿于整个合作行动之中,作为内在尺度,必然对治理主体的观念形成和社会活动产生影响作用。调查研究发现,我国区域合作之所以遭遇"集体行动困境",究其原因就在于价值层面出现了问题。因此,探讨我国区域公共治理合作的内在发展规律,寻找破解合作价值困境之道,不仅具有重要的理论意义,而且具有极强的现实意义。

一、我国区域公共治理合作价值困境表现

美国学者约翰·D. 多纳林和理查德·J. 泽克豪泽认为,合作的本质是共享裁量权,合作治理是委托代理关系的一种,政府是委托者,私人参与者是代理者,共享裁量权是合作治理的标志特征①。所以,一般地说,区域公共治理合作,就是指区域内的政府、社会组织、私人部门和公民个人等治理主体,为实现区域公共利益最大化,在区域公共事务治理中,以平等协商的方式进行的共享裁量权的集体行动。

价值是一个被广泛应用于日常生活、工作和科学研究的词语,含义丰富复杂,可谓是仁者见仁智者见智。李秀林等学者认为:"价值不是某种实体,而是主体和客体之间特定的关系,即客体以其属性满足主体需要和主体需要被客体满足的效益关系。"②从深层考察看,区域治理合作行动必然蕴含一定的价值意识,践行一定的价值理念,追求一定的价值目标,体现一定的价值取向。"价值既决定着整个世界的意义,也决定着每个人、每个事件和每种行为的意义。"③价值表示"应当如何"的状态,对区域治理合作的生成、发展都产生重要的指引和规范等作用。

长三角区域苏浙沪皖三省一市,地缘相攘,人缘相亲,经济相融,人员往来频繁。近年来在旅游、食安和交通等方面也达成共识,取得了显著的合作成效。但是,总体而言,长三角区域治理合作共识达成过程中还存在不少问题,真正达成合作价值共识还面临诸多困境。从现实情况来看,长三角区域治理合作价值共识达成困境主要体现为:在区域治理合作中价值理念冲突、价值目标错位、价值标准偏位和价值思维缺位等方面。

---

① (美)约翰·D. 多纳林和理查德·J. 泽克豪泽:《合作:激变时代的合作治理》,徐维译,北京,中国政法大学出版社,2015 年版,第 246 页。

② 李秀林主编《辩证唯物主义和历史唯物主义原理》,中国人民大学出版社,2004 年版,第 306 页。

③ (俄)尼古拉·洛斯基:《存在与价值》,张雅平译,上海:华东师范大学出版社,2015 年版,第 1 页。

（一）价值理念矛盾

长三角区域苏浙沪皖三省一市地理区位不同，资源禀赋存在差异，经济发展水平呈现不平衡性，上海经济实力雄厚，社会发展水平较高，苏浙两省稍微次之，而安徽省则与其他地区有明显差距。这种情况使得各方对区域合作的价值期待并不相同。对于上海而言，由于经济发达，环保意识较强，在经济建设的时候会优先考虑生态环境，参与合作的首要目的是防治环境污染，保障资源能源供给，扩大市场规模，提高自身竞争力。而对于苏浙皖来说，尤其是对于安徽省而言，经济基础相对薄弱，发展经济是首先要考虑的头等大事，所以参与合作的目的则是利用发达地区的优势资源，促进本地区经济社会快速发展。参与区域合作的价值理念不同，或者说参与合作的出发点不同，这势必影响合作的效果。另外，从治理主体的视角看，沿海发达地区经济基础较好，政府部门服务合作意识较强，而内地一些地方政府部门官僚作风较为浓重，思想守旧，公共精神不足，服务理念不强，这也严重妨碍了合作的有效开展。治理主体在价值理念上相矛盾，想法不一致，合作自然无法真正实现。

（二）价值目标错位

价值目标是影响合作共识达成的重要因素。只有价值目标一致，合作各方才有可能达成共识，合作才能取得成功。从总体上讲，区域公共治理合作过程中，主要有两个价值目标，即公共价值目标和局部价值目标。公共价值目标是区域整体性价值目标，局部价值目标则是地方或部门团体追求的价值目标。例如，优化资源配置，保护生态环境，增进区域公共利益，是长三角区域的公共价值目标；而区域内的各个行政区政府或部门机构也有自己的目标追求。从根本上讲，公共价值目标与区域中的每个地方、每个群体，甚至每个居民都密切相关。因此，从某种程度上讲，公共价值目标是局部价值目标的重叠部分。不过，在区域公共治理实践中，治理主体通常并不能妥善处理两者的辩证关系，甚至为了谋求局部价值最大化而损害公共价值。例如，尽管国务院早已发布《长江三角洲区域规划》，但是各个地方的发展规划仍不能有效衔接，从一定程度上反映长三角区域合作中的价值目标错位现象。在政府层面，由于长三角区域各级地方政府都热衷于成效比较明显的经济合作，而对生态环保治理合作表现冷淡，积极性明显不高。在社会层面，一些企业、社会团体和个人为了追求利润最大化而排放污染物，破坏区域生态环境，无视区域公共价值目标。合作主体公共意识不强，各自谋取自我利益最大化，通常导致区域公共治理合作开展不畅。

（三）价值标准偏位

随着我国改革开放的深入推进和市场经济体制的逐步发展，经济至上的功利主义思潮在社会中不断蔓延,影响了人们的思想观念,也导致社会价值评价标准发生异化。当前,社会中普遍以物化的经济利益作为衡量成败得失的标准,经济增长也成为考核主政官员的主要指标,价值标准功利化渗透于社会生活的各个方面。价值标准功利化倾向就是以经济实用最大化作为价值衡量的主要标准,而轻视精神理念价值的重要意义,公共价值关怀不足,追求短期治理成果,缺少全面而长远的战略眼光。长三角区域治理合作中的价值标准偏位主要表现为:地方政府合作功利化现象严重,有利才合作,对政府应承担的职责认识不够,忽视区域公共价值的意义,也欠缺对终极理想的关怀。例如,为了促进本地区的经济快速发展,长三角区域各个城市都加强经济建设,出台优惠政策招商引资,相互争夺经济发展资源,无视区域整体利益而不断进行重复建设,导致区域经济结构严重同质化,造成人、财、物的大量浪费。

(四)价值思维匮乏

人类的社会行动总受一定的思维方式支配,区域公共治理合作也不例外。一般地说,人类思维方式分为实体思维和价值思维。实体思维把主体与客体、主观与客观割裂开来,孤立地、片面地、静止地观察世界。与实体思维不同,价值思维是一种属人的、以主体尺度为根据的、多向度的个性化的主体性思维,它主张以联系的、全面的和发展的眼光辩证地观察世界,是主体向度的"关系思维"。就区域治理合作而言,价值思维应该是以创造公共价值作为基础,尽可能地谋求区域经济价值、文化价值、社会价值和生态价值最大化,实现"幸福长三角"之目的。不过,从目前长三角区域治理合作的实际情况看,更多的还是表现为实体思维,而欠缺价值思维。在长三角区域内,不管是省级层面的苏浙沪皖三省一市,还是市级层面的合作单位城市,基本上把 GDP 数量增长看作头等大事,而缺少对区域内的"现实的人"这一主体的关爱,城市发展规划缺少区域整体统一性,各自为政的局面没有改变。笔者调研发现,在江苏省与浙江省的交界处(江苏省的七都镇、震泽镇等与浙江省的织里镇和南浔镇)交界处,还建有妨碍车辆往来的水泥墩或栏杆,这种现状在一定程度上反映了地方政府行政思维的封闭性,明显不符合价值思维的开放性要求。

二、区域公共治理合作价值困境产生的原因

(一)利益因素诱使

马克思指出:"人们奋斗所争取的一切,都同他们的利益有关。"[①]生活于

① 《马克思恩格斯全集(第一卷)》,人民出版社,1960 年版,第 82 页。

现实社会中的人们都是基于一定的利益诉求进行社会行动的。长三角区域治理合作中的价值共识不易达成,出现价值困境,经济因素也是关键。从一定意义上讲,政府、企业、社会组织和个人都是长三角区域治理合作的主体,由于各自的社会地位和所处环境不同,利益诉求也不同。而如果治理主体从自身利益最大化的角度考虑问题,那么价值观念和思想认识也就会不同,所以也就难以达成共识。就政府言,在省级层面存在苏浙沪皖四个行政单位,各省市在资源禀赋、科技水平和区位优势有明显不同,经济发展水平也有差异,所以四省市政府考虑问题的出发点也会不同,规划发展目标自然不一样,这就有可能影响价值共识的形成。在市级层面,长三角区域所辖二三十个城市,经济社会发展水平差别也大,利益诉求也是不同。长三角区域合作进行了将近20年,一些治理问题也协商了多年,没有实质性进展,其中的缘由或许是利益使然。除了政府部门以外,企业、社会团体和居民等都是长三角区域的利益相关者,他们都有各自的利益诉求和价值目标。在自身利益最大化驱使下,倘若不能有效协调主体之间的利益关系,则势必产生不良竞争,影响合作进展。

(二)价值理性缺失

从价值自身的角度看,区域公共治理合作的价值困境在于价值理性的缺失。理性是人类在认识世界和改造世界的活动中所表现出来的思维特征和行为方式。德国社会学家马克斯·韦伯把理性划分为形式理性和实体理性,即工具理性与价值理性两部分。在人类社会发展中,工具理性与价值理性都很重要,不可偏废。工具理性崇尚科技,具有明显的功利化倾向,谋求形式合理性,追求效率最大化。但是近代以来,随着科学技术的作用日益凸显,极大地促进了人类文明进步,同时也使得人们对它的顶礼膜拜,工具理性主义占据社会思想领域的统治地位,而价值理性主义被边缘化,甚至被忽视。诚然,工具理性也有其合理性,人类社会发展也不能离开它。不过,如果过分强调工具理性而忽视价值理性,那就是错误的。总体来看,在长三角区域公共治理合作中,工具理性还是偏重,而价值理性缺失。长三角区域治理合作中的价值理性缺失,主要表现为各个治理主体在合作治理中不能从区域公共价值角度考虑问题,欠缺对公共性价值的深度思考。例如,目前,长三角区域一些地方政府强调经济效率,一味追求地方GDP的增长,热衷于各种经济数据的攀比,大搞形象工程,轻视生态环境和社会民主建设,对人民群众急切关心的实际问题关怀不够。例如,早在20世纪90年代初期,太湖就暴发过严重的蓝藻,引发太湖治理问题。但是在接下来的将近10年里,太湖蓝藻问题并没有成为长三角城市经济协调会的中心议题。其中原因不难理解,就是大家都关注各自的经济利益，片面谋求本地方的经济发展，而忽视区域公共环境问题。直到2007年5月，太湖蓝藻事件爆发，引起中央领导高度重视，太湖流域水环境治理合作才得以有效开展。个别政府部门领导循规蹈矩，形式主义思想浓重，法制理念欠缺，合作创新意识不强。价值理性缺失会导致价值思维缺乏，进而导致价值目标错位和价值认识偏差，造成区域公共治理合作共识难以取得实质性效果。

（三）制度不完善

任何制度体系都体现着一定的价值理念和价值取向，而价值的贯彻落实也需要有效的制度作保障，两者统一于社会行动之中。同样，在区域公共治理合作行动中，价值与制度的关系也是密不可分的，地方政府之间合作价值共识的达成与落地，需要相应的制度进行保障；而制度缺失或者不合时宜，也会影响合作有效开展。从一定意义上讲，当前我国区域公共治理合作之所以出现价值困境，与制度体系不健全有很大关系。例如，尽管我国区域合作开展多年，但是至今还没有出台专门的法律规范，也没有建立起有效的合作绩效评价制度和奖惩激励制度。另外，由于传统计划经济体制的影响，长期以来我国政府管理体制中还存在"条块分割"的矛盾，地方政府之间、各个政府部门之间，以及政府与社会之间缺乏必要的信息沟通，导致信息不对称，出现信任危机，从而妨害了区域公共治理合作开展。就长三角区域而言，从行政关系看，该区域苏浙沪皖四省市是平等关系，互不隶属，并且各自都有管辖的行政区，每个行政区又包含若干具有不同利益诉求的辖区和行业部门。在缺少监管条件下，一些地方政府部门或行业部门往往为了一己私利想方设法"搭便车"和"寻租"，甚至人为妨碍交流合作，影响区域治理现代化的推进。

三、破解区域治理合作价值困境的途径

（一）重塑价值理念，积极培育区域合作共识

1. 加强教育宣传，提高合作价值认识

"价值观是引导和判断行为及政策的标准、原则及衡量尺度。"[①]在长三角区域治理合作中，由于价值理念相左，观点差异大，沟通协商困难，所以也无法真正取得成功。所以，加强宣传教育，提高觉悟认识，重塑区域价值理念，

① （荷）米歇尔·S. 德·弗里斯、金判锡：《公共行政中的价值观与美德：比较研究视角》，中国人民大学出版社，2014年版，第277页。

应该是一项紧迫任务。为此，首先，有关部门和组织要积极利用广播电视、互联网和报刊等传播媒介，采取人民群众喜闻乐见的形式，以社会主义核心价值观为支撑，积极宣传合作理念，培育互惠互利、合作共享的精神，增强区域合作价值共识，形塑命运共同体价值观，提高对区域合作重要性的认识，在长三角区域形成合作共赢的“场域”。其次，可以利用学校、社区讲堂等机构，有针对性地加强对相关政府人员、企业主和社会民众进行培训教育，传播法治知识，宣扬合作共赢理念，培养合作共治意识。另外，政府部门、企业、社会组织和居民个人等治理主体也应该自觉增强合作服务意识，积极参与区域治理合作。尤其是各级政府部门，要摈弃狭隘的地方保护主义观念，转变传统管理主义行政方式，积极构建以合作服务为核心的行政文化，坚持全心全意为人民服务宗旨，以“创新、协调、绿色、开放、共享”五大发展理念为引领，坚持正确的权力观和政绩观，树立整体意识、合作意识和服务意识，加强区域治理信息交流共享，协调区域治理事务，推进长三角区域经济社会持续稳步发展。

2. 树立合作理念，坚持正确价值取向

在一般意义上，价值取向是人们基于一定的价值立场，根据一定的价值标准在一定场合所表现出来的态度和行为倾向。价值取向决定行为方式，价值取向的正确与否，直接决定着人们的思想、行动的成败[①]。在我国区域公共治理合作中，应该树立合作价值理念，坚持正确的价值取向。(1)公利至上。就是要始终把区域公共利益和公共价值放在首位，不损害区域公共利益和公共价值，当公共利益与地方利益或个体利益发生冲突时，要牺牲地方利益或个体利益。(2)开放合作。开放合作是当今时代特征，也是实现长三角区域治理合作，推动经济社会良好发展的前提和基础。坚持开放合作的价值取向就是要具有大局意识，摈弃地方主义，破除行政区权限的旧思维，在坚持区域公共利益和公共价值的基础上，积极与其他省市进行信息共享，开展交流合作。(3)平等互信。平等互信是社会合作的重要基础，只有双方平等互信才能真正实现的合作。坚持平等互信的价值取向，就是要求在区域公共治理行动中，主体要平等相待，相互尊重，相互信任。(4)互利共赢。互利共赢不仅是区域合作交往的基础和动力，也是区域治理合作的目的，是区域治理合作成败的关键所在。强调共赢价值，就是倡导利益均衡和权责共担，以及责任与义务的对等。

(二)构建利益协调机制，奠定区域合作的坚实基础

利益问题是长三角区域治理合作的核心问题。在长三角区域治理合作

① 李建华:《公共治理与公共伦理》,长沙,湖南大学出版社,2008 年版,第 66 页。

过程中,主体之间的协商谈判和信息交流、合作组织的建构以及制度的形成,基本上都是围绕着一定利益进行的。近年来,长三角区域治理合作之所以出现困境,究其原因就在于没有妥善处理好各级政府之间,以及政府与企业之间和政府与社会之间的利益关系。"共同利益的协调机制与约束机制是长三角一体化建设的关键环节。"①可见,构建公平合理的利益协调机制是实现长三角区域治理合作的重要基础。从长三角区域合作治理实际情况看,构建利益协调机制主要包含利益表达机制和利益补偿机制等几个方面。

1. 拓宽交流渠道,构建畅通的利益表达机制

各级政府、企业、社会组织和公民个人都是长三角区域发展的利益相关者,在区域治理中都具有不可取代的重要地位。所以积极发扬民主精神,尊重每个利益相关者的正当利益诉求,使各个层面的利益能够得到充分表达和照顾,是长三角区域合作顺利发展的前提。为此,要健全法制,积极利用现代信息技术,建立、规范和拓宽利益表达和对话渠道,引导各个利益相关者以理性、合法的形式表达利益诉求,并通过一定程序把合理的利益诉求和建议整合到区域公共决策当中去,使利益诉求能够得到落地。既可以发挥会议、论坛和研究会等传统形式进行利益表达,也可以通过建立网络互动平台。

2. 构建政府引导、市场推动和社会参与的利益补偿机制

利益补偿就是对于在区域治理中的利益受损者给予对等的利益补偿,它是利益均衡机制的中心环节。合作的基础是互利共赢,所以要根据公平对等原则,受益者要对损益者给予补偿,否则,很难达到相互合作。为此,利益补偿需要在平等互利、公平公正的基础上,坚持谁受益、谁补偿原则,采取市场机制运行方式,把政府的宏观调控和社会积极参与有机统一起来。例如,作为新安江下游的浙江省由于享受水资源带来的益处,应该对利益受损的处于上游的安徽省给予相应的利益补偿,而补偿的主体当然是黄山等地的企业和农民。在微观层面,对于在社会生态环境治理中利益受损的企业和公民等利益相关者,要给予对等的经济补偿。

3. 建立促进区域均衡发展的各种基金

目前,在长三角区域治理合作中虽然在某些领域、某些方面建立了利益协调机制,但是还不健全。例如,尽管设置了长三角区域发展基金,但是该基金主要用于有关长三角区域课题的研究,对均衡区域发展似乎没有多大用途。我们可以学习借鉴欧盟区域治理和美国华盛顿大都市区治理的经

① 张颢瀚:《区域一体化转型与融合体制建设研究——以长三角一体化为例》,《南京政治学院学报》2013年第1期,第71页。

验，建立长三角区域合作发展基金，如长三角区域创新发展基金、长三角区域平衡发展基金和长三角区域环境治理基金等。基金费用主要来自成员缴纳的会员费和中央拨款，以及企业和个人的捐助。长三角区域各省市每年按照一定的比例（如各个省、市 GDP 的 1%）缴纳会员费，只有缴纳会员费才有资格加入长三角区域事务协调委员会，也才能享受相关服务待遇。中央政府通过拨款进行宏观调控，加强对重点项目的治理支持与指导。另外，可以进行广泛动员，吸纳企业和社会的捐助。发展基金主要用于低于长三角区域平均水平以下地区的经济社会发展，用于区域全局性项目的治理和开发等。

（三）健全制度体系，保障区域合作有效实现

从形态看，价值更多表现为治理主体的主观认识，是深层次的存在。所以，价值要发挥应有作用，就需要通过制度实现落地，否则，价值只是虚无缥缈的美丽想象。制度是价值实现的有效载体，通过制定一定的制度，可以把倡导的合作价值意思进行正式表达和权威性确认，从而在实际合作行动中引导和规范主体的行为。著名社会行动理论学家帕森斯认为："行动作为一个过程，实际上就是将各种条件成分向着与规范一致的方向改变的过程。"①法律制度能够以刚性规定对权力结构、利益关系和资源分配给予确定安排，减少不确定性预期，对区域治理合作具有指引作用。

在国家层面，要加强区域合作立法，制定有关区域协调发展和合作治理的法律规范。对于利益纵横交错的区域合作治理而言，中央层面出台的权威性法规具有重要的调控作用。其一，要健全根据我国区域合作发展情况，修订、完善《宪法》，在《宪法》中对区域治理中的各个治理主体之间的权利、责任和义务进行明确说明。其二，尽快制定、颁布《跨行政区地方政府合作法》和《社会力量参与社会治理法》等一系列法律规范，对区域公共治理中政府之间的权利与义务加以明确，对社会力量参与治理的方式和途径等加以规范；另一方面，要建立健全环保、旅游、市场和海洋等各个行业领域的法律制度，加强对专业领域的治理合作给予详细说明，明确合作主体间的责权利关系。

在地方层面，要健全区域合作组织机制，成立包含企业、社会组织和居民等在内的区域事务协调会员会，根据实际情况制定本区域的法规制度。例如，长三角区域可以成立长三角区域事务协调委员会，在国家政策指导下规

① （美）帕森斯：《社会行动的结构》，张明德、夏遇南、彭刚译，南京：译林出版社，2008 年版，第 731 页。

划长三角区域发展,加强区域内法规建设,清理、审查不合时宜的规章制度,可以出台《长三角区域社会公共服务管理条例》和《长三角区域政府绩效考评办法》等法规制度,健全财政管理和基金发展制度,完善领导干部考核评价制度。另一方面,区域各级政府要在国家和区域法规基础上,结合合作情况,制定相关的法律制度,保障法规制度的一致,形成区域相对统一的法制环境,严格执法,全面推进依法行政。

用社会主义制度逻辑规范资本逻辑

陶富源

摘　要:资本是一种承载着历史性生产关系的、能带来价值增值的商品生产要素。用社会主义制度逻辑规范资本逻辑,其实质,就是要使资本对社会主义有利。这从而也就要求资本具有对政府主导性、公有主体性、劳企两利性和大众福祉性等加以拥护的特性。为了提高对资本逻辑进行规范的社会主义自觉性,也就必须遵循资本一般本质和社会主义制度的要求,对资本自发性加以合理利用和引导,同时对其自发性膨胀及危害加以抑制和消除。为此,要树立对这种膨胀的强烈忧患意识,以及对其加强规范的高度自信意识和真抓实干意识。

关键词:资本;社会主义制度规范;自发性;自觉性

改革开放以来,我国走出了一条运用资本来发展经济的中国特色社会主义道路。由此,社会主义与资本的关系问题,也就成为我国哲学研究的一个热门话题。不过,到目前为止,关于社会主义制度逻辑(即本质必然性)与资本逻辑的交互作用,尚缺乏较为全面的说明。即比较偏重资本逻辑的单向作用。比如,或是突出资本的伟大文明作用,以为中国市场经济的建立提供依据支撑;或是强调资本的社会负面效应,以为市场经济运行中出现的种种问题提供原因说明。至于如何发挥社会主义制度逻辑的规范作用,则往往只是要求:既要承认和发展资本,又要驾驭和限制资本。然而在我看来,这一要求虽不能说没有道理,但确实较为笼统空疏,乃至使人无所适从。之所以如此,从理论上来说,一个重要原因在于,对资本的一般与个别,特别是作为其个别的社会主义社会的资本,以及如何按照资本一般本质和社会主义制度的要求对资本加以规范等问题,还缺乏真切的把握。下面就此来谈自己的一些认识。

作者简介:陶富源(1945—),男,72岁,安徽师范大学马克思主义学院博士生导师、教授。

一、资本的一般本质

从辩证论的观点看,一般是相对于个别而言的。在认识论意义上,这里的“个别”不是单数,而是复数。因为只有在同类的若干个别事物存在的情况下,人们才能通过比较,从而提出关于该类事物一般本质是什么的问题。如同马克思所言:“最一般的抽象总只是产生在最丰富的具体发展的场合,在那里,一种东西为许多东西所共有,为一切所共有。这样一来,它就不再只是在特殊形式上才能加以思考了。”(《马克思恩格斯文集》第8卷,第28页)这一道理,对“资本一般”问题的提出和解答,也是完全适用的。

在人类历史上,资本萌芽和发展于从原始社会末期以来的简单商品生产中,成熟于近代以来的资本主义商品生产中。也就是说,资本作为一种主要的和占统治地位的社会经济存在,是以资本主义社会的资本这种形态首先获得表现的。由此,它也就获得了从古典经济学家以来的广大经济学家、社会学家和哲学家的极大关注,以至成为他们研究的一个重要对象。也是因缘于此,所以那时许多学者的资本论,包括马克思的《资本论》,实际所论的,主要是作为资本个别的资本主义社会的资本。用马克思的话说,其所研究的“是资本主义生产方式以及和它相适应的生产关系和交换关系”。(《马克思恩格斯文集》第5卷,第8页)

直到20世纪90年代,一些社会主义国家,特别是中国,把市场经济作为经济体制改革的方向,与此相联系,才开始把资本作为发展社会主义经济的手段来运用。于是这样一来,相对于前资本主义社会的资本、资本主义社会的资本,和社会主义社会的资本,我国理论界才明确提出了“广义资本”或“一般资本”这样的命题。尽管在这里,只是给出了一个提示性的说法,其具体内涵尚晦而不明,但它毕竟指明了前进的方向。即要透过上述学者关于资本主义社会的资本论,去揭示其中所隐含的资本一般意蕴。因为在逻辑上,资本个别与资本一般毕竟是不可分割的,所以任何对资本个别的研究和表述,都不可能脱离资本一般而孤立进行。诚然,这里所依据的,主要不是逻辑推论,而是事实佐证。

通过披拣、提炼和概括,可以发现,过往思想家,特别是马克思,在关于资本主义社会的资本的论述中所包含的,资本是一种商品生产要素,是一种能带来价值增值的价值,是一种历史的生产关系等的观点,综合来看,也就为系统说明资本的一般本质,提供了理论支撑。

第一，关于资本的商品生产性。这里是说，资本是商品生产，包括简单商品生产，而非自给自足的自然经济生产的一个要素。不过，除马克思恩格斯为代表的少数论者外，绝大多数论者并没有作这样明确的规定。比如，萨缪尔逊就曾笼统地认为，资本“是一种被生产出来的生产要素”。（萨缪尔逊、诺德豪斯，第55页）这一观点的优长在于，它正确指明了资本是跟生产过程不可分割的，因而具有生产性。不过，其不足之处在于，它可能会使人停留于那种对这里的“生产”作泛化的理解中。在历史上，李嘉图正是囿于这种理解，而把资本的历史足迹一直上溯到原始社会猎人的制造物上。他认为：“资本可能是由猎人自己制造和积累的”、用来“捕猎鸟兽”的“某种武器”。（李嘉图，第17、18页）罗·托伦斯也认为，“在野蛮人用来投掷他所追逐的野兽的第一块石头上，……发现了资本的起源”。（罗·托伦斯，第215页）对资本的生产性作如此泛化的理解，孰是孰非，我国有论者感到纠结。对此，后文将在适当的地方予以说明。

如上所说，把资本理解为商品生产的一个要素，是很有价值的观点。但它也只是对资本及商品生产其他要素（包括地理、政治、历史和文化等）的一个共性规定。那么在商品生产中，资本与其他要素的区别如何呢？就此，一些思想家提出了，关于资本是一种能带来价值增值的商品生产要素的观点。

第二，关于资本的价值增值性。应该说，这是许多思想家的共识。比如，斯密把资本定义为用于生产以取得收入的“预蓄资财”。（斯密，第254页）萨缪尔逊用“资本品的收益率”（萨缪尔逊、诺德豪斯，第205页）来反映资本与利益回报之间的必然联系。马克思则是用“剩余价值”来指谓资本的自行增值。（《马克思恩格斯文集》第5卷，第176页）

诚然，马克思在这里所论的剩余价值，是以资本生产为形式所实现的剩余价值。但他也并未以此为限，而是在一般意义上指出：“劳动产品超出劳动的费用而形成剩余，以及社会生产基金和后备基金靠这种剩余而形成和积累，过去和现在都是一切社会的、政治的和智力的发展的基础”。（《马克思恩格斯全集》第20卷上，第211页）那么既然如此，可否认为资本的生产性中的“生产”，包括自给自足的自然经济生产，以至适用于原始人类对动物的猎获活动呢？这也是上文提到的某些论者感到纠结的原因所在。其实，这里的“劳动生产剩余产品”是一个普遍命题；而资本自行增值，或资本生产剩余价值，则是一个特殊命题。即它不是在一般意义上言说劳动生产剩余产品，也不是指活劳动以积累起来的劳动为手段来为自己生产剩余产品，而是特指积累起来的劳动以活劳动为手段来为自己生产剩余产品。（《马克思恩格斯文集》第1卷，第726页）因此，不可把二者混为一谈。不能因为原始社会已有剩余产品的产生,所以就脱离商品生产的限定,而对资本的生产性作泛化的理解。这样做,是不对的。

正是基于上述区别,马克思不仅指明了资本是商品生产要素中能带来价值增值的生产要素,而且进一步指明了,在资本结构中,相对于作为不变资本的生产资料,只有作为可变资本的劳动力使用,即活劳动才是资本价值增值的唯一源泉。这就是通常所简称的马克思的“劳动价值论”。那么既然如此,可否认为剩余价值的创造者最有权享有剩余价值呢?那些站在劳动者立场上的论者认为,这毋庸置疑。应该说,这种认识含有内在的合理性。但问题在于:在这里,不能只是进行单纯的分配关系分析,而必须进行全面的生产关系分析。即如马克思所认为的,剩余价值的分配直接取决于剩余价值创造得以在其中进行的生产关系,特别是生产资料所有制关系。正是基于这种分析,所以在马克思看来,资本在根本上是一种历史的生产关系。正是这种生产关系直接支配着剩余价值的创造和分配。因此,那种脱离资本所承载的历史的生产关系来谈剩余价值分配的观点,是抽象的,不正确的。

第三,关于资本的历史的生产关系性。在马克思看来:“资本……是一种历史的生产关系”。(《马克思恩格斯文集》第5卷,第878页)具体说来,这里的关系,一是指资本归属及权利享有关系。即资本归属的或公或私,对其占有的或多或少,都影响着权利享有的平等与否及或多或少。这里的权利主要是指享受剩余价值的权利;二是资本通过市场购得活劳动以外的其他生产要素,这些要素虽不是剩余价值的源泉,却又是剩余价值创造不可缺少的条件,有时还十分稀缺。由此,这些要素的占有者也会凭借这些要素的不可缺少性及其本身的稀缺性,视市场行情,而力求去获得分享剩余价值的优势地位。在这里,国外有不少论者把关于剩余价值创造的条件性因素与源泉性因素不加区别,混为一谈,于是提出了生产要素价值论,并借以反对马克思的劳动价值论,认为这是一种“多余的形而上学假设”“虚构的故事”。(米克,第265页)在国内也有论者,为着替现行的按生产要素分配的政策辩护,从而或明或暗地支持生产要素价值论。其实,这种观点是不正确的。因为在马克思那里,主张劳动价值论,在分配上,只是肯定劳动者最有权享有剩余价值,并非脱离生产发展,去片面肯定劳动者独享剩余价值。因此,不能把此二者不加区别,混为一谈。与此相联系,在市场经济条件下,按生产要素进行分配的合理与否,不是取决于这些要素是否剩余价值的源泉,而是取决于在这种分配中,各要素的占比关系是否有利于剩余价值创造力即生产力的发展,以及社会的和谐进步。这也就是马克思主张变革资本主义社会关系,以及在《哥达纲领批判》中批判拉萨尔所谓的使工人“不折不扣地获得全部劳动所得”(《马克思恩格斯文集》第 3 卷，第 432－434 页），以及在当代中国所实施的以按劳分配为主体、多种分配形式相结合的分配制度具有合法性的总根据之所在。三是资本所有者要获得享有剩余价值的权利，他就必须对劳动力所有者，以及客户和消费者尽义务。这里的义务，包括对劳动者而言的保障其劳动力支出的收益权、休息权、环境权、生命权等，也包括对客户和消费者而言的商品和劳务的质量保障和周到服务。反之，他们也有拒受、投诉和求偿等的权利。四是在资本增值过程中，当事方的权利和义务是以信任为基础的。为了维护当事方的权利义务及信任关系，为了防止和克服机会主义行为的威胁，也就必然要有正式和非正式的制度设置。其中，正式的制度以法律为主体，非正式的制度以社会伦理道德为主体。

总之，资本是一种承载着历史性生产关系的、能带来价值增值的商品生产要素。它是以生产力发展即剩余价值的创造为基础，凭借制度（法律和道德）来维护市场经济当事方的权利义务及信任关系。这是资本的共性。至于在不同社会制度规范下，资本的地位、作用及其所表现的人际关系性质等的不同，则是其个性。马克思在论及西欧封建社会的资本时，曾指出："在中世纪，甚至资本……作为传统的手工工具等等，也具有这种土地所有制的性质。"（《马克思恩格斯文集》第 8 卷，第 31 页）同理，在社会主义社会中，资本在社会主义制度的规范下，也会形成自己的个性。

二、社会主义制度规范下的资本个性

在以往的理解中，只有关于社会主义对资本的消灭论，并无社会主义对资本的规范论。因为在马克思那里，社会主义是在商品经济、资本主义生产方式高度发达的国家中建立起来的。作为一种自我否定，因而在这样的社会主义国家中，资本也就成为历史的多余。（《马克思恩格斯文集》第 6 卷，第 397 页）然而率先走上社会主义道路的国家，并不是马克思当年所预言的发达国家，而是经济文化落后的发展中国家。于是，如何对待资本，也就成为困扰这些国家的一个重大问题。正是在这个问题上，当代中国共产党人创造性地发展了马克思主义的相关理论，即认为，可以通过对资本进行社会主义制度规范，使资本与社会主义一致起来，从而使其对社会主义有利。即有利于社会主义国家的生产力发展、综合国力增强、人民生活水平提高，以及和谐社会建设。为了保障资本对社会主义的有利性，从而也就要求资本必须具有对政府主导性、公有（资本）主体性、劳企两利性、大众福祉性等加以拥护的特性。

第一,政府主导性。即在资本、政府、社会等三者的关系中,社会主义国家的政府作为人民的代表和社会利益的集中体现,它应起主导作用。这是因为国家发展长远目标的制定;为实现这一目标的组织领导、民众动员、各方协调,以及重大举措的实施等,均为民间力不能逮,而只能依赖一个代表人民的有为政府。由此,拥护政府的主导性,也就成为社会主义制度对资本的一个本质规范。也就是说,有资本并不意味着资本主义。但资本主导必定是资本主义。正如马克思所言:"资本是资产阶级社会的支配一切的经济权力"。(《马克思恩格斯文集》第8卷,第31-32页)而在社会主义社会中,资本已从资本主义社会的主导者变成了被支配者。即它要作为手段服务于政府的社会目标的实现。在我国现阶段,这个社会目标,就是把中国建设成一个富强民主文明和谐的社会主义现代化国家。

需要指出的是,对以往计划经济条件下的"全能政府"进行批判,是完全正确的,但也不能因此而走向另一极端,即否认政府的主导作用,去建立所谓"弱政府"。回顾1840年以来的中国近代史,漫漫长夜,风雨如磐。那时所期盼的,就是一个能让中国人扬眉吐气的强政府。新中国成立以来,中国道路的成功,其中一个重要原因也在于,我国有了一个代表人民的、有强大治理能力的政府。因此,对于这一优长,决不可轻言放弃,而必须坚持和发扬。诚然,要发挥和优化政府的主导作用,还必须坚持科学行政、民主行政和依法行政。

第二,公有主体性。在社会主义国家中,政府之所以能主导资本,从而使资本为政府的社会目标服务,从经济角度说,是因为公有资本在资本结构中居于主体地位。这样一来,拥护公有主体性,也就成为社会主义制度对资本的又一本质规范。在资本主义国家中,其资本主体,是资本主义私有资本。另外,还存在处于被支配地位的劳动集体资本。到20世纪末,这种劳动集体经济在发达国家的国民经济结构中,大体只占到平均约10%左右(尤里·普列特尼科夫)。在我国,资本的构成,有作为主体的公有资本,以及与之共同发展的多种非公资本。而其中主要又以国有资本为主体。正因为社会主义国家手中握有巨量资本,所以中国市场经济的宏观调控不仅与现代西方市场经济宏观调控的目的不同,而且其手段和效果也不可等量齐观。公有资本,特别是国有资本作为全国人民利益的命根子,其在经济中的主体地位一定要维护好。这里的维护,一是要加强对公有资本的运营管理改革,使其不断提高效率;二是要使公有资本与私有资本,通过良性竞争,从而实现公有资本的保值增值和国家综合国力的提升。因此,那种把维护公有主体性与发展私有资本完全对立起来的观点,是不可取的。

第三，劳企两利性。要使资本为政府的社会目标服务，其中一个重要任务，就是要在政府的主导下，变资本在资本主义社会的劳企对抗关系，为社会主义社会的劳企两利的和谐关系。这里的劳企两利，不仅指公有企业，而且指非公企业中的劳企两利。非公企业的劳企两利，这可能吗？有不少人提出怀疑。

如前所说，生产要发展，资本要增值，必须以劳动资料和劳动者的结合为前提，为此，就必须兼顾生产资料拥有者和劳动力拥有者的利益。即实现劳企两利或劳资两利。然而，在资本主义历史环境中，并没有为这样一种合理劳资关系的实现提供条件，而是使利益向资方一端倾斜，致使劳资关系表现为冲突对抗。诚然，在当代发达资本主义国家中，这个矛盾也已从早期的尖锐冲突，通过协调，而达于某种程度的冲突性缓解。在人民当家做主的社会主义国家中，广大人民群众在根本利益上是一致的。在这个前提下，非公企业内部的劳资矛盾，虽然仍有对抗性，处理不好，也会走向冲突。但作为劳方、资方共同利益代表的政府，完全有能力，通过多种措施，比如，在完善和健全保护劳工权益和资本所有者、经营者权益的相关法律的基础上，通过协商、协调，互相让步，来使这种对抗获得缓解，并进而达于劳资两利、互惠双赢，而这就是和谐。劳资矛盾之所以能从对抗走向和谐，说到底，还在于历史环境的变化，以及在这种变化中当事方共同利益的扩大与增进。正如马克思所说："极为相似的事变发生在不同的历史环境中就引起了完全不同的结果"。(《马克思恩格斯文集》第 3 卷，第 466 页)也就是说，在一定历史环境中的不可能，而在改变了的历史环境中，或许也就成为可能。由此可见，不能脱离一定的历史环境，笼统地讲，资本逻辑必然导致两极分化、劳资对抗，不能把这种结局，看成是劳资矛盾的一种宿命。也就是说，在这里，还须持一种辩证态度。

第四，大众福祉性。这是社会主义制度对资本的又一本质规范。社会主义国家运用和发展资本的目的，是为了满足广大人民群众物质文化生活的需要。因此，这就要求资本的经营者首先关心的，应是商品的使用价值，即对人的有用性；同时也应关心商品的交换价值，关心利润，但也只是在关心生产更多更好的使用价值的前提下，关心商品的交换价值，关心利润的增加。与之相反，那种脱离社会主义制度规范的资本，其直接目的是追求商品的交换价值，榨取尽可能多的利润。对于商品的使用价值，它只是在关心利润的意义上才关心它。只要能获得利润，它就不会去关心使用价值。于是偷工减料、缺斤少两、假冒伪劣、环境污染，以至黄赌毒骗等现象就会层出不穷。为此，就要加大监管和打击力度。另外，为了增进大众福祉，除了要保障和不断提高劳动者的劳动性收入以外,还应采取措施,提高人民群众对人力资本、大众资本和公共资本的收益获得感。

总之,关于资本的社会主义制度规范这一命题,体现了原则性与包容性的统一。所谓原则性,是指这一命题体现了社会主义的本质要求;所谓包容性,是指在社会主义社会中,不论是公有资本、公有企业,还是私有资本、私有企业,只要是体现了上述要求,就都是社会主义市场经济的重要组成部分。这些资本的拥有者、经营者,也就都是我国社会主义的建设者。

然而在我国社会主义社会中,除了有占主体地位的、符合社会主义制度规范的资本之外,还存在与社会主义制度格格不入的各种地下的、黑色的、非法和非义的资本。另外,在我国社会主义社会中,作为公有资本的国有资本和集体资本,与委托经营国有资本的国有企业、经营集体资本的集体企业,以及国家出资和集体出资参股的混合所有制企业,其间还是有区别的。这里的区别主要在于:后者在非法和非义资本及其观念的影响下,也可能会违规经营,以谋取本企业或个人的不当利益。因此,如何按照资本一般本质和社会主义制度的要求,提高对资本规范的社会主义自觉性,从而消除各种非法和非义资本的存在及影响,乃是中国共产党和中国政府所要破解的一个重大历史难题。

三、提高对资本规范的社会主义制度自觉

自觉或自觉性是相对于自发性而言的。它们是指谓人的活动的意识性质的一对范畴。人的活动都是有意识的。如果从人的个体活动的意识性角度说,自发性是指个人活动的潜意识性,即不知不觉性,或不由自主性;自觉性是指个体活动的显意识性,或明确目的性。如果从人的群体活动的意识性角度说,自发性是一种缘于群体组元自身利益的、以单向思维为特征的冲动意识性。这种冲动性必须提升到自觉性,不然,“冲动”就会变为“盲动”;自觉性则是一种缘于群体惯例或规则的、以兼顾和权衡为特征的理智意识性。

拿一个小孩来说,吃,作为其个体活动,有一个从出生后的、作为一种本能的饿了吃,到后来的想着吃、找着吃,即从自发性上升到自觉性的过程。这是他在成长中的一种觉醒,即他开始意识到自己的利益诉求。但在群体活动层面,当一个小孩与家人共同进餐时,他就不能只顾自己吃,甚至抢着吃。这时候,明智的家长会对孩子的自利性加以合理引导,即让他认识到家中的其他人,在“吃”的方面,也有自己的需要和利益,因而要学会谦让。这里的合理

引导,其目的在于,让小孩懂得吃的规矩,或者说,使其由自发性提升到自觉性。

就资本来说,追求增值是它的本性,或曰自发性。即它有利润冲动,或逐利性,及由此产生的竞争性。可以说,正因为资本具有这种自发性,所以也才促使资本的经营者精打细算、开源节流、合理配置资源,并不断开拓创新、努力提高效率,从而力求在市场上赢得竞争优势。另外,资本的自发性也在交易层面孕育了自觉性的萌芽,即为了合理配置资源,减少交易成本,因而也就产生了关于商品的流通自由和交易平等,以及商业信用等的规则要求。上述两个方面及其统一,对促进物的作用的发挥,以及把人的潜能从以往的等级身份的束缚下解放出来,获得高效的配置和运用,意义重大。于是,才有了马克思所肯定的"资本的伟大文明作用"。(《马克思恩格斯全集》第30卷,第390页)这也是我国现阶段要大力发展和利用资本,使其为社会主义服务的根本原因所在。

但资本如何实现增值,这里有一个引导和规范的问题。犹如流水必流,但有一个顺着渠道流,还是四处流淌的问题。所谓引导,就是要使资本自发性中所萌生的规则性要求,由观念变成行动;由个别交易中的自我实用性工具,变成社会公共性乃至全球公共性产品;所谓规范,就是要把这种自觉性固化为制度的约束或强制。如若不然,则会导致资本自发性的膨胀。这里的自发性膨胀,一是指逐利和竞争的资本会不择手段攫取和控制政治权力、文化权力和社会权力,使之为其私用;二是指资本会最大限度地去剥削劳动者和掠夺自然资源,企图把一切利益据为己有。这样,也就不可避免地会造成灾难。不过,从总体上说,西方资本主义社会是一个放任资本自发性膨胀的社会,因而它也是一个终将灭亡的社会。

在理论上,为了为这种放任提供依据,在西方,许多经济学家都主张资本放任有益论。其学说所采用的,大体是以"自私人"为其出发点。其一,它把经济活动中的人,看成一个只要权利、不尽义务、单纯追求自我利益的完全自私的人。很显然,这是一个片面的理论虚构。其二,它把经济活动中的人,想象成一个精于计算的、具有完备理性的人,因而他能视市场行情和自身状况而使自己所追求的利益最大化。无疑,这又是一个纯粹的主观设想。其三,它把经济活动中的制度,人为地设想为理性的制度。于是他们认为,在这种制度下,那种自私的追求自身利益最大化的人,会无意但有效地增进社会公共利益。经过这三重假设,于是,在这种观点看来,放任资本的自发性,让其膨胀,不仅无害,而且有益。然而这种观点所许诺的人人康乐的社会,并未实现,而且还正好相反。

在政治上,西方老牌资本主义国家都曾"以最残酷的暴力为基础",即凭借"集中的、有组织的社会暴力"(《马克思恩格斯文集》第5卷,第861页),通过行政强制、战争征服、殖民掠夺、世界霸权等,为资本自发性的膨胀推波助澜,从而使其病变为一种贪婪性、掠夺性、破坏性的存在。由此,造成了社会的贫富两极分化,引发了每隔几年就来一次经济危机;造成了各资本国之间,以及宗主国与殖民地、半殖民地之间的尖锐矛盾,由此引发了不断的战争,特别是两次世界大战;造成了人与自然的尖锐矛盾,以致导致了全球性的生态危机。

不过,历史并没有白白走过。特别是1929—1933年的世界大萧条,使世界资本主义经济陷于崩溃,损失更为惨重的美国经济更是一蹶不振。为了挽救危机,促成美国总统罗斯福实行"新政"。凯恩斯的国家干预主义也就在这场大萧条的背景下应运而生。这里的"新政"和"国家干预",实际上是对导致资本自发性膨胀的资本主义自由放任政策的某种纠偏或局部改良,是在国家层面上,自觉性萌芽形态的一种表现。之所以称之为"萌芽",一是这里的自觉具有非根本性。即它只是具体体制层面的自觉,因而其作用很有限。二是这里的自觉具有脆弱性,在某种情势下,极易导致资本自发性膨胀及其危害的某种反弹。2008年源于美国,并继而殃及全球的金融危机的发生,就是这方面的一个明显例子。

那么如何才能把资本自发性从根本上纳入人类理性自觉性的轨道呢?这里的唯一出路,就是用社会主义制度取代资本主义制度。然而在中国,现实的社会主义制度是在经济文化落后的基础上建立起来的。我国经过长期探索,付出了沉重代价,才找到了一条利用和发展资本,来建设社会主义市场经济的道路。为了迅速改变我国贫穷落后的面貌,为了缩短我国与发达资本主义国家的差距,在近三十多年来,我国各级政府,高度关注企业发展,积极重奖经营者个人,实行各种税收优惠政策,千方百计招商引资。这些措施有效促进了经济的发展和腾飞,并且取得了举世瞩目的巨大成就。但与此同时,各级政府对资本自发性膨胀的监管不尽如人意,出现了有意无意的忽视。这一忽视可要紧!在中国大地上,仿佛突然间,一下子冒出了那么多触目惊心的腐败,那么多假冒伪劣,那么大范围的环境污染。其中的一桩桩、一件件,冲破法律和道德的底线,刺痛国人的神经。人们不禁追问:我们这个社会怎么啦?幸好党和政府发现及时,采取的措施得力,从而才使局面得到控制,矛盾得以缓解,一些重大的、长期积累的问题正在获得部分或阶段性的解决。特别是党的十八大以来,随着"四个全面"(全面建设小康社会、全面深化改革、全面依法治国、全面从严治党)战略布局的推进和落实,总体状况正在向好。诚然，要取得决定性的胜利，还要付出艰辛的努力。

不过，这其中所提供的启示是重大而深刻的。概括起来，主要有三。

第一，要树立关于资本自发性膨胀的强烈忧患意识。这里有这样几点。一是只要资本存在，自发性是其必然；但这种自发性膨胀，原本只是一种可能，如果予以忽视或放任，那么就会变为现实。二是对资本自发性膨胀的忽视或放任，其危害，对社会主义更甚于资本主义。因为这种危害对资本主义意味着致病，但病态的资本主义仍然是资本主义；而对社会主义则意味着致命，即断送国家的社会主义前程。三是由于众所周知的历史和现实原因，在当代中国，如果听任资本自发性膨胀，以致在全国产生资本与权力的利益勾结与结盟，那么其所形成的将是一种畸形的、更加腐朽落后的权贵资本主义，即利用或依仗权势巧取豪夺，来实现资本增值的资本主义。如果是那样，无数革命先烈流血牺牲和亿万人民长期奋斗所创建的社会主义事业，将会化为灰烬或付之东流。因此，对资本自发性膨胀及其危害必须从关系党和国家前途命运的高度，抱有强烈的忧患意识。

第二，要树立对资本自发性膨胀进行监管的高度自信意识。即必须对这种监管怀有必胜的信心。这信心来自社会主义制度的优越和亿万人民群众的拥护。集中到一点，也就是来自体现上述优势的这种监管所日益彰显的社会成效。然而近些年来，在理论界出现了一些认识上的误点和盲点，这在客观上造成了对确立上述自信的某种妨碍，因而是需要引起注意的。

比如，有论者用马克思关于社会发展三形态理论中的物的依赖性的观点，来解释我国市场经济条件下，所产生的种种不良现象。并由此断言，我国现阶段不可能超越物的依赖性。其言下之意是，这些不良现象之发生，乃是必然，因而无须介意。不过，持这种观点的论者忘记了一个基本事实：中国现阶段社会，既不是马克思社会发展三形态理论中所指谓的，与人的全面发展相对应的共产主义社会，也不是与物的依赖性相对应的资本主义社会，而是一个马克思当年所不曾料到的，在经济文化落后的国度中建立的，要借助物的依赖性来克服人的依赖性，同时又要借助人对物的依赖性，来实现人对物的超越性，即不断为人的全面发展创造条件的初级阶段的社会主义社会。因此，那种片面强调我国现阶段社会中的物的依赖性，把它作绝对化和纯消极化的理解，并由此漠视人，特别是执政的共产党人能动作用的观点，是和社会主义的本质要求以及当下中国的实际不相符合的，也是对马克思关于社会三形态理论的误解、误用，因而是不可取的，错误的。

又比如，还有论者，对资本在社会主义社会和资本主义社会中的地位和作用不加区分，笼统地讲，资本是现代社会的支配力量，因而夸大资本逻辑的作用,并借以说明资本在我国社会中的各种负面效应。这给人一种暗示,即理应如此,徒唤奈何。很显然,这是很不正确的。因为在社会生活中,任何一种逻辑从来都不是无条件地独自发挥作用,而总是与其他相关逻辑在互为条件、相激相制中发挥作用的。历史上那些进步的、有作为的政治领导集团,其历史能动性的发挥就集中地表现为:在一定的历史条件下,能选择和利用相关逻辑之组合形态的交互作用,从而造福社会。(《陶富源文集》第2卷,第214页)在当代中国,发挥社会主义制度逻辑与资本逻辑的交互作用,正是中国共产党人基于国家和人民利益的发展,所作出的一个重大战略抉择。因此,在这里,不能只讲资本逻辑的自发作用,还要讲社会主义制度逻辑的规范作用。另外,就是在资本主导的资本主义社会中,资本逻辑的作用也是有其边界的,也并非如某些人所想象的那样:"钱能通神","有钱能使鬼推磨"。一个明显的事实是,不论在任何国家,偷税漏税迟早要遭到惩罚,假冒伪劣终归会受到追究,这是没有商量的。更何况,在一些西方发达国家,在这方面相关制度的健全和执行力度,并不在我国之下,其中还有不少地方比我国现行做法优越,因而值得我们学习和借鉴。当然,从历史必然性和最终发展趋势角度看,对资本自发性膨胀进行规范的自觉性,如前所说,在当代资本主义国家,特别是发达资本主义国家,至多是处于这种自觉性的萌芽和局部表现的形态,而社会主义国家才是这种自觉性的成熟形态。诚然,当下的中国还处于这种成熟形态发展的初级阶段,因而还有待健全和提高,但前途是光明的。对此,须充满自信。正如列宁所说的那样,无产阶级政党的历史使命就是要"领导自发的历史过程"。(格列则尔曼,第50页)

第三,要树立对资本自发性膨胀进行监管的真抓实干意识。注重理想引领、擅长宏观规划、提倡典型示范、组织宣传鼓动,这是从革命战争年代就逐渐形成的我们党的好传统、好作风。但这些好传统、好作风,在过去一些年中,在某些机关和干部那里,却走了调,变了味。理想、规划蜕变成了脱离实际的大话、空话、套话;典型示范异化成了劳民伤财的所谓形象工程、政绩工程;宣传鼓动则成了停留和满足于会议上的上传下达。于是,久而久之,理想被当成了现实,规划被当成了现状,"典型"成了表功的手段,开会仿佛成了工作的全部。其总体特征表现为:文本要求多,行动落实少;表面形式多,实际成效少;自我肯定多,民众认同少。正是针对这种情况,习近平同志提出:"要脚踏实地、真抓实干,敢于担当责任,勇于直面矛盾,善于解决问题,努力创造经得起实践、人民、历史检验的实绩。"(习近平,2014年,第381页)要"一分部署,九分落实。……要从实际出发,细化、量化政策措施,制定相关配套举措,推动各项政策落地、落细、落实"。(习近平,2016年)总之,做好任何工作,都要真抓实干,敢于担当。就对资本自发性膨胀进行监管来说,要针对以下几个方面的问题,加大监管力度。一是要大力反腐。要克服和消除资本与权力的利益勾结与结盟,使权力真正为民所用。为此,就必须从严治党、从严治政,大力发展社会主义民主。同时坚决打击拉票贿选、买官卖官、钱权交易等不法行为。二是要依法治商。该放的放到位,该管的管得住,该服务的服务好。要扎紧对资本自发性膨胀进行监管的制度笼子;要进一步细化违法行为的认定标准、认定程序、执法措施和手段;要进一步充实执法力量,保障执法人员安全;对那些乱作为、不作为者,要视情节轻重,对其约谈警示直至追究法律责任。要鼓励、支持合法资本,打击、取缔非法资本,即以非法手段增值的资本。三是要以德治商。要开展诚信教育,鼓励有义资本,即体现道德担当的资本。为此,要倡导资本拥有者积极投身于社会公共事业和公益事业,致富思源,取财有道,义利兼顾,自觉履行社会责任;同时,坚决批判不义资本,即以不道德手段增值的资本。

总之,要用社会主义制度逻辑规范资本逻辑。即要对资本自发性加以合理利用和引导,使其发挥推动社会主义事业前进的巨大作用;同时对其自发性膨胀加以监管,以抑制和消除其对社会主义的危害。

参考文献:

[1]《马克思恩格斯文集》,2009 年,人民出版社。

[2]《马克思恩格斯全集》,1971、2002 年,人民出版社。

[3] 萨缪尔逊、诺德豪斯,1999 年:《经济学》(第十四版),萧琛等译,华夏出版社。

[4] 李嘉图,1976 年:《政治经济学及赋税原理》,郭大力、王亚南译,商务印书馆。

[5] 罗·托伦斯,2009 年:《论财富的生产》,转引自《马克思恩格斯文集》第 5 卷。

[6] 斯密,1983 年:《国民财富的性质和原因的研究》上卷,郭大力、王亚南译,商务印书馆。

[7] 尤里·普列特尼科夫:《资本主义自我否定的历史趋势》,文化译,《国外社会科学》2001 年第 12 期。

[8] 米克,1962 年:《劳动价值学说的研究》,陈彪如译,商务印书馆。

[9] 格列则尔曼,1978 年:《历史唯物主义和社会主义的发展》,北京三联书店。

[10] 习近平,2014 年:《习近平谈治国理政》,外文出版社有限责任公司。

[11] 习近平:《毫不动摇坚持我国基本经济制度,推动各种所有制经济健康发展》,《新华文摘》2016 年第 9 期。

[12]《陶富源文集》第 2 卷,2016 年,安徽师范大学出版社。

以科技创新助推精准扶贫的对策与思考

——以安徽省为例

汪恭礼

摘　要:党中央把贫困对象脱贫作为全面建成小康社会的标志性指标和底线任务,全国各地各部门、各方面都行动起来了,脱贫攻坚影响之深、规模之广、力度之大,前所未有。文章对安徽省科技创新助力精准扶贫方面现状与特点、问题进行分析,试图从中找准科技创新与精准扶贫的结合点,提出了有重点、有针对性地攻关重要农业高新技术和适用技术,用最尖端的农业技术致力精准扶贫,激发贫困对象内在活力,提高贫困对象的自我发展能力,为地方以科技创新助推精准扶贫提供有价值的参考

关键词:科技创新;助推;精准扶贫;对策与思考

党中央把贫困对象脱贫作为全面建成小康社会的标志性指标和底线任务,全国各地各部门、各方面都行动起来了,脱贫攻坚影响之深、规模之广、力度之大,前所未有。本文对安徽省科技创新助力精准扶贫方面进行分析,找准科技创新与精准扶贫的结合点,激发贫困对象内在活力,提高贫困对象的自我发展能力,为地方以科技创新助推精准扶贫提供有价值的参考。

一、安徽科技扶贫的现状与特点

近几年来,安徽省强力实施智力扶贫工程,积极探索和实践科技助力脱贫攻坚的方式,充分发挥科技脱贫的作用,切实增强贫困对象自我发展的内生动力,引导和教育贫困对象通过自己的辛勤劳动脱贫致富。

作者简介:汪恭礼,男,1972 年 9 月,安徽宣城人,安徽省政治学会常务理事、中共宣城市委党校特聘研究员、《农村党建》杂志社特约记者,主要研究领域为农村发展理论。

(一)推行科技特派员制度,广泛动员科技专家和组织投身精准扶贫

科技扶贫少不了科技人员和组织的参与。安徽省推行科技特派员制度,实行科技特派员“包村联户”的方式开展精准扶贫,目前,已选派科技特派员5200多名,为贫困对象提供精准科技服务。为充分调动科技专家参与精准扶贫,安徽省从科研院所、高校和各级学会(研究会、协会)等组织6000名以上科技专家参与贫困村脱贫攻坚,在建档立卡贫困村实现科技服务全覆盖。发动高校、科研院所、各级学会、科协组织以及农技协(联合会)、农技推广站、专业合作社、科技企业等组织机构结对帮扶、对口援助,力争在31个贫困县建立350个以上农村专业技术协会和40个农技协联合会(联合体),在贫困县实现农技服务协组织和农技协组织全覆盖[1]。

(二)集聚优质科技资源,提升贫困对象科学素质

安徽省统筹各类科技帮扶资源,充分发挥本省经济相对发达县(市、区)科技专家及示范农技协等科技组织优势,大力推动本省经济发达县(市、区)企业、产业、项目、人才、技术、农技协组织等优质科技资源向国家级贫困县转移,实现精准结对帮扶。现已组织动员20个经济相对发达县(市、区)与本省国家级贫困县结对帮扶,积极开展劳务协作、产业合作、资金支持、人才支援等帮扶工作。在31个贫困县大力建设县、乡、村三级科普硬件和软件等基础设施,力争每个贫困县建设农村中学科技馆至少1所,配备科普大篷车1辆,建立农技专家服务站1个,流动科技馆巡展2次,实现科普优质资源向贫困县倾斜。各级科协积极联合媒体面向贫困县开办科普栏目,将“科普中国”的信息资源免费提供给贫困县广播电台和电视台,精准向贫困县推送“科普安徽”信息资源。开展科普文化进万家、科普中国V视快递等活动,特别是青少年科技教育、卫生与健康和防灾减灾等科普活动,消除伪科学和封建迷信的不良影响,阻止贫困代际传递、因灾因病致贫返贫等问题,提升贫困对象科学素质。

(三)发展特色支柱产业,用科技助推产业扶贫

围绕国家及安徽省产业扶贫工程的要求和部署,积极用科技助推产业扶贫,促进多功能农业、绿色农产品加工、生态种植养殖业等特色支柱产业发展,带动农产品精深加工,延伸产业链条,提升农产品附加值。组织科技专家为每个贫困县提供产业发展政策决策咨询和特色产业发展建言献策,帮助制定科技脱贫攻坚规划。对扶贫任务较重且有产业发展基础的乡镇培育特色产业1个、建立农技协联合会(联合体)1个,组织各级学会,特别是工科、医科和农科学会与乡镇对接,建立产业发展人才与科技信息帮扶机制。在适合发展“一村一品”的贫困村建设科普中国乡村e站1个,培育新型农业经营主体

1个以上,打造特色品牌1个,建立农技协1个。聚力到户,探索科技扶贫模式,逐渐形成了“龙头企业+示范基地+贫困户”“科研院所+合作社+龙头企业+贫困户”“科技特派员+龙头企业+村集体+贫困户”“能人大户+科技特派员+贫困户”等精准扶贫模式,帮助贫困户实现增收脱贫。据初步统计,2016年,累计帮扶240多个乡镇,700多个贫困村,合作社、企业等1800多个经济实体。探索农业全生产链集成示范与技术创新、中低产田效产能提升和提质增技术模式,实现科技扶贫项目与科技特派员有效对接,实行项目、技术和资金同步落实,2016年立项170多个科技扶贫项目,初步建立4万多亩示范基地、推广示范30多万亩、带动辐射1000余万亩。

(四)开展科技致富培训与推广,接长科技扶贫手臂

围绕建档立卡贫困户实际情况及生产经营需求,组织开展农村实用技术培训,使每个接受培训的贫困人口掌握脱贫致富的技能和实用技术至少1~2项。大力推广先进实用的特色种植、特色养殖和农产加工等增收致富技术,特别是大循环、生态绿色、多功能农业等涉农新品种、新技术。2016年,安徽省共推广650多项(个)新品种、新技术。创新“互联网+科技扶贫”新模式,发挥网络在帮助贫困对象增收增智方面的独特优势。在贫困村开展农村职业经理人培训,培养一批扎根贫困村、懂技术、会管理、善经营的新型职业农民和创业致富带头人。结合建档立卡贫困户劳动力转移就业的需求,发挥与发达地区、用工单位协作培训优势,开展专业技术与技能、公共知识、安全生产、城市生活、法律道德等方面知识和专业技术与技能培训,帮助一批贫困人口转移到发达地区就业。据不完全统计,2016年,安徽省全年累计开展800多场次技术培训,培训人员9万余人次,帮扶贫困户2600多户,带动贫困人口就业致富4000多人[2]。

二、以科技创新助推精准扶贫仍然面临诸多问题与困难

从安徽科技扶贫来看,科技创新驱动精准扶贫迈向健康稳定的发展方向,但是在实践过程中仍然面临一些问题与困难。

(一)贫困人口素质低下,科技扶贫受到制约

人是脱贫致富的主体,决定着脱贫致富的内在动力,一个家庭的贫困,主要是家庭劳动者素质的低下。一是贫困人口文化程度较低,文盲半文盲人数仍然很多。这些文化程度较低的贫困人口对现代化的种植、养殖手段和新型的农作物认识不足,在科技扶贫中对现代化种植、养殖技术手段和农业技术

推广出现的问题难以理解，使科技扶贫取得的效果不佳。同时，由于贫困人口文化水平和知识结构有限，一些较高科技含量的东西难以接受，这对科技扶贫工作产生非常大的障碍。二是贫困人口健康状况不容乐观，大部分长期患有慢性疾病至少一个以上。高额的医疗费用让这些微薄收入的贫困人口疲于治病、养病，特别是因病丧失劳动能力的贫困人口，无法、也无能力参与科技扶贫，甚至因需要护理而影响家庭其他成员参与科技扶贫。三是农村老年人收入较低或大多无收入来源，疾病较多，医药疗费用高，一些子女长大成家另过后，子女供养不到位，不可避免地成为贫困对象。而这部分贫困对象年老体弱，根本无能力参加科技扶贫。

（二）贫困户人均耕地少，科技扶贫效果不明显

由于我国农村人多地少，农村土地实行第二轮家庭联产承包经营时，采用按家庭人口"均田"化承包方式，造成家庭经营规模普遍狭小。如 2015 年安徽省农村居民家庭经营耕地 2.43 亩/人[3]。在这样的耕地经营规模下，还有些贫困家庭承包相当部分质量不高的耕地，而且好中差搭配，分散在村组各地。按照正常年景来算，人均 2.43 亩耕地"一油一稻、一麦一稻"等传统的种植模式，年均纯收益 2075 元/人。如果遭遇天旱、台风等自然灾害，人均收入就会大幅度下降。贫困户这种小规模分散经营方式，很多科技手段无法实施，就是采用科技手段从事农业生产，效果也不明显，使贫困户彻底摆脱贫困也很难。

（三）农业生产环境差，影响科技成果推广

多年和多轮的扶贫开发，剩下的贫困对象大多分布在交通不便、信息闭塞的偏远山区，资源匮乏、区位较差、气候恶劣、灾害频繁，生产、生活环境非常差。在这种环境下，直接限制了科技成果推广，想用科技提升传统产业增值难，想用科技助推支助产业发展来脱贫致富更难。如安徽大别山区 80% 的面积为库区、山区和沿河低洼易涝区，高岗、丘陵地易受洪水影响，导致山体滑坡等地质灾害；深山区易受冰雪霜冻灾害，沿河低洼经常受洪涝灾害。由于山高，地貌地形极其复杂，土壤贫瘠不适宜植物生长，加上道路建设、维修和养护成本都很高，畅通的交通网络尚未形成，已成为制约科技扶贫和发展当地经济的一大瓶颈。涵盖安徽阜阳南部、六安北部以及宿州、蚌埠、淮南部分地区现有蓄洪区 4 处、行洪区 16 处，一旦发生大的洪涝灾害，为防洪减灾、保障全局，奉命行洪、蓄洪，导致政策性科技扶贫失效[4]。多数贫困村水利设施年久失修，农业基础设施薄弱，无法抵御风、旱、涝、霜、雹雪等自然灾害，虫害、疫情等防御能力低下，这些在一定程度上给科技扶贫增大了压力。如安徽皖南深山区大多贫困人口居住分散、偏僻，生产手段和技术比较落后，多以

分散经营和种植为主，经营规模小，机械化程度不高，科技成果推广和运用难度大，整体效益难以发挥[4]。

（四）农村生态环境的破坏，给精准扶贫中科技创新增加难度

长期以来，农村大量使用农膜、农药、化肥，畜禽养殖粪便、农业生产废弃物、生活污水以及生活垃圾任意倾倒，农村生态环境遭到破坏。加上工业的快速发展，城乡生活污水和工业“三废”等大多数环境污染物没有合理处理，直接用于农田的灌溉，使大量含有重金属、硝酸盐、化肥和化学农药等成分污染物残留在土壤中，土壤生态系统的功能与结构遭到破坏，土壤肥力下降，直接影响到农作物的生长和产量，农产品品质也随之下降。而长期累积的土壤污染，对土壤的治理和改良难度大、成本高、周期长，想利用科技创新发展优质、高效农产品来增加贫困户收入难度加大。

（五）贫困对象生产优质农产品意愿不强，科技创新在扶贫领域面临瓶颈

优质农产品对生产操作标准、生产环境都有相应的要求和标准，其投入成本都高于一般普通农产品。以优质水果生产为例，优质水果生产对适时灌水追肥、最佳套袋时间、套袋前用药等技术要求高。每个生产环节管理措施时间节点精准，每项关键技术的实施对劳动力要求高，从而劳动力价格也增高，增加了生产环节的人力成本。优质农产品产量相对较低，病虫害等管理要求高，生产环节风险大。而优质农产品育种、良种繁育和新品种推广脱节，优质农产品生产、深加工和包装销售分离，从生产到市场环节多，每个环节流通成本层层累加，种植、养殖等生产环节获利明显偏低，贫困户采用新技术生产新品种等优质农产品的意愿并不强。

（六）优势和优质农产品市场认知度低，制约了科技创新在扶贫领域的施展

普通农产品与优质农产品的外观区别不大，只有一些专业人员能区分清楚，一般消费者很难对农产品的品质优劣区分清楚，加上普通农产品价格比优质农产品低一大截，使得不少消费者放弃优质农产品而选择普通农产品。同时，近年来，随着陆续曝光一系列诸如农（兽）药残留超标、掺杂使假等食品质量安全事件，以及“禽流感”“口蹄疫”等传染病的发生等，使得消费者选用农产品时倍加小心。为达到以假乱真的目的，不少假冒伪劣农产品通过精美的包装，打着无公害、绿色、有机农产品的旗号投放市场。消费者对无公害、绿色、有机等优质农产品认知度不高，仅凭包装等外观来判断优质农产品内在的安全质量，花了高价购买了劣质农产品，因而对优质农产品也失去了信任。优势、优质农产品得不到消费者的认可，通过科技创新培育出来的优势、优质农产品在市场上难以销售，经济效益受损，导致科技创新在扶贫领域难

以施展。

（七）农业生产风险诸多，阻碍了科技创新在扶贫领域的运用

农业生产风险诸多，经济效益很不稳定。一是农业生产受自然环境影响大，特别是大气、旱涝、温度、湿度、光照等自然环境的影响。城镇化、工业化的推进，生态环境遭到破坏，导致自然环境变得越来越恶劣，洪涝、干旱等自然灾害频频发生，自然灾害的规模也越来越大，很容易造成农业歉收或绝收。“禽流感”“口蹄疫”等疫病风险仍然存在，畜禽养殖很难避免疫病的影响，一旦防疫失败，将血本无归。二是农户小规模经营很难有效把握市场需求，跟风种植、养殖的现象严重，存在盲目性；一些农产品生产过剩而另一些农产品奇缺现象非常突出，导致农产品价格波动大，造成在个别时候奇缺农产品价格奇高而过剩农产品奇低等，甚至某一农产品在不同时段出现价格奇高、奇低现象。市场价格波动剧烈，直接威胁农户种植、养殖的经济利益。三是农业科技成果的应用也存在较高的技术风险，特别是一些农业科技成果运用或转化需要特定的环境或条件，湿度、温度和气候等外在条件难以控制和预测，加上农户也有可能操作不当而导致技术失败。充满不确定性的生产风险、市场风险或技术风险，挫伤了农户的生产积极性。贫困对象出于安全性的考虑，不愿轻易接受和采用农业新技术、新品种，阻碍了科技创新在扶贫领域的运用。

三、以科技创新助推精准扶贫的对策与思考

如何用有限的资源，在减少投入和环境影响的情况下，提高优质农产品生产力，助力贫困对象增产增收、脱贫致富？实施科技创新，有重点、有针对性地对重要农业高新技术和适用技术进行科研攻关，用最尖端的农业技术致力于解决这一问题。

（一）贫困对象精准分类，准确确定科技扶贫对象

所有贫困对象全部纳入科技扶贫范围是不可能的，有的贫困户完全依靠科技来脱贫也不现实，所以要对贫困对象进行重新分类。如贫困户全家没有一个劳力，生活来源几乎没有的可定为 A 类贫困户；贫困户家庭有劳动力，但劳动力少或能力弱的、生活维持难以为继的定为 B 类贫困户；贫困户家庭有劳动力，仅仅没有劳动技能而导致贫困的定为 C 类贫困户。对 A 类贫困户，我们再了解一下有没有生产资源可用，如承包土地、山场等；对于 B 类贫困户，主要了解有没有生产资源可用的同时，搞清劳动力文化程度等；对于 C 类

贫困户,在了解有没有生产资源可用、搞清劳动力文化程度等基础上,重点搞清他们需要什么样的技术,什么样的技术容易接受,这类是纳入科技扶贫范围重点。

(二)根据贫困对象具体情况,精准遴选科技扶贫特派员、专家和科技组织

目前,科技扶贫已在全国范围内开展,需要大量遴选科技特派员、专家和科技组织参与扶贫。为避免科技特派员、专家和科技组织与贫困对象需求信息不对称,应建立健全贫困对象对科技需求信息征集机制,深入了解贫困对象对于不同技术领域、不同行业和不同专业科技人才的需求,并根据科技人才需求情况进一步拓宽遴选范围和渠道,鼓励所需领域的各级科技组织、高等院校、科研院所等专家、科技人员按照贫困对象的科技需求,深入贫困地区开展扶贫及创新创业服务。如安徽宣州区黄渡乡农民主要种植太子参和烟叶,且形成了一定规模。对黄渡乡的贫困户对象这方面科技人才需求就多,可以遴选这方面的科技特派员、专家和科技组织参与黄渡乡扶贫,帮助贫困对象发展太子参和烟叶;而水阳镇有十万水面,农民主要养殖河蟹和胖头鱼等,水阳镇的贫困户对象水产养殖方面科技人才需求就多,可以遴选水产养殖方面的科技特派员、专家和科技组织参与水阳镇扶贫,帮助贫困对象发展水产养殖。

(三)创新科技培训,切实提高贫困人口素质

对贫困人口进行科技培训要着眼长远、开阔视野,兼顾生存与发展两方面技能培训,真正让贫困人口彻底脱贫。同时,要坚持实效、实用、实际的原则,内容要通俗易懂,形式要灵活多样,使贫困人口易学、易看、易掌握。一是设计科学有效的培训方案。培训方案要体现课堂集中培训的系统性、生产现场观摩的可操作性以及后期管理和跟踪指导服务。培训时间、内容等设置要科学合理,遴选的培训老师要具有丰富的生产一线经验。培训前对贫困对象需求、当地产业发展、工种等要调研摸底,做到培训方案具有很强的针对性。二是从贫困人口科技需求和接受能力的实际出发,建立贫困人口培训内容"菜单库",采用"菜单式"培训方式,由贫困人口"点菜"来确定培训内容,有针对性地开展贫困人口喜闻乐见的培训活动,使培训内容真正入脑、入耳。如有针对性地举办各种实用技术培训,提高农民的种植和养殖技术,实现增产增质增收。三是从培养贫困人口自我发展能力入手,开展职业技能培训,引导农民宜农则农,宜工则工,宜商则商,走自主创业致富之路。如开展家政服务员、缝纫工、中式烹调师、面点师、漆工、电工、焊工、计算机操作员、缝纫工、美容美发师等技能培训,提高他们本地就业、外出务工和自主创业的发展

能力。四是用现代市场经济的意识提升贫困人口市场经营能力，改变贫困人口小富即安、仅靠种养自给自足的传统观念，引导贫困人口参加各类经济行业协会和合作组织，实现小生产与大市场的有效对接。

（四）创新科技扶贫新模式，力求帮扶措施精准

摸清建档立卡贫困对象的实际科技需求，精细分类、精准对接、精心施策，探索"科技+贫困对象""科技+项目+贫困对象""科技+企业+贫困对象""科技+专业合作社+贫困对象"等扶贫模式，以科技创新助力精准扶贫。一是对以从事农业生产、经营收入作为首要收入的建档立卡贫困对象，终年有劳动力在2人（含）以上贫困户，采用"科技扶贫特派员、专家和科技组织+贫困对象"扶贫模式，为其提供技术服务和新品种，在科技扶贫特派员、专家和科技组织的指导下采纳新品种、新技术开展生产，及时解决贫困对象生产过程中的技术难题，有效地提高贫困对象增产增效增收。二是采用"科技+项目+贫困对象"扶贫模式，鼓励科技扶贫特派员、专家和科技组织以项目为依托，租用全家没有一个劳力的贫困户土地等生产资源，开展攻关技术和技术创新活动，解决当地农业产业发展瓶颈问题。也可租用无劳力贫困家庭土地等生产资源，建立科技示范点，对当地贫困户及其他农户进行实地展示，提升贫困户及其他农户对新品种和新技术的认识和信任，增加无劳力贫困家庭财产性收入，带动其他贫困户及非贫困户致富。三是科技扶贫特派员、专家和科技组织依托农业龙头企业，采用"科技+企业+贫困对象"扶贫模式，充分发挥技术优势，为企业提供原料生产的贫困对象做好技术服务，指导贫困对象按照企业的质量、产量要求组织生产，保障了企业原料品质，增加贫困对象农产品生产产量和收入。四是采用"科技+专业合作社+贫困对象"扶贫模式，鼓励科技扶贫特派员、专家和科技组织领办专业合作社，组织建立专业技术协会等专业组织，创新农业产业化经营和科技服务形式，提高农产品产量、效益和质量的同时，解决市场经济与贫困户一家一户小而全的小农经济的矛盾，使贫困户在增收致富的同时，有效带动合作社其他农户增产增收。

（五）创新科技防灾措施，保障科技扶贫成果

自然灾害不可避免，科技扶贫特派员、专家和科技组织要利用科学的手段积极应对，减少或预防自然灾害对贫困对象农业生产造成的损害，确保扶贫成效不受影响。一是根据当地的气候条件与自然环境，科技扶贫特派员、专家和科技组织指导贫困对象选择适宜当地生长的农作物。如果是干旱天气较多地区，就选择相对耐旱的农作物。二是科技扶贫特派员、专家和科技组织指导贫困对象根据季节变化的不同温度做好合理的农作物品种。如秋季过后，低温霜冻天气多，就要指导贫困对象选择耐寒抗冻的农作物。三是

运用科学方法培育农作物新品种。如培育出抗冰雹打击能力强、耐寒耐冻等农作物新品种,以此来增强抗自然灾害能力。四是指导贫困对象科学合理安排农业生产活动,如采用节水灌溉方式,让农作物在不同的时期能够得到灌溉,减少干旱带来的影响;洪涝暴雨灾害发生后,及时排放农田地里的水,减少农作物根部浸泡时间,恢复农作物生长。五是及时关注和掌握天气信息,指导贫困对象科学防范,做到"趋利避害、减负增收"。如农作物秋季成熟以后,一旦出现冰雹天气,就及时抢收农作物,或利用科技手段打散冰雹云层;一旦出现霜冻天气,就指导贫困对象覆盖保温材料,使农作物安全度过低温冻害时期。

(六)依靠科技创新驱动,支持贫困对象发展生态绿色农业

随着农业生产机械化程度越来越高,大量的化肥和农药使用,超出了自然环境承载力,使农业生产经营活动陷入恶性循环,人类生态安全受到威胁,有关农药中毒、各种食物污染和的报道接连不断,敲响了生态安全的警钟。科技扶贫特派员、专家和科技组织在扶贫过程中,采用一系列科技创新措施,支持贫困对象发展生态绿色农业,引导他们采用生态种养模式,推行生态耕作,减少化肥和农药使用量,防止土壤污染和退化,形成"绿色、协调、循环"等生态绿色农业。一是科技扶贫特派员、专家和科技组织指导贫困对象采用免少耕播种、秸秆覆盖地表、病虫草害综合控制及深松等现代耕作技术,提高土壤肥力、固碳能力以及抗旱保湿的能力,为农业生产节本增效。加强对土壤水、肥及其他生物、化学和物理性状变化、环境影响、生产成本以及病虫草害、作物产量变化等情况的监测。对监测结果及时汇总、分析和研究,强化监测数据的共享和交流,科学评价实施效果,提高监测数据的利用率,为保护性耕作技术创新提供科学依据[5]。二是科技扶贫特派员、专家和科技组织指导贫困对象在蔬菜、粮食、茶叶、果树等作物上采用灯光诱杀、蓝板诱杀、黄板诱杀、性诱剂诱杀、生物制剂利用、以虫治虫、防虫网避虫等绿色集成防控技术,最大限度控制使用农药量。三是科技扶贫特派员、专家和科技组织指导贫困对象推广水肥一体化技术。对贫困对象地块土壤情况进行化验,根据土样化验结果,精心制定每块地合适的施肥配方,并把贫困对象需要的配方肥直接送到家,以减少化肥使用量。

(七)以科技创新手段增加优质农产品效益,提高贫困对象生产优质农产品积极性

随着城乡居民收入水平和生活水平的不断提高,他们的需求会从"吃饱"转向"吃好",对农产品品质、安全的要求越来越高,农产品优质优价成为人们消费的新动向。科技扶贫特派员、专家和科技组织指导贫困对象实施农业供

给侧结构性改革，发展绿色优质农产品，增强对需求变化的适应性，提高优质农产品效益。一是科技扶贫特派员、专家和科技组织指导贫困对象淘汰落后生产技术和劣质品种，引进和选育优质农产品，以质取胜，实现农业"优质优价"高产高效。二是科技扶贫特派员、专家和科技组织指导贫困对象采用新品种、新工艺、领先新技术、新机械，减少生产费用投入，降低生产成本，提高产出率；指导贫困对象集约化、规模化经营，降低单位农产品的生产成本，以较低成本支持同品质农产品较低的市场价格，为优质农产品抢占市场，求得经济效益。三是科技扶贫特派员、专家和科技组织指导贫困对象在分析农产品预测市场价格的基础上，做好投入、产出效益分析，依靠科技实行反季节供给，争取实现"反季节供给、高差价赚取"的好收益。如指导采用设施化种养，种植反季节农产品；指导贫困对象采用储藏保鲜，延长农产品市场销售期；指导贫困对象生产适应不同季节的农产品品种，实行农产品多品种错季上市。四是利用人们的消费需求崇尚自然野味，热衷野菜、野生动物等土特产品的消费需求，科技扶贫特派员、专家和科技组织指导贫困对象发展野生动物、蔬菜等风味独特、品质优良的土特产品，以适应不断变化的市场需求。

（八）依托科技创新，增强优质农产品市场认知度

随着食品安全事件的不断发生，消费者越来越多地关注食品营养健康及质量安全等，特别是通过日常饮食达到养生保健效果的优质农产品已被大多数消费者所接受。如何让消费者对贫困对象生产的优质农产品的认可，则是问题的关键。一是科技扶贫特派员、专家和科技组织充分利用现代信息技术手段，指导贫困对象通过互联网及电子商务等平台建立灵活多样的优质农产品销售模式，拓展优质农产品销售渠道，减少优质农产品市场流通环节，降低流通成本，同时，也通过互联网及电子商务等平台与消费者有效沟通衔接，按照消费者的消费习性和要求，生产适销对路的优质农产品，提高消费者对贫困对象优质农产品的认可度。二是帮助贫困对象与学校和机关企事业单位食堂、超市、宾馆饭店、批发市场、农贸市场等直接对接，发展订单农业。三是组织贫困对象参加各级政府举办的多层次、多形式的农产品展销活动，支持他们在城市社区增加直供直销网点，逐步形成稳定的优质农产品供求关系。四是指导贫困对象采用科学的管理制度、先进的保鲜设备缩短农产品物流时间，提高生鲜等优质农产品物流配送效率，减少生鲜等优质农产品的外观、口感降低和营养成分流失，以获得消费者满意。

（九）依托科技创新手段，有效规避农业风险

在农业生产经营活动过程中，客观存在各种各样的风险，如旱涝、病虫害等自然风险和市场行情变化、价格波动等市场风险。科技扶贫特派员、专家

和科技组织要指导贫困对象按照以防为主、防治并举的原则，遵循经济和自然规律，采取综合措施，防范和规避农业风险，最大限度地减少风险造成的影响和损失。一是关注中国农业信息等网站，及时收集农业种养、生产成本、库存、需求、进出口以及市场行情等动态资料，利用技术手段，综合分析预测未来一定时期内当地各种农产品市场行情以及存在的风险、风险的程度，实施风险先兆预警，提前为贫困对象提供决策参考。二是指导贫困对象加强畜禽和水产养殖管理、经济作物的栽培和病虫害防治，提高生产和抗灾害能力。同时，科技扶贫特派员、专家和科技组织要利用自身资源和条件，建立动植物病虫害监测预警、检验监督、控制扑灭、技术支撑以及物资保障系统，帮助贫困对象有效防控稻飞虱、小麦条锈病、蝗虫等病虫害以及高致病性禽流感等畜禽疫病，控制和阻止国外有害生物传入和蔓延。三是帮助贫困对象积极主动运用各种方法和手段收集国内和当地农产品价格信息，了解农产品市场行情，并根据市场行情、价格信息等数据进行分析，预测农产品市场变化趋势和价格走势，把握市场供求和价格信息，保证在较高的价位出售自己生产的农产品。四是引导贫困对象参与产业化经营，从“公司+农户、公司+合作组织+农户、合作组织+农户”等诸多模式中选择一种适合自身的模式，形成种养项目的选定、农业生产资料的供给以及农产品的生产、收储、加工及销售等一体化经营，以提高他们农业生产竞争力水平和应对风险的能力。

参考文献：

[1] 安徽省科协　安徽省农委　安徽省扶贫办关于印发《安徽省科技助力精准扶贫工程实施细则》的通知（皖科协普〔2017〕6 号）

[2] 安徽省科技厅强化科技支撑推进精准扶贫[EB/OL].（2017-05-12）. http://www. most. gov. cn/dfkj/ah/zxdt/201705/t20170512_132763. htm

[3] 安徽统计局 . 2016 年安徽统计年鉴[EB/OL]. http://www. ahtjj. gov. cn/tjj/web/tjnj_view. jsp? strColId=13787135717978521&_index=1#

[4]王忆南、汪恭礼 . 精准扶贫的实践、困局与路径选择——以安徽为例[J]. 地方财政研究，2016,(8):33-39

[5]《农业部关于大力发展保护性耕作的意见》（农机发〔2007〕10 号）

习近平治国理政思想的三大鲜明特征

汪盛玉

习近平治国理政思想是以习近平为核心的党中央在新的历史条件下紧密围绕党和国家发展的重大理论和现实问题所集中展示的治国理念和执政方略。认真学习这些思想的过程中，不难发现其所具有的现实性、传承性、人民性。这三大鲜明特征既是中国道路的内在规定，又是中国经验的时代诠释；既是中国故事的生动展示，又是中国精神的强劲提升。

一、现实性：关切当代中国国情

法国学者托克维尔在《旧制度与大革命》中将16世纪宗教革命和法国大革命做了一个颇为深刻的比较："16世纪宗教革命和法国大革命的所有差别之中，有一种差别令人瞩目：在16世纪，大部分显要人物投身于宗教变革都出于野心或贪婪；相反，人民却出于信仰，并不指望得到什么好处。在18世纪，情况就不同了；正是无私的信仰和慷慨的同情触动了当时有教养的阶级，使他们投身革命，而使人民行动起来的是满腔的痛苦怨恨和要改变地位的强烈欲望。前者的热情终于点燃并武装了后者的怒火和贪欲。"[1]P225一个社会尤其是社会转型时期，人民的意愿是左右国家和政府命运的精神动力。顺民心者昌，逆民心者亡，这其实是马克思主义群众史观最基本的含义。中国共产党人几代中央领导集体始终把广大人民群众的根本利益放在第一位，因而能够取得社会主义革命、改革、建设、发展等各个时期的伟大胜利。以习近平为核心的党中央自觉把治

基金项目：本文系作者主持的2016年度安徽省哲学社会科学规划项目（编号：AHSKY2016D49）阶段性成果。

作者简介：汪盛玉（1970—），女，江西彭泽人，法学博士，安徽师范大学马克思主义学院教授、博士生导师，教育部高校辅导员培训与研修基地（安徽师范大学）研究员，主要从事马克思人学理论与思想政治教育研究。

国理政建立在对当代中国国情进行理性把握的基础之上。

当代中国国情，即社会主义初级阶段，是中国道路、中国精神、中国力量的逻辑前提。

首先，坚守中国道路。中国道路是一条既符合历史发展规律又遵循中国特点的道路，即中国特色社会主义道路。社会历史发展的统一性与多样性相互并存。“中国特色”以符合中国人民意愿、依靠中国人民力量、维护中国人民利益为底色、为底线；“社会主义”是维系民族命运、凝聚民族斗志、体现民族希望的必然选择。以习近平总书记为核心的党中央面对中国特色社会主义道路所面临的机遇与挑战，清醒地把握了社会主义初级阶段的各种辩证关系，高瞻远瞩地审视历史和人民所选择的社会主义道路之任重道远：看昨天，“雄关漫道真如铁”；视今朝，“人间正道是沧桑”；望明日，“长风破浪会有时”。

其次，弘扬中国精神。中国精神是以爱国主义为核心的民族精神和以改革创新为核心的时代精神。爱国主义，最重要的就是爱社会主义，坚持社会主义的理论自信、道路自信、制度自信、文化自信相统一。改革创新，面对科技日新月异的挑战，要善于大胆设想、小心求证。创新驱动发展，发展依靠人才，人才需要活力，活力来自体制。因此，改革和创新两者须臾不可离。深化体制改革，激励人们极力发挥工匠精神；反过来，工匠精神支持大众创业、万众创新。创新，已经成为当今时代最重要的任务，理所当然是中国精神的关键词。

最后，凝聚中国力量；一方面，中国力量是中国各民族大团结的力量，是全国各族人民心往一处想、劲往一处使、13 亿人民所汇聚起来的不可战胜的智慧力量；另一方面，中国力量是世界人民大团结的力量，是人类命运共同体的力量。中国的发展得到了世界各国人民的支持，同时，发展的中国已成为世界和平与繁荣的中坚力量。用习近平总书记自己的话来说，“当今世界，人类生活在不同文化、种族、肤色、宗教和不同社会制度所组成的世界里，各国人民形成了你中有我、我中有你的命运共同体”[2]261，“几十年来，中国始终坚持独立自主的和平外交政策，始终强调中国外交政策的宗旨是维护世界和平、促进共同发展。中国多次公开宣示，中国反对各种形式的霸权主义和强权政治，不干涉别国内政，永远不称霸，永远不搞扩张”[2]267。

中国国情，作为习近平新思想新理念新战略中最为关切的内容，说明“治国理政”具有体现时代要求、顺应时代发展、担当时代使命的现实性。

二、传承性：接过历史的接力棒

美国学者莱斯列 · 斯蒂芬森和大卫 · 哈贝曼在《世界十大人性哲学》中

评价马克思的思想时指出:“马克思是一个无神论者,他的思想的总趋势是唯物主义的决定论的。尤其在他的后期阶段,他往往表现为社会科学家,用(他所理解的)科学的方法论述人的一切现象。但是,这并非是马克思特有的做法:十八世纪启蒙运动的许多思想家(如伏尔泰、拉美特里和休谟)也有同样的做法。”[3]159 毫无疑问,伟大的思想从不会凭空出现,总是带有思想所处特定时代的特征和要求。但是,莱斯列·斯蒂芬森和大卫·哈贝曼忽视了马克思思想的革命批判特征与实践品格,其实,马克思思想的彻底性是伏尔泰、拉美特里和休谟等人的思想所无法比拟的。马克思主义是真正能够直面现实问题的伟大思想。“问题却是公开的、无所顾忌的、支配一切个人的时代之声。问题是时代的格言,是表现时代自己内心状态的最实际的呼声。”[4]203 习近平总书记在解读马克思这句名言时明确提出,“每个时代总有属于它自己的问题,只要科学地认识、准确地把握、正确地解决这些问题,就能够把我们的社会不断推向前进”[5]235。

认识问题、把握问题、解决问题,是推进中国特色社会主义走向新的辉煌的必然举措。这里蕴含“问题是什么”“问题如何体现出来”“问题能否及时得到解决”等这样几层意思。

第一,在认识问题中继续前行。以毛泽东同志为核心的党的第一代中央领导集体所面临的最大问题是“什么是马克思主义,如何实现马克思主义中国化”,全党全国人民在准确认识此问题的基础上成功实现了新民主主义革命和社会主义革命;以邓小平同志为核心的党的第二代中央领导集体所面临的最大问题是“什么是社会主义,如何建设社会主义”,全党全国人民在科学把握此问题的基础上成功开创了中国特色社会主义伟大事业;以江泽民同志为核心的党的第三代中央领导集体所面临的最大问题是“建设什么样的党,如何建设党”,全党全国人民在科学把握此问题的基础上提出了“三个代表”重要思想,成功将中国特色社会主义推向二十一世纪新阶段;以胡锦涛同志为总书记的党中央所面临的最大问题是“实现什么样的发展,如何实现发展”,全党全国人民在科学把握此问题的基础上提出了科学发展观,成功地在新的起点上坚持和发展了中国特色社会主义。以习近平同志为核心的党中央结合十八大以来的新形势提出了“什么是中国梦,如何实现中国梦”这一关乎民族振兴、国家富强、人民幸福的重要问题。中国梦是中国共产党人奋斗历史的延续。

第二,在把握问题中努力奋斗。中国梦是将国家、民族、人民三个层次的主体实现紧密对接的伟大复兴之梦:国家好,民族好,人民才会好。国家、民族、人民,既是责任主体、义务主体,又是享受主体、权利主体。同时,国家、民族、人民三者之间息息相关,相互依存、相互促进。国家富强是民族振兴、人民幸福的有力保障,民族振兴是国家富强、人民幸福的直接体现,人民幸福是国家富强、民族振兴的最终归宿。中国梦体现了中华民族和中国人民的整体利益,治国理政就是要努力实现国家富强、民族振兴、人民幸福。

第三,在解决问题中做出新的更大的贡献。一方面,实干兴邦,空谈误国。解放思想、实事求是,是中国共产党人的思想路线,也是治国理政的基本遵循。实现中国梦需要脚踏实地不断加油干的斗志和干劲。对此,习近平总书记强调:幸福不会从天而降,梦想不会自动成真,必须依靠辛勤劳动、诚实劳动、创造性劳动。劳动是理解社会历史的钥匙,社会历史的发展本身就是一部劳动发展史。实干,不仅具有中国化马克思主义劳动观的深刻内涵,即举国上下勤奋劳作、团结一致、戮力前行;而且富有中国特色社会主义话语权的意蕴,即当国际社会其他国家对中国刮目相看的时候,中国共产党人没有满足已有的成就,也不搞无谓的争论,而是一如既往地练好内功、做强自己。另一方面,承前启后,继往开来。每个时代都有属于自己的问题,在实现中华民族伟大复兴的中国梦过程中如何攻坚克难是当前中国最重要的问题。习近平治国理政思想明确提出三个要求:其一,中国梦是历史的、现实的,也是未来的;其二,中国梦是国家的、民族的,也是每一个中国人的;其三,中国梦是前辈人的,更是广大青年一代的。历史与现实、集体与个人、前辈与后来者,都是历史接续性的辩证关系。创造代代相传、创业人人跟进、创新个个尽力,中国梦就一定圆梦适得其势!

接力棒,作为习近平新思想新理念新战略中频频出现的词汇,说明“治国理政”具有发挥优良传统、总结历史经验、勇于与时俱进的传承性。

三、人民性:尊重人民主体地位

美国学者威廉·巴雷特在《非理性的人》中,认为社会主义国家的哲学,“如果只看它最好的、最‘理想’的方面,也就是它至今还能唤起千百万人热忱的方面,就是马克思主义的人本主义。这种人本主义回复到了马克思那段非常出名也应当出名的话:‘所谓彻底,就是抓住事物的根本。但人的根本就是人本身。’这里马克思是以费尔巴哈那一代以及青年黑格尔派一员的身份讲这段话的,这些人转而反对黑格尔及其国家观念而达到具体的人,有血有肉的历史的人。他们说,这种现实的和历史的人,就应当是人类的根本,是社会和国家的根本。但是,还有一个更深层次的问题,他们没有问,这就是:这个个体的人又扎根何处?人是高度有问题的和自我发问的动物,他作为这种动物的彻底有问题的本性,被命定而又轻易地抛到视野之外了。马克思把他的注意力转到了社会问题上,设想人实现其充分人性道路上的唯一障碍,就是资本主义道路”[6]293-294。无疑,“完整的人”或“全面的人”是威廉·巴雷特所主张的观点。作为一名正统的西学者,威廉·巴雷特承认人的现实性、具体性、发展性是难能可贵,但他曲解了马克思主义“全面的人”的丰富内涵。马克思视野中的“全面的人”绝不是“理性的人”与“非理性的人”的简单合体,而是通过彻底改造人与自然的关系、人与人的关系、人与社会的关系中实现的,是处于社会制度得到根本改造之后的社会主义社会“剧作者”与“剧中人”的完美结合。习近平治国理政思想是尊重人民群众首创精神的光辉结晶。

第一,人民的支持是中国强劲发展的根本原因。实现国家治理体系现代化是依赖人民支持的必然选择。选择什么样的国家治理体系,由历史传承、文化传统、经济社会发展水平所决定,更由人民所决定。中国特色社会主义说到底是亿万人民自己的事业,所以必须发挥人民的主人翁精神,更好地保证人民当家做主。这诚如习近平总书记骄傲地对外宾而言:“我对中国发展前景充满信心。为什么有信心?最根本的原因是,经过长期探索,我们已经找到一条适合中国国情的正确发展道路,只要我们紧紧依靠13亿多中国人民,坚定不移走自己的路,我们就一定能战胜一切艰难险阻,不断取得新的成绩,最终实现我们的目标。”[2]101 也就是说,人民是中国特色社会主义这部宏伟剧目的创造者、改写者。

第二,人民的期待是中国深化改革的内在动力。尽管改革开放进行了近40年,但仍是一项长期的、艰巨的、繁重的事业。当下,改革开放已经进入弯道超越的关键阶段,经济、政治、文化、社会、生态文明和党的建设等各个方面的发展迎来新阶段。深化改革成为深层次利益的触碰与挑战,面临的是难啃的硬骨头。尽管如此,但是人民群众不断提高生活水平、不断改善生活质量等期望值没有变。因此,坚持人民主体地位,充分调动人民的积极性,是党和国家立于不败之地的强大根基。为此,习近平总书记指出:“在人民面前,我们永远是小学生,必须自觉拜人民为师,向能者求教,向智者问策;必须充分尊重人民所表达的意愿、所创造的经验、所拥有的权利、所发挥的作用。”[2]27

第三,人民的满意是中国严惩腐败的恒久基础。为政清廉取信于民,秉公用权赢得人心。人民群众痛恨腐败现象,各种形式的腐败,犹如无形的墙把党和人民隔离开来。因此,不坚决反腐,党和国家的事业就会失去根基、失去血脉、失去力量。用踏石留印、抓铁有痕的劲头惩治腐败,让人民不断看到实实在在的成效和变化,才能迎来社会主义建设的生机和活力。同时,建构人民群众监督下的防腐机制,将权力关进制度的笼子里,形成领导干部不敢腐的惩戒机制、不能腐的防范机制、不易腐的保障机制,才能真正风清气正,干部清正、政府清廉、政治清明、人民满意。

主体地位,作为习近平新思想新理念新战略中最核心的意蕴,说明“治国理政”具有依靠群众、相信群众、满足群众的人民性,人民性最大程度地体现了社会主义的优越性。

四、结　论

结合《之江新语》与《习近平谈治国理政》的研读,不难发现,《之江新语》更多的是习近平总书记以前在地方工作时期的理性思考和科学判断,已经涉及经济、政治、文化、生态、社会、生态文明以及党的建设等各个方面的具体治理和深刻思考;《习近平谈治国理政》则是习近平总书记作为党和国家的主要代表人,与领导集体的其他成员一道站在社会主义事业发展全局、站在中华民族整体利益、站在全球全世界共同命运的高度所提出的具有远见卓识的高明决策。结合上文分析,笔者得出以下三点结论:

习近平治国理政思想有一个发展路线图:其一,由地方经验逐步提升为国家智慧,从“烹小鲜”到“治大国”的升华,领导者个人正确见解和领导集体科学集思广益的融会贯通。

其二,无论是《之江新语》,抑或是《习近平谈治国理政》,习近平治国理政思想的基点始终是理论与实践的统一,基调始终是个人、集体、国家利益相一致,基准始终是有利于国家富强、民族振兴、人民幸福;

其三,习近平治国理政思想所映现的主体是社会治理,主题是中国特色社会主义,主线是国家富强,主旨是人民幸福,主则是群众路线。

参考文献:

[1]［法］托克维尔. 旧制度与大革命[M]. 冯棠译. 北京:商务印书馆,2012.

[2] 中央文献研究室,中国外文局. 习近平谈治国理政[M]. 北京:外文出版社,2014.

[3]［美］莱斯列·斯蒂芬森,大卫·哈贝曼. 世界十大人性哲学[M]. 施忠连译. 北京:复旦大学出版社,2007.

[4] 中共中央编译局. 马克思恩格斯全集(第1卷)[M]. 北京:人民出版社,1995.

[5] 习近平. 之江新语[M]. 杭州:浙江人民出版社,2007.

[6]［美］威廉·巴雷特. 非理性的人[M]. 段德智译. 上海:上海译文出版社,2007.

试论推进中国特色社会主义总布局的实践性原则

王宏兴

摘　要:在思想史上,科学实践观实现了世界观上的根本变革和思维视角的根本转换,成为理解马克思主义思想变革的关键。因此,发掘科学实践观的丰富内涵,对于顺利推进社会主义建设和改革事业具有重要的方法论意义。统筹推进中国特色社会主义总布局是一个实践的过程,这种实践性体现在经济建设、政治建设、文化建设、社会建设和生态文明建设的各个方面和各个环节。当然,这些实践活动都不是相互孤立的,而是构成了中国特色社会主义的总体实践,并在运动中体现出系统性、协调性和总体跃迁等基本特征。

关键词:中国特色社会主义;总布局;实践

"建设中国特色社会主义,总依据是社会主义初级阶段,总布局是五位一体,总任务是实现社会主义现代化和中华民族伟大复兴。"①统筹推进中国特色社会主义总体布局,促进经济建设、政治建设、文化建设、社会建设和生态文明建设协同发展和共同发展,这本身就是一个总体的实践过程。在这个过程中,要坚持马克思主义科学实践观的基本原则、理念和方法,遵循社会主义建设实践发展的客观规律,不断提高总体实践的系统性和协调性,提升实践发展的质量和层次。唯有如此,才能在推进总布局的实践中取得理想的发展效果。

一、科学实践观是理解马克思主义思想变革的关键

马克思主义是我们立党立国的根本指导思想。对于社会主义国家和无

作者简介:王宏兴(1980—),男,博士,安徽理工大学马克思主义学院讲师。

① 坚定不移沿着中国特色社会主义道路前进　为全面建成小康社会而奋斗——在中国共产党第十八次全国代表大会上的报告[M]. 北京:人民出版社,2012:13.

产阶级政党来说,在学习和实践中科学揭示和全面把握马克思主义的精髓和精神实质,对于推进社会主义建设和改革事业科学发展具有重要意义。

第一,科学实践观是马克思主义思想变革的"原点"。马克思主义是关于无产阶级和全人类解放的科学,实现了科学性和革命性的完美统一。因此,它不仅具有解释世界的功能,还具有指导实践、改造世界的功能,实现了解释世界与改造世界的统一。马克思主义之所以能够如此,具体原因在于:一方面,马克思主义以实践的方式把握人与世界的关系,实现了世界观意义上的根本变革。在马克思主义诞生以前,唯物主义和唯心主义长期对立、争执不下。客观地说,唯物主义坚持世界的客观性原则,这在基本立场上无疑是正确的,但是它不能理解感性的实践活动的意义,因此,不能正确地解释人与世界的关系及其变化。相反,唯心主义虽然抓住了人的思维和意识的能动性,但是由于它完全颠倒了思维和存在之间的真实关系,因此也只能抽象地发展人的能动性,从而把精神变成了脱离了物质、脱离了自然的神化了的绝对。在马克思主义看来,凡是把理论引向神秘主义的神秘东西,都能在实践中以及对实践的理解中得到合理的解决。如果用实践的视角观之,人与世界的关系并不神秘。世界的优先性是人类实践活动的必要前提,而环境的改变和人的活动的一致只能被理解为变革世界的实践。这就实现了对旧的唯物主义和唯心主义的根本超越,实现了对人与世界关系的正确理解。另一方面,马克思主义不仅把实践作为思考问题的出发点,也把实践作为理论的归宿点和目的。"对实践的唯物主义者即共产主义者来说,全部问题都在于使现存世界革命化,实际地反对并改变现存的事物。"①马克思主义不是天国的玄思,而是人间的真理。它不再纠缠于抽象的东西,而是从现实的实践出发,揭示实践发展的规律,把指导实践改造世界从而提升人与世界的关系作为理论思考的根本目的。在马克思主义看来,以往的哲学只是解释世界,问题在于改造世界。只有把实践既作为理论的出发点,同时又作为理论的归宿点,才能使马克思主义成为指导无产阶级和人类解放的思想武器。

第二,科学实践观是马克思主义整体性理论中的核心观点。在思想的历史上,马克思创立了唯物史观和剩余价值理论这"两大发现",使马克思主义成为一个完整的科学的理论体系,由此成为批判资本主义社会、建设社会主义社会、实现共产主义社会的理论指南。可以说,马克思凭借他所创立的革命的马克思主义,当之无愧地成为思想史上的"千年伟人"。如果真正走进马克思主义理论体系的内部,探寻马克思主义思想、观点和方法的内在联系,我

① 中共中央编译局. 马克思恩格斯文集(第1卷)[M]. 北京:人民出版社,2009:527.

们就会发现科学实践观是马克思主义世界观的“天才萌芽”,进而发现科学实践观与“两大发现”的真实逻辑联系。以科学实践观观察和分析人类社会,就会发现推进历史发展的决定力量不是思想动机,而是思想动机背后的物质原因,这样才能揭示人民群众创造历史的伟大作用,从而产生科学的唯物主义历史观;进而,以历史唯物主义的立场观点和方法分析资本主义社会,才会发现和揭示资本家发财致富的秘密就是靠无偿地榨取工人劳动创造的剩余价值,生产社会化和资本主义私有制之间的矛盾是资本主义社会的基本矛盾,这个矛盾的激化就是资本主义经济危机的周期性爆发。马克思主义剩余价值理论揭示了资本主义社会资产阶级和无产阶级对立的经济根源,由此找到了通过无产阶级革命的方式实现从资本主义过渡到社会主义的科学路径,使社会主义由空想变成了科学。总之,在马克思主义理论的整体架构中,科学实践观是一个核心理论,沟通了历史唯物主义、剩余价值理论和科学社会主义,使这几个基本的组成部分之间呈现出一种内在的有机的联系,从而使马克思主义成为科学性和实践性完美统一的真理体系。

社会主义社会自从诞生以来就承担着战胜资本主义、走向共产主义的伟大使命,要实现这一使命,无疑要发挥马克思主义的指导作用。因此,发掘科学实践观在整个马克思主义思想革命和理论体系建构中的“原创性”意义,对于捍卫马克思主义的科学性和真理性,在实践中推进中国特色社会主义建设具有重要意义。

二、科学实践观对社会主义建设和改革的重要指导作用

在社会主义建设中,必须坚持马克思主义的立场、观点和方法。科学实践观作为理解马克思主义思想变革的关键,对全面推进社会主义建设和改革事业具有重要指导意义。尤其是在当前,改革和建设处于重要的攻坚时期,要在统筹推进总布局的实践中破除利益分化和固化并存的藩篱,革除体制或机制中一些不合时宜的东西,在社会主义建设中不断地革故鼎新、破旧立新,更需要以马克思主义科学实践观为指导,不断地闯出发展新路径、开辟发展新境界。

第一,确立实践导向。五位一体总布局是中国特色社会主义全面发展的基本路径,在本质上是一个总体实践过程。因此,要确立总布局发展的正确实践导向,具体来说包括这几个方面:首先,要立足当下实践中的实际情况。不管是革命、建设还是改革,毫无疑问地都要坚持一切从实际出发。对于实

践主体来说,实际既是复杂的,又是内容广泛的,既包括客体方面的情况,也包括主体自身的情况。而且,实际并不是指世界的所有情况,而是在一定程度上和实践发生系统关联的情况。这样,以实践的需要为核心,这些实际情况就根据自身与实践关系的重要程度而构成了一个层次分明的"实践场"。要谋划实践、发展实践,必须立足当下的"实践场"。否则的话,就难免会做出脱离实际甚至与实践发展的现状与要求根本违背的决策和行为。其次,以推进实践发展为目的。任何实践活动都是有目的和方向的,没有方向的活动不叫实践,只能算作无用功。统筹推进总布局作为中国特色社会主义全面发展的路径设计,要以实现经济建设、政治建设、文化建设、社会建设和生态文明建设协调发展,建设富强、民主、文明、和谐、美丽的社会主义现代化强国为目标。要紧紧围绕实践目标,积极地想问题出主意,尽量避免任何偏离目标的决策和行动,并调动一切积极因素,利用一切可以利用的力量,在排除一切困难中促进目标的顺利实现。总之,在推进总布局的过程中,要立足当下实践中的实际情况,以推进实践发展作为一切工作的根本指针。只有这样,才算确立了正确的实践导向,才使实践活动本身具有一定的价值和意义。

第二,做好实践规划。总布局实践不仅具有高度的复杂性和系统性,而且关涉社会主义事业的发展全局和人民群众的切身利益,具有重大的现实意义。因此,必须运用科学实践观做好总布局实践的设计和谋划,制定科学完善的总体性实践方案。"要真正向前展望、超前思维、提前谋局"①。具体来说,要做到以下方面:首先,全面把握实践要素。任何决策都是建立在把握情况的基础上,当然,这是一项异常艰巨复杂的工作。一方面需要把握总布局实践中的客观情况,包括政治、经济、文化、社会和生态等方面的情况,力争把这些情况找全、找准、摸清楚;另一方面,也要了解实践主体方面的情况,包括人民群众在总布局实践中表现出的能力和素质、愿望和期待等,要把这些方面的情况琢磨透彻,这样才能使总布局的开展达到知民情、顺民意、接地气的良好效果。其次,确定实践的中介和方法。从普遍的意义上看,要在实践过程中实现主体客体化和客体主体化的双向贯通,中介的作用不仅是必不可少的,而且是非常重要的。同样,方法对于实践的意义显然不能小觑,有的方法会让人事半功倍,而有的方法则可能让人事倍功半。在总布局实践中一定要选好合适的中介,确定科学的方法。再次,设计好实践的过程和步骤,这样才能保证在推进总布局的过程中成竹在胸、应付裕如。要根据实践发展的总体目标,划定不同的实践阶段,设计好每个阶段怎么发起、怎么实施、怎么检查

① 习近平谈治国理政[M]. 北京:外文出版社,2014:88.

总结,还要保证这些不同实践阶段之间的有效衔接和顺利过渡。总之,只有在感性的实践活动出现以前,就已经做到"腹有良谋",才能保证总布局实践的发展取得理想效果。

第三,凝聚实践动力。任何实践活动的开展都需要一定的动力支撑,推进总布局实践亦不例外。如果没有形成强大的动力或者动力不足的话,实践活动势必难以进行,即使勉强完成了也难以达到理想的效果。归根结底地看,实践的强大动力来自人民群众,来自人民群众在总布局实践中焕发出的历史主动性和创造性。当然,要在总布局实践中有效激发人民群众的积极性和主动性,就需要创造建设和改革的实际成果赢得人民的信任,制定科学的符合人民利益和意愿的社会发展蓝图,赢得人民群众的支持。这样,才能让全体社会成员焕发出建设社会主义的巨大潜能,形成推进总布局发展的强大"历史合力"。当然,社会主义建设是一项总体性的活动,实践动力一旦形成就表现出一定的综合性。例如,中国改革开放以来的经济发展成绩大大地增强了人民群众建设中国特色社会主义的信心和勇气。党的十八大以来,全面从严治党促进了党风政风明显好转,必将激发人民群众投身于建设总布局的伟大实践。总之,在推进总布局实践的过程中,要注意不断地从人民群众中凝聚实践的动力,这是总布局实践取得良好效果的动力条件。

第四,遵循实践法则。在总布局实践中要遵循实践法则、实践逻辑。从普遍的意义上看,任何成功的实践活动都要实现合规律性和合目的性的统一,也就是实现"物的尺度"和"人的尺度"的统一。这具体表现在两个方面:一方面,从规律的角度来看,任何实践活动都要遵循客观规律,总布局实践当然也不例外。在统筹推进总布局的过程中,要遵循经济建设规律、政治建设规律、文化建设规律、社会建设规律和生态文明建设规律,此外还要遵循总布局协同发展规律。从更普遍的意义上看,还要遵循人类社会发展规律、社会主义建设规律和共产党执政规律。另一方面,从目的的角度来看,任何实践都要合乎人类目的,总布局实践当然应当如此。通过总布局实践,要促进社会进步,丰富人的价值,实现人的全面发展,提升人的自由程度。总之,在统筹推进总布局的过程中,要遵循合规律性和合目的性统一的实践法则,这是实践取得成功的规律性基础。

第五,坚持实践的检验标准。在现实中,总布局的推进方案是否科学完善,总布局的实施是否达到了预定的发展目的,只能以总布局实践的具体效果来检验,而不能以片面性或主观性的东西来检验,也不能以抽象的原则来检验。在这个意义上说,实践是检验总布局实施效果的唯一标准。如果在总布局实践中创造了经济发展、政治进步、文化繁荣、社会和谐、生态美丽的可喜成绩,则说明统筹推进总布局是成功的、有效的。

总之,在推进总布局的过程中,要以马克思主义科学实践观为指导,把握实践之道,遵循实践之法,向着社会全面进步和人的全面发展的崇高目标不断开拓、奋力攀登。

三、中国特色社会主义总布局实践性的具体体现

中国特色社会主义总体布局包括经济建设、政治建设、文化建设、社会建设和生态文明建设五个方面。从根本上说,这五种建设都是人类以不同的实践方式处理人与世界的关系,都体现出实践的特性和特点。

第一,社会主义经济建设的实践性。实际上,社会主义经济建设就是通过实践活动处理人与自然的关系,实现人与自然之间的物质变换。发展社会主义经济,就是要通过解放和发展社会主义社会的生产力,全面提高人类改造自然的实际能力。对人来说,自然界不能满足人的需要,更不能满足不断发展的人的需要。因此,人类必须以自觉的实践活动改造自然,将自然物加工成人工产品,才能满足人类生存发展的物质需要。在资本主义条件下,虽然资本主义的生产方式也可以创造出大量的商品,但是它是以榨取剩余价值为直接目的的,改造自然的成果依然不能用于造福人民群众。在社会主义条件下,人民群众通过各种各样、各行各业的生产实践活动,主动地改造自然或自然加工物,创造出丰富的物质产品,用于改善人民群众的生活水平,解决人类面临的物质匮乏。需要注意的是,虽然经济建设的根本任务是通过处理人与自然的关系维持和丰富人的自然本质,但是这并不意味着其中没有社会关系的变动和调整。在经济建设过程中,经济发展方式的转变、经济结构的调整、经济政策的制定和修改都会引起社会关系的变化。总之,经济建设是在一定社会关系的中介下处理人与自然物质变换关系的总体性活动,这也是对人类来说最基本、最有决定意义的实践形式。

第二,社会主义政治建设的实践性。总的来看,社会主义政治建设就是在坚持党的领导、人民当家做主和依法治国相统一的根本原则下,为了建立人与人之间平等的政治关系而进行的一系列政治实践。每个人都是在社会关系中存在的,只有通过一定的社会关系,人类才能在协作中共同获取生存发展所需要的各种资源,吸收人类文明的养分,以促进人类历史的进步。在历史上,在生产力水平所决定的一定社会关系中,由于人们在生产资料占有上的不平等,社会出现了压迫和剥削现象。于是,广大劳动者只能在异化的

社会关系中以扭曲的形式维持个人生存,获得片面的、畸形的发展,这就导致了阶级斗争的出现。在这样的条件下,国家以及整个社会的政治上层建筑就应运而生了。从这个意义上说,国家是阶级统治的工具,是阶级矛盾不可调和的产物,人与人之间的政治关系就是政治统治关系的具体体现。在社会主义社会,国家政权的本质是人民民主专政,也就是对广大人民实行民主,对极少数破坏社会主义的敌对分子实行专政,这就决定了社会主义国家的人民群众在政治关系上是完全平等的,而且这种平等的政治关系受到了上层建筑的保障。因此,在社会主义社会生生不息的发展进程中,必须通过政治实践建立和发展人民群众之间平等的政治关系,在这个过程中还要有效摒除"官本位"、腐败现象对社会主义民主政治关系的消极影响和破坏。具体来说,要通过不断发展和完善人民代表大会制度、中国共产党领导下的多党合作和政治协商制度、民族区域自治制度、基层自治制度等政治实践,保障人民当家做主的权利,使人民群众成为社会主义国家的主人。总之,社会主义政治建设本质上是个实践的过程。

第三,社会主义文化建设的实践性。社会主义文化建设是为了满足人民群众的精神需求、提升人的精神素质、发展人的精神本质而进行的一系列实践活动。在这里,虽然文化建设的结果表现为人民群众文化素养的提高和精神生活的丰富,似乎这只是发生在观念领域的事情,但是,要达到这样的结果,必须通过广大人民群众共同参与的外在的、感性的文化实践活动。只有这些文化实践活动的现实发生,才能达到提升人的科学文化素质和思想道德素质,促进人在德智体等方面全面发展的目的。因此,在现实的文化实践中,要广泛开展科学普及活动,以提高人民群众的科学素养;通过各种卓有成效的形式宣传和弘扬社会主义核心价值观,使其融入人民群众的日常生活和行为中;发展和繁荣哲学社会科学、文学艺术、新闻出版、广播影视等文化事业,繁荣文化产业,增强中华民族文化软实力,努力建设中国特色社会主义文化强国。随着改革开放以来中国综合国力的增强,以及中国在经济全球化过程中的参与程度不断加深,也要积极地推进中国特色社会主义文化走出国门,在世界文化交流的舞台上发出中国声音、讲好中国故事,让中华文化为世界文明进步做出更大的贡献。

第四,社会主义社会建设的实践性。社会主义社会建设就是通过主动地调整和协调社会关系的实践,促进社会公平正义,提高社会发展的和谐度。社会主义制度为实现社会和谐奠定了基本的制度基础,但是由于实践中主观和客观方面的各种复杂因素的影响,和谐社会不是天然实现的,也不是一劳永逸的,而是在社会建设的实践中动态地实现的。从不和谐到和谐,再从和谐到更加和谐，这也是一个不断发展的实践过程。当然，随着经济社会发展中新情况、新问题不断出现，随时又有可能出现影响和破坏社会和谐的因素，于是又要通过开展有效的社会治理，理顺社会关系，在实践中消除不良因素，促进社会和谐的再度生成。在现实中，就要调整社会收入分配关系，大力实施民生工程，健全社会保障，发展社会福利事业。这些都是社会建设方面的具体实践形式。只有全面推进社会建设方面的实践活动，才能让人民群众在社会关系中感受到真正的尊严和平等，让社会共同体真正成为促进个人全面发展的良好平台。

第五，社会主义生态文明建设的实践性。从本质上看，社会主义生态文明建设就是遵循人与自然和谐发展的规律，通过实践的方式主动地调控人与自然物质变换的方式、规模、力度和节奏，从而实现人与自然和谐相处、协同进化。因此，从本质上看，社会主义生态文明建设是以处理和优化人与自然的关系为主要内容和目的的实践活动。当然，人与自然的关系不是孤立的个体与自然的关系，而是社会化的人类与自然的关系。在中国特色社会主义发展的过程中，美丽中国不是能够自动实现的，只有在卓有成效的生态文明建设实践中才得以实现。在现实的生产和生活中，要尽量减少对自然资源的浪费，千方百计地开展自然资源的节约，也就是在实践中减少人对自然的索取和破坏，这样既有利于自然生态系统本身的和谐稳定，也有利于促进人类的永续发展。为此，要采取各种有效措施，在实践中尽量控制和减少对自然的污染，不仅要主动避免人类活动造成的人与自然之间的生态断裂，而且要主动地修复人与自然的关系，使人与自然的关系更加优化。除此以外，还要广泛开展各种各样的环保教育、环保立法、环保检测与监督、环境污染治理等活动，这都是生态文明实践的必要内容。总之，建设美丽中国，实现绿色发展的美好构想只能在有效的实践中才能实现。

总之，五大建设即五种实践，共同构成了总布局实践，即社会主义建设实践。

四、中国特色社会主义总布局实践的总体性

在总布局中，社会主义经济建设、政治建设、文化建设、社会建设和生态文明建设这五个领域的实践活动相互作用、相互影响、相互制约，构成了中国特色社会主义总体实践。这种实践的总体性表现在以下方面：

第一，总布局实践的系统性。“现在的社会不是坚实的结晶体，而是一个

能够变化并且经常处于变化过程中的有机体。”①作为人类社会发展过程中的一个具体形态，中国特色社会主义当然也不例外。在社会中，各种要素不是杂乱无章地结合在一起的，而是表现为一种系统的集合，体现出系统的特征。社会的经济、政治、文化、社会、生态等方面的情况都不是孤立存在的，而是存在着一种非线性特征的作用和联系。在某种程度上说，总布局就是对中国特色社会主义建设各个领域、各个向度之间固有联系的自觉利用。在总布局实践中，经济建设、政治建设、文化建设、社会建设和生态文明建设构成了一个有机的实践系统。当然，这种系统与一般的自然系统不同，是在人类的实践活动中生成的，体现了人类的实践目的。

第二，总布局实践的协调性。由于总布局中的经济建设、政治建设、文化建设、社会建设和生态文明建设之间的关系中存在着一定的“正相关”性质，因此，这五种建设之间常常会出现“一荣俱荣、一损俱损”的状况，表现出协同发展、共同进步的特征。例如，经济的科学发展会从根本上有利于政治的进步、文化的繁荣、社会的和谐和生态的改善。在统筹推进总布局的过程中，要善于利用五种建设发展的协调性，促进形成这五种建设之间相互促进、协调发展的良好态势。

第三，总布局实践发展中的总体跃迁。在推进总布局实践的过程中，如果善于利用总布局发展的协调性，并不断提高总布局发展的协同性，就会使经济建设、政治建设、文化建设、社会建设和生态文明建设保持在量变和质变方面的基本同步。在实践中往往会出现这种情况，在社会发展的总体量变过程中，这五种建设也都在发生着程度接近或相似的量变。而一旦量变积累到一定程度，又基本上会在大致接近的阶段或时机发生质的飞跃，因此，就表现出“总体跃迁”的特征。

总之，中国特色社会主义实践的总体性表明，社会主义是一个追求全面发展、全面进步的社会。只有在社会的全面发展中，才能不断提高人的全面发展程度，实现社会主义制度的根本价值宗旨。

① 中共中央编译局．马克思恩格斯文集（第5卷）［M］．北京：人民出版社，2009：10.

康德的超验论及其意义

温纯如

摘　要:康德的超验论无论在他的理论哲学还是实践哲学中都是有其重要意义的。但我们在谈康德超验论时,往往被康德一再讲的他把认识范围限制在现象界,把知性概念超验运用作为禁令,因而使得对超验论的探讨往往没有更加深入进行下去。其实康德是非常重视超验论的。文章力图对超验的概念、理论和超验论揭示理性辩证法、为科学形而上学划定自由领地界限、把理论理性导向实践理性和为人类追求最高理想目的等方面,作一探索。

关键词:超验的;理性辩证法;自由领域;实践理性;最高理想;

康德的超验论(Transzendentalismus)是康德哲学中一项重要理论,它标志着康德哲学的性质,不仅是先验的而且也是超验的。康德在他的理论哲学中,特别是感性、知性部分阐发了先验论的价值和意义,而到了理性部分就进入了超验论领域,在这部分,康德是以先验辩证论形式和引入实践意义表述的。

一

康德超验论的基础就是超验的(transzendent)理论。康德认为理性是追求无限的超验能力,它要求的是绝对完全的整体,可现实、经验给予的却是具体有限的东西,理性的本性就是要"打破砂锅问(璺)到底",达不到无限总体绝不休止。由此理性被应用到超越、越过有限、经验的领域,到达无限自由的领域来满足理性的要求,这就是康德所谓"超验的"一词的含义。我们这里看一下德国哲学关于对"超验的"解释:超验的,拉丁文"transcendens",意为"跨

作者简介:温纯如(1944—),男,安徽大学哲学系教授。

过那边去开始从事”,称为在后来的经院哲学里是对事物超越的普遍性质。那些按照新柏拉图主义理论是作为形而上学客观实体,还是超然于单个的范畴,范畴还是处于:“事物”的对象(res),“存在(事物)”的存在(ens)“维护了”真理(verum),使得“德(Gute)”为善(bonum),善对于一些(aliquid)“东西”,是“一种”唯一(unum);来自这里是出自在上帝的内在关系自身里得出,这种关系是作为一切人类的概念而思考的。今天超验的是在三重意义上使用:1. 逾越过经验的界限;2. 我们借助于感性认识世界,处于自然界的界限之外;3. 走出去在人类意识区域外面:因概念是内在的(指在经验和知识范围内的、意识内的)。关于数学下释义,莱布尼茨完全把它作为超验的。关于代数学的领域就走出经验外面;因此超验的数,就如同并非是代数学的数量,这就叫作一个单纯数,没有代数学的方程式使它满足,那种系数是理智的数,例如圆周和直径的比例关系。康德称为超验的。“在可能性事物上可能经验的原则的范围”和“那样概念现实性客体的命题,那些它们的对象能够寻找的都不是在一切可能经验的界限之外”(《纯粹理性批判》,B809);称作超验的原理,那是说,如果它把经验的限制“取走,是的它根本就显示为逾越”(引文同上,B353)。——超验性(Transzendenz),新的拉丁写法为 transcendentia,它是两个领域界限的超过,是在意识的、经验的界限上的超越或者把这个世界作为“此岸”,还是把以超越这个“对象”为目的;从那儿来如同超越自然一样,特别是这种绝对(Absolute),尤其,这就是彼岸的上帝(显示)①。上面的对“超验的”的论述,主要是从《纯粹理性批判》里的思想阐发的。

我们进一步再从康德的《作为科学能够出现的任何一种未来形而上学导论》一书来进一步看康德“超验的”思想。康德在导论 §33 中,认为超验的是一种应用,“在事实上,借助于我们纯粹知性概念棘手的东西,鉴于去引诱一些超验的应用;因为这样我称为这样的为超越一切可能的经验使用。”②康德揭示传统的或旧的形而上学对知性概念(范畴)的超验使用产生了假象(幻相)的原因。他在导论 §13 注释里指出:“由于什么形而上学被那个先验的假象所迷惑,而就是通过这种方式被诱使幼稚地去努力扑捉肥皂泡影,因为现象只不过是单纯的表象,而人们却把它当作了先于事物的“物自身”,从此是随之发生了所有每种都值得关注的理性二律背反的出场……这就是现象,要是它长久地被使用在经验中,就是产生真相,但是它只要一超越这类经验的

① Johannes Hoffmeister, Wörterbuch der philosophischen Begriffe [K]. Felix Meiner Verlag, Hamburg, 2005:S. 671-672.

② Immnauel Kant, Prolegomena zu einer jeden künftigen Metaphysik, die als Wissenschaft wird auftreten können. /1989 Philipp Reclam jun. GmbH & co. , Stuttgart. S. 82/53.

界限而将成为超验的,那就无不产生真正的假象。"[①]这里康德说明了追求知识,超验的运用是产生假象之因。而这方面问题在哪里,康德在§40中指出产生假象的原因,"这里一切假象都是存在其中的,那是把判断的主观根据被视为先于客观根据"。知性概念应用"只是内在的,这就是运用在经验上这样能够给予它的广阔范围,在这里理性是在完整性上,这就是全部可能经验的共同统一并且通过超越任何曾给定的经验方式,而成为超验的。"在这里康德说出来"超验的"的真意,超越的并不是一个个经验,而是超越到一切可能经验的整体,其实这已是超然于一切可能经验的总和而到另一个世界,即自由的世界。

二

康德的超验论是基于批判传统的或旧的形而上学,却从中创造出理性辩证法的成果。这种理性辩证法主要表现在康德《纯粹理性批判》的"先验辩证论"里,又被称为理性矛盾说。在传统的形而上学理论里,不相信理性自身会有矛盾,因为凭理性本身就可独断真理,它把真理看作是无限整体,因为传统的形而上学都把无限整体作为本体,才是它追求的目的,于是使用知性概念利用理性三段论推论的方式来推论作为真理的无限理念,传统的形而上学认为推出来的必是真理。康德利用理性矛盾说驳斥了这种理论,他认为,这样推论出来的理念先验的实在性不能为经验所证实,因此它是主观意义的实在性。理性概念是作为纯然的理念,它与任何经验没有相适应的关系,因此它缺乏实在性的客观性。

康德批判传统的形而上学主要表现为三个方面:其一,批判理性心理学理论。理性心理学提出来心灵(或灵魂)是实体的理论,认为它的性质是单一的,在时空上是永恒的,由此是"灵魂不朽"的。在康德看来,心灵作为本体是思维先验主体本身,是无限的实体,是等于X的某物,也就是人不能认识的"自在之物"。它是不可能用一些知性概念来规定的,如用"单一""实体"等范畴去规定,就必然会产生矛盾。实际上,康德认为理性的或合理的心理学没有区分开认识的逻辑思维的主体和心灵的实在本体的界限,心灵本体是无限的,不能用知性有限范畴去规定,不然就产生无限和有限的矛盾。康德强调理性心理学的问题,就是失去了经验的证明,失去了经验就失去了现实性。

---

① Immnauel Kant, Prolegomena zu einer jeden künftigen Metaphysik, die als Wissenschaft wird auftreten können. /1989 Philipp Reclam jun. GmbH & co. ,Stuttgart. S. 82/53.

康德把理性心理学的错误归结为"谬误推理"。康德划分为四种谬误推理而加以批判,同时也得出了他的新理论,也就是说,批判心灵的实体论,确立思维主体的能动性和主体性;批判心灵的单一性,确立思维主体的统一性;批判心灵的人格性,确立思维主体的独立自觉性;批判心灵的观念性,确立思维主体的想象创造性等。我们可以说,这就是康德通过批判理性心理学所得出主体理论的有价值的东西。

其二,批判宇宙论理论。先验的或理性的宇宙论是想从本体上解决宇宙的起源、界限和有限与无限的关系等形而上学问题。理性所追求的是现象背后的最终根据,也就是作为最终原因的无限理念。在康德看来,知性所达到的知识,即自然科学的普遍性必然性,无法达到"绝对性",理性是有超验的能力,试图去达到绝对理念,而结果却产生了二律背反。康德提出四种先验宇宙论的"二律背反":(一)世界在时空上是有限的还是无限的;(二)世界上的一切组合事物是由单一部分构成还是无单一部分构成;(三)世界上若有自然的因果性,是否还有自由的因果性;(四)世界上有没有一个绝对必然的存在作为世界的原因等。康德认为二律背反的起源不是经验的和逻辑的矛盾,而是知性的有限性和理性的无限性的矛盾的必然结果。矛盾产生与纯粹理念中理性统一性有关,理性统一性是包含着两种规律性的综合统一,首先是通过现象系列的规律来综合统一,这是知性法则所要求的;其次,理性法则所要求的是系列综合的绝对统一。这样,在理性统一性里就出现了系列的有限和无限、相对和绝对的矛盾存在。当这种理性的统一,与理性绝对性、无穷系列相符合时,相对于知性的有限性、有限系列似乎显得过大;当这种统一与知性相对性、有限系列相符合时,对于理性要求无限性、无穷系列来说又嫌过小。因此这种有限与无限的矛盾是发生在理性自身中,是必然的。传统的形而上学的理性无矛盾论、理性独断论就此宣告结束。于是,康德在哲学史上开创了辩证法必然性的时代。接着费希特、谢林,特别是黑格尔把辩证法发展成哲学的重大科学,马克思、恩格斯在真正意义上使辩证法成为科学。

其三,批判对上帝存在证明的理论。自中世纪以来,上帝概念成为宗教神学的基石,多少神学家来论证上帝存在,到近代神学上帝依然是哲学中至高的本体概念,康德力图在哲学中把"上帝存在证明"理论加以批判,驱除认知哲学中的上帝本体。康德批判上帝存在的证明主要从三个方面:一是对上帝存在本体论证明的批判。这种证明是从上帝的概念来推论上帝的存在。康德认为上帝是绝对必然的,是一纯粹理性概念,即理念。它是完满绝对的,但从知性利用范畴从有限、有条件来推论,无论怎么在现象界推论都推不出无条件的上帝,因为知性概念(范畴)不能超验运用。康德认为,本体论证明只是从判断可能性的逻辑条件出发,但它缺少可能的经验,只从概念是不能证明上帝真实存在的。康德也驳斥了关于上帝存在的宇宙论和目的论证明。宇宙论的证明是用上帝创造物来证明上帝存在,康德认为不能用有限物来证明无限物的存在来加以驳斥。目的论或自然神学的证明,是用现实世界事物构造、秩序、存在目的为由来推论上帝存在。康德认为这种证明是用知性概念超验运用的结果,当经验无法超越过渡到无限上帝,就借用本体论来补充而已。康德批判传统的形而上学关于上帝存在证明理论的重大意义,是驱除了上帝在哲学中的最高位置,把知识从神学的桎梏下解放出来,以人的理性本体取代了神学本体,使人成为哲学中的理性本体地位。

我们重视康德的超验论,正是因为这种理论揭开了传统的形而上学的根底产生矛盾的不可避免性,从主观上说康德并不希望有矛盾,可客观上确实揭示出了矛盾的必然性。无疑,这是康德以否定性的方式揭示出了客观的辩证法。这应当是康德对哲学的伟大贡献之一。

三

康德的超验论为科学的形而上学划定了自由的领域。康德在其“未来形而上学导论”§32 中,就提出了不同于知性和自然界(感性存在体)的另外的一个“现象体”和“知性存在体”的世界。他说“已从哲学的最古远的时代而来,纯粹理性的研究者自身在感性存在或现象之外,发现(现象体[phaenomena Phänomen])这个感性世界,还有特殊的知性存在体(Verstandeswesen[理智存在体]),应该说发现是那样一个知性世界(本体[noumena]),曾为思考的,而且在那里他们以前保持着现象和假象是同样的(那是一个发展不全面的时代这是可以原谅的),于是就只承认知性存在体是具有实在性。”①这里表明康德不仅承认必然的自然界,也承认自由的本体界的实在性。

这里一个关键问题是如何解释现象体,现象体是知性通过范畴对现象(Erscheinungen)的统一,再把这种统一了的现象作为对象,使其被思维而构成感性存在体,它就是现象体。通过理性最高统一原则现象的系列,在世界总体中被联合成为统一的整体。综合现象体实则是属于一完整的感性世界。

① Immnauel Kant, Prolegomena zu einer jeedn künftigen Metaphysik, die als Wissenschaft wird auftreten können. /1989 Philipp Reclam jun. GmbH & co. ,Stuttgart. S. 81.

作为个体的现象和经验是感性的，但作为绝对整体的现象和经验则是超然的，却不再是感性和经验的了。这是理性的要求，本体的存在必然要求它有相称的对应者，就像“知性”对应“现象”一样，“本体”所对应的就是完全统一的“现象体”，也就是作为整体的感性世界。这里说明康德把现象体和本体相应构成为一个超验的本体世界，也就是自由的世界。

本体界与自然界是属于两个世界，康德的两个世界的思想是受柏拉图的可知（理念）世界和可见（感性）世界的影响。柏拉图把感性世界看作是理念世界的影子、摹本，康德把本体界看作“自在之物”，自然界只是它的现象，这些确有类似之处。但柏拉图认为感性世界的每一事物都有与其在理念世界相对应的理念，如人有人的理念，马有马的理念等，康德不同意这种对应关系，认为有限和无限有关系但不是对应关系，只有有限的绝对总体才与无限有对应关系。由此，康德把作为本体的“自在之物”看作是作为整体现象的自然界的原因与根据。但柏拉图把理念看作是独立于人和世界的客观实在，因而柏拉图的理念论是客观唯心主义的理论。康德把他的本体看作是人的理性本体，理念只是理性的概念，理性本体自身就是不可知的“自在之物”，因此康德的本体虽是不可知的但它是可思的，是属于人的理性范畴，这表明康德的理性本体论是主观唯心主义的，康德自称其为先验唯心主义。

康德为什么很关注超验本体这个领域，其实康德在《纯粹理性批判》第二版序文中有句名言，就是：为信念（信仰）留有地盘，则必须限制知识。康德讲这句话，就是考虑到他批判传统的形而上学之后，传统的形而上学就此破灭了，那么还要不要形而上学这是哲学上的重要问题。康德在《纯粹理性批判》出版两年后，于1783年又出版《未来形而上学导论》一书，而明确地回答了这个问题。他说：“就像我们不会为了永不吸入不纯净的空气，而总有一天宁愿完全关闭呼吸道一样，也不可期待，人类精神总有一天会完全放弃形而上学研究。因为世界上任何时候都将有形而上学，而且还是更多，在每个人那里，特别那些善于沉思的人们都需要有形而上学”①。黑格尔也指出：“一个有文化的民族看不到形而上学，——就像一个在其他情况下有形形色色的装饰的神庙却没有最神圣的圣体那样。”②康德所说的人类需要的形而上学，就是他所说的“科学的形而上学”。那么，形而上学究竟居于何种位置，亚里士多德指出是在“物理学之后”，是“第一因”的学问。康德进一步把形而上学与自由

① Immnauel Kant, Prolegomena zu einer jeden künftigen Metaphysik, die als Wissenschaft wird auftreten können. Philipp Reclam jun. GmbH & co. , Stuttgart, 1989. S. 150/119/120.

② G. W. F. Hegel, Wissenschaft der Logik, Herausgegeben von Georg Lasson , erster Teil, S. 4, Lizenzausgabe der Verlages Felix Meiner, Hamburg, Unveränderter Nachdruck 1975.

联系起来，指出“自由的理念寻找到只不过在关系中理智的东西(Intellektuellen)，来代替作为结果的现象的原因。”“我把自由解释作为自身开始一个事件的能力，我准确地遇见正是作为形而上学问题的概念。”[①]由此，形而上学作为第一因是在本体界开始，代替其结果自然界的原因，形而上学是属于理智的东西，是必定在自由的领域中。而自由领域问题就是属于超验的理论问题。

四

康德的超验论把科学形而上学的走向引向实践哲学。超验论的根由是在理性自身，由于它的超验运用引起了假象（幻相或矛盾）发生，从科学认知角度讲，康德在理论哲学上必须对理性进行批判，实质就是否定旧形而上学理论。那么，康德在解决二律背反的矛盾时，就划开了现象与本体的界限，本体本是防止知性纯粹概念使用的僭越。但康德在“未来形而上学导论”里又指出理性能力有另一种特性，就是“应该”的特性。康德在“导论”§53 中指出，我们在我们自身中有一种能力，这种能力不仅同它的主体的规定基础，也就是这种能力行动的自然原因，处在相互联系之中，而只要是一种存在体（人）的能力，就其本身属于现象，而还是在客观的基础上，它仅仅将是与这客观基础理念发生关联，那就是理念能够规定这种能力，这种联结通过应该被表达出来。这种能力叫作理性[②]。这里康德是把理性与自由联系起来，如果理性的因果关系其因在本体，因理性是无限能力，但它的结果是在感性世界，因为理性是人的理性，人的行为又是现象，康德说这样理性就是自由，自由作为行为的客观基础，自由本身就是理念。由于结果是本体规定的，理性按照理念行事，它不与时空条件发生关系，行动是按照法则规定进行，这种法则就是理性的自由法则。

作为超验的自由是否影响自然的必然，这是超验论的一个困难问题。康德认为是不会的。因为康德先验唯心主义的特点就是划开现象界与本体界，各自有自己的原则，但它们又是相关的，对此怎样处理，康德作出了即保持界限的区分、又不违背原则的使用规范的处理方法。他在“导论”§53 认为，理

① Immnauel Kant, Prolegomena zu einer jeden künftigen Metaphysik, die als Wissenschaft wird auftreten können. Philipp Reclam jun. GmbH & co. ,Stuttgart,1989. S. 150/119/120.

② Immnauel Kant, Prolegomena zu einer jeden künftigen Metaphysik, die als Wissenschaft wird auftreten können. Philipp Reclam jun. GmbH & co. ,Stuttgart,1989. S. 150/119/120.

性的存在体的所有行动，只要它们是现象，（在任何一个经验里被遇到）则处于自然必然性支配下；在同一类行动中，作为主体的理性是以理性的支配行动，这是自由的。康德又提出“持久性规律”思想，认为自然的必然作为感性世界的规定性是持久的，原因上的相互关系是在现象中，在物自体问题上，它作为基础和因果关系是停在不可知中。康德说“自然规律在持续”，当它出自于理性的理性存在体时是要通过自由，由此自由是感性世界的诸结果的原因。或者它不是来自理性根据的规定结果。这里分两种情况：第一种行动是依据准则出现，行动的结果在现象中无论何时都将与持久性规律相适应；第二种行动不是依据理性原则而服从感性经验的规律。两种情况都依据持久性规律。但我们盼望的不仅仅是自然必然性，在第一种情况里理性是自然规律的原因，它是自由；在第二种情况里结果依据自然规律，在这上面理性也行使不了影响。自由并不妨碍现象的自然规律。自然规律也不妨碍实践理性运用的自由。在这里康德的超验论不仅坚持了自然的必然，也保持了自由的存在。

超验论是康德理性统制（诱导）原理的基础。这一原理，其一是说探求存在物必然存在作为条件，一直探求到绝对本体为止；其二是说经验事物中不存在绝对必然，期望到本体永不会完成。前者，探求必然存在直到本体，这是超验的；后者，不可能在经验中探求绝对必然，因为经验中无绝对，本体是超验的。在不可能中永不休止地探讨，这是一种有限和无限的矛盾无穷运动，它正是建立在超验的理论上。但它却有很大的价值，它是追求知识扩大化和系统化理论的重要方法。康德认为，先验的理念表达出理性的特有规定，也就是作为知性应用的系统的统一的一个原则。但是如果人们在这前面看出这种认识方式的统一性，似乎它与认识的客体相关联，如果人们把它看成原来只是调节性的，使保持这种现在的结构性的状态，而说服自身，似乎人们能够依靠这个理念就会把它的知识扩展到超越一切可能的经验，因此在先验的方式上扩充，这里它仅仅对此是用于去导致怎样能够即将产生经验在其自身中的完整性，这就是它的进展不是通过限制，不可能属于经验。这样它在我们理性特有的规定的评价中这仅仅是一种单纯的误解，而理性超验运用规律，使其产生一种理性辩证法，一方面是理性的经验运用陷入迷惘，另一方面是理性同它自身间发生分裂①。康德这里明确说明了理性超验运用规律的重要作用，也就是产生理性辩证法，是理性自身一分为二的分裂必然，这一理论

① Immnauel Kant, Prolegomena zu einer jeden künftigen Metaphysik, die als Wissenschaft wird auftreten können. Philipp Reclam jun. GmbH & co. ,Stuttgart,1989. S. 127/147.

把辩证法发展从古代的表层深入底层,为近现代辩证法理论做出了重大贡献。

超验论引导形而上学走上科学之路,也就是走到实践关系上来。在康德那里,形而上学作为理性的自然禀性,是现实的,但形而上学本身仅是辩证的和幻觉的。因此康德主张使形而上学作为科学不是在虚假的说教上,而是把它“能够确立在明智和信念权利上,这样必须进行理性自身的批判”①。康德批判理性的目的是使形而上学完全科学化。康德在《任何一种能够作为科学出现的未来形而上学导论》一书中提出“作为科学的形而上学怎样才是可能”?他认为:“形而上学必须是科学,不单独地在整体上,而是也在所有它的部分上,在其他情况下它一无所有。”他又说:“在形而上学之外,或然性[可能性]和健康的人类知性虽然有它们有益的合法的应用,但是根据完全自己的原理,这些原理的重要性常常是取决于来自实践存在上的关系。”②康德把理性作了二重划分,即理论理性和实践理性,理论理性是理性在认知领域主体自我意识的先天认识能力,实践理性是在伦理道德领域道德主体自我意志(自由意志)的先天欲望能力。正是形而上学在理论理性的假象上使它被康德转到实践理性中来。这理性内在的转换,是从自我意识到自由意志的转换,是由认知到行动的转换,使科学的形而上学进入道德的自由世界,由此康德开辟了道德形而上学的新领域。

超验论给人以预见与信念,能够使人构建未来的梦想新世界。康德把超越性看成是可以预见的,使人对“至善”的未来有信心和信念,来构建理想的社会。由于现象的不充分性,理性必定要超越现象本身向外走向整体统一性的世界,走向道德与幸福相统一的一个无限完美存在体的世界,这个世界的概念就是至真至善的理念。这个理念的世界,就是超验的自由世界,它与自然世界是对应的。自然世界是知性与现象构成知识科学的世界,而自由世界是本体与现象体构成道德伦理世界。自由作为自然的原因而其结果是在自然里,自由法则影响了自然世界,自然欲望却不能影响自由世界。在超验的自由世界里,至善——康德把它看成是人类梦想追求的最高理想和目的,是一种道德和幸福的绝对统一。其实康德是想把自由世界建成一个“目的国”,梦想把它打造成道德理想、公平与正义的社会,这就是他的“理性理想”的深意。实际上,在康德的时代,超验论是有它的历史局限性的,德国的封建专制依然强大,资产阶级非常弱小,没有力量敢和封建力量对抗,所以康德只能以

① Immnauel Kant, Prolegomena zu einer jeden künftigen Metaphysik, die als Wissenschaft wird auftreten können. Philipp Reclam jun. GmbH & co. ,Stuttgart,1989. S. 127/147.

② Immnauel Kant, Prolegomena zu einer jeden künftigen Metaphysik, die als Wissenschaft wird auftreten können. Philipp Reclam jun. GmbH & co. ,Stuttgart,1989. S. 155.

超验论的形式想象未来的社会。因此康德在《实践理性批判》里，只得又以理性方式根据道德需要，设定了上帝存在、灵魂不朽和意志自由的假定。但它是理性的假定，是理性拿它为道德服务的，它是区别于旧形而上学的上帝等作为为宗教神学服务的假设。这是康德把人对神的信仰转变为人对人自身、理性的信仰。由此，不难看出正是康德这种超验的理想与理念，对引导人类自身与社会发展不断地走向前进与完善是一种积极可贵的理论。

由此，康德的超验论在揭示理性辩证法、为科学形而上学划定自由领地和把理论理性导向实践理性、为人类追求最高理想和目的与建立道德公平的社会等方面，都是有其价值和意义的。

政治关联影响企业债务融资吗

——基于安徽民营上市公司的经验证据

吴克平

摘　要:运用安徽民营上市公司的数据,从微观和宏观两个层面全方位、多视角地检验了政治关联企业的债权人权益保护水平对债务融资规模、债务融资结构、债务融资的期限结构、债务融资成本的影响。实证研究发现:在控制了相关因素的影响后,政治关联提高了债权人权益的保护水平;政治关联企业的债权人权益保护水平越高,则企业债务融资规模越大;政治关联企业的债权人权益保护水平越高,则资产负债率越高;政治关联企业的债权人权益保护水平越高,则长期负债占总负债的比例越大;政治关联企业的债权人权益的保护水平越高,则债务融资成本越低。研究结果表明,建立政治关联、提高企业债权人权益的保护水平,有利于合理配置资源,缓解企业融资不足的难题,促进全面建设小康社会背景下安徽经济的健康发展与有序运行。

关键词:政治关联;债权人权益保护;债务融资规模;债务融资结构;债务融资的期限结构;债务融资成本

一、引　言

当前安徽正践行中央提出的五大发展理念以加快推进安徽全面建设小康社会各项目标的实现,在这样的背景之下如何加强债权人权益的保护、如何破解民营中小企业融资难和融资成本高等问题以促进债务融资市场的有序运行,从而进一步推进全面建设小康社会背景下安徽经济的快速发展,这是学术界和实务界关注的热点和难点问题,也是学术界研究的难点问题。目

作者简介:吴克平(1973—),男,安徽无为人,巢湖学院经济与管理学院讲师,管理学博士,主要研究方向是公司治理与资本市场。

前国外学术界关于债权人权益保护的研究形成了两种对立的观点：一种观点认为加强债权人权益的法律保护有利于企业更好地融资，对公司股权结构、公司股利政策、公司价值等都具有正面的积极的影响（La por et al，1997；La por et al，1998；La por et al，1999；La por et al，2000；La por et al，2002；Demirguc Kunt and Maksimovic，1999； Safavian and Sharma，2007）[1-7]；另一种观点认为加强债权人权益的保护具有负面的消极的影响，他们认为加强债权人权益的保护不利于企业的债务融资即债权人的权益保护得越好，企业长期债务融资的规模反而越小（Houston et al，2010；Acharya et al，2011；Benmelech and Bergman，2011；Vig，2013；Cho et al，2014）[8-12]。目前国内学术界关于债权人权益保护的研究也形成两种对立的观点：一种观点认为债权人权益的保护水平高，反而不利于企业债务融资（余明桂和潘红波，2008；肖作平和廖理，2012）。另一种观点却认为债权人权益保护水平的提高有利于企业债务融资规模的增加（江伟和李斌，2006；方军雄，2007；姚德权和章剑辉，2014）。

综上，纵观国内外关于债权人权益保护的研究即加强债权人权益的保护到底是具有正面的和积极的影响还是消极的和负面的影响，时至今日仍然是一个谜。另从现有国内外文献关于债权人权益保护水平的研究可以看出，缺少关于政治关联企业的债权人权益的保护水平对企业债务融资规模、债务融资结构即资产负债率、债务融资的期限结构即长期负债比、债务融资成本影响的系统研究，且缺乏一个比较成熟的微观层面的衡量债权人权益保护水平的指标，这正是本文着力探讨和进一步深入研究的切入点。鉴于此，本文着手构建一个微观层面的债权人权益保护指数来全面深入和系统地探讨微观层面的政治关联企业的债权人权益保护对债务融资规模、债务融资结构、债务融资的期限结构、债务融资成本的影响以破解这个谜，这必将有助于学术界和实务界正确认识和洞察全面建设小康社会背景下债权人权益的保护问题并提出相应的对策措施，从而有助于全面建设小康社会背景下安徽经济的良性运行与稳步发展。

本文的贡献主要体现在以下三个方面：（1）已有文献很少关注微观层面的政治关联企业的债权人权益保护对企业债务融资的影响，本文从微观和宏观层面分别探寻政治关联企业的债权人权益保护对企业债务融资的影响，为政治关联企业的债权人权益保护对企业债务融资影响的研究提供了新的研究视角，丰富了政治关联企业的债权人权益保护对企业债务融资影响的研究；（2）构建微观层面的债权人权益保护指数，修正了现有的国内外文献从微观层面构建债权人权益保护指数的局限性；（3）从政治关联的视角系统地探寻政治关联企业的债权人权益保护对企业债务融资规模、债务融资结构、债务融资的期限结构、债务融资成本的影响,突破了主流文献大多只关注政治关联的负面影响而忽视了政治关联的积极的、正面的影响,从而为党的十八大以来安徽乃至全国上下治国理政注入新的理念。

二、理论分析与研究假设

(一)政治关联企业的债权人权益保护对债务融资规模和债务融资结构的影响

La Porta 等(1998)[2]通过研究后认为,若一个国家的投资者保护的机制能够为企业的外部债权人的经济利益提供强有力的外部保护措施,则债权人就会有强烈的动机向那些迫切需要进行资金融通的企业提供债务融资的支持。Jappelli 等(2005)[18]研究表明,一个国家司法效率的改善将在一定程度上有效地降低企业对外面临的信贷融资的约束程度,与此同时,它将有利于提高银行等金融机构向企业提供信贷的意愿,从而有利于企业进行债务融资以满足企业对资金的需求。由此可见,一个国家的较好的法律环境有利于企业的债务融资。Safavian 和 Sharma(2007)[7]通过研究后发现,若一个企业对债权人的权益保护得越好,则该企业在未来可以获得越多的债务融资,但是在那些执法体系较差或不太好的国家与地区的债权人权益的这种改善所带来的经济收益并不是很明显。肖作平和田小辉(2010)认为,企业建立政治关联有助于债务融资规模的提高。陈艳艳和罗党论(2015)认为,政治关联的企业比那些不具有政治关联的企业持有更少的现金,原因在于政治关联企业融资较为便利,且在遭遇财务困境时更易获得政府的资助。据此,笔者认为,在转型经济的特殊的制度背景之下,政府对政治关联企业的债务存在一定程度的隐性担保,这将极大地降低政治关联企业的债务在未来不能按期偿还的风险,从而债权人的权益得到了有效的保护,故债权人也就愿意向那些具有政治关联的企业提供大额的信贷资金,从而有助于政治关联企业的债务融资规模的提高。总之,微观层面的政治关联企业的债权人权益的保护程度可能通过以下机理影响企业的债务融资的总规模即从微观企业层面的视角来看,企业通过建立政治关联获得政府对企业债务的隐性担保,从而降低了债权人向企业提供资金不能按期偿还的风险,解决了债权人的后顾之忧,这必将导致债权人愿意向企业增加贷款额度,最终导致债务融资规模的提高,从而也就意味着负债融资占总融资的比重的提高。

综合上述的文献回顾和分析,本文提出第 1 个、第 2 个和第 3 个待检验的假设：

H1：在控制其他因素后，政治关联与债权人保护水平呈显著的正相关关系。

H2：在控制其他因素后，政治关联企业的债权人权益的保护水平与债务融资规模呈显著的正相关关系。

H3：在控制其他因素后，政治关联企业的债权人权益的保护水平与债务融资结构呈显著的正相关关系。

（二）政治关联企业的债权人权益保护对债务融资的期限结构的影响

Barnea 等（2006）通过研究后认为，为了最大限度地缓解和避免上市公司的股东与债权人两者之间存在的经济利益的冲突，企业应该更多地通过短期债务的方式进行债务融资，这样可以在一定程度上有效地发挥短期债务的监督、激励，从而达到有效监控的作用。由此看出，短期债务有利于债权人权益的保护。Demirguc Kunt 和 Maksimovic（1999）[6]认为，一个国家的法律保护程度与企业的长期贷款的比例呈一种正相关的关系，换言之，在法律保护较好的国家或地区，企业贷款的债务期限就越长；反之，在法律保护较弱的国家或地区，企业贷款的债务期限就会变得越短。这就意味着法律保护较弱的国家或地区的企业短期债务占总债务的比重就会相应地增大。Charumilind 等（2006）发现，建立政治关联的企业有助于以更少的抵押物获得更长期限的贷款。Ariss（2016）通过研究后认为，更少的腐败和更强的法律执行力度增加了企业对长期负债的依赖，这意味着加强债权人权益的保护，有助于提升长期负债占总负债的比例。

陶晓慧和柳建华（2010）认为，当企业的债务人与债权人两者之间的信息不对称的程度较低或者债权人的利益具有一定的保障时，债权人通常比较愿意向债务人提供较长期限长期债务的融资；否则，由于债务人与债权人两者之间的信息不对称所导致的未来的信贷违约风险以及比较弱的债权人保护的经济环境，则债务人进行债务融资时所取得的长期负债占总负债的比例将会相应地下降。李健和陈传明（2013）发现，企业家政治关联与债务期限结构存在正相关关系，由此可见，企业建立政治关联有助于企业提高长期债务占总债务的比重。综合上述国内外文献研究的结论和分析，我们可以合理地进行推论，建立政治关联，获取政府对企业债务的隐性担保，提高债权人权益的保护水平，降低企业债务在未来不能按期偿还的风险，这必将有助于债务人获取债权人所提供的长期信贷资金的支持，从而相应地提高企业的长期负债占总负债的比重。

综上，本文提出第 4 个待检验的假设：

H4：政治关联企业的债权人权益的保护水平与债务融资的期限结构呈显著的正相关关系。

（三）政治关联企业的债权人保护对债务融资成本的影响

Diamond（1984）通过实证研究后认为，公司的外部股东与债权人两者之间的经济利益的冲突对于不同期限的债务履约的成本通常存在一定的差异。一般来说，一个公司的债务期限越长，则公司的外部股东对债务人在未来违约行为的监察成本也就会随着时间的推移变得越来越大，这意味着企业的债务人在未来出现违约的概率随着时间的向前推移不可避免地增大或提高。由此可见，此时，对于那些需要融通资金的借款人，若想要获得期限相对较长的债务融资，就必须相应地为债权人提供相对更多的权益保障，以确保债务按期无风险地进行偿还，从而导致债务融资的成本相应地提高。在这种背景之下，若企业对债权人的权益保护得好，则债权人无须担心企业的债务在未来的违约风险，从而也就意味着债权人所需要的债务违约成本将会相应地降低，最终导致债务融资成本将会下降。这从一定程度上表明企业提高债权人权益的保护水平，则有利于降低企业的债务融资的成本。Sapienza（2004）对意大利国家进行研究后发现，银行的贷款利率反映了政党的影响力，对各方面情况相似的企业，国有银行等金融机构会比私人银行等金融机构收取较低的贷款利率，且银行所属政党的势力越强大，则贷款的利率将会越低。Khwaja 和 Mian（2005）发现，建立政治关联的巴基斯坦企业能从银行等金融机构获得两次以上的贷款，并且可以享受较高的利率优惠。Yeh 等（2013）发现，有政治关联的公司能以较低成本从银行获取贷款。Infante 和 Piazza（2014）认为，具有地方政府背景的政治关联的企业，能够以较低的利率获取银行等金融机构的贷款。

胡旭阳（2006）认为，企业建立政治关联，具有一种信号传递的作用，表明企业质量较高，具有良好的发展前景。连军等（2011）认为，在中国转型经济的制度背景之下建立政治关联的企业在发生经济纠纷时可以寻求政府的协力救助，从而降低或减轻企业的经营风险。张兆国等（2011）发现，建立政治关联的企业能以较低的融资成本从银行等金融机构获取贷款。总之，从上述国内外文献的研究结论和观点中，我们可以合理地进行推论，即具有政治关联的企业，能增强债权人对企业在未来按期偿还债务的信心，同时企业债务能在一定程度上获得政府的隐性担保，降低债务在未来不能按期偿还的风险。这一切表明，政治关联企业的未来的债务违约成本将会降低，从而导致债权人向借款企业所索取的债务融资成本也会降低。

综上，本文提出第 5 个待检验的假设：

H5:政治关联企业的债权人权益的保护水平与债务融资成本呈显著的负相关关系。

三、实证设计

(一)样本选择与数据来源

鉴于国有企业的政治关联具有一种普遍性,不是一种市场化行为,研究之意义不大,另考虑数据可获得性和完整性,故本文以安徽民营上市公司2000至2016的财务数据作为研究样本,剔除了金融与保险类行业的数据、剔除了ST公司与PT公司的数据、剔除了数据不全和不完整的公司的数据。本文的数据来源于国泰安数据库、WIND等数据库。为确保研究结论的稳健和可靠,本文对所有样本数据进行了缩尾(winsorize)处理,最终获取624个有效样本。

(二)债权人权益保护指数的构建

对微观层面的债权人权益保护程度的研究,据现有国内外文献所知,目前还缺乏一个比较成熟的从企业微观层面构建的债权人权益保护指数来衡量公司对债权人权益的保护程度。现有的债权人权益保护指数仅从宏观层面和从法律的视角进行构建难免有失偏颇,因为一个企业的内部因素对企业债权人权益保护水平的高低应该是一个比较重要的方面,故在实际经济生活中不能仅凭一指标就可以准确地反映出这一概念所包含的全部内容。鉴于此,为了比较准确、客观和全面地揭示我国上市公司债权人权益保护的实际状况,本文首先采用德尔菲法进行问卷调查,以征询权威专家和实务界人士的意见和建议,向理论界专家学者和实务界人士共发放了516份问卷,实际收回434份有效问卷。然后,笔者对收回的问卷进行汇总和梳理,最终确定债权人权益保护指标的各项构成及其权重,具体如表1所列。

表1 债权人权益保护指数的构成及其说明

项 目	分 值	计算方法	赋值说明
一 短期偿债能力	20%		
(1)流动比率	5	流动资产与流动负债之比	该指标按照大小依次排序分为5等分,并分别赋值为1-5分
(2)速动比率	5	速动资产与流动负债之比	该指标按照大小依次排序分为5等分,并分别赋值为1-5分

(续表)

项　目	分　值	计算方法	赋值说明
(3)现金比率	10	现金及现金等价物期末余额与流动负债之比	该指标按照大小依次排序分为10等分,并分别赋值为1–10分
二　长期偿债能力	25%		
(1)有形净值债务率	5	负债总额与有形净资产总额之比	该指标按照大小依次排序分为5等分,并分别赋值为1–5分
(2)长期借款与总资产比	10	长期借款期末余额与总资产之比	该指标按照大小依次排序分为10等分,并分别赋值为1–10分
(3)利息保障倍数	10	利润总额与财务费用之和与财务费用之比	该指标按照大小依次排序分为10等分,并分别赋值为1–10分
三　现金流量水平	30%		
(1)现金流量比率	10	经营活动现金流量净额与流动负债之比	该指标按照大小依次排序分为10等分,并分别赋值为1–10分
(2)现金到期债务比	10	经营活动现金流量净额与本期到期债务之比	该指标按照大小依次排序分为10等分,并分别赋值为1–10分
(3)现金流量利息保障倍数	10	经营活动现金流量净额与财务费用之比	该指标按照大小依次排序分为10等分,并分别赋值为1–10分
四　经营情况	20%		
(1)资产报酬率	10	净利润与资产总额之比	该指标按照大小依次排序分为10等分,并分别赋值为1–10分
(2)净利润增长率	10	本年净利润减期初净利润之差与期初净利润之比	该指标按照大小依次排序分为10等分,并分别赋值为1–10分
五　担保情况	5%		
担保比例	5	累计担保额与净资产之比	该指标按照大小依次排序分为5等分,并分别赋值为1–5分

(三)回归模型

为了检验假设1、假设2、假设3、假设4、假设5,本文构建以下5个实证模型：

$$Credit_{i,t}=\alpha_0+\alpha_1\ Poli_{i,t}+\alpha_2\ Size_{i,t-1}+\alpha_3\ Lev_{i,t-1}+\alpha_4\ B/M_{i,t-1}+\alpha_5\ Growth_{i,t-1}+\alpha_6\ Year+\alpha_7\ Indu+\varepsilon \tag{1}$$

$$Zwrz_{i,t}=\alpha_0+\alpha_1\ Credit_{i,t}+\alpha_2\ Poli_{i,t}+\alpha_3\ Credit_{i,t}\times Poli_{i.t}+\alpha_4\ Size_{i,t-1}+\alpha_5\ Lev_{i,t-1}+\alpha_6\ B/M_{i,t-1}+\alpha_7\ Growth_{i,t-1}+\alpha_8\ Year+\alpha_9\ Indu+\varepsilon \tag{2}$$

$$Lev_{i,t}=\beta_0+\beta_1\ Credit_{i,t}+\beta_2\ Poli_{i,t}+\beta_3\ Credit_{i,t}\times Poli_{i,t}+\beta_4\ Size_{i,t-1}+\beta_5\ ROE_{i,t-1}+\beta_6\ B/M_{i,t-1}+\beta_7\ Growth_{i,t-1}+\beta_8\ Year+\beta_9\ Indu+\varepsilon \tag{3}$$

$$Cfzb_{i,t}=\gamma_0+\gamma_1\ Credit_{i,t}+\gamma_2\ Poli_{i,t}+\gamma_3\ Credit_{i,t}\times Poli_{i.t}+\gamma_4\ Size_{i,t-1}+\gamma_5\ Lev_{i,t-1}+\gamma_6\ B/M_{i,t-1}+\gamma_7\ Growth_{i,t-1}+\gamma_8\ Year+\gamma_9\ Indu+\varepsilon \tag{4}$$

$$Zwcb_{i,t}=\delta_0+\delta_1\ Credit_{i,t}+\delta_2\ Poli_{i,t}+\delta_3\ Credit_{i,t}\times Poli_{i.t}+\delta_4\ Size_{i,t-1}+\delta_5\ Lev_{i,t-1}+\delta_6\ B/M_{i,t-1}+\delta_7\ Growth_{i,t-1}+\delta_8\ Year+\delta_9\ Indu+\varepsilon \tag{5}$$

模型(1)、模型(2)、模型(3)、模型(4)、模型(5)各变量的定义及说明见表2。根据假设1，预期系数α_1应显著为正；根据假设2，预期系数α_3应显著为正；根据假设2，预期系数β_3应显著为正；根据假设3，预期系数γ_3应显著为正；根据假设4，预期系数δ_3应显著为负。

表2　各模型主要变量的定义及说明

变量符号	变量名称	变量定义
zwrz	债务融资规模	现金流量表的借款收到的金额与上年总资产的比值
Lev	资产负债率	企业负债与资产的比值
cfzb	长期负债比	长期负债占总负债的比值
zwcb	债务融资成本	利息支出占平均借款的比值
poli	政治关联	企业具有政治关联，则取值为1，否则取值为0
credit	债权人权益保护指数	取本文构建的债权人权益保护指数
size	企业规模	取资产负债表资产总额的期末余额的自然对数
ROE	净资产收益率	企业净利润与净资产的比值
B/M	账面市值比	企业权益的账面价值与市场价值的比值

(续表)

变量符号	变量名称	变量定义
Growth	公司成长性	本期营业收入减上期营业收入与上期营业收入之比
year	年度控制变量	以2000年为基准,设置16个年度虚拟变量
Indu	行业控制变量	剔除金融保险业设置11个行业虚拟变量

四、实证结果与分析

(一)主要变量的描述性统计

表3 主要变量的描述性统计

变 量	样本量	均 值	中位数	标准差	最小值	最大值
zwrz	624	19.9596	18.6372	0.5817	10.4163	23.6745
Lev	624	0.5006	0.4943	0.2390	0.0000	0.8474
cfzb	624	0.2520	0.2460	0.1742	0.2952	0.9580
zwcb	624	0.0653	0.0601	0.9349	0.0365	0.2594
poli	624	0.3743	0.3625	0.2614	0.0000	1.0000
credit	624	56.5392	52.2694	1.3755	42.0000	74.0000
size	624	21.5894	21.5592	1.1098	18.7600	23.9472
ROE	624	0.0442	0.0866	0.9632	0.3664	0.7132
B/M	624	0.6345	0.6257	0.2785	0.0231	1.8650
growth	624	0.0359	0.0326	0.8154	-0.0152	0.6509

由表3可以看出,各模型主要变量的最小值和最大值均在正常范围内,不存在极端值,故模型各变量的取值对模型回归结果的影响较小。Poli(政治关联)的均值为0.3743,表明安徽民营上市公司的政治关联的比例较高。另外credit(债权人权益保护指数)的均值只有56.5392,表明目前安徽债权人权益的保护状况整体不是太理想,还有进一步提升的空间。

表4　各主要变量的相关系数

	zwrz	lev	cfzb	zwcb	poli	credit	size	ROE	B/M	growth
zwrz	1.000									
lev	0.026***	1.000								
cfzb	0.174***	0.115***	1.000							
zwcb	0.022***	0.028***	0.053***	1.000						
poli	0.041***	0.043***	0.032**	-0.165**	1.000					
credit	0.097**	0.136**	0.025**	-0.018***	0.046**	1.000				
size	0.120***	0.193***	0.086***	-0.056***	0.102**	0.140***	1.000			
ROE	0.071***	0.024***	0.135***	-0.037*	0.174***	0.112**	0.164***	1.000		
B/M	-0.184***	-0.141***	-0.118***	0.021*	0.135**	0.047**	0.150***	0.182***	1.000	
growth	0.023**	0.010**	0.021**	-0.034**	0.026*	0.198***	0.071***	0.036***	0.103***	1.000

注：***、**、*分别表示1%、5%、10%的显著性水平

表4报告了各模型主要变量之间的相关系数。通过表4可以清楚地看出，被解释变量zwrz（债务融资规模）、lev（资产负债率）、cfzb（长期负债比）、zwcb（债务融资成本）与解释变量poli（政治关联）皆显著相关，表明各模型的解释变量对被解释变量具有较强的解释力。各模型自变量之间的相关系数均在0.2以下，表明各模型的多重共线性对各模型回归结果的影响较小。

(二)实证结果分析

表5 各模型的回归结果

模型(1)		模型(2)		模型(3)		模型(4)		模型(5)	
变量	系数	变量	系数	变量	系数	变量	系数	变量	系数
截距项	0.58718** (2.36)	截距项	0.65867*** (5.49)	截距项	0.54262*** (3.74)	截距项	-0.01869* (-1.70)	截距项	-0.08592*** (-10.71)
poli	0.05312*** (2.84)	credit	0.01432* (1.71)	credit	0.01103* (1.84)	credit	0.01065* (1.67)	credit	-0.01352* (-1.78)
size	0.07035** (2.47)	poli	0.09853*** (2.94)	poli	0.08426*** (3.27)	poli	0.09240*** (3.01)	poli	-0.05402*** (-4.65)
lev	0.06471** (2.36)	Credit * poli	0.03214*** (3.62)	Credit * poli	0.07076*** (5.04)	Credit * poli	0.03312*** (6.41)	Credit * poli	-0.03285*** (-4.76)
B/M	-0.02650*** (-3.33)	size	0.01142*** (8.64)	size	0.01541*** (7.05)	size	0.02149*** (9.62)	size	-0.06053*** (-5.72)
growth	0.02637*** (2.64)	lev	0.03062*** (3.84)	ROE	0.02529** (2.32)	lev	0.18325*** (3.27)	lev	0.09372** (2.41)
year	控制	B/M	-0.05424*** (-7.02)	B/M	-0.03453*** (-8.06)	B/M	-0.07374*** (-9.45)	B/M	0.01903*** (4.62)
Indu	控制	growth	0.02621** (2.03)	growth	0.02074** (2.25)	growth	0.01753** (2.09)	growth	-0.04032** (-2.13)
样本量	624	year	控制	year	控制	year	控制	year	控制
Adj-R^2	0.3015	Indu	控制	Indu	控制	Indu	控制	Indu	控制
		样本量	624	样本量	624	样本量	624	样本量	624
		Adj-R^2	0.5183	Adj-R^2	0.4136	Adj-R^2	0.2937	Adj-R^2	0.3385

注:***、**、*分别表示1%、5%、10%的显著性水平

表5报告了模型(1)的回归结果。模型(1)的 poli 的回归系数为0.05312,且在1%的水平上显著。由此可见,建立政治关联有助于提高债权人权益保护水平。从而验证了假设1的成立即政治关联与债权人权益保护水平呈显著的正相关关系。

表5报告了模型(2)的回归结果。模型(2)的 Credit * poli 的回归系数为0.03214,且在1%的水平上显著。由此可见,政治关联的企业对债权人权益保护得好,则能显著提高企业的债务融资规模。从而验证了假设2的成立。

表5报告了模型(3)的回归结果。模型(3) Credit * poli 的回归系数为0.07076,且在1%的水平上显著,由此可见,政治关联企业的债权人的权益保护得好,则能显著提高上市公司的资产负债率,从而验证了假设3的成立。

表5报告了模型(4)的回归结果。模型(4)的 Credit * poli 的回归系数为0.03312,且在1%的水平上显著,由此可见,政治关联企业的债权人的权益保护得好,则能显著提高该企业的长期负债比,从而验证了假设4的成立。政治关联企业的债权人权益的保护程度与债务融资的期限结构即长期负债比呈正相关关系。

表5报告了模型(5)的回归结果。模型(5)的 Credit * poli 的回归系数为-0.03285,且在1%的水平上显著,由此可见,政治关联企业对债权人的权益保护得好,则能显著降低政治关联企业的债务融资成本,从而验证了假设5的成立。

(三)稳健性检验

1. 内生性问题检验

鉴于政治关联可能存在内生性问题,本文以企业注册地(area)作为政治关联的工具变量,通过构建2SLS(两阶段回归模型)进行回归分析,即首先构建 logistic 模型(6),计算出逆米尔斯比率(Inverse Mill's Ratio)作为模型(1)的控制变量以解决样本的内生性问题。另将逆米尔斯比率(Inverse Mill's Ratio)放入第2阶段模型可能会造成多重共线性问题,故在回归结果中列示了 VIF(方差膨胀因子),以判断是否存在多重共线性问题。

$$\begin{aligned} Political = & \alpha_0 + \alpha_1 area + \alpha_2 Size + \alpha_3 Lev + \alpha_4 Roa \\ & + \alpha_5 Growth + \alpha_6 Industry + \alpha_7 Year + \varepsilon \end{aligned} \tag{6}$$

表6 政治关联与股价崩盘风险的回归结果(第1阶段回归)

变 量	估计系数	Pr>chi-Sq
Area	0.0378	<0.0001

（续表）

变 量	估计系数	Pr>chi-Sq
SIZE	0. 0589	<0. 0001
LEV	-0. 0186	0. 0004
ROA	0. 06617	<0. 0001
GROWTH	-0. 0232	0. 0013
INDU	控制	
YEAR	控制	
N	624	
伪 R^2	0. 2352	

表 7 政治关联与债权人权益保护的回归结果(第 2 阶段回归)

变 量	credit	VIF
POLI	0. 0375*** (2. 96)	1. 0379
SIZE	0. 1350*** (6. 81)	2. 4923
LEV	0. 1010** (2. 60)	1. 2493
B/M	-0. 0317*** (-10. 96)	2. 0209
GROWTH	0. 2872** (2. 38)	1. 2444
INVMR	0. 0716*** (5. 65)	2. 0160
YEAR	控制	
INDU	控制	
N	624	
R^2	0. 1632	

注:***、**、*分别表示 1%、5% 和 10% 的显著性水平

通过表 6,本文发现工具变量的企业注册地(Area)的系数显著,表明模型(1)的内生变量与工具变量两者之间存在较高的相关性。工具变量有效性的

另一个检验方法是检验工具变量是否与第二阶段回归的残差项不相关,通过实证研究本文发现工具变量与第二阶段的残差项的相关性未通过 10% 水平的显著性检验。这表明本文所选择的工具变量应该是有效的。故 2SLS 回归优于 OLS 回归的分析方法。由表 7 第 2 阶段的回归结果看出,在控制政治关联内生性后,政治关联仍与债权人权益保护存在显著正相关关系。

2. 倾向得分配对分析

采用倾向得分匹配法检验样本可能存在的内生性问题。根据是否为政治关联公司,本文将上市公司的样本划分成两类:处理组(建立政治关联的公司)与控制组(未建立政治关联的公司),以便通过倾向得分值匹配与处理组公司特征相近的公司。具体配对过程如下:首先,通过逐步回归法,选择合适的变量构建 Logit 模型(7)估算倾向得分,即公司选择建立政治关联的概率值 p;其次,使用最近邻匹配法为每个处理组公司匹配倾向得分最近的控制组公司。本文还采用了半径匹配和核匹配,具体三种匹配方法的匹配后的检验结果见表 8,所得结论基本一致,均支持假设 1 的成立,即建立政治关联有助于提高债权人权益保护水平。

$$Political=\alpha_0+\alpha_1 Size+\alpha_2 Lev+\alpha_3 Roa+\alpha_4 Growth \tag{7}$$

表 8 倾向匹配得分检验假设 1

匹配方法	变量	政治关联组	控制组	ATT	T
最近邻匹配(1:1 匹配)	credit	0.03537	0.02274	0.01263	3.81***
最近邻匹配(1:3 匹配)	credit	0.03642	0.02103	0.01539	3.65***
半径匹配	credit	0.03629	0.03385	0.02440	4.69***
核匹配	credit	0.03564	0.03316	0.02480	3.48***

注:***、**、* 分别表示 1%、5% 和 10% 的显著性水平

3. 公司固定效应回归

为了控制不随时间改变的公司固定因素对模型(1)回归结果的影响,本文进一步使用固定效应模型检验政治关联与债权人权益保护的内在关系,表 9 回归结果表明政治关联与债权人权益保护仍在 1% 水平上显著为负,表明本文研究结论较为稳健。

表 9 假设 1 检验的回归结果(固定效应回归)

变 量	credit
POLI	0.0823*** (2.96)

（续表）

变　量	credit
样本量	624
F	50.64***

注:***、**、*分别表示1%、5%和10%的显著性水平

4. 个体和时间双重聚类回归

为了进一步确保研究结论的稳健性,采用个体和时间双重聚类回归对模型(1)进行检验。表10的回归结果表明,政治关联与债权人权益保护水平的负相关关系的显著性水平仍然不变。

表10　假设1检验的回归结果(个体和时间双重聚类回归)、

变　量	credit
POLI	0.0125*** (3.02)
样本量	624
F	44.75***

注:***、**、*分别表示1%、5%和10%的显著性水平

五、研究结论与政策启示

本文着重从政治关联与债权人权益保护的视角全方位、立体地透视和洞察政治关联企业的债权人保护对企业融资的影响。据现有的国内外文献所知,与投资者保护指数一样,目前还缺乏一个比较成熟的债权人权益保护指数来衡量债权人权益的保护水平。鉴于此,本文首先采用德尔菲法进行问卷调查以征询权威专家和实务界人士的意见和建议,创造性地构建了一个债权人权益保护指数;然后,将政治关联企业的债权人权益保护指数分别对债务融资规模、债务融资结构、债务融资的期限结构、债务融资成本等进行回归和检验。通过研究后发现,政治关联提高了债权人权益的保护水平;政治关联对债权人权益保护得越好,则政治关联企业的债务融资的规模越大;政治关联企业对债权人权益保护得越好,则政治关联企业的债务融资结构即资产负债率越高,这意味着政治关联企业对债权人权益保护得越好,则债权人越愿意向企业提供负债融资;政治关联企业对债权人权益保护得越好,则该企业

越容易筹集到长期负债,从而导致债务期限结构即长期负债占总负债的比例相应地提高;政治关联企业对债权人的相关权益的保护程度越高,则债权人对该企业提供资金在未来不能按期偿还的风险也就相应地越低,从而导致政治关联企业的债务融资成本相应地变得越低。总之,通过本文的深入研究,我们发现,建立政治关联、提高企业债权人权益的保护水平,有利于缓解民营企业融资难、融资结构不合理、融资期限短、融资成本高等难题,提高资源配置效率,促进民营企业良性发展和全面建设小康社会背景下安徽民营经济的健康发展与有序运行,从而进一步助推安徽全面建设小康社会各项目标如期圆满实现。

参考文献:

[1] La Porta R, Lopez-De-Silanes F, Shleifer A, Vishny R W. Legal Determinants of External Finance\[J\]. Journal of Finance, 1997, 52(3):1131-1150.

[2] La Porta R, Lopez-De-Silanes F, Shleifer A. Law and Finance\[J\]. The Journal of Political Economy, 1998, 106(6):1113-1155.

[3] La Porta R, Lopez-De-Silanes F, Shleifer A. Corporate Ownership around the World\[J\]. Journal of Finance, 1999, 54(2):471-517.

[4] La Porta R, Lopez-De-Silanes F, Shleifer A, Vishny R W. Agency Problems and Dividend Policies around the World\[J\]. Journal of Finance, 2000, 55(1):1-33.

[5] La Porta R, Lopez-De-Silanes F, Shleifer A, Vishny R. Investor Protection and Corporate Valuation\[J\]. Journal of Finance, 2002, 57(3):1147-1170.

[6] Demirguc Kunt A, Maksimovic V. Institutions, Financial Markets, and Firm Debt Maturity\[J\]. Journal of Financial Economics, 1999, 54(3):295-336.

[7] Safavian M, Sharma S. When do Creditor Rights Work? \[J\]. Journal of Comparative Economics, 2007, 35(3):484-508.

[8] Houston J F, Lin C, Lin P, Ma Y. Creditor Rights, Information Sharing, and Bank Risk Taking\[J\]. Journal of Financial Economics, 2010, 96(3):485-512.

[9] Acharya V, Amihud Y, Litov L. Creditor Rights and Corporate Risk-Taking\[J\]. Journal of Financial Economics, 2010, 102(1):150-166.

[10] Benmelech E, Bergman N K. Vintage Capital and Creditor Protection\[J\]. Journal of Financial Economics, 2011, 99(2):308-332.

[11] Vig V. Access to Collateral and Corporate Debt Structure: Evidence from a Natural Experiment\[J\]. Journal of Finance, 2013, 68(2):881-928.

[12] Cho S S, Ghoul S E, Guedhami O, Suh J. Creditor Rights and Capital Structure: Evidence from International Data\[J\]. Journal of Corporate Finance, 2014, 25(4):40-60.

大市场监管体制改革:反思与超越

——构建回应性监管新格局

徐 鸣

摘 要:近年来我国在监管领域改革的盛况,似乎没有带来监管理论研究的突破。现有的监管理论并不能完全适应国家治理体系现代化建设的要求,根本原因在于现有理论秉持狭义的“政府监管”范式,忽略了其他监管主体的功能。文章提出引入回应性监管理论来构建多主体合作的“大监管”格局。这个“大监管”中的“大”并不简单等同于最近几年地方政府“大市场监管体制”改革中的“大”。文章意在对此轮大市场监管体制改革进行深层次反思,对回应性监管理论及其适用于中国监管体制改革的合理性进行分析,期待通过构建回应性监管新格局成就一条深化监管体制改革的超越路径。

关键词:大市场监管体制;监管体制改革;回应性监管

一、引 言

政府对市场的监管可追溯到16世纪的欧洲,直到19世纪末这一漫长的时间段里,人们对监管的认识主要受古典自由主义经济思想的影响,认为市场自身会解决一切问题,主张政府做消极的“守夜人式政府”。其代表人物亚当·斯密深信市场可以把“经济人”的自利行为化为共同的社会福利,市场自身会解决一切问题[1]。随着第二次工业革命带来的生产力大提升,经济快速发展暴露了市场固有的缺陷,为了公共利益需要,应由政府出面解决市场失灵带来的系列问题,监管因此成为现代政府的重要职能之一。

改革开放后,我国政府对其自身的市场监管职能十分重视。市场监管职

作者简介:徐 鸣(1979—),女,中共安徽省委党校管理学部教授,研究方向公共管理理论与实践。

能作为政府的四大职能之一在党的十六大报告中首次提出。2013 年，党的十八届三中全会又把“要加强地方政府的市场监管职责”在全会通过的《决定》中做了强调。当前，我国正行进在不断完善社会主义市场经济体制的进程中，政府也逐渐转变角色，从“掌舵”变为“划桨”。我国已渐显出监管型国家的特色，对监管的理论研究和实践改革正成为当下中国学界和政界共同关注的热门主题。《决定》提出“改革市场监管体系，实行统一的市场监管”；国发〔2014〕20 号《关于促进市场公平竞争维护市场正常秩序的若干意见》（以下简称《意见》）指出：“加快县级政府市场监管体制改革，探索综合设置市场监管机构。”这些都为我国的市场监管体制改革确定了基本原则，“大市场监管”成为国家层面倡导的改革方向。

长期以来，世界各国的理论界和实务界普遍持有“政府监管”[2]的思维定式，原因是“监管”需要政府的强制力来保证实施，而国家拥有颁布具有强制力法律的绝对权力，因此理所当然地把政府视为监管的唯一主体。这一传统思维和价值导向显然不能适应新形势下国家治理体系现代化建设所要求的主体多元性和手段上的协商性、互动性。当前透彻分析仍然以政府为监管主体的大市场监管体制改革的现状和突出问题，并期待通过引入新监管理论来打破传统范式的束缚，以确保通过深化改革提升我国政府市场监管的能力，促进监管治理变革意义十分重大。

二、大市场监管体制改革现状描述及反思

此轮主要肇始于 2013 年的大市场监管体制改革作为一项系统工程，改革动因来自原生动力和政策推动力两个方面。原有监管体制存在的机构重叠、职能分散带来“碎片化”和监督机构各自为政、缺乏协调配合，削弱了市场监督的整体效能是监管体制改革的原生动力。政策的推动力则来源于机构编制的现实压力。中发〔2013〕9 号《中共中央国务院关于地方政府职能转变和机构改革的意见》给出了此轮地方政府机构改革中关于县级政府机构数量的具体要求，需控制在 18 至 22 个，同时《意见》强调“市场监管原则上一件事情由一个部门负责”。为完成这个硬性的任务，把职能相近的市场监管部门进行整合，成为地方政府的政策首选。在内外因素的共同作用及中央精神的指引下，多地结合实际情况推进“多合一”的市场监管体制改革，在政府的组成部门中组建市场监管局，用意是期待一个“超级”监管部门破解“碎片化”和地方保护，加强社会性领域监管。

(一)改革的现状描述

目前各地的改革有代表性的是以下三种:第一种做法是基层“三合一”,安徽、浙江采取了这种的改革方式。如安徽的改革启动于2013年12月底,至2014年1月底,全省105个区、县(市)的工商局、质监局、食药监管局全面三局合一,归并了各局原有的全部职责,成立市场监督管理局,各乡镇利用原有的工商所成立市场监管所。从2015年起安徽在部分地级市实行工商、质监的机构合并,省级层面三个局设置保持不变。第二种是省级层面“三合一”,目前天津市是全国唯一实行统一垂直管理的大部门市场监管体制的省级单位。天津市市场和质量监督管理委员会于2014年7月30日正式挂牌成立,该委员会将工商局、质监局、食药监管局三个正厅级别的局进行了整合;同时,在所属的区、县设立市场和质量监督管理分局,乡镇、街道设市场监管所;市和区、县为垂直管理的关系,区、县和乡镇、街道为派出管理关系。第三种是以深圳为代表的统分结合模式。深圳的改革分为两个阶段:第一阶段始于2009年,深圳市依托2008年我国政府机构改革开始试水的“大部制”的做法进行了大胆革新,将市本级工商局、质监局、知识产权局合并成立了市场监督管理局。2014年5月开启了第二阶段改革,设立了新机构——市场和质量监督管理委员会。新机构下分设三个局,分别是:市场监督管理局,负责市场秩序的维护;食品药品监督管理局,主要职责是针对食品药品的监管工作;直属市场稽查局,承担监督执法工作。委员会之下在各区成立分局,分局又在街道设立监管所,为分局的派出机构。同时,“委”对全市的市场监管队伍了采用垂直管理的方式。有学者将三种改革做法分别称为:“基层统一、上面分立的‘倒金字塔型’;全行政区域内的垂直管理的‘圆柱型’;上下统一、中间分开的‘纺锤型’”[3]。

三种改革实践各有特色,对一些现实的监管困境给出了正面的回应和解决。安徽的做法统筹整合了县、区级各类市场监管行政资源,基本形成全领域、全覆盖的基层市场监管体系。天津的改革最大的特色体现在从市级至区、县再到乡镇、街道对市场监管领域实现垂直统一管理的方面。深圳的两阶段改革本身就有着自我完善和再革新的特色。尤其是第二次的再改革,充分考虑对食品药品的监管完全不同于对普通商品的监管,于是采取了分类监管的方式,以实现专业化监管食品药品。与此同时,对政策制定和监管执法队伍进行了统一管理。新成立的市场和质量监督管理委员会通过将机构、职能、资源深度融合,持续推动政府职能和监管方式的转变。总体而言,改革有利于消除权责过界,形成监管合力;做到机构精简与职能转变并举;优化监管流程,降低市场主体的运行成本。

与改革成效共生的还有改革面临的新困境。安徽改革面临的困境主要体现在两个方面：一是属地管理带来地方保护主义，出于维护本地形象和利益的原因，地方政府将一些案件不向上报告，倾向于用“压”和“瞒”的处理方法；二是由于上级政府并没有同步“三合一”改革，导致区、县部门与上级部门工作对接不顺畅。天津模式的挑战主要集中于“上下一统的机构‘物理叠加’并不意味着职能‘化学融合’，内部行政流程亟需再造”[4]。深圳模式主要在队伍建设和基层监管方式的创新变革方面面临一定的难度。共性的困境体现在：其一，新成立的机构在执法过程中遭遇法律保障缺失的困境，包括“执法依据混乱、主体身份模糊不清、复议监督机制紊乱等”[5]。其二，如何真正做到综合监管与专业监管相统一、在减少职责交叉重叠的同时能不弱化对食品药品等专业性较强领域监管的问题。其三，改革后新机构的监管执法人员面临着专业性较强业务工作的调整和增加的状况，而他们原有的知识结构和能力水平与新岗位的要求存在一定程度的不匹配现象，这种情况在基层监管人员的身上体现更为明显。

（二）对改革的反思

现阶段学术界对改革合理性的理论分析主要集中于在以下两个方面：一是基于整体性政府（整体性治理）理论的分析。金国坤指出：“‘整体型政府’给我们的启示是：市场监管体制改革不仅是组建超级‘大监管’部门，更主要的是整合资源，通过‘一站式’办公，信息共享，也可以使参与监管的各部门协调一致地开展工作，形成统一高效的监管体系。”[6]徐鸣指出：“理想的市场监管体系应具有整体性，整体性治理作为一种回应政府治理‘碎片化’而诞生的理论思潮，给市场监管体制改革提供了一条大有裨益的思路。”[7]二是基于组织理论的分析。从组织理论而言，监管体制改革实际就是一次监管组织变革的过程，可通过对监管组织的结构、职责、流程、文化四个方面的调整来深化改革。如胡颖廉使用“协调力-专业化”的框架分析统一市场监管与食品安全保障的关系，将此次改革的机构设置归纳为综合型和兼顾型，并指出理想的监管体制不是一成不变的，而应当针对本区域食品安全特征“权衡协调力和专业化，使机构设置嵌入产业发展并与风险类型相兼容”[8]。汪基强指出“职责调整和机构整合构建了统一市场监管模式的组织发展框架”[9]。

无论是改革实践还是现有的理论分析都把政府视为此次大市场体制改革的当然主体，秉持狭义的“政府监管”范式，这种范式把公、私机构明显区分开来，认为政府就是当然的监管者，对怎样使其他非政府机构（如行业协会、被监管企业自身）发挥监管作用没有给予足够重视。国发〔2017〕6 号《“十三五”市场监管规划》（以下简称《规划》）要求“构建以法治为基础、企业自律和社会共治为支撑的市场监管新格局”,我们可以把这种多主体共同参与的监管体系称为“大监管体系”,然而此轮大市场监管体制改革的“大”与《规划》提出目标中的新格局期待构建的“大”内涵相去甚远。现行由政府主导的命令控制型监管模式已不能适应新形势下的监管需求,研究视角的局限(局限于规制经济学、行政法学和政治学),监管主体、手段及策略的单一使得继续深化改革成为一项极其艰巨的任务。尤其我国当前食品安全、安全生产、环境保护等社会性监管领域事故频发,政府面临着严峻的挑战,民众对于监管质效的诉求很难得到一个满意的回应。而政府因受传统监管思维的影响仍偏爱采用对抗式的行政强制、行政检查、行政处罚等监管手段,“这些方法往往沦为部门利益争夺的工具,现有改革无法破解中国监管困局”[10]。从20世纪90年代以来在英、澳、美等西方国家有成功实践运用的回应性监管理论在近几年渐入我国学界的研究视野。该理论相对于我国现有国情而言比较超前,但借鉴引入该理论的精华部分仍然可为我国在转变监管理念、创新监管手段、构建社会协同的新型监管治理体系方面带来一些帮助。

三、回应性监管理论及其适用于我国监管体制改革的合理性分析

回应性监管理论的提出有其独特的时代背景。自20世纪六七十年代后,伴随着西方国家社会运动的发展,民众对政府的社会性领域监管职能提出了更高的要求,因此政府的监管职能在食品药品安全、环境保护,安全生产等领域大量扩张,监管手段则主要是依靠分散、繁杂的法律法规,这种缺乏弹性和具有滞后性的手段使被监管对象产生了被动的消极守法心态,并没有带来监管效果的提升。而同时期的新自由主义运动的主要思想是“放松监管”、强调市场机制的调节作用,对这种政府监管机构的大量扩张和政府主导监管的现象持明确的批评和反对的态度。两种思想运动主张相反,从而引发学术界对政府监管应加强还是放松的争论持续了较长时间。在此背景下,来自美国的伊恩·艾尔斯(Ian Ayres)结合自身的经济学、博弈论学科背景和来自澳大利亚的约翰·布雷斯维特(John Braithwaite)结合自身的社会学和犯罪学学科背景,又充分借鉴了塞尔兹尼克(Selznick)“回应性法”的理念,于1992年提出了一种全新研究视角的监管理论——回应性监管理论。

回应性监管理论的主要研究观点是:实践表明,在以政府为唯一监管主体的监管模式和新自由主义倡导的完全依靠市场的监管模式下,监管绩效都不能达到民众的要求,从而指出要用一种全新的模式来改革现状,提出了融

合政府监管和非政府监管手段的"公私混合型的监管模式"。这种新模式最突出的特点是追求多样化和可选择性。主要体现在:追求监管主体多样化、监管策略和具体手段多样化和可选择,充分体现了"权变"的思想理念。从主体上看,监管者不仅是政府机构,还包括社会团体等非政府机构,甚至包括通常被认为是被监管对象的企业本身。从策略上来说,监管策略包括政府制定的法律规章、颁布的行政命令及被监管对象的自我监管两部分。在手段上有比较温和的说服教育、比较严厉的行政处罚和更为严厉的刑事处罚等[11]5。回应性监管理论的研究重点聚集在两个领域:一是横向视域下监管权在监管主体间的分配方案设计。该理论提出可以用三种方法将监管权分配到多样化的监管主体手中:第一种方案是'三方理论'(tripartism)。这一理论的提出是为了解决一个困境,监管者与被监管者的合作往往会导致监管者被俘获或是监管者腐败,但是监管政策的有效实施又需要双方在一定程度上的合作。为促进合作又防止俘虏,三方理论指出要分配部分监管权到政府和被监管企业之外的第三方,特别是公共利益集团手中,发挥公共利益集团的力量去监管政府和企业以趋利避害[12]74。第二种方案是"强化型自我监管"(enforced self-regulation),这种方案提倡"政府把一定的监管权下放给被监管的企业,企业可根据自己的情况来制定规则再对自身进行监督审查,政府保留对其规则制定的审批权和对企业内部监督执行的监督和裁判权"[12]123。第三种方案是不对称监管(partial industry regulation),即区别对待特定行业中的众多企业,依次通过对边缘企业给予税收补贴,对主导企业进行定价控制和多样化竞争的方式达到限制企业行为的目的[12]159。二是纵向视域下监管策略的构建问题。回应性监管理论提出政府要综合考虑产业结构、被监管企业的真实动机和被监管企业的自我监管能力的不同来决定采用不同程度的干预和监管手段。当被监管对象是微观个体时采用分层次阶段的强制策略模型,监管手段分别从劝说、警告、民事处罚、刑事处罚、暂停营业最后到吊销执照[12]49;当被监管对象为中观全行业时,根据对行业下放监管权的程度采用监管政策的策略模型,从自我监管到强化型自我监管到命令控制型监管[12]53。

回应性监管理论的提出还来源于学者们对安全生产、环境保护等领域监管实践的切身观察。如英国、澳大利亚在社会性监管领域实行的"罗本斯模式"(Robens Model)其核心思想就是明确指出要想改变对安全、健康、环保等领域的漠视,只靠政府来承担监管职责的思路行不通,必须通过调动各个层面不同主体的力量、综合运用各种手段来实现。"安全健康是包含政府、雇主和雇员在内的全体利益相关群体的共同责任"[13]。挪威、瑞典等国都通过立法的方式明确要求企业在工作场所必须建立统筹兼顾安全、健康、环保的管控体系。正如布雷斯维特的学生学者帕克(C. Parker)所言:“回应性监管并不是一个柏拉图式的理想,是学者把他们观察到的日常监管活动中的一些特定实践用一种话语、原理和体系表达出来。”[14]理论成形后,西方国家在理论的指导下开展了更规范化的回应性监管改革实践。经过20多年的发展,回应性监管理论广泛运用到食品安全、环境保护、安全生产等众多社会性监管领域当中,西方诸多国家使用这一理论指导监管改革和实践均取得了一定的成效。

回应性监管理论聚焦于监管领域中监管主体的扩展、监管策略的运用,其功能意义体现在要提升监管效果方面;规范意义则体现为“该理论试图建立一套囊括民主、公共精神和公民精神在内的社会价值体系,并以这一价值体系的制度化来进行社会治理”[15],以期实现社会的良性运行和公共利益的增加。我国此轮监管体制改革的目标是通过合理设置监管机构、调整人员编制和权责关系提升监管实效,这项改革是在我国国家治理体系现代化建设的宏观背景之下展开的。治理的核心要义为主体多元性和手段上的协商性、互动性,而这些主要特点恰体现在回应性监管理论中,通过回应性监管过程可协助实现治理的目标。笔者认为回应性监管理论可用来回答我国监管体制改革中的一些基本问题,如谁是监管治理的主体,政府与非政府主体权责关系的分配等,因此用回应性监管理论指导我国的监管体制改革具有一定的现实可行性。

四、市场监管体制改革的超越路径:构建回应性监管新格局

回应性监管理论提出了一套系统地促进多方主体承担监管职责的策略和手段,在当前我国国家治理体系建设的大背景下,我国可通过借鉴该理论的精髓,以深化市场监管体制改革,走出一条改革的超越路径。

(一)回应性监管格局的构建离不开多元化的主体

回应性监管的最终目的是革新单一“政府监管”体制,形成“合力监管”体系,形成政府和非政府机构之间结合的监管模式。此类结合需要政府机构不再紧紧把控监管大权,而是将该监管权和非政府机构进行共享,抑或说政府部门将权力进行让渡。让渡监管权也属于分配监管资源的一种方式,能够降低政府管制部门的压力。政府部门把监管权分配给其他机构主要通过以下三个途径:提倡企业进行自我监管、通过企业中的工会组织进行监管和采用其他第三方部门进行评估。进行监管权让渡与分配,能够有效降低政府部门的压力,让政府有更多的精力面对如今职能转变与简政放权形成的新形势,

有针对性地进行合理和必要的监管,减少“缺位”的形成,对于不该管的则坚决放手,交给其他社会主体,防止政府的“越位”,真正做到放管结合、优化服务。在这种监管模式中,政府的作用由原来的直接执行者转变为监管体系的建设者,利用建设监管行为的政策平台激起并促进其他非政府机构的民众理念与意识、完善自我监管的体系。非政府机构要转变为监管的主体,而不仅仅是履行责任,将消极的被动接受监管转化为积极的自我监管。要充分体现回应性监管以“客”为主,主客互助的特点,即以市场主体为主要监管力量,政府提供指导和补充支持[16]。例如当今在上海自贸区,当地的政府部门激励具有专业能力的社会组织对自贸区内的各类市场主体进行监管,实际上就是将政府的监管权分配给非政府部门,这种行为避免了政府监管“一统天下”的弊端,体现了政府了放权理念,更清晰地厘定了政府与市场的界限。

(二)回应性监管格局的构建不能缺少多样化分层次的监管策略和手段

在传统的“政府监管”思维定式的影响下,我国当前的监管方法陈旧和匮乏的现象并存。尤其是在社会性的监管领域,在政府监管部门用尽了突击检查、查证索票、查验进货原料等常用的监管方式,并利用风险评估与数据实时监测等现代的监管方法,仍然对于潜在的风险缺少有效识别的手段,对问题监管对象的处罚也多为“一刀切”的行政或刑事处罚方式。虽然从 2001 年以来我国政府开展了多轮行政审批制度改革,且现如今仍然是把行政审批制度改革作为简政放权的突破口,但思维的惯性导致面对监管困局时习惯于用这种事前监管的手段,监管转型明显滞后于政府职能转变的实际进程,与经济转型、社会转轨的现实需求和民众的期盼有较大的差距。一般而言,在监管行为中过多地依赖于政府的强制执行的方法会降低市场的活跃度,造成监管的效果不佳。监管政治理论也证明在政府监管的行为中监管部门对权力的滥用及“自肥”等情况,该理论指出政府监管部门或许会通过监管权的不断扩张去巩固组织机构中某些成员的权力与地位并获取私利。原有的监管手段已经不能实现对当前监管困境的突破。另外,政府各类监管方法对那些不同意愿的监管客体的意义并不相同,所以依据客体的实际状况择取合适的监管方法很重要。瓦格丽·布雷斯维特(Valerie Braithwaite,1984)通过研究,将被监管者动机分为三类[17]:单纯的利益计算者、政治公民和能力缺乏者,后两类都是愿意遵纪守法的,如果只是采取单一惩罚手段的话,就会伤害有守法意愿的被监管者的积极性,同时还会增加政府监管的成本。依托于回应性监管理念,对微观监管对象,政府应视监管效果的降低逐步提高强制手段的程度,首先通过劝说、协商、警告等非强制性方法,若此类“软”手段没有效果,就采用行政与刑事处罚等强制性的方法,使监管发挥其真正的作用,区别对待不同意愿的微观监管客体,这也正是"回应"的本质表现。就中观策略而言,回应性监管理念将企业的自我监管作为首选,若行业监管不见效果,政府就逐步回收其监管的自主权,政府监管的重要意义在于形成战略威慑和保有对企业自我监管的监管权,理论的提出者将此策略称为"温和的大炮"(the Benign Big Gun)[11]30。2016年工商总局推出《关于新形势下推进监管方式改革创新的意见》,开始综合施行"双随机、一公开"的监管体系,这可视为我国政府事中事后监管方式的重大革新,更多地体现了监管公平、提高了监管效率,同时也降低了监管成本。今后政府能否在结合"双随机、一公开"监管结果的基础之上,通过回应性监管理念的引入,全面推进分级监管制度,建立分级监管激励体系,通过有效融合政府监管、自我监管和第三方监管等不同的监管策略切实提升监管绩效。

(三)回应性监管格局的构建要及时对相关配套改革进行完善

回应性监管理念突破了政府仅作为市场监管当然唯一主体的常规认知,而是围绕着政府形成科学的监管系统。政府的存在是对监管机构进行协调,由台前转移到幕后,将更多的监管权转移给企业、市场等,鼓励和敦促非政府机构完善发展自我监管模式,政府主要监管非政府组织自我监管情况和对一些非政府机构不能监管的情况。这就要求政府前期需做好监管体系的顶层设计,引导被监管对象将监管外压转换为企业提升效益的内生动力,政府部门则在幕后对履行监管责任的非政府组织提供各类保障。从组织构建角度而言,政府应与非政府机构间构建公平公正的对话平台,确定各类监管主体的监管地位,提升他们监管意愿的同时努力提供提高他们监管能力的机会,形成共同监管的格局,避免政府单枪匹马的尴尬局面。同时应该看到,各地开展的市场监管体制改革,主要依据的是中共中央和国务院制定的相关政策性文件,虽然制定机关级别高,具有很强的权威性,但毕竟没有涉及立法的修改,各地成立的市场监管局在执法过程中或多或少地遭遇到法律保障缺失的困境[5]。当前我国存在针对监管的立法数量不足,脱离实际情况、对法律法规的修正完善相对缓慢的客观现实。构建回应性监管新格局要按照全面依法治国、建设法治政府的要求,及时调整立法理念,明确法律的修订与调整的目的是激励被监管者自身监管能力的培育和制度的完善,而不仅仅是提高违法成本来防止其违反硬性的法律法规,加强市场监管法治建设。

五、结 语

《规划》指出要"构建以法治为基础、企业自律和社会共治为支撑的市场监管新格局”。《意见》指出“依据简政放权、依法监管、公正透明、权责一致和社会共治的原则,建设现代市场体系”。《规划》和《意见》被视为当前我国市场监管体制改革的指导性文件,其中的一些提法如“企业自律”和“社会共治”与回应性监管理论的核心观点不谋而合。新形势下,在我国的监管实践中,可借鉴回应性监管理论来改革现有监管格局。客观上我们应该认识到社会组织的发育程度、企业的自律水平、公民的维权意识等因素都会影响到回应性监管格局构建的效果。回应性监管理论要求非政府主体发挥强有力的作用,这需要有强大的公民社会做支撑。现实的情况是我国的治理体系中党和政府是超强中心,政治权力和行政权力实现着对社会权力较强的管控,社会权力不易彰显,公民社会的发展较薄弱,社会组织发育不完善,行业协会监督和约束作用发挥不够,企业的自我监管意愿不强烈,公众监督的途径缺乏。在这样的情形下要求非政府主体发挥强有力的监管作用并与政府进行平等对话交流,在短期内有一定的困难。我国可抱着积极探索的精神,树立现代市场监管理念,在监管改革中结合国情不断地对回应性监管理论进行审视和完善,着力构建适应我国现阶段发展需要的监管治理新格局。

参考文献:

[1] [英]亚当·斯密. 国民财富的性质和原因的研究(下卷)[M]. 北京:商务印书馆,1983.

[2] 杨炳霖. 监管治理体系建设理论范式与实施路径研究[J]. 中国行政管理,2014(6):47-50.

[3] 胡颖廉. 比对深圳、浙江和天津统一市场管体制改革模式[EB/OL](2014-08-11),http://opinion.caixin.com/2014-08-11/100715262.html.

[4] 胡颖廉. 统一市场监管与食品安全保障——基于“协调力-专业化”框架的分类研究[J]. 华中师范大学学报(人文社会科学版),2016(3):8-15.

[5] 吕长城. 当前我国市场监管体制改革的行政法治检视[J]. 中国行政管理,2017(4):11-15.

[6] 金国坤. 组织法视角下的市场监管体制改革研究[J]. 行政法学研究,2017(1):3-11.

[7] 徐鸣. 整体性治理:地方政府市场监管体制改革探析——基于四个地方政府改革的案例研究[J]. 学术界,2015(12):217-222.

[8] 胡颖廉. 统一市场监管与食品安全保障——基于“协调力-专业化”框架的分类研究[J]. 华中师范大学学报(人文社会科学版),2016(3):8-15.

[9] 汪基强. 统一市场监管浙江模式的路径探索[J]. 中国工商管理研究,2015(8):61-64.

[10] 刘亚平. 走向监管国家——以食品安全为例[M]. 北京:中央编译出版社,2011.

[11] 杨炳霖. 回应性管制:以安全生产为例的管制法和社会学研究[M]. 北京:知识产权出版社,2012.

[12] I. Ayers, J. Braithwaite. Responsive Regulation: Transcending the Deregulation Debate[M]. Oxford: Oxford University Press,1992.

[13] Robens L. Safety and health at work: Report of the Committee 1970-72[J]. London:Her Majesty's Stationary Office, 1972.

[14] Parker C. Twenty years of responsive regulation: An appreciation and appraisal[J]. Regulation & Governance, 2013, 7(1):2 - 13.

[15] 刘鹏,王力. 回应性监管理论及其本土适用性分析[J]. 中国人民大学学报,2016(1):91-101.

[16] 刘洋洋. 回应性监管:一种食品安全应急管理新途径[J]. 山东行政学院学报,2016(4):84-88.

[17] Kagan R. and J. Seholz. Criminology of Corporation and Regulatory Enforcement Strategies. In HawkinsK. and J. Thomas. ed. Enforcing Regulation[M]. Boston: Kluwer Nijhoff, 1984.

习近平生态理念对马克思生态思想的创新与发展

徐 平

摘 要:马克思和恩格斯以资本主义生产方式为对象,提出生态建设的基本原则:人化自然作为人的无机身体是人类社会存在的前提,人与自然和谐统一是生态文明的核心;资本主义生产方式造成人与自然、人与人之间新陈代谢关系断裂是资本主义生态危机的主要原因;消灭私有制、建立自由人联合体的共产主义是解决生态危机的最终出路。马克思和恩格斯生态思想是当代中国生态文明建设的立论基础和价值准则。以习近平总书记为核心的党中央继承了马克思和恩格斯生态思想,提出"生态兴则文明兴,生态衰则文明衰"的生态文明观、"绿水青山就是金山银山"的生态发展观以及"构建人类命运共同体"的生态价值观,是对马克思和恩格斯生态思想的创新与发展。

关键词:人化自然;新陈代谢断裂;共产主义;绿水青山;人类命运共同体

马克思和恩格斯生态思想是当代中国生态文明建设的理论来源和价值准则。以习近平总书记为核心的党中央,针对我国当前面临资源匮乏、能源短缺、生态破坏等严峻环境问题,坚持以马克思主义尤其是马克思和恩格斯的生态思维方法为指导,在不断总结国内外生态发展实践的基础上,提出了一系列关于生态文明建设的新思想、新理念、新举措,这是对马克思和恩格斯生态思想的创新运用和发展。

一、"生态兴则文明兴,生态衰则文明衰"的生态文明观

马克思认为,自然界是人类社会存在与发展的前提,是人们获得资源能源的唯一来源,处理好人与自然之间的关系是生态文明建设的核心。

作者简介:徐 平(1981—),男,山东枣庄人,讲师,法学硕士,研究方向:文化哲学与生态文明。

马克思将自然区分为自在自然和人化自然：自在自然既包括史前社会以一种盲目无序状态存在的先在自然，也包括人类社会产生后存在于人类认识与实践领域之外的原生自然；人化自然是纳入人类实践领域、打上人类实践痕迹的对象性存在。马克思强调人化自然对人类社会的基础地位，认为人化自然作为人类实践活动的产物是世世代代活动的结果，人类要想生存，离不开诸如食物、房屋、燃料、衣着等形式表现出来的基本的自然产品，作为群体性存在的人把自然作为直接的生活资料，作为人类生命活动的对象并在对象化的过程中推动人类社会不断向前发展，"自然界，就它自身不是人的身体而言，是人的无机的身体。人靠自然界生活。"[1]161 人化自然作为人类实践活动的产物构成社会存续的首要前提，在此基础上推动社会形态由低向高的不断发展。马克思在强调人化自然的基础性地位的同时也充分肯定了自在自然的先在性，并通过人类实践实现着向人化自然的过渡与转化。由此观之，马克思自然观具有鲜明的反生态中心主义特质，人类要正视和保护的自然是人化自然，处于人类认识与实践之外的自在自然是人们暂时还无法触及的领域，谈不上是否保护及如何保护的问题。

马克思认为，人化自然的不断拓展，表明人与自然的相互关系越来越密切。人化自然作为一种对象性存在，脱离了以劳动为中介的实践关系，也就失去其满足人类需要的存在价值。马克思指出，作为价值主体的人认识自然、改造自然、保护自然是为了更好地服务于人类社会发展的需要。人虽然作为实践主体相对于实践客体的自然界而存在，但人类既不能作为奴隶完全臣服于自然，也不能作为霸主对自然界进行无尽的掠夺与开发，而是提倡人与自然的和谐统一。马克思和恩格斯在《德意志意识形态》中指出，"如果懂得在工业中向来就有那个很著名的人和自然的统一"，而且这种统一在每一个时代都随着工业或慢或快的发展而不断改变，就像人与自然的'斗争'促进其生产力在相应基础上的发展一样，那么上述问题也就自行消失了"[1]528-529。后来马克思把人与自然理解为物质变换关系，是人与自然界进行物质、信息和能量变换的物质性关系。资本主义生产方式一方面克服了人类早期对自然的盲目崇拜，恢复了人对自然的主体地位及自然对人的价值存在；另一方面，人类实践也造成了人对自然的严重破坏。马克思在《资本论》第一卷中批判了资本主义农业生产对自然环境的破坏，指出资本主义的技术革新不仅强化了对劳动者的剥削程度，同时也持续降低了土地的肥力，破坏了土地肥力持久的源泉。资本主义农业的进步同时也是资产阶级剥夺技巧的进步，进一步恶化了人与人、人与自然之间的和谐关系。恩格斯在《自然辩证法》一书中针对美索不达米亚、希腊以及小亚细亚等地的居民，为了扩大耕地面积进行砍伐森林的做法进行批判,并深刻指出人类不能完全站在自然之外把自然界像对待敌人那样当作被征服的对象去进行控制与支配自然,“相反,我们连同我的肉、血和头脑都是属于自然界和存在于自然界之中的;……”[2]人是属于自然的一部分,自然是作为人类生存的无机身体的一部分而存在,人与自然是辩证统一的有机体。

马克思在《1844 年经济学哲学手稿》中认为,自然界是作为人为了不致死亡而必须与之处于持续不断的交互作用过程的无机身体,把人与自然的关系归结为对象性关系。后来马克思在《资本论》中又把这种关系理解为人与自然之间进行物质、信息和能量变换的物质性关系。习近平在坚持马克思人化自然观以及人与自然和谐统一生态观的基础上指出,必须认清生态文明建设的重要意义,要清醒认识保护生态环境、治理环境污染的紧迫性和艰巨性,清醒认识加强生态文明建设的重要性和必要性。习近平在云南大理视察时指出,要运用整体、长远的眼光综合衡量经济发展与保护环境的问题,绝不能因小失大、顾此失彼、寅吃卯粮、急功近利。习近平还把生态建设与社会建设相结合,要把生态文明建设融入经济建设、政治建设、文化建设、社会建设各方面,指出良好的生态环境是人与社会持续发展的基础。习近平还把保护环境提高到民生的高度,认为保护生态环境关系人民的根本利益和民族发展的长远利益,环境保护要以解决损害群众健康突出的环境问题为重点。在江西、海南考察时,习近平多次强调“环境就是民生,青山就是美丽,蓝天也是幸福,要像保护眼睛一样保护生态环境,像对待生命一样对待生态环境,把不损害生态环境作为发展的底线”[3]233,指出良好生态环境是最公平的公共产品,是最普惠的民生福祉。生态文明建设关系到人民福祉与民族未来,是国计民生的根本问题,这就是习近平一切为了人民生态诉求的生态文明观。

二、“绿水青山就是金山银山”的生态发展观

针对资本主义生产方式对自然环境的破坏,马克思创造性地运用“新陈代谢”这个生物学概念科学分析了生态危机的生成机制,阐释了资本主义基本矛盾引致的新陈代谢断裂是人与自然和谐关系破裂的根本原因。

马克思首先运用新陈代谢断裂理论批判了资本主义农业对土地的破坏。在《资本论》第三卷中,马克思在论述资本主义地租时指出,大土地所有制在使农业人口不断减少的同时,也造成大城市工业人口的持续增长。由此在社会生活与土地资源物质变换过程中产生一个无法弥补的裂缝,造成大工业和

按工业方式经营的大农业对地力的浪费，前者体现为对人类自然力的滥用，后者则体现为对土地自然力的破坏。资本主义农业在提高土地肥力的同时，也破坏了农业持续进步的源泉，新陈代谢断裂是造成农业生态破坏的根源。

马克思还将新陈代谢理论运用于社会领域，结合人们之间的社会关系分析人与自然关系。人与自然之间是以劳动为中介的新陈代谢关系，通过劳动进行人与自然之间的物质与能量变换劳动实践使人类从自然界中分化出来形成人类社会，同时也是人与自然界统一起来的现实基础，物质变换是物质世界分化为人类社会与自然界的历史前提，也是将二者统一起来的现实基础，“劳动……是人和自然之间的物质变换即人类生活得以实现的永恒的自然必然性”[4]，但是资本主义生产关系却使这种关系产生断裂。马克思通过对资本积累的分析，阐述了资本主义新陈代谢断裂的原因：执行职能资本的财富量越大，其增长的规模越大速度越快，从而无产阶级作为产业后备军的数量也就越大，生产能力也就越强，这就是资本主义积累的绝对的、一般的规律，资本积累的绝对规律产生资产阶级和无产阶级这两大对立阶级，这两大阶级因为资本循环受阻而产生新陈代谢断裂。资本主义基本矛盾即生产社会化与生产资料资本主义私人占有之间的矛盾，是资本主义新陈代谢断裂的根本原因，这一矛盾导致资本主义生产无限扩大和人民购买力相对缩小的生产相对过剩危机，最终促使资本主义社会中的劳动、商品交换、资本循环与周转等资本主义生产的新陈代谢关系停滞或断裂，产生商品拜物教、人口相对过剩及周期性的经济危机等社会问题，资本主义经济社会危机全面爆发。

马克思通过新陈代谢断裂科学阐释了资本主义土地养分流失、生产过程中断、经济社会危机等社会关系的断裂，揭示了生态危机产生的社会机制。资产阶级为了摆脱危机，在大力发展科技的同时也加大了对自然界的征服与掠夺。在资本逐利的内在驱动下，对劳动者剩余价值的剥削与对自然资源财富的掠夺在资本主义生产中同步进行，由此产生了经济危机与生态危机的双重并存。

马克思以资本主义生产方式为对象，创造性地运用新陈代谢断裂理论回答了资本主义生态危机的根源与出路。习近平总书记在新的时代背景下，提出一系列克服新陈代谢断裂的具体途径，发展了马克思循环经济思想。首先，习近平提出保护环境就是保护生产力、改善生态环境就是发展生产力的思想。2013 年 5 月 24 日，习近平在中央政治局集体学习的讲话中指出，必须协调处理好环境保护与经济社会发展之间的关系，正确理解生态环境保护与生产力发展之间的关系，牢固树立改善生态环境是为了促进生产力更好更快地发展的理念，决不能以牺牲环境为代价来换取经济发展，协调推进绿色发展、循环发展、低碳发展。让良好生态环境成为人民生活的增长点、经济社会健康发展的支撑点和我国良好形象的发力点,让蓝天、绿水、青山的光环普照中华大地,为子孙后代留下可持续发展的"绿色银行"。从2013年到2016年,全国空气质量达标的城市从3个增加到84个,优良天数比例达到78.8%,全国水质优良断面比例上升了3.2个百分点,进一步改善了人民的居住环境和生活水平。其次,习近平总书记还把经济发展与环境保护形象比喻为金山银山和绿水青山,要正确处理好绿水青山和金山银山之间的关系,在哈萨克斯坦纳扎尔巴耶夫大学发表演讲指出:"我们既要绿水青山,也要金山银山。宁要绿水青山,不要金山银山,而且绿水青山就是金山银山。"[3]230云南省丽江市华坪县多个矿区十多年来由于无序开采,导致生态严重破坏,后期由于加强生态治理,昔日的黑矿山如今已是一片郁郁葱葱,通过种植一些经济作物不仅提高了人民的经济收入,也改善了华坪县境内金山江流域的生态环境,把昔日的黑矿山变成今日的绿水青山,也就是人们生活的金山银山。以习近平为核心的党中央还制定出一系列生态环境保护制度,作为生态文明建设的法制保障。面对日益严峻的环境形势,为了保障经济社会的持续健康发展以及人民群众生活水平的提高,我国设置了18亿亩耕地、37.4亿亩森林和8亿亩湿地这三个不可逾越的红线。习近平强调指出要牢固树立生态红线的观念,在生态环境保护问题上,绝不能越雷池一步,否则就应受到惩罚。近年来,《关于划定并严守生态保护红线的若干意见》《关于加强耕地保护和改进占补平衡的意见》《湿地保护修复制度方案》《党政领导干部生态环境损害责任追究办法(试行)》等生态环保政策先后出台。2017年2至3月份,由党中央、国务院有关部门组成中央督查组,就祁连山局部生态破坏问题开展专项督查,通过调查核实该自然保护区生态环境破坏问题突出,7月20日晚《新闻联播》用了近5分钟的时间,对甘肃祁连山国家级自然保护区生态环境问题发出的通报,并对有关责任人进行严肃处理。

三、"构建人类命运共同体"的生态价值观

新陈代谢断裂是资本主义社会生态破坏的主要原因,对于这一问题马克思从生态学视域提出了可行的社会解决方案。

消灭私有制是人与人、人与自然之间矛盾得以和解的根本途径。社会史同时也是人们在实践基础上与自然进行物质变换的自然史,劳动是人与自然分化与统一的前提与基础,只要人类社会存在,就会有人与自然之间新陈代

谢关系的能量交换。前资本主义时期,由于科技发展水平较低,人类实践活动对自然环境的破坏性不大;资本主义制度建立以后,随着资本主义生产社会化程度的提高及科学技术的日新月异,人与自然之间的矛盾逐渐加剧,对此恩格斯曾提出要实现"人类同自然的和解以及人类本身的和解问题"。马克思认为解决人与自然之间矛盾的根本途径是"瓦解一切私人利益",人类社会内部矛盾的解决是人与自然矛盾得以解决的首要前提。而这又是以公有制为基础的共产主义社会的实现为前提,马克思一针见血地指出,资本主义基本矛盾是导致人与人、人与自然、人与社会之间新陈代谢关系断裂的根本原因,这一矛盾的解决只有通过公有制来取代私有制、建立自由人联合体的共产主义社会才能真正实现人与人、人与自然的双重和解。社会化的个人作为联合起来的生产者,将合理调节人与自然之间的和谐关系,在他们的共同控制之下而不是作为一种盲目的力量来进行他们和自然之间的物质变换,依靠最小的消耗在最适合于人类本性的条件下来进行各种物质变换。这种共产主义,"作为完成了的自然主义,等于人道主义,而作为完成了的人道主义,等于自然主义,它是人和自然界之间、人和人之间的矛盾的真正解决"[1]185。

马克思针对资本主义生产方式的发展所带来工业废弃物增多的问题提出发展循环经济的思想。马克思在《资本论》中阐述,随着资本主义生产方式的不断扩大,对生产排泄物和消费排泄物的利用也在扩大,并以伦敦为例,认为资本主义在利用排泄物方面的经济浪费是很大的,在伦敦,450 万人的粪便如果没有什么较好的处理方法,必然会给泰晤士河带来严重污染,而对于这一污染的治理费用会更加惊人。对于废料的使用,马克思认为这种废料只有作为大规模共同生产的废料才对生产过程有重要的意义,才可以继续作为交换价值的承担者。生产废料如果不是作为新的生产要素起作用,而是作为可以重新出售原料来利用的话,必然可以降低原料的费用,如此一来"在可变资本的量已定,剩余价值率已定,不变资本这一部分的费用减少,会相应地提高利润率"[5],这就从交换价值与使用价值、可变资本与不变资本的角度阐述了对生产生活中废弃物进行循环利用问题,已经暗含当代环境经济学和循环经济中"废物资源化""减物质化"等重要思想原则。

地球是人类生存的唯一家园,珍爱、呵护地球需要全世界人民的共同努力。2011 年,习近平在妇女与可持续发展国际论坛开幕式上的致辞中就呼吁"保护地球家园、推进可持续发展,需要全人类的共同努力"[6],不断告诫当代人不能吃祖宗饭、断子孙路,绝不能用破坏性方式推进经济社会发展,时刻谨记绿水青山就是金山银山。要遵循天人合一、道法自然的理念,寻求永续发展之路,建设一个清洁美丽的世界。习近平后来在生态文明贵阳国际论坛的贺信中再次承诺:"保护生态环境,应对气候变化,维护能源资源安全,是全球面临的共同挑战。中国将继续承担应尽的国际义务,同世界各国深入开展生态文明领域的交流合作,推动成果分享,携手共建生态良好的地球美好家园。"[7]2017 年 1 月 18 日,习近平在日内瓦出席"共商共筑人类命运共同体"高级别会议时发表题为"共同构建人类命运共同"的主旨演讲,系统、全面地阐述了人类命运共同体理念,后被写入联合国决议,并得到广大会员国的普遍认同。习近平"共建人类命运共同体"思想是在新时代背景下对马克思"自由人联合体"思想的创新性运用与发展,符合世界各国人民的共同愿望。

马克思和恩格斯生态思想是当代中国生态文明建设的理论指引,在后工业文明全球化的今天,要始终坚持马克思主义生态思维的基本原则与价值导向,全面贯彻落实十八大以来以习近平同志为核心的党中央关于生态文明建设的新理念、新思想,把生态文明建设的战略部署落到实处,增强生态意识,加强环境保护,开创社会主义生态文明新时代,为构建美丽中国进而实现中华民族伟大复兴的中国梦而努力。

参考文献:

[1] 中共中央编译局. 马克思恩格斯文集(第 1 卷)[M]. 北京:人民出版社,2009.

[2] 中共中央编译局. 马克思恩格斯文集(第 9 卷)[M]. 北京:人民出版社,2009:560.

[3] 中共中央宣传部. 习近平总书记系列讲话读本[M]. 北京:人民出版社,2016.

[4] 中共中央编译局. 马克思恩格斯文集(第 5 卷)[M]. 北京:人民出版社,2009,56.

[5] 中共中央编译局. 马克思恩格斯文集(第 7 卷)[M]. 北京:人民出版社,2009,94.

[6] 习近平. 在妇女与可持续发展国际论坛开幕式上致辞[EB/OL]. (2011-11-09). http://news.21cn.com/caiji/roll1/2011/11/09/9735555_1.shtml.

[7] 习近平致生态文明贵阳国际论坛 2013 年年会的贺信[EB/OL]. (2013-07-20). http://politics.people.com.cn/n/2013/0720/c1024-22263844.html.

文化自信及其当代意义研究

周银珍

摘　要：十八大以来，习近平总书记发表系列讲话，深刻地诠释了文化自信思想，形成了系统的文化自信观。从马克思主义哲学的视域看，在特性上，习近平总书记的文化自信观凸显了文化自信的基本性、深沉性、持久性；在内容上，习近平总书记文化自信观的基础、动力、主体和核心等四个方面体现了深层次的哲学意蕴；在当代启示上，我们要探寻中国近代文化不自信的根本原因、实事求是地认识文化自信的本质和探讨文化自信的真正目的。

关键词：习近平；文化自信；马克思主义哲学

习近平总书记非常重视文化自信的积极作用，并发表了系列讲话，形成了系统的文化自信观。2016 年 5 月，在哲学社会科学工作座谈会上，习近平总书记重点论述了文化自信的全面作用和地位，他指出："我们说要坚定中国特色社会主义道路自信、理论自信、制度自信，说到底是要坚定文化自信。文化自信是更基本、更深沉、更持久的力量。"[1]这不仅突出了文化自信的重要历史地位，而且形成了相对完整的文化自信观。一方面，习近平总书记在全球化竞争日益激烈的情境下，对文化自信本质、精神、价值、建构、发展规律等问题提出总的看法，表现出高度的理论自觉和创新智慧；另一方面，习近平总书记在传承马克思主义文化观的基础上，深刻地论述了文化自信的经验教训，积极探寻新时期推进中华民族文化自信的历史根基和现实动力，凸显了他实事求是、与时俱进的实践智慧和变革现实的革命精神。为了更好地理解和把握文化自信的内涵，本文以马克思主义哲学为视角，从文化自信的内涵及特征、哲学意蕴和当代启示等方面，系统阐述习近平总书记文化自信观。

基金项目：亳州市社科联 2017 年"习近平意识形态研究"课题。

作者简介：周银珍（1978—），女，安徽利辛县委党校讲师，哲学博士，主要研究马克思主义哲学、伦理学。

一、习近平文化自信内涵及特性

习近平总书记文化自信观,对中国的现实社会及其人民生存和发展状况给予总的评价。既有其自身内在的马克思主义哲学特性,也贯穿着习近平总书记对这种特性的深刻理解。

(一)文化自信的内涵

文化自信是“一个包含多方面、多层内容的体系”[2]31。从横向来看,中华民族文化自信主要是对核心价值观、物质、精神、制度、生活方式等自信,亦即对中国社会一切合理性实践及其产物的自信。从纵向来看,中华民族文化自信是对五千年来一直未中断的、有中国印迹的物质和精神文化的自信,主要包括对中华优秀传统文化、革命文化、社会主义先进文化的自信。因此,文化自信是与中国的历史、社会发展辩证统一的过程,是对中华民族创造文化的能力、结果以及创造活动本身的自信。

从以下两个方面解释文化自信内涵,可以深刻地揭示文化自信的本质。

首先,文化自信的生命力在于与时俱进、不断创新。文化自信仅是对过去和现代人民创造的实践能力、合理的活动本身及其结果的自信。这只是为文化的进一步发展提供思想基础和历史的积累,并不能代表文化的永恒的生命力。文化的生命力在于与时俱进、不断创新。创新文化不是脱离实际和时代背景,而是要结合当代中国与世界的实际,吸取世界各民族文化的精华,把我们民族的优秀文化与时俱进地推向前进。不仅要创造性地转化文化的内容,赋予其新的时代内涵,拓展、完善中华文化的新的内容,而且要创造性地发展文化的传播方式,赋予其新的渗透效果,增强文化认同感和自信心。因此,文化自信的生命力在于与时俱进、不断创新。

其次,文化自信是在多元文化博弈中对本民族优秀文化的自信。每一个民族和国家的文化都有其独特的优点和弊端。我们说的文化自信仅是指对本民族优秀文化的自信,而不是对文化糟粕的自信,更不是盲目崇拜自己民族文化、否定一切异己文化的骄傲自大。在全球化的今天,经济上的闭关锁国将导致国家衰败,而文化上骄傲自大或将导致国家毁灭,或将导致国家滑向文化沙文主义,堕入文化“野蛮”险境,危害世界和平与发展。因此,我们必须清醒地认识到:只有实事求是地对待本民族的文化,正确认识本民族文化的优势和特点,积极参加世界文化的交流,并善于汲取他者文化的精华、弃其糟粕,才能有益于本民族文化的发展、繁荣和自信。

(二)文化自信的特性

1. 文化自信的基本性

中华民族文化自信之所以是最基本的自信,是因为其反映人类历史文化发展规律,这是从历史文化发展规律的高度展现中华民族文化基本特性,关乎中华民族历史的把握和未来的发展方向。

首先,文化自信反映社会发展规律。人类社会历史具有自身发展的客观规律,即上层建筑适应经济基础的发展和生产关系(经济基础)适合生产力发展的规律。文化自信作为上层建筑,是由一定的经济基础所决定的,正如马克思所强调的那样:“宗教、家庭、国家、法、道德、科学、艺术等等,都不过是生产的一些特殊的方式,并且受生产的普遍规律的支配。”[3]186 中国文化史确实反映了这一规律。明代以前,中国作为文明大国,总体实力和文化影响力一直居于世界前列。但是,16 世纪以来,西方科学技术和经济迅速发展,创造了丰富的文化成果,而中国与此相比,显得相对滞后,发展迟缓,以至于到了近代,中国出现了全盘西化的思潮,国人极度不自信。改革开放以来,中国科技日益发展、经济实力迅速提升,综合国力不断增强,创造了先进文化,文化自信开始逐渐回升。也就是说,中国历史发展经历了“从盛世到跌至谷底再到重新振兴”的趋势。与此相应,中华民族的文化自信也经历了“自信到逐渐跌至低谷(不自信或自卑)再到逐渐恢复和提升”的趋势。因此,文化自信随着社会经济的发展和生产方式的变化而变化,是现实社会的经济活动和经济状况在精神层面的反映。从根本上讲,文化自信反映了“随着经济基础的变更,全部庞大的上层建筑也或慢或快地发生变革”[4]38 的人类社会发展的一般规律。

其次,文化自信凸显文化发展的规律。我们可以看到,不管是中华民族的物质文化,还是中华民族的精神文化,都是历史存在,具有不以任何人的意志为转移的自身发展的规律性,任何人都不可以随心所欲地篡改。马克思强调:“人们自己创造自己的历史,但是他们并不是随心所欲地创造,并不是在他们自己选定的条件下创造,而是在直接碰到的、既定的、从过去承继下来的条件下创造。”[4]470-471 人类社会的历史就是一部文化史,文化历史的发展是不以人的主观意志为转移的,文化自信必然反映和凸显文化发展的规律。

2. 文化自信的深沉性

中华民族文化自信之所以是最深沉的自信,是因为中华文化源远流长,拥有着 5000 年绵延的文化历史。它滋养历代中国人民的心灵,支撑着各个时代的道路、理论、制度的发展,关乎中华民族的发展。

首先,文化自信是历史的积淀。文化自信产生于文化创造过程之中。中华民族铸造了"五千多年连绵不断的文明历史,创造了博大精深的中华文化,为人类文明进步做出了不可磨灭的贡献"[5]234。在这种创造活动及其文明成果的历史积淀中,必然产生中华民族的文化自信。中华民族文化自信正是来源于它的源远流长的独特魅力,即源于中华民族5000年来在经济、政治、文化、社会、生态文明等各领域的物质文明和精神文明的积累。文化自信受到历史上的已有成就的规定,具有历史积累性。这也是习近平文化自信观生成的历史基础。

其次,现实的"历史"是文化自信的依据。历史不过是过去了的现实,是一系列"现实"的历史。今日的现实必然是明日的历史,必然是历史积淀的沧海一粟。因此,如果想全面把握文化自信的历史性,我们还需要立足现实。因为现实是过去历史的积淀和缩影,又是未来历史的起点。如今的中国在传承历史文化成果和价值追求的过程中,在与各种不同文化的相互激荡与融合中,形成文化发展的"合力",妥善处理一系列的国际热点难点问题。这不但推进了中国特色社会主义社会的发展,而且为国际社会的发展做出了伟大贡献,创造了足以令我们自信也自信于世界的文化成果,充分展现出了自身的生命力和创造力。这成为习近平文化自信观生成的现实历史的依据。

3. 文化自信的持久性

中华民族文化自信之所以是最持久的自信,是因为中华民族文化精神渗透于社会各个领域,无处不在,无时不有,关乎着中国人民追求美好生活的奋斗目标。"事有必至,理有固然。"纵观几千年中华民族文明史,我们会发现,中华民族即使处于危难之际依然能赓续发展的根本原因,在于中华文化本身蕴含的民族精神的哲理。《易经大传》强调:中华文化的民族精神主要是"自强不息"和"厚德载物"。它们横贯历史,铸造辉煌,既是中华民族主体精神的核心,也是民族延续发展的动力,如习近平总书记强调中华文化"积淀着中华民族最深沉的精神追求,包含着中华民族最根本的精神基因,代表着中华民族独特的精神标识,是中华民族生生不息、发展壮大的丰厚滋养。"[6]201这种民族精神是文化自信的内在精神实质,也是文化自信的持久性动力。

首先,文化自信是民族独立的保证。近现代以来,面临帝国主义的侵略、国家危难、民族危亡的困境,中华民族文化自信的精神激励人民奋发向上、坚韧不拔、抵抗侵略,最终建立了新中国,开辟了中国社会主义建设的新道路。如果没有这种文化自信的精神的支撑,在当时极端被动和贫困的境遇中,中华民族的先辈们可能没有勇气和"底气"奋力抵抗外辱,最终将丢掉民族尊严,陷入随人俯仰、任人宰割的险境。

其次,文化自信是中国屹立于世界的思想基础。中国学者梁启超曾指出:“人之能有自信力,必其气象阔大,……故愈自重者愈不敢轻薄天下人。”[7]545一个真正自信的人,善于真诚地尊重他人。同样,对于一个国家而言,尊重多元文化的存在是文化自信的表现。在文化上坚持唯我独尊本身就是一种轻薄异质文化的不自信表现,也不利于文化的交流与发展。在全球化日益深入的今天,世界文化交流、交融与冲突已经成为不可逆转的趋势。文化自信是中华民族以独立自主、包容开放的心态,吸取异质文化精华的思想基础。只有文化自信,我们才坚信在世界文化博弈中不会丢失自我,不被同化,而勇敢参加世界文化交流,大胆宣传本国文化,促使本国文化走向世界,为中国屹立于世界提供思想基础。

再次,文化自信是个人行动的指南。文化自信不是有形的、可感的创造物,而是人民对中华民族文明成果的积极评价,具有能动的作用。它将融入人民的内心之中并像信仰的幽灵一般缠绕和驱动人的言行举止。正如习近平总书记指出的那样:“中华优秀传统文化已经成为中华民族的基因,植根在中国人内心,潜移默化影响着中国人的思想方式和行为方式。”[8]170一旦人民对这种文化产生自信,也就意味着,人民认可和信赖这种文化,形成内在的心灵认同,并以此指引和评价人们的言行举止。因此,文化自信的影响必然具有持久性。

二、习近平文化自信观的哲学意蕴

习近平文化自信观的哲学意蕴主要包括文化自信的基础、动力、主体和核心等四个方面内容。

(一)文化自信的基础——物质生活

归根到底,文化自信是社会现实的物质生活的产物。对于文化产生、发展和创新的评价,不能从文化本身中去获得合理的解释,只能从现实生活中探寻最终依据。中华民族文化自信是人们对于中国蓬勃发展的活力与生机所持有的信心,深深植根于物质生活之中。

首先,物质生活内生文化自信的根基。文化自信与物质生活的生产和发展是休戚与共、息息相关的,是物质生活的产物。作为精神生活的表现样态,它是对社会生活的一种主观性的肯定认同。但,它不是主观臆想的,而是基于现实、来源于现实生活的、与现实相适应的积极认同,其最深层次的根基无疑蕴藏于社会生产生活之中。文化自信发展的程度如何最终是由社会生活决定的,从根本上受到社会生产力和社会发展水平的影响与制约。马克思指出:“不是意识决定生活,而是生活决定意识”[3]525。现在,中国综合国力的增强,人民生活水平不断提高,内生着中华民族文化自信的根基。

其次,物质生活内蓄着文化自信的活力。马克思认为:“物质生活的生产方式制约着整个社会生活、政治生活和精神生活的过程。”[4]591说明文化自信的活力来自物质生活,并受其制约。中国特色社会主义事业的蒸蒸日上,不论是经济发展、社会治理,还是科技进步,都内蓄着文化自信。从国际角度看,中国经济总量居于世界第二位,国际影响力大幅度增强,为国际事业的发展做出了重要贡献。当中国顺利地处理一系列国际难题为人类社会做出伟大贡献,以及制定一系列政策,促进国家发展,维护国际国内人民的利益时,这种潜在的活力就转变为现实的文化自信。从国内角度看,中国人民生活水平大幅提高,逐步过上安居乐业的生活,社会各项事业不断进步,社会逐步走向和谐,为人民对国家自信提供物质力量。人民会自觉地从心灵深处认可中国发展的理念,进而内化为文化自信。因此,中国特色社会主义物质生活的发展和国际实力内蓄着文化自信的活力。

(二)文化自信的动力——实践

马克思指出:“全部社会生活在本质上是实践的”[3]501。文化自信本身也是一种实践活动。文化自信的生成与发展都离不开人的实践活动。它不是自然的衍生物,也不是天启与神谕的产物,而是人民艰苦卓绝的实践活动的创造物。实践活动是文化自信的源泉和动力。

首先,实践创造文化自信的主体(人本身)。人类世界就是人化世界或文化世界。人是文化世界的主体。没有人,也就无所谓文化自信。人产生于社会实践。人的手、语言、意识和精神都是在社会实践中形成的。恩格斯指出:劳动是“整个人类生活的第一个基本条件,而且达到这样的程度,以致于我们在某种意义上不得不说:劳动创造了人本身”[9]550。人通过自身的对象性实践活动,使自己从自然的必然性链条中脱离出来,创造了一个属人的整体世界,即文化世界。因此,实践不仅创造文化,而且是人的文化的存在。这种文化的存在把人从动物界提升出来,成为万物之灵,必然产生超越和优于动物的文化自信。

其次,实践创造文化自信。实践具有主观建之于客观的特性,不仅改变客观世界,而且产出新的精神世界。马克思曾指出:“在再生产的行为本身中,不但客观条件改变着,……而且生产者……通过生产而发展和改造着自身,造就新的力量和新的观念,造成新的交往方式,新的需要和新的语言。”[10]145这种新的交往方式,新的需要和新的语言具有自身的优越性,必然会形成文化自信。文化自信这种内在的图式或内在尺度,只有通过实践,才能转化为现实的存在,即文化成果,进一步深化文化自信。这说明,实践活动创造了文化自信。文化自信实质上,是对人本身及其实践活动自信。

再次,实践发展文化自信。中华民族文化自信作为一种信心和信念,不是虚无缥缈的梦想和想象,而是内生于中华民族几千年以来自强不息、艰辛探索的社会实践。在社会实践中,中华民族创造了优秀的传统文化的自信,创造了中国独特的红色的革命文化自信、创造了有别于西方资本主义发达国家的中国特色社会主义先进文化的自信。可以说,这一系列的实践创造形成了文化自信的发展序列。随着社会实践的发展,文化自信也必然或快或慢地发展。当前,中国特色社会主义建设的实践,创造了一系列的政治、经济、科技、思想和生态等先进文化,增强了凝聚力和影响力,正在创造新的文化自信。因为"我们实现的每一次大突破,经历的每一次大考验,取得的每一项重大成果,都孕育着新思想、新观念、新意识"[11]。这将不断地丰富和发展文化自信,这也是习近平文化自信观形成的实践基础。

(三)文化自信的主体——人民

文化自信实质上是人民对文化积极的评价。现实生活中,人民是文化自信创造和评价的主体。人民只有理性地发挥主体性,保持敏锐的文化理解力和鉴别力,才能确保文化的价值判断和行为实践的正确性。

首先,人民是创造文化自信的主体。习近平总书记认为:"人民既是历史的创造者、也是历史的见证者,既是历史的'剧中人'、也是历史的'剧作者'。"[12]这说明:一方面,人民是创造文化自信的主体。文化作为人类认识世界和改造世界的产物,是客观的存在,其本身不具有能动性发展的潜能,而只能依靠人民自觉性的创造活动实现延续和发展。博大精深、源远流长的中华民族文化是中国人民传承和创造的产物。在人民(主体)与文化(客体)之间始终贯穿着价值评价关系。当文化对社会产生积极价值时,人民必然会对自己创造的文化自信。这既体现了人民对自身创造和建设文化能力的自信,又展现了人民对自身所创造出来文化成果的自信。另一方面,人民是文化自信的见证者。在实践活动中,人民创造了文化,文化又作用于主体(人民)并转化为主体内在的素质、能力,发展了人自身。主体(人民)身处于文化之中,受文化熏陶,启蒙心智,陶冶性情,必然会逐渐获得文明的生活,逐渐实现自身的自由而全面发展。如马克思所说:"文化上的每一个进步,都是迈向自由的一步"[9]120。因此,人民整体素质的提升和发展,见证了文化自信的合理性。

其次,人民的文化自觉是文化自信的前提。文化自信是一种对文化的地位、功能、发展规律的自觉的、理性的心理认同,是积极意义上文化自觉。文化自觉就是人民对中华民族文化发展规律的自觉把握、中华民族文化价值深刻而清醒的认识和对中华民族文化繁荣发展的历史责任的主动性担当。文化本身并无自觉可言,而是作为文化主体的人民根据一定的社会标准、社会习俗和社会心理,赋予文化的主体自觉。因此,人民的文化自觉是文化自信的前提。如果没有文化自觉,人民不会自觉地形成对文化的价值和优劣的判断,也不会形成文化自信。

在这里需要注意:一方面,文化自觉的形成需要一个过程。人民的认识形成是一个过程,必然受人民自身认知能力和外部环境的制约。文化自觉作为人民对中国文化地位和作用的一种反映,不可能一蹴而就,也必然经历了一个不断深化、逐步清晰的认识过程。费孝通先生曾经指出:"文化自觉是一个艰巨的过程,只有在认识自己的文化,理解并接触到多种文化的基础上,才有条件在这个正在形成的多元文化的世界里,确立自己的位置。"[13]22 另一方面,文化自觉是一种内在的精神力量,不仅积极地评价文化作用,而且清醒地认识到文化的重要战略地位。可以说,人民是否具有高度的文化自觉,关系到中国的文化振兴和前途命运。中华民族文化自信是中国历代仁人志士"以人弘道"的文化自觉的产物。

(四)文化自信的核心——价值观

文化的核心是价值观,核心价值观是凝结其中的"灵魂"。文化自信的根本,就是对核心价值观的自信。

首先,核心价值观决定着文化自信质的规定和方向。习近平总书记强调:"核心价值观是文化软实力的灵魂、文化软实力建设的重点。这是决定文化性质和方向的最深层次要素。"[8]163 核心价值观规约和引导文化自信。有什么样的价值观,就有什么样的文化立场、文化选择和文化评价标准。对于个人来讲,它是个人观察世界、思考人生、辨别是非的心灵尺度,从而对人的行为具有引导和规范作用,是培养个人文化自信的关键;对于中华民族来讲,价值观是一种包容开放、凝神聚力、共同奋斗的基本依据,为民族自信和文化自信指明方向。核心价值观是中国历史发展的实践逻辑和价值逻辑的统一,是中国历代人民实践在文化层面的展开,是5000年来中华民族文化延绵不绝的重要依托。当今,在激荡的全球化背景下,中国依然能应对各种挑战,迅速崛起,根本原因就是在于中国先进文化的核心价值观的坚强生命力。

其次,核心价值观是文化自信的灵魂。文化自信是复杂的思想体系,具有多种多样的表现形态和方式,但,价值观是其内在本质的核心和最深层灵魂,承载着中国在国际国内事务中的精神追求和价值标准,一旦形成,必然成为中国文化自信的显著标记,彰显着文化自信体系的魅力,引领着文化自信体系的发展，影响中国乃至世界的未来。习近平总书记强调："人类社会发展的历史表明，对一个民族、一个国家来说，最持久、最深层的力量是全社会共同认可的核心价值观。"[8]168核心价值观的生命力决定着文化的生命力和文化自信。一种文化有无影响力及其影响力大小，首先要看这种文化所承载的核心价值观是否科学、是否进步、是否与国家、民族和整个人类文明发展进步的趋势相一致。因此，核心价值观蕴含文化自信，是文化自信的灵魂。

三、习近平文化自信观的当代意义

习近平总书记的文化自信观，既是基于"问题意识"的现实考量，又是基于"理性精神"的理论构建，对于当代合理地认识文化自信具有重要的当代意义。

（一）文化自信有利于中国特色社会主义建设

文化自信有其自身相对独立的发展规律，对社会发展具有反作用。对个人而言，文化自信实质上是一种价值自信，体现了文化主体对所属国家（或民族）核心价值的认同，为推动国家不断发展提供源泉与动力。对于国家而言，文化自信是一个国家、一个民族、一个政党对在自身的历史发展中形成的、能够使自身自立于世界民族之林的、具有极强生命力及其美好发展前景的文化内容和价值的充分认同和坚定信心。因此，文化自信主要表现为一种民族文化精神上的向心力和凝聚力，有助于促进国家统一和民族团结，必然为社会发展提供了内在支撑与动力。胡锦涛指出："谁占据了文化发展的制高点，谁就能够更好地在激烈的国际竞争中掌握主动权。"[15]752

建设中国特色社会主义不仅需要经济基础和政治保障，而且需要文化的丰厚土壤。文化自信能够促使人们充分利用中华民族的文化资源，营造积极向上的文化生态和文化心理。在建设社会主义伟大实践中，中国之所以能克服各种艰难险阻，根本原因就在于文化自信与价值观自信不断地鼓励全国人民不断奋斗、继续前进。正是因为我们自信自己的文化、自信自己的道路和制度，才顺利地进行了中国特色社会主义建设，并取得伟大的成绩。因此，文化自信为中国特色社会主义建设提供强大的内在精神动力和智力支持。

（二）文化自信助推中华民族伟大复兴的中国梦实现

文化自信是对中华民族文化的积极的理性认识。它来源于中国社会实践，必将回归中国社会实践。当它回归社会实践时，必然带有明确的目的性和指导性。今天，我们热议文化自信不是为了炫耀我们拥有5000多年的优秀传统文化、独特的革命文化和先进的中国特色社会主义建设文化，而是为了早日实现中华民族伟大复兴的中国梦。

依据唯物史观，文化自信不仅能动地、积极地评价客观世界，而且为社会进一步发展提供精神动力。中华民族伟大复兴的“中国梦”与文化自信是密切统一的。“中国梦”内在地蕴含和积淀着文化繁荣和文化自信，而文化自信为“中国梦”的实现提供动力，其根本目的在于实现中华民族伟大复兴的“中国梦”。正如习近平总书记指出的那样：“一个国家、一个民族的强盛，总是以文化兴盛为支撑的，中华民族伟大复兴需要以中华文化发展繁荣为条件。”[16]这说明中国梦根植于中华民族文化之中，体现着中华民族的文化追求，中华文化为中国梦的实现提供精神动力和文化条件。因此，中华民族通过对文化反思和评价，逐步构建民族文化价值观念，坚定自己的文化自信，必然为中华民族的伟大复兴和中国梦的实现提供了一种心理认可和灵魂支持。

（三）文化自信有助于提升中国国际话语权

当今世界，文化竞争越来越激烈。文化软实力是一个国家获得国际话语权的重要力量，把这种力量变为话语权的中介则是话语的宣传。话语宣传的心理前提是文化自信。因为对本国文化自信的话语宣传主体，会发自内心地认为本国文化最优秀和最有影响力，进而勇敢地表达本国文化。比如，以美国为核心的西方国家的文化自信，助推他们大肆宣传西方文化，建构了“西方中心主义”话语体系，增强了西方话语霸权。“据统计，西方几大通讯社几乎垄断了全球消息的来源及解读，80% ~90%的消息是由西方几大通讯社提供的；以华语为载体的信息量，大约只占全球信息总量的5%。”[17]6

以史为鉴，在世界多元文化碰撞与冲突中，为了维护国家主体性和掌握话语权，我们不仅需要坚定文化自信，勇敢地、积极地宣传本国的文化，而且更要用实际行动“向世界说明中国，向中国介绍世界”。只有进行文化自信的实践活动，才能客观地彰显中国的文化特色，才能使世界真正地认识中国。当前，在文化自信的引领下，中国坚持“和平、发展、合作、共赢”的外交理念，推进“一带一路”策略和“世界命运共同体”战略，为全球治理提供新的思路、新的实践活动，这些外交活动，关涉到世界各国的利益，引起了国际社会的热烈反响和广泛认同，大大提升了中国国际话语权。因此，可以说，我们只有坚定文化自信，才能促进中华民族文化走向世界、引领世界、评论世界，才能获得和提升中国国际话语权。

参考文献：

[1] 习近平．在哲学社会科学工作座谈会上的讲话[N]．人民日报，2016-05-19.

[2] 张岱年 . 文化与哲学[M]. 北京:教育科学出版社,1988.

[3] 中共中央编译局 . 马克思恩格斯文集(第 1 卷)[M]. 北京:人民出版社,2009.

[4] 中共中央编译局 . 马克思恩格斯文集(第 2 卷)[M]. 北京:人民出版社,2009.

[5] 中共中央文献研究室 . 十八大以来重要文献选编(上)[M]. 北京:中央文献出版社 2014.

[6] 中共中央宣传部 . 习近平总书记系列重要讲话读本[M]. 北京:学习出版社、人民出版社 2016.

[7] 梁启超 . 梁启超选集(下)[M]. 北京:中国文联出版社,2006.

[8] 中央文献研究室、中国外文局 . 习近平谈治国理政[M]. 北京:外文出版社 2014.

[9] 中共中央编译局 . 马克思恩格斯文集(第 9 卷)[M]. 北京:人民出版社,2009.

[10] 中共中央编译局 . 马克思恩格斯文集(第 8 卷)[M]. 北京 . 人民出版社,2009.

[11] 李舫 . 文化自觉和文化自信:当代中国人的"集体表情"[N]. 人民日报,2011-07-21.

[12] 习近平 . 在文艺工作座谈会上的讲话[N]. 人民日报,2015-10-15.

[13] 费孝通 . 反思　对话　文化自觉[J]. 北京大学学报(哲学社会科学版),1997,(3).

[14] 黎红雷 . 儒学回归当代中国[J]. 周易研究,2013,(2).

[15] 中共中央文献研究室 . 十六大以来重要文献选编(下)[M]. 北京:中央文献出版社,2008.

[16] 习近平 . 认真贯彻党的十八届三中全会精神汇聚起全面深化改革的强大正能量[N]. 光明日报,2013-11-29.

[17] 韩庆祥,陈远章 . 马克思主义"三化"与话语权问题[J]. 上海师范大学学报,2015,(3).

“权能分离”语境下农地承包经营权集合信托流转的反思与重构

——基于安徽省农地承包经营权集合信托流转的分析

朱鹤群

摘　要:农地承包经营权集合信托流转作为我国农地承包经营权流转方式的制度创新,在实践中,还存在着诸如产权主体模糊、信托财产界定不清、参与主体混同和监管缺失等问题,特别是地方政府信用的介入,行政干预的加强,不仅阻碍了原生性的农地经营主体的发展,而且存在涉嫌挤压农民利益的同时,带来农村社会治理的不确定性风险,因此,完善农地承包经营权集合信托流转的相关立法,为构建产权清晰、流转有序、监管适度的农地集合信托流转制度提供法律保障,对我国农地经营制度改革具有重要的现实意义。

关键词:农地承包经营权;集合信托;农业经营主体;权能分离

一、问题的提出

随着英美法系“财产法”重“利用”轻“权属”的立法理念引入,以“权能分离”为特征的农地三权分离改革,成为我国家庭承包经营制改革的热点问题。以“三权分离”为基础,创新农业经营方式、构建新型农业经营体系,鼓励农民积极参与农地承包经营权流转,才能突破因农地严重碎片化对农地经营规模化的制约瓶颈。为此,党的十八届三中全会《关于全面深化改革若干重大问题的决定》明确提出:“坚持农地集体所有权,依法维护农地承包经营权,赋予农民对承包地占有、使用、收益、流转及承包经营权抵押、担保权能,允许农地承包经营权入股。”因此,如何处理“尊重集体所有权、稳定农户承包权、保护

基金项目:本文系2017年度安徽高校人文社会科学重点研究项目“‘两型社会’下安徽省农村土地信托流转法律问题研究”(SK2017A0480)阶段性成果。

作者简介:朱鹤群(1968—),男,安徽巢湖人,巢湖学院经济与管理学院讲师,硕士,研究方向:经济法、环境法。

务农者经营权”三者之间的关系,涉及当前我国农地改革的核心问题。

农地集合信托流转模式的出现,正是以“权能分离”为特征的农地承包经营权流转的实践运用,不仅解决了农地承包经营权的融资问题,而且为构建新型农业经营体系提供了可选的路径。继“湖南益阳模式”“福建沙县模式”等都是小规模的农地信托流转之后,安徽出现了大规模的农地集合信托流转模式,如“中信信托—安徽宿州模式”和“中信信托—安徽马鞍山模式”。本文以安徽农地集合信托流转模式为实证考察对象,针对其存在的农地产权主体模糊、农地权利主体与流转服务主体混同、工商资本的准入制度以及政府信用介入导致的监管主体缺失等法律风险问题,提出构建农地承包经营权集合信托流转的设计路径以及相关立法的完善建议,通过培养土地银行、农村合作社等流转服务主体,弱化政府公权力的不当干预,以构建权属清晰、流转有序、监管适度的农地集合信托流转模式,为农地承包经营权集合信托流转的实践,提供理论支撑。

二、农地承包经营权集合信托流转法律风险分析

(一)农地产权主体模糊:权力寻租风险

农地承包经营权集合信托流转是实现农地规模化、组织化和集约化经营的有效路径。其在促进农地有效利用、农地保护和农村的生态环境改善等方面的功能发挥,具有重要的现实意义。然而,在废除农业税之后,随着村集体经济的萎缩,村委会与农户之间的承包关系名存实亡,村委会作为集体农地所有权主体之功能发挥极其有限。由于农地所有权主体的“集体”界定不清,在农地承包经营权集合信托流转中,农户、村委会、乡(镇)政府或县(区)政府部分或全部作为委托人,呈现出委托人主体混同局面,如在“中信-安徽宿州”农地承包经营权集合信托流转中,农户、村委会、镇政府和区政府三者同时作为委托人出现。那么,在农地集合信托流转中,农户、村委会或政府三者之间,究竟谁才具有信托委托人或信托设立人的主体资格?因此,有必要具体分析界定三者的主体角色。农户是农地承包经营权主体,其保留承包权,以转移农地经营权设立信托;而村委会兼有农地行政管理主体和农地所有权主体的双重身份,其农地管理行为具有公法性质,而作为集体农地所有权主体身份则具有私法性质;各级政府代表国家利益,是典型的公法性质的农地监管主体。由此可以看出,农户才是真正的委托人或信托设立人。

在政府主导的农地承包经营权集合信托流转模式中,村委会和政府的介

入，一定程度上，强化了行政权力对私法主体意思自治的干预，以维护公共利益或集体利益为借口，滥用行政管理权力，强迫农民流转农地，与涉农工商企业相互进行利益输送，而寻租牟利。中央出台相关文件明确禁止村委会和乡（镇）政府直接租赁农民的承包地，以再进行集中转租或发包的“反租倒包”等形式，侵犯农地承包经营权等行为则是最好的佐证。虽然根据《农村土地承包经营法》第33条第1款、《农村土地承包经营权流转管理办法》第6条均不同程度地规定，农户本着自愿原则，合法行使农地承包经营权流转的权利，禁止任何组织、个人对其强迫或阻碍。也就是说，农户基于平等协商、自愿、有偿的原则，依法与村委会签订《土地经营权流转合同书》，村委会不构成“反租倒包”行为[1]。但是，行政权的介入，不可避免地存在着违背农民意愿的强制流转之嫌，同时也产生农民对村干部、行政公权力的“信任”危机。主要体现在：一方面由于农民担心村干部克扣租金、截留收益，而产生对村干部的不信任。根据课题组对安徽农地流转现状的调研，截至2014年年底，由村委会干部流转的农地占全省总流转面积的85%，近35%的村级流转服务中心存在着收取金额不等的管理费、克扣租金或截留收益等行为。另一方面，由于村委会和政府的角色错位，责任主体不明，政府既充当“运动员”又担任“裁判员”，导致行政干预弱化监督机制，极易产生监守自盗的行为。

（二）“农地承包经营权”法律界定模糊：存在挤压农民利益的风险

在农村土地承包关系中，相对于集体土地所有权，农民依法享有土地承包经营权。我国《物权法》沿用“农地承包经营权”的表述，实际上是基于一种长期的习惯，并且固化为农地用益物权，并没有对“农地承包经营权”内涵做明确的界定。法律设置权利的主旨是为了克服利益冲突，但法律的局限性使得法律规则体系出现种种漏洞，利益冲突并未能完全消除，反而转化为权利冲突。在农地集合信托流转的法律架构中，大多数学者也认为信托财产是农地承包经营权[2]。依此观点，农地承包经营权因设立信托转移后，农民是否就意味着“失地”或退出了与村集体的承包关系？根据权能分离理论，农地承包权与经营权分离之后，农地承包权是农民基于社区成员权或身份权，对本集体承包地的继受取得，表现为占有、处置权，以及继承权、退出权等，而相应的经营权则表现为经营收益权、入股权、抵押权等。从产权明晰角度看，承包权表现“确地”，即农地物理位置或“四至”清晰；而相应的经营权则表现为“确权”，即权属清晰。虽然农地权能分离理论的运用，可以在一定程度上起到稳定农地承包关系的效用。农地承包经营权流转是拥有农地承包经营权的农户在承包权不变的前提下，将农地的经营权转让给其他农户或经济组织，因此，在农地集合信托流转中，信托财产本质上是权属清晰的、与承包权对应的农地经营权,而不是农地承包权。也就是说,农地经营权因设立“信托”而转移,农地承包权仍然为委托人拥有[3]。从法律意义上讲,土地承包权实际上是农民借助拥有的集体土地债权取得了相应的物权或财产权,稳定承包权就是承认和保护农民土地承包权的物权性。因此,坚持土地集体所有制,稳定土地的承包权,是一种不允许大量农民失去土地的制度设计,农村土地流转,仅限于承包土地的经营权,而不是所有权,也不是承包权[4]。

信托制度起源于普通法系国家的财产法,其优点在于没有大陆法系关于物权的“一物一权”“物权法定”禁锢,尤其在农地产权的排他性设计上。与农地所有权的排他性相较,在财产权的排他性上,我国《物权法》赋予农地承包经营权具有较弱的排他性——用益物权。那么,农地承包经营权转出之后,相对于转入主体的农业经营主体来说,农民享有的究竟是基于“农地承包权”的物权请求权还是基于“农地经营权”的债权请求权,两种不同性质的请求权界定,直接关系到农民的切身利益。如果将其界定为“农地承包权”,则是基于物权的请求权,那么农民享有占有权、处置权,以及继承权、退出权等;反之,如果界定为“农地经营权”,则是基于债权的请求权,那么农民就享有债权性质的经营收益权、入股权、抵押权等,以及恢复物之原状的请求权。因此,现行立法对“农地承包经营权”的模糊界定,存在着农民失地和挤压农民利益的风险。

基于上述分析,根据信托流转的架构要求,信托财产必须具有可转移性和独立性。《物权法》首次肯定“农地承包经营权”的用益物权性质。在农地承包经营权信托流转架构中,农地承包经营权转出之后,经过受托人的农地规模化整理,必然要打破原有的承包地的界限,导致农地“四至”不清。同时,由于基础设施建设,非农化占地严重,不仅要占用流转户的承包地,而且还要占用未流转农户的承包地。此外,基于招商的压力或政绩驱动,以及因法律监督机制缺位,导致农地经营方式的改变,使得农地收回以后,也不再适合耕种,特别是非农化养殖经营弱化农地的宜耕性以及对农地短期化不可逆的利用等,不仅挤占农民的就业和发展空间,而且使得农民“雇工”化。另外,根据《土地承包法》第三十八条规定,农地承包经营权只有经过登记,才能具有对抗善意第三人的效力,否则,不得对抗善意第三人。由于我国农地流转信托登记制度缺失,一旦服务商经营不力或破产,农户对原有的承包经营权的返还请求权缺失法律支持,不可避免地增加了农民潜在的失地风险,使得农村社会治理风险的不确定性加剧。

(三)受托人:经营不善或破产的风险

各国鉴于农地资源的稀缺性,提高农地产出效益,保障农民利益,都通过立法确立严格的准入制度和监管制度，来限制涉农工商企业直接经营农地。其主要原因在于“资本”的逐利性本质，使得流转农地“非粮化”“非农化”倾向以及违法侵害农民的利益。为此，我国涉农领域引入工商企业的初衷，原本是针对农村“四荒地”的初始规模化开发和利用。然而，从当前农地集合信托流转实践中，却不难发现，涉农工商企业转入大规模的成熟农地，有违地方政府的初衷。作为营利性的法人，涉农工商企业不可避免面临着经营不善或破产的风险。有些工商资本因经营不善“一走了之”，甚至破产。在绑架政府、侵害农民利益的同时，增加了农村社会治理的不确定性。据统计，仅2013年全国农经部门受理土地流转纠纷就超过7万件，并且呈逐年上升趋势。正如学者研究表明，多数工商企业租地从事农业经营行为，其行为动机是出于短期投机的利益驱动[5]。工商资本长时间、大规模直接租赁农地，对农民利益的挤出效应明显，经营不善的风险最终还是由农民承担，如果控制不好，也将给农民长期利益保护形成激烈挑战[6]。

依据《信托法》第五十四条规定，委托人的农地承包经营权，在信托终止后，归于受益人。在受益权转移的情况下，农户将面临失去农地承包经营权。为此，《土地承包经营法》第三十三条、第四十八条，《农村土地承包经营权流转管理办法》第九条均规定农地转入主体应当具有农业经营能力。然而，在农地承包经营权集合信托流转中，立法虽然对农地转入主体需要具有农业经营能力，做了硬性的规定，但农地转入主体究竟是指信托受托人，抑或是使用农地的租赁人，法律没有明确界定。农地的租赁人需要有农业经营能力毋庸置疑，但信托受托人是否需要有农业经营能力？从现行立法和地方政府的行政规章看，农地信托受托人也必须具备农业经营能力，如《合肥市工商企业租赁农户承包土地准入和监管制度（试行）》明确规定，对工商企业转入农地的行为，必须对其进行农业经营能力的资质审查。有学者认为，如果严格执行受托人需有农业经营能力之规定，势必会阻碍信托公司尝试农地信托业务，从而阻碍或扼杀农地流转制度的创新[7]。此观点，一定程度上，忽视了稳定农地承包经营权的社会政治意义，低估了工商企业经营不善带来的风险，因此，必须审核农地信托受托人是否具备农业经营能力，且对其进行资质审核的具体标准，应由银监会部门、国土资源部门、农业主管部门以及地方政府共同制定。

（四）农地信托财产不明晰：存在信托无效的风险

明晰农地信托财产即土地确权，除明晰农地所有权主体外，还要明晰农地承包经营权。土地确权就是通过建立地籍档案、权属登记并颁发权属证书等形式明晰农地产权。与全国其他省份相较，安徽是农地确权工作试点较早的省份之一。自2008年年底安徽省启动土地确权试点工作以来,截至2013年年底完成土地确权22.3万亩,预计到2017年才能完成全省的土地确权工作。然而,现行的农地承包经营权集合信托流转,其信托财产的独立性体现为农地间接确权——"确权不确地",它只是政府对农地的一次土地权益再划分,并没有得到法律的正式认可。根据《土地承包法》第三十八条规定,经登记的农地承包经营权,才取得对抗善意第三人的法律效力。也就是说,登记是信托财产独立性的保证。

农地集合信托流转属于自益信托,其信托财产——农地承包经营权,"在法律上、形式上虽归属于受托人,但在经济上、实质上则归属于受益人"[8]。农地承包经营权作为信托财产,必须满足《信托法》对信托财产的独立性要求。依据《信托法》第七条①的规定,设立信托的信托财产必须能够确定。即委托人用以设立信托的财产必须有明确的范围,能够独立辨析,同时委托人设立信托的财产之权属应当归属清楚,不存在争议。若农地没有确权,则农地可能存在权属争议,根据《土地管理法》第十六条第三款规定,如果农地所有权、使用权存在争议,在争议解决前,不得进行农地整理而改变农地的利用现状。同时《信托法》第十一条规定,信托财产不确定,必然导致信托无效的严重后果。针对农地间接确权方式存在的隐患,2015年中央1号文件《关于加大改革创新力度加快农业现代化建设的若干意见》明确要求"从严掌握确权、确股、不确地的范围"。只有农地间接确权,获得相关法律明确认可,农地承包经营权才可以作为信托财产,否则,在信托运行过程中,因法律依据缺失或信托财产独立性欠缺而引发权属争议,不仅对受托人管理信托财产与承租人运营农地的合理预期产生不利影响,甚至可能导致信托无效。

三、农地承包经营权集合信托流转模式的重构路径

农地承包经营权信托流转是指农地承包经营权人(委托人)基于"信任",将农地的承包经营权在一定期限内转移给受托人(信托公司),受托人以自己的名义为受益人利益而履行忠实、谨慎的管理行为。集合信托的基础、核心和本质依然是信托,因此,农地承包经营权集合信托流转的构建,必须按照信托制度的价值精髓和规则进行设计与重构。

---

① 《信托法》第七条:设立信托,必须有确定的信托财产,并且该信托财产必须是委托人合法所有的财产。

（一）重构农地集合信托基础要素

首先，明晰农地产权主体。坚持以土地公有制为前提，在依法保障集体农地产权的同时，乡（镇）政府作为国家利益的代表者，必须从农民集体农地产权中退出，弱化嵌入集体农地产权的国家利益主体，以村集体为基础，构建农村集体土地所有制主体结构，避免农村集体土地产权主体虚化的弊端。在乡（镇）集体、村集体和村内农民集体三级农地产权主体中，村内农民集体是典型的基于农村地缘传统形成的共同体，本应该是最合适的农村集体土地产权主体，但是，由于基于自然和历史诸多因素，村内农民集体数目众多，单个地域小，土地规模不足，如果以村内农民集体为基础构建农地产权主体，将使本已严重的农地碎片化问题进一步加剧，因此，村内农民集体不宜作为农村集体土地产权主体，且为农村土地整理的实践所佐证。与村内农民集体相较，村集体作为农村社区共同体，单个地域大，土地规模足，适宜构建为农村集体土地产权的唯一主体。取消乡（镇）集体，将其拥有的土地，在经重新确权后，交还给村集体和村内农民集体，强化其在农地管理、土地规划、土地整治和农地使用监督以及土地生态化利用等方面的管理监督职责。[9]

其次，重新界定“农地承包经营权”。根据权能分离理论所运用的将“权能”分离并“权利”化的解构逻辑，农地承包经营权可以解构为农地承包权与农地经营权。农地承包权是农民基于社区成员的一种身份权，表现为占有、处置权，以及继承权、退出权等权能；而相应的经营权则表现为经营收益权、入股权、抵押权等。在承包权不变的前提下，农地承包户将自己拥有的农地经营权转让给其他农户或经济组织。那么，农地信托流转中的信托财产，本质上就是权属清晰、与承包权对应的农地经营权，而不是农地承包权。因此，加快制定《民法典》、完善《物权法》等相关立法，使“农地承包权”物权化，强化“农地经营权”的债权性质，成为各自独立的民事权利。唯有如此，“农地经营权”才具有明确的财产价值，以供农地集合信托流转实践之需。

最后，明晰农地产权。土地确权就是农地产权明晰的重要方式之一。由于农地承包经营权转出之后，经过受托人的农地规模化整理，农地产权模糊，叠加我国信托登记制度的缺失效应，使得农地集合信托流转具有不确定性，因此，必须加快土地确权工作。土地确权就是通过建立地籍档案、权属登记并颁发权属证书等形式明晰农地产权，做到“确权”与“确地”的严格统一。现行的农地间接确权——采取“确权不确地”的方式，并没有得到法律的正式认可。因此，只有农地直接确权，才能使得农地经营权权属清晰、归属合法。为此，必须加快制定《农地信托法》等相关法律，建立农地信托登记制度，以保障农地集合信托流转的功能发挥。

(二)完善相关主体的资格准入与监管制度

首先,明确委托人的主体资格。委托人(信托设立人)是土地承包经营权人,根据自己的意志,在保留农地承包权的前提下,将农地经营权委托给受托人,由受托人对其进行管理和经营。在现行的农地承包经营权集合信托流转模式中,农户以其享有的对集体土地承包经营权进行土地的流转,保留承包权,出让经营权,也就是说,农户才是真正的委托主体或信托设立人,村委会和政府不是农地信托设立人,因而不能担任委托人,只能是农地经营权流转的代理人或代表人。由于农地承包经营权集合信托流转,不同于一般的财产信托,其特殊性体现在农户兼有委托人和受益人的双重主体资格,具有涉及的人数众多、范围广泛的特点,且在农地产权结构中通常处于弱势地位。因此,在依法保障委托人或受益人享有的信托撤销权等权利的同时,必须严格规范委托人和受益人的撤销权的行使,禁止农户任意毁约,特别是禁止农户对整理的土地退出集合信托而行使的撤销权,以保证农地集合信托流转法律关系的稳定性。

其次,完善受托人的准入制度和监管制度。根据信托原理,受托人是指拥有农地经营权的受让者,可以自己的名义对信托土地进行经营管理或处分,各种法人组织均可成为土地受托人。受托人必须为了受益人的利益最大化而行事,且有义务将信托收益交付受益人[10]。但是农地经营权集合信托不同于一般的民事信托,在受托人准入制度方面,除具有法人资格外,还包括受托人的注册资本、农业经营能力和专业性管理能力以及良好的市场信誉等,这是取得农户信任,保障农户利益的最基本条件。除具有完善的法人治理结构外,还必须具备一定数量的农业经营专业人员,因此,符合受托人主体资格的,只能是法人组织,自然人必须排除在外。至于我国目前的大量农地流转服务主体——农村合作社组织,虽然大多数是非营利性的法人,原本应该是最适合的农地信托流转受托主体,但是我国目前的农村合作社组织还存在注册资本低、农业经营能力弱、法人治理结构不健全以及行政色彩浓厚等缺陷,还需要进一步完善法人的治理结构、提升经营能力和抗风险能力,才能担任农地集合信托流转的受托主体;在监管制度方面,除日常风险监管外,应该借鉴上市公司财务报告制度,要求受托人向利益相关人,主动公开财务报告,接受相关部门和委托人对其经营状况的监督;受托人必须依法规范自己农地经营行为,履行信托管理义务,主动接受村委会、政府和环保等相关部门的监督。政府部门对受托人的监管,主要侧重在受托人是否严格遵守农地使用“三不得”的禁止规定,以及是否忠实、勤勉、谨慎管理信托财产义务的履行。

最后,明晰受益人和其他服务主体。根据信托原理,受益人有权享有信托收益，有义务协助受托人完成信托收益的交付行为。在受托人没有履行信托义务的情况下，或因受托人过错侵害信托财产，导致受益人财产权受到侵害时，受益人则有权行使预期利益请求权、排除妨害和恢复原状等债权请求权。农户作为收益人，除获得租金收入外，应该享有一定比例的农地孳息请求权。另外，村委会和地方政府是农地集合信托的主要监管主体，原则上不得作为收益人。除非在以集体资产参股信托的情况下，为壮大集体经济，村委会或地方政府才可以担任受益人。

（三）重构农地集合信托激励与惩处机制

首先，完善前端激励机制。应该以促进农地规模化、集约化经营管理为导向，完善现行的激励机制。就委托人（农民）来说，鉴于土地的社会保障功能及农民的弱者地位，必须保障农民的合法承包经营权不受损害。在集合信托财产归属规则设计方面，实行“分割制”——分割为土地承包经营权和土地孳息，土地承包经营权归属于委托人，土地孳息归属于受益人或其继承人。以此，激励农民参与农地承包经营权信托流转。就受托人（工商企业）来说，在农地承包经营权集合信托流转模式中，将集合信托的财产包括由土地平整后新增农地的租金收益、农业经营收益和政府补贴、贷款贴息等管理报酬全部交给受托人管理，以提高受托人的报酬。如改直接补贴模式为间接补贴模式，区别不同农业生产经营者而实施不同的补贴标准；专门设立农地整理项目补贴、贷款贴息和奖励措施；明确受托人可以税收减免的具体项目和比例。以此来激励和引导受托人（工商企业）对农地整理的初始投机积极性。

其次，完善中端监管机制。在农地承包经营权集合信托流转中，虽然作为委托人（受益人）的农户有权进行监督，但鉴于集合信托存在诸多委托人和受益人，不仅存在“每个各自为战的个人，都有可能去搭其他人努力的‘便车’”的现象[11]，而且农民信托法知识欠缺，以及法律理解能力、信息辨别能力等方面存在不足，导致监督无力，因此，必须由农户、村委会、政府农业管理部门和律师等多方代表，组成农地信托监察委员会，履行监督职能。

最后，构建惩罚性赔偿机制。“最能有效自我执行的规范，是那些以有益的制裁为其构成成分的规范”[11](301)。由于农地承包经营权集合信托流转，牵涉的农户众多、广泛，一旦受托人（工商企业）违反信托义务，将侵害众多农户利益。虽然《信托法》界定了受托人的忠实、谨慎管理义务，但是由于人性“恶”的存在，导致违反基本诚信的“恶”难以杜绝。为此，有必要制定《土地信托法》，借鉴国内外私法立法的经验，针对农地承包权集合信托流转，构建惩罚性赔偿制度。可借鉴我国台湾地区《证券投资信托及顾问法》第 9 条之规定，即针对涉农信托机构违法行为，区分故意或过失分别施加不同标准的惩罚性赔偿。

(四)重构政府信用介入路径

政府信用的介入,有助于增强农民对农地承包经营权信托流转的信任度,强化风险防控,保障农民利益,维护农村稳定。但是政府直接投资入股信托,参与收益分配,或者直接设立土地信托公司等"与民争利"的行为,是政府信用介入错位的典型表现。因此,重构政府信用的介入路径。除履行监管职责外,无论是政府财政项目拨款、政府入股,还是政府的信用担保,都必须限定在农地规划与农地整理等农地初始规模化阶段。由于农地开发整理需要大量资金,通过财政拨款、个人自有资金等融资途径,往往不能满足资金需求,借助政府信用的介入,建立土地投资信托基金,解决土地信托部门开发经营土地面临的融资困难问题。

四、结　语

随着我国目前城镇化进程的加速,以农地承包经营权流转为特征的农地经营权改革思路,在制度设计上应该注重与工业化、城镇化和市场化历史进程的衔接。农地集合信托流转是在克服传统的土地承包经营权流转方式缺陷的基础上,基于"三权分离"的制度设计,再次将农地承包经营权人与实际经营管理人相分离,既坚持农地集体所有的公有制性质,稳定农地承包权,放活农地经营权,又解决了制约农地规模化开发初始融资难的长期困扰,保障了农民的利益,为发展和壮大集体经济、维护农村治理结构的确定性以及农村生态环境保护,提供新的思路。因此,构建产权清晰、流转有序、监管适度的农地集合信托流转制度是解决我国"三农问题"的有效途径。

参考文献:

[1] 于某与北京市房山区青龙湖镇口头村经济合作社农村土地承包合同纠纷上诉案[EB/OL].(2013-04-26)[2015-04-29]. http://www.bj148.org/zhengfa/zfsfgk/zfcpws/ms/201304/t20130426_303756.html.

[2] 蒲坚.解放土地[M].北京:中信出版社,2014:232.

[3] 徐卫.土地承包经营权集合信托模式的构建逻辑与制度设计——契合土地流转目标的一种路径[J].暨南学报(哲学社会科学版),2015,(2).

[4] 潘小英."三权分置"后的农民权益保护[J].中共郑州市委党校学报,2015,(2).

[5] 谷小勇,张德元.农地向企业大规模流转的隐忧及政策矫正建议[J].中国土地

科学,2013,(12).

[6] 张克俊. 经济新常态下土地经营权流转的新特征与思路调适[J]. 中州学刊,2015,(5).

[7] 刘光祥. 土地承包经营权信托流转主要法律问题研究——以“中信—农村土地承包经营权集合信托计划1301期”为例[J]. 时代法学,2014,(5).

[8] [日]三菱日联信托银行. 信托法务与实务[J]. 张军建译. 中国财政经济出版社,2010:5.

[9] 朱鹤群. 土地流转语境下农地产权主体利益之冲突与协调[J]. 北京:中北大学学报(社会科学版),2015,(5).

[10] 赵立新. 构建农村土地信托制度的理论与模式[J]. 经济研究导刊,2010,(33).

[11] [美]凯斯·R. 桑斯坦. 偏颇的宪法[M]. 宋华琳,毕竟悦译. 北京大学出版社,2005:299.

[12] [美]理查德·A. 波斯纳. 法律理论的前言[M]. 武欣,凌斌译. 北京:中国政法大学出版社,2003:301.

如何构建新时代中国特色社会主义主流道德观

——基于“道德的唯物性”视角探赜

余京华

摘　要:新时代中国特色社会主义建设实践必然涵养并催生出新时代中国特色社会主义主流道德观。新时代中国特色社会主义主流道德观是习近平新时代中国特色社会主义思想在道德层面上的题中应有之义。如何构建新时代中国特色社会主义主流道德观?历史唯物主义道德观关于物质决定道德的观点即“道德的唯物性”原则,对于我们今天构建新时代中国特色社会主义主流道德观具有深远的当代观照意义。我们应力求做到:1. 倾力推动物质生产实践和生产力发展,使新时代中国特色社会主义主流道德观具备坚实的物质根基;2. 倾心关注群众的合理物质利益,使新时代中国特色社会主义主流道德观彰显深厚的人本精神;3. 潜心回归群众现实生活,使新时代中国特色社会主义主流道德观突显深切的美好生活需要。

关键词:新时代;中国特色社会主义;主流道德观;道德的唯物性;探赜

新时代中国特色社会主义建设实践必然涵养并催生出新时代中国特色社会主义主流道德观。新时代中国特色社会主义主流道德观是习近平新时代中国特色社会主义思想在道德层面上的题中应有之义。自党的十八大以来,我们党始终立足于历史的高度和战略的高度来谋划道德建设。习近平总书记多次强调,国无德不兴,人无德不立,要始终把弘扬中华民族传统美德、加强社会主义道德建设作为重大的战略任务,为实现中华民族伟大复兴提供根本的精神动力。在党的十九大报告中,习近平又明确提出“加强思想道德建设”的历史任务。他指出:“人民有信仰,国家有力量,民族有希望。要提高人民思想觉悟、道德水准、文明素养,提高全社会文明程度。……深入实施公民道德建设工程,推进社会公德、职业道德、家庭美德、个人品德建设,激励人

作者简介:余京华(1978—),女,巢湖学院马克思主义学院教授,博士,主要从事马克思主义发展史研究。

们向上向善、孝老爱亲,忠于祖国、忠于人民。”[①]积极构建新时代中国特色社会主义主流道德观,致力推动道德的发展和进步,是新时代中国提升国家文化软实力的历史使命。

构建新时代中国特色社会主义主流道德观有其必要性和紧迫性。在新时代中国特色社会主义建设的实践征程中,改革开放和社会主义市场经济体制下的新道德观念不断生成,封建社会和社会主义计划经济体制下所衍生的传统道德观念和伦理文化体系,由于受到本土产生的新道德观念和西方社会道德观念的剧烈冲击而逐步解体,西方资产阶级道德文化通过网络传播、大众传媒等渠道传入我国并潜移默化地影响着国民的道德意识和价值抉择。如此,传统道德与新生道德相互碰撞,中西方社会的多元化道德观彼此激荡,计划经济与市场经济两个时代所衍生的道德文化激烈冲突,整个社会既集聚着推动道德进步的正能量,亦滋生出背离道德发展的负能量,而顺应时代发展和道德国情的新时代中国特色社会主义主流道德观尚处于理论构建之中,没有完全形成,整个社会的道德观由此呈现出“中西共生”“古今同在”“良莠并存”的多元化发展趋向。道德观的多元化发展容易引发人们在道德认知、道德判断、道德抉择和道德践行上产生无所适从的“迷茫”心态,亦诱发了各种道德领域突出问题之滋生和蔓延。基于此,在现实的道德国情下积极构建新时代中国特色社会主义主流道德观具有必要性和紧迫性,其能够为新时代党的治国理政奠定重要的道德基础,为新时代中国社会的道德进步营造必要的道德舆情,并在引导群众坚持理论自信、道路自信、制度自信和文化自信的基础上进一步强化群众的“道德自信”和“道德信仰”。

如何构建新时代中国特色社会主义主流道德观?历史唯物主义道德观以唯物主义历史观为立论基础,强调从人们的物质生产实践、合理物质利益和现实生活出发来研究道德的本质、起源及其发展,从而涤荡了历史唯心主义道德观的思想误区,使道德从唯心走向唯物,从天上重返人间,从抽象走向科学,由此赋予道德以深邃的唯物性。历史唯物主义道德观关于物质决定道德的观点即“道德的唯物性”原则,对于我们构建新时代中国特色社会主义主流道德观具有深远的当代观照意义。

① 习近平.决胜全面建成小康社会夺取新时代中国特色社会主义伟大胜利——在中国共产党第十九次全国代表大会上的报告[N].人民日报,2017-10-28(001).

一、倾力推动物质生产实践和生产力发展,使新时代中国特色社会主义主流道德观具备坚实的物质根基

历史唯物主义强调,道德作为一种社会意识形态,是由一定的社会经济基础所决定,“人们自觉地或不自觉地,归根到底总是从他们阶级地位所依据的实际关系中——从他们进行生产和交换的经济关系中,吸取自己的道德观念。”①经济决定道德,道德是特定时代的物质生产实践和社会经济关系的一种反映。物质生产实践不仅是推动社会发展的根本动力,而且“物质生活的生产方式制约着整个社会生活、政治生活和精神生活的过程”②。道德具有唯物性,一个社会的物质生产实践水平直接决定着该社会的道德发展水平,这也是道德发展的客观规律。基于此,规避物质生产实践发展、生产力发展和经济发展的层面来抽象谈论如何构建新时代中国特色社会主义主流道德观的做法,在理论上是不可取的,在实践上也是难以成功的。在新时代中国,我们要构建反映时代背景和道德国情的新时代中国特色社会主义主流道德观以引领道德进步,就必须遵循道德发展规律,深刻把握道德产生和发展的物质根基——“物质生产实践”这一根本,注重在物质生产实践和生产力发展的历史镜像中考察道德的发展与主流道德观构建的问题,倾力通过推动物质生产实践和生产力的高度发展,使新时代中国特色社会主义主流道德观具备坚实的物质根基。

马克思和恩格斯在《德意志意识形态》中指出,如果没有生产力的发展,“那就只会有贫穷的普遍化;而在极端贫困的情况下,就必须重新开始争取必需品的斗争,也就是说,全部陈腐的东西又要死灰复燃。”③历史经验证明:一个社会如果物质生产实践落后,生产力水平低下,诸多陈腐现象就会死灰复燃。富裕与文明、落后与野蛮往往是相伴相生的。把道德发展看作与物质生产实践和生产力发展无关的“先验的”发展、“主观自生的”发展或“绝对的”发展,必然落入历史唯心主义的窠臼。中国自古就形成了“仓廪实而知礼节,衣食足则知荣辱”的唯物主义道德观。我们党长期以来也非常注重物质文明和精神文明的辩证关系。邓小平提出物质文明和精神文明“两手都要硬”的理念,强调:“精神文明说到底是从物质文明来的”④,“物质是基础,人民的物

---

① 中共中央编译局. 马克思恩格斯全集(第20卷)[M]. 北京:人民出版社,1971:102.
② 中共中央编译局. 马克思恩格斯全集(第13卷)[M]. 北京:人民出版社,1962:526.
③ 中共中央编译局. 马克思恩格斯全集(第3卷)[M]. 北京:人民出版社,1960:39.
④ 中共中央文献编辑委员会. 邓小平文选(第3卷)[M]. 北京:人民出版社,1993:52.

质生活好起来，文化水平提高了，精神面貌会有大的变化。”①一个物质生产实践水平极其低下的社会，不仅无法为社会成员的道德教育提供必要的人力、物力和财力支撑，亦无法为整个社会的道德发展提供必要的物质根基。

从长远发展而论，社会成员能否自觉尊崇道德规范，社会德治教化能否落至实处，归根到底需要物质生产实践和生产力发展为其提供强大的物质力量。哈佛大学经济学家本杰明·弗里德曼在其专著《经济增长的道德后果》中提出，生活水平提高的价值不仅在于它给个人带来的具体改善，而且在于它如何塑造人们的社会、政治和道德观。没有物质生产实践和生产力发展，就没有物质财富的巨大创造，社会道德建设就会失去可靠的物质保障，成效甚微。我们不能否认在贫困条件下也可能产生高尚道德，也会涌现一批道德境界崇高的人物。但是，自觉的德育可能会在落后的经济社会中诞生，却绝不会在落后的经济社会中延续，其更多是在经济繁荣、高涨的社会中产生并发展。基于此，游离于物质根基来抽象谈论新时代中国特色社会主义主流道德观构建的问题，既违背了道德的唯物性原则，亦背离了道德发展规律。在新时代中国，我们需要自觉摒弃历史上和现实中一切轻视生产力发展和物质根源的道德理论建构，着力推动物质生产实践和生产力的可持续发展，致力于优化社会生产关系和各种经济关系，倾力提升经济发展总体质量，力求为构建新时代中国特色社会主义主流道德观创造丰富的物质财富，提供良好的物质条件。这既是马克思主义生产伦理的基本立场，赋予了物质生产实践和生产力发展以深刻的道德内涵和道德旨趣，亦可为构建新时代中国特色社会主义主流道德观夯实物质根基。

新时代的物质生产实践和生产力发展也能促成新道德观念和现代伦理精神的产生和发展，从而为构建新时代中国特色社会主义主流道德观提供新的道德资源。在历史唯物主义理论视域中，生产力决定生产关系，经济基础决定上层建筑。道德作为一种思想上层建筑，随着经济基础的发展而发展，正如马克思所言：“人们按照自己的物质生产的发展建立相应的社会关系，正是这些人又按照自己的社会关系创造了相应的原理、观念和范畴。”②生产力发展必然引发生产关系的调整和经济基础的发展，从而引发包括道德在内的思想上层建筑的发展，促成新道德观念和现代伦理精神的产生。马克思还指出：“他们是什么样的，这同他们的生产是一致的———既和他们生产什么一致，又和他们怎样生产一致。”③社会成员的道德素质之形成和发展，与物质生

① 中共中央文献编辑委员会．邓小平文选(第3卷)[M]．北京：人民出版社，1993：89.

② 中共中央编译局．马克思恩格斯全集(第4卷)[M]．北京：人民出版社，1958：144.

③

产实践和生产力发展的性质、方式和水平息息相关。在新时代中国,我们在推动物质生产实践和生产力发展的过程中,要自觉涤荡小农意识、平均主义和保守主义等传统的道德观念和思维模式,致力于变革安贫乐道、重义轻利的传统道德评价标准,着力将公平与效率、动机与效果、富与德等符合市场经济发展要求的现代伦理关系提上道德文明建设议事日程,并使其纳入新时代中国特色社会主义主流道德观的理论范畴。物质生产实践和生产力发展对于劳动者的道德素质也提出更高的要求,能有效调动劳动者的积极性、主动性和创造性,促使其在生产过程中自觉培育公平竞争、诚实守信、互利合作和开拓创新等与新时代生产方式相适应的生产道德观和生产伦理精神。上述在物质生产中产生和发展起来的具有新时代特征的新道德观念和现代伦理精神,为构建新时代中国特色社会主义主流道德观提供了新的道德资源,有助于推动中国特色社会主义道德价值体系日臻完善。

二、倾心关注群众的合理物质利益,
使新时代中国特色社会主义主流道德观彰显深厚的人本精神

历史唯物主义道德观强调:“正确理解的利益是整个道德的基础。”①为无产阶级和全人类谋求利益,不仅是历史唯物主义道德观之价值指归,亦是马克思主义创始人心目中“真正人的道德”②之终极归宿,彰显出深厚的人本精神。今天,我们在构建新时代中国特色社会主义主流道德观的过程中,须以历史唯物主义道德观为理论指导,基于“道德的唯物性”视角,倾心关注群众的合理物质利益,力求使新时代中国特色社会主义主流道德观彰显深厚的人本精神。

其一,我们在构建新时代中国特色社会主义主流道德观的过程中要自觉摒弃片面强调个人利益而无视社会主义道德原则的功利道德观。

功利道德观主张,道德行为主体在现实生活中要着力选择有利于维护和实现自身利益的行为活动,而不必考虑其行为本身对他人和社会是否有利。在西方伦理思想发展史上,功利主义是一种源远流长的社会思潮。黑格尔在《精神现象学》中曾把功利主义视为启蒙运动的最终结果。马克思和恩格斯在《德意志意识形态》中对资产阶级功利道德观进行了深刻批判:“把所有各

---

① 中共中央编译局. 马克思恩格斯全集(第2卷)[M]. 北京:人民出版社,1957:167.

② 中共中央编译局. 马克思恩格斯全集(第20卷)[M]. 北京:人民出版社,1971:103.

式各样的人类的相互关系都归结为唯一功利关系，看起来是很愚蠢的。”①他们不仅批判了以康德为代表的抽象道义论，亦批判了资产阶级功利主义片面关注个人利益而无视道义精神的偏狭性，强调无产阶级功利主义旨在维护无产阶级和全人类的根本利益。

如果说，传统的功利道德观是现实社会中某些个体或利益集团为追求功利而不惜践踏道德底线甚至以身试法的思想渊源，那么，市场经济的利益驱动机制则是衍生如上道德问题的现实根源。改革开放的一个重要任务就是变革传统的计划经济而发展商品经济，进而建立并发展社会主义市场经济体制。经济体制的历史性转型、经济利益关系的日益复杂化以及西方个人主义、利己主义价值观的猛烈冲击，再加上市场经济利益驱动机制的深刻影响，导致人们对物质利益追逐的泛化和越位，整个社会的道德观也由此发生深刻变革：片面强调个人利益而漠视甚至无视集体主义原则的功利道德观逐渐滋生并蔓延，人们的道德价值取向从改革开放前的重义轻利而转向改革开放后的重利轻义，合理的功利观蜕变为功利道德观。此种转向如此深刻，以至于在改革开放近40年后的今天，功利道德观在整个社会呈蔓延之势，其突出表现为：制假售假、商业欺诈成为社会公害；权力寻租、贪污腐化日益严重；个人主义、拜金主义和享乐主义不断蔓延；等等。对此，我们必须予以警醒。

当一个社会把利益诉求置于首位而无视道义精神时，各种见利忘义、唯利是图甚至以身试法的道德乱象必然频发。这势必会弱化甚至消解道义精神，无益于道德进步。当前，在理论上，功利道德观以其为个人利益“正名”作为冠冕堂皇的理由，以西方政治自由主义为理论依托，公开倡导个人主义，断言集体主义原则在市场经济条件下已失去实质意义；在实践上，功利道德观将功利追求凌驾于道义遵循之上，为追逐功利而不惜违背道义甚至触犯法律。这种功利道德观不仅背离了中华优秀传统道德，亦成为阻碍新时代中国特色社会主义主流道德观构建的思想障碍。今天，我们在构建中国特色社会主义主流道德观的过程中，对于那种片面强调个人利益而无视社会主义道德原则的功利道德观要予以及时的道德警醒、深刻的道德批判和自觉的道德摒弃，对于那些为谋取私利而违背道德甚至触犯法律的行为要给予强烈的道义谴责或严厉的法律惩戒。在此过程中，要建立并完善与社会主义市场经济相适应的新道德体系，加强物质文明建设与精神文明建设的统一、德治和法治的统一，引导社会成员在遵循社会主义道德原则的前提下、在道义的范围内理性地追求合理物质利益。这是构建新时代中国特色社会主义主流道德观

① 中共中央编译局．马克思恩格斯全集(第3卷)[M]．北京：人民出版社，1960：479.

的必然抉择。

其二,我们在构建新时代中国特色社会主义主流道德观的过程中,要坚决反对将道德与利益二元分立的超功利道德观,倾心于关注群众的合理物质利益,使群众真正拥有获得感。

历史唯物主义道德观立足于群众史观,尊重并维护群众的合理物质利益,深刻批判了超功利道德观游离于利益基础而空谈道德的非合理性,强调道德的利益基础,肯定合理物质利益存在的必要性与正当性。今天,我们要始终立足于历史唯物主义道德观的理论视域,正确认识群众的合理物质利益诉求在构建新时代中国特色社会主义主流道德观中的必要性、正当性和可能性,正确处理"义"和"利"之间的辩证关系,致力于构建一种既符合时代发展要求亦具有中国特色的、"义利并重"的社会主义义利观。这是构建新时代中国特色社会主义主流道德观的题中应有之义。

马克思在《政治经济学批判(1857—1858 年草稿)》中曾基于人的发展与社会的发展之辩证统一的视角,将人类社会划分为"人的依赖关系""以物的依赖性为基础的人的独立性""自由个性"三个阶段。当下,我们尚未走出社会发展的第二阶段——"以物的依赖性为基础"的社会,物质主义、拜金主义和享乐主义等道德观的滋生有其客观的物质动因——人过分依赖于物、片面追求物质利益。但是,我们不能因此而否定、批判一切物质利益。改革开放前,由于受到儒家传统伦理文化的深刻影响,我国伦理道德思想的主流是道义论,其特点是重义轻利。这种道义论实质上是一种超功利道德观,或曰道德至上主义,其完全割裂道德与利益的关系,断言道德应是超功利的,谈及利益则是忤逆道德,进而排斥人们对正当物质利益的合理追求,甚至倡导苦行僧式的禁欲主义和"不食人间烟火"的道德修炼。客观而论,道义论在中华民族传统道德文化的形成与发展过程中曾发挥过积极作用,即使在今天,其中的道义精神对于维系社会秩序、推动道德进步仍有现实意义。但是,道义论所裹挟的道德非合理性因素——无视道德的利益基础而一味鼓吹道义、拒斥合理物质利益,又会在很大程度上遏制人们追求物质利益的主动性和创造性,这不仅违背了人性,也并不符合社会主义道德要求。这种超功利道德观把物质利益与社会主义道德原则绝对地二元分立,其极端表现即是"文革"时期"四人帮"所鼓吹的"穷社会主义"论和"宁要社会主义的草,不要资本主义的苗"等观点及其相关实践。超功利道德观狭隘地看待"义"和"利"之关系,使道义凌驾于功利之上,无视人的自然属性而无限拔高人的社会属性,漠视群众的合理物质利益,其违背了社会主义道德原则,陷入了道德至上主义或道德万能论的桎梏,对于构建新时代中国特色社会主义主流道德观具有负面影响。

马克思和恩格斯在《神圣家族》中明确指出:"'思想'一旦离开'利益',就一定会使自己出丑。"①毛泽东强调:"唯物主义并不一般的反对功利主义,……世界上没有什么超功利主义"②,一切空话都是无用的,"必须给人民以看得见的物质福利"③,并强调,"我们是无产阶级革命的功利主义者,我们是以占总人口百分之九十以上的最广大群众的目前利益的统一为出发点的,所以我们是以最广和最远为目标的革命功利主义者,而不是只看到局部和目前的狭隘的功利主义者。"④邓小平也说过:"革命是在物质利益的基础上产生的,如果只讲牺牲精神,不讲物质利益,那就是唯心论。"⑤在阶级对立的社会中,社会主流道德观只是统治阶级利益的思想反映而非人民群众的利益表征;群众只是物质建设成果和精神文化建设成果的共建主体而非共享主体,共建与共享对于群众而言是彼此"绝缘"的;主流道德观只是为广大群众规定了绝对遵循的道德义务而没有反映他们合理的物质利益诉求。历史唯物主义强调,道德总是反映一定社会经济关系的历史的、具体的道德。道德只有反映现实社会中不同的阶级、阶层和个人的物质利益及其利益关系,才能回归其应有的价值旨趣。然而,由于儒家伦理道德思想的消极因素对现实社会的思想影响依然存在,道德的利益基础在一个时期内曾被过度弱化甚至消解,道德的道义价值被极力强化,导致"重义轻利"和"言利即辱"等惯性思维和社会心态在一定范围内和一定程度上依然存在。当前,我们在构建新时代中国特色社会主义主流道德观的过程中,既要自觉秉承儒家伦理思想的"重义"精神,亦要自觉摒弃其宣扬的"存天理灭人欲"等禁欲主义思想和超功利的道德至上主义,深刻认识"义"与"利"之辩证关系。有学者指出:"社会主义道德要想成为社会主义社会中的主流道德,而非仅仅是主导道德,就要反映广大人民群众的现实需求和根本利益。"⑥反映广大人民群众的根本利益和现实需求,是新时代中国特色社会主义主流道德观之根本内涵。

在新时代中国,改革已进入攻坚区和深水区,社会利益结构更加复杂化,群众利益需求也更加多样化。在现实国情下,我们要把一切"切实维护全体人民的根本利益"的"向上"的、"向善"的理论和实践作为新时代中国特色社

① 中共中央编译局. 马克思恩格斯全集(第2卷)[M]. 北京:人民出版社,1957:103.
② 中共中央文献编辑委员会. 毛泽东选集(第3卷)[M]. 北京:人民出版社,1991:864.
③ 中共中央文献研究室. 毛泽东文集(第2卷)[M]. 北京:人民出版社,1993:467.
④ 中共中央文献编辑委员会. 毛泽东选集(第3卷)[M]. 北京:人民出版社,1991:864.
⑤ 中共中央文献编辑委员会. 邓小平文选(第2卷)[M]. 北京:人民出版社,1994:146.
⑥ 任帅军. 马克思道德观意蕴及其启示[J]. 伦理学研究,2014,(1):32.

会主义主流道德观的根本道德要求。为此,各级党委政府和相关部门在构建新时代中国特色社会主义主流道德观的过程中,应积极建立正确的利益导向机制、利益激励机制和利益约束机制,鼓励群众通过诚实劳动、合法经营来获取合德合法的"利";应积极引导群众正确处理个人利益与集体利益、群体利益与国家利益的辩证关系,力求实现合理利益诉求与主流道德遵循之"合题";应更加注重收入分配方式和利益分配方式的合理化,努力缩小地区之间、城乡之间、行业之间和阶层之间的贫富差距,逐步解决因经济利益而引发的诸种道德问题;应更加关注在改革中处于弱势地位的弱势群体之切身利益,并通过制度完善、体制改革和政策保护等举措给弱势群体以看得见的物质利益;应致力于使群众共享改革开放红利和经济发展成果,努力实现"全体人民的最大利益"和"全体人民的最大幸福";应倾心关注并倾力实现群众的合理物质利益诉求,使群众在道德观构建和道德建设中真正拥有获得感。上述举措是构建新时代中国特色社会主义主流道德观的基本内容。

在一个"以人民为中心"的社会中,构建主流道德观的价值指归并不在于道德观本身的理论建构,而在于推动道德进步,造福苍生大众,维护全体人民合理的物质利益。道德在归根到底的意义上是"为人的"道德。倾力关注群众合理的物质利益,不仅符合经济发展规律,亦符合道德发展规律,其能够激发群众自觉认同并践行社会道德规范,是推动道德进步的重要动力。在新时代中国,我们须立足于群众史观,不断巩固、发展和完善社会主义物质文明和精神文明建设成果,力求使群众真正成为各项建设成果的共建主体与共享主体。在此基础上,自觉摒弃割裂社会道德与物质利益之辩证关系的超功利道德观,坚决反对道德万能论和苦行僧式的禁欲主义,坚决反对把物质利益视为万恶之源的诸种理论和实践,倾力将一切维护群众的合理物质利益的理论和实践都纳入新时代中国特色社会主义主流道德观的基本范畴。

综上所述,我们在构建新时代中国特色社会主义主流道德观的过程中,应始终以历史唯物主义道德观为理论指导,基于"道德的唯物性"视角,深刻把握社会道德与物质利益之辩证关系,坚决反对游离于群众的合理物质利益而抽象谈论道德观的理论和实践,坚决反对把道德观构建变成一种超功利的道德理论架构,不仅要始终以谋求广大人民群众的根本利益为党的治国理政之根本要求,而且要始终以此为构建主流道德观之根本依据,致力于构建一种既能适应改革开放和社会主义市场经济发展需要、亦能关注群众的合理物质利益的"以人民为中心"的新时代中国特色社会主义主流道德观,使主流道德观彰显深厚的人本精神。

三、潜心回归群众现实生活，使新时代中国特色社会主义主流道德观突显深切的美好生活需要

历史唯物主义道德观揭示了以往纷呈繁杂的历史唯心主义意识形态所湮没的一个简单事实："不是意识决定生活，而是生活决定意识。"①其反对抽象空洞的道德研究，关注道德的生活内涵，使道德从唯心走向唯物，从天上重返人间。历史唯物主义道德观与以往旧道德观、伪道德观之实质区别即在于：立足于唯物主义历史观，将道德置于历史的、阶级的和现实生活的镜像中予以全面考察和客观分析，既赋予了道德以鲜活的生活内涵，亦遵循了道德发展规律。习近平总书记在党的十九大报告中明确指出，中国特色社会主义进入新时代，"我国社会主要矛盾已经转化为人民日益增长的美好生活需要和不平衡不充分的发展之间的矛盾。"②满足人民日益增长的美好生活需要，不仅是执政党对人民的一种民生承诺，亦是执政党对人民的一种"大善"的道德承诺。新时代中国特色社会主义主流道德观构建不能沦为游离于群众现实生活的、"不食人间烟火"的纯粹的道德理论架构，而是须回归群众现实生活，突显群众深切的美好生活需要。

马克思认为，人民群众既是历史的"剧中人"，亦是历史的"剧作者"。群众不仅是推动历史发展的实践主体和价值主体，亦是推动道德发展的实践主体和价值主体。群众的物质生产和生活实践是道德形成和发展的物质根基，游离于群众现实生活的抽象的道德生活是不存在的。"生活"术语在马克思著作中频繁出现，说明马克思对人的生活非常关注③。在历史唯物主义道德观的理论视域中，道德生活作为精神生活的重要组成部分，其受制于人的现实生活特别是物质生活。今天，我们构建新时代中国特色社会主义主流道德观须以此为理论借鉴，不能拘泥于抽象的道德研究或纯粹的道德理论架构，更不能以凌驾于芸芸众生的、"不食人间烟火"的道德说教来消解对群众现实生活的应有观照，而是要潜心回归群众现实生活，倾情关注群众在现实生活中的所思、所感、所困和所惑，及时解决群众在现实生活和自我发展中所面临的社会保障、收入分配、食品安全、就业创业、住房福利、医疗卫生和生态环境

---

① 中共中央编译局．马克思恩格斯全集（第3卷）[M]．北京：人民出版社，1960：30.

② 习近平．决胜全面建成小康社会　夺取新时代中国特色社会主义伟大胜利——在中国共产党第十九次全国代表大会上的报告[N]．人民日报，2017-10-28(001).

③ 任帅军．以人为本：以人的生活为本——马克思主义关于人的生活理论及其思考[J]．湖北社会科学，2013，(6)：5.

等诸种问题。这些问题不仅是新时代中国特色社会主义建设过程中亟待解决的经济问题和民生问题,亦是新时代中国特色社会主义主流道德观构建过程中必须关注的道德问题。因为其若解决不好就无法满足人民日益增长的美好生活需要,也就违背了人民利益至上的社会主义道德原则。

群众现实生活不仅是道德产生和发展的源头活水,亦是道德生活的题中应有之义,而关注群众现实生活则是任何一种以人为本的主流道德观所不可规避的真韵所在。李大钊在1919年发表的《物质变动与道德变动》一文中,曾运用历史唯物主义评析了东西方道德文化。针对当时流行的“物质开新,道德复旧”之说,他指出:“道德这个东西不是超自然的东西,不是超物质以上的东西,不是凭空从天上掉下来的东西。他的本原不在天神的宠赐,也不在圣贤的经传,是在我们人间的动物的地上的生活之中。”①法国学者塞伏也强调:“道德理想绝不是有着超验根源的一种法典,不是生活以外的一种规则,不是一种先验的价值论,它永远不过是现实的一种反映,物质条件在观念上的表现而已。”②游离于群众现实生活来研究道德生活或道德观构建问题,既会消解道德的物质根基,亦会消弭道德原初的生活真韵。基于此,在构建新时代中国特色社会主义主流道德观的过程中,各级党委、政府和相关部门应充分尊重群众在现实生活中的实践主体和价值主体地位,坚持从群众身边的事情做起,从群众最关注的问题着手,从群众最关心的利益抓起,力求把构建新时代中国特色社会主义主流道德观的价值目标、主要任务、基本要求和手段方法与解决群众生活困难、关注群众生活需要和提升群众生活质量紧密联系,使道德建设贴近基层、贴近群众、贴近生活。如各级党委政府和相关部门对于群众现实生活中遇到的地沟油、毒奶粉和瘦肉精等危及群众身体健康乃至生命安全的食品行业安全问题,对于群众特别关注的住房、教育、福利问题,环境治理中的生态道德缺失问题及道德文化市场中的低俗、庸俗和媚俗问题等,应通过道德治理或法律惩戒的方式予以及时解决,从而为满足人民日益增长的美好生活需要营造良好的道德生态,提供坚实的法律保障。在此基础上,要对上述问题进行立体化分析和全方位总结,力求把维护群众生命安全、自觉践行生态文明理念和构建高雅道德文化市场等方面的理论诉求和实践经验真正纳入新时代中国特色社会主义主流道德观的基本范畴,必要时上升至法律法规的高度,使群众切实感悟到构建新时代中国特色社会主义主

① 李大钊. 李大钊全集(第2卷)[M]. 石家庄:河北教育出版社,1999:272.

② 商务印书馆编辑部. 人道主义、人性论研究资料(第3辑)[M]. 丁象恭等译. 北京:商务印书馆,1963:114.

流道德观对于自己走向美好生活所具有的重大现实意义,从而自觉强化对主流道德观的“道德自信”。

在新时代中国,爱国敬业、公平正义和为民谋利等主流道德观不是一种空洞的道德口号,其只有真正融入群众现实生活,切实解决群众现实问题,才能真正彰显现实意义和道德旨趣。基于此,新时代中国特色社会主义主流道德观构建不能沦为凌驾于群众现实生活之上的抽象的道德理论演绎,而是要潜心回归群众现实生活,突显人民日益增长的美好生活需要,致力于做到:通过规范社会秩序,维护社会稳定,力求为群众的学习、工作和生活提供安定有序文明的社会环境;通过营造良好的道德文化氛围,为群众“提供公共文化服务的有效平台、促进人民精神文化生活健康发展的广阔空间,让人民群众更加方便快捷地享用各种文化产品和服务”①;通过对食品药品行业加强安全风险评估、加大道德批判和法律惩戒的力度,确保群众饮食用药安全;通过培育激浊扬清、清正廉洁的社会风尚,使群众享受党风廉政建设的新成果;通过打破就业创业中的行业垄断和区域保护主义,为每位社会成员提供公平的发展机遇;通过在经济发展过程中弘扬生态文明理念,为群众的生活、学习和工作打造健康舒适、宜居宜学宜业的绿色生态环境;等等。总之,我们在构建新时代中国特色社会主义主流道德观的过程中,不能使主流道德观构建沦为纯粹的道德理论建构,而是要切实关注群众现实生活,开显浓厚的生活真韵。如此,群众就能理性认知到新时代中国特色社会主义主流道德观并非凌驾于自己的现实生活和利益诉求之上的抽象的道德说教,而是离自己的现实生活很近、很真实,自己是主流道德观的直接受益者,从而深刻感悟到主流道德观所具有的满足美好生活需要、“为民所用”和“为民所享”的道德旨趣和价值指归。在此基础上,群众会逐步形成一种构建并践行新时代中国特色社会主义主流道德观的理论自觉和实践自觉,倾力创造并维护道德建设成果,从而使中华民族发展为新时代的礼仪之邦,焕发出中华文化的道德光辉。

① 中共中央文献研究室. 十七大以来重要文献选编(上)[M]. 北京:中央文献出版社,2009:750.

本体论与认识论对立下的精神及其客体化悖论

张　栋

摘　要:在本体论与认识论对立的视角下,精神是对客观世界的反映,是主观的;而精神客体又被赋予客观性,甚至被当作客观实在,这不仅与本体论相矛盾,而且本身就是对精神客体的误解。精神客体是客体化的主观精神,是客观的精神存在,能够成为客体在于它能够成为认识和实践的对象,不在于其是否具有客观性,更不需要成为客观实在。承认精神客体是客观的精神存在并不否认物质是世界的本原。

关键词:精神;精神客体;客体化;客观存在

2015年,中宣部、教育部再次组织编写组对《马克思主义基本原理概论》教材进行了修订。较上一版,不仅把实践观作为一个整体放在认识论中,而且对实践观部分内容做了改动。较上一版教材更加强调实践活动是一个"客观"的过程。教材指出实践的客体"可划分为物质性客体和精神性客体"[1]59。而在稍后的论述中又指出实践的主体、客体和手段都是"可感知的客观实在"[1]60。那么精神性客体如何能成为客观实在?众所周知,"物质是标志客观实在的哲学范畴"[2]89,如果精神客体是客观实在,那就等同于承认精神客体是物质,这在本体论上就会出现逻辑矛盾。这是一个三十年前就有诸多探讨的老问题,随后逐渐淡出学术界的视野,然而在代表主流观点的教科书中出现这样的悖论,则说明这一问题尚需澄清。

基金项目:安徽省哲学社会科学规划项目"意识形态的精神客体本质及其现实意义研究"(AHSKQ2016D125)的阶段性成果。

作者简介:张　栋,安徽科技学院讲师,哲学博士。

一、精神客体的属性论争

学界对于精神客体属性的研究并不多见,最近十年来则几乎陷于停滞。20世纪80年代,陈九年认为精神现象可以是客观的并作为研究的对象,却不能成为客体,因为客体是“客观存在的实体”[3]。祝福恩则认为精神现象及其产品成为客体并不取决于它是不是客观实在,而在于它是不是“实践和认识的对象”[4]。不仅客观物质可以成为客体,精神现象也可以成为实践和认识的对象,成为客体的一部分。显然,尽管他们在精神是否能当作实践客体上有分歧,但都不把它当作客观实在。

赞同精神可以成为客体的学者们关于精神客体的属性,大致有四种不同观点。最多见的是主观性论:认为精神客体是主观的,强调客观性是不依赖人的意识为转移的特性,而精神是人们对客观世界的反映,虽然它能进入认识领域成为客体,但从本质上,依然是对客观事物的反映,其本身就受到人的主观因素的影响,因此精神客体是相对于客观存在的主观存在,因而具有主观性特征。精神客体不依赖于具体主体的意识,但仍然是人类意识的一部分,仍是主观的。

第二是部分客观性论:认为只有部分精神客体具有客观性。“客观”在认识论上是指主观认识包含着与客观事物及其规律相符合的内容。只有从实际出发,包含有同客观事物及其规律相符合的认识成分的精神,即“认识具有真理性的时候其内容才是客观的”。与客观事物不相符合的精神客体都是主观的。

第三是两面性论:认为精神客体既具有主观性也具有客观性。精神现象的“根本特性在于其主观性”[5],但是精神现象一旦成为实践的对象,成为主体活动的客体,它就具有了客观性。一方面,精神是对主观的高度概括,不论是主观精神还是客观精神,都是对客观世界的反映,因此主观性是精神客体的本质特性;另一方面,当人们把精神作为反映对象时,它就具有了客体形态,也是不以人的主观意志为转移的,具有客观性,而客观精神本身就具有独立的外在客观形式。作为客观实在的观念形态,精神客体的内容也具有十分明显的客观性[6]。或者认为精神的内容与形式按其性质来说都是主观的,而按其来源、对象及与对象的符合性来说二者又都是客观的[7]。

第四是客观性论:强调从人类社会历史的总体实践的内容和形式所具有的客观性质来定义客观性,认为精神内容的客观性不仅在于其反映的内容是客观世界,更在于反映在人的头脑中的“人类社会历史总体实践的客观性质”[8]。同时,还认为意识的形式不是以某个个人的意志为转移的,其来源也是客观的,因此具有客观性。

作为对客观世界的反映和主观精神的外在表达,客观精神不是实在,却是客观的存在,只不过是客观的精神存在,它不仅能为主体的感官所感知,也能够成为主体批判改造的对象,因此自然也能够成为客体,也即精神客体。作为对客观世界的反映,精神客体和主观精神一样都以客观物质世界为本源;作为主观精神的外在表达,精神客体和客观物质一样可以成为人们改造的对象,成为客体。

作为一种客观的精神存在,讨论精神客体的客观性与主观性都不合适。客观性是不依赖于人的意识的一种特性,精神客体归根到底是意识活动的结果,如果说精神客体是客观的,如何解释其本原上是人脑对客观世界的反映?如果精神客体是主观的,为什么又不能仅靠我们的个体主观意念来改变?比如,上帝是一种精神客体,却不具有客观性,更不可能是客观实在;但也是不主观的,不是个体主观经验能否认其存在的。上帝可以是主观的精神存在,也可以是客观的精神存在,但在本原上始终是人类意识活动的产物,是人脑对客观物质世界歪曲的主观映象,却是独立于个体意识之外的精神存在,而不是不存在,但也绝不是实在。就像在科学研究中,并不存在实在的理想气体、理想液体和理想弹性体,却存在着物理学家对“不依赖于我们而存在的物体、液体、气体的反映”[2]60-61一样。

二、本体论和认识论对立下的精神与精神客体

从古希腊到近代传统哲学,大多数哲学家都坚持世界万物有一个共同的本原,而且认为这一本原是可以被认识的。休谟认为人心之中只有知觉,人们无法超出感觉经验的范围去确证万物本原的存在,从而提出了本体论与认识论的矛盾问题。康德哲学的研究重心已经转移到了认识论领域,坚称人的认识无法确证本体的存在,本体的存在也不是人的认识能力可以掌握的,突显了本体论与认识论的对立。

根据恩格斯关于哲学基本问题两个方面的论述,也有人把马克思主义哲学分隔成对立的本体论和认识论分别加以研究。然而,在马克思主义哲学中,物质与意识的关系问题既是本体论问题也是认识论问题,哲学基本问题的两个方面相互区别,更是相互联系的,“不是被割裂开来的本体论和认识论

两个方面"[9]。马克思主义哲学并"不采取本体论与认识论相对立……的方法,而以辩证唯物主义说明哲学的整个问题"[10]。本体论和认识论在马克思主义哲学中有所差别,却是既对立又统一的。恩格斯说:"我们自己所属的物质的、可以感知的世界,是唯一现实的"[11]。物质世界是可感知的,可感知的是物质世界,割裂开来看任何一个方面都不是辩证唯物主义的观点。

然而,一旦将本体论和认识论分隔对立开来,精神和精神客体就成了分属于不同领域的两个概念。"物质属于本体论的范畴",而"客体则属于认识论范畴"[4],如此一来,作为实践对象的精神客体就被划归认识论范畴,而与物质相对应的精神就归属于本体论范畴。于是,提及作为主观存在的精神及其现象,只能限定在本体论范畴内,而"在认识论的范围内看精神,它具有客观性、社会性、相对独立性等特点"[12]。代表主流观点的教材为了强调实践的客观性,把所有的实践对象都当作具有客观性的存在,把关于精神客体的讨论限定在认识论范围内,并从实践对象的客观性上,赋予精神客体以与自然客体等同的客观实在地位。精神和精神客体本质上都源于客观实在,都是精神活动或其结果,在统一的马克思主义哲学范畴内,不能因为本体论和认识论的分隔对立而具有不同特点:在本体论中的精神是对客观实在的反映,是主观的;而在认识论中的精神客体就脱离了主观精神而具有了客观性,甚至作为实践的对象被当作客观实在。

列宁确曾说过:"所谓唯物主义断言意识具有'更少'实在性……这当然完全是胡说八道。"[13]239说意识具有"实在性",不免让很多人觉得费解,也有人将之看作在认识论中把精神客体当作客观实在的依据。列宁着实说意识具有"实在性",但是,是在批判机械宇宙论把"精神的事实"归结为"副现象"时说的。说意识不比物质具有更少的实在性,是为了阐明我们的理论能够确切地反映"'最终的'(应当说:客观的)实在"[13]292,而不是说精神就是客观实在。恩格斯也曾说过,精神"归根到底也是自然界产物的人脑的产物"[14]410-411。人脑是自然界的产物,是客观实在的一部分。精神是客观实在长期发展的产物,其本身就是物质世界的一部分,并且能够确切地反映客观实在,在这个层面上说精神具有"实在性",并不能解读为精神就是客观实在。

从认识论和本体论对立的视角来看,或许还可以据此断定列宁是在认识论中强调意识的"实在性",认为物质与精神的对立在本体论范畴里是绝对的,在认识论范围内是相对的[4]。在本体论中,物质是客观实在,而精神则是主观的人脑的活动,在本体论中强调二者对立的绝对性是从本原上坚持唯物主义方向的需要;但在认识论内,为了赋予精神客体以实践对象的地位,强调二者的对立的相对性,却模糊了精神客体与客观实在的区别。

在列宁看来,马克思主义哲学是一整块钢。"在这个由一整块钢铸成的马克思主义哲学中"[2]221-222,其内部原理自然应该是理论自洽的。列宁自然也不认为物质和精神的关系在本体论和认识论中会有如此差异,"因为唯物主义者在任何地方……都没有把物质和精神看做彼此根本不同的东西,而是认为它们只不过是同一东西的两个方面"[2]165。在本体论中物质和精神有严格区分,但也有紧密联系,也不是绝对的对立;在认识论中二者可以同为客体,但也不应因为要成为客体而赋予精神以客观性,更不应与客观实在混同。厘清认识论意义上精神客体的内涵是必要的。

三、精神客体的客观存在性

马克思在《政治经济学批判》导言中说:"主体是人,客体是自然"[15]685。据此把实践的客体定义为客观存在的实体,也是有理解偏差的,似有断章取义之嫌疑。马克思是在阐明生产实践一般规律和规定时依此举例的,借此论证:如果最发达的生产实践和最不发达的生产实践"共同具有一些规律和规定"[15]685,那么,构成生产发展的就不是这些一般规律和规定。可见,马克思在这里说的是:人是生产实践的主体,自然是生产实践的客体,这是生产实践的一般规律,因为"这总是一样的"[15]685。生产实践确实以人为主体,以自然为客体,生产实践之外的其他实践方式则未必以自然为客体。

人与自然的主客关系是马克思关注的重点,但马克思也并未把人当作唯一的主体,当然也不把自然当作唯一客体。例如,马克思说:"原子本身就是它们的唯一客体"[16]。原子和原子之间相互作用,相互撞击,发生对象性的联系,因而一个原子成为其他原子撞击的对象时,就成了那颗原子的客体,而撞击它的原子就是主体。所以,主客关系不仅仅限定在人与自然的关系上,对象性是主客关系确立的标志,两个事物之间存在对象性的关系就可以构成主客关系。

不仅自然可以成为人的对象,人本身也可以。马克思把犯人"即司法的奴隶"[17]也曾称作客体。1919年,列宁在"全俄东部各民族共产党组织第二次代表大会"上曾指出,东方亿万人民"至今仍是帝国主义国际政治的客体"[18]。不管列宁认为这种主客关系正当与否,是否应当予以推翻,但他是在主客关系上界定当时帝国主义势力和落后的东方民族之间的关系的。不仅人可以成为客体,人的劳动的结果也是客体。马克思说:"一个人的需要可以用另一个人的产品来满足。"[19]197对于这个人来讲,另一个人就是其"所需要的客体的所有者”[19]197。一个人的劳动产品往往是另一个人的需求客体，这在马克思的经典论著中是经常可以见到的。精神也可以成为客体，例如马克思在阐明人的劳动和机器的技能的大规模结合，相对减少了对活劳动数量的需要时曾说：“劳动的社会精神在单个工人之外获得了客体的存在。”[19]527精神成为客体并非必须成为客观实在，也不必赋予它独特的客观性，只在于它能够成为人们认识和实践的对象。

主观精神存在于人的大脑中，现今还不能成为认识和实践活动的直接客体，犹如遥远的未知宇宙空间，仍是潜在的客体。未来随着科学技术手段的发展，人们或许可以利用一定的物质条件和手段直接探察和改变人的大脑中的主观精神，彼时的主观精神也许可以成为直接的客体。例如，个人的理想、信仰、情感等只存在于个别主体的大脑中的时候，暂时是不能被他人直接认识的，只有意识主体自己可以体验，这是一种主观精神的自我认识和自我改造，自然也不能被当作他人认识和实践的客体。但是，他人只能通过个体外化的精神客体获取对其主观精神的间接认识。对于需要改造主观世界的人，我们现今也只能听其言观其行，而后采取有针对性的措施助其完成主观世界的改造。客体化之后的主观精神即精神客体则是我们可以直接认识和改造的。

作为外化的主观精神，精神客体归根到底是对物质世界的反映。它之所以能够成为客体，是因为它是脱离于个别意识主体的客观精神存在。所有的科学知识所归纳出来的规律性认识都是对物质世界反映的结果，都是精神客体的一部分，恩格斯认为它们能够成为“和现实世界脱离，并且作为某种独立的东西”[14]414，成为一种“不依赖于任何个人的特殊经验”[14]413的存在，因而能成为我们认识和改造的对象。不仅科学知识所归纳的规律性认识是独立于个体特殊经验之外的，其他所有的对物质世界的反映的外化结果也是如此。因为这种不依赖于个体特殊经验的特性“甚至适用于所有的事实”[14]413。主观精神一旦外化出来就成为独立于任何个人经验之外的事实，成为客观的精神存在，从而可以当作认识和实践的对象，可以成为客体。

所谓精神客体就是客体化的主观精神。这里说“客体化”绝对不是像尼古拉·别尔嘉耶夫那样要强调“客体化与自由、生存的相互对立”[20]，而是在更为一般的意义上使用这个概念。在马克思主义哲学体系中，相对于“异化”而言，“客体化”是更具有普遍意义的术语。马克思曾说：“宗教、财富等等……是客体化了的人的本质力量的异化了的现实”[21]。显然，只有部分客体化了的人的本质力量会异化为异己的力量。所以，人的本质力量的客体化可能会导致异化或者别尔嘉耶夫所说的“客体化”的结果，也可以促进人的自由而全面的发展。客体化在这里应该理解为一切主观精神的外化或者显化。

人的一切实践活动都是在精神指导下的客体化的活动,是主观精神客体化的过程。主观精神的客体化就是主体借助一定的物质手段把主观精神外化或显化为客体。主观精神调节和控制着人的物质身体进行各种行动,进而作用于客观物质世界,实现其客体化。通过主观精神仅控制人的身体即能完成外化的精神客体是原发型精神客体,例如人的表情、眼神和肢体动作等;而必须借助人体之外的物质条件才能实现外化的,则属于继发性精神客体,例如人的物质生产实践、科学文化实践等。在外化过程中没有物质载体予以记录或储存的精神客体是即逝型精神客体,比如人们在说话时,出口入耳,但没有录音录像等即属此类;然而一旦有了录音录像,人们说话时包含的客观精神就取得了物质载体变成了经久型精神客体。

“精神不仅有主观的存在形态,而且有客观的存在形态。”[22] 精神客体是精神的客观存在形态,也即客观精神存在,与之相对应的是(客观)物质存在,也即客观实在,二者共同属于客观存在。主观精神是与客观存在相对应的主观存在,是主体大脑之中的存在。主观精神作为一种主观存在,是对客观存在的反映,而作为客观精神存在的精神客体又是主观精神借助于一定的物质条件的外化。说精神客体是客观存在并不能说明世界有两个本原,绝不是二元论,而是说精神客体可以成为认识和实践的对象。从本原上讲,无论是主观精神还是精神客体,归根到底都是对客观实在的反映,唯有客观实在才是物质世界的本原。精神客体虽然可以成为主观精神反映的对象,但它并不是最终的根源。对精神客体的认识是人脑对客观实在反映的再次反映,甚至是多次反映。

综上所述,在认识论中为了将精神客体当作实践客体而赋予其客观性,甚至将其直接当作客观实在,致使主观精神及其客体化的精神客体在本体论与认识论中产生了悖论。客体化的主观精神能够成为认识和实践的对象,是因为它是独立于个体特殊经验之外的客观精神存在,而不在于其是否具有客观性。承认精神客体是客观的精神存在,承认精神客体可以成为认识的对象,并不否认物质是世界的本原。

参考文献:

[1] 本书编写组. 马克思主义基本原理概论[M]. 北京:高等教育出版社,2015:59,60.

[2] 中共中央编译局. 列宁选集(第2卷)[M]. 北京:人民出版社,2012.

[3] 陈九年. 作为认识对象的思维活动及其产品属于客体吗?[J]. 哲学研究,1983

(11).
[4] 祝福恩. 客体及精神客体和知识客体[J]. 哲学研究,1984(5).
[5] 陈金清. 论客体[J]. 江汉论坛,1998(12).
[6] 胡敏中. 论精神客体[J]. 学术论坛(双月刊),1991(6).
[7] 迟克举. 意识的内容、形式及其客观性和主观性之我见[J]. 齐鲁学刊,1984(6).
[8] 宫敬才. 试论意识的客观性[J]. 河北大学学报,1986(4).
[9] 张海源. 认识论与本体论·哲学基本问题[J]. 人文杂志,1995(2).
[10] 冯契,徐孝通. 外国哲学大辞典[M]. 上海:上海辞书出版社,2000:147.
[11] 中共中央编译局. 马克思恩格斯选集(第4卷)[M]. 北京:人民出版社,2012:23.
[12] 祝福恩. 论精神客体[J]. 汉中师院学报(哲学社会科学版),1988(4)
[13] 中共中央编译局. 列宁全集(第18卷)[M]. 北京:人民出版社,1988.
[14] 中共中央编译局. 马克思恩格斯选集(第3卷)[M]. 北京:人民出版社,2012.
[15] 中共中央编译局. 马克思恩格斯选集(第2卷)[M]. 北京:人民出版社,2012.
[16]中共中央编译局. 马克思恩格斯全集(第1卷)[M]. 北京:人民出版社,2002:36.
[17]中共中央编译局. 马克思恩格斯全集(第11卷)[M]. 北京:人民出版社,1995:618.
[18]中共中央编译局. 列宁全集(第37卷)[M]. 北京:人民出版社,1986:322.
[19] 中共中央编译局. 马克思恩格斯全集(第30卷)[M]. 北京:人民出版社,1995:197,197,527.
[20] [俄]尼古拉·别尔嘉耶夫. 人的奴役与自由[M]. 徐黎明译. 贵阳:贵州人民出版社,2007:4.
[21]中共中央编译局. 马克思恩格斯全集(第3卷)[M]. 北京:人民出版社,2002:319.
[22]刘福森,张静. 论主观精神与客观精神[J]. 求是学刊,1997(6).

网络共享:共享发展的新趋向

周甄武　廖婷婷　张　羽

摘　要:习近平网络共享思想是共享发展到网络时代的产物。网络共享是共享发展的必然趋向和主导形式。以人民为中心是网络共享的宗旨,网络发展的成果是网络共享的内容,在共建中共享、在保护中共享、在公平中共享是其实现的路向。探究习近平网络共享思想具有重要的理论价值和实践意义。

关键词:习近平;网络共享;宗旨;内容;路向

对共享问题的研究,不是始自当下。早在20世纪90年代,伴随计算机网络的出现,人们开始讨论网络资源共享、信息知识共享问题,此时的研究更倾向于技术层面,主要从图书馆与情报科学以及计算机科学等展开。进入21世纪,随着科学发展观的提出,学界对共享问题的研究开始转向政治、理论层面,重点是讨论人民群众共享发展成果的意义、依据以及如何通过增长模式转变、制度创新保障人民群众共享发展成果,研究者多从马克思主义理论、经济学、社会学、政治学、法学等学科进行①。近年来,伴随共享经济在国内外如火如荼地发展起来,特别是党的十八届五中全会提出"共享"等五大发展理念之后,学界对发展成果的共享以及与其他几大发展理念之间的内在联系已然成为研究的热点。审视学界对共享问题的研究,有两个方面的缺失:一是早期的网络技术层面的研究缺乏政治理论层面的高度;二是基于政治理论层面的研究又缺失网络技术的视野,无视当下我们正处于信息技术革命新阶

基金项目:国家社科基金项目"虚拟自由的限度、悖论及引导与规制研究"(14BZX013);安徽省高等教育振兴计划高校思想政治教育综合改革计划项目:弘扬核心价值观名师工作室——"原理课程重难点问题研究"名师工作室(Szzzgjh1-1-2017-1)

作者简介:周甄武,男(1966—),安徽金寨人,合肥工业大学马克思主义学院教授,哲学博士,博士后,主要从事马克思主义基本原理研究;廖婷婷,张羽,合肥工业大学马克思主义学院硕士研究生。

① 刘红玉,彭福扬. 论共享发展的科学内涵[J],湖南大学学报(社会科学版),2016,(6).

段——网络时代。双重的缺失导致我们对习近平网络共享思想的研究还几乎处于空白地带。

事实上,自十八大以来,以习近平同志为核心的党中央站在信息技术发展的前沿,把握网络时代发展的脉搏,洞悉共享发展网络化的大势,就网络共享问题作出一系列精彩的论述。探究习近平网络共享思想,不仅有助于深化对共享发展理念的认识,丰富中国特色社会主义共享理论的内容,而且有助于践行共享发展理念,引领互联网发展的前进方向,推动网络强国梦的早日实现。

一、共享发展的时空转换:网络共享

恩格斯指出:“每一个时代的理论思维,从而我们时代的理论思维,都是一种历史的产物,它在不同的时代具有完全不同的形式,同时具有完全不同的内容。”[①]网络共享是共享发展到网络时代的产物。习近平对共享问题的阐述不仅就其一般而论,而且还贴近时代具体而论,凸显了网络共享作为共享发展的必然性和主导性。21世纪是以计算机、互联网主导的信息技术革命时代,习近平洞悉这一发展大势,深刻指出:“现在人类已经进入互联网时代这样一个历史阶段,这是一个世界潮流。”[②]“互联网时代”又称为“网络时代”。把网络时代看成是人类步入的一个新的历史阶段,是不可避免的世界潮流,是因为“互联网作为20世纪最伟大的发明之一,把世界变成了‘地球村’,深刻改变着人们的生产生活,有力推动着社会发展。”[③]“互联网已经融入社会生活方方面面,深刻改变了人们的生产和生活方式。互联网让世界变成了“鸡犬之声相闻”的地球村,相隔万里的人们不再“老死不相往来”。“互联网时代对人类的生活、生产、生产力的发展都具有很大的进步推动作用。”[④]习近平不仅就互联网对人类产生的广泛影响给予了深刻揭示,而且进一步指出,人类正在经历一场以计算机网络为代表信息技术革命。如果说工业革命增强了人的体力,那么,信息革命增强了人类脑力,带来生产力又一次质的飞跃。

习近平还把互联网与中国的前途命运联系在一起思考。他指出,从历史

① 中共中央编译局. 马克思恩格斯选集(第4卷)[M]. 北京:人民出版社,1995:284.

② 卢舒倩. 习近平在腾讯公司:让民族互联网产业走向世界[N]. 深圳晚报,2012-12-13.

③ 习近平接受《华尔街日报》采访[EB/OL]. (2015-09-22). http://news.xinhuanet.com/world/2015-09/22/c_1116642032.htm.

④ 卢舒倩. 习近平在腾讯公司:让民族互联网产业走向世界[N]. 深圳晚报,2012-12-13.

上看,我国丧失了许多与世界同进步的历史机遇,而在当今的信息革命时期,我国正处在互联网快速发展的历史进程之中,正处在"信息化和经济全球化相互促进"这个大潮之中。"这是中华民族的一个重要历史机遇,我们必须牢牢抓住。"同时,互联网已经成为我们党长期执政所要面对的"最大变量"。如果我们过不了互联网这一关,就过不了长期执政这一关。

互联网不仅是一个时间标识——网络时代,而且也是一个空间标识——虚拟空间。对于互联网带来的时空转换,习近平已经注意到。2014 年,他在国家安全会议上指出:"当前我国国家安全时空领域比历史上任何时候都要宽广"①。这里的"时空领域"不仅指的是现实时空,而且也包括网络空间。网络空间是与现实世界(陆海空天)相对的一个虚拟世界(网络世界),具有虚拟、自由、平等、开放、交互和共享等特征。但是,"网络空间早已不再仅仅是一个虚拟空间,而成为广大人民群众学习、工作、生活的新空间,获取公共服务的新平台。"②在习近平看来,网络空间作为一块"新疆域"③,是践行新发展理念的最佳平台,而且"大有作为"。他说:"按照五大发展理念推动我国经济社会发展,是当前和今后一个时期我国发展的总要求和大趋势,我国网信事业发展要适应这个大趋势,在践行新发展理念上先行一步,推进网络强国建设,推动我国网信事业发展,让互联网更好造福国家和人民。……我国经济发展进入新常态,新常态要有新动力,互联网在这方面可以大有作为。"④习近平的这些论述既是对当代共享发展特征的科学诠释,也是对中国未来共享发展前景的科学预见,表明网络共享日渐成为共享发展的主导形式。

二、网络共享主旨:以人民为中心

中国共产党自诞生之日就将"全心全意为人民服务"确立为自己的根本宗旨和最高的价值取向。以习近平总书记为核心的党中央遵循马克思主义唯物史观——人民群众是历史的创造者这一基本原理的要求,在坚持这一宗旨的基础上,又进一步了丰富了它,提出了"以人民为中心"的发展思想。坚持以人民为中心的发展思就是坚持人民至上,坚持发展为了人民、发展依靠

① 习近平:坚持总体国家安全观走中国特色国家安全道路[N],人民日报,2014-04-16.

② 习近平. 在网络安全和信息化工作座谈会上的讲话[N],人民日报,2016-04-26.

③ 习近平接受《华尔街日报》采访[EB/OL]. (2015-09-22). http://news. xinhuanet. com/world/2015-09/22/c_1116642032. htm.

④ 习近平. 在网络安全和信息化工作座谈会上的讲话[N]. 人民日报,2016-04-26.

人民、发展成果由人民共享。这一思想显著特征就是突出了人民的主体地位,强调人民不仅是发展主体,而且也是价值主体、共享主体。习近平还进一步指出,以人民为中心的发展思想,不是一个抽象的、玄奥的概念,不能只停留在口头上、止步于思想环节,要在经济社会发展各个环节当中践行它。同样,“网信事业要发展,必须贯彻以人民为中心的发展思想”①。网信事业发展贯彻以人民为中心的发展思想,就是要坚持网信事业的发展为了人民,网信事业的发展依靠人民,网信事业发展的成果由人民共享。坚持网信事业发展为了人民,首先就是要适应广大人民群众的期待和需求,加快信息化服务普及,降低应用成本,为老百姓提供用得上、用得起、用得好的信息服务,让亿万人民在共享互联网发展成果上有更多获得感②。其次,要善于走网络群众路线。网络群众路线是党的群众路线在网络社会的延伸。习近平指出,网民来自老百姓,老百姓上了网,民意也就上了网。群众在哪儿,领导干部就要到哪儿去。中国互联网络信息中心第40次《中国互联网络发展状况统计报告》显示,截至2017年6月,中国网民规模达到7.51亿,占全球网民总数的五分之一。互联网普及率为54.3%,超过全球平均水平4.6个百分点③。走网络群众路线首先是认识问题,心中要装着网民,凡事替他们着想,让信息多跑路,让百姓少跑腿,能通过网络解决的尽量通过网络来解决。其次是态度问题,要对广大网民多一些包容和耐心。对建设性意见要及时吸纳,对困难要及时帮助,对不了解情况的要及时宣介,对模糊认识要及时廓清,对怨气怨言要及时化解,对错误看法要及时引导和纠正。最后是能力问题。要善于运用网络解群众所思所愿,收集他们好的想法与建议,积极回应网民关切、解疑释惑,让互联网成为党同群众交流沟通的新平台,成为了解群众、贴近群众、为群众排忧解难的新途径,成为发扬人民民主、接受人民监督的新渠道④。

坚持网信事业发展依靠人民。首先,网信事业是人民的事业,网信事业的发展离不开广大网民的支持和参与。网络既是社会舆论场,又是信息集散地。互联网的发展不仅对亿万网民的求知途径、思维方式、价值观念产生重要影响,而且对他们对国家、对社会、对工作、对人生的看法也产生重要影响,同样,也会带来思想上的纷扰,价值观上的纷乱,这样什么事也办不成,因此需要大家勠力同心,凝聚共识,形成网上网下同心圆,这样才能加快网信事业

① 习近平. 在网络安全和信息化工作座谈会上的讲话[N]. 人民日报,2016-04-26.

② 习近平. 在网络安全和信息化工作座谈会上的讲话[N]. 人民日报,2016-04-26.

③ 第40次中国互联网络发展状况统计报[EB/OL]. (2017-08-04). http://www.cac.gov.cn/2017-08/04/c_1121427672.htm.

④ 习近平. 在网络安全和信息化工作座谈会上的讲话[N]. 人民日报,2016-04-26.

的发展,实现网络强国梦,并以此来助推中华民族伟大复兴的中国梦的实现。其次,网络空间的良好生态有赖于亿万网民的共同维护。网络空间是亿万民众共同的精神家园,它天朗气清、生态良好,符合人民利益;它乌烟瘴气、生态恶化,不符合人民利益。为了维护人民的利益,需要加强对网络空间的治理。网络治理不同于传统的管理方式,它需要多方治理主体共同参与、明确责任,齐抓共管、良性互动。网络空间不是法外之地,对政府部门而言要依法办网、依法管网,对于网民而言要依法上网,遵守网络伦理道德,讲求自律,不做违背公序良俗行为。

三、网络共享内容:网络发展成果

作为共享的基本形式,网络共享与现实共享是相对的。两者既有相同之处,又有诸多不同。相同之处在于其共享的主体具有同一性、确定性,这就是全体社会成员,不同之处在于其共享的内容不同。现实共享是基于现实世界发展成果的共享,网络共享的是基于互联网发展成果的共享。2014 年,习近平在致首届世界互联网大会贺词中讲道:"中国正在积极推进网络建设,让互联网发展成果惠及 13 亿中国人民。""本届世界互联网大会以'互联互通,共享共治'为主题,回应了国际社会对网络空间面临重大问题的共同关注。希望与会嘉宾集思广益、凝聚共识、贡献创见,推动互联网更好造福人类。"① 2015 年,习近平在第二届世界互联网大会开幕式上的讲话指出:"中国高度重视互联网发展,……加强信息基础设施建设,发展网络经济,推进信息惠民。""让互联网发展成果惠及 13 亿多中国人民,更好造福各国人民。""让更多国家和人民搭乘信息时代的快车、共享互联网发展成果。""让更多发展中国家和人民共享互联网带来的发展机遇"②。2016 年,习近平在网络安全和信息化工作座谈会上指出:"推动我国网信事业发展,让互联网更好造福人民。""要适应人民期待和需求,加快信息化服务普及,降低应用成本,为老百姓提供用得上、用得起、用得好的信息服务,让亿万人民在共享互联网发展成果上有更多获得感。"③综合习近平上述讲话,可将网络共享的内容主概括为以下三个方面:

① 习近平致首届世界互联网大会贺词全文[EB/OL].(2014-11-19).http://media.people.com.cn/n/2014/1119/c40606-26054255.html.

② 习近平.在第二届世界互联网大会开幕式上的讲话[N].人民日报,2015-12-17.

③ 习近平.在网络安全和信息化工作座谈会上的讲话[N].人民日报,2016-04-26.

（一）网络数据、信息、知识的共享

众所周知，物质、能量和信息是维系人类社会存在和发展的三大要素，但在历史上它们对人的生存发展重要程度并不相同：农业经济时代，物质是首位要素，对各种物质资源获取、加工、利用成为该社会的主要内容；工业经济时代，能量取代了物质成为社会首位要素，对各种能量资源的获取、利用成为该社会的主要内容；伴随信息网络时代的到来，信息的作用日益凸现出来，信息已成为社会经济发展的战略性资源，对各种信息资源的获取、加工、利用构成了当代社会的主要内容。而信息往往又与知识、数据联系在一起，容易混淆，实际上是有区别的。从实际应用来看，存储在计算机存储器上面的代码成为数据，数据本身没有意义。许多代码组成的一个语句或者一个篇章，开始成为信息。数据表达事实属性的度量，而数据的组合即信息表达事物存在的属性或者运动变化的状态，是有意义的，但还不能产生价值。当人们增加对信息的类型、关系以及具体含义的理解，并结合人的行动和体验，信息转化成为知识，知识是人反映并能动地作用于世界的认识。对三者的关系，著名知识管理专家托马斯·H. 达文波特（Thomas H. Davenport）这样概述："我们以多种增值的途径将数据有序化为信息，又将信息转变成为知识，如果人的理解、行动或者应用停止，知识反过来蜕变为信息和数据。"①

（二）网络空间、平台的共享

网络空间、平台的共享意指：其一是网络空间共享，即把互联网视作一块"新疆域"②，它有别于现实世界的海陆空天，为虚拟世界，是在其中共享；其二是网络平台共享，即把互联网视作为一个平台，一种技术系统工具，共享其提供的各种服务。互联网作为一个技术系统有着复杂的层级结构：第一层是硬件，主要指数据存储、处理和传输的主机和网络通信设备；第二层是软件，包括可用来搜集、存储、检索、分析、应用、评估信息的各种软件等；第三层应用，即搜集、存储、检索、分析、应用、评估使用各种信息，进行辅助决策③。网络平台的共享就是"互联网+"。所谓"互联网+"，就是以互联网平台为基础，利用信息通信技术与行业的跨界融合，推动产业转型升级，并不断创造出新产品、新业务与新模式，构建连接一切的新生态④。习近平指出，可以发挥互联网优势，实施"互联网+教育""互联网+医疗""互联网+文化"等，促进基本公共服

① 罗志勇. 知识共享机制研究[M]. 北京：北京图书馆出版社，2003：9-10.

② 习近平接受《华尔街日报》采访[EB/OL]. (2015-09-22). http://news.xinhuanet.com/world/2015-09/22/c_1116642032.htm.

③ 互联网技术，百度百科：http://baike.baidu.com/link? url.

④ 百度百科. http://baike.baidu.com/link? url.

务均等化；可以发挥互联网在助推脱贫攻坚中的作用，推进精准扶贫、精准脱贫，让更多困难群众用上互联网，让农产品通过互联网走出乡村，让山沟里的孩子也能接受优质教育[①]。"互联网+"从其本质上看，是一种网络技术升级版的创新平台和新经济模式即"互联网 2.0+创新 2.0"。互联网 2.0 是网络技术升级版，云计算、大数据、移动互联网、物联网，这四大新信息技术的运用如同给互联网插上了飞翔的翅膀，使其成为一种最重要的基础设施和创新平台。

（三）网络获得感

"获得感"原本表示获取某种利益后所产生的满足感。该词经由习近平于 2015 年中央全面深化改革领导小组第十次会议上首次提出后，便迅速流行起来，且使用范围出现固化趋势，多用以指人民群众共享改革成果的幸福感。2015 年 12 月，语言文字期刊《咬文嚼字》发布 2015 年度"十大流行语"，"获得感"排第一[②]。2016 年，习近平在网络安全和信息化工作座谈会上又再次提到。他说："要适应人民期待和需求，加快信息化服务普及，降低应用成本，为老百姓提供用得上、用得起、用得好的信息服务，让亿万人民在共享互联网发展成果上有更多获得感。"[③]同年 5 月，教育部、国家语委在京发布《中国语言生活状况报告（2016）》，"获得感"入选十大新词[④]。网络获得感作为获得感的一种，指的是全体社会成员因享受到网络发展成果而产生的一种满足感。这种满足感既有网络发展的物质成果带来的，也有网络发展的精神成果带来的，具体包括因网络带来人生出彩、梦想成真机会的幸福感，因网络促进创新创业的富足感，因网络合法权利受到保护的尊严感，因网络秩序清朗、正能量充沛的安全感，因网络正向传递民意、参与国家治理的成就感，因网络国家竞争实力增强的自豪感[⑤]。"获得感"与"幸福感"有所不同，它强调一种实实在在的"得到"。如果不讲"获得"而一味强调幸福，就容易流于空泛。"获得感"的提出，使人民得到的利好有了进行指标衡量的可能，而幸福是不可衡量的。"获得感"包含着"给"与"得"的辩证法。让老百姓有更多的网络发展成果获得，就能转化成为进一步激发大众创业、万众创新的动力。与"获得感"相反的是那种"相对剥夺感"。"相对剥夺"最早由美国学者 S. A. 斯托弗提

---

① 习近平．在网络安全和信息化工作座谈会上的讲话[N]．人民日报，2016-04-26.

② 《咬文嚼字》编辑部．2015 年十大流行语[EB/OL]．(2015-12-16)．http://www.cssn.cn/yyx/yyx_tpxw/201512/t20151216_2783970.shtml.

③ 习近平．在网络安全和信息化工作座谈会上的讲话[N]．人民日报，2016-04-26.

④ 新华网．http://news.xinhuanet.com/politics/2016-05/31/c_129030561.htm.

⑤ 张松海．贯彻以人民为中心的发展思想，推进实施网络强国战略[J]．中国信息安全，2016，(5).

出，其后经 R. K. 默顿的发展，成为了一种关于群体行为的理论[①]。它是指当人们将自己的处境与某种标准或某种参照物相比较而发现自己处于劣势时所产生的受剥夺感，这种感觉会产生消极情绪，可以表现为愤怒、怨恨或不满。推进网络事业发展，实现网络强国梦，就是要人们拥有更多的获得感，消弭相对剥夺感。

四、网络共享路向：在共建、保护、公平中共享

习近平围绕网络、共享发表的系列讲话，不仅对网络共享发展的内涵做了深刻阐释，而且还对如何实现网络共享发展指明了方向，概其要点有以下几个方面：

（一）在共建中共享

2016 年，习近平在省部级主要领导干部学习贯彻党的十八届五中全会精神专题研讨班上的讲话指出，落实共享发展理念，归结起来就是两个层面的事：一是充分调动人民群众的积极性、主动性、创造性，举全民之力推进中国特色社会主义事业，不断把"蛋糕"做大。二是把不断做大的"蛋糕"分好，让社会主义制度的优越性得到更充分体现，让人民群众有更多获得感[②]。具体到网络共享，做"蛋糕"就是"共同参与网络建设"，分"蛋糕"就是"共享网络发展成果"。这两者是辩证统一的关系：首先，只有"共建才能共享"。共建是共享的基础和前提条件，并且决定着共享的性质和对象。共享什么，怎么共享，也只有建立在共建的发展程度和现实基础上。只有通过全民把网络建设这块蛋糕做大做强，才能使老百姓"用得上、用得起、用得好的信息服务"。其次，"共享"是"共建"的必然结果和必要条件。蛋糕做大做强本身不是目的，而是为了分享、共享。再次，两者是相互促进的。"共建的过程也是共享的过程。要充分发扬民主，广泛汇聚民智，最大激发民力，形成人人参与、人人尽力、人人都有成就感的生动局面。"[③]总之，"在共建中共享，在共享中共建"将贯穿于我国网络事业发展的整个过程。其中要注意克服几种错误倾向：一是共享网络发展成果绝非"坐享其成"，而是要人人参与、人人尽力；二是要重视

---

① 百度百科 . http://baike. so. com/doc/1668100-1763675. html.

② 习近平 . 在省部级主要领导干部学习贯彻党的十八届五中全会精神专题研讨班上的讲话[N]. 人民日报，2016-05-10.

③ 习近平 . 在省部级主要领导干部学习贯彻党的十八届五中全会精神专题研讨班上的讲话[N]. 人民日报，2016-05-10.

网络共建中的共享,特别是当下要让全体社会成员在不断发展的网络成果中受益,要让"弱势"群体和"弱势"地区获得实实在在的利益,防止以效率遮蔽公平。三是无视网络共享是一个从低级到高级、从不均衡到均衡的渐进过程。既不裹足不前、铢施两较、该花的钱也不花,也不好高骛远、寅吃卯粮、口惠而实不至①。

（二）在保护中共享

互联网天生具有共享性。网络共享是因特网发展的实质所在,也是推动网络快速发展的内在动力。网络时代,移动互联网、物联网正方兴未艾,知识爆炸、海量信息、云计算、大数据正扑面而来。这一切为网络共享提供了充分的资源条件和平台,而信息本身具有的公共性特质也有利于共享。这种公共性体现在:其一,消费的非竞争性,即增加消费者对该产品的消费,不会引起产品成本的任何增加,消费者人数的增加所引起的产品边际成本几乎为零;其二,受益的非排他性,指某个人消费某种公共物品,不排除他人同时也能消费这种物品。失去或者缺乏资源共享,因特网就犹如一个个孤岛、一段段没有连接的高速公路,难以生存。所以,网络发展的历史,就是资源进一步共享、信息进一步快速传输的历史,现代网络技术的发展,也就是如何快速、安全、高效地共享各种资源。但网络共享是有限度的,首先,借故网络共享的正当性而去泄露他人隐私、侵犯知识产权、窃取国家机密,破坏网络安全的违法犯罪行为则必须坚决制止和打击。习近平十分重视网络安全,并把它提高到国家安全高度来看待:"网络安全和信息化对一个国家很多领域都是牵一发而动全身的","没有网络安全就没有国家安全"②。并就网络安全与发展问题作了辩证的阐述:"安全和发展是一体之两翼、驱动之双轮。安全是发展的保障,发展是安全的目的","保障网络安全,促进有序发展"③。怎样促使网络有序发展呢?要让人们认识到"网络空间不是法外之地",大家都应该遵守法律,明确各方权利义务,坚持依法治网、依法办网、依法上网,让互联网在法治轨道上健康运行④。对于那些利用网络鼓吹推翻国家政权,煽动宗教极端主义,宣扬民族分裂思想,教唆暴力恐怖活动的行为要坚决制止和打击,决不能任其大行其道;对于那些进行欺诈活动,散布色情材料,进行人身攻击,兜售

① 习近平.在省部级主要领导干部学习贯彻党的十八届五中全会精神专题研讨班上的讲话[N].人民日报,2016-05-10.

② 习近平主持召开中央网络安全和信息化领导小组第一次会议[N].人民日报,2014-02-28.

③ 习近平.在第二届世界互联网大会开幕式上的讲话[N].人民日报,2015-12-17.

④ 习近平.在网络安全和信息化工作座谈会上的讲话[N].人民日报,2016-04-26.

非法物品的言行也要坚决管控,决不能任其大行其道[①]。其次,借故追求网络空间共享自由而任意胡为的行为则必须坚决禁止。互联网同其他技术一样是一柄双刃剑。网络空间具有虚拟性、开放性、流动性,它一方面在拓展了人们自由范围,提升了人们自由水平;另一面又对秩序提出了挑战。怎样来看待自由与秩序的关系呢? 习近平指出,自由是秩序的目的,秩序是自由的保障[②]。没有秩序就没有自由。网络空间虽然是虚拟的,但运用网络空间的主体是现实的。只讲自由不要秩序,网络空间就会乱象丛生、生态恶化。再次,加强正面引导。习近平指出,网络空间治理不仅纳入法治的轨道进行,同时还要加强网络内容建设,做强网上正面宣传,培育积极健康、向上向善的网络文化,用社会主义核心价值观和人类优秀文明成果滋养人心、滋养社会,做到正能量充沛、主旋律高昂,为广大网民特别是青少年营造一个风清气正的网络空间[③]。

(三)在公平中共享

此指人们在共享网络信息资源与服务方面拥有平等的权利、公平的机会和公平的制度规则要求。公平地享有网络信息资源与服务不仅是人们的基本权利,也是网络发展的客观要求。网络天生就具有平等性。人们通过网络平等地共享来体现共享的平等。网络空间的匿名性可以使主体隐去在现实社会人与人之间借以区分的地位和身份,仅以一个数字 ID 身份就可以进入网络空间,平等地行使着网络权利。网络的开放性可以让你轻松上网,驰游八方。网络社会消解传统社会“金字塔”式的垂直结构,形成了一种“扁平化”的社会,从而有利于民主平等的增进,也为公民知情权、参与权、监督权提供有效的保证。然而,现实与网络共享平等性的要求间还有差距。实现公平的网络共享,当下需要认真面对并着力解决的有两大问题:一是“数字鸿沟”,二是网络霸权。对此,习近平高度重视,坚持从“国内”和“国际”两个大局统筹网络共享发展,多次在国内国际场合阐释中国主张。

先看“数字鸿沟”(Digital Divide)。数字鸿沟也称“信息鸿沟”,经济合作与开发组织(OECD)将其定义为:“处于不同社会经济水平的个人、家庭、企业和地区之间在获得信息与通信技术的机会上,以及在互联网的使用上所存在的差距。”[④]我国学者认为,“数字鸿沟”是因特网在全球范围内的普及是一种

① 习近平. 在网络安全和信息化工作座谈会上的讲话[N]. 人民日报,2016-04-26.
② 习近平. 在第二届世界互联网大会开幕式上的讲话[N]. 人民日报,2015-12-17.
③ 习近平. 在网络安全和信息化工作座谈会上的讲话[N]. 人民日报,2016-04-26.
④ OECD:Understanding the Digital Divide,Paris,2000.

极不平衡的扩张,出现了国家之间以及一个国家内部不同地区的普及差距①。其本质“就是以国际互联网为代表的新兴信息通信技术在普及和应用方面的不平衡现象,这种不平衡不仅体现在不同地理区域、不同人类发展水平的国家之间、不同经济发展水平的国家之间,同时也体现在一个国家内部不同地区、不同人群之间”②。数字鸿沟不仅仅是一个数字化技术层面的问题,其结果已经影响到人们的经济、政治、文化和生活,关系到社会的贫富悬殊、信息资源、劳动就业、生活质量等,已经成为一个在信息时代凸现出来的社会问题③。如何来消弭“数字鸿沟”?习近平指出,只有通过加强信息基础设施建设,铺就信息畅通之路,不断缩小不同国家、地区、人群间的信息鸿沟,才能让信息资源充分涌流。针对农村互联网基础设施建设这块短板,要加大投入力度,加快农村互联网建设步伐,扩大光纤网、宽带网在农村的有效覆盖,做好信息化和工业化深度融合这篇大文章④。在国内,通过实施“宽带中国”战略,争取到2020年,实现宽带网络基本覆盖所有行政村,打通网络基础设施“最后一公里”,让更多人用上互联网。在国际上,同各方一道,加大资金投入,加强技术支持,共同推动全球网络基础设施建设,让更多发展中国家和人民共享互联网带来的发展机遇⑤。

再看网络霸权问题。网络霸权是指信息技术发达的国家利用技术优势,妨碍、限制、压制其他国家对信息的获取和运用,甚至通过垄断信息技术,来控制别国的信息来源及传播,以谋求经济、政治和军事利益。当今,以美国为代表的西方发达国家凭借其掌握的计算机、互联网核心技术优势,充当着网络霸主,行使着网络霸权。在思想观念上,奉行零和博弈、赢者通吃;在维护网络安全方面,持双重标准,只追求自己一国或部分国家安全而罔顾其他国家安全,甚至以牺牲别国安全谋求自身所谓绝对安全;在国际网络空间治理方面,搞单边主义,一方主导或由几方凑在一起说了算;这些正是互联网领域发展不平衡、规则不健全、秩序不合理的症结之所在。为此,习近平提出尊重、合作、共赢的理念主张。“尊重”意即尊重各国自主选择网络发展道路、网络管理模式、互联网公共政策和平等参与国际网络空间治理的权利,不搞网络霸权,不干涉他国内政,不从事、纵容或支持危害他国国家安全的网络活动。“合作”意即坚持多边参与、多方参与,加强沟通交流,完善网络

① 胡鞍钢,周绍杰. 中国如何应对日益扩大的“数字鸿沟”[J]. 中国工业经济,2002,(3).
② 胡鞍钢,周绍杰. 新的全球贫富差距,日益扩大的“数字鸿沟”[J]. 中国社会科学,2002,(3).
③ 周甄武. 数字鸿沟的多位透视[J]. 福建论坛,2004,(7).
④ 习近平. 在网络安全和信息化工作座谈会上的讲话[N]. 人民日报,2016-04-26.
⑤ 习近平. 在第二届世界互联网大会开幕式上的讲话[N]. 人民日报,2015-12-17.

空间对话协商机制,研究制定全球互联网治理规则,使全球互联网治理体系更加公正合理,更加平衡地反映大多数国家意愿和利益①。“共赢”意即通过相互尊重、交流合作创造更多利益契合点、共赢新亮点,推动彼此在网络空间优势互补、共同发展,让更多国家和人民搭乘信息时代的快车、共享互联网发展成果②。

① 习近平. 在第二届世界互联网大会开幕式上的讲话[N]. 人民日报,2015-12-17.
② 习近平. 在第二届世界互联网大会开幕式上的讲话[N]. 人民日报,2015-12-17.

第二专场

区域经济发展与安徽改革新路

高技术产业与传统产业的关联效应分析

王顺城

摘　要:基于2002、2007、2012年中国投入产出表以及OECD中国、美国、巴西2011年投入产出表数据,运用投入产出方法,计算出传统产业对高技术产业的完全消耗系数,对中国高技术产业与传统产业的关联效应特征进行了动态分析,并比较研究了中国、美国、巴西传统产业对高技术产业的消耗规律。研究结果发现,生产者服务业和设备制造业与高技术产业关联度最大,应予以重点发展;电子通信业与传统产业关联度最高,应予以重点扶持;传统产业对高技术产业的消耗总体呈现出先增加后减少的规律,传统产业的高技术化亟待加强;相比于其他国家,中国高技术产业与传统产业的关联度更高,高技术产业改造传统产业的效果更明显,中国更应该发展高技术产业。

关键词:高技术产业;传统产业;产业关联效应;投入产出表

一、引　言

"十三五"规划明确提出要实施创新驱动战略,通过产业的创新行动落实创新驱动经济发展战略,培育形成新的增长动力,适应并引领经济新常态。然而,2016年,我国传统产业(Traditional Industries,以下简称为TI)的产值、利润和从业人数占全国产业的90%以上,其仍将在长期内主导着我国经济的增长。而且,我国传统产业部门有着方方面面的不足,比如产品附加值低、管理制度较落后、缺乏创新能力。高技术的渗入能力较强,能够渗透到经济生活的各个角落,推动着社会发展的进程。例如,放射性同位素放

作者简介:王顺城(1993—),男,安徽财经大学经济学院区域经济学研究生。

出的射线对医疗领域放疗治癌术的出现、食品保鲜的应用等都具有重要促进作用;信息网络技术将 TI 转变为以信息管理为主的知识经济,提高了 TI 的生产管理效率,节约资源。因而高技术产业(High-tech Industries,以下简称为 HTI)具有较强的渗透力,能够渗透到 TI 的各个领域,通过其创新效应和增长效应加快 TI 的技术进步,推动整个国民经济发展,优化产业结构。因此,应加大 TI 的高技术投入,提高供给质量,通过 TI 的创新行动驱动经济发展。本文从产业关联的角度,通过研究 HTI 与 TI 的关联效应,找出 TI 中哪些产业与 HTI 关联度高,以此重点发展这些产业,进一步明确我国产业未来发展的方向。

在理论认识方面,大多数学者认为 HTI 具备较强的关联带动能力,应根据产业自身发展特点,促进 TI 迈向高技术化。杨青(2004)①、吴晓波和裴珍珍(2006)②、赵玉林和张钟芳(2008)③对 HTI 和 TI 融合发展的关系、实现机制和路径出了定性分析。但是,这些研究缺少相应的定量分析。

在经验研究方面,AniekanA. Ebiefung(1993)将投入产出模型应用于新技术的选择④;Tamamura,Chihara(2002)运用投入产出理论分析了太平洋周边国家产业间的结构变动⑤;赵玉林(2007)利用消耗系数定量测算了湖北 HTI 与 TI 的相关度,得出要推进 TI 的信息化进程⑥;李新和王敏晰(2009)实证研究了 HTI 对 TI 的波及程度并对 HTI 细分部门分类⑦;王敏和辜胜阻(2015)实证测算了 HTI 内外部的前后向关联程度,发现 HTI 具有更强的后向关联,HTI 对自身以及工业行业的良性成长具有显著拉动作用⑧。

已有文献关于投入产出方法大致包括三类:计算系数等关联指标

---

① 杨青. 高技术产业与传统产业协调发展模式及机制研究[J]. 利技进步与对策,2004,(3):83-85.

② 吴晓波,裴珍珍. 高技术产业与传统产业协同发展的战略模式及其实现途径[J]. 科技进步与对策,2006,(1):50-52.

③ 赵玉林,张钟芳. 高技术产业发展对产业结构优化升级作用的实证分析[J]. 科研管理,2008,29(3):35-42.

④ AniekanA, Ebiefung, Michael M, Kostreva. The Generalized Leontief Input-Output Model and Its Application to the Choice of New Technology[J]. Annals of Operation Research,1993,44(2):145-172.

⑤ Tamamura, Chiharu. Structural Changes in International Industrial Linkages and Export Competitiveness in the Asia-Pacific Region. ASEAN Economic Bulletin,2002,(1):52-69.

⑥ 赵玉林,王芳. 基于高技术产业与传统产业关联的湖北产业结构升级研究[J]. 中国科技论坛,2007,(4):80-84.

⑦ 李新,王敏晰. 我国高技术产业与其他产业关联效应的经验分析[J]. 软科学,2009,23(9):21-24

⑧ 王敏,辜胜阻. 我国高技术产业的关联效应研究 [J]. 软科学,2015,29(10):1-5.

(Alauddin, Mohammad, 1986[①]; Cai, Junning, 2006[②]; 余劲, 任洪浩, 2010[③]; 姚星, 2012[④]); 结构分解模型(李景华, 2009[⑤]; 张亚军, 干春晖, 2014[⑥]; 余典范, 2015[⑦]); 假设抽取法等(Cella, 1984[⑧]; 张同斌, 2013[⑨])。另外, 有两类从不同方面考虑的部门关联方法: 一类是从边际分析方面考虑的不附权测算, 另一类是从绝对强度方面考虑的附权测算。相比较来说, 不加权测算的关联效应反映的是产业最终产品的边际影响, 它适合于分析产业影响力潜力或效益评价, 而加权测算的关联效应更适合于衡量产业对经济的综合影响(杨灿, 郑正喜, 2014)[⑩]。

笔者通过已有文献梳理, 发现三点不足: 首先, 关于 HTI 与 TI 关联效应的研究范围大多只包括少数部门, 缺乏所有部门间的关联研究; 其次, 很少有文献能够从横向上进行区域间比较研究; 再次, 已有文献较多基于一个年份的数据研究 HTI 与 TI 关联效应, 很难准确反映 HTI 与 TI 的关联变化特性, 缺少时序上的动态分析。基于此, 选用中国 2002、2007、2012 年投入产出表, 运用消耗系数方法测算 TI 对 HTI 的完全消耗, 动态全面地研究我国 HTI 与 TI 的关联程度, 更加明确我国产业未来发展的方向。另外, 利用 OECD 国家中国、美国、巴西 2011 年投入产出表数据比较研究了 HTI 与 TI 关联性特征。美国科技水平全球领先, 巴西 HTI 发展水平较低, 通过比较这三个国家的 HTI 与 TI 关联特征, 以此找出中国 HTI 与美国 HTI 的差距以及与巴西 HTI 的差异。

---

① Alauddin, Mohammad, Identification of key sectors in the Bangladesh economy, a linkage analysis approach, Applied Economics, Api 1986, Vol 18, issue 4, P21-46.

② Cai, Junning, Leung, Pingsun, Mak, James. Tourisms Forward and Backward Linkages [J]. Journal of Travel Research, Aug 2006, Vol 45, Issue 1, P36-52.

③ 余劲, 任洪浩. 巴西、印度、中国与西方七国房地产业关联效应的比较研究[J]. 世界经济与政治论坛, 2010, (5): 26-37.

④ 姚星, 唐粼, 林昆鹏. 生产性服务业与制造业产业关联效应研究——以四川省投入产出表的分析为例[J]. 宏观经济研究, 2012, (1): 103-111.

⑤ 李景华. 列结构分解分析模型[J]. 系统工程理论与实践, 2009, 29(6): 1-5.

⑥ 张亚军, 干春晖. 生产性服务业与制造业的内生与关联效应[J]. 产业经济研究, 2014, (6): 81-90.

⑦ 余典范. 制造驱动还是服务驱动? ——基于中国产业关联效应的实证研究[J]. 财经研究, 2015, 41(6): 19-31.

⑧ Cella, G., "The Input - Output Measurement of Interindustry Linkages", Oxford Bulletin of Economics and Statistics, 1984, 46(1), 73-84.

⑨ 张同斌, 高铁梅. 高技术产业产出增长与关联效应的国际比较——基于美、英、日、中、印、巴六国投入产出数据的实证分析 [J]. 经济学(季刊), 2013, 12(3): 847-868.

⑩ 杨灿, 郑正喜. 产业关联效应测度理论辨析[J]. 统计研究, 2014, 31(12): 11-19.

二、数据来源及研究方法

(一)基础数据来源

本文数据来源于中国统计局编制的投入产出表,中国投入产出表从 1987 年开始编制,之后每五年编制一次。最新出版的是 2012 年投入产出表,由于 2012 年投入产出表是基于 2014 年经济普查数据编制出来的,所以数据相对较新并具有代表性。为了动态反映 HTI 与 TI 的关联特性,本文选用 2002、2007、2012 年中国投入产出表数据。根据国家统计局 2012 年发布的《三次产业划分规定》、2013 年发布的《高技术产业统计分类目录》,本文将中国投入产出表 2002 年 122 部门、2007 年 135 部门和 2012 年 139 部门划分合并为八大部门。

STAN 于 2017 年 1 月最新公布了中国、美国和巴西 2011 年 37 部门投入产出表。为了便于比较,按照中国的产业划分标准将中国、美国、巴西 2011 年度 37 部门投入产出表同样归并为上述八大部门。

(二)产业关联效应的测度方法

投入产出方法使用较广,本文用其中的消耗系数来测算 HTI 与 TI 的关联效应。直接消耗系数表示某企业每单位最终产品的产出需要直接耗费相关企业产品的量,公式定义如下:

$$aij = xij/Xj \quad (i,j=1,2,\cdots,n) \tag{1}$$

a_{ij}为生产 j 企业产品要消耗掉 i 企业产品的数量,X_{ij}为 j 部门的生产总量。推广到 n 个企业,直接消耗系数矩阵如下:

$$A=\begin{pmatrix} a11 & a12 & \cdots & a1n \\ a21 & a22 & \cdots & a2n \\ \cdots & \cdots & \cdots & \cdots \\ an1 & an2 & \cdots & ann \end{pmatrix} \tag{2}$$

完全消耗系数表示某企业每单位最终产品的产出需要耗费其他企业的中间投入量。j 企业对 i 企业的完全消耗系数 b_{ij}等于 j 企业对 i 企业直接消耗系数加上 j 企业所直接消耗的其他企业对 i 企业的完全消耗系数。计算公式如下:

$$bij = aij + \sum_{k=1}^{n} bikaki \quad (i,j = 1,2,\cdots,n) \tag{3}$$

完全消耗系数矩阵为：

$$B=A+BA \tag{4}$$

移项化简为：

$$\begin{aligned} B &= A(^I-A)-1 \\ &= (^I-A)-1-(^I-A)-1+A(^I-A)-1 \\ &= (^I-A)-1-(^I-A)-1(I-A) \\ &= (^I-A)-1-I \end{aligned}$$

直接消耗系数能够揭示部门间直接经济技术联系，而部门间间接经济技术联系无法揭示，但完全消耗系数可以全面地揭示部门间经济技术联系。因此，本文测算 HTI 和 TI 间的完全消耗系数来反映二者间的关联特性。

三、HTI 与 TI 关联效应的实证分析

（一）TI 与 HTI 整体的关联

TI 对 HTI 整体的消耗反映了 TI 对 HTI 整体产品和劳务的投入结构，体现了 TI 与 HTI 整体的联系程度。归并的八大部门①对 HTI 的完全消耗系数见表 1 所列。

表 1　中国 2002、2007、2012 年八大部门对 HTI 整体的完全消耗系数

部　门	年份＼部门	2002	2007	2012
农业	AI	0.0293	0.0340	0.0281
原材料工业	RMI	0.0595	0.0745	0.0543
装备制造业	EMI	0.1205	0.1417	0.1273
消费品工业	CGI	0.0608	0.0690	0.0537

① 八大部门为：农业、原材料工业、装备制造业、消费品工业、建筑业、生产者服务业、消费者服务业、高技术产业。

(续表)

部　门	年份＼部门	2002	2007	2012
建筑业	CI	0.1056	0.0961	0.0690
生产者服务业	PSI	0.1132	0.1829	0.1354
消费者服务业	CSI	0.1039	0.0798	0.0719
高技术产业	HTI	0.6923	0.9050	0.7677

资料来源:根据中国2002、2007、2012年投入产出表数据整理所得。

从表1可以看出,HTI对自身消耗最大。2012年,生产者服务业(Producer Services Industries,以下简称为PSI)对HTI消耗最大,表明PSI科技水平较高,与HTI关联较大,重点发展PSI会在很大程度上拉动相关HTI的需求,HTI的快速发展反过来也会推动PSI的发展,提高其服务效率,优化产业结构。消费者服务业(Consumer Services Industries,以下简称为CSI)对HTI的投入为0.0719,表示每产出一万元的CSI产品和服务需要消耗作为中间投入的HTI产品和服务719元。CSI消耗系数远低于PSI消耗系数,说明HTI对两者的改进程度相差较大,HTI产品和服务比较多投入CSI。工业部门中对HTI产品的消耗最大的是装备制造业(Equipment Manufacturing Industries,以下简称为EMI),说明EMI与HTI关联度最高,EMI是重点发展的工业部门,其次是原材料工业(Raw material Industries,以下简称为RMI)、消费品工业(Consumer Goods Industries,以下简称为CGI),三产业部门对HTI的消耗系数分别为0.1273、0.0543、0.0537,表示每产出一万元的这些部门的产品分别需要消耗作为中间投入的HTI产品和服务1273元、543元、537元。高技术应用于EMI对其设备进行更新升级,应用于RMI对其原料资源进行开发与深加工,应用于CGI对其产业链进行延长拓宽。服务业对HTI的消耗略高于工业部门对HTI的消耗,这符合中国的服务业占GDP份额逐年提高、超越工业占比趋势的经济现状。建筑业(Construction Industries,以下简称为CI)对HTI产品的消耗相对较低,为0.069,表明每生产一万元建筑业产品需要消耗HTI产品和服务690元,表明HTI对CI的改造程度较低。在所有传统部门中,农业(Agricultural Industries,以下简称为AI)对HTI的耗费最低,只有0.0281,表示每生产一万元AI产品需要投入HTI产品和服务281元,这说明AI对高技术使用率低,我国依然处在传统农业阶段。

2002—2012年,PSI和CSI对HTI的消耗出现先增加后减少情形,原因在于我国服务业发展水平还较低,对HTI产品和服务的使用率低,服务业对HTI产品和服务的需求慢慢开始增加,服务效率和质量逐渐提高,但随着服务业有了较高层次的提升，其对 HTI 产品和服务的需求空间有限，并且 2007—2012 年期间服务业高技术的投入速度没有跟上服务业的快速发展。因此，要提高服务业对高技术的投入，促成服务业与 HTI 协同发展。原材料工业、消费品工业和装备制造业对 HTI 的消耗同样是先增加后减少，出现这样情形是因为中国工业已经发展到较高水平，工业效率水平已很高，继续加大工业的高技术投入很难再大幅提高工业效率。建筑业对 HTI 的消耗逐步下降，原因是高技术应用于建筑业的空间有限，随着 HTI 的发展，对建筑业改造程度逐渐变小。农业对 HTI 的消耗同样出现先增加后减少情形，原因是 2002—2007 年期间农业发展还处于低技术水平阶段，农业对高技术需求不断增加，农业技术水平逐渐提高，但是 2007—2012 年期间农业的高技术投入并没有跟上农业的发展，导致消耗系数降低。TI 对 HTI 产品和服务的消耗总体上大致呈现出先增加后减少的规律，说明近年来 TI 的高技术投入没有跟上 TI 自身的发展，TI 的高技术化亟待加强。

（二）TI 与 HTI 各部门的关联

接下来进一步分析 TI 与 HTI 各部门的关联情况，以揭示二者之间的更深层次关联规律。计算结果见表 2 所列。

表 2　中国 2002、2007、2012 年 TI 对 HTI 各部门的完全消耗系数

部门		医药制造业			通信设备、计算机及其他电子设备制造业		
部门	年份＼部门	2002	2007	2012	2002	2007	2012
农业	AI	0.0064	0.0092	0.0098	0.0151	0.0147	0.0119
原材料工业	RMI	0.0065	0.0109	0.0098	0.0325	0.0391	0.0332
装备制造业	EMI	0.0128	0.0105	0.0094	0.0704	0.1115	0.1112
消费品工业	CGI	0.0065	0.0109	0.0098	0.0352	0.0347	0.0294
建筑业	CI	0.0091	0.0149	0.0095	0.0515	0.0582	0.0511
生产者服务业	PSI	0.0473	0.0776	0.0723	0.0348	0.0484	0.0295
消费者服务业	CSI	0.0055	0.0095	0.0058	0.0808	0.0579	0.0597
部门		仪器仪表制造业			计算机服务和软件业		
部门	年份＼部门	2002	2007	2012	2002	2007	2012
农业	AI	0.0033	0.0049	0.0032	0.0027	0.0008	0.0008

(续表)

原材料工业	RMI	0.0117	0.0167	0.0086	0.0057	0.0020	0.0024
装备制造业	EMI	0.0189	0.0196	0.0153	0.0140	0.0033	0.0027
消费品工业	CGI	0.0098	0.0150	0.0109	0.0070	0.0023	0.0023
建筑业	CI	0.0205	0.0159	0.0089	0.0181	0.0021	0.0021
生产者服务业	PSI	0.0077	0.0148	0.0074	0.0077	0.0027	0.0023
消费者服务业	CSI	0.0073	0.0089	0.0073	0.0132	0.0028	0.0040

资料来源:根据中国2002、2007、2012年投入产出表数据整理所得

2012年,TI对HTI各部门消耗最高的是通信设备、计算机及其他电子设备制造业①,以下简称电子通信业,其次是医药制造业、仪器仪表制造业,最低的是计算机服务和软件业。其中,TI部门对电子通信业消耗从高到低依次是EMI、CSI、CI、RMI、PSI、CGI和AI,消耗系数分别为0.1112、0.0511、0.0597、0.0332、0.0295、0.0294和0.0119,依次占对HTI全部消耗的87%、83%、74%、61%、22%、55%和42%,即每生产一万元这些部门产品和服务分别需要消耗作为中间投入的电子通信业产品和服务1112元、511元、597元、332元、295元、294元和119元。电子通信业与TI的关联效应最强,应重点扶持,同时注重与装备制造业的协同发展,更好带动经济发展。EMI、CGI与仪器仪表制造业关联度大,消耗系数各为0.0153、0.0109,表明每生产一万元EMI、CGI产品分别需要消耗作为中间投入的仪器仪表产品153元和109元。PSI与医药制造业关联最大,消耗系数为0.0723,占对HTI全部消耗的53%,即每生产一万元PSI产品和服务需要消耗作为中间投入的医药制造业产品和服务153元。计算机服务和软件业对TI关联带动作用相对较小,与TI部门中关联最大的是CSI,说明计算机服务和软件业在中国发展水平仍较低,必须继续加大对计算机服务和软件业投入力度,同时注重与CSI的协同发展。2002—2012年,TI除对计算机服务和软件业的耗费出现逐步下降情形外,对其他HTI的消耗均出现先增加后减少情形,这与TI对HTI的消耗总体呈现出先增加后减少的规律相吻合。

(三)中国和美国、巴西HTI与TI关联效应的比较分析

计算出中国、美国、巴西TI对HTI的完全消耗系数,结果见表3所列。

① 通信设备、计算机及其他电子设备制造业包括:计算机、通信设备、广播电视设备和雷达及配套设备、视听设备、电子元器件、其他电子设备。

表3 中国、美国、巴西2011年TI对HTI的完全消耗系数

部 门	国家 简称			
农业	AI	0.0207	0.0205	0.0122
原材料工业	RMI	0.0457	0.0305	0.0380
装备制造业	EMI	0.0948	0.0814	0.0395
消费品工业	CGI	0.0422	0.0403	0.0254
建筑业	CI	0.0490	0.0351	0.0167
生产者服务业	PSI	0.0822	0.0482	0.0606
消费者服务业	CSI	0.0451	0.0291	0.0260

资料来源:根据中国、美国、巴西2011年投入产出表数据整理所得

通过表3结果比较发现,中国TI与HTI的整体关联度最大,其次是美国,巴西最低,表明中国HTI改造TI的效果更明显,中国更应该发展HTI。原因在于美国的科技发展水平已很高,TI的效率水平已较高,HTI改造TI的效果逐步降低,而中国、巴西仍处于科技发展水平较低阶段,随着TI对高技术投入的需求不断增加,HTI改造TI的效果逐步提高,中国HTI发展领先于巴西。中国、美国、巴西TI对HTI的消耗大体相同,都体现出EMI和PSI对HTI的高消耗关系,AI和CI对HTI的低消耗关系。但是不同的是,中国TI部门中对HTI消耗最大的达到0.0948,美国是0.0814,而巴西只有0.0606,中国TI与HTI部门中关联最大的是EMI,美国同样是EMI,而巴西是PSI。

四、结论与建议

笔者通过研究TI对HTI的消耗特点,发现TI部门中与HTI关联最大的是EMI和PSI,关联最小的是AI。HTI部门中,与TI关联最强的是电子通信业,关联最弱的是计算机服务和软件业。其中,电子通信业与EMI关系更紧密,仪器仪表制造与CGI关联度更大,医药业推动PSI发展作用更强,计算机服务和软件业改造CSI效果更好。TI对HTI的消耗总体呈现出先增加后减少的规律,说明近年来TI的高技术投入没有跟上自身产业的发展,TI的高技术化亟待加强。通过中国、美国、巴西TI与HTI关联特征的比较研究,发现中国HTI与TI的关联度最大,表明中国HTI改造TI的效果更明显,中国更应该发展HTI;但都表现出EMI和PSI对HTI的高消耗关系,AI和CI对HTI的低

消耗关系。

同时,发挥 HTI 的关联带动作用,加快 TI 的技术进步,优化产业结构。因此,笔者提出四点建议:一是 重点发展 EMI 和 PSI。EMI 和 PSI 与 HTI 关联度最大,重点发展 EMI 和 PSI 会极大地拉动相关 HTI 的需求,HTI 的快速发展反过来也会推动 EMI 和 PSI 的发展,实现产业优化升级。二是重点扶持电子通信业。电子通信业与 TI 的关联程度最大,可以有效推动 TI 的发展,应予以重点扶持,同时注重与 EMI 的协同发展。三是加大 AI 高技术投入。我国是农业大国,AI 现代化水平却较低,必须加大 AI 高技术投入,实现 AI 结构优化。四是加快高技术服务业发展。我国服务业效率水平仍较低,增加服务业的高技术投入,配合制造业的发展,实现产业协调发展,更大地带动经济发展。

长三角经济一体化安徽区域分工路径研究

林 斐

摘 要:经济一体化下区域分工存在多种路径。本文分析了近二十多年安徽凭借资源要素禀赋优势,在承接长三角产业转移基础上,不断推进产业集聚与升级,大力发展以新技术应用的战略性新兴产业的四种路径,同时也剖析了各种路径的背景以及面临的挑战,提出加强长三角经济一体化格局下安徽区域分工差异化路径政策取向。

关键词:经济一体化;区域分工;路径选择

区域分工是指一个区域之间的生产分布状况。近年来经济一体化格局下区域分工研究受到重视,主要是受国家到省市区域合作得到加强。长三角地区作为我国经济发展水平最高、一体化发展程度最高的地区,区域分工进展尤其得到关注,通过关于长三角地区的分工研究,反映在经济一体化推进过程中区域分工路径的演变。

一、经济一体化与区域分工理论

基于要素资源禀赋结构上传统贸易理论(亚当·斯密、大卫·李嘉图、俄林),区域间分工是由劳动密集型产业,向资本密集型与技术密集型产业的升级路径。产业转移加快呈现出区域间垂直分工的"雁行形态"(小岛清,1987)。保罗·克鲁格曼与传统贸易理论有明显不同。用新经济地理论视角解释了在产业达到一定规模后空间集聚的必然,规模收益递增原理而发展专业化,有一些部门规模经济十分突出,区域可以通过促进这些部门的出口和

作者简介:林 斐(1965-),浙江宁波人,安徽省社会科学院区域研究室主任、研究员,区域经济学专业硕士。

发展,获得竞争优势。地理差异导致产业的区域分工,出现了多个经济体,存在多个经济区域国家;同时也意味着这个世界需要贸易,需要经济一体化。迈克尔·波特(Michael E. Porter, 1990)指出,地理集中造成的竞争力可以提高国内其他竞争者的创新能力,产业集群的竞争优势、产品质量的提升和实施差异化的竞争战略,将提升整个行业的竞争力。将创新要素加入区域分工理论,重塑区域分工新格局。随着新技术革命,后发地区模仿与引进新技术,使非经济要素转化经济要素,通过创新机制体制,聚集创新要素,吸引专业人才、资金等,发展由人才与技术支撑的高技术产业。移动互联网的普及,使得信息成为一种新的要素(张永恒 郝寿义,2016)。新的产业链专业化分工,原有的产业集聚模式发生了改变,互联网、物联网、大数据、云计算等涌现出的新兴产业,资本、劳动力、土地要素、大规模生产方式,在一个地区高度集聚现在已经开始改变,新的要素催生新的产业。根据环节的特点选择具有比较优势的区位,产品生产走向模块化,以产品价值链为纽带,比较紧密的分工与协作关系,把一种产品的生产分解成若干环节,按产业链、产品价值链环节布局,产品价值链分工是当今国际产业分工的主要方式。从李嘉图、斯密等古典理论,到克鲁格曼新经济地理学、波特的创新影响价值链分工,突破了基于要素禀赋优势区域分工理论分析框架,区域分工理论不断深化。

国内关于长三角区域分工研究较多,证实长三角地区一体化进程区域分工遵循着优势原则的基本路径。长三角产业结构差异性的存在源于开放条件下企业主动选择国际分工的差别化(陈建军,2009),长三角各省(市)区域内专业化程度随着该区域经济一体化程度的提高而不断加深(范剑勇,2004)。长三角一体化促进区域专业化水平提升与转型发展,制造业转型升级与地区专业化是长三角一体化协同发展的关键(李蕾,2016)。也有一些研究认为长三角区域分工受同构化困扰,由于长三角地缘相近,资源相似、要素禀赋结构相同,存在严重的产业同构现象(徐长乐,2002;梁琦,2004;李海婴和赵富强,2004),从而导致恶性竞争,区域分工重复、低效,阻碍了区域经济的协同发展(唐立国,2002;洪银兴,2003;宣炳龙,2003;陈守义、王小剑,2004;张兆安,2004)。一些学者认为经济一体化有利于消除同构化,长三角地区主要城市在制造业产品结构基本不存在同构问题(靖学青,2006),产业同构化问题随着一体化水平提升而出现新的变化(洪银兴和刘志彪,2003),产业同构在一定程度上推动了长三角产业集群化,为各地加强协作、实现价值链分工提供了基础条件(禚金吉等,2011)。这些研究证实了经济一体化与区域分工之间存在的某种关联,但又不是十分确定,存在分歧和争议。

在长三角区域经济一体化分析框架下研究区域分工十分必要,也很重要,不仅对拓展区域分工研究领域和丰富区域分工理论具有理论意义,而且对于经济一体化发展各地产业定位与分工演变,具有指导价值。当然,长三角地区构建大分工、大协作的经验可为全国其他地区分享与借鉴,作为制定区域分工政策的样本依据。

二、长三角经济一体化安徽区域分工现状

安徽参与长三角一体化可追溯到20世纪90年代,已走过了30年历程,凭借自然资源、劳动力、土地、资本等要素禀赋上的区域差异,在承接长三角沪苏浙的产业转移基础上,推进产业集聚与升级,以及发展战略性新兴产业,与长三角发达地区区域分工的路径不断演变,总结为四种路径:

(一)产业转移的承接路径

20世纪90年代开始,长三角地区企业受生产成本上升的压力向外转移。安徽毗邻长三角,具有地缘优势,东向发展,融入长三角,开启承接长三角转移出的产业,参与长三角区域分工。2003—2008年,长三角产业转移的高潮时期,长三角在安徽的投资占全省省外投资的比例上升至50%以上,投资额增长了近6倍。2008年金融危机以后,长三角加快产业转型升级,企业向外转移提速,产业转移出现第二次高潮,长三角企业在皖投资亿元以上的项目从2010年的1825个增加到2015年的5902个,五年来翻了两倍多,到位资金从2010年的1317.8亿元增加到2015年的8968.9亿元,投资规模增长近6倍。我省承接长三角产业转移势头减弱,2015年沪苏浙在皖投资为49.8%,也是近五年来首次跌到50%以下。产业转移的速度开始放缓。以招商引资为中心,以产业为载体,产业转移向园区集中,尤其是安徽沿江地区城市。2010年皖江城市带承接产业转移示范区(简称皖江示范区)成立,成为全省承接产业转移的集中区。园区建设也在迅速扩容,皖江城市带9市扩建了承接产业转移示范区,五年来,2015年,地区生产总值占全省的72.3%,财政收入占全省的65%,固定资产投资占全省的68.9%,到位资金总额占全省的69.9%。

基于传统要素禀赋结构形成的区域分工路径,处在规模扩张初始时期,规模增长快,以劳动密集型产业与资源加工型产业为主,处在我省与沪苏浙垂直分工的阶段,规模扩张效应显著,当大规模的产业转移高峰时期过去,要素"瓶颈"约束很明显:一是产业低层次锁定。发达地区一般不会将中高端产业主动向外转移。安徽承接大量的产业转移,主要承接纺织、服装、鞋帽加

工、到电子、机械、装备制造、化工、汽车零部件等,以农副产品加工、资源加工,低端机械制造加工占主导,加工水平不高,中小企业居多,产业层次处在低端。二是低成本优势的弱化。安徽承接长三角产业转移,依赖传统要素禀赋优势,用工成本、土地价格低,与长三角相比,具有比较优势。中西部地区以更低成本的劳动力、更低价格的土地,吸引长三角地区产业加速转移,承接产业转移面临区域性竞争压力加大。三是资源环境约束增强。一些高能耗高污染企业向内陆转移,一些资源消耗多、环境污染大、即便是生产工艺达标的项目,落地也困难。节能减排压力,环保督查力度加大,承接转移来的产业准入门槛抬高,地方对迁入企业的环保要求也是越来越高。四是粗放式扩张效益递减。各类园区迅速扩建,皖江城市带9个城市建立了承接产业转移示范区,也就是在原有的基础上扩园,新建江北、江南两大产业集中区,规划面积都在200平方公里,市县园区也进行扩园。2015年,全省各类开发区176个,数量上超过江苏与浙江,开发区建成区面积达1889平方公里。然而,遍地开花式园区,土地资源的浪费严重,土地利用效率却不高,全省省级开发区亩均投资强度200万,全省175家开发区的投资强度达到120万元/亩左右,与发达地区园区相差甚远,规模式增长显得不可持续。

(二)产业集群的推进路径

20世纪90年代后,以产业空间集聚加速推进产业转移,产业集群开始形成,2010年皖江示范区成立后,安徽与上海、江苏、浙江共同签署了《关于共同推进皖江城市带承接产业转移示范区建设合作框架协议》,加强皖江示范区与长三角地区的合作关系,处在与长三角地区融合时期,区域分工呈现出新的特征:一种是抱团式转移、集群式转移。长三角核心区城市产业升级,城区扩张退二进三,大批中小企业要从城区向外集群式转移。以"园中园""共建园"方式,安徽先后与长三角企业或政府共建了20多个合作园区,成为承接产业集群式转移的主要载体。如2009年,无锡市在郎溪县建立了"无锡产业园"。郎溪县和浙江海宁共建的经都产业园。2012年,滁州与苏州市共建滁苏现代产业园。池州与上海长宁区建设长宁产业园、白茅岭飞地经济园区,巢湖与浙江建设了金巢工业园、芜湖永康机电产业园、舒城皖江汽车科技产业园等。另一种是龙头企业带动链式延伸。以大企业为龙头,大项目带动,产业链延伸,上下游配套,加强关联性企业地域集聚,发挥产业链集聚效应。合肥市以"大企业-大产业-产业集群-产业基地"的思路,以大企业为龙头,以产业链方式,吸引相关产业的集聚。2009年,合肥引入京东方6代线项目,投资175亿元,带动关联企业投资总规模达1000多亿元,由从上游到下游产业链较长,集聚200多家企业,实现液晶面板的本地化，打造新型平板显示产业最大基地、以平板显示为核心的电子信息产业集群。产业链式集聚发展，在家电产业尤为明显。海尔、长虹、京东方、日立、美的、格力、康佳、科思和西门子等国内外家电大型企业设立生产基地，产业链式定向招商，有针对性地对产业链环节的生产环节，上下游配套，进行扩产、扩能。

产业集聚分工路径，产业链延伸，推进产业的规模化，以产品生产相关联的企业在一地集聚，资本密集型产业与技术密集型产业比重提升，产业层次提升，开始摆脱产业低层次锁定。随着产业集聚的规模扩大，行业集中度大幅度提升，形成地方主导产业，区域分工水平、专业化优势更为显著。产业集聚带来区域分工的变化主要表现在：一是区域发展的极化。产业集聚带来的集聚效应，在一定区域范围内，加剧经济增长的区域板块化趋势，如作为全省第一、第二大城市合肥与芜湖，GDP 总值从 2010 年相差 1100 亿元，扩大到 2015 年的 3000 亿元，两市的总量差距扩大。合肥市 2015 年 GDP 占全省 25.5%，规上工业增加值占全省 22.2%，领先优势显著，极化效应明显，高新区与经开区产值过千亿元，入驻园区都是过亿元投资的大项目，一些县市的开发区产业集聚难以形成，招商引资愈加困难。二是产业同质化竞争加剧。同类产业不同地方的集聚，地方产业结构趋同，招商引资同质化竞争。家电分布在合芜滁、汽车分布在合芜马，尽管同类产业在一个区域范围内集聚，但是城市间产业合作很少。三是产业转移的“黏性”。当制造企业成批外移速度过快，使得一些移出地方担心产业空心化，当地经济总量、税收与就业岗位的流失。江苏省南北产业转移，使得苏北地区承接苏南地区的产业转移，产业转移“黏性”，对区域产业分工格局产生影响。

（三）战略性新兴产业发展路径

战略性新兴产业出现是在金融危机后，顺应经济结构调整的大势去产能去库存，2012 年国家出台了八大战略性新兴产业。战略性新兴产业在我省得到迅速发展，优势产业突出，信息技术产业与新能源汽车脱颖而出，在安徽省外投资偏向信息技术、新能源汽车，2015 年省外投资占比增长 20% 以上，高于其他战略性新兴产业。2015 年，全省战略性新兴产业总产值达 8910 亿元，其中新型显示产业居第一位，看作是“无中生有”“小题大做”的产业。工业机器人，也是从无到有、“芜马合”工业机器人已形成一定的规模集聚，2015 年全省工业机器人产量达 2200 台，位居全国前列。软件服务业产值 2015 年达到 325 亿元，另外，新型文化服务业等一批新业态、新模式的成长性产业。

安徽处在与长三角地区区域分工的提升阶段，这个时期安徽实施创新驱动发展战略。突出人才建设、研发平台建设，辅之以必要的资金等一系列配套政策支持。2009 年,安徽建设合芜蚌自主创新国家示范区,实行企业股权和分红激励政策试点,建设合芜蚌人才特区。2013 年,安徽成为全国国家创新型省份,成立了合肥中科大先进技术研究院,加强政策配套支持。省政府对每个战略性新兴产业都有地方配套政策。2015 年,全省 10 个城市建了 14 个战略性新兴产业发展集聚基地;2016 年,增加 6 个战略性新兴产业发展集聚基地和 2 个试验基地;每年安排 20 亿元至 30 亿元的产业专项资金扶持基地建设、市级财政与园区配套支持。

发展战略性新兴产业是一次区域分工的重新洗牌,推动承接产业转移的全面升级,是安徽处在与长三角区域分工的提升时期。面临的挑战主要有以下几方面:其一,新兴产业由于技术门槛较高,投资风险大,并不是资本的首选。2010 年以后在皖省外投资偏向商业、房地产等第三产业,占整个投资的三分之一,对金融、科技信息、物流等现代服务业投资热情不高,新兴产业主要依赖政策性投资,能够形成专业化优势的战新产业并不多。其二,人才与技术要素支撑不足。目前全省战略性新兴产业尚处于“产业高端、技术中端、制造低端”的境况,像科大讯飞拥有核心技术企业,以及量子通信技术具有自主知识产权的专利技术产品还是太少。重点发展的新型显示、集成电路、机器人等新兴产业,却并不掌握核心技术,关键材料、核心零部件严重依赖进口“跟跑”而不是“领跑”,部分核心配套、关键设施依赖进口,本地配套不足,先进工艺、产业技术基础等基础能力依然薄弱,严重制约了整机和系统的集成能力。人才缺乏,也是安徽发展战略性新兴产业的“软肋”,尤其是高端人才、专业人才紧缺。2015 年,全省技能人才总量占从业人数的比重为 9.4%,并且流向沪苏浙地区占比高,我省人才引进难、留住难,稳定性差、流动性大,也是造成战新产业专业人才缺乏的一个重要原因。其三,产业对政府扶持的过度依赖。地方新兴产业的发展离不开政策扶持。地方政府通过以奖代补、投资入股等手段,支持新兴产业发展,以及人为设置一些障碍,利用市场分割保护与扶持本地战新产业发展,排斥其他企业参与竞争。对于一些不符合本地优势的产业,容易导致企业对政策扶持的依赖,导致靠扶持的企业竞争力弱,产业最终做不起来。

(四)价值链分工路径

产品按价值链分工在国内兴起,主要在经济发达地区。随着长三角一体化推进,价值链分工普遍推广,长三角区域价值链分工已是沪苏浙之间的区域分工的重要方式,以汽车为例,根据汽车产品价值链的研发、零部件、整车和市场四大价值增值环节在长三角各个城市的分工,上海整车诸多零部件企业中,90% 来自江苏和浙江,形成长三角城市群汽车产品价值链分工模式(张来春,2007)。安徽新能源汽车走的是产品价值链分工路径,占全国能源汽车市场的1/3,其配套80%来自长三角地区,2016年江淮与上海大众在新能源汽车整车及零部件的研发、生产、销售、出行方案等领域开展全方位合作。此外,合肥国轩高科,在江苏南京、昆山设分厂,为上海大众新能源汽车配套生产电池。合肥与上海正在开展双城合作,发展量子通信产业,研发基地放在上海,生产基地在安徽。

价值链分工是长三角地建立有效产业水平分工的重要方式,也是长三角地区三省一市区域分工深化的路径,通常是区域分工处于成熟阶段的主要表现,有助于使安徽成为长三角价值链环节的生产、制造、加工、组装基地。然而,这种分工目前还不是区域分工的“主流”,主要原因:一是区域分工深度不够,产品专业化加工水平不高。安徽与长三角在产品价值链分工刚刚开始,沪苏浙之间按价值链分工的区域分工步入成熟时期。以家电、汽车为例,我省区域之间分工程度高低不一,汽车与家电的本地配套率虽然较以往有了提升,但是上下游配套企业的集聚在分工水平低的地区,不同工序并不是在一个空间内完成,产业内分工水平较低,制造加工水平不高。二是对价值链分工谋划不够。目前安徽一些地方只是将长三角产业链上企业作为一般性招商引资项目对待,很少从价值链分工的角度来招商引资,精准度不高,与长三角地区产品分工的对接不上。近年来合肥虽然做得较好,也有新突破,但仍然有可提升的空间,从全省看,这方面做得还不够。

表1　长三角经济一体化安徽区域分工路径

经济一体化阶段	区域分工路径	分工类型	产业特征
初始时期	承接产业转移	垂直分工	承接劳动密集型、资源加工型产业,层次较低
融入时期	企业集聚,产业集群	以垂直分工为主	聚焦主导产业,优势产业明显,层次提升,资本密集型产业过渡
提升时期	战略性新兴产业集聚	由垂直分工向水平分工转变	优势产业出现,产业链式集群
成熟时期	产品价值链	水平分工	技术创新,制造业服务化、产业合作紧密

总之,上述四种区域分工路径,有着平行与交叉并存的关系,是相互关联、互为影响的,区域分工趋向更为复杂,显示出阶段性的特点。随着长三角经济一体化深入,不同时期不同区域分工路径呈现出丰富多样的特征,构筑安徽在长三角经济一体化格局下区域分工差异化的格局。

三、长三角经济一体化安徽区域分工路径选择

从上述四种路径的分析比较中,我们可以看出基于要素禀赋优势与产业技术水平升级、产业集聚度提升与战略性新兴产业兴起,构筑起区域分工多层次合作关系,依据长三角经济一体化进程和安徽区域分工路径的演变,要跟上长三角地区区域分工升级的步伐,必须以战略性眼光,深度谋划本地产业对接长三角地区产业的方式,采取相应的对策。

(一)更新区域分工认识水平

区域分工有着阶段性的特点,安徽与长三角苏浙沪相比,要素禀赋与经济基础有差异,所处发展阶段不同,经济发展水平不在一个层面上,与沪苏浙相比,安徽产业结构、制造业行业、产品结构都存在较大差距。随着一体化推进,区域分工不是一成不变的,而是不断发生新的变化,这种变化不仅与产业发展趋势相关,而且与长三角及本地区域产业空间格局是密切相关的,显然与沪苏浙之间的分工是截然不同的。因此,更新基于优势原则的区域分工理论,对长三角产业转移与产业升级路线要有清楚的认识,区域分工不能仅停留在承接产业转移上,追求经济规模增长与用地指标的增加,新建更多园区,而是要更新招商引资的理念,根据本地区区域分工所处的阶段,提高多个层面上推进区域产业分工合作认识。

(二)与时俱进推动区域分工协作

安徽要紧紧抓住长三角地区制造业转型升级、产业结构调整的机遇,从大规模承接产业转移到有选择地承接产业转移转变,将外来产业嵌入本地产业体系中,处在融入阶段,根据各地要素禀赋的比较优势,确立重点产业发展方向,推进产品价值链区域分工,有针对性地进行产业链的"缺链""补链",向产业内水平分工转变。促进区域内各地产业集聚,区域内分工要按产业链的空间组合,突出产业链式招商,引导制造业向分工细化、协作紧密的方向发展,提升产品质量与品牌的市场占有率。加强都市圈大中小城市的协同发展,发挥区域合作的整体优势。发挥各城市的要素优势及城市间的分工协作关系,加强双方交流,建立新型合作关系,形成跨业跨地域的生产网络。

(三)深化区域分工合作领域

安徽进一步扩大比较优势产业分工的地域范围,拓展区域分工由制造业

向服务业领域，开拓从制造业到服务业多领域合作的新空间，借助长三角平台，利用信息通信技术以及互联网平台，推进生产型制造向服务型制造转变，发展物流、外包服务业等生产性服务业。推进产业链分工向价值链分工转变，推进由垂直一体化分工向水平一体化分工转变，开展多层次的分工合作，鼓励长三角区域内企业兼并重组，跨业、混业联合，推动长三角产业的协同发展，加强与长三角发达地区的新兴产业合作，实现差异化定位、错位发展、新一轮产业同构化，深度融入长三角发达地区产业分工体系。

（四）提升要素禀赋结构

把创新要素作为推动区域分工升级的关键要素，新一轮的区域分工更加注重传统要素与创新要素的整合，安徽处在与长三角经济一体化程度提升时期，借助互联网、信息网、高铁网，时空距离不再成为资本、人才与技术、信息要素流动的障碍。发挥中心城市要素集聚优势，打造人才集聚、创新研发的平台，并与中小城市组成起创新联盟。通过先进技术改进，消化、创新，培育产业集聚的技术上的领先优势，同时加强与长三角地区技术研发资源共享与平台共建。技工大省建设，使技能型实用型人才培育放在首位，促进基于比较优势升级进一步深化区域分工。

（五）加强区域分工合作政策引导

一个地方优势产业的形成离不开地方政策支持，制定符合要素禀赋结构及比较优势升级的产业政策显得十分重要。要把握产业发展方向和产业集群的特点，产业政策要做到精准精确。区域分工更要依据地方要素禀赋建立起的优势产业，认真研究每个支持的产业特点、规律与趋势，制定产业发展政策和招商引资策略，做到"一业一策"，不搞"一刀切"，实行差别化政策。提高产业政策对产业技术尤其是共性技术的支持力度减少对企业的生产直补、产品补贴政策，加大产业技术研发与要素保障的支持力度，和市场环境的改善。

参考文献：

[1] 程必定．安徽与长三角："双城战略"[M]．合肥：安徽人民出版社，2015.

[2] 陈建军．长江三角洲地区的产业同构及产业定位[J]，中国工业经济，2004，(2).

[3] 范剑勇．长三角一体化、地区专业化与制造业空间转移[J]．管理世界，2004，(11).

[4] 洪银兴，刘志彪．长江三角洲地区经济发展的模式和机制[M]．北京：清华大学出版社，2003.

[5] 韦伟．江浙皖赣四省城市化与区域发展比较研究[M]．合肥：安徽大学出版

社,2012.

[6] 蔡昉,王德文. 中国地区比较优势:差异、变化及其对地区差距的影响[J]. 中国社会科学,2002,(5).

[7] 徐康宁,赵波,王绮. 长三角城市群: 形成,竞争与合作 [J]. 南京社会科学,2005,(5).

[8] 许德友. 产品内分工的产业转移与中国区际产业转移[J]. 现代经济探讨,2014,(4).

[9] [日] 小岛清. 对外贸易论[M]. 周宝廉译. 天津:南开大学出版社,1987.

[10] 张来春. 长三角城市群汽车产品价值链分工研究[J]. 上海经济研究,2007,(11).

提升安徽省新能源汽车产业竞争力问题研究

吴 骏 李海滨 张传坤

摘 要:首先对安徽省新能源汽车发展现状进行了分析,并指出了存在的问题;然后用主成分分析方法对安徽省新能源汽车的产业竞争力进行了评估,认为安徽省新能源汽车产业竞争力较强,但是同先进省市相比,仍存在一定的差距,并指出"核心零部件发展水平"和"地区创新能力"是安徽省新能源汽车发展中的短板,针对短板制定相关政策,可有效提升安徽省新能源汽车产业竞争力;最后分析指出了提升安徽省新能源汽车产业竞争力的政策建议:(1)加强"三电"技术研发、提升技术竞争力和环境竞争力,(2)以第二部私家车为突破口,提升生产竞争力和政策竞争力;(3)积极引进国内外优秀企业来皖建立生产基地、提升技术竞争力和生产竞争力;(4)对传统燃油型汽车实行限购、为新能源汽车留下发展空间;(5)建立互联网租车平台、推进新能源汽车分时租赁模式的普及;(6)大力发展电动出租车。

关键词:新能源汽车;产业竞争力;充电桩;动力电池

一、引 言

新能源汽车产业是技术密集型战略性新兴产业,由于其具有资源消耗少、成长潜力大、综合效益高等优点,被世界各国视为带动全球经济转型、引

作者简介:吴 骏(1961—),男,合肥工业大学管理学院教授;李海滨(1993—),男,合肥工业大学管理学院硕士研究生;张传坤(1992—),男,合肥工业大学管理学院硕士研究生。

领未来经济发展的重要力量。

近些年来,在中国政府的推动下,中国新能源汽车产业取得了快速发展。中国汽车技术研究中心发布的《中国新能源汽车产业发展报告 2017》显示,2015—2016 年中国新能源汽车连续两年产销量为全球第一,并远超第二名美国(见图 1,图中左纵坐标表示年销量,右纵坐标表示销量年增长率)。在 2014-2016 年间,中国新能源汽车产量由 7.85 万辆上升至 51.7 万辆,三年间增长了 6.6 倍;中国新能源汽车销量由 7.47 万辆上升至 50.7 万辆,年均增长率达 190%①。中国新能源汽车产业的异军突起,已经逐渐成为中国促进产业转型升级、带动中国经济发展的领头羊。

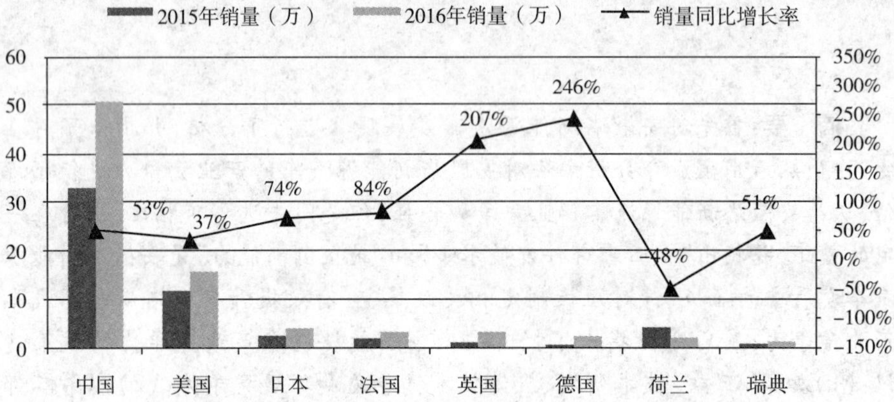

图 1　2015—2016 年世界主要新能源汽车国家销量及销量同比增长率

数据来源:中国汽车技术研究中心. 中国新能源汽车产业发展报告(2017)[M]. 北京:社会科学文献出版社,2017:458-459.

二、安徽省新能源汽车发展水平比较分析

(一)安徽省新能源汽车整车生产比较分析

从各省(自治区、直辖市)生产情况分析,中国 2015 年各地区新能源汽车产业发展呈现出进一步分化趋势②,在 26 个拥有新能源汽车产业或进行新能源汽

① 数据来源:中国汽车技术研究中心. 中国新能源汽车产业发展报告(2017)[M]. 北京:社会科学文献出版社,2017:108-109,419-420.

② 由于《中国节能与新能源汽车统计年鉴 2017》尚未出版,所以文章中的部分数据截止日期为 2015 年底。

车推广的省市中,广东省产量全国第一,其次是浙江、江苏、安徽、湖北、北京(参见图2,纵坐标表示年产量,由于内蒙古数据缺失,所以只有25省市)。

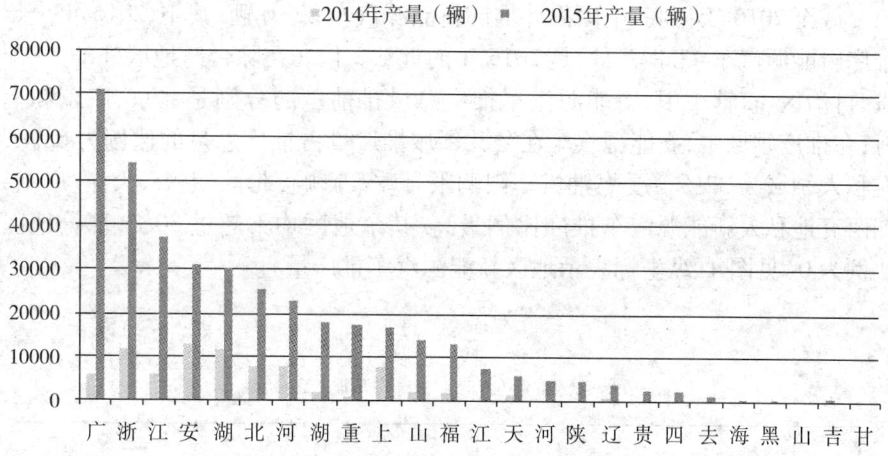

图2　2015年25省市新能源汽车实际产量图

数据来源:中国汽车技术研究中心等. 节能与新能源汽车年鉴2016[M]. 北京:中国经济出版社,2016:378-495.

同2015年相比,2016年中国新能源汽车生产集中度进一步提高,新能源汽车产量前十名企业产量占总产量的66.8%,其中,乘用车产量前十名企业产量占全国总产量95%,前三名企业合计占新能源乘用车总产量的56.3%;新能源商用车产量前十名厂商占全国总产量为69.3%,前三名占比为40.7%(见图3)。

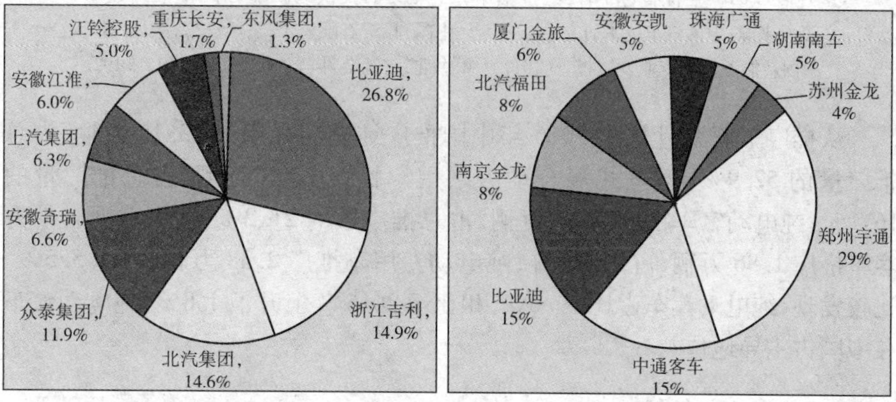

图3　2016年新能源乘用车(左)与商用车(右)产量排前十名企业占总产量比重

数据来源:中国汽车技术研究中心,日产(中国)投资有限公司,东风汽车有限公司. 中国新能源汽车产业发展报告(2017)[M]. 北京:社会科学文献出版社,2017:110-131.

（二）安徽省新能源汽车推广比较分析

截至2016年年底，中国累计推广新能源汽车82万辆，其中，2016年全年推广新能源汽车43.8万量，是2015年的近1.3倍。在除台湾地区外的31个省、自治区、直辖市中，新能源汽车推广总量排前三的分别是北京、广东和上海；在推广领域中，新能源汽车在公共领域推广量占推广总量的比例为68%，在私人领域为32%。受燃油汽车限购限号政策影响，北京、上海、天津、广东、江西五地私人新能源汽车推广比例最高，其余地区均不超过30%，部分地区比例为0（见图4，纵坐标表示地区新能源汽车推广量）。

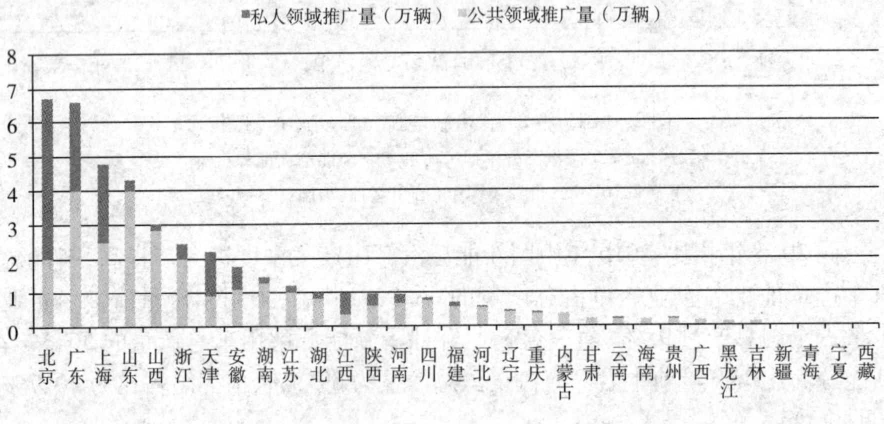

图4　2016年各省（自治区、直辖市）公共及私人领域新能源汽车推广数量
资料来源：中国汽车技术研究中心，日产（中国）投资有限公司，东风汽车有限公司．中国新能源汽车产业发展报告(2017)［M］．北京：社会科学文献出版社，2017：P192.

从推广车辆类型上看，2016年中国推广纯电动乘用车23.15万辆，占总推广量的52.9%；插电式混合动力乘用车推广7.05万辆，占总推广量的16.1%；纯电动客车推广9.28万辆，占总推广数的21.2%；插电式混合动力客车推广1.86万辆，占比4.3%；纯电动专用车推广2.38万辆，占比5.5%。比较发现，纯电动汽车占比79.6%，相比于2015年上升了4.8%，纯电动汽车在中国占主导地位①。

① 资料来源：中国汽车技术研究中心，日产（中国）投资有限公司，东风汽车有限公司．中国新能源汽车产业发展报告(2017)［M］．北京：社科学文献出版社，2017：P184.

(三)新能源汽车产业发展存在的问题

1. 新能源汽车推广结构失衡

目前,新能源汽车推广主要集中在公共领域和企事业单位,私人领域仅仅占据32%,多数城市私人领域车辆占比不足20%,私人领域占比低不利于新能源汽车市场的发展。

2. 新能源汽车制造成本居高不下

由于生产规模和生产技术限制,目前新能源汽车制造成本是同级别燃油汽车的两倍左右,政府要负担庞大的补贴费用,消费者也要支付较高的价格,这些都限制了新能源汽车的发展。新能源汽车制造成本高主要是因为动力电池制造成本高,当前单体锂离子电池价格大约在1.2~1.6元/Wh(瓦时)之间,电池系统价格在1.8~2.5元/Wh之间,平均看,一个补贴后11万元左右的电动汽车所搭载的30kWh(千瓦时)电池成本大约就需要10.5万元。

3. 新能源汽车产品续航里程短

2016年,中国自主品牌纯电动乘用车续航里程多数集中在150~200 km区间段,优秀产品可以达到250~300km,尖端产品如北汽EU400、比亚迪腾势续航里程可以达到350km,相较于2015年续航里程有明显进步,但距离同级别燃油车平均500~600km的续航里程还有明显差距。

4. 新能源汽车使用便利性差

新能源汽车使用便利性差主要体现在充电方面。首先,充电基础设施难以满足新能源汽车的发展需求,中国基础充电设施保有量及建设速度是滞后的。截至2015年年底,中国充电桩累计建成超过12万个,新能源汽车累计销量49.7万辆,车充比远低于1∶1。在增速方面,2015年新能源汽车产量增速450%,充电桩建设增速为380%;其次,充电时间过长。私人消费者一般会选择安装成本较低的慢充桩,一次充满电所需时间约为6~8小时,即便使用快充桩,充满80%电量也需要1小时,便捷性上不如燃油车。

三、安徽省新能源汽车产业竞争力比较分析

(一)指标设计

在分析国内外已有研究成果基础之上,结合新能源汽车产业的特征,我们设置了政策竞争力、环境竞争力、产业竞争力和技术竞争力四个一级指标

和八个二级指标评价中国主要省市新能源汽车产业竞争力,具体指标体系见表1。

表1　新能源汽车产业竞争力评价指标

一级指标	二级指标	指标计算或解释
政策竞争力	新能源汽车推广目标完成率 X_{11}	累计推广新能源汽车数量/地区推广目标
	私人新能源汽车推广占比 X_{12}	私人新能源汽车推广量/地区新能源汽车推广量
环境竞争力	基础充电设施建设水平 X_{21}	本地区充电基础设施数量/本地区新能源汽车保有量
	新能源汽车核心零部件产业发展水平 X_{22}	本地区生产的电池和电机年产量之和
生产竞争力	新能源汽车产量 X_{31}	本地区新能源汽车年产量
	新能源汽车产量增加量 X_{32}	地区本年度新能源汽车产量比上年度增加量
技术竞争力	新能源汽车产品技术水平 X_{41}	根据地区各类新能源汽车最大续航里程进行打分
	地区创新能力 X_{42}	城市创新能力指数

技术竞争力的评判是关键,我们参考了国家、地方补贴对新能源汽车续航里程的要求、爱卡汽车 X-green 新能源汽车技术测评体系以及2015年各类新能源汽车续航里程的主要集中区间,设计了新能源汽车产品技术水平 X_{41} 的评分标准(见表2)。

表2　新能源汽车技术评分标准

车型分类	项目	评分标准
纯电动乘用车	综合工况续航里程	不生产:0分。 生产:80km以下,50分;80～100km,60分;100km～150km,80分;150～200km,100分;超过200km部分,每50km加30分。
插电式混合动力乘用车	电池作为唯一驱动力条件下,综合工况法续航里程	不生产:0分。 生产:50km以下,50分;50～80km,80分;80～100km,100分;超过100km,120分。

（续表）

车型分类	项目	评分标准
纯电动商用车	等速法续航里程	不生产：0 分。 生产：200km 以下，50 分；200～300km，60 分；300～400km，80 分；400～500km，100 分；超过 500km 部分，每 50km 加 15 分。
插电式混合动力商用车	电池作为唯一驱动力条件下，等速法续航里程	不生产：0 分。 生产：50km 以下，50 分；50～80km，80 分；80～100km，100 分；超过 100km，120 分。

（二）样本选择和数据来源

1. 样本选取

截至 2015 年年底，国务院在全国共设置了包括省级、直辖市、地级市在内的 39 个新能源汽车推广城市。为保证样本的全面性，本文选取其中 38 个新能源汽车推广城市（内蒙古数据缺失不作比较）作为研究样本，并且为了统一比较口径，本文将 38 个城市中属于同一省份的城市数据进行合并，最后得到 21 个省、4 个直辖市共计 25 个省级样本。

2. 数据来源

各省市新能源汽车推广辆、地区充电设施建设情况及保有量、电池和电机产量、地区新能源汽车产量、地区新能源汽车最长续航里程，数据来源于 2014—2016 年《节能与新能源汽车统计年鉴》，私人新能源汽车推广量来源于《中国新能源汽车产业发展报告 2016》和《节能与新能源汽车统计年鉴 2016》，地区创新能力指数数据来源于《中国区域创新能力分析报告 2014》。

（三）中国主要省市新能源汽车产业竞争力综合得分及排名

我们采用主成分分析方法，得出中国主要省市新能源汽车产业竞争力综合得分及排名（参见表 3）。

表 3　新能源汽车产业竞争力综合得分及排名

排名	1	2	3	4	5	6	7	8	9
省市	广东	上海	浙江	江苏	北京	安徽	山东	湖南	湖北
得分	5.501	2.602	2.039	1.969	1.954	1.118	0.861	0.640	-0.086
排名	10	11	12	13	14	15	16	17	18
省市	江西	福建	重庆	河南	天津	陕西	四川	辽宁	河北
得分	-0.170	-0.198	-0.242	-0.292	-0.340	-0.630	-0.790	-0.858	-0.972

(续表)

排名	1	2	3	4	5	6	7	8	9
排名	19	20	21	22	23	24	25		
省市	云南	吉林	山西	贵州	海南	黑龙江	甘肃		
得分	-1.414	-1.458	-1.617	-1.708	-1.881	-1.892	-2.137		

(四)结果分析

主成分分析表明:技术水平、政策力度、配套环境及生产规模对新能源汽车产业发展具有显著的影响。此外,通过以下公式,我们可以计算出每个二级指标的比例系数:

$$M_{mn}=(61.261F1_{mn}+15.809F2_{mn})/77.069$$

式中 M_{mn} 表示第 m 个一级指标的第 n 个二级指标的比例系数,$F1_{mn}$ 表示第 m 个一级指标的第 n 个二级指标的特征值 F1,$F2_{mn}$ 表示第 m 个一级指标的第 n 个二级指标的特征值 F2,然后再通过归一化计算出四个一级指标的权重,计算得出政策竞争力、环境竞争力、生产竞争力、技术竞争力的权重依次是 0.221、0.242、0.253、0.284。由此我们可以发现,技术竞争力权重最大,提高新能源汽车技术水平对提升新能源汽车产业竞争力的贡献也最大。

主成分分析进一步表明了产业规模、产业环境、政策力度和技术水平对产业竞争力具有影响。结果显示,广东省新能源汽车产业竞争力排名全国第一,其得分远高于其他省份。在产业规模方面,广东省比亚迪集团市场份额连续数年全国第一,2016 年新能源乘用车市场份额为 26.8%,高于第二名近 12 个百分点;在配套环境方面,广东省 2015 年核心零部件市场份额为 25%,比第二名高出 14 个百分点,充电桩保有量全国第一,其中快速充电桩占充电桩总量的比例达到 82%,超过第二名近 30 个百分点;在政策力度方面,广东省政府补贴力度很大,超过中央补贴标准;在技术水平方面,比亚迪通过与德国戴姆勒公司合资获取了先进技术,目前比亚迪新能源乘用车最高续航里程可达到 350 km,远高于其他品牌产品。

最后,通过指标分析,可以发现安徽省存在的薄弱环节:根据实证结果,安徽省综合排名为第 6 名;根据原始数据,安徽省八个二级指标的排名依次是第 5 名、第 6 名、第 3 名、第 10 名、第 4 名、第 5 名、第 4 名、第 9 名,其中新能源汽车“核心零部件发展水平”指标和“地区创新能力”指标排名均低于安徽省产业竞争力综合排名,属于安徽省产业发展过程中的短板。针对这两项产业短板制定相关政策,可有效提升安徽省新能源汽车产业竞争力。

四、提升安徽省新能源汽车产业竞争力对策建议

以上已经分析指出,技术水平是影响新能源汽车产业竞争力的最主要的因素,其次是政策、环境和产业规模。"核心零部件发展水平"和"地区创新能力"是安徽省新能源汽车发展中的短板,针对短板制定相关政策,可有效提升安徽省新能源汽车产业竞争力。针对上述分析,我们提出提升安徽省新能源汽车产业竞争力的对策建议如下:

(一)加强"三电"技术研发、提升技术竞争力和环境竞争力

为直观地反映安徽省新能源汽车技术发展现状,本文将江淮 IEV6S、比亚迪秦 EV300、特斯拉 Model S 这三款新能源汽车产品各项技术参数进行对比,如表4 所列(其中,江淮 IEV6S 是安徽江淮集团2016 年上市的产品;比亚迪秦 EV300 是比亚迪公司 2016 年上市产品;Model S 为美国特斯拉公司产品)。

表4 部分新能源汽车技术参数对比分析

类别	参数	江淮 IEV6S	比亚迪秦 EV300	特斯拉 Model S
电池	驱动类型	纯电动	纯电动	纯电动
	电池类型	三元锂(韩国三星 SDI)	磷酸铁锂(比亚迪)	三元锂(日本松下)
	能量(kWh)	33	47.5	100
	电池能量密度(Wh/kg)	240	97	265
电机	电机类型	永磁同步	永磁同步	交流异步
	电机转速(r/min)	10000	12000	15000
	峰值功率(kW)	80	160	375
	峰值扭矩(Nm)	270	310	600
整车性能	最高时速(km/h)	130	150	250
	0~100 公里加速时间(s)	11	7.9	2.7
	续航里程(km)	250	300	613
	百公里耗电量(kW)	13.2kw	15.8kw	16.3kw
充电速率	220v 慢充充电速率(kW/h)	3.3	6.8	9.5
	380v 快充充电速率(kW/h)	25.4	40	83

资料来源:中国工信部网站:http://www.miit.gov.cn/

通过与国内外先进产品比较,我们发现安徽新能源汽车产品在电池、电

机、整车性能及充电速率上均存在较大差距,而整车性能与充电速率的落后归根结底也是“三电”(电池、电机、电控)技术落后所导致的。

基于上述分析可以得出,提升新能源汽车技术水平关键是要提升“三电”技术,其路径有以下两条:

(1)提升“三电”技术指标、掌握高端零部件制造技术。目前最主要任务是提升动力电池能力密度,继而提高新能源汽车续航里程。三元锂电池和全固态锂电池是下一代高密度能量电池的发展方向,在研发过程中,应重点关注电池的热稳定性研究、电池包布局研究、主动安全系统研究,防止因碰撞而导致的起火和爆炸;此外,高端制造技术的缺失,导致我国高端元件基本依赖进口且价格昂贵,企业应采用正向研发、并购研发、合资研发、代工厂四种方式,并依托当地科研机构和高等院校联合攻关,尽快掌握“三电”高端制造技术。

(2)研发低成本技术、获取成本优势。“三电”系统约占新能源汽车整车成本的60%~70%,随着全球碳酸锂价格持续上涨及中央补贴政策全面退坡,研发低成本技术势在必行。电池企业在保证电池包能量密度不变条件下,可增加电池体积,减少电池数量,降低电池成本;电机及电控企业可通过提升系统集成度,降低系统重量和体积,减少原材料消耗量,或采用部分组件非金属化来降低系统重量和成本;碳化硅的开发应用可以有效减少电机50%的成本并提高控制器50%功率密度。

政府在产业发展过程中,要积极引进相关领域领军人才,引导当地企业、高校及相关科研机构联合成立产业联盟、培养专业人才,为技术提升创造优良环境。

(二)以第二部私家车为突破口、提升生产竞争力和政策竞争力

新能源汽车续航里程短、实用性不强是导致推广难度大的一个重要原因。随着家用第二辆车市场的兴起,新能源汽车通过与首辆车的互补使用,经济性和清洁性的优势将得以凸显,非常适合家用第二辆车的需求。目前,在城市私家车已经比较普及,第二部私家车的市场已经到来,这为新能源汽车的发展提供了广阔的市场空间,政府应该以第二部私家车作为切入点,制定相关政策推广新能源汽车。

(1)政府应通过完善基础设施建设,为消费者购买新能源汽车创造有利的条件,例如:对已有小区和公共场所停车位进行扩容、引进立体式停车场、督促小区根据总户数提高车位比例、合理设计增加公共停车位数量、增加充电车位的比例、规范小区充电桩安装条例等。

(2)制定相关政策,提升新能源汽车作为家用第二辆车的市场占有率。首先,政府可以对新能源汽车实施税费减免。目前,政府已经对新能源汽车

车船税已经减免,但对保险费没有减免,这就意味着消费者在购买新能源汽车作为第二辆车时需要承担双倍的保险费用。建议:同一用户名下第一部汽车和第二部新能源汽车共用一份保险单,依据两部汽车的合计行驶里程确定保险费用,这样可以消除消费者双重缴费。

(三)积极引进国内外优秀企业来皖建立生产基地、提升技术和生产竞争力

安徽省在大力支持本省企业发展新能源汽车同时,也应该积极引进国内外优秀新能源汽车企业来皖建立生产基地。国内四大汽车产业集团(一汽集团、上汽集团、东风汽车、长安汽车)的整车生产基地不仅仅局限在各自总部所在的吉林、上海、湖北、重庆,还在天津、江苏、浙江、广西等其他省市设立了整车生产基地。在这些省份的四大汽车集团生产基地落成后整车产量迅速大幅上升,其产量甚至占了本省总产量的绝大部分,同时也围绕整车生产基地形成了较为完整汽车产业链条。由此可见,除了通过引进国外合作伙伴提升技术竞争力以外,积极推动省外车企在本省设立生产基地,能在较短时期内快速提升整车产量、汽车工业产值,增强本省汽车产业竞争力。目前国内四大汽车集团中仅有中国长安汽车于 2015 年在安徽省内设立了合肥高新区生产基地,但是设立时间晚、规模较小,对安徽省汽车产业竞争力提升有限。未来安徽省应继续积极引进四大汽车集团来安徽省内设立生产基地,迅速扩大生产规模,发挥集群规模优势,带动本地区汽车零部件产业等上下游产业链发展,提升安徽省汽车产业整体竞争力。

(四)对传统燃油型汽车实行限购、为新能源汽车留下发展空间

目前,我国已有部分城市实行了汽车限购政策,其目的是缓解交通压力。安徽省尚未实行这一政策,由于私家车的日益增加,安徽省的交通压力也日益增加,所以有必要对传统燃油汽车实行限购,为新能源汽车留下发展空间。

(五)建立互联网租车平台、推进新能源汽车分时租赁模式的普及

北京、上海、广州、深圳除了整车企业的投建以及专门从事租赁业务的公司外,还存在大量的为租赁公司和租车用户提供对接平台及相关技术的企业,比如易车行、微租车、卡斯达特等。这些企业通过互联网平台连接企业与客户,提供实时的租赁车辆信息、租赁地点、租赁价格等内容,更有效地促进了分时租赁模式的发展。安徽省应效仿北京、上海,引入或者自己投资设立相关企业,搭建安徽省本土的互联网租赁平台,提高本省汽车租赁业务发展。

(六)大力发展电动出租车

参照部分城市的做法,对于新能源汽车发展基础较好的城市(如合肥市、芜湖市)应明确提出:“新增出租车应该全部采用新能源汽车,在 5 年内将全部燃油型出租车置换成新能源汽车”。

以强化改革意识为突破加快处置我省"僵尸企业"

任志安　金雨生

摘　要:科学处置"僵尸企业"已经成为我省供给侧结构性改革的紧迫任务和微观着力点。文章使用2008—2013年中国工业企业数据库以及运用FN-CHK标准,对我省"僵尸企业"的基本状况进行了科学测度并对我省"僵尸企业"的形成原因进行了深入剖析,研究发现:(1)2009～2013年安徽省"僵尸企业"数量大致为先上升后下降的变动趋势,总体从2011年开始趋于微幅波动,但安徽省整体"僵尸企业"比例仍然比较高,且超过了全国2008—2013年的平均比例6.4%;(2)虽然安徽省从2009年至2013年各年的"僵尸企业"的行业分布有所不同,但是数据事实表明安徽省"僵尸企业"多分布在制造业(传统行业);(3)安徽省各城市2009—2013年的僵企率变动情况大致为先上升再下降后微幅波动的趋势,且僵企数最高的前六位城市分别是:合肥(833家),芜湖(588家),滁州(343家),宣城(301家),马鞍山(273家),安庆(229家);(4)僵尸企业形成和存在都是特定历史环境下的合理性存在,是长期发展积累下的产物,成因非常复杂,但是,我省"僵尸企业"的形成原因既有全国共性的因素,又有安徽个性的问题。最后,据此文章认为,供给侧结构性改革背景下,安徽省处置"僵尸企业"应当有新的思路和新的作为,才能够实现新的发展,必须以强化改革意识为突破,大胆改革,勇于探索,加快处置蚌埠"僵尸企业"。具体来说,安徽省处置"僵尸企业"应该采取"树立两种意识,实现一大目标,突出三个重点,采取五种模式,实施六项改革"的行动方案(简称"21356"行动方案)。

关键词:僵尸企业;僵企率;安徽省;"21356"行动方案

"僵尸企业"因为占用的资源多,危害大,而我省"僵尸企业"的比例又较

作者简介:任志安(1965—),男,安徽合肥人,安徽财经大学皖北经济发展研究中心主任、教授、博士;金雨生(1992—),男,安徽合肥人,安徽财经大学西方经济学专业硕士研究生。

大,所以,科学处置"僵尸企业"已经成为我省供给侧结构性改革的紧迫任务和微观着力点。为此,我们必须以强化改革意识为突破口,大胆改革,勇于探索,努力工作,加快处置我省"僵尸企业"。

一、安徽省"僵尸企业"的基本状况

为了具体而客观地了解安徽省"僵尸企业"的发展现状,本部分将使用2008—2013年中国工业企业数据库及运用FN-CHK标准,在Excel中对2008—2013年数据进行匹配得到五组连续两年的安徽省工业企业数据。根据FN-CHK标准将公式及命令写入并在Excel中进行运行得出所需测算结果。以下篇幅将依据数据结果对安徽省的工业企业现状进行多角度测度分析。

(一)安徽省"僵尸企业"的总体情况

通过运用科学方法对安徽省2009~2013年"僵尸企业"进行测度,我们得到安徽省"僵尸企业"的总体状况。具体结果见表1所列

表1　安徽省僵尸企业年份分布状况

年份(年)	企业数	僵尸企业数	僵尸企业占比(%)	全国僵尸企业占比(%)
2009	8882	994	11.19	8
2010	5092	1221	23.98	—
2011	4408	286	6.49	5
2012	10427	732	7.02	5
2013	11926	734	6.15	8

数据来源:经《中国工业企业数据库》计算及国有资产监督管理委员会整理而得。

从表1的测度结果看,对于2009—2013年安徽省"僵尸企业"数量大致为先上升后下降的变动趋势,总体从2011年开始趋于微幅波动,但安徽省整体"僵尸企业"比例仍然比较高,且超过了全国2008—2013年的平均比例6.4%。从安徽省与全国各年份僵尸企业比例对比可知,安徽省除2010年无法与全国比较外,其余2011年,2012年均超过全国年份比例,2013年安徽省"僵尸企业"比例少于全国比例。鉴于此,我们认为安徽省处置"僵尸企业"的任务仍然非常严峻。

(二)安徽省"僵尸企业"的行业分布

安徽省僵尸企业行业分布现状以2011—2013年测度数据结果为例,如表

2和表所列(其中,僵尸率=行业僵企数/行业企业数×100%),同时列出2009—2013年僵尸企业排名前五类的僵尸行业及其占比情况。

表2　安徽省2009—2010年僵尸企业行业分布占比

行业分类	2009 企业数	2009 僵企数	2009 僵企率(%)	2010 企业数	2010 僵企数	2010 僵企率(%)
煤炭开采与采选业	99	14	14.14	62	10	16.13
黑色金属矿采选业	91	15	16.48	63	13	20.63
有色金属矿采选业	21	3	14.29	28	1	3.57
非金属矿采选业	181	16	8.84	85	16	18.82
农副食品加工业	908	50	5.51	478	71	14.85
食品制造业	178	14	7.87	95	20	21.05
酒、饮料和精制茶制造业	210	20	9.52	107	28	26.17
纺织业	517	80	15.47	315	100	31.75
服装及其他纤维制品制造业	348	55	15.80	184	59	32.07
皮革毛皮羽绒及其制品业	145	16	11.03	81	25	30.86
木材加工及竹、藤、棕、草制品业	363	26	7.16	178	26	14.61
家具制造业	66	3	4.55	27	3	11.11
造纸业	152	18	11.84	97	27	27.84
印刷和记录媒介的复制业	122	11	9.02	67	15	22.39
文教、工美、体育和娱乐用品制造业	119	10	8.40	74	33	44.59
石油加工、炼焦和核燃料加工业	19	6	31.58	11	2	18.18
化学原料及化学制品制造业	552	61	11.05	312	73	23.40
医药制造业	179	26	14.53	116	35	30.17

（续表）

行业分类	2009 企业数	2009 僵企数	2009 僵企率(%)	2010 企业数	2010 僵企数	2010 僵企率(%)
化学纤维制造业	22	4	18.18	12	4	33.33
橡胶和塑料制品业	91	8	8.79	54	12	22.22
非金属矿制品业	426	41	9.62	244	48	19.67
黑色金属冶炼及压延加工业	803	112	13.95	426	124	29.11
有色金属冶炼及压延加工业	98	9	9.18	67	22	32.84
金属制品业	29	7	24.14	48	16	33.33
通用设备制造业	411	34	8.27	230	57	24.78
专业设备制造业	765	96	12.55	444	97	21.85
汽车制造业	318	31	9.75	189	47	24.87
铁路、船舶、航天航空和其他交通运输设备制造业	513	70	13.65	276	60	21.74
电气机械及器材制造业	0	0	0.00	0	0	0.00
计算机、通信和其他电子设备制造业	576	51	8.85	355	83	23.38
仪器仪表制造业	144	14	9.72	110	33	30.00
其他制造业	62	5	8.06	38	5	13.16
废弃资源综合利用业	107	5	4.67	48	7	14.58
金属制品、机械和设备修理业	33	2	6.06	13	2	15.38
电力、热力生产和供应业	131	47	35.88	94	24	25.53
煤气生产和供应业	22	2	9.09	17	4	23.53
水的生产和供应业	55	12	21.82	43	20	46.51

数据来源：经《中国工业企业数据库》测度而得。

表3　安徽省2011–2013年僵尸企业行业分布占比

行业分类	2011企业数	2011僵企数	2011僵企率(%)	2012企业数	2012僵企数	2012僵企率(%)	2013企业数	2013僵企数	2013僵企率(%)
煤炭开采与采选业	37	4	10.81	55	7	12.73	38	5	13.16
黑色金属矿采选业	42	3	7.14	78	6	7.69	93	10	10.75
有色金属矿采选业	14	1	7.14	47	3	6.38	50	7	14.00
非金属矿采选业	70	2	2.86	146	6	4.11	152	8	5.26
农副食品加工业	522	12	2.30	1126	36	3.20	1211	34	2.81
食品制造业	94	3	3.19	218	14	6.42	267	14	5.24
酒、饮料和精制茶制造业	92	10	10.87	194	17	8.76	235	15	6.38
纺织业	245	26	10.61	513	49	9.55	496	35	7.06
服装及其他纤维制品制造业	150	9	6.00	451	35	7.76	626	41	6.55
皮革毛皮羽绒及其制品业	65	5	7.69	151	9	5.96	189	8	4.23
木材加工及竹、藤、棕、草制品业	138	3	2.17	361	17	4.71	413	10	2.42
家具制造业	30	2	6.67	104	2	1.92	139	4	2.88
造纸业	67	9	13.43	167	8	4.79	154	13	8.44
印刷和记录媒介的复制业	65	4	6.15	155	11	7.10	209	16	7.66
文教、工美、体育和娱乐用品制造业	37	2	5.41	86	2	2.33	213	10	4.69
石油加工、炼焦和核燃料加工业	6	2	33.33	20	2	10.00	23	1	4.35
化学原料及化学制品制造业	267	14	5.24	634	52	8.20	708	41	5.79

（续表）

行业分类	2011企业数	2011僵企数	2011僵企率（%）	2012企业数	2012僵企数	2012僵企率（%）	2013企业数	2013僵企数	2013僵企率（%）
医药制造业	80	10	12.50	221	18	8.14	236	14	5.93
化学纤维制造业	8	0	0.00	23	0	0.00	26	3	11.54
橡胶和塑料制品业	47	2	4.26	100	9	9.00	684	46	6.73
非金属矿制品业	243	9	3.70	517	36	6.96	1273	100	7.86
黑色金属冶炼及压延加工业	370	35	9.46	1043	90	8.63	313	22	7.03
有色金属冶炼及压延加工业	50	7	14.00	116	17	14.66	100	12	12.00
金属制品业	19	2	10.53	123	18	14.63	586	28	4.78
通用设备制造业	179	8	4.47	489	21	4.29	704	49	6.96
专业设备制造业	403	23	5.71	804	43	5.35	531	28	5.27
汽车制造业	159	4	2.52	441	33	7.48	579	62	10.71
铁路、船舶、航天航空和其他交通运输设备制造业	311	21	6.75	641	66	10.30	119	5	4.20
电气机械及器材制造业	0	0	0.00	0	0	0.00	876	48	5.48
计算机、通信和其他电子设备制造业	303	20	6.60	761	46	6.04	271	12	4.43
仪器仪表制造业	88	2	2.27	221	13	5.88	80	3	3.75
其他制造业	26	1	3.85	65	3	4.62	52	0	0.00
废弃资源综合利用业	42	1	2.38	125	1	0.80	63	7	11.11
金属制品、机械和设备修理业	9	0	0.00	47	2	4.26	8	1	12.50
电力、热力生产和供应业	95	29	30.53	112	37	33.04	128	17	13.28

（续表）

行业分类	2011企业数	2011僵企数	2011僵企率（%）	2012企业数	2012僵企数	2012僵企率（%）	2013企业数	2013僵企数	2013僵企率（%）
煤气生产和供应业	13	1	7.69	37	1	2.70	38	0	0.00
水的生产和供应业	20	0	0.00	27	2	7.41	33	5	15.15

数据来源:经《中国工业企业数据库》测度而得

从表2可知,我省2009年“僵尸企业”占比前五类行业分别为电力、热力生产和供应业(35.88%),石油加工、炼焦和核燃料加工业(31.58%),金属制品业(24.14%),水的生产和供应业(21.82%),化学纤维制造业(18.18%)。2010年前五类行业为煤炭开采与采选业(46.51%),黑色金属矿采选业(44.59%),有色金属矿采选业(33.33%),非金属矿采选业(33.33%),农副食品加工业(32.84%)。从表3可知,2011年前五类行业为石油加工、炼焦和核燃料加工业(33.33%),电力、热力生产和供应业(30.53%),有色金属冶炼及压延加工业(14.00%),造纸业(13.43%),医药制造业(12.50%)。2012年前五类行业为电力、热力生产和供应业(33.04%),有色金属冶炼及压延加工业(14.66%),金属制品业(14.63%),煤炭开采与采选业(12.73%),铁路、船舶、航天航空和其他交通运输设备制造业(10.30%)。2013年前五类行业为水的生产和供应业(15.15%),有色金属矿采选业(14.00%),电力、热力生产和供应业(13.28%),煤炭开采与采选业(13.16%),金属制品、机械和设备修理业(12.50%)。

(三)安徽省“僵尸企业”的地域分布

安徽省僵尸企业地域分布现状以2009—2013年测度数据结果为例,具体如表4所列。

表4　安徽省各地市“僵尸企业”各年份比例状况　　单位:%

城　市	2009僵企率	2010僵企率	2011僵企率	2012僵企率	2013僵企率
合肥	12.20	24.25	7.76	7.56	7.64
芜湖	16.08	25.28	8.00	9.16	8.32
蚌埠	10.69	20.00	8.45	7.39	7.00

（续表）

城　市	2009 僵企率	2010 僵企率	2011 僵企率	2012 僵企率	2013 僵企率
淮南	18.39	29.46	3.16	10.14	8.29
马鞍山	13.78	31.51	6.47	6.84	6.47
淮北	8.22	20.69	3.92	3.27	2.55
铜陵	21.24	24.83	13.58	17.50	17.82
安庆	5.03	15.53	2.12	3.04	3.05
黄山	12.61	23.86	6.52	8.31	4.98
滁州	12.25	29.95	5.88	7.72	7.71
阜阳	10.33	27.78	14.97	7.40	5.33
宿州	5.31	17.28	7.14	5.05	4.09
六安	7.70	19.53	4.93	6.09	6.13
亳州	6.88	18.35	6.19	6.01	3.40
池州	13.19	27.21	5.98	6.98	3.92
宣城	10.27	28.28	4.52	7.50	5.12

数据来源：经《中国工业企业数据库》测度而得。

由表4可知，安徽省各城市2009—2013年的僵企率变动情况大致为先上升再下降后微幅波动的趋势。其中，合肥、芜湖、蚌埠、马鞍山、铜陵、滁州、淮南等城市在2009—2013年五年间的僵尸企业率持续处于高位状态，僵尸企业的顽疾可谓是久治不愈。地域企业僵尸化高主要是产业分布导致，如淮南，由于煤炭采掘及水泥行业比较集中，淮南五年间僵尸企业率一直处于高位状态。以上各城市在供给侧结构性改革环境下，需在清退僵尸企业问题上加大实施改革力度，运用兼并重组，破产清算等措施，尽快净化安徽省整体经济环境，释放经济发展的沉重包袱，使更多更好的经济资源得到合理优化的配置，发挥出要素投入产出的真正效益。以使安徽经济发展轻装前行，稳定快速地实现经济“腾飞”。

结合表4及运用测度结果，在Excel中分析2009—2013年安徽省各城市的匹配后企业数、测度后的僵企数及僵企率即表5，发现前六位城市的僵企率最高的城市分别是：铜陵（19.52%）、淮南（12.57%）、马鞍山（12.37%）、芜湖（12.06%）、滁州（11.34%）、合肥（10.99%）。同时不难发现僵企数最高的前六位城市分别是：合肥（833家）、芜湖（588家）、滁州（343家）、宣城（301家）、马鞍山（273家）安庆（229家）。

表5　安徽省各城市2009—2013年合计企业数和僵尸企业率

城　市	企业数	僵企数	僵企率(%)
合肥	7578	833	10.99
芜湖	4877	588	12.06
滁州	3025	343	11.34
宣城	3023	301	9.96
马鞍山	2207	273	12.37
安庆	4432	229	5.17
六安	2740	220	8.03
阜阳	1894	190	10.03
蚌埠	1694	156	9.21
铜陵	753	147	19.52
黄山	1432	144	10.06
淮南	1058	133	12.57
宿州	1959	122	6.23
池州	1199	117	9.76
淮北	1588	92	5.79
亳州	1278	80	6.26

数据来源:经《中国工业企业数据库》测度而得。

二、安徽省“僵尸企业”的形成原因

随着我国经济发展进入新常态,经济增速放缓,下行压力加大,行业环境恶化,企业的盈利能力下降、资产负债率大幅攀升,导致经营亏损、无力偿债的困境企业数量迅速增加,形成了一大批被称为僵尸企业的困境企业。僵尸企业形成和存在都是特定历史环境下的合理性存在,是长期发展积累下的产物,成因较为复杂。我省“僵尸企业”的形成原因既有全国共性的因素,又有安徽个性的问题。

(一)“僵尸企业”形成原因的全国共性因素

1. 经济发展的影响

世界经济复苏困难、国内经济发展变缓,导致市场需求紧缩等问题,而且在劳动力成本占比不断提升的情况下，劳动密集型企业的利润空间不断缩小，技术落后，使得企业陷入困境，从而催生出“僵尸企业”。

2. 缺乏有效破产机制

缺乏有效破产机制是国有“僵尸企业”长期存在的重要原因。破产制度是市场经济的一种内在调节机制，以保证市场经济的活力和竞争的效率。市场性破产行为追求的是效率，而我国现行计划性破产行为追求的是稳定。一方面，体制障碍使得国有企业兼并、重组困难重重。由于地方政府缺乏对破产清算企业合理安排，破产很难有效进行；另一方面，破产退出程序的花费时间长，使得企业退出难上加难。通常情况下，从地方政府批准破产到法院执行及履行一系列破产清算程序要长达两三年之久。同时在审理过程中，由于国有企业中经常出现的资产状况混乱、对外债权不明等问题，因而破产清算程序效果不尽如人意。从社会舆论的角度来看，受传统观念的影响，国有企业破产机制的改革往往会引起巨大的社会舆论反响。

3. 大规模货币刺激的影响

在全球金融风暴下，我国经济受到了相当大的冲击。为了促进经济平稳较快增长，政府推出了约 4 万亿元的投资总量计划。但是在这一刺激之下，国内债务规模直线攀升。尤其在一些行业内导致了过度投资、盲目扩张等问题，埋下了产生“僵尸企业”的隐患。

4. 银行间的竞争和信贷歧视

银行借款是我国企业的主要融资渠道，由于国有商业银行不完全竞争，相对于民营企业，国有企业更容易获得银行贷款。一方面，国有企业通常在政府担保的条件下，风险较小，银行更倾向于贷款给国有企业；另一方面，政府常常会干预国有银行的信贷决策，中央银行对商业银行风险管理进行行政干预，为国有企业提供优惠贷款。然而，一旦国有企业运营困难，银行要么坚信国有企业可以抵挡风险，要么迫于政府的压力，往往会继续向已经失去盈利能力的国有企业提供贷款，进而产生出“僵尸企业”。

（二）“僵尸企业”形成原因的安徽个性问题

除了以上几个全国共性的原因之外，安徽省“僵尸企业”的形成原因还有以下几个方面的特殊因素。

1. 工业生产制造创新能力不足，产品附加值较低

由于产权制度不健全、行业垄断、经营工业企业研发投入强度普遍较低等原因，部分行业长期依靠要素投入和规模扩张的粗放式增长的发展模式，导致行业产能过剩，低端产品积压严重。主要表现在企业开发高端产品水平低、投入产出效率不高、竞争力弱、抵御风险能力不强等。以钢铁行业为例，

马鞍山的钢铁行业的过剩产品多是技术含量和附加值双低的产品,只有极少数企业能够制造高端精密钢材,因此全行业大面积亏损在所难免。

2. 盲目扩大企业生产规模

地方政府出于增加GDP和税收的考虑,普遍采取给予土地、税收优惠和放宽环保、能耗、温室气体排放等监管的方式招商引资,不但造成过度投资从而催生大量过剩产能,也使得一些低效率的公司能够依靠补贴或减少成本支出而生存下去。当地区经济滑坡时,为了实现稳定就业等目标,地方企业开始在政府斡旋下向银行大量举债,盲目扩大生产规模,不仅产生了大量的过剩落后产能,更重要的是国有企业规模具有棘轮效应,经常是只大不小。长此以往,当进入下一个经济周期的时候,过于臃肿的组织不但低效而且使得劳动力成本大大提高。

3. 煤炭和有色金属产能过剩

安徽省是华东地区重要的能源基地,煤炭是重要的基础产业。长期以来,煤炭为我省经济社会发展提供了主要动力支持和能源保障。随着煤炭市场供求关系转变,煤炭价格大幅下跌,安徽省煤炭企业全面亏损。这方面的原因,我们可以从我省"僵尸企业"排名靠前的行业分布上清楚看出,具体结果见表6所列。

表6 2011—2013年"僵尸企业"排名前七的行业

行业	2011年僵企数	2011年僵企率	行业	2012年僵企数	2012年僵企率	行业	2013年僵企数	2013年僵企率
石油加工、炼焦和核燃料加工业	2	33.33%	电力、热力生产和供应业	37	33.04%	水的生产和供应业	5	15.15%
电力、热力生产和供应业	29	30.53%	有色金属冶炼及压延加工业	17	14.66%	有色金属矿采选业	7	14.00%
有色金属冶炼及压延加工业	7	14.00%	金属制品业	18	14.63%	电力、热力生产和供应业	17	13.28%
造纸业	9	13.43%	煤炭开采与采选业	7	12.73%	煤炭开采与采选业	5	13.16%

（续表）

行业	2011年僵企数	2011年僵企率	行业	2012年僵企数	2012年僵企率	行业	2013年僵企数	2013年僵企率
医药制造业	10	12.50%	铁路、船舶、航天航空和其他交通运输设备制造业	66	10.30%	金属制品、机械和设备修理业	1	12.50%
酒、饮料和精制茶制造业	10	10.87%	石油加工、炼焦和核燃料加工业	2	10.00%	有色金属冶炼及压延加工业	12	12.00%
煤炭开采与采选业	4	10.81%	纺织业	49	9.55%	化学纤维制造业	3	11.54%

数据来源：经《中国工业企业数据库》测度而得

从表6可以看出，煤炭开采与采选业的僵尸企业率在2010年到2013年分别是10.81%、12.73%、13.16%，每一年都排名靠前。安徽省2014年国民经济和社会发展统计公报显示，40个规模以上工业行业中，39个行业增加值均保持增长，仅煤炭开采和采选业下降2.6%。更重要的是，安徽的煤炭企业多集中在国有企业，之前即便亏损，很多也是在享受政府的补贴或者是银行贷款。过剩的煤炭产业已经影响到地方经济的增长动力。

同样从表6不难看出，有色金属冶炼及压延加工业的僵尸企业率比其他行业来说也较大，分别是14%、14.66%、12.54%。由于工艺技术装备水平低，企业技术创新意识弱、能力不强、投入不足等原因，有色金属冶炼及压延加工业在建立时，企业本身及政府部门都投入相当大的财力物力支持。但由于此后企业不顾市场行情盲目扩大生产导致产品积压，占用巨大的可用资金，拖累企业整体正常运行。有色金属冶炼及压延加工业在产品生产结构和销售渠道单一，缺乏市场行情积极调研等问题亟待解决。

4. 企业缺乏偿债能力

企业偿债能力是反映企业经营状况的一个重要因素，保持偿债能力良好水平也是企业财务管理中的重要职能。从效果上来看，企业偿债能力是建立在政府之上的。由于国有企业及地方企业需承担维持地区经济发展和充分就业的责任，在现有地方国企体量大、涉及范围广、职工众多的条件下，地方政府制定政策重点在于维稳,如稳岗补贴等措施,虽然在一定程度上缓解了企业运营压力,但是从长期来看,以上一些措施不利于企业降低劳动成本,更不利于企业负债问题的解决。地方政府的维稳政策更加剧了国企及地方企业偿债负担。

三、安徽省"僵尸企业"的处置思路

处置"僵尸企业"是当前供给侧结构性改革最为重要一环,我省应当积极响应号召,按照企业主体、政府推动、市场引导、依法处置的原则,充分运用市场机制、经济手段、法制办法,通过兼并重组、产业分类、破产清算等方式,积极稳妥地推动"僵尸企业"的有序退出。通过上面的分析,结合安徽省的实际,我们认为,供给侧结构性改革背景下,我省处置"僵尸企业"应当有新的思路和新的作为,才能够实现新的发展,必须以强化改革意识为突破,大胆改革,勇于探索,加快处置蚌埠"僵尸企业"。具体来说,我省处置"僵尸企业"应该采取"树立两种意识,实现一大目标,突出三个重点,采取五种模式,实施六项改革"的行动方案(简称"21356"行动方案)"。

(一)树立两种主导意识

一是要有意识地从源头预防"僵尸企业"的形成。严格审查政府补贴与银行贷款,从根源上约束企业期望政府与银行救助的侥幸心理。推动企业高层努力考虑如何从内生能力上来增强企业实力,提升产品质量。杜绝企业在争取外部资源上的寻租行为。

二是要有意识地对现存的"僵尸企业"痛下决心。要鼓励和引导民企参与国企的改制重组,合理降低国有控股企业中的国有资本比例,同时要打通企业退出通道,对于产品没有竞争力,财务不可持续、资不抵债的"僵尸企业",要遵循"优胜劣汰"的市场原则,尽快使其退出市场。

(二)实现一个战略目标

加快处置"僵尸企业",必须以目标为导向,制定行动路线图。我省处置"僵尸企业"的目标为:在一年内(2017 年)实现对我省 50% 的"僵尸企业"实施重组、合并、破产;三年内力争实现对我省 80% 的"僵尸企业"完成清理;五年之内("十三五"末)必须 100% 完成"僵尸企业"的清理处置。

(三)突出三项重点工作

1. 企业职工的安置

绝大多数的"僵尸企业"是来自国有企业,因此清理"僵尸企业"的首要任务就是如何妥善地处置好国有企业职工的安置问题。目前,最为行之有效的方法就是通过设立专项职工安置资金,支持企业失业人员再就业。对于那些"僵尸企业"尤其是国有企业来说，专项职工安置资金每年的使用规模首先应当根据企业裁员的规模以及企业裁员的方式给予相应的补贴方案，同时建议政府以及相关的财政部门每年以增发国债的方式募集资金，补贴到专项职工安置中。政府跟企业为支持失业人员再就业问题也需采取以下的措施：(1)主动为广大的失业人员提供充分有效的再就业信息服务，第一时间为企业失业员工提供再就业的信息平台。(2)对失业人员进行就业指导和职业培训，使失业员工能在短时间内找到合适的工作。(3)对雇用特定衰退产业或地区的失业者来说，政府应积极联合企业和财政部门加大对失业职工的补贴，并且延长这些企业失业职工的失业保险金补贴时间。(4)从国家和政府的层面来说，需要加大政府对民间再就业培训机构的财政补贴费用，同时进一步放宽相关服务领域的准入门槛；积极鼓励和推动民间资本的进入，从而有利于解决国企职工的再就业问题。

2. 国有资产的保全

目前国有资产管理体制和监管模式正面临着重大的调整，相关的国有资产保值增值的各种方案正在制定中。我省在面临国有资产保全问题时要坚持以下三点要求：(1)在处理国有资产时，要将生产资料与生活资料区分开，将国有资产在国家统一建立的生产资料市场上进行等价交换。(2)不可过分将国有企业的增值保值放在高新技术企业而忽略了传统工业的技术改造。我省的国有企业普遍缺乏雄厚的技术储备，仍然沿用传统的技术从事简单的再生产。因此，提升国有企业的技术改造提升传统工业企业的装备水平，是实现国有资产增值保值的重要途径。(3)不要盲目地为了实现国有资产的保值增值而将国有企业进行合并，更不要盲目地夸大企业的规模以及不计成本的资本运营方式。这些方式不但不能实现国有资产的保值增值，反而会导致国有资产的流失。我省在国有资产保全方面应深入贯彻落实以上几点要求，加快实现我省对国有企业的国有资产的保值增值的任务。

3. 处置资金的筹集

"僵尸企业"清理与重组都需要依赖于大量的资金支持，因此"僵尸企业"改革资金的筹集也是，我省全面处置"僵尸企业"的主要任务之一。对于改革资金的筹集，我省通过建立融资平台，积极引导银行发放政策性贷款、收储企业国有土地、资本市场筹集、企业国有股股权转让收益、置换国有净资产等方式来解决企业改革资金筹资困难的问题。此外，安徽省政府要联合财政部门和银行等金融机构，加大对困难企业的资金投入力度，帮助那些由于资金需求困难而使企业陷入经营困难的企业恢复正常的运营轨道。同时政府还需对特定产业实施定向减税政策，通过设立专项基金方案、募集资金的方式帮助企业解决"复活"资金问题。为了确保能把这项工作落实到实处，我省国资委正在深入开展此项调研工作,认真研究我省国有企业的改革实施方案,努力争取实现企业改革资金的筹集。

(四)采取五种处置模式

1. 分类处置模式

这是处置“僵尸企业”首选方式,即对待不同的“僵尸企业”应采取不同的处置方法,切忌“一刀切”。采用分类处置那些生产停滞并且占用大量社会资源的企业,应该实施“远近结合”“因企施策”的处置方针。

2. 破产退出模式

通过甄别,对于“僵尸度”比较严重的企业应毫不留情地坚决给予破产退出。同时,对于采取破产退出方式退出市场的“僵尸企业”,财政部门应当拨出资金建立企业破产费用专项资金;另外,采取破产退出方式处置“僵尸企业”,最重要的一点就是要解决好企业员工的安置和再就业问题。

3. 政策扶持模式

通过委派专业机构对“僵尸企业”的资产负债状况进行评估,对于那些“僵尸度”比较轻的企业,政府应加强对这类“僵尸企业”在技术改造、投资方面的资金投入与支持,促进“僵尸企业”的要素流动,实现这类“僵尸企业”快速变为正常企业。

4. 并购重组模式

这是处置“僵尸企业”的最为重要的一种方式。这种模式的关键在于找到“优势企业”,从而实现对“僵尸企业”进行并购重组。这方面必须发挥政府的重要作用,政府应积极引导这些“僵尸企业”对接上优势企业的发展步伐,优化提升“僵尸企业”的产业链,促使“僵尸企业”能够完成并购重组,使企业重新复活。

5. TAPP 处置模式

这是借鉴美国处置“僵尸企业”的一种模式。TAPP(不良资产援助计划)处置“僵尸企业”的模式主要是对重整有望的企业,政府协调银行及金融机构对企业进行融资,主要是通过购买被注资企业的债券。但是在重整过程中要有严格的重整流程,这种援助计划必须经过审查小组的审查与评判,对确有拯救价值的并且企业核心业务仍具活力且发展前景的企业,政府进行持股国有化注资,恢复企业的运营活力,对那些扭亏无望的企业,政府应尽快地对其通过破产程序退出市场,同时建立好退市企业的职工安置动态保障机制。

(五)实施六项改革措施

1. 深化国有企业改革

当前“僵尸企业”的问题很多与国有企业改革不彻底有着直接关系。因此,只有深化国企改革,才能有效去除“僵尸企业”。而目前我省国企深化改革最主要是要通过完善国有监管方式、鼓励混合所有制、建立现代企业制度等举措,优化国资布局,真正将国企改造成市场竞争主体。

2. 推进供给侧结构性改革

推进供给侧结构性改革一项重要任务就是去除“僵尸企业”。因此,加快推进供给侧结构性改革是处置我省“僵尸企业”的重要途径。从我省的实际情况来看,我省推进供给侧结构性改革加快去除“僵尸企业”,可以着重从以下三个方面入手:(1)着力提升改造,激发传统产业新活力;(2)突出技术融合,赢取高端转型新进展;(3)化解过剩产能,腾出产业发展新空间。

3. 加快政府自身改革

处置“僵尸企业”要放手让企业和市场去做,要靠市场化的手段提高供给的效率和质量。但政府的作用不是“甩手”,而是要把制度创新和制度供给当作“抓手”。由于政府自身的改革是处置“僵尸企业”的先导和“牛鼻子”,政府是制度供给的主体,也是创新驱动的主体,因此,处置我省“僵尸企业”必须强化政府的制度创新能力,增加政府高质量的制度供给。

4. 突出银企制度改革

“僵尸企业”的形成与现行的银企制度不合理密切相关,因此,突出银企制度改革是处置我省“僵尸企业”的关键所在。目前突出银企制度改革一是要完善治理结构,优化业绩考核机制,尤其对“僵尸企业”的不良贷款应及时如实反映,利用目前拨备覆盖率较高的有利条件,适时采取现金清收、贷款重组、呆账核销、批量转让给资产管理公司等手段,保证信贷资产质量得到真实反映,避免本息损失累积扩大;二是银行要加大摸查力度,对我省非金属制造业等产能过剩重点行业要重点摸查,特别要摸清已停产半停产、连年亏损、资不抵债,靠银行续贷维持生存的“僵尸企业”名单及其融资情况。

5. 深化“放管服”改革

深化“放管服”改革,主要目的是为企业创造更好的营商环境。要求简政放权、放管结合、优化服务同步推进,最大限度地提高政府公共服务能力和水平,为我省企业提供优质公共服务和公共产品;同时,大力推进行政审批制度和监管制度改革,使企业能够快速应对市场变化,大幅降低我省企业经营成本。

6. 完善社会保障体系改革

由于处置“僵尸企业”的一项重点任务就是“僵尸企业”从业人员的安置工作,而且这项工作涉及面广、难度大、任务重,关系到社会稳定以及全面建成小康社会目标的最终实现,因此,完善现有的社会保障体系改革对于顺利处置我省“僵尸企业”至关重要。目前完善我省现有的社会保障体系需要着重解决好处置“僵尸企业”的职工安置资金筹措和就业再就业两项重点工作。

安徽省经济增长和产业结构对城镇化影响的实证研究

戚　莹　李　刚

摘　要:通过对安徽省2000-2015年16个地级市的产业结构与经济增长对城镇化发展的作用效果进行研究,将产业结构指标划分为合理化与高级化,引入泰尔指数。研究表明,安徽省产业结构经济增长与城镇化存在长期均衡稳定关系,进一步划分三大区域发现,区域间本身存在差异,尤其是皖南地区各变量对城镇化的正向促进效应最强,皖北地区估计显著性效果最弱。因此,在经济社会发展进程中,注重产业结构合理升级调整,寻求一个能够确保经济发展与产业结构演变相适应的新格局。

关键词:经济增长;产业结构;城镇化

安徽省统计局公布的《2016年国民经济和社会发展统计公报》显示,2016年我省GDP增长率为8.7%,高于全国6.7%的增长水平,其中城镇化是驱动我省经济快速发展的重要因素之一。2016年安徽省城镇化率为52%,比上年提高了1.5个百分点,快速发展的城镇化会伴随经济结构的转型升级。2015年我省第三产业增加值首次超过第二产业,其占GDP的比重达37.29%,第三产业增加值高于第二产业2.1个百分点;到2016年增长态势保持不变,依旧高于第二产业2.6个百分点,产业结构的升级转型呈现良好趋势。对于产业结构升级演进趋势进行考察,柯林·克拉克提出三次产业的主张,他在前人研究的基础上进行深入研究,认为随着经济社会的发展,人民收入水平有所提高,劳动力由第一产业向第二产业转移;当收入水平再次提高时,劳动力向第三产业转移。但是在不同地区,经济增长产业结构对于城镇化的作用力不同,皖北地区与皖南、皖中地区相比,在国民生产总值和政府财政收入方面有着较大差距,由于皖南皖中地区与江浙沪、苏

作者简介:戚　莹(1994—),女,安徽省蚌埠人,安徽财经大学经济学院硕士生。

南、上海等发达地区毗邻,相应的机会多,投资面广,受辐射效应明显,经济增长快于皖北地区。由于经济增长是拉动城镇化的重要动力,皖北地区的城镇化十分落后,城市基础设施不健全,因此在未来一段时间,经济社会发展进入新常态,合理的产业布局、促进经济的有序发展,是加快城镇化进程、提高城镇化质量的首要任务。

本文引入泰尔指数,将产业结构演变进一步划分为产业结构合理化和高级化两个方面,将安徽省2000—2015年16个地级市划分为皖南、皖中和皖北三个区域,通过面板模型估计,用来分析经济增长、产业结构对人口城镇化的空间差异的影响,从而有利于对新型城镇化发展路径及空间分布进行合理布局。

一、文献综述

城镇化问题长期以来都受到学者们的关注,国外的研究集中于城市化政策和相关的动力机制,研究并形成了二元结构理论、核心边缘理论、推拉理论等一系列理论基础,但是不同学者对于经济增长产业结构对城镇化的互动效应的研究不同。

(一)经济增长与城镇化的关系研究

城镇化表现为人口由劳动密集型产业向着资本密集型产业转移的过程,是经济增长的动力源泉。经济增长引起的需求变动也会对城镇化有着促进效果。对此许多学者进行相关分析。张宪平、刘靖宇(2008)认为,无论从长期还是短期来看,我国城镇化发展与县域经济增长都是互为因果的关系①。黄毅(2006)在研究城镇化与经济增长的关系时,通过现有数据拟合出不同水平下城镇化与人均GDP的对应关系,由此可以预测城镇化进程与经济增长的未来相关数据②。程开明从协调角度出发,用来研究全国的城市化与经济增长的协调性,结果发现两者的协调性在省份间的差异较大,转变经济发展方式是缩小差异的重要途径③。关于城镇化对经济增长的作用方面,蔺雪芹等(2013)定量研究中国城镇化与经济发展的关系以及城镇化对于经济增长的

---

① 张宪平,刘靖宇. 城镇化发展与县域经济增长关系的实证分析[J]. 生产力研究,2008,(2):49-50.

② 黄毅. 城镇化进程与经济增长相关性分析[J]. 西南民族大学学报(人文社科版),2006,(4):147-151.

③ 程开明. 中国城市化与经济增长的协调度研究[J]. 商业经济与管理,2010,(9):85-91.

影响机制，结果发现，城镇化本身作为经济发展的直接动力的特征并不明显，但是城镇化可以使经济要素得到很好集聚，对经济发展有良好的作用效果①。朱孔来等(2011)利用横截面、时间和指标三维信息对两者之间的关系进行分析，通过运用面板数据的单位根检验和面板数据协整检验，认为，我国城镇化进程与经济发展水平之间存在长期稳定的均衡关系。认为我国城镇化率每提高一个百分点，可以维持 7. 1% 的经济增长②。

(二)产业结构与城镇化的关系研究

城镇化进程加速现代新兴产业的协同集聚，是产业优化升级的动力，从而又带动了城市的进一步发展。徐维祥，唐根年(2005)总结了我国目前产业集群和城镇化的互动发展模式，产业集群推动工业化进程，为城镇化空间集聚提供良好保障，同时城镇化又为区域产业结构提供基础依托③。沈正平(2013)认为，当前我国存在产业结构不合理、城镇化呈现粗放型发展等问题，需要合理优化产业结构、提升城镇化综合质量，提出实现二者互动并进的路径选择④。蓝庆新，陈超凡(2013)分析新型城镇化对中国产业结构升级的影响，通过空间自相关检验和空间局域 LISA 地图分析，得出中国的新型城镇化和产业结构升级存在显著的空间相关性的结论，认为城镇化发展可以显著提升产业的发展层次⑤。

(三)经济增长、产业结构与城镇化的关系研究

随着相关研究的逐步增多，越来越多的学者发现三者之间存在着互动关系。王立新(2014)研究发现，经济增长对于任何区域内的城镇化均有正向影响，但是产业内不同的发展差异对区域城镇化的影响不同，关键在于产业结构与经济增长能否协调发展⑥。韩立达等(2016)通过构建以经济增长、产业结构升级和人口城镇化作为解释变量的自回归模型，以四川省为例进行研究，结果表明，经济增长、产业结构升级对于人口城镇化有着正向推

---

① 朱孔来，李静静，乐菲菲．中国城镇化进程与经济增长关系的实证研究[J]．统计研究，2011，(9)：80-87.

② 蔺雪芹，王岱，任旺兵，等．中国城镇化对经济发展的作用机制[J]．地理研究，2013，(4)：691-700.

③ 徐维祥，唐根年．产业集群与城镇化互动发展模式研究[J]．商业经济与管理，2005，(7)：40-44.

④ 沈正平．优化产业结构与提升城镇化质量的互动机制及实现途径[J]．城市发展研究，2013，(5)：70-75.

⑤ 蓝庆新，陈超凡．新型城镇化推动产业结构升级了吗？——基于中国省级面板数据的空间计量研究[J]．财经研究，2013，(12)：57-71.

⑥ 王立新．经济增长、产业结构与城镇化——基于省级面板数据的实证研究[J]．财经论丛，2014，(4)：3-8.

动作用，突破传统，提出了净流出人口假设，探究在空间层面外省的经济增长产业结构的升级对于省内城镇化的影响①。孙亚云（2016）运用 var 模型对我国的产业结构、经济增长与城镇化之间的互动关系进行实证研究，得出三者间存在长期稳定的均衡关系的结论，相比于经济增长，产业结构与城镇化的互动较弱，产业结构仅仅单方面推动经济增长，经济增长对于产业升级的拉动作用并不显著②。王锐、朱显平（2016）认为城镇化水平与经济增长呈现"倒 U 形"的关系，不同的地区存在差异，产业结构高级化因地区的不同对于经济的增长的作用效果也不一样③。孙叶飞等（2016）提出城镇化可以优化产业结构，带动企业的生产效率，可以很好地促进经济增长，但是当今中国经济面临结构性减速，就要有效进行产城融合、发挥协同效应，对促进中国经济有效增长有着积极作用④。戴志敏、罗燕（2016）采用静态面板数据对于中部地区经济增长、产业结构与城镇化进行互动分析，认为经济增长、产业结构可以很好地促进中部地区的城镇化进程，而产业结构与经济增长的交互项对城镇化存在阻碍作用；由于工业化滞后于城镇化发展，因此工业化对中部地区的作用并不显著⑤。张东等（2016）引入泰尔指数测算我国的城镇化与产业结构和经济增长的相关关系，三在满足同向变动的前提下，产业结构高级化的正向效应最大，不同区域估计结果存在差异性，在制定政策时考虑因地制宜协调产业布局，合理转变经济发展方式，推进城镇化良好发展⑮。

综上所述，对于经济增长、产业结构与城镇化的研究尚有不足，大多数主要集中于城镇化对经济增长的影响，而对安徽省的产业结构、经济增长和城镇化的研究较少。因此，本文选取较为新颖的研究视角，以安徽省为例探究经济增长产业结构对于城镇化的作用效果；同时引入泰尔指数对产业结构指标进行量化，以更加全面地反映产业结构演变。

---

① 韩立达，牟雪淞，闫俊娟．经济增长、产业结构升级对人口城镇化的影响研究——基于四川省数据的分析[J]．经济问题探索，2016，(10)：105-112.

② 孙亚云．产业结构、经济增长与城镇化互动关系的实证研究[J]．常州大学学报（社会科学版），2016，(2)：41-50.

③ 王锐，朱显平．产业结构、城镇化与经济增长——基于省际面板数据的经验分析[J]．中国流通经济，2016，(4)：64-71.

④ 孙叶飞，夏青，周敏．新型城镇化发展与产业结构变迁的经济增长效应[J]．数量经济技术经济研究，2016，(11)：23-40.

⑤ 戴志敏，罗燕．产业结构升级、城镇化水平与经济增长——来自中部地区的经验证据[J]．工业技术经济，2016，(6)：3-9.

二、理论机制

安徽省近年来经济发展迅速,城镇化水平也有着大幅度的提高,因此,笔者从经济增长、产业结构对于城镇化的作用路径进行深入分析。首先,经济的发展带动收入的上升,根据需求层次理论,需求结构会随着收入的上升而发生变化,扩大的需求面,要求所需的质量相应提高。促发科技创新,信息知识的传播,能有效提高城市的吸引力。其次,需求结构的变动会引发产业间投入产出的变动,相互间不断进行调整,伴随要素资本的空间集聚,城镇化进程逐步加快。经济增长带来的连锁效应扩大了城市规模,增加了城市数量。相应作用机制如图 1 所示。

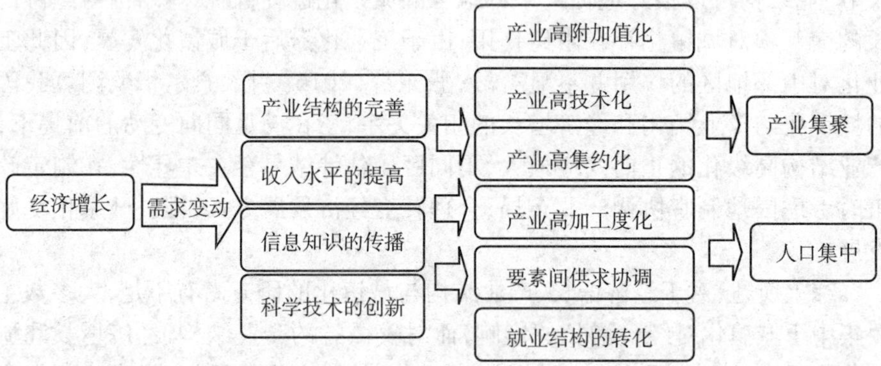

图 1　经济增长对城镇化的作用机制

通过经济增长对城镇化这条作用机制,通过需求变动引领产业收入信息技术等四方面的变动,进一步可得出要素间数量和质量不同程度的集聚,形成产业与人口的集中,推动城镇化的整体进程。另一方面对于产业结构的衡量可以划分为合理化与高级化:合理化侧重于各产业间的协调程度,其主要反映为要素的投入结构与产出结构的耦合度衡量;高级化则为产业结构的整体水平由低到高的提升,经济社会的不断发展又要寻求新的均衡状态,才能充分发挥产业结构转型效应。产业结构对城镇化的作用路径如图 2 所示.

产业结构对于城镇化的作用路径可以划分为两个方面,首先,产业结构合理化使得要素资源优化配置程度提高,相应产业间协调度上升而且供需结构调整改变,此时进入经济增长对于城镇化的作用路径。其次,产业结构高级化过程中,二、三产业产值比重逐步上升,新兴产业逐渐发展,相应就业结

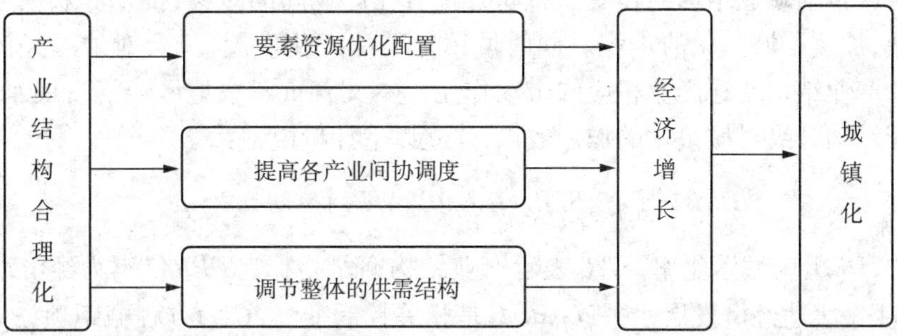

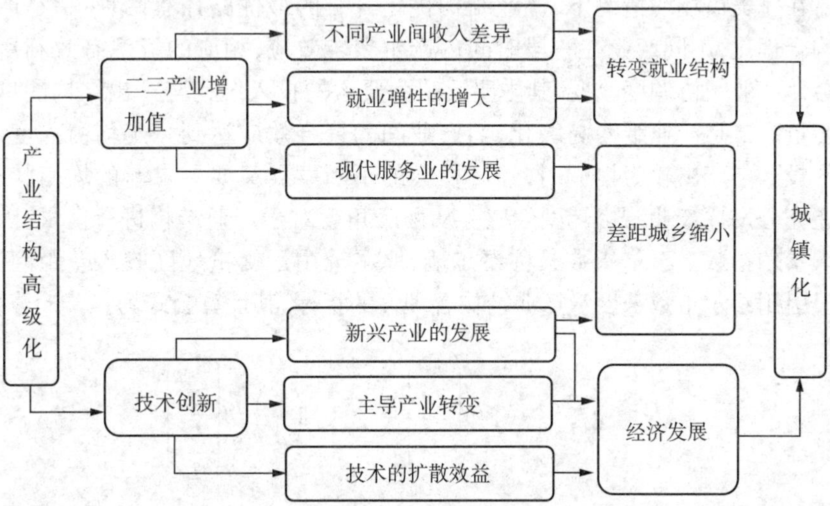

图 2　产业结构对城镇化的作用机制

构逐步改变,并且产业结构高级化进程中更不能离开技术创新的投入,经济的发展缩小了城乡差距,为城镇化提供有力的支撑。

基于以上路径分析,笔者提出以下假设:

假设一:产业结构、经济增长和城镇化三者具有长期稳定的相关关系。

假设二:不同城市的产业结构与经济增长对城镇化的效应存在差异性。

三、实证分析

(一)模型设定

通过传导机理分析,经济的增长可以引起产业结构的变迁,而产业结构又可以带动就业结构的转变。劳动力人口在产业间的转移,推动非农产业的发展,加速了城镇化的进程。同时城镇化的深入化发展,又会对地区经济发展和产业结构变迁产业相应的带动作用。本文着重考察地区经济发展水平,产业结构升级对城镇化的作用效果,建立以下计量模型:

$$URB_{it}=C+\beta_1 STR_{it}+\beta_2 GDPRATE_{it}+\gamma Control_{it}+\mu_{it} \quad (1)$$

其中,URB_{it}为城镇化率,STR_{it}表示产业结构衡量指标,$GDPRATE_{it}$为经济增长率,用来表达经济发展水平,$Control_{it}$是相关控制变量,C 为方程截距项,$\beta_1\beta_2\gamma$ 代表系数,μ_{it}为随机误差项,i 为地区,t 为时期。

在完美市场的情况下,产业结构优化升级的最优路径有两种:一是产业结构合理化,不同产业在一段时间内产生聚合效应,相应的资源有效利用程度会使产业间协调度改变,其主要反映为要素的投入结构与产出结构的耦合度衡量。二是产业结构高级化,当产业间的聚合效应达到一定均衡程度,要素的投入与产出较为协调时,经济社会的不断发展又要寻求新的均衡状态,才能充分发挥产业结构转型效应。从两个角度对于产业结构进行衡量,因此引入泰尔指数。泰尔指数又称泰尔熵,原本适用于衡量地区收入差距问题,这里引用泰尔指数来度量产业结构合理性的指标,其计算公式为:

$$TL=\sum_{i=1}^{n}\left(\frac{Y_i}{Y}\right)ln\left(\frac{\frac{Y_i}{L_i}}{\frac{Y}{L}}\right)=\sum_{i=1}^{n}\left(\frac{Y_i}{Y}\right)ln\left(\frac{\frac{Y_i}{Y}}{\frac{L_i}{L}}\right) \quad (2)$$

Y 表示国内生产总值,L 表示三大产业就业总人数,i 表示产业,n 是产业部门数,Y/L 表示生产率,依据古典经济学的假设,当经济处于均衡状态,各产业部门的生产率水平相同,此时 $Y_i/L_i=Y/L$,表示经济结构均衡 $TL=0$。Y_i/Y、L_i/L 分别表示三大产业的产出结构与就业结构,通过观察泰尔指数是否为零来判定产业结构是否处于均衡状态,若泰尔指数的绝对值越大,可知就业结构与产业结构之间的偏离程度越来越大,产业结构没能发挥出其转型升级的聚集效应,吸纳劳动力能力较弱,不能有效带动就业结构。

对于产业结构高级化的衡量,在信息化推动下经济结构的服务化是产业结构升级的一种重要特征,此时第三产业的增长率要快于第二产业的增长率(吴敬琏,2008)。为了衡量产业结构高级化,采用第三产业与第二产业产值之比,简记为 TS。该指标能够清楚地反映经济结构是否倾向于服务产业,相关产业结构是否朝着服务化的方向发展,若 TS 的数值处于上升状态,表明服务化进程加快,产业结构在逐步升级。因此,它是对于产业结构高级化的一个较好的度量。

此时我们将模型扩展为：

$$URB_{it}=C+\beta_0 TL_{it}+\beta_1 TS_{it}+\beta_2 GDPRATE_{it}+\gamma Control_{it}+\mu_{it} \tag{3}$$

（二）数据选取

当前安徽省经济发展进入新常态，在新阶段研究经济增长和产业结构转型升级对城镇化的影响，本文选取2000—2015年安徽省16个地级市相关的面板数据进行实证分析，由于选取的是面板数据，面板容量较大，自由度增加，能很好地缓解多重共线性的问题，也可以对现实中存在的不可控因素进行控制，提高计量模型的准确度。城镇化的发展会受到多种因素的影响，产业结构的演变升级是其中一种，需要一个合理的指标更加有利于衡量两者关系，因此，本文借鉴黄向梅（2012）动态分析人口、城市与经济增长和产业结构的相关关系，同样引入经济增长作为控制变量，选取安徽省16个地级市各年份的GDP增长率作为度量经济增长的指标。由于1999年国家统计局对于城镇人口的统计口径做了新的修订，传统的采用非农人口占总人口的比例来衡量，城镇化率的测度会存在一定的偏差，与之相比，城镇人口与当地常住人口的比率更能准确地描述城镇化发展的状况，主要的数据来源于安徽省统计年鉴以及各市级统计官网。

（三）变量说明

被解释变量：城镇化率（*URB*）：城镇人口与当地常住人口的比值来衡量地区城镇化水平。选取泰尔指数（*TL*）、产业结构高级化（*TS*）、经济增长率（*GDPRATE*）为解释变量，城镇化的实质就是农村人口向城镇转移的过程，同时伴随工业化的发展，因此选取工业化率（*IND*）采用工业总产值与*GDP*之比来衡量、人口自然增长率（*NPG*）采用安徽省统计年鉴各市级人口的自然增加数与该时期总人口数之比来表示、实际利用外资增长率（*AFC*）用报告期的外资增长额与基期外资额之比来表示。

（四）实证结果分析

1. 统计性描述

表1给出了主要变量的描述性统计，根据各变量的统计数据，安徽省总体的城镇化率的均值为0.417。最大值和最小值分别为0.898、0.099，经济增长率的均值为0.417，最大值最小值分别为1.794、-0.428。泰尔指数的均值为0.212，最大值最小值分别为1.214、-1.841。从这三个变量可以看出，安徽省城镇化水平和经济发展程度均存在明显差异，通过比较可得，产业结构各特征值相对较为平稳。

表 1　各变量定义以及统计描述

变量	def	观测数	均值	标准误差	max	min
URB	城镇化率	256	0. 417	0. 197	0. 898	0. 099
TL	产业结构合理化	256	0,212	0. 125	1. 214	-1. 841
TS	产业结构高级化	256	0. 826	0. 293	1. 643	0. 313
GDPRATE	经济增长率	256	0. 117	0. 126	1. 794	-0. 428
NGP	人口增长率	256	0. 021	0. 113	1. 31	-1. 943
IND	工业化率	256	0. 267	0. 159	0. 813	0. 024
AFC	实际利用外资率	256	0. 054	0. 378	1. 75	-0. 951

2. 实证结果

表 2　安徽省及三大地区固定效应面板模型估计结果

变量	系数(*P* 值)＊＊			
	安徽省	皖南	皖中	皖北
C	0. 535(0. 000)	0. 878(0. 000)	0. 787(0. 000)	0. 392(0. 000)
TS	0. 154(0. 021)	0. 277(0. 009)	0. 528(0. 008)	0. 082(0. 338)
TL	-0. 117(0. 201)	-0. 366(0. 024)	0. 041(0. 875)	-0. 037(0. 760)
GDPRATE	0. 021(0. 080)	0. 545(0. 000)	-0. 101(0. 693)	0. 082(0. 338)
NPG	0. 052(0. 0574)	0. 041(0. 019)	0. 072(0. 083)	0. 095(0. 074)
IND	0. 113(0. 220)	0. 093(0. 106)	-0. 056(0. 802)	0. 255(0. 016)
AFC	0. 001(0. 0783)	0. 013(0. 008)	0. 086(0. 000)	-0. 002(0. 029)
R2	0. 24	0. 42	0. 138	0. 303
F	2. 73	8. 15	3. 49	2. 41

注:＊、＊＊、＊＊＊分别表示在 10%、5%、1%水平下的显著水平,本检验是 10%水平下的显著水平。

在进行回归之前,对所有涉及的变量进行平稳性检验,由此得出所有的变量均为一阶单整,变量间存在协整关系。通过 Hausman 检验,结果显示在 5%的显著性水平下,P 值小于 0. 05,故选择固定模式更为合适。相应固定效应模型的回归表达式为:

$$URB_{it}=0.54-0.12TL_{it}+0.15TS_{it}+0.02GDPRATE_{it}+0.05NPG_{it}+0.11IND_{it}+0.001AFC_{it}+\mu_{it} \tag{4}$$

根据安徽省固定效应面板模型估计结果显示：其一，模型估计结果在5%显著性水平下，产业结构、经济增长与城镇化有着一定的稳定均衡关系，满足假设一二。其二，从系数值来看，对于全省来说，安徽省产业结构高级化、合理化对城镇化的影响大于经济增长，经济增长与产业结构高级化系数绝对值相差接近13个百分点。其三，产业结构高级化指标每上升一个百分点，相对产业结构合理化来说，更加有利于提高城镇化水平，很大程度上是与产业结构的演变与产业间流动的劳动力相关，安徽省的就业结构发展滞后于产业结构，非农产业吸纳劳动力的能力不足，产业的升级转型的规模效应较难发挥作用。其四，对于控制变量来说，工业化(*IND*)回归系数不是很显著，是由于安徽身工业化发展的质量并不高，工业化进程中其相应结构会遇到发展瓶颈。而人口自然增长率(*NPG*)与实际利用外资率(*AFC*)的回归系数整体大都呈现正值，也体现了安徽省不断的对外开放合作推动了城镇化水平的提升。

3. 安徽省三大地域差异

笔者将选取安徽省16个地级市样本数据划分为三大区域，对于三大地域分别进行固定效应模型检验，结果如表3所列。

表3　个体固定效应模型中安徽省各城市对应的常数项

地域	城市	常数项 *C*	城市	常数项 *C*
皖中	合肥市	0.13	滁州市	-0.05
	六安市	-0.09	安庆市	-0.07
皖南	马鞍山市	0.06	铜陵市	0.15
	芜湖市	0.07	池州市	-0.05
	宣城市	-0.06	黄山市	0.03
皖北	淮北市	0.05	蚌埠市	0.01
	亳州市	-0.09	阜阳市	-0.10
	宿州市	-0.07	淮南市	0.09

表2和表3显示，安徽省的不同地区的经济增长产业结构与城镇化之间的关系有着显著的差异，在各地域城市之间也不相同。其一，分析经济增长对城镇化的关系，从系数上看，皖南地区经济增长对城镇化的正向作用较大，并且较为显著，分析皖中、皖北地区系数值为负的原因，经济增长源于产业的非农转移，非农业的扩张带动人口的迁移，因此产业结构的演变发展了城镇化，作用效果在一定程度上大于经济增长；当经济发展到一定阶段时，

动力源泉主要取决于产业内部分工与深化,若产业结构未能及时转型,经济发展的动力不足,城镇化的作用效果会被进一步削弱;对于皖北地区而言,大多是依靠其原本的资源优势,着重发展重工业,因此产业的升级速度较慢,经济增长对城镇化的推动缺乏动力。其二,产业结构对城镇化的影响,从系数值来看,产业结构高级化的系数值在三大地区上均呈现正相关性,其中,皖南、皖中地区的产业结构高级化对城镇化的正向促进效应较强,皖北地区对城镇化的推动作用最弱,两者差距有0.446,这与我省南北地区发展不平衡相关。皖南地区芜湖的奇瑞汽车公司是著名的汽车企业,产业竞争力逐步增强,带动周边地区关联产业的发展;同时,铜陵、马鞍山的矿产资源十分丰富,带动工业部门的发展,城镇化速度加快。相反,在皖北地区,虽然有淮北煤矿和淮南煤矿,但由过度开采导致资源枯竭,煤炭资源难以对城镇化进程起到指导性作用。同时皖南地区的旅游业资源丰富,是当地社会发展的一大特色,而皖北地区的自然条件不具备这种优势,因此,对于城镇化的作用效果就不那么明显。分析产业结构合理化与城镇化的关系,从系数值来看,除了皖中地区以外,其余两大地域TL系数值均为负值。因此可以得出,皖中地区的产业结构合理化对城镇化有着推动作用,而皖南、皖北地区的产业结构合理化对城镇化进程有着抑制作用,其中皖北的抑制作用最强。追根溯源,合肥、马鞍山、芜湖近年来发展迅速,处于产业演变的关键时期,却未能够吸引较多的非农业人口的转移,是由于在产业升级过程中相关配套的社会福利制度及设施不能够同步完善,经济水平虽然有着大幅度提升,相应收入水平提高,较高的工资诱惑同时伴随较高的进城定居的成本、生活的基本压力。农民工也是理性的经济人,权衡之下会选择相对收益较高的其他城市工作,劳动力转移效率较低,城镇化水平不高。而皖北地区则不同,其产业结构发展演变则较为缓慢,对于城镇化的影响并不显著。其三,控制变量对于城镇化的影响,除了皖中的工业化率与皖北的实际对外投资率的回归系数为负值,其余系数都为正值,三大地域的人口自然增长率对城镇化有着一定的正向促进作用。近年来皖中地区经济发展动力逐步转变,合肥作为安徽省的省会城市,工业化发展到一定阶段,产业中心开始转变,政府大力助推第三产业服务业的发展。因此工业化对城镇化的作用效果逐步削弱,不再是城乡协调发展的主要动力源泉。安徽省属中部省份,皖北地区处于中原经济区较为落后的地位,其中交通基础设施是制约其经济发展的重要原因之一。底子薄弱,外资的吸引力不强、城乡联动的效果不佳,因此实际利用外资较少,能够适用于城镇化建设则更加寥寥无几,对城镇化的推动作用呈现负向效应。

四、结论与政策建议

本文对安徽省 16 个城市 2000—2015 年的固定效应面板模型做实证分析,可以得出以下结论:首先,城镇化与经济增长、产业结构三者均存在长期稳定的均衡关系。其次,安徽省三大地域间各有差异,当前在我国经济发展迈向新常态的大背景下,安徽省应当根据自身情况,不断完善经济增长、产业结构和城镇化间的传导机制,制定相关政策,解决在经济发展产业升级中所遇到的问题,不断加以完善,避免政策中不必要的漏洞。

皖南地区是安徽省经济文化旅游的重要区域,是承接长三角产业转移的前沿阵地,对于皖南地区来说,经济发展对城镇化作用较为显著。充分利用其产业基础相对好的城市带动地区经济,再次迈上新的台阶,推动经济均衡发展是首要任务。皖江核心城市马鞍山、芜湖、铜陵可以进一步通过产业转移,选定相应的特色产业进行合理规划,带动经济整体发展。池州市、宣城市、黄山市文化自然资源丰富,可以因地制宜地发展特色旅游业。

以合肥为中心的皖中地区,通过中心辐射效应,带动工业、服务业等产业的整体提升,产业结构的高级化对城镇化有着较强的带动作用,要积极利用本身较好的产业基础,做到连接南北,以第二产业为重点,合理有序地向第三产业转移,逐步完善城市基础设施建设,提高吸引人口流动的能力,人才引进推动服务业的升级,以强化科技为基础,实现产业高级化,进而加速城镇化。

皖北地区,由于地区区位特色,工业化对于城镇化的作用力较为显著,但是由于两淮煤炭资源面临枯竭,发展动力亟待转变,与工业化相比,发展“环境友好型,资源节约型”的现代产业对城镇化的推动作用更加具有持久性,因此,皖北地区首先要培育发展新型的主导产业,加速提升传统制造业,加快乡镇企业体制机制的创新,优化产业布局,发挥地区资源优势,逐步推进产业集中最终形成合理的发展格局,实现城镇化动力源泉的转变。

创新投入驱动区域经济发展的实证研究

曹承龙　朱晓玲

摘　要:在信息时代、知识社会的创新形态下,创新驱动成为区域经济发展的主动力。利用2011年至2016年安徽省统计年鉴数据,建立人均地区生产总值的模型,实证分析表明创新投入显著提升人均地区生产总值增长。相比于全国各省创新投入数据可知,安徽省创新投入强度低于全国平均值,区域内16地市的创新投入经费不均衡。对此,本研究提出完善各类创新制度、加大区域创新投入费用、加强创新人才培养力度等建议,以期推进安徽创新型省份建设步伐。

关键词:创新投入;区域经济;实证研究

一、引　言

随着新兴经济全球化的扩张和知识经济化的渗透,创新对于促进社会经济增长的作用越来越显著。各国政府为了提高本国在世界竞争中的地位,都将创新作为国家发展的重要战略。2000年3月,欧盟达成里斯本战略,支持欧盟的创新政策,鼓励创新来加快经济改革、促进就业②。2009年9月,美国政府发布了《美国创新战略》,通过增强科技和创新,促进经济可持续增长,推动高质量就业。2015年,美国政府修订了国家创新战略,计划提升和协调创新投资,来确保美国在下一代领导世界尖端的创新③。日本政府于1995年11

作者简介:曹承龙(1973—),男,安徽财贸职业学院副教授。

② 人民网.欧盟委员会推出"里斯本战略"新三年规划[EB/OL].(2007-12-13)[2017/10/2].http://world.people.com.cn/GB/57507/6648565.html.

③ 国家知识产权局.新版《美国创新战略》述评[EB/OL].(2015-12-25)[2017/10/2].http://www.sipo.gov.cn/zlssbgs/zlyj/201608/t20160812_1285856.html.

月公布《科学技术基本法》,确立"技术创新立国"的战略目标[①]。2016 年 5 月,日本政府发布《科学技术创新综合战略 2016》,提出实施科技创新的五大政策,实现"世界最适宜创新的国家"的战略目标[②]。从全球视野分析可见,发达国家或地区凭借创新能力推动经济发展和科技进步,力保其在全球竞争中的主导地位。面对国际化的创新浪潮,2012 年 11 月,中共十八大提出了创新驱动发展战略。2015 年 3 月,政府提出"大众创业、万众创新"的改革活动,开展知识社会条件下的全民创新。2016 年 5 月,《国家创新驱动发展战略纲要》政策发布,文件强调"创新驱动就是创新成为引领发展的第一动力,创新驱动是国家命运所系"。目前,我国与发达国家站在创新驱动国家发展的同一起跑线。

国家发展需要创新驱动,省市区域发展更加离不开创新驱动力。由于增强省市区域竞争优势不仅要合理配置产业结构和营造开放竞争环境,而且要广泛提升科技、管理、生产等诸多领域社会主体的创新能力,因此,立足省市区域经济发展,研究创新驱动的路径,提升区域创新能力,则具有现实意义。

本文利用 2011 年至 2016 年安徽省统计年鉴的数据,研究人均地区生产总值与产业、全社会研发经费内部支出之间的关系,建立人均地区生产总值的影响因素模型,通过回归分析发现:在第一产业增加值、第二产业增加值、第三产业增加值和全社会研发经费内部支出四个因素中,第三产业增加值对人均地区生产总值的促进作用最为显著;全社会研发经费内部支出比第一产业增加值,对人均地区生产总值的影响作用显著。在此研究基础上,本文还将进一步探讨安徽区域创新能力的不足及其影响因素,进而提出相应的优化措施。

二、指标及数据的选取

通常衡量区域发展水平常用指标是人均国内生产总值、人均国民收入和三次产业产值的比重。本文立足于安徽区域发展水平的实证研究,选取人均地区生产总值、第一产业增加值、第二产业增加值、第三产业增加值、全社会

① 刘昌黎. 日本科技创新立国战略的实施、成效与问题[EB/OL].(2011-7-8)[2017/10/3]. http://www.360doc.com/content/11/0708/12/7292363_132312120.shtml.

② 中国科学院科技战略咨询研究院. 日本科学技术创新综合战略 2016 提出五大政策措施[EB/OL].(2016-8-2)[2017/10/3]. http://www.casipm.ac.cn/zt/ydkb/201610/t20161025_4685307.html.

研发经费内部支出(下文称创新投入)五项指标，各指标选择理由说明如下：人均地区生产总值不仅能够客观反映安徽区域的经济发展状况，而且有利于对不同省份区域发展水平进行比较；三次产业增加值指标有利于分析各产业动态变化值对地区经济发展的影响作用；创新投入反映区域内企业、科研院所、高等学校等在"产、学、研、用"领域投入的研发费用，创新投入能够促进区域经济增长，但其影响程度如何还需分析研究。针对各项指标，本文采集了2011年至2016年安徽省统计年鉴数据(见表1)。

表1　各指标的年度数据

年　份	人均地区生产总值(元)	第一产业增加值(亿元)	第二产业增加值(亿元)	第三产业增加值(亿元)	创新投入(万元)
2011	25659	2015. 31	8309. 38	4975. 96	214. 60
2012	28792	2178. 73	9404. 84	5628. 48	281. 80
2013	32001	2267. 15	10390. 04	6572. 15	352. 08
2014	34425	2392. 39	11077. 67	7378. 69	393. 61
2015	35997	2456. 69	10946. 83	8602. 11	431. 75
2016	39092	2567. 72	11590. 25	9959. 92	475. 13

三、影响人均地区生产总值的建模

本文针对人均地区生产总值，分别讨论它与三次产业增加值及创新投入之间的关系。

(1)模型假设

$$Y_i=\beta_0+\beta_1 x_{1i}+\beta_2 x_{2i}+\beta_3 x_{3i}+\beta_4 x_{4i}+\gamma_i$$

Y_i 表示人均地区生产总值，x_{1i}，x_{2i}，x_{3i}，x_{4i} 分别表示第一产业增加值、第二产业增加值、第三产业增加值和创新投入。β_1，β_2，β_3，β_4 分别为待估参数，γ_i 为误差项。

(2)参数估计

利用表1的数据和最小二乘法得到 $\beta_0=2575.794$，$\beta_1=1.155479$，$\beta_2=1.634346$，$\beta_3=1.246733$，$\beta_4=?\ 4.583379$。因此模型的样本回归方程为

$$Y_i=2575.794+1.155479x_{1i}+1.634346x_{2i}+1.246733x_{3i}+4.583379x_{4i}$$

模型的四个因素中，创新投入的影响程度最大，其增加一个百分点导致模型的人均地区生产总值提高4.583379%。

(3)拟和优度检验

记总离差为ST，回归平方差为SR，残差为SE，满足$ST=SR+SE$。相关系数$r=\sqrt{\frac{SR}{ST}}$越接近1，则拟合程度越好。模型中$r=0.999986$，样本回归方程很好地拟和了样本观测值。

(4) F检验

提出原假设：$H_0:\beta_1=\beta_2=\beta_3=\beta_4=0$；备择假设：$H_1$：至少有一个$\beta_j\neq0,j=1,2,3,4$。对模型进行计算，可得统计量$F=\frac{SR/(m-1)}{SE/(n-m)}=18182.51$。其检验值很大，相应的$p=0.005562$，通过了0.01水平的显著性检验，说明回归方程显著，整体效果通过F检验。

(5) t检验

提出原假设$H_0:\beta_j=0$；备择假设：$H_1:\beta_j\neq0,j=1,2,3,4$。

在H_0假设下，统计量$\frac{\hat{\beta}_j}{S(\hat{\beta}_j)}$服从$t(n-m)$分布。其中$S(\hat{\beta}_j)$为$S(\beta)$主对角线元素平方根，$S(\beta)=VE\cdot(x'x)^{-1}$，$VE=\frac{SE}{n-m}$，$x$为各因素取值。

针对模型中的四个因素，分别计算t统计量，得$t_1=1.02385$，$t_2=10.70950$，$t_3=14.59917$，$t_4=1.574581$。对于给定的显著性水平$\alpha=0.05$，自由度为5的t分布的下侧分位数$t_{0.975}(5)=2.5706$。因为$t_2>2.5706$，$t_3>2.5706$，所以在显著性水平$\alpha=0.05$下否定H_0。而$t_1<2.5706$，$t_4<2.5706$，接受H_0。这意味着在区域发展中，第二产业增加值、第三产业增加值对人均地区生产总值有显著影响。但是，当给定的显著性水平$\alpha=0.1$时，创新投入对人均地区生产总值有显著影响，而第一产业增加值对人均地区生产总值的影响依然不显著。

(6)结果分析

从模型的回归方程分析，创新投入系数的变化对人均地区生产总值的影响最大。从F检验和t检验分析，三次产业增加值和创新投入对人均地区生产总值均有影响。其中，第三产业增加值对人均地区生产总值的影响最为显著。对比四个影响因素的结果，本研究认为，第一、第二产业是影响安徽区域发展的关键因素，创新投入推动区域发展的作用力明显，其影响力已超过第三产业。

四、省市区域创新投入的对比分析

2017 年 5 月,安徽省政府出台《国家创新驱动发展战略纲要》的实施方案,提出创新型省份发展目标,并将在 2020 年基本建成安徽区域创新体系。对此,本研究从创新投入这一影响因素对安徽省情况进行分析。

首先,从 2015 年全国科技经费投入统计公报的数据可知,当年安徽省研究与试验发展(R&D)经费投入强度为 1.96%,而全国研究与试验发展经费投入强度为 2.07%,安徽省在全国 31 个省区市中排名第 9(见图 1)。虽然安徽省创新投入的经费逐年增加,创新投入占地区生产总量的比重逐年上升,但相对于全国其他部分省市而言还存在差距。

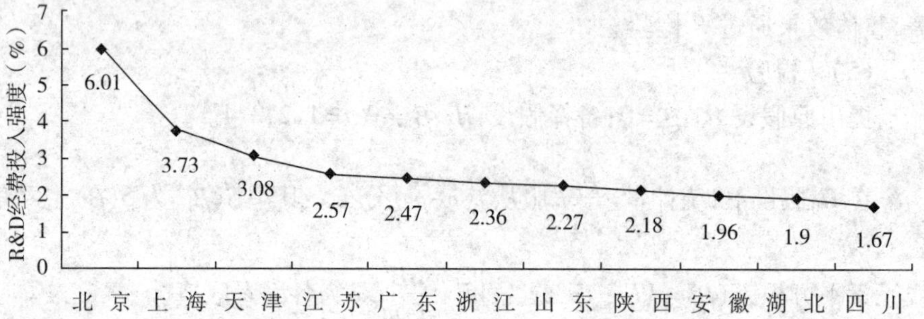

图 1　2015 年全国前 11 省市的研究与试验发展(R&D)经费投入强度对比

其次,本研究对安徽省 16 个地市研究与试验发展经费支出数据进行比较,图 2 数据显示,2015 年合肥市创新投入费用为 174.9 亿元,占全省创新投入总费用 431.9 亿元的 40.5%,而宿州、亳州和池州的创新投入费用分别为 4.6 亿元、4.1 亿元和 4.5 亿元,全省各地市对创新投入费用差别较大。

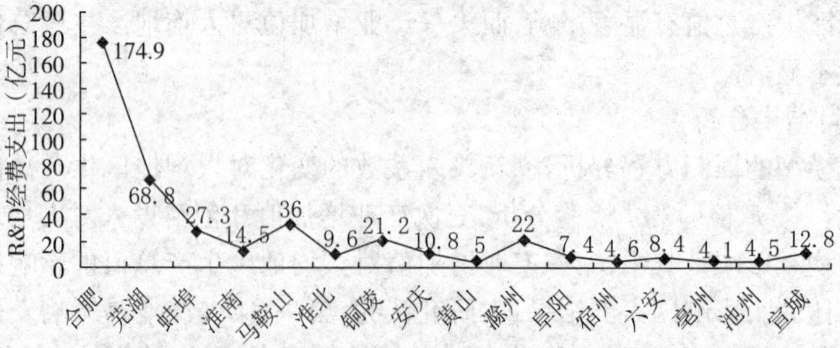

图 2　2015 年安徽省 16 市的研究与试验发展(R&D)经费支出对比

对此,本研究认为,合肥地区居于创新龙头地位,一方面是其处于省会地位,资源优势较为明显;另一方面,合肥地区对创新企业的鼓励奖补支持力度较大,吸引了大量创投企业入驻。而芜湖、蚌埠、马鞍山、铜陵等城市具有沿江区位优势,货物运输和物流周转量较大,企业为了实现增效降本的目标,通过加大创新投入费用提高工作效能。其他城市由于区域经济总量较小,投入创新的费用也就有限。

五、完善安徽创新体系的建议

虽然创新投入对地区生产总量的影响作用大,但由于安徽各地市经济发展不均衡,创新投入强度难以达成预定目标,从而影响到区域创新的整体水平。对此,本研究从制度、管理、人才等方面,提出完善创新体系的若干建议。

(一)完善各类创新制度的监管与落实

目前,安徽省政府已启动创新驱动国家发展战略实施方案,各级机构也制定创新驱动发展的各种政策与制度。虽然创新活动的报道接连不断,但笔者调研中发现创新政策的落实和制度的监管还存在不足。创新创业产业园为了应对上级主管部门的考核,只重视招商引资,不重视项目建设。当企业入驻创新产业园区后,管委会忽视引资项目建设的政策延续性和稳定性,加大实体企业生产和管理成本的风险,导致园区企业的流失率较高;而轻资产的服务型企业则利用园区管理制度的不完善,不断地游弋在不同产业园区,逃避企业应缴纳税费,造成国家税收损失。而科研机构和高校对创新成果的认定和兑付缺乏执行力,导致科研创新的后劲不足。

因此,各级政府在发布相关政策后,应跟踪调研政策实施效果,加强政策和制度执行的透明度,对于政策落实中遇到的新问题,应通过管理制度及时补位,调节政府与企事业单位间的磨合,以共同推进社会经济的协同发展。

(二)加大社会各界的创新投入力度

创新投入对经济发展具有直接的撬动作用。然而,不论从全国各省份研究与试验发展经费投入强度的排名分析,还是从安徽省16个地市研究与试验发展经费支出数据显示,安徽省对于创新投入的力度略显不足。

对此,本研究建议,首先,各类主体作为区域发展的建设者也同样是受益者,因而,创新投入需要社会各界的共同参与。其次,企业应加强自主创新和合作创新,鼓励员工开展全员创新活动,对于企业创新的突出贡献者,给予物质、期权等不同形态奖励,营造开放的创新空间,逐步形成制度创新、管理创新、产品创新、服务创新等创新体系。再次,对于科研机构和高校等创新主体,一方面加大创新项目的建设,另一方面加强创新过程和创新成果的转换率。目前,政府对科研机构和高校的项目投入逐年增加,但如何提高项目应用转化率和创新成果的产值,还需要继续量化完善管理制度和考核制度。

(三)加强创新人才的培养

本研究对2016年安徽16地市创新人才数据和地区生产总值数据进行分析,对比图3中两条线性曲线发现,创新人才数量多的城市,其地区生产总值也较高,因此,其结论可研判为创新人才数量与地区生产总值呈正相关关系。

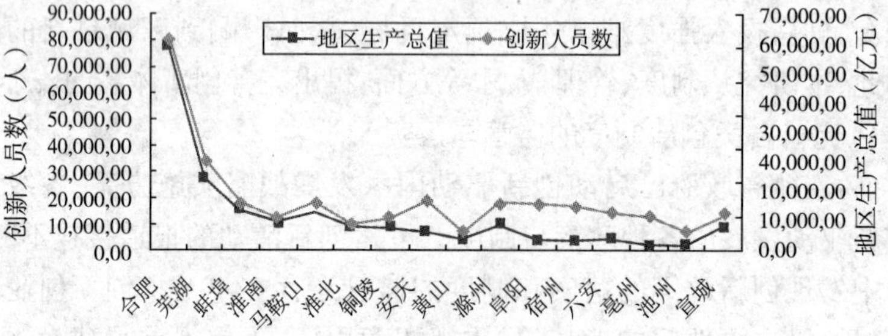

图3 创新人才与地区生产总值的关系图

进一步分析发现,2016年安徽省就业人数为4361.6万人,而全省创新人才数为21.11万人,创新人才数占就业人数的0.48%。由此可见,创新人才短缺已成为安徽创新型省份建设的瓶颈。对此,本研究认为,加强创新人才培养,可选择以下途径:其一,加强企业创新人才的内部培养;其二,以科研机构的项目驱动培育创新人才;其三,依托高校的"双创"活动选拔创新型人才;其四,激励社会各界的自主创新,营造区域内全民创新的氛围。

六、总 结

当前,经济发展已经进入创新驱动阶段①,如何激发创新驱动区域发展这一原动力,本研究从创新投入维度入手进行深入探讨。首先,采集2011年至

① [美]迈克尔·波特. 国家竞争优势[M]. 北京:华夏出版社,2002.

2016 年安徽省统计年鉴的数据，建立人均地区生产总值的影响因素模型，通过回归分析得知，创新投入对区域经济发展具有显著性推动作用；其次，从省市两个层面，分析创新投入经费的差异对区域经济发展的影响；再次，在以上研究基础上，本文提出了完善各类创新制度的监管与落实、加大社会各界的创新投入力度等建议。

总之，建设安徽创新型省份，不仅要全面提升社会各界的创新能力水平，而且要加大创新投入力度；不仅要充分发挥合肥地区创新龙头作用，而且要协同芜湖、蚌埠、马鞍山、铜陵等沿江城市的创新优势，带动其他区域创新发展的步伐，进而加速推动安徽区域的经济发展。

我国区域创新空间关联网络特征及其影响因素研究

——基于社会网络分析法

方大春　马为彪

摘　要:基于2006-2015年中国省际面板数据,通过构建区域创新综合指标体系,利用社会网络分析法(SNA)及QAP回归分析法,考察了我国区域创新空间关联网络特征及其影响因素。结果发现:样本期间我国各省区域创新综合水平指数不断上升,但东中西部存在差距;我国区域创新空间关联密切程度呈上升趋势且趋向稳定发展;上海、天津、北京等东部发达地区处于网络的核心地带,宁夏、吉林等中西部欠发达地区处于网络的边缘地带;双向溢出板块与净受益板块成员大多属于我国环渤海、长江三角洲与珠江三角洲等地区,中、西部地区在网络中扮演经纪人与净溢出角色,四大板块相互溢出,发挥着自身优势。QAP回归分析显示,地理位置显著影响区域创新空间关联性与溢出效应,R&D人员全时当量、产业结构、利用外资和人均GDP以及科技支出占财政支出比省份差异都对我国区域创新空间关联网络的空间关联性与溢出性产生影响。在实证分析基础上给出相关政策建议。

关键词:区域创新;空间关联关系;社会网络分析;QAP回归分析

一、引　言

在新一轮的科技革命与产业革命的推动下,创新已成为推进各国经济发

作者简介:方大春(1973—),男,安徽和县人,博士,安徽工业大学商学院教授,副院长,硕士生导师,主要从事区域创新研究。马为彪(1992—),男,安徽安庆市人,安徽工业大学商学院区域经济学研究生。

展与提升各国区域竞争力的核心要素。十八大报告再次强调加快转变经济发展方式,增强经济发展内生力,必须以创新作为驱动。如何提高一个国家创新能力,一般有两种途径:一是国家集中创新力量,进行攻关研究,提高核心技术创新能力;二是国家内创新资源在空间上优化配置,提高地区协同创新能力。

自熊彼特1992年提出创新理论以来,创新一直是学术界研究的主旋律。区域创新研究主要集中在区域创新能力(王学军等,2008;刘军等,2010)、区域创新绩效(杨若,2016;李婧等,2017)、区域创新环境(李琳等,2009;杨秋月,2016)等方面。赵少平和黄飞(2016)用常规的空间计量方法实证研究表明,长三角地区创新集聚具有空间正相关关系。张静和李平(2017)运用空间面板模型实证分析,发现中国的区域创新绩效存在明显的空间关联关系,主要以增长极为中心的组团方式分布。赵雨涵和宋旭光(2017)运用最小生成树法测度,结果表明中国区域创新活动具有明显的空间关联性,并随着时间的推移显著增强。从已有文献来看,大部分学者对于区域创新空间关系只局限于地理位置“邻近”的区域,其实,随着经济全球化与区域一体化的深入推动,创新的溢出效应已随着创新知识、技术与人才跨区域流动,超越了地理上“邻近”区域,而表现为“跨区域”流动。这种跨地区流动,使得各地区创新能力提升与其他地区紧密相关,构建区域创新网络结构。政府只有全面掌握区域创新网络结构整体特征及各节点(地区)的角色,才能推进区域协同创新能力。本文首先通过构建区域创新指标体系,计算出我国各省份创新综合指数;再运用社会网络分析方法(SNA),从整体网络特征、网络中心特征和空间聚类特征阐释了我国省际区域创新的空间关联性;再选择社会网络中二次指派程序(QAP)方法探究省际区域创新的影响因素。

二、构建区域创新指标体系

(一)指标体系的选取

本文运用社会网络分析方法,分析我国省际区域创新空间关联关系,首先确定各省创新综合指数。构建合理的区域创新指标体系是基础,基于区域创新评价的科学性、整体性、可操作性与动态连续性原则,参照彭迪云(2016)和齐亚伟(2015)的研究,将区域创新分为创新投入、创新产出与创新环境三个一级指标10个二级指标展开,具体见表1所列。

表 1　区域创新综合指标体系

目标系统	一级指标	二级指标
区域创新	A_1:创新投入	A_{11}:R&D 经费支出(万元)
		A_{12}:R&D 人员全时当量(人/年)
	A_2:创新产出	A_{21}:专利授权量(项)
		A_{22}:技术市场成交额(亿元)
		A_{23}:高技术产业生产总值(亿元)
	A_3:创新环境	A_{31}:公共图书馆藏书量(万册)
		A_{32}:科技支出占财政支出比例(%)
		A_{33}:人均 GDP(人/元)
		A_{34}:第三产业产值占 GDP 比重(%)
		A_{35}:实际利用外资额(万美元)

(二)数据来源与数据标准化处理

1. 数据来源

研究对象是全国的 30 个省区市(不含西藏与港澳台地区),时间跨度为 2006—2015 年。原始数据来自于 2007 至 2016 年的《中国统计年鉴》《各省市统计年鉴》《中国科技统计年鉴》。为了消除价格因素对一些指标的影响,以 2006 年为基期对相关指标数据按照 GDP 平减指数进行平减。

2. 标准化处理

由于选取的指标具有不同的单位,所以需要对数据进行标准化处理。因选取指标都是正向指标,计算公式如下:

$$z_i{}' = \frac{z_i - X_{\min}}{X_{\max} - X_{\min}} \tag{1}$$

其中,i 表示各项指标;z_i' 代表第 i 指标标准化之后的值;z_i 表示原始值;$X_{\max}$ 与 $X_{\min}$ 分别表示 2006 年至 2015 年期间第 i 项指标的最大值与最小值。

3. 区域创新综合水平指数

在测量各区域创新综合指数之前,准确、合理的权重分配是进行多指标分析的关键。权重的确定方法主要有德尔菲法(专家评议法)、主成分分析法、层次分析法、灰色关联度法、熵值法、变异系数法等。其中,德尔菲法、层次分析法与主成分分析法带有很强的主观性,导致评价结果不够客观;灰色关联度法虽然较客观,但可操作性不强;而变异系数法不仅能够较为客观地评价指标,而且可操作性强[16](郑广华,2010)。因此,选取变异系数法确定权重，公式如下：

$$v_i = \frac{s_i}{x_i}, w_i = \frac{v_i}{\sum_{i=1}^{n} v_i} \tag{2}$$

其中，i 表示各项指标；s_i 表示第 i 项指标的标准差；x_i 为第 i 项指标的平均值；v_i 代表第 i 项指标的变异系数；w_i 为第 i 项指标的权重。完成指标赋权之后，最终的区域创新综合水平指数 $I_j = \sum_{i}^{n} z_i' w_i$，其中 j 代表地区。

运用公式(1)、公式(2)，计算2006—2015年全国各省际区域创新综合水平，限于篇幅，表2给出部分年份全国各省市区域创新综合水平。

表2　全国各省市区域创新综合水平

省份	2007	2009	2011	2013	2015
北京	33.88	37.80	43.93	52.87	60.76
天津	13.14	15.40	19.29	24.33	29.58
河北	6.04	7.37	8.65	11.06	13.03
山西	5.11	5.40	6.07	8.99	9.27
内蒙古	4.53	5.74	6.74	8.29	9.12
辽宁	13.35	16.34	19.86	22.85	17.40
吉林	5.26	6.15	6.57	8.12	9.28
黑龙江	6.27	7.16	8.62	10.39	11.56
上海	29.38	35.58	36.37	39.81	42.85
江苏	28.26	38.19	53.20	64.10	68.80
浙江	20.59	24.80	31.09	39.39	45.64
安徽	5.50	7.48	11.15	15.89	19.86
福建	10.93	11.11	13.51	16.58	19.75
江西	4.65	5.67	7.00	9.48	12.67
山东	17.05	20.17	26.51	33.25	39.14
河南	6.57	8.48	12.18	16.45	20.38
湖北	8.50	10.28	12.56	17.59	23.77
湖南	7.35	9.00	10.88	13.75	16.89

(续表)

省份	2007	2009	2011	2013	2015
广东	33.75	40.43	49.43	60.55	71.36
广西	4.34	4.99	5.69	7.47	8.56
海南	3.13	3.88	4.59	5.61	5.80
重庆	5.22	6.37	8.24	11.23	13.50
四川	7.90	10.14	13.45	17.33	21.09
贵州	3.65	4.11	5.00	5.82	7.14
云南	4.07	4.54	5.39	6.55	7.96
陕西	6.13	7.41	9.03	13.17	16.80
甘肃	3.36	3.65	3.99	5.38	6.86
青海	2.17	2.56	1.83	2.88	3.92
宁夏	3.65	3.14	3.55	4.17	5.15
新疆	3.56	3.71	4.03	5.42	6.21
均值	10.24	12.23	14.95	18.63	21.47

从表2可以得出:首先,从整体的均值来看,在2007—2015年期间,全国省际创新综合水平指数均值呈不断增加的趋势,这说明我国的区域创新综合水平在不断提高;其次,从各省际角度看,各地区创新综合水平指数随时间递增而递增,体现各地区创新能力的不断提升;最后,从排名的角度看,区域创新综合水平排在前五位的基本是:北京、上海、江苏、浙江、广东,排名后五位的基本是:青海、宁夏、海南、新疆、甘肃;这说明我国的区域创新在整体上依旧是东部大于中西部地区。

三、我国区域创新空间关联实证分析

(一)我国区域创新空间网络结构模型构建

需要构建区域创新体系指标体系,得到的综合水平指数作为全国各省市的区域创新质量,以此来构建我国省际创新关联网络。参考刘华军(2015)的引力模型,并根据本文的需要,对该公式进行修正,修正后的具体公式如下:

$$x_{i,j}=k_{i,j}\frac{\sqrt[3]{P_iG_iI_i}\sqrt[3]{P_jG_jI_j}}{D_{i,j}^2},k_{i,j}=\frac{I_i}{I_i+I_j},D_{i,j}=\frac{d_{i,j}}{g_i-g_j} \tag{3}$$

其中，$x_{i,j}$表示 i 省 j 省之间的区域创新空间相关性；P_i 与 P_j 分别是 i 省与 j 省的总人数；G_i、G_j 分别指 i 省与 j 省的 GDP 总值；$k_{i,j}$表示省份 i 在省份 i、j 之间区域创新中的贡献率；i 省与 j 省的区域创新水平分别由 I_i 与 I_j 表示。基于托达罗（Todaro M. P.）人口迁移模型，需要把地理距离和经济距离因素同时纳入摩擦距离（D_{ij}）中。$d_{i,j}$表示省份 i 省会与省份 j 省会之间的球面实际距离，根据各城市的经纬度以及球面距离公式计算得到；g_i 与 g_j 分别表示 i 省与 j 省的人均 GDP，其差值的绝对值越大，说明区域间资源流动越强。

由公式(3)，可得我国省际创新空间关联引力矩阵$(x_{i,j})_{30*30}$。考虑到相互作用存在一定的门槛值（临界值），取$(x_{i,j})_{30*30}$矩阵每行的均值作为该行的临界值，当大于均值时，则表示两者存在相互作用，有关联性，0，表示不存在关联性。由于 $k_{i,j}$的作用而导致 $x_{i,j}$与 $x_{j,i}$值的不同，故最终得到的$(x'_{i,j})_{30*30}$是有向（不对称）空间关联网络 0-1 矩阵。

（二）整体网络结构图

为了能更清晰与直观地展示我国省际创新的空间关联网络，根据修正的引力模型计算而得$(x'_{i,j})_{30*30}$有向省际空间关联矩阵，本文利用 UCINET 可视化工具 Netdraw 绘制了 2015 年我国省际创新空间关联网络，如图 1 所示。

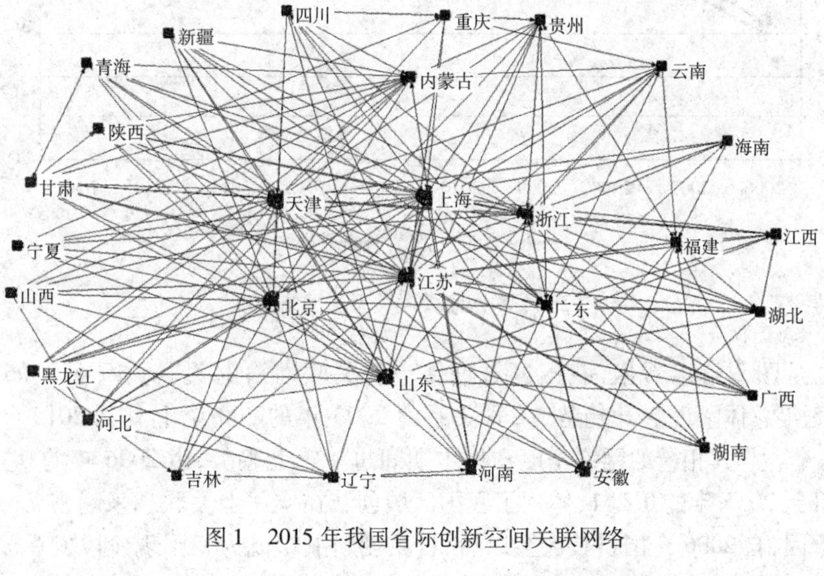

图 1　2015 年我国省际创新空间关联网络

从图 1 可以看出，我国区域创新呈现着较为明显的空间网络特征，其中上海、北京、天津、浙江、江苏等东部地区与其他地区联系较多，处于网络的中心地带;青海、甘肃等中西部省份因连线较少,处于网络的边缘地带。

(三)整体网络特征

把握一个网络的整体网络特征,需要研究其整体网络密度与网络关联性,其中,网络关联性又包含网络关联关系、网络等级度与网络效率。网络密度表示网络成员联系的紧密度,密度越大,该网络对成员行为、态度等影响就越大,联系就越密切。网络关联关系表示网络成员之间存在相互作用。网络等级度表达的是网络成员之间在多大程度上非对称地可达,主要针对有向图,其值越大,表明网络越具有等级结构。网络效率刻画了网络在多大程度上存在冗余的连线,其值越小越能说明网络中成员与成员之间连线更多,沟通渠道越多,也就越能保证整体网络的稳定性。图 2、图 3 分别给出了 2006 年至 2015 年我国区域创新空间关联网络的网络密度、关联度、等级度以及等级效率的变化趋势。

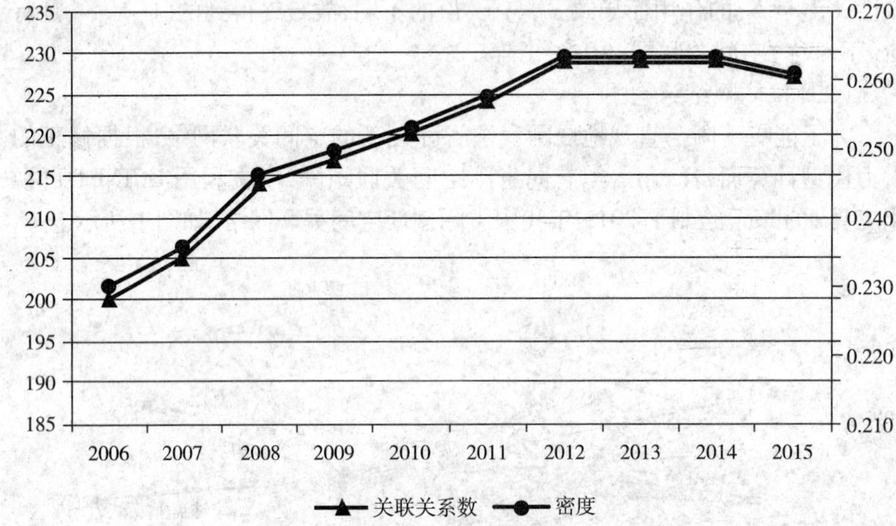

图 2　关联网络关联关系与网络密度

从图 2 可以看出,我国区域创新空间关联网络的关联关系在 2006 到 2015 年总体呈现上升趋势,关联关系由 2006 年的 200 个上升到 2015 年的 227 个。与其相应的网络密度在样本期间也呈上升趋势,由 2006 年的 0. 230 上升到 2015 年的 0. 261,体现了我国区域创新在空间上关联越来越密切。究其原因,自 2006 全国科技大会以后,自主创新战略成为我国现阶段发展的主要发展战略之一。为推动我国 2020 年建设成为创新型国家,各省纷纷出台各自的创新政策,在全国创新大环境的影响下,导致创新人才、知识、技术等在

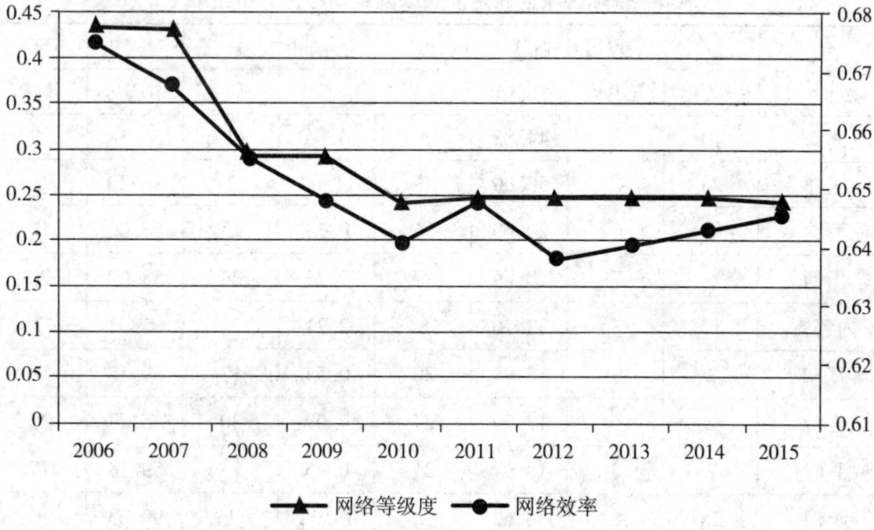

图3 网络等级度与网络效率

全国范围流动,这无疑增强了各区域在创新上的空间关联性。从图3可以看出,该网络的网络等级度在样本期间呈现下降趋势,在2011年以后趋势变缓,这说明整体网络趋向平等化发展,各省份之间空间关联更加密切。其网络效率在整体上呈现下降趋势,这体现网络中各省份区域创新空间关联网络连线增多。

(四)中心性分析

"中心性"是探讨社会网络特征的重点之一,中心性一般由点度中心度、中间中心度与接近中心度构成,它所体现的是个人或者组织在其社会网络中的量化分析。度数中心数可以衡量各省份在我国区域创新空间关联网络中所处的网络位置,如果该省份与其他省份有很多连线,就说明该省份的点度中心度越高,处于网络的中心。中间中心度可以反映各省份在该网络中对资源的掌握度,如果某个省份在网络中处于与其他省份最短连线上,就说明该省份具有较高中间中心度。

接近中心度刻画了网络中某个省份在我国区域空间关联网络独立于其他省份控制程度。若某个省份具有较高的接近中心度,表明该省份与其他省份更"接近",表现为该省的区域创新与其他省份有较强的联系。因此,通过测度点度中心度、中间中心度、接近中心度等指标来探究各省份在我国区域创新空间关联网络中的特征。限于篇幅原因,仅给出2015年的计算结果,如表3。

表3　省际区域创新空间关联网络中心性分析结果

省份	点度中心度				中间中心度		接近中心度	
	点入度	点出度	中心度	排序	中心度	排序	中心度	排序
北京	20	6	44.83	4	6.66	4	78.38	4
天津	23	6	50.00	2	11.00	2	85.29	2
河北	6	6	20.69	16	0.23	23	58.00	19
山西	5	7	20.69	17	0.23	24	58.00	20
内蒙古	12	7	32.76	8	2.21	7	65.91	7
辽宁	2	9	18.97	20	0.54	17	59.18	16
吉林	2	6	13.79	27	0.09	30	55.77	29
黑龙江	2	9	18.97	21	0.65	15	59.18	17
上海	26	8	58.62	1	13.38	1	90.63	1
江苏	22	5	46.55	3	9.24	3	80.56	3
浙江	17	6	39.66	6	4.25	6	70.73	6
安徽	10	3	22.41	13	0.72	14	60.42	11
福建	6	8	24.14	11	1.13	9	61.70	9
江西	6	7	22.41	14	0.27	22	58.00	21
山东	19	7	44.83	5	4.93	5	76.32	5
河南	10	7	29.31	9	0.91	11	60.42	12
湖北	5	9	24.14	12	0.48	18	60.42	13
湖南	4	8	20.69	18	0.37	19	58.00	22
广东	10	11	36.21	7	2.18	8	64.44	8
广西	1	8	15.52	24	0.37	20	58.00	23
海南	1	6	12.07	30	0.19	29	55.77	30
重庆	4	7	18.97	22	0.19	28	56.86	27
四川	2	9	18.97	23	0.59	16	59.18	18
贵州	3	10	22.41	15	0.88	12	60.42	14
云南	2	10	20.69	19	0.88	13	60.42	15
陕西	1	8	15.52	25	0.21	25	58.00	24
甘肃	4	11	25.86	10	0.99	10	61.70	10

（续表）

省份	点度中心度				中间中心度		接近中心度	
	点入度	点出度	中心度	排序	中心度	排序	中心度	排序
青海	1	8	15.52	26	0.21	26	58.00	25
宁夏	1	7	13.79	28	0.21	27	56.86	28
新疆	0	8	13.79	29	0.36	21	58.00	26
均值	7.57	7.57	26.09	—	2.15	—	63.49	—

首先，从点度中心度的角度来看，高于均值(26.09)的省份有上海、天津、江苏、北京、山东、浙江、广东、内蒙古、河南9个省市，其中7个属于东部发达地区，上海的中心度为全国之最。这说明，我国的区域创新集中在东部地区，这些地区在我国的区域空间关联网络中与其他地区连线较多，处于网络的中心地带，而上海则在整个网络中占据着核心地位。究其原因，可能由于我国的东部地区经济发达，具有很强的经济规模和自主创新能力，这导致了东部沿海地区在区域创新方面占据着有利地位。点入度大于点出度地区，其顺序为上海、天津、江苏、北京、浙江、安徽、山东、内蒙古和河南。另外，广东省的点入度与点出度相对都比较高。点入度大于点出度大都属于东部沿海地区，且其受益情况都大于溢出情况；相反，中西部地区溢出情况却大于受益情况。可能原因在于，东部地区因拥有良好的经济发展环境，吸引了来自全国其他地区的创新资源与创新人才，中西部地区为此提供了相应的供给。

其次，从中间中心度的角度看。高于均值(2.15)的省份有：上海、天津、江苏、北京、山东、浙江、广东、内蒙古，其中上海的中间中心度位居全国之首，这些地区在我国区域空间关联网络中掌握较多的资源，在整个网络中起着桥梁的作用。从地区分布看，这些地区大多处于我国最为发达的长江三角洲、珠江三角洲以及环渤海地区，在区域创新方面具有强大的优势。此外，我国2015年区域创新中间中心度总量为64.53，其中这8个地区占据了全国的83.44%。

最后，从接近中心度的角度看。高于均值(63.49)的省份有：上海、天津、江苏、北京、山东、浙江、内蒙古、广东8个地区。这些省份在空间关联网络中与其他省份更为接近，掌握着区域创新的资源流动，从而扮演着网络中心行动者身份。另外，不管从点度中心度、中间中心度还是接近中心度看，排名靠后基本上是宁夏、海南等地区。这些地区由于低水平的经济发展规模、偏远的地理位置以及落后的基础设施所导致的区域创新能力不足，而处在网络的边缘地带，受到其他行动者的支配。

（五）块模型分析

为了进一步探讨我国省际空间关联网络内部整体结构，需将整个网络“简化”为块模型。根据 Wasserman 与 Faust 对于块模型的评测体系，将我国省际空间关联网络主要分为四大板块：第一类板块（双向溢出板块），其含义是该板块成员同时对该板块内成员与板块外成员有较多的关系，表现为两者的相互溢出；第二类板块（净受益板块），其含义是该板块内成员接收内部成员与外部成员的关系要远大于其溢出关系，在极端情况下，表现为只接收关系，而不溢出关系；第三类板块（经纪人板块），其作用好比一座桥梁，起着“嫁接”其他板块之间关系的作用，该板块成员内部关系较少，主要接收与发出外部关系；第四类板块（净溢出板块），其含义与净受益板块相反，主要表现为对外部发出较多的关系与接收较少的关系。在极端情况下，只溢出关系，而不接收关系。

为了更加直观地展现我国区域空间关联网络的块模型结构，并进一步深入剖析该网络的内部整体结构，采用常见的 CONCOR 块模型分析方法，以最大分割深度为 2，收敛标准为 0.2，将整个网络划分为：双向溢出板块、净受益板块、经纪人板块与净溢出板块四大主要板块，如图 4 所示。

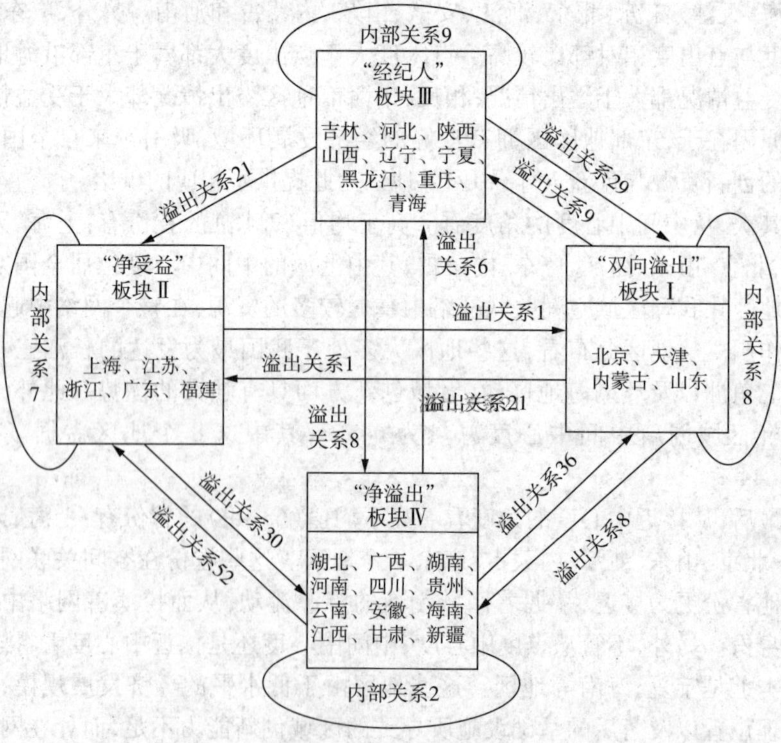

图 4　区域创新空间关联网络四大板块关系

2015 年我国区域创新空间关联网络一共有 227 个关联关系,包含板块内 26 个关联关系,板块外 201 个关联关系,体现着我国区域创新存在着明显的空间关系与溢出效应。总的来说净受益板块的成员大多属于东部沿海地区,而净溢出板块大多数属于我国的中西部经济不发达地区。东部地区凭借自身的经济发展优势吸引着中西部地区的创新人才与创新资源,体现着我国区域创新空间关联网络非均衡的特征。

四、我国区域创新空间关联网络影响因素 QAP 回归分析

上文分析了我国区域创新空间关联网络整体特征,为进一步研究影响我国区域创新空间关联网络的影响因素,采用社会网络矩阵 QAP 进行回归分析。QAP 是一种基于“关系”数据,探究不同矩阵之间相关系数以及对于该系数进行非参数检验的方法。

(一)模型设定与指标选取

正如地理学第一定律(Tobler,1970)所说:“任何事物之间均相关,而离得较近的事物总比离得较远的事物相关性要高。”相邻地区由于具有地理位置上的先天优势,更易受到相邻地区的溢出效应。参考相关文献,选取 R&D 人员全时当量、R&D 经费支出、实际利用外资额、产业结构(这里用第三产业占 *GDP* 总值表示)、人均 GDP、科技支出占财政支出比重,作为刻画区域创新差异主要指标,设置模型见公式(4)。

$$I=f(D,R,K,S,F,G,T) \tag{4}$$

其中,I 表示区域创新空间关联矩阵;D 为空间邻接矩阵(两地区相邻取 1,否则为 0);R 为 *R&D* 人员全时当量差异矩阵;K 代表 *R&D* 经费支出差异矩阵;S 代表第三产业占 GDP 总值差异矩阵;F 代表实际利用外资差异矩阵;G 代表人均 GDP 差异矩阵;T 代表科技支出占财政支出比差异矩阵。取各省份对应的指标在样本期间(2006—2015)数值的均值,接着利用各省份该指标均值的绝对差值建立差异矩阵。再利用 UCINET 软件对(4)式进行 QAP 相关性分析与回归分析。进行 QAP 相关性分析(基于文章篇幅省略),分析结果是部分变量之间存在共线性。为了减小矩阵间存在相关性问题所导致结果的误差,剔除解释变量矩阵 K,修改模型如式下:

$$I'=f(D,R,S,F,G,T) \tag{5}$$

(二) QAP 回归分析

通过 UCINET 软件,选择 10000 次随机置换,公式(5)回归结果如表 4 所

列。方程调整的 R^2 为 0.321，说明选取的指标可以解释影响区域创新空间关联关系的 32.10%，且其概率值为 0，即该次随机置换产生的判定系数不小于实际观察到的判定系数的单尾检验概率，表明其通过 1% 的显著性检验。表中，概率 1 表示随机置换后的判定系数绝对值不小于观察到的判定系数的概率；相反，概率 2 则表示置换后的判定系数不大于观察到的判定系数的情况。

表 4　区域创新空间关联影响因素的 QAP 回归分析

变量名称	非标准化回归系数	标准化回归系数	显著性概率值	概率 1	概率 2
截距项	-0.0856	0.0000	—	—	—
D	0.2691	0.2200	0.0001	0.0001	1.000
R	0.0000	0.2065	0.0002	0.0002	1.000
S	-0.3789	-0.0792	0.0140	0.9861	0.0140
F	-0.000	-0.0771	0.0827	0.9174	0.0827
G	0.0000	0.5526	0.0001	0.0001	1.0000
T	-0.0231	-0.0007	0.0001	1.000	0.0001

由表 4 可知，空间邻接矩阵 *D* 在 1% 的水平上显著，这说明地理位置确实影响着区域创新的空间关联性与溢出效应。R&D 人员全时当量差异矩阵（*R*）、人均 GDP 差异矩阵（*G*）与科技支出占财政支出比差异矩阵（*T*）都在 1% 的水平上显著，第三产业占 GDP 总值比例差异矩阵（*S*）与实际利用外资差异矩阵（F）分别在 5% 与 10% 的显著性水平上显著。可见，这些指标省份间差异在不同程度上影响我国区域创新的空间关联性。回归系数值为负，表明第三产业占 GDP 总值比例、实际利用外资和科技支出占财政支出比差异越小，区域创新空间关联和溢出越大影响越大；回归系数值为正，表明 R&D 人员全时当量和人均 GDP 差异越大，区域创新空间关联和溢出越大影响越大。

五、结论与建议

本文基于 2006—2015 年省际数据，通过构建区域创新综合水平指标体系与修正的引力模型，利用社会网络的方法，从整体网络特征、个体网络特征、块模型分析以及 QAP 回归分析探讨了我国省际区域创新空间关联网络的整体特性并得出以下结论：

第一，从区域创新综合水平指数的角度看：2006 至 2015 年全国的区域创新综合水平指数呈现不断上升的趋势，东部地区的区域创新综合指数明显高于中西部地区。这说明我国的区域创新在不断加强，但东部、中西部区域创新还存在一定差距。

第二，从整体网络特征的角度看，在样本期间，我国区域创新空间关联网络的关联关系与网络整体密度呈现不断上升的趋势，这说明我国省际区域创新在空间上联系更加紧密。2015 年网络关联关系与网络密度分别为 227 与 0.261，距离理论上总共的关联关系 870(30×29)与网络密度 1 还有很大差距，这也体现了我国区域创新整体的空间联系还有很大提升空间。网络等级度在样本期间呈现下降趋势，这说明整体网络趋向平等化发展，各省份之间空间关联更加密切。

第三，从个体网络特征角度看，点度中心度高于均值的有上海、天津、江苏、北京、山东、浙江、广东、内蒙古、河南等 9 个地区；中间中心度高于均值的有上海、天津、江苏、北京、山东、浙江、内蒙古、广东等 8 个地区，其中这 8 个地区占据了整个网络中间中心度的 83.44%，且各省市中间中心度大小不一，说明存在不均衡特征。接近中心度大于均值的有上海、天津、江苏、北京、山东、浙江、内蒙古、广东 8 个地区。

第四，从块模型的角度看：由北京、天津、内蒙古、山东所组成的板块构成了我国区域创新空间关联网络的双向溢出板块；上海、江苏、浙江、广东、福建组成的板块在网络中承担净受益板块的作用；吉林、河北、陕西、山西、辽宁、宁夏、黑龙江、重庆、青海等作为第三板块的成员，在该网络中扮演着经纪人的角色；剩余地区构成净溢出板块。各板块之间存在着相互溢出的关系，充分发挥了各自的地方比较优势。

第五，从 QAP 的回归分析看：空间地理位置差异、R&D 人员全时当量差异、产业结构差异、利用外资差异、人均 GDP 差异以及科技支出占财政支出比重差异都对我国区域创新空间关联网络的空间关联性与溢出性产生很大的影响。

对此，笔者给出以下建议：

第一，从全国一盘棋的战略角度实施区域创新政策。上海、北京、天津、江苏等东部地区作为我国区域创新的中心地带，应继续发挥其地理位置优势，进一步提高创新能力。对于青海、宁夏、安徽、吉林、湖南、湖北等中西部地区，虽然在区域创新力度方面有所不足，处在网络的边缘地带，却拥有着丰富的创新资源，可以与东部地区形成优势互补，充分发挥自身比较优势，在全国层面形成协同创新。

第二，制定差别化区域创新政策。充分考虑各板块之间的结构特征，避免“一刀切”。一方面，双向溢出板块与净受益板块是我国区域创新的核心地带，有着天然的优势，这就需要它们在提升自己区域创新能力的同时，兼顾并引导净溢出板块与经纪人板块的创新发展。另一方面，净溢出板块与经纪人板块不能仅借资源优势，更需要积极学习双向溢出板块与净受益板块的先进创新技术，主动把握时代创新前沿，从而提高全国的区域创新关联网络效率。

第三，致力于缩小东部、中西部区域创新综合实力差距。鼓励东部地区拥有自主创新型企业向中西部地区转移，加大区域创新知识与技术的溢出效应。同时，中西部地区应加大基础设施的投入，改善区域创新环境，主动引进、消化并吸收国内外先进技术，逐步提高自身的自主创新能力。

第四，调整产业结构，缩小区域创新环境差距。QAP 的回归结果展示，第三产业占 GDP 总值比例、实际利用外资和科技支出占财政支出比差异越小，区域创新空间关联和溢出越大、影响越大。这需要各地区推进产业结构优化升级，引进外资扩大开放，加大对科技投入，努力缩小区域间差异，从而推动全国地区间协同创新。

参考文献：

[1] 蒋天颖，华明浩，许强，等．区域创新与城市化耦合发展机制及其空间分异——以浙江省为例[J]．经济地理，2014，(6)：25-32.

[2] 柳卸林，胡志坚．中国区域创新能力的分布与成因[J]．科学学研究，2002，(5)：550-556.

[3] 王学军，陈武．区域智力资本与区域创新能力的关系——基于湖北省的实证研究[J]．中国工业经济，2008，(9)：25-36.

[4] 刘军，李廉水，王忠．产业聚集对区域创新能力的影响及其行业差异[J]．科研管理，2010，31(6)：191-198.

[5] 杨若愚．市场竞争、政府行为与区域创新绩效——基于中国省级面板数据的实证研究[J]．科研管理，2016，37(12)：73-81.

[6] 李婧，何宜丽．基于空间相关视角的知识溢出对区域创新绩效的影响研究——以省际数据为样本[J]研究与发展管理，2017，29(1)：42-54.

[7] 李琳，陈文韬．我国区域创新环境差异的实证分析[J]．中国科技论坛，2009，(7)：94-99.

[8] 杨秋月．基于区域创新环境的产学研协同创新影响因素研究[J]．江淮论坛，2016，(6)：84-88.

[9] 白俊红，蒋伏心．协同创新、空间关联与区域创新绩效[J]．经济研究，2015，50(7)：174-187.

[10] 赵少平，黄飞．长三角区域创新集聚的空间计量实证研究[J]．经济地理，2016，

(8):73-79.

[11] 张静,李平. 中国区域创新绩效的过程溢出与空间关联[J]. 西部论坛,2017,(3):34-44.

[12] 赵雨涵,宋旭光. 我国区域创新空间关联的测度与分析——兼论区域创新网络结构的动态特征[J]. 西南民族大学学报(人文社科版),2017,38(7):84-92.

[13] 李晨,覃成林,任建辉. 空间溢出、邻近性与区域创新[J]. 中国科技论坛,2017,(1):47-52+68.

[14] 彭迪云,刘畅,周依仿. 区域经济增长与创新能力耦合协调发展研究——以长江经济带为例[J]. 科技管理研究,2016,(7):104-110+121.

[15] 齐亚伟. 区域创新环境对三大创新主体创新效率的影响比较研究[J]. 科技进步与对策,2015,(14):41-46.

[16] 郑广华. 区域创新系统协调发展的评价系统研究[J]. 系统科学学报,2010,(3):76-79.

[17] 刘华军,刘传明,孙亚男. 中国能源消费的空间关联网络结构特征及其效应研究[J]. 中国工业经济,2015,(5):83-95.

[18] Wasserman S, K Faust. Social Network Analysis: Methods and Applications[M]. Cambridge: Cambridge University Press,1994.

我国碳金融发展及国际经验借鉴

王宗鹏

摘　要:2013 年 6 月,我国碳配额现货交易市场试点开始启动。文章在分析碳金融发展模式和借鉴国外碳金融实践经验的基础上,结合当前我国推进碳金融进程中存在的问题和障碍,认为从完善法律法规及监管体系、建立统一碳市场交易平台、培育专业机构和队伍、创新风险管理工具等方面推进碳金融业务发展。

关键词:碳金融;碳排放;融资模式

碳交易起源于科斯定理,在此基础上,发展出了"总量与交易"理论。政府按照稀缺性理论和环境容量确定污染物排放上限,并以配额的形式出售或分配给排放者。随后,在《京都议定书》建立了三个灵活减排合作机制,分别是国际排放贸易机制(IET)、清洁发展机制(CDM)和联合履行机制(JI),同时形成了相应的碳交易市场。中国于 1998 年 5 月签署并于 2002 年 8 月核准了《京都议定书》,成为世界碳排放交易格局的一员。

碳金融是碳市场的高级阶段,是碳交易活动的发展方向。中国目前是在国际清洁发展机制(CDM)中供给二氧化碳核证减排量最多的国家,拥有巨大的碳排放资源,发展碳金融市场大有可为。碳金融起源于环境金融和生态金融,是当前国内外学者所关注的绿色金融的衍生品。碳金融主要指为满足低碳发展需求,基于碳交易和碳资产市场,由金融机构开发碳金融产品进行碳资产配置,形成规模化交易的各种金融制度安排和金融交易活动。碳金融产品主要包括碳排放权及其衍生品的交易,基于温室气体减排的低碳项目开发投融资活动,以及相关金融中介服务等。

作者简介:王宗鹏,安徽省金融学会秘书处。

一、国外碳金融的发展实践

(一)欧盟碳金融发展

欧盟碳排放交易市场(EU-ETS)自2005年启动实施以来,已成为全球历史最长、规模最大的温室气体排放交易市场。

1. 出台的政策法规

欧盟一直作为全球低碳行动的引领者,为推动温室气体减排,出台了一系列政策法案,主要包括2000年的《温室气体绿皮书》、2003年《温室气体排放交易指令》、2007年《能源技术战略计划》、2009年《关于促进和利用来自可再生供给源的能源条例草案》,其中英国在2008年发布了全球第一部限制温室气体排放法案——《气候变化法案》等。

2. 建立碳排放交易体系

英国在2002年建立了全球第一个温室气体排放交易体系(UK ETS),并于2007年与欧盟EU-ETS对接,成为EU-ETS的一部分。EU-ETS建立了总量管制和配额交易制度,对各成员国的排放设置限额,成员国则将减排目标分解到国内的排放企业,明确减排上限,实行强制性的温室气体减排。所有受排放管制的企业,在得到欧盟排放配额(EUA)后,通过节能技术和限制产量等措施,确保排放量在配额范围内。目前EU-ETS处于第三阶段交易(2013—2020年),交易将在欧盟层面而非成员国层面上分配。业原先可以免费获得的配额,从2013年起逐步由拍卖来获得,并于2020年实现完全通过拍卖分配减排配额的方式。2017年2月,欧洲议会讨论通过了EU-ETS第四阶段(2020-2030年)的改革方案,提出EU-ETS配额总量以2.2%的速度递减,并在第四阶段中纳入航运业。

3. 碳金融产品

欧盟气候交易所(ECX)、欧洲能源交易所(EEX),在2005年碳市场启动时,开展了碳配额(EUA)和核证减排量(ERU和CER)的期货和期权交易,对碳配额线上交易和CDM项目开发,提供套期保值工具。成立了多只碳基金,投资于低碳经济和节能减排领域,如:荷兰清洁发展机制基金、英国碳基金和意大利碳基金等。欧盟多家商业银行,如德意志银行、汇丰银行和瑞士银行等,积极加入“赤道原则”,加大对低碳经济支持力度。

(二)美国碳金融发展

1. 出台的政策法规

1963年的《清洁空气法》(1976年和1990年修订)、1997年《碳封存研究计划》、2005 年《能源政策法》、2007 年《能源独立安全保障法》、2009 年《美国再生投资法案》、2010 年《美国电力法案》、2011 年《清洁能源和安全法案》等。

2. 发展历程

美国小布什政府在 2001 年退出了《京都议定书》,但也积极推进美国碳金融发展。2002 年美国政府提出了 2012 年削减 18% 碳排放目标承诺,2008 年提出了美国温室气体排放零增加的目标。奥巴马政府一直重视碳金融领域,2009 年出台的《美国再生投资法案》,提出联邦政府对能源效率和节能项目补助,对可再生能源的投资实行三年免税等。2016 年发布的《国家自主减排预案(INDC)》获得国会通过,核心内容依照《清洁能源计划》设定,包括减排目标和可再生能源发展路径等。2017 年 3 月,特朗普签署了《提升能源独立与经济增长》行政命令。2017 年 6 月,特朗普政府宣布退出《巴黎协定》,预计 2018 年美国能源系统碳排放将重新出现上升趋势,对全球气候合作将造成不利影响。

3. 碳金融产品

芝加哥期货交易所(CCX)下属的芝加哥气候期货交易所(CCFE)开展了 CER 类期货和期权,CFI 期货、ECO 指数期货和 RGGI 期货和期权。绿色交易所(Green Exchange)开展了 EUA 类现货、期货和期权产品、加州碳排放配额和气候储备行动(CAR)的期货和期权合约。高盛开发了天气衍生产品,为受气候变化、自然灾害影响的公司提供碳风险管理金融产品;美国国际集团创新开展碳排放信用担保;加利福尼亚消防基金开发了绿色建筑覆盖保险,产品涵盖了与可持续建筑有关的新能源、节能节水、绿色革新等。

(三)日本碳金融发展

1. 出台的政策法规

1998 年的《全球气候变暖对策推进法》(2005 年修订)、2000 年的《应对全球变暖计划书制度》2007 年《应对气候变化方针》、2008 年的《面向低碳社会的 12 大行动》《福田蓝图》、2009 年的《立场绿色经济和社会变革》等。

2. 发展历程

日本作为能源进口国,在 20 世纪 70 年代开始大力提倡节能技术。2005 年建立日本自愿排放交易体系,国家单位 GDP 的能耗仅为世界平均水平的 1/3,2000—2010 年,共有 303 个公司参与自愿排放交易体系,中小企业构成了参与主体。2010 年建立日本都总量控制与交易体系,覆盖工业和商业领域,这两个领域约占东京都总排放的 40%。目前处于第二个履约期(2015—2019 年):目标在基准年的基础上减排 17%。日本政府鼓励节能技术的开发,长期运用综合性措施和计划,并允许私人投资进入碳金融领域。

3. 碳金融产品

日本近年来推出一些碳金融服务和产品,利用先进的碳减排技术,在碳交易所用日元计价交易,通过将主权货币与碳资产、碳金融绑定,积极加入国际碳金融市场的竞争。日本碳基金于2004年11月启动,由日本国际合作银行与日本开发银行管理,总额为1亿美元,用于购买从可再生能源、化工、燃料转换、废物处置等项目产生的温室气体减排量。日本瑞穗银行是亚洲第一家宣布采纳赤道原则的银行,高度重视绿色环保理念,持续加大对环保领域信贷投放。

二、我国碳金融发展现状

(一)政策演进

2010年9月,国务院在《关于加快培育和发展战略性新兴产业的决定》中首次提出,完善碳排放交易制度;同年10月,出台的《中华人民共和国国民经济和社会发展第十二个五年规划纲要》中明确提出,把降低能源消耗强度和碳排放强度作为约束性指标,逐步建立碳排放交易市场。2012年6月,国家发改委出台《温室气体自愿减排交易管理暂行办法》,明确了自愿减排交易的产品、场所的申请、审定及核证机构资质的认定程序。同年11月,十八大报告中提出,积极开展碳排放交易权试点。2013年11月,十八届三中全会的决议要求,推行碳排放交易制度。2015年发布的《生态环境监测网络建设方案》,提出推动统一环境质量监测网络的建设工作,将建立针对污染物排放自行监测及信息公开体系。同年9月,习近平主席在《中美元首气候变化联合声明》中正式宣布,将于2017年启动全国碳排放交易体系,覆盖钢铁、电力、化工、建材、造纸和有色金属等六个重点工业行业。2016年8月,中国人民银行等七部委出台了《关于构建绿色金融体系的指导意见》,提出要促进建立全国统一的碳排放权交易市场和有国际影响力的碳定价中心,有序发展碳金融产品和衍生工具。

(二)碳金融市场发展

2011年10月,国家发改委下发《关于开展碳排放权交易试点工作的通知》,批准在湖北、广东、北京、上海、天津、深圳、重庆等七个省市开展碳排放权交易试点工作。2012年以来,发改委出台了《温室气体自愿减排交易管理暂行办法》《碳排放权管理暂行办法》等一系列政策,为全国统一碳排放配额交易市场做好了基础工作(见表1)。2013年6月,我国碳配额现货交易市场试点开始启动,近年来碳市场机制已经成功建立并且运行顺利。截至目前,七个试点碳市场每年发放配额共计约12亿吨二氧化碳当量,线上成交量约为2亿吨。预计在2017年全国碳市场启动后,短时间碳现货交易有望突破200亿元。

表1 全国七个省市碳交易所发展情况

	北京	天津	上海	重庆	湖北	广东	深圳
地方出台政策法规	碳交易管理办法(2014-5)	碳交易管理办法(2013-12)	碳交易管理办(2014-5)	碳交易管理办法(2014-5)	碳交易管理办法(2014-4)	碳交易管理办法(2014-1)	碳交易管理办法(2014-3)
碳交易总量	约0.5亿吨	约1.6亿吨	约1.5亿吨	约1.3亿吨	约2.81亿吨	约4.08亿吨(2014);386亿吨(2015)	约0.3亿吨
分布的行业和机构	电力热力、水泥、石化、其他工业企业,服务业务,415家机构(2015年新增430家及26家内蒙企业)	钢铁、化工、电力热力、石化、油气开采等五大重点排放行业,109家企业	钢铁、建材、有色、电力、石化及航空、港口、机场、铁路等非工业企业,210家企业	电力、冶金、化工、建材等多个行业,254家企业	电力、钢铁、水泥、化工等	电力、钢铁、石化和水泥,242家企业	能源生产、加工行业和工业制造26个行业+大型公建,635家企业
门槛	排控单位5000(含)吨碳(2009—2012)		工业2万吨碳,非工业1万吨碳	2万吨碳(2008—2012)	6万吨碳(2010—2011)	2万吨碳(2011—2012)	工业3000吨碳,政府机关及大型公建1万平方米

数据来源:北京环境交易所、中信建投研究部

(三)主要碳金融产品

2013年碳市场试点启动以来,七个试点碳市场已推出了多款碳金融产品。国内部分银行积极参与碳金融市场,包括开展碳资产质押授信、碳配额托管、资金托管和CCER交易结算等业务。目前全国碳金融创新主要表现在两个方面:一是交易模式创新,主要包括北京推出的碳配额场外掉期交易,湖北和深圳推出的碳配额托管和碳基金等;二是融资模式创新,主要包括广州

和湖北推出的碳配额抵押贷款、上海推出的碳配额质押贷款、深圳推出的绿色结构性存款和碳债券等(见表2)。

表2　全国碳市场主要碳金融创新

碳金融产品	碳市场	合作机构	时间	规模
碳基金	湖北	诺安基金	2014-11	3000万元
	深圳	嘉碳资本	2014-10	5000万元
	上海	海通证券(CCER碳基金)	2015-01	2亿元
碳债券	深圳	国开行、浦发银行、中广核	2014-05	10亿元
碳抵押	湖北	兴业银行、宜化集团(配额质押)	2014-09	4000万元
	广州	浦发银行、华电新能源	2014-12	1000万元
碳质押	上海	上海银行、宝碳新能源(CCER质押)	2014-12	200万元
碳掉期	北京	中信证券、京能源创	2015-06	50万元
碳回购	上海	兴业银行、置信碳资产、春秋航空	2016-03	50万吨
	北京	中信证券、华远意通(碳配额回购融资)	2014-12	1330万元
碳授信	湖北	民生银行、兴业银行、浦发银行、建设银行、进出口银行	2014-04	1000亿元
绿色结构性存款	深圳	兴业银行、惠科电子	2014-12	20万元

数据来源:试点省(市)发改委网站、北京环境交易所

三、推进碳金融存在的问题和障碍

(一)法律法规亟待完善

国外碳金融业务已经开展相当长的时间,政府出台一系列制度办法对市场进行规范化管理。而国内碳金融市场缺少完整的市场规则和法律制度,机构和企业参与的积极性不足。碳资产对于国内部分金融机构属于新鲜事物,对操作模式、交易规则不太熟悉,利息补贴、税费减免、担保等配套政策也不完善,缺少有效激励机制,不愿轻易开展低碳金融业务。

(二)交易品种较少

目前国内碳金融交易品种主要有碳基金、CDM项目和商业银行开展绿色信贷产品。其中商业银行开展的绿色信贷业务成为碳金融投资重要组成部分,CDM项目是我国与国外碳金融交易的主要产品。以上海、湖北碳排放权交易中心为例,主要交易产品是国内核证自愿减排两(CCER),交易数额虽然很大,但产品种类较为单一,将影响我国碳金融交易市场健康持续发展。

(三)专业机构和人才的缺乏

碳交易流程中要涉及很多中介服务机构,如法律机构为碳交易体系建设提供服务,研发中心开发交易标准等。碳金融不仅涉及金融市场业务,还要对节能减排项目、能源气候政策等领域全面的认识。国外金融机构经常与节能技术咨询公司、碳资产管理公司开展合作,提供相关领域的专业能力。目前国内商业银行对项目开发、操作模式、交易规则等不熟悉,有关碳金融业务的专业机构和专业人才比较匮乏,没有建立成熟的专业技术咨询体系,很大程度上降低了碳金融服务的专业性和针对性。

(四)风险对冲工具缺位

碳资产回购、托管,还是碳融资,都会将碳资产价格变动带来收益和风险,向金融机构或中介机构转移。国外金融机构开展碳金融业务,都通过衍生品交易方式,对所持标的头寸的价格风险进行对冲。对于国内大部分试点市场,远期、期货、期权等金融衍生产品均未开展,目前只有湖北碳排权交易中心开展了碳远期产品。商业银行缺乏控制碳资产风险的工具,参与交易的动力不足,不利于有效开展碳金融业务。

四、政策建议

(一)完善法律法规及监管体系

从国外碳金融发展经验来看,我国要坚持立法先行的原则,通过构建碳金融政策法规体系,完善监管流程,减少交易风险,营造良好发展环境。一是建立碳金融交易产品、交易主体、碳排放权等最初配给的标准;二是对碳金融核证体系、规则流程等方面,制定针对性的监管措施和风险规则;三是在碳金融衍生品交易、项目信用评级等方面加快立法。

(二)建立统一碳市场交易平台

目前全国七省市碳交易试点都有各自交易标准,导致跨平台交易成本较高,不利于形成规模化和市场整体流动。由于国内碳交易市场分散,无法对价格走势做出判断，无法形成统一的价格，使得我国在国际碳交易市场缺乏定价权和发言权。我国亟须建立全国统一交易平台，成立国家级碳交易所承揽国家统一配额交易工作并牵头制定全国碳市场交易价格和规则，构建国内碳金融交易网络。同时保留现有的试点交易所，引导在各自区域开展碳交易工作。

（三）培育专业机构和队伍

随着全球碳金融发展，各类中介机构发挥的作用越来越大，需要我国加紧培育第三方中介机构。中介机构可以提供多种类型的碳金融工具，还可以提供相应的咨询服务，能有有效降低碳市场交易风险和成本。加快培育专业机构，鼓励金融机构与其加强合作，实现业务模式的协调和对接，促进碳金融业务的发展。同时，建议高校设立碳金融相关专业，支持金融机构设立碳资产管理部门，加强专业人才队伍建设，积极推动全国碳金融市场发展。

（四）创新风险管理工具

积极开发碳金融衍生产品，通过碳远期、碳期货等衍生品交易工具进行对冲，通过交易减少碳资产价格风险，实现碳资产的保值增值，增强碳资产的吸引力，提高银行等金融机构开展碳金融服务的积极性。放宽二级市场碳交易对银行、券商、中介机构等的准入，鼓励更多具有碳资产管理能力的机构通过碳市场强化管理能力，提升碳金融服务水平。

现阶段安徽收入分配之思考

张　扬

摘　要:以围绕安徽推进"四个全面"的工作大局,对接落实国家"一带一路"、"长江经济带"等重大发展战略,全面建成小康社会,为新常态下安徽收入分配格局更加合理有序,解析安徽收入分配领域的现状,存在的矛盾和问题,与当前安徽经济转型、稳中求进的发展要求相适应。文章从安徽近年来经济发展与收入分配的事实中、在与周边省份的相比较中、从薪酬理论的深层次解剖分析入手,找出安徽当前收入分配格局下的现状及其症结,并试图为安徽如何化解主要矛盾,逐步形成合理有序的收入分配格局,提出一系列力争贴近安徽实际的对策建议,设计安徽本土可行的实施线路。

关键词:新常态;安徽;收入分配;解析对策

安徽经济发展引人注目,尤其是近十几年到三十年间,安徽的经济虽在国际经济普遍下行的大环境下备受影响,加之地处中部、自身转型发展诸多不利条件的限制,依然还是取得了持续平稳较快的发展,2014 年全省 GDP 首破 2 万亿元,2013 年人均 GDP 突破 3 万元。居民收入分配总规模在不断扩大,居民总收入在不断提高,收入分配制度改革也在逐步推进。但是,在经济发展新常态下,从自身经济发展的要求来看,从与周边省份比较来看,收入分配总体格局还需要完善,环境还需要优化,改革还需要发力。

"形成合理有序的收入分配格局",是党中央在经济新常态下,实施全面深化改革的重大战略目标之一。本文仅就安徽现阶段的收入分配形势进行分析思考,试图探索迈向这个大格局的途径。

作者简介:张扬,安徽省社会收入分配研究会。

一、新常态下安徽收入分配现状剖析

(一)生产总值、收入分配总额逐步增大,居民收入水平不断提高

近十几年来,安徽经济发展进入新常态,取得了持续平稳较快发展的业绩。2015 年 1 月 22 日,安徽省政府新闻发布会通告,全省生产总值(GDP)跨入 2 万亿元,达到 20848.8 亿元;2013 年人均 GDP 已破 3 万元,为 31684 元(约合 5116 美元)。与其同时,安徽收入分配总额也在不断增大。2011 年全省初次分配总收入达 14904.4 亿元,比 2005 年增加 9943.2 亿元,2006 年至 2011 年年均增长 20.1%;可支配收入总额为 16408 亿元,比 2005 年增加 11019.9 亿元,年均增长达 20.4%。

安徽城镇居民人均可支配收入 1988 年突破千元,为 1074.7 元;2007 年突破万元,为 11473.6 元;2013 年已达到 23114 元;2014 年稳中有升,达到 24839 元。农民人均纯收入 1995 年突破千元,2011 年达到 6232.2 元,2013 年达到 8098 元,2014 年已达到 9916 元。31 年来城镇居民可支配收入年均增长 13.2%,农民纯收入年均增长 12%。在严峻复杂的国际经济形势下,安徽经济总量还能如此增长,居民收入还在稳步提高,这个成果、这个速度来之不易。

(二)收入水平总体还处于全国平均之下,且收入差距较大

2014 年全国城镇非私营单位就业人员年平均工资 56339 元;全国农村居民人均年纯收入为 9892 元。2013 年全国城镇居民人均可支配收入为 26955 元,农村居民人均纯收入为 8896 元。与这个水平相比较而言,安徽不论是城镇还是农村的人均收入均在全国平均水平之下。2014 年安徽城镇居民人均可支配收入 24839 元,农村居民人均可支配收入 9916 元。2013 年安徽城镇居民低于全国平均水平 3841 元,农村居民低于全国平均水平 798 元。2012 年全国 31 个省市城镇居民人均可支配收入排行,安徽名列第 15 位;农村居民人均纯收入在全国排第 20 位。

1. 城乡居民收入差距比较突出

城乡居民收入差距,全国维持在 3.13 倍至 3.0 倍左右。而安徽城乡收入水平在提高中收入差距上的绝对值却在拉大。1985 年安徽城镇居民人均可支配收入为 634.0 元,农村居民人均纯收入为 369.0 元,绝对差距为 265 元,相对收入差距(城乡收入比,以农民为 1)为 1.72 倍;到 2000 年城镇为 5293.6 元,农村为 1934.6 元,绝对差距为 3359 元,相对差距为 2.74 倍;到 2013 年城

镇为23114元,农村为8098元,绝对差距已扩大到15016元,相对差距为2.85倍。这个差距幅度在中部6省份中安徽处于第二位。

2. 行业收入差距仍处于高位

安徽行业之间收入差距也比较悬殊,安徽采矿业的收入多年处于首位,电力、电信、烟草、金融保险、民航、铁路等垄断性行业的平均收入水平普遍偏高。全省生产制造业、基础性服务性等产业,则远低于全省平均水平,农林牧渔业,多年来一直处于垫底位置。2012年城镇非私营单位职工平均工资为44601元,最高的行业为采矿业,达到70568元。农林牧业只有22845元,绝对值低于全省平均水平21756元,是采矿业的32.37%。最高与最低行业人均工资之比为3.09∶1。

3. 地区之间收入差距不容小视

安徽地处江淮,皖江、淮北区域发展不平衡,八百里皖江(即长江)城市带与农业人口众多的沿淮(即淮河)农业地区收入差距明显。从城镇居民人均可支配收入来看,工资收入最高的是以采矿业为主的两淮(淮北、淮南),以及以钢铁为龙头的马鞍山,工资收入最低的是工业基础薄弱的农业大市,如六安、阜阳等。最高与最低之比,由2000年的1.54倍扩大到2011年的1.64倍,绝对收入差距由2409.5元扩大到10643.4元。2012年最高的淮北市高于最低的六安市20863元/人均。

4. 农民人均纯收入也是从南到北递减

2012年皖南地区(芜湖、马鞍山、铜陵、黄山等)最高,为9391元,超过全省农民人均纯收入2230元;江淮之间(合肥、滁州、安庆等)次之,为7478元,超过全省农民人均317元;皖北地区(宿州、阜阳、亳州等)最低,为6584元,低于全省农民人均577元。

二、安徽收入分配问题成因探解

(一)劳动者报酬在收入分配中的比重偏低

从安徽统计年报上看,劳动者报酬占GDP比重逐年下降。1978年,安徽全省劳动者报酬占当年GDP的比重为63.2%,自1995年开始下降为57.3%;到2011年为48.6%。这个比重比国际通行的标准(60%左右)要低得多,更远低于西方发达国家65%~70%的水平。

劳动者报酬在初次分配中占比偏低。2005年安徽当年劳动者在初次分配中的比重为52.5%;2008年为49.2%;2011年为52.2%,下降了0.3个百分点。

(二)国民收入分配比重渐向政府倾斜

以2011年来看,安徽在初次分配总收入中,政府、企业和居民分别占10.5%、31.6%和57.9%;在可支配总收入中,分别占19.5%、25.7%和54.8%。与2005年相比,初次分配政府占比提高了4.7个百分点,企业提高了2.6个百分点,唯有居民收入下降7.3个百分点;在可支配收入中,政府占比提高了6.9个百分点,企业基本持平,而居民则下降6.9个百分点。

(三)促进居民收入与经济发展同步增长的长效机制未健全

2003年以前,安徽城镇居民人均可支配收入一直高于人均GDP,自2004年起开始颠倒,当年城镇居民人均可支配收入为7511.4元,而人均GDP是7642元,虽只相差131元,但起步难回。到2013年两者净相差已是8570元。而农村居民人均纯收入只有人均GDP的四分之一。

从历史进程来看,安徽居民收入的增长主要是受政策影响。自1985年国家连续进行了1985年、1993年、2006年三次大的工资制度改革,先是1983年企业改革,后机关事业改革又促进了企业改革,工资改革带动了居民收入的快步增长;对农民来说,政策激励起关键作用。2006年安徽在全国带头取消了农业税,后来又取消了农产品特产税,农民的收入明显提高。加之政府又给产粮的农民粮食直补和综合性补贴,一系列配套政策使农民收入增长加快。居民收入的增长只在政策下获得,缺乏一种同步增长的长效激励机制、制衡机制,还没有使"居民收入增长与经济发展同步"变成一个良性互动状态、一个规律。

三、为安徽形成"橄榄形"收入分配格局之思考

(一)规范"高福利"发放,机关、企业、事业大体平衡,控管地区收入差距

人社部工资研究所"2011年工资年报"显示,有的省津补贴已高达32个,最高额度甚至已达到工资收入的80%以上。安徽津补贴的量和度,在中部、在全国虽不属最多或最高,但各部门、各市、甚至同一个市内不同的单位,都存在着名目不同、数额不等的津补贴,福利成了职工实际收入高与低的决定成分。

在推行地区附加津贴前,先严格规范、清理"高福利",将岗位性津补贴纳为基本工资,废除和杜绝自行发放的津补贴(主要指生活补贴),参考1956年国家11类工资区的做法,解决区域内职工生活补贴的公平。只要生活在同一

个区域内，生活物价水平一样，生活补贴就人人平等，不再背离工资职能和工资基本运行规律，区分“在职退休，职务大小，工龄长短”享受补贴，实现补贴平衡。

薪酬分配的基本原则是，公务员、技术人员、企业职工三大类相当人员薪酬大体持平。在宏观统筹、分类指导下，三大类相当人员的基本薪酬大体平衡，才能收缩不合理的收入差距，才能解决整个社会的分配公平。

（二）调控垄断行业高管薪酬，缩小行业差距

《中国居民收入分配年度报告（2013）》指出，中国高收入人群主要集中在垄断行业和国有企业，尤其是央企高管收入畸高，他们不仅高于社会平均工资，高于行业工资，甚至高于内部职工工资几十倍。2011 年、2012 年，安徽 19 个大行业中，最高的采矿业、金融业与最低的农牧业之比，最高达到 4 ∶ 1，高于城乡差距。

2015 年 9 月，国家关于国企改革“指导意见”已经出台。薪酬改革是其中重要的一环。缩小差距，严格加强对垄断行业的工资分配管理，在严格工资总额的限制外，还要实行预算制，控制住增幅上限，尤其是高管薪酬的上限。企业内部原有按效益计发的工资，也应控制在预算内。通过对工资总额和职工平均工资水平的双重调控，尤其是限制高层管理人员，对其薪酬划出红线。同时，对基层员工实施工资决定和正常增长制、同工同酬制、最低工资制、增资协商制、岗位考核制等系列规定，使企业工资分配规范。

（三）优化农民收入结构，缩小城乡差距

安徽城乡差距中，农民纯收入在总体水平上的差距，突出反映在收入结构上，体现在工资性收入和家庭经营性收入上。以 2012 年为例，农民人均收入较高的马鞍山（10900 元）、铜陵所属的县区农民工资性收入也占全部收入的 60% 以上，此结构已与城镇居民的收入结构相近。

安徽是农业大省，从《安徽统计资料》来看，农民的农业收入占纯收入的比重不断下降。20 世纪 80 年代，农副产品是农民收入的主要来源，家庭经营性纯收入占总收入的 80% 以上，而工资性收入仅占 10% 左右。到了 90 年代，农民进城打工增多，家庭经营性收入比重下降到 70%，而工资性收入上升到 20%。到 2011 年安徽全省农民工资性收入已超过家庭农业生产经营性收入。因此，仅靠农业增收来实现农民收入的增加难度较大。城镇化建设才是优化农民收入结构、提高农民收入的一个重要途径。

关于特色小镇建设的思考

王 宇 宋春华 潘 炜

摘 要：自2016年7月，国家住房城乡建设部、国家发展改革委、财政部联合发文明确提出开展特色小镇培育工作，各级政府特色小镇建设热情高涨，推出了一系列支持政策，取得了很大成效，但是在推进过程中也出现了一些困难和分歧。未来，在建设特色小镇工作的推进中，要坚持特色小镇的本质，加强特色小镇建设的规划引导，系统性设计特色小镇的支撑架构，有效促进特色小镇健康发展。文章通过考察学习先进地区特色小镇的建设经验，结合亳州市镇村自然资源、地域文化和产业特色，提出推进亳州市特色小镇建设的思考建议。

关键词：特色小镇；亳州；启示；建议

特色小镇是城乡链接的新节点、产业升级的新载体、区域经济发展的新动力和块状经济转型的新业态。培育特色小镇，是我国城镇化建设的又一重大科学举措，为合理推进城镇化进程指明了方向，对于激发创新创业活力，推动经济转型升级，促进城乡统筹发展具有重要意义。

一、特色小镇的概念及国家和省有关政策

（一）特色小镇的概念

国家发改委《关于加快美丽特色小（城）镇建设的指导意见》提出，特色小（城）镇包括特色小镇、小城镇两种形态。特色小镇主要是指聚焦特色产业和

作者简介：王 宇（1973—）：男，亳州市政府政策研究室主任；宋春华（1988—）：男，亳州市政府办公室科员；潘 炜（1968—）：女，亳州市政府政策研究室综合科科长。

新兴产业,集聚发展要素,不同于行政建制镇和产业园区的创新创业平台;特色小城镇是指以传统行政区划为单元,特色产业鲜明、具有一定人口和经济规模的建制镇。特色小镇是集产业、文化、旅游和社区功能于一体的集合体,机制灵活、环境宜人、集约紧凑,既可以是"园区镇",也可以是"镇中镇""街中镇"。

在当前经济新常态下,培育建设特色小镇,对于推进城乡统筹发展、培育新的经济增长点、传承和展示地域文化都具有重要意义。国家住建部于2016年10月第一批公布了127个中国特色小镇,其中安徽5个;省住建厅于2016年11月第一批公布了21个安徽省特色小镇,其中皖北6市各1个,亳州市十八里镇名列其中。

(二)国家、省支持特色小镇建设系列政策梳理

2016年7月,住房城乡建设部、国家发展改革委、财政部联合印发《关于开展特色小镇培育工作的通知》,明确提出,到2020年培育1000个左右各具特色、富有活力的休闲旅游、商贸物流、现代制造、教育科技、传统文化、美丽宜居等特色小镇;10月,国家发改委发布《关于加快美丽特色小(城)镇建设的指导意见》。2016年8月,我省出台了《关于开展特色小镇培育工作的指导意见》;2017年1月,省发改委召开加快建设特色小镇专题座谈会,讨论《关于加快特色小镇建设的实施意见(初稿)》,拟以省政府名义印发。

以上政策,目前最为明确具体、最具可操作性的是省发改委正在组织的《关于加快特色小镇建设的实施意见(初稿)》(简称《实施意见(初稿)》),其他三个指导意见仅有方向性、框架性的支持政策,提出在项目申报、专项资金等方面对特色小镇给予优先考虑和倾斜。省《实施意见(初稿)》提出,到2020年,全省创建特色小镇80个左右,2017年启动第一批20个左右;规划面积原则控制在3平方公里左右,建设周期3年,旅游特色小镇按照4A景区标准建设,其他类型参照3A级景区建设;全省16个市不平均分配名额,注重质量和示范引领,按照市县申报,专家初审,部门联审,省政府批准的程序进行。在政策措施方面,明确:一是省财政每年安排5亿元专项资金,主要在两个节点上进行补助:列入创建名单时,奖补1300万元,其中100万元用于规划编制,1200万元用于基础及公共服务设施建设;3年后验收合格时,一次性奖励1000万元。二是对特色小镇年度新增财政收入上交省财政部分,实行"三免三减半"。三是特色小镇建设确需新增用地的,由各地先行办理农用地转用及供地手续,待完成规划目标任务后,省里按实际使用指标的50%予以配套奖励;3年未完规划建设目标的,加倍扣除用地指标。

二、先进地区发展特色小镇的经验做法

为学习借鉴先进地区特色小镇建设经验，课题组赴铜陵市郊区大通镇、苏州市吴中区角直镇、吴江区震泽镇和无锡市宜兴市丁蜀镇进行考察学习，先进地区在打造特色小镇的发展理念、规划布局、特色产业、体制机制、保障措施等方面有很多创新举措和可取之处，值得借鉴学习。

（一）强化组织力促创建

各小镇所在市、区、镇政府都高度重视特色小镇创建工作，成立专门组织，建立工作机制，积极开展创建申报。如铜陵市郊区成立大通镇特色小镇申报工作领导小组，由区委办和区政办对接大通镇做好申报具体事宜。因为特色小镇是在各省推荐的基础上，采用以审查申报材料为主、少部分镇实地考察的方式进行认定，因此申报材料的准备极为重要，领导小组在铜陵市政府、郊区政府的全力支持下，高标准、高起点准备宣传片、PPT 和有关申报材料，特别是考虑到在特色小镇创建过程中，住建、发改等不同部门会有不同要求，领导小组积极与国家、省有关部门沟通对接，明确重点，找准方向，取得事半功倍的良好效果，成功入选国家第一批特色小镇名单。

（二）创新理念彰显特色

特色小镇的关键在于“特色”，其魅力和生命力也在于“特色”。各特色小镇创新发展理念，找准特色、凸显特色、放大特色，把打造特色作为规划建设发展的首要任务。如苏州角直、震泽两个小镇特色就十分鲜明，与其他江南古镇不同，两镇并没有把“钱途”全部押宝在旅游业，而是分别以“模具小镇”和“丝绸小镇”入围全国首批特色小镇。震泽镇紧扣“蚕丝古镇、科技新城、田园乡村”的发展定位，打造丝绸产业养蚕、抽丝、生产、经营、服务的全产业链，近年来该镇累计创建与丝绸相关的国家级荣誉及称号 8 个、省级称号 6 个。

（三）科学规划明晰方向

根据资源环境承载力、产业特色和未来发展潜力，对小镇的经济、人口、用地、城建等进行总体的统筹规划。在总体规划的框架内，制定特色产业发展专项规划和各类详细规划，实现“多规融合”。例如角直镇在总体规划的基础上制定、完善控制性详细规划和模具特色小镇等专项规划，最大限度实现产业发展、土地利用、城乡建设三个规划的匹配融合，并根据不同的规划类型选择规划编制机构，聘请专业的城市规划机构制定小镇总体规划，聘请模具行业协会制定模具发展专项规划，真正让专业的人干专业的事，确保规划的科学性。

（四）发展产业壮大根基

打造特色小镇，其根基在于产业选择和经济发展。各地在特色小镇的产业培育发展中，立足资源禀赋、区位环境、历史文化、产业集聚等特色，以项目建设为抓手，大力发展特色优势主导产业，延伸产业链、提升价值链，形成产业规模化、产业特色化和产业品牌化，构建了小镇大产业。有“陶都陶瓷业发祥地”之称的丁蜀镇，立足其特色陶瓷产业基础，瞄准“从工业陶向高科技陶发展、从日用陶瓷向高端文化陶发展”的产业发展方向，大力发展高端陶瓷。目前该镇拥有上千家陶瓷企业，12 大门类、8000 多个品种，高技术陶瓷年产出规模约 50 亿元，成为当地一大经济支柱。角直镇将模具装备产业作为主导和支柱产业进行重点培育发展，打造了面积为 25 万平方米的模具装备产业园、合金产业园等产业集聚区，涌现了重村钢模、柳道万和等一批在国内甚至国际领先的龙头企业，2015 年该镇模具企业实现工业产值约 40 亿元，占全镇工业经济总量的 21% 左右。同时，该镇聚集了一大批模具研究人员和创客，推进了大众创业、万众创新。

三、几点启示

通过考察学习，考察组解放了思想，开阔了眼界，启发了思路，总结几个小镇建设的经验做法，主要有以下几个方面的认识。

其一，科学规划、合理布局是前提。各特色小镇强化规划的龙头地位，找准定位，科学合理制定总体发展规划和特色产业规划，并围绕总体规划和产业规划，制定土地利用、项目布局等专项规划，保证多项规划有序协调衔接，做精、做专、做强小镇。

其二，找准产业、落实项目是根基。产业建镇是特色小镇建设的重要原则，各个小镇根据区域要素禀赋和比较优势，挖掘本地最有基础、最具潜力、最能成长的特色产业，把项目作为建设发展的核心支撑，打造具有持续竞争力和可持续发展特征的独特产业生态。

其三，厚植底蕴、凸显特色是灵魂。特色小镇的最大亮点和最强支撑点在特色产业，但产业背后的厚重底蕴和文化才是保证其“特”的根本。如丁蜀镇通过建设陶瓷博物馆、举办陶瓷艺术节、评选陶瓷制作大师、将陶瓷知识纳入中小学课程等手段挖掘陶瓷文化内涵、扩大陶瓷文化影响，进一步拓宽了陶瓷产业发展的道路。

其四，解放思想、创新发展是关键。各地在特色小镇培育过程中，进一步解放思想,创新发展理念、发展模式、发展格局,完善工作机制,推动转型升级,培育特色产业,深挖发展后劲,同时,不断创新规划建设管理和社会服务管理,有力支撑了特色小镇创建发展。

四、思考建议

近年来,亳州市大力推进美丽乡村建设和特色乡镇建设,一些镇村特色产业与自然资源和地域文化紧密融合,独具特色,基本具备了特色小镇的培育潜力,建议从以下几方面积极推进:

(一)完善创建机制,形成梯次格局

未来几年,特色小镇建设将成为国家推进新型城镇化、培育特色产业、推进创新创业的重要抓手。亳州市应抢抓机遇,趁势而上,抓紧启动实施特色小镇培育计划,尽快研究制定配套政策。市级层面,建立市特色小镇创建培育工作联席会议制度,设立领导小组,承担特色小镇创建牵头工作;市相关部门根据职能做好相关特色小镇的谋划和业务指导工作,加强与国家和省相关部委的沟通联系。县区层面,成立相应组织机构,建立工作推进机制,加强统筹谋划,保障工作落实。

尽快推进特色小镇创建试点工作,根据国家、省出台的特色小镇建设政策,在全市范围内对基本符合要求的"小镇"进行集中调研摸排,按照申报成熟度,组织专班人员,逐一分析,整合包装,梯次推进。建议先在每个县区选择2~3个基础条件较好的镇开展试点,积极申报国家、省级特色小镇,组织市级特色小镇评选,通过以点带面、抓点扩面,突出对全市特色小镇建设的示范和引领,形成示范引领、梯队培育、滚动推进的创建格局。近期,要以省发改委即将组织申报的特色小镇为契机,紧紧围绕打造十八里、十河"亳药花海休闲观光大世界",进一步加大指导力度,科学谋划,精心策划,争取进入"计划盘子"。

(二)加强顶层设计,注重规划引领

充分发挥亳州市资源、文化、旅游、生态和地域特色等优势,坚持规划引领、产业主导、融合发展,本着"特而强"的原则,推进"产、城、人、文"四位一体,因地制宜,邀请高水平专业规划机构,高标准、高起点科学编制特色小镇发展规划,支持特色小镇多规合一,实现国民经济和社会发展规划、镇总体规划、土地利用规划等多规融合。

(三)加强特色培育,突出产业引导

特色小镇的基础是特色新兴产业或传统产业,亳州市应聚焦中医药、白酒饮料、农产品加工、文化旅游、休闲养生等重点产业及优势传统产业,紧扣产业升级趋势,不求“大而全”,但求“特而强”,主攻最有基础、最有优势、最具潜力的特色产业。坚持“一镇一业,一镇一特色”,每个特色小镇着力围绕一个产业做好项目组合,包括一产、二产、三产的组合,生产、生活、生态的组合等。如谯城区培育古井镇白酒小镇,十八里镇、华佗镇、十河镇大周村药业产业及特色旅游小镇等;涡阳县培育义门镇薹干小镇,高炉镇白酒小镇等;蒙城县培育小涧镇老街历史小镇,小辛集乡吕望社区布艺绣花小镇,马集镇田桥社区家居小镇,立仓镇皖北水乡小镇,楚村镇、篱笆镇、小辛集乡李大塘村等乡村旅游小镇,板桥集镇、许疃镇等湿地旅游小镇;利辛县培育城北镇机械加工产业小镇、胡集镇煤电产业小镇、马店孜镇湿地旅游小镇等。同时,注重挖掘产业背后的文化内涵,增加特色产业文化附加值,对中医药文化、老庄曹魏等历史旅游文化、白酒文化等进行深度研究挖掘,带动产业发展。

(四)加强项目支撑,创新建设机制

大力开展招商引资,创新筑巢引凤的激励机制,围绕特色产业定位,注重特色项目的包装、策划,开展专业化招商。加强项目建设,瞄准市场趋势,深入谋划研究,优先支持发展成长性好,能够带动小镇整体经济发展、引领产业升级的项目;对特色小镇培育对象实行“一镇一库”,建立项目储备库,细化排定重点项目。对于产业类项目,坚持以市场为主导,以企业主体,实行市场化运作;对于特色小镇内的市政设施、交通设施、公共服务、水利等投资项目,优先考虑选择 PPP 模式。探索政府基金投资模式,设立创投基金、特色小镇发展基金,发行地方政府债券等,以市场化机制引入带动社会资本参与特色小镇建设。

(五)加强扶持保障,形成政策合力

增强要素保障,对列入创建试点的特色小镇,给予产业发展、用地保障、财政支持、综合扶持等各方面的政策优惠。给予一定的税收返还、创建补助和规划编制资金补助等;对列入创建确需新增建设用地的特色小镇,给予用地指标倾斜;出台金融机构支持特色小镇建设的相关政策,创新金融产品,探索特色小镇投贷联动业务;特色小镇引进的各类人才、项目均优先享受市委、市政府相关规定的各项政策;对特色小镇急需的高端人才、特殊人才,采取“特事特办、一事一议、一人一议”。加大对特色小镇创建的宣传力度,引导广大干部群众提高认识,自觉参与特色小镇的建设;加强特色小镇营销,深入挖掘特色小镇文化底蕴和内涵,选好产业,讲好故事,做好包装,谋划组织一批具有全国影响力的活动,加强新闻采访和宣传报道,不断提高亳州市特色小镇知名度和吸引力。

供给侧背景下安徽省资源禀赋对产业结构的影响研究

魏 遥 许 菲

摘 要:近年来推行的供给侧结构性改革,旨在适度扩大需求的同时增加有效和高端供给,从供给侧探寻经济增长的新动力。本文基于新结构经济学理论,分析了安徽省资源禀赋及其比较优势,产业结构及其匹配程度,研究表明,安徽省在劳动力及旅游资源等方面具有比较优势,但产业结构升级跟不上资源禀赋结构的提升步伐,潜在优势无法转化成现实优势。由此探讨了安徽省产业结构整体优化路径,并从皖北、皖中、皖南三大区域角度提出了安徽省产业结构区域调整思路。

关键词:供给侧改革;资源禀赋;产业结构

一、引 言

自1978年改革开放后,我国经济一直保持较快的增长速度,但随着人口红利衰减、中等收入陷阱积累、国际经济格局深刻变化等一系列不利因素的共同影响,我国经济发展进入了新常态。我国经济发展面临着供给和需求两侧的问题,但主要是供给侧问题;因此从2015年开始我国强调在适度扩大总需求的同时,推动供给侧结构性改革②;要大力推进供给侧结构性改革,满足广大人民日益增长的物质文化需要,提供有效和高端供给,抑制"消费力外溢";在改革过程中明确提出"去产能、去库存、去杠杆、降成本、补短板"五大

作者简介:魏 遥(1973—),男,安徽阜阳人,管理学博士,教授,硕士生导师;许 菲(1992—),女,阜阳师范学院商学院工商管理专业硕士研究生。

② 中华人民共和国中央人民政府. 国务院关于化解产能严重过剩矛盾的指导意见. 国发〔2013〕41号.

任务,其目的就是化解供给与需求的矛盾,对产业结构进行调整,从供给侧探寻经济增长的新动力。

国内学者对产业结构调整和优化进行了诸多分析和研究。王永(2008)运用山东省2001-2006年面板数据,研究了产业结构差异对经济增长的影响[①];李晓华(2010)指出产业结构调整需要培育新的产业增长点,化解过剩产能[②];郑长德(2013)从新结构经济学视角对民族地区产业结构调整与升级进行了研究[③];吴海兵等(2013)通过全国31个省区市面板数据,探究了能源资源禀赋和产业结构之间的关系[④];刘开华(2014)基于新结构经济学的视角对贵州省产业结构的优化进行了理论和实证研究[⑤];张莹等(2015)认为,地方政府干预和经济全球化是影响产业结构形成的主要原因[⑥];李海绒(2016)认为,产业结构不合理的主要原因是产能过剩和供需错配,为此要充分发挥市场在资源配置中的决定性作用和政府在相关方面的引导作用[⑦]。

本文是在供给侧结构性改革的背景下,基于新结构经济学理论[⑧],探讨安徽省资源禀赋及其比较优势、产业结构及其匹配程度,探讨了安徽省产业结构整体优化路径,从皖北、皖中、皖南三大区域角度提出了安徽省产业结构区域调整思路。研究表明,安徽省在劳动力及旅游资源方面具有一定的优势,但在科技、资本存量、创新等方面没有明显的比较优势;安徽省产业结构升级跟不上资源禀赋结构的提升步伐,两者匹配度较低,潜在优势无法转化成现实优势。因此,推进安徽省产业结构整体优化,需要推进经济发展创新,释放战略改革红利;加快经济结构调整,形成转型升级发展;坚持科技创新驱动,挖潜要素市场活力;深化体制机制改革,降低制度交易成本。同时,皖南、皖中和皖北地区也需要根据各自资源禀赋优势,调整优化产业结构,形成资源和产业的协同匹配,发挥后发优势,实现新的经济增长极和经济发展引擎。

---

① 王永. 地区产业结构差异对经济增长影响机制[J]. 经济纵横. 2008,(9):55-57.

② 李晓华. 产业结构演变与产业政策的互动关系[J]. 学习与探索. 2010,(1):139-142.

③ 郑长德. 基于新结构经济学视角的民族地区产业结构调整与升级研究[J]. 西南民族大学学报(人文社会科学版),2013,(12):112-123.

④ 吴海兵等. 基于固定效应模型的能源资源禀赋与产业结构关系研究[J]. 宏观经济研究. 2013,(10):59-66.

⑤ 刘开华. 贵州省产业结构的优化研究—基于新结构经济学的视角[D]. 西南民族大学,2014.

⑥ 张莹,王磊. 地方政府干预与中国区域产业结构趋同—兼论产能过剩的形成原因[J]. 宏观经济研究,2015,(10):102-110.

⑦ 李海绒. 西部地区产业结构调整存在的问题及对策[J]. 经济纵横,2016,(4):45-48.

⑧ 林毅夫. 新结构经济学—重构发展经济学的框架[J]. 经济学(季刊),2010,(10):1-32.

二、安徽省资源禀赋分析

(一)资源禀赋现状

1. 人力资源

第六次全国人口普查数据资料表明,安徽省在2010年户籍人口数比第五次人口普查多了549万人,同比增长8.74%;常住人口数少了271万人,同比减少4.35%。户籍人口与常住人口之所以有较大不同,是因为大量劳动力向外输出。图1显示了2000—2015年安徽省人口总数的变化趋势,近两年人口数有明显的增加,表明单独二孩和全面二孩政策效应正在显现。

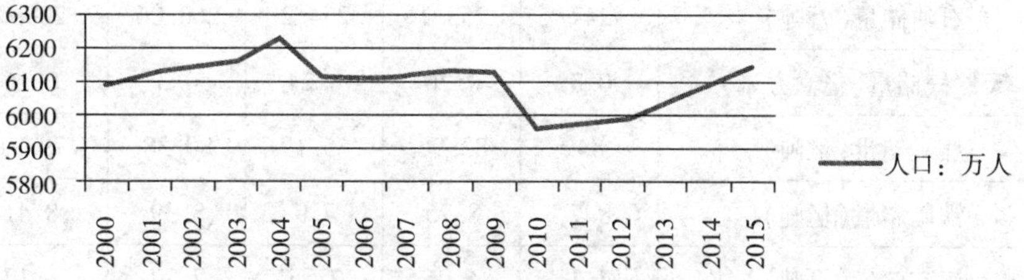

图1 安徽省2000—2015年总人口

资料来源:国家统计局

改革开放以来,安徽省廉价劳动力供给充裕,以此带来的"人口红利"为安徽省的发展做出了重大贡献,并带来了经济的高速增长。但在2010年首次出现了劳动数量的绝对减少,人口红利逐渐消失,再加上人口老龄化加剧,导致有效劳动供给减少,出现"未富先老"现象,严重制约安徽经济和社会发展潜力。不仅如此,随着供给侧结构性改革的推进,化解产能过剩和清理僵尸企业的过程中,可能会出现结构性失业。

2. 自然资源

安徽土地面积为13.94万平方公里,在华东地区排名第三,全国排名第二十二。安徽省水资源总量为914.12立方米(见表1),其中淮河水系为260.14亿立方米,长江水系为556.91亿立方米,钱塘江水系为97.07亿立方米。安徽省有许多山脉,例如黄山、九华山、天柱山等,著名的河流有长江、淮河以及全国五大淡水湖之一的巢湖。而且省内动植物资源十分丰富,矿产种类较全(见表2)。

表1　安徽省2011-2015年水资源

指　标	2015年	2014年	2013年	2012年	2011年
水资源总量(亿立方米)	914.1	778.48	585.59	701	602.25
地表水资源量(亿立方米)	850.2	712.86	525.41	640.64	544.17
地下水资源量(亿立方米)	193.7	178.91	144.5	159.33	143.52
地表水与地下水资源重复量(亿立方米)	129.8	113.29	84.32	98.97	85.44
人均水资源量(立方米/人)	1495.28	1285.36	974.52	1172.63	1010.09

资料来源:国家统计局

表2　安徽省2011-2015年主要能源矿产基础储量

指　标	2015年	2014年	2013年	2012年	2011年
石油储量(万吨)	247	253.1	254.2	260.06	208.8
天然气储量(亿立方米)	0.3	0.26	0.24	0.3	0.15
煤炭储量(亿吨)	84	83.96	85.19	80.38	79.91
铁矿储量(亿吨)	8.7	8.75	7.9	8.39	8.41
锰矿储量(万吨)	4.1	4.06	7.37	7.77	8.17
钒矿储量(万吨)	6.6	5.89	5.98	6.07	7.82

资料来源:国家统计局

经济高速发展必然伴随着自然资源的大量耗费,但是安徽省自然资源供给有限,这使得经济的可持续发展被制约,不仅如此,过度的开发和利用自然资源致使其受到污染和破坏。

3. 资本资源

间接融资模式将资产泡沫逐渐推高,信贷资产风险加剧,只有多层次资本市场的直接融资可以有效化解这种风险。因此,安徽省清除僵尸企业和化解产能过剩的较为有效和规范的方式就是通过资本市场进行兼并收购或者资产重组。随着"大众创业,万众创新"这一理念的施行,资本市场风险投资基金将对创新驱动提供支持。但安徽省的资本市场结构已经满足不了现代经济发展的需要,必须加紧资本市场的供给侧结构性改革①。

① 楚明钦. 产业发展、要素投入与我国供给侧改革[J]. 求实,2016,(6):33-39.

表3 安徽省2010-2015年上市公司数量

年份	全省合计	上交所	深交所	仅发A股公司	发A、H股公司	发A、B股公司	仅发H股公司
2010	65	29	36	59	3	3	0
2011	77	29	48	71	3	3	0
2012	78	29	49	72	3	3	0
2013	78	29	49	72	3	3	0
2014	80	31	49	74	3	3	0
2015	88	35	53	82	3	3	0

资料来源:安徽省统计局

资本市场不仅可以通过资产价格引导资源配置,还可以使企业有效地进行兼并收购。然而,目前安徽省资本市场还存在很多问题,不管是资本市场的融资功能,还是资本价格在引导资源配置方面都存在诸多不足,中小型企业上市门槛过高,致使创新型企业及公司被迫海外上市。此外,安徽省政府对资本市场的行政干预过度,上市公司股票发行审核制度以及上市公司选择等市场化程度不高,上市公司退出机制匮乏;资本市场信息披露制度不够完善,从而造成了资本市场操纵股价、内幕交易、虚假信息过于泛滥,政府采取的打击力度和惩戒措施不够。除此以外,安徽省交易成本过高、投资者利益不能得到有效保护、诚信体系不健全等,较为严重地制约了资本市场的健康发展。

4. 科技资源

(1)科技人力资源

安徽的科技人力资源处于中等水平,与全国水平也比较接近;但与江苏等发达地区相比较为落后,即使以安徽现在的水平与五年前江苏相比仍有较大的差距。表4显示,安徽在科技人力资源方面与中部省区相比差别不大,但是与江苏省在科技人员方面的差距颇大。

表4 安徽省与湖北、江苏两省的科研人员情况对比

指标名称	安徽(2015年)	湖北(2015年)	江苏(2010年)
R&D活动人员(万人年)	13.3	22.1	40.6
每万人中从事R&D活动人员(人年)	30.8	—	—
中国科学院院士(人)	23	21	44
中国工程院院士(人)	8	33	54

资料来源:安徽等三省统计局

(2)科技创新投资

安徽省近年来在创新投资上有很大提升,与中部省区相比基本持平,但明显低于全国平均水平和江苏省。从表5可看出,江苏在2015年R&D经费支出为1801.2亿元,R&D经费投入强度是2.57%,而安徽R&D经费投入仅为431.8亿元,R&D经费投入强度为1.96%,远远低于江苏,说明安徽对于科技投入的程度急需提高。

表5 2015年安徽与江苏等省研究与实验发展(R&D)经费支出情况

地区	R&D经费支出(亿元)	R&D经费投入强度(%)
全国	14169.9	2.07
安徽	431.8	1.96
湖北	561.7	1.90
湖南	412.7	1.43
江苏	1801	2.57

资料来源:国家统计局

表4、表5显示,安徽省的科技资源相对匮乏,主要原因可能是人才机制不完善、缺乏科技创新观念、科研经费投入不足以及科技成果转化。从供给侧角度来看,安徽省应增加科技资源有效供给,将经济发展模式从劳动密集型转向技术和资本密集型。同时,省内整体受教育水平较低,教育水平滞后,政府应加大对教育行业和科研技术的投资,为中部崛起储备高技能人才和科技成果。

5. 基础设施

基础设施是维护我国公民进行正常生活活动的公共服务系统,它表现了一个国家和地区的综合实力。长期以来,安徽省落后的基础设施影响其经济持续健康发展。近年来,安徽省组织建成了一批事关全局的重大工程,例如"防洪保安工程""通达工程""引江济淮工程"等基础设施。

表6 安徽省2011—2015年运输线路长度

指标(万公里)	2015年	2014年	2013年	2012年	2011年
铁路营业里程	0.42	0.35	0.35	0.33	0.31
内河航道里程	0.56	0.56	0.56	0.56	0.56
公路里程	18.69	17.44	17.38	16.52	14.95
等级公路里程	18.29	16.96	16.81	15.94	14.34

(续表)

指标(万公里)	2015 年	2014 年	2013 年	2012 年	2011 年
高速等级公路里程	0.42	0.38	0.35	0.32	0.3
一级等级公路里程	0.32	0.26	0.23	0.18	0.06
二级等级公路里程	1.07	1.07	1.04	0.99	1.06
等外公路公路里程	0.41	0.47	0.57	0.57	0.61

资料来源:国家统计局

"十二五"期间,安徽省共投资交通建设2902亿元,是规划目标任务的1.8倍,相当于"十五"和"十一五"十年投资总和的1.6倍。"十三五"期间,安徽省将着力构建"一纵两横"水运交通运输网并建设合肥全国性综合客运枢纽以及芜湖等5个区域性综合客运枢纽。届时将有力缓解安徽省经济发展基础设施的薄弱,形成经济发展的长效公共基础设施机制。

6. 制度要素

诺斯认为,"制度是整个社会的游戏规则,是为人们的相互关系而人为设定的一些制约"。供给侧结构性改革的本质是要解放和发展生产力,破除生产力发展的各种制度障碍。对于制度的供给侧结构性改革,最主要的是进行制度创新,降低社会交易成本,构建良好的社会诚信体系,发挥政府这只"看得见的手"的作用,与市场相互配合、协同运行,使我国体制机制更加健全。很长时间以来,宏观调控都侧重于需求侧管理,供给侧结构性改革的提出,本身就是一大制度创新。随着"大众创业,万众创新"的推进,我国的制度性创新得到深化,但政府和市场的边界尚未理清、政府的过度干预以及体系的不健全和不完善、企业和个人的合法权益无法通过法律途径予以解决等诸多问题,都将导致市场交易成本过高,制约我国政策的执行和经济与社会的发展。随着供给侧结构性改革的推进,安徽结合省情进行的多项制度性创新特色改革,将会带来巨大的改革红利。

(二)比较优势分析

比较优势理论认为,某一地区在某方面若有生产成本具有比较优势,则该方面相关产业所取得的比较利益就会更多①。每个地区都有每个地区的优势和劣势,要充分了解自身的状况,扬长避短,发展优势产业,以此获得经济增长的动力。

① 高天跃. 新结构经济学下的贵州省产业结构调整与优化路径研究[J]. 西南民族大学学报(人文社科版),2015,(10):104-107.

上述对安徽省资源禀赋的分析表明,安徽省在劳动力及旅游资源方面具有一定的优势,但在科技、资本存量、创新等方面没有明显的比较优势。在人力资源方面,安徽省人口多且在教育方面有很多的投资,但是其人才机制不够完善,导致安徽优秀人才流往东南部发达地区;安徽的劳动力虽充足,但高素质高技能人才却乏善可陈,人才缺失将导致安徽科技创新长期落后,经济发展自然赶不上东南部发达地区。在矿产资源方面,安徽省煤炭等资源储量十分丰富,在中部地区处于领先地位,这使得前些年安徽省的第二产业发展势头迅猛,为安徽经济的发展提供动力,有一定的比较优势。安徽省气候宜人,自然风景名胜闻名全国,生态环境并未受到严重的工业污染,较之经济发达地区糟糕的空气质量有一定的比较优势。在金融资本方面,安徽省融资功能不足,企业上市门槛过高且退出机制匮乏,资本市场并不健全。近些年安徽省加大了招商引资的力度,还出台了许多相关优惠政策,但其效应还要看以后年度的各项指标。在基础设施方面,安徽省逐年加大投资力度,交通建设投资数额巨大,江淮运河工程、水运交通运输网等大工程都在具体实施中,就其发展趋势预判,具有一定的比较优势。在制度环境方面,安徽省从改革开放至今一直都在进行结合省情的特色制度改革,积极配合中央工作,结合自身情况贯彻实施各项体制改革。相信安徽省会在改革中不断发展,并获得巨大的改革红利。

三、安徽省产业结构分析

(一)整体产业结构分析

虽然安徽省近些年来产业结构得到优化升级,但是相比于全国水平和中东部一些省份,还是具有明显差距。由表7中可以看出,安徽第一产业占比超过全国水平,第二产业占比不仅高于全国水平,还超过了其他各省份,但第三产业占比却比全国水平和中东部地区低,此外安徽经济发展水平明显低于全国水平。图2显示,在安徽省产业结构中,第二产业GDP贡献率比第三产业和第一产业高,整体产业结构格局为“二三一”;图3显示,近年来安徽第二产业增幅明显下降,第一产业基本持平,第三产业有加速发展的趋势。

表7 全国及安徽省2015年各产业占比

项目	安徽	全国	江苏	湖北	江西
GDP/亿元	22005.63	689052.1	70116.38	29550.19	16723.78
人均GDP/亿元	35997	50251	87995	50654	36724

(续表)

项目	安徽	全国	江苏	湖北	江西
第一产业占比/%	5.09	4.6	1.7	5.3	10.6
第二产业占比/%	53.78	42.4	51.8	46.8	50.3
第三产业占比/%	41.13	52.9	46.5	47.9	39.1

资料来源:国家统计局及各省统计局

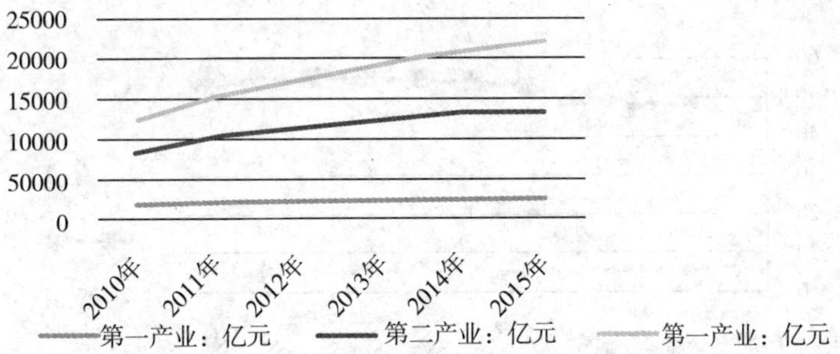

图 2　安徽省 2010—2015 年产业结构走势图

资料来源:安徽省统计局

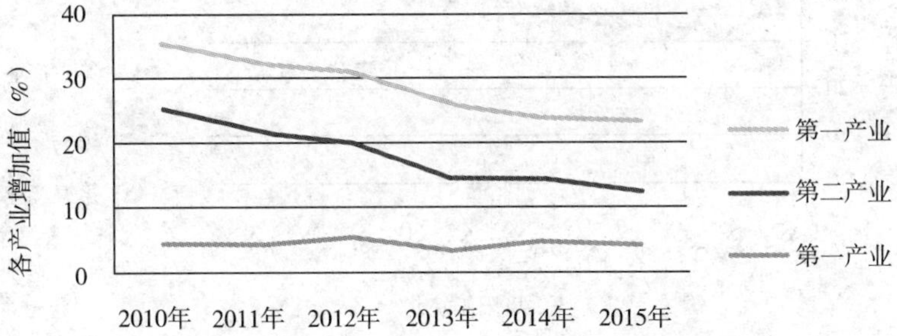

图 3　安徽省 2010—2015 年产业结构增幅

资料来源:安徽省统计局

经验表明,发达国家的产业结构大多呈现"三二一"次序,这也是发展中国家产业结构调整的目标方向。改革开放以来,我国一系列产业政策的实施,产业结构发生了意义深远的变化,第三产业逐步占据主导地位,"三二一"的产业格局基本形成。虽然近年来安徽省产业格局有所调整,但是作为人口大省和农业大省,其产业格局还是长期维持为"二三一"的次序,产业结构整体层级较低,技术水平不高,可持续发展能力偏弱,第三产业发展缓慢且发展较不平衡;基于此,安徽省应有效化解过剩产能,立足现有产业基础和资源禀赋优势,在“调转促”的改革进程中,逐步推进经济结构调整和产业结构升级,加大对战略性新兴产业和高技术产业的支持力度和培育深度。

（二）区域产业结构分析

由于文化、经济、政治、自然资源、地理位置等方面的不同,安徽各地区间发展程度并不完全不同,不同区域的产业结构格局具有明显的地域性差异。本文将安徽省划分为皖北、皖中、皖南经济区并对各地区产业结构特征进行探讨。

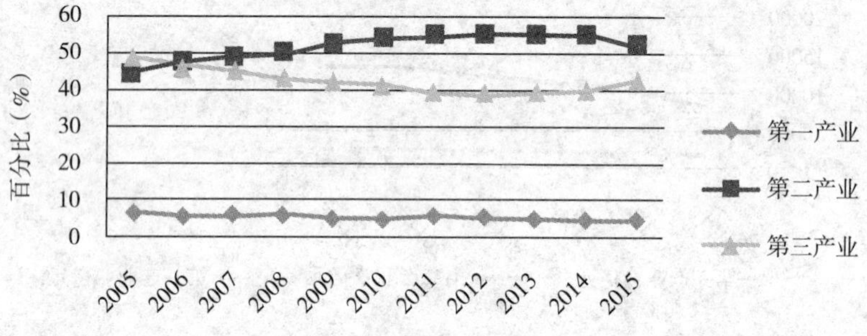

（a）合肥（省会）

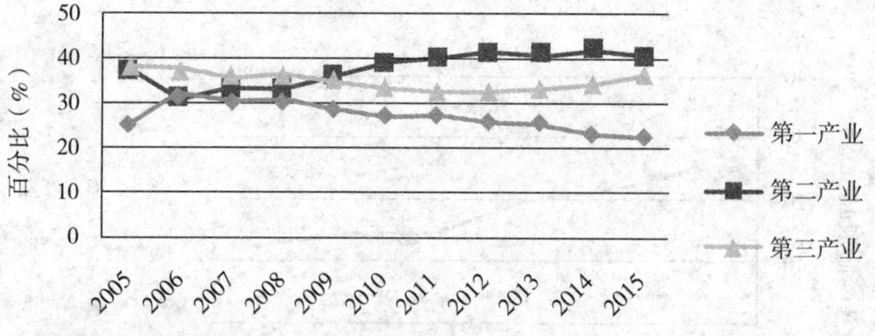

（b）阜阳（皖北）

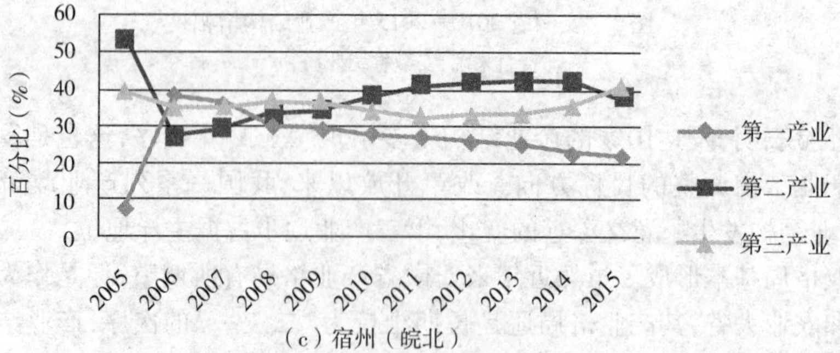

（c）宿州（皖北）

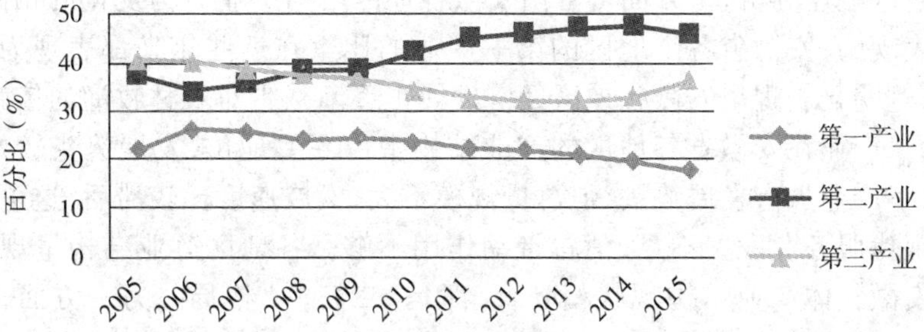

（d）六安（皖中）

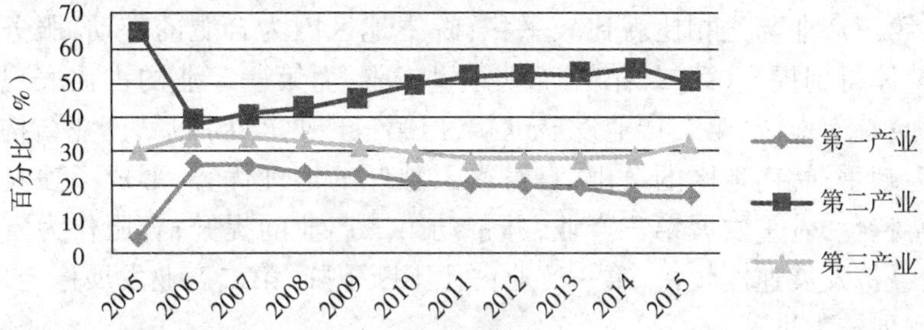

（e）滁州（皖中）

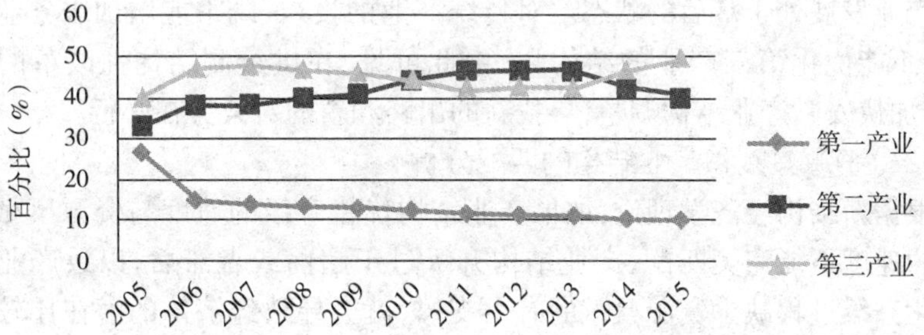

（f）黄山（皖南）

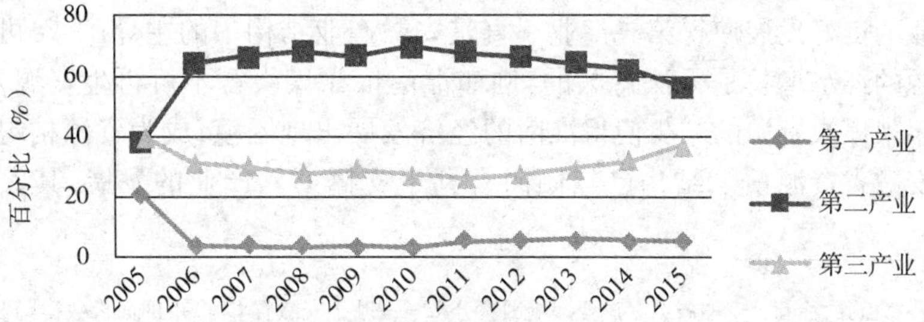

（g）马鞍山（皖南）

图 4　安徽省各地区 2005—2015 年各产业占比变化图

通过上述分析,一方面可看出安徽各地区之间产业结构变化的相同点,主要表现为:安徽省各个地区的第一产业的比重在近些年来都表现为持续下降,这明显表现出安徽各地区经济发展正逐渐减少对农林牧渔的依赖;其次,第二产业在安徽省各地区的产业结构中占主要地位,发展势头较好;再次,第三产业虽有发展势头,但总量规模不大,发展速度比较滞后,这可能是因为现代服务业发展不足,消费带动作用不够。各地区产业结构呈现的现状与安徽整体产业结构现状相吻合,都是"二三一"格局。另一方面,安徽省各地区产业结构存在明显区别,主要表现为:皖北地区主要以农业为主,并以此为基础对产品进行深加工开发,逐步形成第一、第二产业联动发展的特点,第三产业与之相比就比较平稳;皖中地区因为合肥的带动,服务业和工业整体得到提升,第二、第三产业并驾齐驱,而第一产业的占比表现为不断下降;皖南地区,第二产业发展迅猛,但第三产业较为滞后,产业结构的调整较为棘手;皖南地区的黄山,自身得天独厚的地理优势,形成了独具一格的旅游特色,着重发展第三产业,并带动第二产业的提升;合肥作为省会城市,其经济发展速度较快,第一产业占比不断下降,第二产业发展稳定,第三产业发展较为迅速。

分析表明,除合肥和黄山以外,其他地区都受到了传统产业的影响,导致第三产业发展处于落后的状态。对传统产业的投入,既不能增加服务业的效率,又不能优化第三产业的结构①。由此可见,在供给侧结构性改革的背景下,为加快安徽产业结构调整,寻找新的出路和新的对策势在必行。

(三)资源禀赋和产业结构的匹配分析

根据新结构经济学理论,如果产业结构优化升级的速度与资源禀赋结构提升的速度不能完美匹配,产业结构升级过于超前或者滞后,以致产业结构的优化升级过程缺少资源禀赋的有力支撑,就会导致经济体的潜在比较优势没有办法转变成现实的比较优势②。

安徽省的产业结构格局呈现"二三一"模式,煤炭、钢铁等资源的充足以及工业的良好发展使得第二产业一直是安徽产业结构中的主导产业,可是依赖能源的经济增长是无法持久的,例如淮南依靠煤炭等不可再生资源发展,近些年来煤炭资源的减少使得淮南的经济发展出现困境,成为资源枯竭型城市。安徽省资源禀赋结构已经倾向有利于支撑第三产业的发展,其人口众

① 邓祖兵,徐莉.安徽省第三产业影响因素分析——基于安徽省17个市的面板数据[J].黄山学院学报,2010,(6):57-59.

② 姚耀军.从"斯密型"增长到"熊彼特型"增长的过渡—新结构经济学视角下观浙江经济转型升级[J].浙江学刊,2014,(5):172-177.

多，劳动力资源充足且坐拥许多旅游资源，例如黄山、九华山、巢湖等，应大力发展服务业和旅游行业；不仅如此，安徽省是中国史前文明的重要发祥地，形成淮河文化、庐州文化、皖江文化、徽文化四大文化圈，文化产业的发展呼之欲出。

综上所述，安徽省产业结构升级跟不上资源禀赋结构的提升步伐，两者匹配度较低，潜在优势无法转化成现实优势。安徽发展第三产业的资源优势明显，但第三产业的发展不仅低于全国水平，还处于中部地区落后的处境，因此亟须发挥市场在资源配置中的主导作用和政府因势利导的作用，加快我省“调转促”改革步伐，推进产业结构转型升级。

四、供给侧改革下安徽省产业结构调整优化的对策

（一）安徽省产业结构整体优化路径

1. 推进经济发展创新，释放战略改革红利

安徽经济发展正处于工业化中期，粗放型发展积累的结构性矛盾依然突出；产业层次不高，行业产能过剩依然明显；人才、土地、资金等要素禀赋制约加剧，生产经营成本明显上升。因此，必须以战略性结构调整为抓手，推进经济发展转型升级。在经济发展方式方面，实现从粗放型发展转向质量效益型集约发展，不断提升创新驱动能力；在经济结构调整方面，实现以资源能源为主的产业结构转向以服务业为主加快扩张演化和增量驱动①；在经济发展战略方面，实现从原有比较优势逐步弱化转向融入国家发展三大战略，奋力走在中部崛起的前列；在发展动力方面，实现经济增长从投资、消费、出口的传统需求侧三驾马车的拉动效应转向依靠人才、技术、资源、市场和制度的新型供给侧五大支柱的推动效应，深入推进改革开放，释放改革创新红利。

2. 加快经济结构调整，实现转型升级发展

安徽经济结构转型调整，从新结构经济学的角度看，重点是人口结构、城市结构、投资结构和产业结构的重大调整②。在人口结构调整方面，目标是改变人口与经济分布不一致状态，促使人口分布与经济发展协调同步，同时，以合肥国家科学中心和产业创新中心的集聚和吸纳能力，提高人口素质，逐步

① 吕连生．安徽经济新常态研究［C］//王庆五主编．2015 新常态下深化一体化的长三角．北京：社会科学文献出版社，2015：92-108.

② 吕连生．2015 年安徽经济形势分析与对策研究［C］//刘飞跃主编．2016 创新融合发展的长三角．北京：社会科学文献出版社，2016：32-46.

引导人口向重点开发区域转移;在城市结构调整方面,根据经济实力、发展趋向和资源承载能力等要素禀赋,围绕合肥经济圈、皖江经济带、沿淮城市群和皖北城市群的总体规划,实现协同发展、联动发展和一体化发展;在产业投资结构调整方面,遵循供给侧"三去一降一补"的核心任务,充分利用税收、价格等市场倒逼机制完成过剩产能的市场出清,运用好资本市场盘活过剩产能的资产,通过对龙头企业实现兼并重组努力,减少煤炭、水泥等产业无效和低端供给,增加公共产品、新型服务和生态农业等产业的有效和高端供给。

3. 坚持科技创新驱动,挖潜要素市场活力

我国产品市场经济改革已初步建立,而要素市场经济改革正初见端倪。基于此,安徽省要把科技创新驱动发展摆在核心战略位置,加快科技创新平台建设,着力培育战略性新兴产业,着力解决企业有制造无创造、有产权无知识的状态;摆脱对自然资源的过度依赖,推进太阳能、风能、核能等新能源战略,并稳步推进能源资源等生产要素市场化改革,激发市场价格机制的导向功能和制度红利;着力加快人才流动市场、资金价格市场、资源交易市场、技术转让市场和土地流转市场的改革力度和速度,挖掘要素市场供给侧改革活力;同时,创造良好的营商和投资环境,实现资金、人才、技术等资源要素向安徽集聚,还需要加强基础设施建设,推进开放大通道大平台大通关建设,实现互联互通,为科技创新和要素市场改革创造良好市场环境,加快打造内陆开放新高地。

4. 深化体制机制改革,降低制度交易成本

制度供给和商品供给一样遵循边际效用递减规律,因此,加快制度供给侧结构性改革,降低制度性交易成本,索取制度性红利就成为当前供给侧结构性改革成功与否的关键。深化体制机制改革,首先要理清市场与政府关系边界,合理配置市场资源和政府权力,全面推行权责清单制度改革,全面推进"放管服"改革,减少法律法规没有法律依据和法律授权的行政权,利用新技术、新体制创新监管体制,减少政府对市场的干预,减少对市场主体过多的行政审批等行为,降低市场主体运行成本,增强市场主体的活力和创新能力;其次要加快改革放开新平台,建立内陆改革开放新高地,形成区域发展新优势。完善对接"一带一路"倡议、长江经济带战略和京津冀一体化战略的法规文件,建立诉讼仲裁、离岸金融、信用评级等国际化开放高端服务规范,提升政府服务的国际化水平。

(二)安徽省产业结构区域调整思路

1. 皖北地区

皖北地区经济发展相比于安徽省的其他各地区较为落后,地区经济总量偏小,基础设施建设薄弱,人均收入水平低,经济发展所需的人才、技术、资金

匮乏等原因导致其发展速度也较为缓慢;产业结构主要以农业为基础,依赖资源促进经济发展,第三产业极为落后。

但皖北地区也有其独特的区域优势:第一,能源资源极为富饶,尤其是煤炭等矿产资源;第二,皖北地区是我国非常重要的农产品基地,农产品的数量巨大,种类众多,而且农产品的资源也极为丰富;第三,该地区拥有密集的人口,充足的劳动力使得其价格比较低廉,而且潜在的市场非常广阔。基于此,根据新结构经济学理论,皖北地区经济发展必须发挥其资源禀赋优势,优先发展与其要素禀赋相匹配的主导产业:(1)强化煤、电、气、化之间的联系,延长能源产业链。在当前去产能、去库存改革的背景下,皖北地区一方面主动关闭中小煤矿,有效化解过剩产能;另一方面,充分发挥大型煤矿的技术、生产优势,强化煤、电、气、化之间的联系,形成规模效应,争取实现煤、电、气、化一体化,延长煤炭资源产业链,使之成为全省的优势行业。(2)加速第三产业发展,减少对非再生资源的依赖。皖北平原丰富的土地和耕地资源,为农业规模化、产业化、市场化的发展提供了广阔市场,主导产业必须坚持发展生态农业、旅游农业、绿色农业,以增加农业的多功能化和延长农业产业链条;同时,随着农村城镇化、农业产业化和农民职业化的发展,皖北地区需挖掘其丰富悠久的历史文化资源,以生态旅游业为推动力,推进服务产业多元化发展,逐步建立诸如阜阳的枕头馍、格拉条、八里河;淮南的豆腐、花鼓灯、八公山等特色服务和文化品牌。

2. 皖中地区

皖中地区的后发优势,过去主要集中在劳动力优势、矿产资源优势、能源原材料产业优势方面,但供给侧背景下其资源环境硬约束日益强化,要素成本持续上升,发展空间进一步收缩。这就要求皖中地区根据资源禀赋的比较优势和主导产业的相对匹配原则,充分发挥其区位和交通枢纽、水运资源、生态和旅游资源、现代生态农业等后发优势,加大新兴产业的扶持力度。

(1)提升基础设施投资质量,构建新的后发优势。积极发挥安徽"861"投资行动计划的"磁石效应",重点加大交通枢纽、农田水利、能源资源、环境生态和城市基础设施等方面的投资,加大基础设施项目建设力度,并以此积极开展项目招商、产业链招商活动,培育壮大新兴产业集群,提升公共设施和公共服务的供给水平。(2)皖中地区文化和旅游资源丰富,拥有包括天柱山、巢湖、天堂寨、包公园、万佛湖等在内的全国著名旅游景区。要努力形成以淮河流域生态综合治理和振兴计划、大别山革命老区特困连片区建设为依托,打造以生态旅游、生态扶贫为主题的生态农业和生态旅游。(3)坚持创新发展驱动,形成新的经济增长极。建立"市场诱导—科技创新—产业发展"的运行机制,以国家科学中心和产业创新中心建设为先导,形成知识、技术、人才、资本的资源集聚和协同发展的生态环境,打造战略性新兴产业集聚区和自主创新示范区,发掘经济发展的新的增长极和新引擎。

3. 皖南地区

皖南地区是长江三角洲产业转移的前沿阵地,是安徽省重要的文化、经济和旅游中心,名山秀水和文物古迹遍布境内,人文景观和自然景观融为一体,黄山、九华山等风景名胜之秀丽蜚声世界。这一资源要素禀赋的比较优势在推进供给侧结构性改革过程中,以旅游、休闲、娱乐为核心的生活服务产业将扮演着非常重要的角色,对生态安徽样板的建设举足轻重。

按照供给侧结构性改革的理念和生态安徽样本的要求,从补短板的角度调整优化升级皖南地区的产业结构。(1)遵循城市化发展规律,阶梯式推进城镇化建设。在合肥都市圈、皖江城市带和长江经济带的规划中,打造安徽全域层面的城市群和增长极;充分利用新型城镇化综合试点的政策优势,加快皖南特色小镇建设,为经济增长提供新的重要动力。(2)以皖南国际文化旅游示范区、大黄山国家公园建设为抓手,加快形成旅游、休闲、娱乐一体化发展的大旅游产业集聚区,加强旅游业的有效供给,提高旅游供给质量,提升旅游产品供给科技水平,调整旅游供给结构,补充公共旅游供给短板,满足多层次旅游者消费需求。(3)积极主动融入长三角,打造长三角世界级城市群副中心城市;把芜马城市组群打造成全省重要的增长极,集聚发展战略性新兴产业,打造世界级产业集群;扎实提高创新创业水平,为发展适合皖南地区发展的"空港—水港—陆港"打通道,以加快安徽省经济发展的步伐和速度。

推进"三重一创"建设，构建现代产业体系

——以安徽宣城市为例

汪恭礼

摘　要："三重一创"是指建设一批重大新兴产业基地、推进一批重大新兴产业工程、组织一批重大新兴产业专项，构建创新型现代产业体系。文章对安徽省宣城市"三重一创"建设特点与现状等方面进行分析，旨在通过"三重一创"建设，促进产业结构优化调整和转型升级，推进供给侧结构性改革，为振兴地方实体经济提供有价值的参考。

关键词：推进；三重一创；现代产业体系

安徽全省经济工作会议强调，2017 年经济工作要全力推进"三重一创"建设，振兴实体经济。如何落实好这个要求？宣城市提出：围绕"三重一创"，突出科技创新主体地位，力争建成产值超千亿元重点产业基地 1 个、超 500 亿 2～3 个、超百亿 10 个；主动对接国家专项建设基金和重大工程包，谋划建设一批新的重大项目，力争实施省级以上科技计划项目及重大科技专项 100 项以上，新开发省级高新技术产品 800 项以上，培育高新技术企业突破 300 家②。

一、宣城市"三重一创"建设特点与现状

2016 年，宣城市扎实推进首批 5 个市级战略性新兴产业基地建设，在省预警评比中，宁国核心基础零部件基地全部绿灯达标，实现战略性新兴产业

作者简介：汪恭礼（1972—），男，安徽宣城人，安徽宣城市宣州区铁路工作（电力协调）办公室，安徽省政治学会常务理事、中共宣城市委党校特聘研究员。

② 中共宣城市委办公室 宣城市人民政府办公室 关于印发《贯彻落实"五大发展行动计划"打造"四个特色之城"任务分解方案》的通知（办〔2017〕6 号）。

产值485.1亿元，增长11.5%；实现高新技术产业产值756.3亿元，增长26.8%①。

(一)全力推进重大新兴产业基地建设

一是重点以密封件为基础，全力推进宁国市省级核心基础零部件产业基地建设，打造成具有国际竞争力的产业基地，形成以弹簧、模具、紧固件、精密铸造基础件、液压和液力元件等为支撑的"1+N"核心基础零部件等重大新兴产业基地发展格局。二是市经济技术开发区重点发展汽车及汽车零部件、新能源和新材料等2个百亿产业集群，装备制造、食品医药两大产值超50亿元的主导产业。三是宣州区、广德县、郎溪县、绩溪县、泾县、旌德县根据本辖区产业状况，打造各具特色的战略性新兴产业集聚发展基地，重点培育1~2个主导产业，错位发展。如宣州区着力打造医药食品和新材料两大产业集聚发展基地。

(二)全力推进重大新兴产业工程

一是围绕新材料、汽车和装备制造、食品医药、节能环保、电子信息等重点领域，持续谋划一批高质量项目，建立梯次推进的重大新兴产业项目库，积极争取列入国家、省级重大新兴产业工程。二是加强在汽车及汽车零部件、机械、化工、建材、食品、纺织、金属压延和冶炼、电子信息等领域推广应用工业机器人，提升产品品质，提高劳动生产率，减少生产事故、能源消耗。三是加快智能装备改造。深化智能技术在生产制造、回收再利用、研发设计、营销管理等产品各环节的应用，提高重大新兴产业产品的智能化水平。在建材、化工、食品、纺织等制造领域开展数字矿山、智能工厂试点示范项目建设，全面提升企业的生产管理精细化、实时在线优化、资源配置优化、智能决策科学化水平；在家用电器、电子信息、机械、汽车、轻工等制造领域开展数字化车间试点项目建设，推进装备工艺流程改造、智能化升级、基础数据共享等试点应用。

(三)全力推进重大新兴产业专项

一是发挥科技创新基金和天使投资基金作用，引导企业提高自主创新能力，积极争取列入国家级、省级重大新兴产业专项。同时，鼓励企业加大科技研发投入，加强科技重大专项攻关。二是对照高新技术企业认定标准，建立高新技术企业培育库，加强高新技术企业培育，力争成长期企业2~3年内、成熟期企业1年内成为高新技术企业。三是引导支持社会力量、企业和高校建设一批新型孵化器、众创空间等众创平台，对接江淮双创汇行动，集聚各类创

① 2017年宣城市政府工作报告(全文)http://www.xuancheng.gov.cn/djszh/detail/5889a98120f7fe404ec518fe.html.

客在宣城创新创业，营造创新创业良好环境，加快培育互联网+等新业态，逐步形成有利于重大新兴产业快速成长和高新技术企业的空间载体。四是依托骨干企业建立完善一批产品检验检测中心和行业工程（技术）研究中心；加快建设皖江禽产业研究院和合肥工业大学宣城研究院两大公共技术研发平台；综合运用政策引导、市场培育等多种方式，引导推进各类开发区争创省级高新区和创新型园区。五是围绕市战略性新兴产业、支柱产业和主导产业，加强高层次科创团队招引，力争做到引进一个团队，转化一批项目，带动一个产业链发展。

（四）着力构建“3+3”现代产业体系

该市深入实施生态立市、工业强市、文化名市“三大战略”，聚力打造现代产业、综合枢纽、山水生态、平安幸福“四个特色之城”，以新型工业化为方向，做大做强汽车及装备制造、新材料、食品医药三大主导产业，积极发展电子信息、节能环保和生产性服务业三大新兴产业和新型业态，加快传统产业转型升级，实现城市建设与工业转型升级同步融合发展，构建“3+3”现代产业体系。初步核算，2016 年该市全年生产总值（GDP）1057.8 亿元，按可比价格计算，比上年增长 8.7%。分产业看，第一产业增加值为 127.7 亿元，增长 2.6%；第二产业增加值为 502.2 亿元，增长 8.4%；第三产业增加值为 427.9 亿元，增长 11.1%。三次产业结构由上年的 12.5：48.7：38.8 调整为 12.1：47.5：40.4①。

二、宣城“三重一创”建设难点、重点问题

由于“三重一创”建设时间短，重大新兴产业不同程度地存在规划前瞻性不足、布局‘碎片化’、产业层次总体不高、基地建设相对滞后等难点、重点问题。

（一）新兴产业基地规划编制起点低、定位不准，重大新兴产业基地建设任重道远

一是新兴产业整体发展缺乏长远性和全局性规划，各县市区与周边的县市区产业同质性不低，对长远性和前瞻性的产业定位不准，对新兴与传统产业企业划分不清楚，不利于整体培育和提升新兴产业。如宣州区重点打造的

① 宣城市 2016 年国民经济和社会发展统计公报[EB/OL] http://www.xuancheng.gov.cn/openness/detail/content/58def6f920f7fe91994b6621.html.

高端装备制造、新材料、新能源、新医药与周边其他县市就存在同质化。二是各县市区新兴产业基地产业规划滞后，特别是市级层面的新兴产业规划引领分布作用不明显，新兴产业中相同行业或同一产业链上的企业分布混乱，各县市区新兴产业基地内不同产业并存，严重影响新兴产业的产业链延伸、规模化和集群抱团发展。三是在以往的产业中，往往重视项目的引进和落地，轻产业基地（或园区）产业规划，导致产业基地（或园区）产业配套能力较弱，基础建设跟不上新兴产业发展的要求。四是各县市区新兴产业基地产业总体规模不大，新兴产业前后延伸少，产业链条也不完善，配套关联度也较低。同时，龙头企业引领作用较小，后发力量显得不足。

（二）新兴产业规模小、层次不高，重大新兴产业工程建设困难重重

该市培育发展新兴产业尚处于起步阶段，与发达地区相比有较大差距。一是新兴产业规模小，符合重大新兴产业工程产业前景的企业不多。2016年，该市战略性新兴产业企业249个，在全省16个地级市排名第三，但占全省企业总个数的8.5%；战略性新兴产业产值达485.1亿元，占全省产值的4.8%；全省战略性新兴产业产值比上年同期增长16.4%，该市比上年同期增长11.5%，低于全省水平。符合省和国家“十三五”战略性新兴产业发展规划，并且处于前沿领域，有发展潜力和较大市场空间，3年内预期产值年均增速超过上年度全省战略性新兴产业增速10个百分点的企业不多。二是新兴产业核心技术缺乏，符合重大新兴产业工程技术先进性、成熟度的企业少。新兴产业企业消化吸收引进技术和自主创新的能力有待提高，核心技术、核心产品少，主要关键设备和核心技术仍需依赖进口。掌握3项以上的关键核心技术，技术水平国际先进、国内一流，获得省部级以上科技奖励或拥有与之相应的已授权发明专利等，关键技术已开始产业化应用，研制生产出样品、样机的新兴产业企业少。三是新兴产业发展层次偏低，承担重大新兴产业工程行业龙头企业缺乏。新兴产业企业整体实力不强，更多的企业从事劳动密集型、低附加值的加工环节，还未形成在全国处于领先地位的企业，特别缺乏具备较强的资源整合、项目应用推广、项目实施和资金筹措能力，拥有创新团队和领军人才，开放合作成果和创新平台的企业。四是新兴产业领域中带动力强、居行业龙头地位、规模上亿甚至超十亿、上百亿的大企业很少。领军企业缺乏，辖区内骨干大企业对新兴产业涉足较少，已开工建设、2年内投产、处于产业链关键环节、投产后2年内形成具有引领带动作用的核心项目很少。

（三）自主创新力薄弱，重大新兴产业专项建设动力不足

重大新兴产业的产品市场需求量大、附加值大、科技含量高，具备较长的产业链，具有较强的感应度和影响力，代表现代科技创新的方向。技术创新

能力对重大新兴产业的可持续发展起着决定性的作用。但对新兴产业技术研发和探索持有不积极态度,这对重大新兴产业专项建设极是为不利的。一是从实际的发展情况来看,该市新兴产业具有明显的传统企业特点,很多企业技术创新能力严重不足,自身的创新能力较弱,在生产过程中所使用的设备和技术对国外进口产品的依赖性强,产品的整体技术水平不高,缺乏一定的市场竞争力。二是各地蜂拥发展新兴产业,缺乏理性投资行为,没有充分考虑新兴产业的特征及生命周期,一哄而上、大肆扩张规模,在研发和建设方面很容易出现过度竞争、重复建设和多次投入,导致在资本、人才、技术等方面资源大量浪费。三是新兴产业涉及很多领域且相互交叉,牵扯到好多部门。由于各部门均立足于本部门利益化的特点,在实施新兴产业建设过程和有关政策制定中,各自为政,缺乏协同合作及联动,很多时候无法形成合力,分散了资源,导致新兴产业建设相关政策制定和执行的效率较低,拖延了良性发展时机。四是大多数企业科技创新和研究能力有限,缺少与大学、科研机构的良好合作,大多停留在技术转让或技术咨询等技术服务这个层面;没有形成风险分担、利益共享的合作机制,联合开展重大科技项目或核心技术攻关较少。企业和高校科研院所、研发中心未能较好地发挥各自的资源优势,高校科研院所、研发中心等科研机构创新成果脱离产业需求,导致创新成果转化率不高,创新成果与经济未能有效融合。五是各地采用高薪聘用人才,但长期的激励制度和人才培养计划没有制订,重大新兴产业专项建设缺乏专家领军人物、骨干人才、尖端人才,特别是部分新兴产业人才稀缺。这就在一定程度上限制了重大新兴产业专项建设的顺利开展。

(四)产业结构层次偏低,现有产业与“现代”差距较大

2016年,该市三次产业增加值占国内生产总值的比重呈“二三一”型,三次产业结构还没有由“二三一”型向“三二一”型转变,仍落后于全国平均水平。如第一产业为12.1%,比全国8.6%高3.5个百分点;第二产业为47.5%,比全国39.8%高7.7个百分点;第三产业为40.4%,比全国51.6%低11.2个百分点[①]。一是农业比较效益低下,农村劳动力过度转移,粮食副业化、农业兼业化比较突出,农业的基础地位逐渐削弱。如2016年该市粮食产量为122.6万吨,同比下降3.2%;油料产量为10.3万吨,下降10.4%;棉花产量为0.51万吨,下降34.5%;茶叶产量为3.38万吨,下降0.3%[②]。同时,

① 中华人民共和国2016年国民经济和社会发展统计公报[EB/OL]http://www.stats.gov.cn/tjsj/zxfb/201702/t20170228_1467424.html.

② 宣城市2016年国民经济和社会发展统计公报[EB/OL].

农地流转不畅,农民专业合作组织规模小、数量少,规模化与专业化程度低,带动辐射能力弱。农业生产方式仍然落后,科技推广体系不健全,抵御风险能力不强,农业产业链条短,农业现代化水平偏低。二是第二产业为47.5%,比全国39.8%高7.7个百分点,这说明第二产业比重偏大,结构调整缓慢,结构性矛盾突出,传统高耗能产业仍是支柱性产业。如2016年,该市高能耗行业对全部规模以上工业增长的贡献率为40.3%,其中,六大高能耗行业增加值为158.4亿元,增加值占全部规模以上工业的比重为36.8%。工业发展后劲不足,工业投资增速放缓,2016年全年增长10.8%,同比下降3.6个百分点。2016年新增企业77户,新增企业规模偏小,产值亿元以上仅有12家,新增企业产值仅占全部规模以上工业比重的3%。2016年停减产企业多,停产减产共有488户,占全市1471户规模以上工业企业的33.17%,造成产值减少161.6亿元,其中,规上工业产值前50强中,有7户企业停产①。三是第三产业为40.4%,比全国51.6%低11.2个百分点,发展水平明显偏低。传统服务业仍然占主体地位,现代服务业比重较低。研发设计、电子商务、信息服务、运输、现代物流业、金融、保险等生产性现代服务业发展不足。如2016年信息传输、软件和信息技术服务业全年固定资产投资仅有1.2亿,比上年下降了26.2%②。

三、推进宣城市“三重一创”建设的几点建议

根据国际国内经济总的趋势来判断,新兴产业的发展对产业结构调整、经济增长发挥着非常重要的作用。在宣城市经济全面转型升级的关键时期,积极对接国家重大新兴产业工程包和省“三重一创”相关政策,争取国家、省项目支持,推进“三重一创”建设,加快改造升级制造业,发展现代服务业,推动战略性新兴产业加快向主导产业转变,不断提升该市整体产业竞争力。

(一)吃透上情、摸清下情,精准推进“三重一创”建设

加强统筹谋划,制定科学完善政策体系,调动和引导各方面资源向“三重一创”等重点领域集聚,为建设五大发展提供有力支撑。一是吃透上情,用活政策,寻求上级对“三重一创”建设的支持。为加快落实创新驱动发展战略,

① 宣城市统计局网站:2016年宣城市工业经济发展稳步增长[EB/OL] http://tjj.xuancheng.gov.cn/content/detail/588841fd20f7fe8754b77ca6.html.

② 宣城市2016年国民经济和社会发展统计公报[EB/OL].

激发大众创业、万众创新潜力，提升发展效益和质量，国家发展改革委发出《国家发展改革委关于实施新兴产业重大工程包的通知》（发改高技〔2015〕1303 号）文件，2016 年安徽省委出台了《中共安徽省委、安徽省人民政府关于推进“三重一创”建设的实施意见（皖发〔2016〕49 号）文件后，省政府又印发了《安徽省人民政府关于印发支持“三重一创”建设若干政策的通知》（皖政〔2017〕51 号）文件。要吃透这些文件精神，统筹衔接好各方面政策，用活政策引导和支持，努力形成相互协同、上下联动的政策效应，增强发展新兴业态、新兴产业的动力[①]。二是摸清下情，立足当前，有计划地梯次推进。对现有新兴产业进行调查摸底，依据“三重一创”建设内容和申报标准，列出符合“三重一创”建设内容和申报标准的、需要进一步发展才符合条件和不符合条件的新兴产业企业目录，积极申报和推进一批、超前谋划一批、储备一批，形成滚动发展、梯次推进的格局。三是积极支持符合条件的各类开发区、工业园区建设成市级重大新兴产业基地，并鼓励引导申报省级新兴产业基地；积极支持符合条件的新兴产业企业申报省级重大新兴产业工程和专项。

（二）高起点编制重大新兴产业基地规划，促进新兴产业发展集聚化

加快新兴产业集聚、发展新兴产业集群，必须高起点编制规划新兴产业基地，精准定位基地产业，并强化规划引导、产业集群培育、政府环境协调服务和政策支持。一是按照全市区域经济一体化的思路，打破市与各县城区、各县城区和乡镇之间的区域界限，高起点编制重大新兴产业基地规划，统筹规划产业集群布局，形成区域相互协作、分工有序、产业链接紧密、前后配套、市与各县城区具有特色的新兴产业集群发展格局。各县城区围绕各自区位条件、发展基础、资源优势、特色产业，科学定位现有新兴产业集聚区功能，在统一的规划引导下，大力培育具有特色的“板块经济”。二是市级层面出台政策，鼓励已申报认定的重大新兴产业基地以现有龙头企业为基础，对现有企业按产业类别、产业链进行专业化整合，对新招商引资企业异地落户和现有企业异地搬迁实行产值、税收和利润置换，引导同类生产要素相对集聚，着力打破同一产业散乱分布的格局，促进同类产业内部企业协作生产和有序分工，推动行业、企业和产品全面转型升级，打造重大新兴产业特色基地发展模块。三是根据产业发展布局，立足于产业基础，充分认清自己的竞争优势，有重点地选取自己的特色产业加以培育，实现差别竞争、错位发展。四是根据各重大新兴产业基地现有产业基础、产业门类，注重在补完链条、做强链扣上

① 安徽：加快推进“三重一创”建设奋力实现制造强省目标［EB/OL］http://www.gov.cn/xinwen/2017-03/02/content_5172480.htm.

下功夫,有选择地引进有利于本基地产业集群发展的上下游企业、配套项目,不断完善产业链条,提高产业配套关联度,加快基地产业升级、集聚集群化发展进程。

(三)强力推进重大新兴产业工程建设,激发新兴产业发展活力

推进重大新兴产业工程建设,通过适当的政策支持和政策引导,增强新兴产业的发展动力,促进形成新的经济增长点。一是加快引进和培育一批竞争力强、产品特色鲜明的龙头骨干企业,通过协作配套、产业延伸、兼并收购、联合重组等多种手段和途径,以提高企业产业集中度和规模水平,推动优势骨干企业跨行业、跨地区发展,打造一批核心竞争力强、品牌优势明显、主业突出、拥有自主知识产权的企业集团和大公司。二是围绕产业共性技术,支持龙头企业建立工程研究中心、研究开发机构等创新载体,研究开发核心技术、核心产品,提高新兴产业企业消化吸收引进技术和自主创新的能力。三是培育一批具有很强辐射和带动作用、综合经济效益和技术水平处于全国同行领先地位的企业集团和企业,重点支持在技术断层和技术升级中寻求机遇,与区域内外企业的战略合作,同产业上下游企业建立纵向联盟,在技术研发阶段建立合作开发联盟,在扩散阶段建立转让联盟,在协调一致的基础上形成自主的产业标准、体系结构和核心层稳固的开放式战略联盟。四是加快培育产业链上下游协作配套、高度相关的新兴产业企业群体,围绕产业的技术创新需求,积极引进处于产业链高端中高新技术产业的国际龙头企业,特别是新兴产业领域中带动力强、居行业龙头地位、规模上亿甚至超十亿、上百亿的大企业。

(四)提高自主创新能力,增强重大新兴产业专项建设新动能

加快完善构建的创新发展支撑体系,提高企业自主创新能力,增强创新驱动持续发展新动能,着力形成新兴产业重大专项发展壮大、源源不断生成汇聚的生动局面①。一是培育一批具有国际竞争力和较强自主创新能力的新兴产业企业,支持新兴产业企业建设重点(工程)实验室、工程(技术)研究中心、技术中心等,自主开展重大产业关键技术、装备的攻关研发,着力构建企业自主创新技术体系[8]。二是构建"互联网+"科技成果数据库和服务平台,鼓励高校、科研院所、企业通过系统发布新兴产业的相关新技术研发信息、研发成果。加强与国家、省市级科技成果信息系统、综合服务平台等交互对接,畅通新技术研发、研发成果信息收集渠道,在不泄露商业秘密和国家秘密前

① 李国英. 推进重大工程重大专项建设 加快培育新兴产业后备力量[EB/OL]. http://www.ah.gov.cn/UserData/DocHtml/1/2017/5/23/7458829574030.html.

提下，向社会公布新技术研发、研发成果信息和相关知识产权信息，提供新技术研发成果信息查询、筛选、合作、转让等等综合服务，形成不同领域、不同层级新技术交易、转让、合作等有机衔接的新格局，避免出现过度竞争、重复建设和多次投入而资源大量浪费[①]。三是建立"三重一创"工作推进体系和组织领导体制，整合各部门资源和扶持政策，加强协同合作及联动，实施"一站式"服务，推动"三重一创"早建设、早完工、早投产。四是充分发挥高校、科研院所技术研发、知识创造的优势，有效整合产学研各方资源，建立以市场为导向、风险共担和利益共享的产学研合作、收益分配机制，加大前沿技术、关键技术、共性技术的联合攻坚力度，实现研发资源共享，推进技术创新成果转化。五是建立和完善人才激励机制和培养模式，加强对"三重一创"建设人才培养使用的分类指导和统筹规划，"订单"式培养急需的技术能人、科研人员等人才，鼓励和支持以"三重一创"建设项目为载体引进一批领军人才、高尖端人才、特殊人才和创新团队，解决"三重一创"建设人才稀缺的难题。

(五)加快产业转型升级，构建现代产业发展新体系

构建现代产业体系是当今新常态下经济发展的大势所趋。加快实现产业结构转型升级，搭建起具有本地特色的现代产业体系框架，构建基于本地比较优势的新型现代产业体系，逐步推动经济又快又好可持续发展。一是围绕保障农民增收和国家粮食安全两大核心任务，稳定粮食生产，通过完善政策、改善条件、稳定面积，推进"主食厨房""放心粮油"工程，重点实施主要粮食作物的新品种培育、技术与应用研究，增强粮食生产科技支撑能力，提高粮食生产的规模化、标准化、产业化、集约化水平，建设成为粮食生产稳定增长的核心区，巩固农业基础地位。发展创意农业、体验农业、观光农业、物流与电子商务等新业态，走产品安全、产出高效、环境友好、资源节约的现代农业发展路径，带动本地农民增收致富。发挥该市农业生产的比较优势，加快茶叶、蔬菜等产业发展和灵芝、宣木瓜、黄精等中药材产业基地建设。推进现代农业发展，组建长三角植物功能食品研究中心和蓝莓科研中心，加强国家农业科技园区等农业产业化示范区建设，2017 年争创省级示范联合体 8 个、示范合作社 7 个、示范家庭农场 20 个以上。发展农产品精深加工，实施"生态宣城·绿色产品"品牌工程，新认证"三品一标"农产品 60 个，争创国家级、省级农产品质量安全县和省级以上农业标准化示范区。二是大力提升和改造传统产业，支持落后企业技术改造，加快产业结构调整优化升级。不断实现节

① 安徽省人民政府关于印发加快建设创新发展四个支撑体系实施意见的通知(皖政〔2017〕76 号)[EB/OL]. http://xxgk. ah. gov. cn/UserData/DocHtml/731/2017/5/22/278620695807. html.

能降耗和提高产品的科技含量,推动能源利用和开发技术创新,用清洁高效能源代替传统能源,构建绿色、低碳、经济的现代能源产业体系,把发展高附加值、低污染、低耗能的能源产业作为主攻的方向。做大做强工业主导产业,改善产品质量,增强新产品品牌创建能力和开发能力,提高第二产业的竞争力。合理进行企业重组和兼并,优化资源配置,增强产业配套能力,培养一批生产能力强、行业贡献大、技术水平高的大中型企业。三是构建现代产业新体系也离不开现代服务业的支撑。一是发展现代物流业。充分利用便捷的交通和区位优势条件,发挥公路、铁路和水路运输能力,以双桥现代物流园为现代物流枢纽中心,以宣州区市区为核心的商贸物流中心,着力构建物流与商贸功能互补的现代物流网络体系。着力开发旅游资源,发展文化创意和旅游产业,推进大桃花潭、敬亭山、青龙湾、太极洞、观天下等5A景区创建,着力打造一批精品线路,提高旅游产品的质量。加快红楼梦文化大观园和中华诗文化博览园、国际慢城、中国园子等项目建设,提高文化软实力。大力发展银行、期货、保险、证券等金融产业,探索金融产品创新,推进普惠金融发展,开拓农村金融市场,力争村镇银行县域全覆盖,积极承接国内外金融服务外包业务,提高金融服务的质量和总量。

关于铜陵实施五大发展行动计划的对策研究

方　元

摘　要：文章在分析铜陵实施五大发展行动计划的重大意义的基础上，提出了铜陵实施五大发展行动计划的目标原则、战略重点和政策建议，旨在把发展的着力点转到创新、协调、绿色、开放、共享发展上来，进一步推进五大发展行动计划的实施。

关键词：五大发展行动计划；战略重点；政策建议

铜陵实施五大发展行动计划，以创新发展加快实现发展动力转换，以协调发展不断增强发展的整体性、全面性，以绿色发展着力改善生态环境，以开放发展全面提升对内对外开放水平，以共享发展努力提高人民群众的幸福指数，把发展的着力点转到创新、协调、绿色、开放、共享发展上来，是贯彻党中央和省委的决策部署的新实践，是建设幸福美丽新铜陵的新探索。

一、深刻认识“五大发展行动计划”重大意义

（一）实施“五大发展行动计划”是积极落实国家战略和省委省政府重大决策的具体实践

铜陵实施“五大发展行动计划”，顺应了我国全面深化改革、全面建成小康社会的发展要求，是积极践行党的新发展理念的具体行动，是融入参与国家“一带一路”倡议和“长江经济带”战略、认真落实省委省政府重大决策的具体实践，必将有力推动铜陵经济社会更有质量、更高水平的发展。今年以来，面对复杂多变的宏观经济形势，我市坚决贯彻五大发展理念，积极推进供给

作者简介：方　元（1965—），男，安徽枞阳人，中共铜陵市委改革办副主任、中共铜陵市委政研室副主任，硕士。

侧结构性改革,努力抓好“三重一创”等重点任务,坚定不移地打好转型升级系列组合拳,全市经济稳中有进、稳中向好,发展潜力逐渐显现,全市地区生产总值有望突破千亿元大关。

(二)实施“五大发展行动计划”是推进铜陵经济实现转型发展的重要举措

铜陵实施“五大发展行动计划”,突出创新发展,强力推进国家资源型城市产业转型升级示范区、狮子山国家高新区、铜官区国家服务业综合改革试点区建设,这有利于我市从中低端产业向中高端产业转变,从要素驱动向创新驱动转变,加快促进铜陵经济的转型发展。今年以来,我市加快建设国家资源型城市产业转型升级示范区;下好创新“先手棋”,出台“1+6+23”配套政策,推进“四大创新体系”建设;深入推进工业机器人等5个重大新兴产业工程和实施超级电容等5个重大新兴产业专项;着力实施服务业短板提升工程,强力推进国家服务业综合改革试点区(铜官区)建设,打造一批省级现代服务业集聚区;围绕“循环引领、产城融合、三生共赢”,扎实实施“8311”行动计划,打造铜陵循环经济升级版。使实施“五大发展行动计划”成为勇闯转型新路的强劲引擎。

(三)实施“五大发展行动计划”是促进铜陵成为长江经济带上的重要节点城市的客观需要

铜陵实施“五大发展行动计划”,将培育现代产业、提升城市功能、强化发展基础等类型项目作为重要抓手,将有效推动城市空间合理布局、产业结构优化提升、要素资源集约利用、城市功能增强和生态环境改善,进而为加快发展港口经济、建设江北港新区、打造长江经济带重要节点城市奠定扎实基础。今年以来,我市坚持“东融”,出台《关于全力打造内陆开放新高地,加快推进长江经济带建设的实施规划》,抓好规划、交通、平台、产业、生态对接,谋划实施一批铁路、高速公路、港口和航空等重大项目,打造长三角城市群西翼新兴增长极;坚持“北联”,加快融入合肥都市圈,协同规划好合铜发展带和合铜宜产业集群带,推进江北港新区谋划建设。同时,抓紧布局和实施一批带动性强、支撑作用大的重大工业项目,加快推进G3公铁大桥、长江铜陵河段治理、引江济淮工程、北沿江高铁、开发区过江通道等一批重大骨干支撑工程的建设和谋划。

(四)实施“五大发展行动计划”是进一步提升城市品质和市民生活水平的科学决策

铜陵实施“五大发展行动计划”,把保障和改善民生作为重点,积极探索以项目化手段发展社会事业、工程化措施解决民生问题,推进教育文化、医疗卫生、生态环保、养老服务等社会事业发展,回应了全市人民对提升城市品质、提高生活质量的愿望和呼声。今年以来,我市追求人民群众实实在在的获得感、幸福感。民生工程建设、就业、社会保障、人口计生等工作位居全省前列,公共文化服务体系示范区创建通过文化部中部评估,成为全省唯一入江口国家考核断面水质全部达标的城市,喜获"国家森林城市"称号,尤其以82.78的幸福指数,被《幸福中国白皮书》排名全国幸福指数第三位城市、安徽最幸福城市。

二、全面把握"五大发展行动计划"目标原则

铜陵实施"五大发展行动计划"的主要目标是:今后五年,转型发展闯出新路,全面小康决战决胜,幸福美丽新铜陵开启崭新篇章,在美好安徽建设中干在实处、走在前列。在具体实施"五大发展行动计划"过程中,必须体现以下原则:

一是认同性原则。必须把增进人民群众的利益与福祉作为根本出发点,重点解决铜陵经济社会发展和人民群众生产生活中的突出问题,进而得到广大干部群众的认同。

二是可行性原则。必须把握国家政策导向,紧扣铜陵发展战略,谋划推进"五大发展行动计划"重大项目,切实增强针对性、可操作性。

三是实效性原则。必须着眼于解决发展中的根本性长远性问题,牢牢抓住项目建设,找到最适合、最管用的解决方法,确保取得实效。

四是带动性原则。必须突出高端高效,发挥好集成带动、链式拉动作用,促成战略性新兴产业的集群化发展,促成城市品质和综合竞争力的提升。

五是持续性原则。必须坚持铜陵长远持续发展,做好滚动开发,发挥项目的持续性作用,更加注重节约集约利用资源和生态环境保护。

三、精准聚焦"五大发展行动计划"战略重点

(一)实施创新发展行动计划的战略重点

把创新发展摆在铜陵发展全局的核心位置,以创建国家创新型城市为目标,突出使企业和服务平台创新体系、科技与金融融合创新体系、"创新创业"

模式创新体系、政策和制度创新体系这“四大创新体系”成为铜陵发展最鲜明的特色、最强劲的动力。在企业和服务平台创新上，重点建立产学研协同创新新机制，抓好企业研发平台和公共服务平台建设，实施科技成果转化基地建设专项行动，重点引导和支持合肥、南京、上海、北京等高校院所密集城市的科技成果来铜转化和产业化；在科技与金融融合创新上，重点设立科技型中小企业贷款风险补偿资金池，探索建立投资券、创业券制度，支持银行业金融机构创新科技金融产品，引导政策性融资担保机构向科技型企业倾斜；在“创新创业”模式创新上，重点促进创新创业人才集聚，建设皖江创新小镇、大通旅游文化创新小镇等一批特色创新小镇，努力打造全省最具特色的双创示范基地；在政策和制度创新上，重点建立政府管理创新新机制，制定公共服务清单，最大限度地减少行政审批和行政干预，真正将创新主导权交给市场和创新主体。

（二）实施协调发展行动计划的战略重点

把提高整体效能作为协调发展的基本要求，拉长长板、补好短板，着力加快县域经济发展，统筹推进一江两岸联动融合发展。重点实施“东融北联”发展行动，向东融入长三角经济圈，深入推进与苏浙沪的经济合作，更加主动对接苏浙沪产业结构调整需求，带动有利于我市产业增链、补链、强链的优势主导产业发展，把铜陵沿江发展带打造成为皖江城市群承东启西的主轴带；向北加盟合肥都市圈，充分利用铜陵在合肥都市圈与皖江城市带的切点区位，推动合铜发展带、江北港新区成为合肥都市圈通江达海的重要通道、入海口，构建合肥都市圈集装箱枢纽港和通江达海的物流转运基地。并抢抓枞阳入列“国家全域旅游示范区”机遇，促进枞阳生态、文化、旅游产业融合发展，努力成为合肥“后花园”。

（三）实施绿色发展行动计划的战略重点

把生态文明建设放在更加突出的战略位置，深入推进工业绿色转型发展试点市建设，加快推进传统产业绿色改造、新兴产业绿色发展，争创国家生态文明示范区；突出围绕“循环引领、产城融合、三生共赢”的铜陵循环经济升级版，重点创建循环经济国际品牌，紧抓产业、社会、城市循环和循环模式创新，以产业循环深度延伸为关键，不断提升产业循环标杆，加快构建纵向成链、横向成网、多级利用、循环链接的产业循环体系，保持产业循环国内领先水平，并积极争取跨入国际先进行列。

（四）实施开放发展行动计划的战略重点

抢抓“一带一路”倡议、国家长江经济带、皖江城市带承接产业转移示范区、皖南国际文化旅游示范区政策的叠加优势，依托长江黄金水道，深度融入合肥都市圈、长三角城市群，着力把铜陵建设成为长江经济带对外开放的重要节点城市。重点推进大通道、大平台、江北港新区建设。在建设大通道上，重中之重是加快“井”字形快速铁路网建设，新建铜陵长江三桥（公铁两用）和铜陵—枞阳—安庆城际铁路，新建合肥—庐江—铜陵—池州城际铁路及江北港区铁路货运专线，新建铜陵—南陵—宣城铁路，构建武汉—杭州（经铜陵过江）、北沿江高速铁路和铜陵站—九华山—黄山城际铁路，力争我省三大旅游名山黄山、九华山、天柱山的旅游轻轨线路经过枞阳浮山；在建设大平台上，重中之重是创造条件申报B型保税物流中心，继续争取设立国家综合保税区，争取成为长江转关转检第一口岸；在建设江北港新区上，重中之重是围绕合肥都市圈重要支撑点、一江两岸联动发展承载区、全市拥江发展重要承接区的定位，以推动合铜发展带建设、打造合肥都市圈通江达海新通道为导向，坚持产城融合、港城一体、宜居宜业的原则，积极争取规划、土地、资金、防洪等上级政策支持，加快推进江北港新区起步区建设。

（五）实施共享发展行动计划的战略重点

牢固树立以人民为中心的发展思想，努力使发展成果更多更公平地惠及全市人民。重点是坚决打赢脱贫攻坚战，加快推进社会建设。在脱贫攻坚上，重中之重是坚持精准扶贫、精准脱贫，健全精准识别和动态管理机制，实施“造血式”脱贫扶贫，如期打赢脱贫攻坚战，确保贫困群众与全市人民共同迈入全面小康社会；在推进社会建设上，重中之重是加强和创新社会治理，大力加强社区建设，培育社会组织，推动“三社联动”融合发展，实现社区治理创新。进一步加快社会服务管理信息化建设工作试点进程，加强政务信息大数据开发利用，推行“互联网+政务服务”，提高社会治理科学化、便捷化、可视化水平。

四、科学实施“五大发展行动计划”政策建议

（一）不断完善“五大发展行动计划”推进机制

建立健全“统一领导、分线推进、条块结合、运转高效”的工作推进机制，是推动五大发展行动计划落地的关键。

一是要健全工作体系。成立市五大发展行动计划领导小组，领导小组分设若干专项小组，负责推进各专项行动，并明确牵头市领导和牵头部门及组成单位；各专项小组都要制订“专项发展行动计划”实施方案。进而形成全市上下协调联动、合力推进“五大发展行动计划”的工作体系。

二是要健全责任机制。具体细化各级责任。要落实主要领导第一责任,领导小组和各专项小组组长要亲自研究,亲自部署,亲自协调,亲自督察;牵头单位要担负起直接责任,抓具体、具体抓,抓反复,持之以恒不放松;协同单位务必密切配合,以责任落实推进工作落实。

三是要健全问题类别管理机制。由市领导小组办公室及时收集汇总五大发展中遇到的各种问题,进行分类管理:问题分类之后,对涉及单一职能部门的,由部门自动自主统揽协调解决;部分问题需要多部门协调办理的,由市领导小组召集相关部门,研究制定具体对策措施。

四是要健全考评机制。建立五大发展行动目标任务完成情况通报制度,建立考评奖惩机制。要把五大发展行动计划实施情况作为年度目标管理考核的主体内容。对目标任务完成好的,给予褒奖;对推进不力的,严厉问责。

(二)系统谋划"五大发展行动计划"重大项目

项目建设是贯穿"五大发展行动计划"的主线和抓手。要坚持五大行动项目化、项目工作责任化,加快推进一批有利于强基础、补短板、促升级的大项目、好项目。要积极拓展与高校、科研机构的合作范围,提高项目的技术含量,拓宽高技术项目来源。加大与国内外知名企业、咨询服务公司的合作力度,广泛利用高层次"外脑"参与项目谋划。

一是对应政策导向谋项目。要把准国家投资导向,盯紧国家政策催生的新机会,牢牢把握国家"一带一路"倡议和"长江经济带"发展的重大机遇,主动而为,重点围绕重大水患治理工程、综合保税区、江北港新区、生态旅游等方面谋划实施一批重大项目,争取国家政策和资金支持,获取更好的发展平台。

二是聚焦发展平台建项目。坚持创新发展,突出抓好国家资源型城市产业转型升级示范区、狮子山国家级高新技术产业开发区、铜官区国家服务业综合改革试点区、争创国家创新型城市、PCB 国家质检中心和 B 型保税物流中心、国家综合保税区等发展平台建设,谋划建设一批重大项目,全面推动五大行动计划落地见效。

三是突出产业企业推项目。围绕铜基新材料、新能源汽车、电子信息、先进装备制造、节能环保、现代物流等产业板块,谋划对接一批重大项目,提高集聚度,增强竞争力。突出招商引资这个抓手,瞄准对象,用好平台,创新方式,发挥优势,吸引外商投资建设。抓住园区建设这个关键,科学规划产业布局,加强基础建设、优化各类服务。继续围绕企业市场主体推进项目谋划,支持和引导企业投资实施重大引领性的项目。

四是建立项目后评价及反馈制度。重大项目竣工投入使用后,要对项目的工程质量、投资效益和环境影响等进行分级分类评价，并将结果向市领导及项目责任单位反馈，进一步完善整改，达到提高投资效益的目的，并为今后相关项目的谋划和实施提供借鉴。

（三）认真研究“五大发展行动计划”支持政策

要在落实好现有相关支持政策的同时，着力围绕财政、金融、投资、园区等方面进行系统谋划、深入研究，形成比较完善的政策支持体系。

一是完善财政支持政策。进一步优化使用战略性新兴产业、创新创业、工业转型升级、现代农业、现代服务业等专项资金，整合科技创新激励政策，综合运用节能减排、循环经济、转型发展资金，创新投资方式，带动社会资本投入，更好发挥政策性资金“四两拨千斤”的撬动作用。

二是完善金融支持政策。坚持直接融资、间接融资并重，股权融资与债权融资并举，进一步拓宽融资渠道。完善风险投资、产业投资基金，设立天使投资基金、科技型企业贷款风险补偿资金池，进一步畅通金融进入实体经济、支持科技创新的渠道。加强投融资平台建设，注入优良资产，提高运营能力。积极争取保险资金直接参与重大项目建设。鼓励支持信托公司通过债券信托、股权信托、项目信托等方式扩充融资渠道。

三是完善投资支持政策。落实和完善促进民间投资的政策，鼓励扩大民间投资，在市政、交通、教育、医疗、养老等领域推出一批合作示范项目。加大PPP合作力度，促进金融机构、各类企业参与重大基础设施和公共服务类项目建设。用好用足工业技改投资政策，鼓励企业扩大技改投入。

四是完善园区支持政策。园区是支撑发展的重要平台。强化市经开区机构建设和工作力量配备。集全市之力支持推进狮子山国家高新区、铜官区现代服务业综合改革试点区建设。进一步深化放管服改革，赋予县区、园区更大的审批权限。加快推进园区研发机构、检测检验中心、保税物流中心等省级以上重大服务平台建设。

（四）切实强化“五大发展行动计划”要素保障

推进“五大发展行动计划”，最现实最直接的制约是资源要素，必须采取强有力措施，破解要素制约难题。

一是突破项目落地难题。要抓紧做好土地利用规划的调整和完善工作，综合运用调整用地性质、调整开发密度、混合使用用地等工具，落实重大项目用地空间。对已经为重大项目预留的土地空间，规划等部门要加快规划覆盖、加强用地控制，国土部门要加快用地指标落实和用地性质调整。要坚持“区别对待、有保有压”原则，优化新增建设用地结构，提高投资强度和容积率，大力发展产出高、效益好的优势产业和新兴战略产业。

二是突破项目融资难题。要推进政府投资和社会投资双向齐进。政府投资要上下联动,在向上级争取政策支持的同时,向下引导社会资金积极参与。社会投资要内外并举,向内吸引内资,促使国内大企业、大集团来铜投资;向外加大招商选资力度,充分发掘“一带一路”倡议和“长江经济带”战略带来的发展机遇。

三是突破项目节能环保难题。要依法严格节能评估审查,坚决拒绝不符合布局规划、产业规划、环境标准的项目,建立重点项目节能环保准入制度,规范重点建设项目的环保标准、安全标准、能耗水耗标准;要探索建立排放、能耗等指标市级统筹管理办法,优先保障重大项目推进建设;要实行政府、排污企业、污水处理三方相互制约的管理运作模式,统筹考虑区域发展稳定和百姓环境诉求,探索合理的生态补偿和利益分享机制,建立健全公众参与的多元项目环境影响评估制度,争取项目周边群众支持。

参考文献:

[1]《安徽省五大发展行动计划》(省委十届二次全会审议通过)

[2]《中共铜陵市委铜陵市人民政府关于贯彻安徽省五大发展行动计划的实施意见》(铜发〔2016〕36号)

[3]李猛、倪玉平同志在市实施五大发展行动计划领导小组第一次工作会议上的讲话(2017年2月17日)

[4]李猛、倪玉平同志在市实施五大发展行动计划领导小组第二次工作会议上的讲话(2017年4月17日)

五大发展战略与皖北区域经济崛起新路研究

房 建

摘 要:皖北"十二五"发展成效显著,但在经济新常态下,皖北经济人均水平低的"经济洼地"特征更加突显,外在因素是产能过剩、增速换挡、结构转换与能源资源价格下跌,内在机理是创新发展能力不强、协调发展能力不均衡、绿色发展能力不足、开放发展能力不高及共享发展能力不均等问题。因此,五大发展战略是皖北区域经济崛起的新路,必须走创新发展战略为崛起注入新动力、协调发展战略为崛起构建新格局、绿色发展战略为崛起培育新优势、开放发展战略为崛起拓展新空间、共享发展战略为崛起普惠新成果之路。

关键词:五大发展;皖北区域经济;崛起;新路

皖北(指淮北、亳州、宿州、蚌埠、阜阳、淮南六市)发展在整个安徽区域发展中是重要的板块,关系到安徽发展的全局。"没有皖北的加快崛起,就没有安徽的全面小康",李锦斌在安徽省第十二届人民代表大会第六次会议上的政府工作报告中强调指出:"加快皖北崛起进程,打造安徽发展新增长极"。从"加快皖北振兴"到"加快皖北崛起进程",表述的变化,既反映了皖北的发展变化,也反映了省委省政府对皖北发展的决心和信心。总结皖北在"十二五"期间的发展成效,调研分析加快崛起的困境,探寻助力皖北加快崛起新路。按照十八届五中全会精神,实施创新、协调、绿色、开放、共享的新发展战略,闯出一条加快崛起的新路。

作者简介:房 建(1961—),男,山东泰安人,中共宿州市委党校理论研究室副主任、副教授。

一、皖北“十二五”期间振兴发展成效巨大

(一)经济实力体量壮大

GDP由2010年的3589亿元跃升到2015年的6230亿元(见表1)。年均增加10.1%。阜阳、蚌埠、宿州均突破千亿元。伴随经济总量的攀升,人均水平不断提高。人均GDP于2010年突破万元、2013年超过两万元,2015年进一步提高到23754元,其中蚌埠、淮北、淮南攀上三万元平台,跨入了一个新的发展阶段。蚌埠连续6年、宿州和阜阳连续4年保持两位数增长。

表1 皖北地区五年(2010年—2015年)GDP及占全省的比重

地区	2010年(亿元)	占全省比重(%)	2015年(亿元)	占全省比重(%)	5年后占比(%)
全省总量	12263.4	100.0	22005.6	100.0	100
淮北	461.64	3.76	760.4	3.46	-0.3
亳州	512.78	4.18	942.6	4.28	0.1
宿州	650.57	5.30	1235.83	5.62	0.32
蚌埠	638.05	5.20	1253.05	5.69	0.39
阜阳	721.51	5.88	1267.4	5.76	-0.12
淮南	604.18	4.93	770.6	3.50	-1.43
皖北地区	3588.7	29.3	6229.5	28.2	-1.1

资料来源:安徽省及皖北六市的统计公报(2010年—2015年)

(二)经济运行提质增效

结构在优化,GDP三次产业比例由2010年的20.2∶47.6∶32.2调整为2015年的17.1∶46.6∶36.3;三次产业从业人员比例由2010年的43.9∶28.2∶27.9调整为2015年的38.4∶27.4∶34.2。财政大幅增收,由2010年的451.4亿元增加到2015年908.3亿元,年均增长约15%,高于全省0.8个百分点,财政收入占全省比例由2010年的21.9%上升到2015年的22.6%。

(三)产业基础日益坚实

农业综合生产能力在提升,粮食生产实现“十二连丰”产量由2010年的

1915.8 万吨增加到 2015 年的 2028.4 万吨，占到全省的 57.3%，为国家粮食生产安全做出了重要贡献。工业经济稳步发展，规模以上工业企业突破 5000 户，由 2010 年 3403 户增加到 2015 年的 5588 户，占全省的比重由 27.4% 上升到 31.1%；增加值由 1970 亿元增加到 2642.1 亿元，占全省的 26.9%。电子信息、生物医药、现代中药等战略新兴产业异军突起，金融、物流等现代服务业发展迅速，煤电、化工、农副产品加工等主导产业规模日益壮大。

（四）基础设施明显改善

建成两淮亿吨级煤炭基地，煤炭产能 1.5 亿吨、发电设备容量 1800 万千瓦。建成临淮岗洪水控制工程等多项治淮骨干工程，淮河、浍河、涡河等重点航道整治工程有序推进。合淮阜、蚌淮高速等投入运行，"两纵四横"高速公路骨架已建成，京沪高速铁路开通皖北步入高铁时代。等级公路由 4.6 万公里扩大到 5.2 万公里，高速公路由 812 公里扩大到 1129 公里。城市承载与集聚能力稳步提升，城市面积由 451 平方公里扩大到 551 平方公里，城镇化率由 37.6% 提高到 44.55%。[①] 城市道路面积由 6057 万平方米扩大到 9044 万平方米，排水管道由 3144 公里增加到 4670 公里。

（五）发展的内生动力日益增强

扶持政策效应增强，吸引巨量资金投入。固定资产投资由 2010 年 2324 亿元增加到 2015 年的 6071 亿元，年均增长 27.1%，高于全省 2.6 个百分点，占全省比重由 19.6% 提高到 25.3%。大规模的投资建设，有效扩张了煤炭、电力、农副食品加工等产业规模。2015 年皖北高新技术产业增加值为 573 亿元，占全省 15.8%，比 2010 年提高 2.7 个百分点；战略性新兴产业产值为 1774 亿元，占全省的 19.9%，比 2010 年提高 2.2 个百分点。规上工业企业发展数达到 5589 家、产值为 5256 亿元，分别占到全部规模以上工业的 91.4% 和 58.8%。占全省比重从 2010 年的 25.1% 提高到 31.1%[②]。

虽然皖北发展进入了加速发展的快车道，但在经济新常态下，皖北产能过剩、增速换挡、结构转换与能源资源价格下跌等因素叠加，发展旧动力在减弱、新动力成长不足导致 GDP 对全省的贡献率在逐年下降，由 2010 年的 29.3% 下降到 2015 年的 28.2%、人均 GDP 贡献率由 70.3% 下降到 66%（见表 1），人均 GDP 与全省平均水平差距由 2010 年的 3075 元扩大到 12252 元等。皖北经济人均"发展洼地"状况尚未根本改变，创新发展能力不强、协调

① 胡登峰．皖北经济社会发展研究报告[M]．合肥．合肥工业大学出版社，2016，4：11、55.

② 孔令晖．"十二五"期间皖北六市 GDP 年均增长 10.1%[EB/OL]．(2016-2-19)[2016-06-16]．http://www.chinanews.com/cj/2016/02-19/7764610.shtml.

发展能力不均衡、绿色发展能力不足、开放发展能力弱及共享发展能力不均等问题阻碍了皖北崛起。

二、皖北崛起亟待破解的重大问题及深层原因剖析

(一)创新发展能力不强的表现及原因

1. 主要表现

一是创新产业比重低。经济增长仍依赖资源、资金和劳动力的投入,发展路径仍依赖资源禀赋所形成的"白加黑"(粮食加工和采煤)产业,主导产业仍是劳动密集型和资源密集型,粗放式增长仍是发展的主动力源,投入消耗大、科技含量和附加值低,综合竞争力弱。高新技术产业发展缓慢①。高新技术产业对经济增长的贡献不多,皖北高新技术产业仅占全省的17.39%(见表2)②。二是创新能力不强。拥有强大的自主技术创新能力、国内影响力大的科技企业较少。关键是先进技术自给率较低,核心技术掌握较少,技术集成能力薄弱③。导致企业创新能力不强,产业创新优势未能充分发挥④。尚没有形成大众创业、万众创新的氛围与局面,内生企业创新资源短缺、能力不强。三是创新动力不足。2015年科技研发投入R&D经费仅占全省的13.92%(见表2),创新强度仅为0.964%(科技研发投入占GDP的比重,称创新强度)远远低于全省创新强度的平均值1.96%,创新缺乏资金支撑。科研机构仅占全省的8.87%(见表2),创新动力严重不足。专利申请数量仅占全省的17.94%(见表2)。

表2 2015年高新产业、R&D投入(亿元)、研发机构及专利情况

地 区	高新产业数	R&D经费	研发机构	专利数
全省总量	3157	432	4093	127709
淮 北	80	9.14	72	2481
亳 州	41	3.45	21	2297

① 张士杰,陈洁.安徽省经济发展质量评价及时空演化[J].合肥学院学报,2014,(1):59-64.

② 叶翠青.加快实现安徽经济发展方式转变研究[J].经济研究参考,2015,(38):57-62.

③ 雷宇.皖北地区战略性新兴产业创新发展研究[J].哈尔滨学院学报.2014,(2):46-49.

④ 朱娟.创新驱动下的皖北产业升级问题探析[J].枣庄学院学报.2015,(6):125-129.

（续表）

地　区	高新产业数	R&D 经费	研发机构	专利数
宿　州	62	4.21	18	2430
蚌　埠	204	23.41	77	5000
阜　阳	81	3.9	10	7393
淮　南	81	16.04	165	3305
皖北地区	549	60.15	363	22906

资料来源：安徽省及皖北六市的统计公报(2015 年)

2. 原因剖析

一是大众创新观念落后、进取精神不足。长期以来受儒家文化的影响，人们重义轻利，市场观念淡薄，也缺乏工商传统，重官轻商；小富即满、小成即安等传统农耕文化思维根深蒂固，不敢闯不愿冒、进取创新精神不足。二是政府思想解放不够、创新意识不强。政策创新有限，体制机制创新不足，不愿大胆改革和不会创新发展，“等靠要”的求稳求妥观念根深蒂固。等政策要制度，不敢越雷池半步。政府管制过多、干预市场多等。三是人才资源短缺、政策推动不力。高校科研院所少，科技创新人才缺乏[①]。对人才是创新的第一资源认识不足，不会用利益分享机制和激励机制引进留住人才。用人缺乏公平公正的环境，不善于为“人尽其才”创造必要的舞台[②]。尽管出台了一系列引进留住人才的优惠政策，但缺乏执行的细则。政策仅停留在文本中。实施中一旦牵涉到多个部门时，经常落实不了。

(二)协调发展能力不均衡的表现及原因

1. 主要表现

一是工业化水平差距大，工业发展不协调。统计数据(见表 3)显示，二淮一蚌工业增加值高于全省均值，宿亳阜工业增加值低于全省均值。据经典工业化分期理论，二淮一蚌处于工业化中后期，宿亳阜处于工业化初期向中期过渡阶段。工业发展相互间缺乏衔接，造成工业产业协同发展能力低[③]。在工业布局上，产业间关联度低，没形成相互配套衔接的互促的产业链。

① 秦煦．科技支撑皖北发展创新驱动后发赶超[J]．安徽科技，2014，(12)：11-13.

② 窦祥铭．安徽省县域经济发展研究[J]．安徽行政学院学报，2015，(2)：60-72.

③ 朱娟．创新驱动下的皖北产业升级问题探析[J]．枣庄学院学报，2015，(6)：125-129.

表3　2015年皖北六市生产总值中三次产业及工业值占比

地　区	三次产业比重	工业值与全省均值比较
全　省	11.2 : 51.5 : 37.3	100.0
淮　北	8 : 61 : 31	9.5
亳　州	21:39.1:39.9	-12.4
宿　州	21.7 : 41 : 37.3	-10.5
蚌　埠	15.1 : 51.2 : 33.7	-0.3
阜　阳	22.6 : 41.5 : 35.9	-10.0
淮　南	9.0 : 51.6 : 39.4	0.1

资料来源:安徽省及皖北六市的统计公报(2015年)

二是城市化发展水平较低,制约了城市群的协调发展。城市化率(见表4)显示,阜阳、亳州、宿州城市化率在省内是排名最后的三个市,低城市化率将阻碍农业转移人口的消费潜力、抑制内生发展动力。城市化发展得不平衡,导致城市间互动效应不突出、协调融合度低,互补式发展难有进展,制约了皖北城市群的协调发展。

表4　2015年皖北六市城市化率

地　区	城市化率(%)	与全省比较(%)
全省平均	50.5	100
淮　北	58.16	7.66
亳　州	39.82	-10.68
宿　州	39.69	-10.81
蚌　埠	52.85	2.35
阜　阳	39.02	-11.48
淮　南	67.9	17.4
皖　北	44.55	-5.95

资料来源:安徽省及皖北六市的统计公报(2015年)

三是农业现代化发展水平低,制约了农村劳动力的释放。皖北农田面积占全省的26%,耕地占全省的48.4%。农业现代化发展水平低,“千家万户小生产”种植模式,农业机械化率只有42.5%,落后于全省3.5个百分点。农业就业人口比重过高、农业基础设施薄弱、农业产业结构层次偏低等,农村劳动力难于释放转移。农村二、三产业发展落后,原产品或初级产品直接外销较多[①]。

2. 原因剖析

一是工业发展协调不足。各市自我封闭单打独斗,拼政策抢资源争项目互不协商。有的市在一两个支柱产业上单兵突进,忽视产业阵营的协调发展;有的市只注重在见效快的项目上下功夫,不愿在打基础、利长远的事上花力气。有的市重视培植典型、忽视面上推广,有"龙头"只是一枝独秀。工业布局马赛克和企业数量既少结构又单一,制约了皖北板块发展,导致了皖北工业化水平较低[②]。二是城市化发展不平衡,中心城市能级偏低、向心力不足、吸纳力欠缺,辐射带动能力弱;中小城市基础设施和公共服务系统不完善,内生成长不足。皖北工业多是能源、原材料等资源型产业,就业容纳能力弱,而配套该产业发展的服务业滞后,[③]制约了人口城市化进程。三是农业现代化落后,皖北农村充裕的人力资源与相对短缺的人力资本,使农村空心化、农业发展退化及在家务农人口老化愈演愈烈。科技知识缺乏、信息传递速度慢、基础设施落后,直接导致农业发展仍是粗放发展,难以应对市场需求的变化。这也间接导致皖北劳动生产率增长中丹尼森效应贡献度不大,阻碍了农村经济增长。

(三)绿色发展能力不足的表现及原因

1. 主要表现

一是资源约束趋紧。工业化率、城镇化率逐年攀升,企业数量与人口数量的不断增加,增长的消费需求与有限的资源之间矛盾日益突出[④]。水资源约束最大,降水分布不均、调蓄库容量低、地表水量少,长期依靠超采地下水和挤占河湖生态用水,淮北、亳州、宿州、阜阳地下水供水量占总供水量约55%,中深层地下水严重超采,现形成漏斗面积已达3400多平方公里。二是环境污染严重。2014年,工业废气排放总量为8165亿立方米[⑤]。居民采暖、建筑施工、汽车尾气等排放,使得空气质量逐年下降。2014年,工业废水排放总量为25388万吨。工业废水直接排入河流约22379万吨。只有12%的工业废水排入污水处理厂,远低于全国70%的水平[⑥]。境内65%左右的水质受污染,28.6%的水质重度污

① 周娟 唐建兵. 中原经济区视阈下皖北发展的策略选择[J]. 现代经济信息,2015,(19):436-439.

② 任志安. 加快皖北地区跨越发展的路径与对策研究[J]. 区域经济评论,2013,(4):55-59.

③ 任志安. 加快皖北地区跨越发展的路径与对策研究[J]. 区域经济评论,2013,(4):55-59.

④ 苗书迪. 经济欠发达地区绿色发展路径探讨[J]. 知识经济,2016,(16):10-11.

⑤ 安徽统计年鉴2015[EB/OL]. [2016-04-28]. http://www.ahtjj.gov.cn/tjj/web/tjnj_view.jsp?strColId=13787135717978521&_index=1#.

⑥ 张文健. 皖北地区城镇化进程中生态保障机制建设研究[J]. 市场周刊,2014,(6):96-97.

染。淮河北岸15条支流中有6条支流水质为重度污染;地表水体污染致地下水污染,集中式饮用水达标率只有70%,低于全省平均水平23个百分点。三是农田生态系统退化。粮食生产安全受威胁,化肥施用强度为高,部分耕地土壤质量退化、养分失调。农药过多施用,利用率仅20%,80%农药流失到土壤、水域或飘失到环境中。污染水的灌溉,致土壤持久性有机污染和重金属污染日益突出,成为影响土地质量安全的关键性问题①。

2. 原因剖析

"重发展轻环境,重投入轻利用,重眼前轻未来"的发展理念影响了绿色发展。一是绿色森林资源拥有率低,环境承载力脆弱。大规模砍伐树木搞发展,使森林面积逐年减少。依据统计年鉴,2014,年淮北、亳州、宿州、蚌埠、阜阳及淮南林业用地面积分别为57.25、150.93、279.7、118.19、189、31.37千公顷,森林覆盖率分别为18.31%、16.62%、25.68%、16.99%、18.27%、9.39%。森林覆盖率不到20%,低于全省均值28.65%。二是水资源严重缺乏,环境发展成本上升。人均水资源量为557.5立方米,仅为全省的46.4%,干旱年份缺水率达30%②,却支撑了全省约一半耕地和人口以及全省主要电力、煤炭生产的用水需求。淮河以北广袤的皖北平原将面临非常严峻的水资源短缺。三是招商引资放弃环保执行标准,环境约束力下降。吸引外商,忽视发展环境,时常放宽环保执法标准和力度,一些企业随意排污排放,污水废气处理设备常年处于停运状态,生态环境系统在逐年透支。正是资源环境成本的不公平竞争,使高耗能高污染的企业难以淘汰,节能环保型企业难以有效发挥,形成"劣币驱逐良币"的不良效果③。

(四)开放发展能力不高的表现及原因

1. 主要表现

一是外商投资总额及直接投资额较低。统计年鉴显示,2014年共有外商投资企业768个,注册资本为261091万美元,投资总额为591261万美元。其中淮北、亳州、宿州、蚌埠、阜阳及淮南外商投资总额为10.1、2.53、10.25、12.7、9.71、13.83万美元。利用外商投资总额仅占全省的12.36%(全省478.47亿美元)。2014年外商直接投资分别为0.68、0.53、0.78、3.25、0.17、

---

① 赵玉婷,李彦武,马建锋等. 中原经济区发展的主要资源环境约束及破解对策[J]. 环境与可持续发展,2015,(4):27-30.

② 陈香 樊明怀. 推进安徽皖北地区四化协调发展的思考与建议[J]. 中国集体经济,2015,(15):15-16.

③ 王汝彦 陈芳. 安徽省对外开放度与经济增长研究[J]. 牡丹江师范学院学报(哲社版),2015,(5):38-41.

0.52,约5.93亿美元,占全省的19.07%(全省31.1亿美元)。二是外贸进出口总量低。统计年鉴显示,2014年淮北、亳州、宿州、蚌埠、阜阳及淮南外贸进出口额为5.48、3.69、6.51、20.8、16.1、4.47,约为57.05亿美元,仅占全省进出口总额的11.58%。经济外向度和国际经济、技术、信息的交流速度和质量仍很低,与皖南的绝对差距在拉大。三是外向型经济发展水平较低。2014年开放度(开放度=实际利用外商直接投资额/GDP),蚌埠为2.8613%、阜阳为1.4905%、亳州为1.0933%、淮南为0.8208%、淮北为1.4380%和宿州为1.0880%,数值越小外向型经济发展量越低。蚌埠、阜阳外向型经济发展的规模和水平领先于皖北其他市;宿州外向经济发展水平在皖北最低;淮南和淮北属于煤炭资源型市,产业结构单一,进出口贸易额低。亳州外向型经济总量较低,近年中药材产业主导的外向型经济发展速度较快,药材出口贸易在全国都具有明显的优势①。

2. 原因剖析

一是发展战略的原因。改革开放以来,安徽发展战略从"皖江开发、呼应浦东"到开发"两山一湖",再到皖江城市带承接转移示范区上升为国家战略②。再到皖南国际文化旅游示范区建设发展规划纲要出台,皖北由于区位和发展基础等原因,长期以来没能进入全国区域开发的热点地区,一直被边缘化。二是制定政策的原因。战略导向招商引资、设立开发区等方面给予皖南更多的优惠政策,金融资本、财政税收等向皖南倾斜,形成了吸引人才的高地。对皖北发展政策支持力度仍不够。三是周边虹吸的原因。皖江南两区和周边河南、山东、江苏等市的招商引资和资本资源竞争,使皖北发展处于劣势,屏障、过滤和虹吸日益突显。影响着皖北外资投入及外商企业的入驻。信贷资金虹吸及人力资源虹吸极为严重,皖北信贷比低于60%、"孔雀东南飞"现象愈演愈烈,资金、高端技术人才、劳动力不断流出,使皖北发展面临资金短缺、人才资源紧缺的较大压力③。零售服务业和市场消费需求也被"吸走",皖北正被边缘化。

(五)共享发展不均等的表现及原因

1. 主要表现

一是城乡居民收入与全省均值差距在拉大。从表5中可看到,"二淮一

① 武小菲 闵树琴. 皖北地区外向型经济发展的实证研究[J]. 蚌埠学院学报,2015,(1):108-112.

② 房建. 安徽宿州经济开发区转型升级发展研究[J]. 理论建设,2013,(6):103-107.

③ 周娟,唐建兵. 中原经济区视域下皖北发展的策略选择[J]. 现代经济信息,2015,(19):436-439.

蚌”数据与全省人均值比较接近。“宿亳阜”数据与全省人均值比差距较大。2015年“宿亳阜”的农村人口约占该地区总人口的64.4%,而收入仅为9587元,仅占全省城镇居民人均可支配收入的35.6%。皖北农村人口基数大,制约了皖北市场消费,影响了“宿亳阜”经济发展要素集聚能力降低。

表5　2015年皖北六市城乡居民人均可支配收入一览表

地　区	城镇居民	省人均差距	农村居民	省人均差距
全省平均	26936	0	10821	0
淮　北	25690	-1246	9882	-939
亳　州	23120	-3816	9738	-1083
宿　州	23631	-3305	9140	-1681
蚌　埠	26369	-567	11552	731
阜　阳	23496	-3440	9001	-1820
淮　南	28106	1170	11433	612

资料来源:安徽省及皖北六市的统计公报(2015年)

二是教育公共服务与全省均值差距拉大。从受教育程度来看,2014年皖北六市每十万人口拥有的大专人数平均为5887人,仅占全省平均水平的88.9%,其中阜阳市和亳州市每十万人口拥有的大专人数分别仅为3868人和2483人,仅占全省平均水平的58.4%和37.5%。表明皖北六市尤其是阜阳和亳州的人口受教育程度不高。见表6说明皖北“宿亳阜”受教育程度不高。

表6　2014年皖北六市每十万人拥有受高等教育程度(人)

地　区	大专以上学历	占全省人均比(%)
全省平均	6623	100
淮　北	8475	128
亳　州	2483	37.5
宿　州	5452	82.3
蚌　埠	5800	87.6
阜　阳	3868	58.4
淮　南	9246	140
皖北六市	5887	88.9

资料来源:安徽省统计年鉴(2014年)

三是医疗公共服务与全省均值差距拉大。从医疗卫生条件来看，皖北医疗卫生机构床位数仅占全省的41%。人均皖北万人医疗机构床位数为32张、人员数为47人。亳州、宿州和阜阳的医疗卫生条件较差，万人拥有的医疗机构床位数仅为23张、27张和27张，万人拥有的卫生机构人员数仅为36人、45人和41人见表7。这说明皖北六市医疗卫生条件严重滞后，尤其以“宿亳阜”为甚。

表7 2014年皖北地区医疗卫生机构床位数和卫生机构人员数

单位：(张/万人)

地区	卫生机构床位数(张)	卫生机构人员数(人)	户籍总人口数(万人)	床位数占人口数比重	人员数占总人口比重
全省总计	252058	365650	6935.83	36.34	52.72
淮北市	11719	13993	215.30	54.43	65.00
亳州市	15154	23313	634.35	23.89	36.75
宿州市	17843	29034	642.32	27.78	45.20
蚌埠市	16321	22212	371.10	43.98	59.85
阜阳市	29326	43448	1051.42	27.89	41.32
淮南市	12986	17866	243.35	53.36	73.42
皖北六市	103349	149866	3157.84	32.73	47.46

资料来源：安徽省统计年鉴(2015年)

2. 原因剖析

一是皖北是中国最贫困的连片地区之一。皖北是我国重要的粮棉油和能源基地，长期低农产品价格、低煤炭电力价格“掏空”了资源财富；劳动力及人才外流“掏空”了人口红利财富；信贷资金外流“掏空”了资本财富。2014年，安徽国家级贫困县共有19个，皖北有9个，即颍东区、临泉县、阜南县、颍上县、砀山县、萧县、灵璧县、泗县、利辛县，皖北贫困县的数量占安徽省的47%，皖北近一半的人口还处在贫困状态①。二是中高端人才流失严重。受到收入水平、生活环境和质量的影响以及发展要素不足、有效需求不足、社会

① 2014最新安徽省国家级贫困县名单一览表[EB/OL].(2014/10/17)[2016/7/27].http://www.askci.com/news/data/2014/10/17/1556161h0d.

物流服务业价格偏高等因素影响,在皖北就读的大学生毕业后就去了外地,在外就读的皖北籍的大学生毕业后很少回家乡工作,人才持续流失严重影响了皖北发展的活力和竞争力,严重制约了皖北的可持续发展。三是教育医疗等基本公共服务的历史欠账较多。一方面是皖北在经济社会发展中得到的政策资金的支持力度不够大;另一方面,教育医疗服务水平也受地区经济发展和教育医疗资源投入的直接影响表现出地区差异。经济发展越快、教育医疗资源投入越多的地区,教育医疗服务水平越高;反之,教育医疗服务水平越低。因此,发展政策、资源投入等的直接影响,呈现出地区差异①。

三、皖北崛起新路建议

(一)为崛起注入新动力,实施创新发展战略

1. 为增强崛起注入产业新动力,实施创新驱动两化工程

增强工业创新战略,创新驱动战略性新兴产业规模化和传统主导产业新型化。一方面创新驱动战略性新兴产业规模化,打造蚌埠硅基新材料、阜阳生物医药、淮南信息技术、宿州大数据云计算、淮北高端装备制造、亳州现代中药等产业集群集聚,打造工业发展新动力;另一方面创新驱动传统主导产业新型化,“4105”提升规上工业企业技术改造全覆盖,实现新技术、新设备、新工艺,提升化工、建材、纺织、鞋服、食品、电力、煤炭等传统产业向中高端迈进,用创新激活传统产业内生动力,发展从要素驱动、投资驱动向创新驱动转型。

2. 为厚植崛起注入科技新动力,实施创新能力提升工程

厚植企业主体、市场导向、政产学研用相结合的科技创新动力,聚合市场、技术、资本、人才“四要素”投向科技创新,建设政产学研用科技创新联盟及技术共享平台,集中攻克关键共性技术和公用技术,推动科技成果转化及产业化,培育“高专精特新”产品、技术、工艺的名牌、名家、名企。关键是搭建政府服务科技创新的办事平台,发挥财政资金“四两拨千斤”作用,用贴息放大创新投入的乘数效应,用奖补撬动技术研发的杠杆功力,实现科技创新投融资的倍增效应。

---

① 张卫东 苏鑫. 区域人力资本存量差异对医疗卫生服务水平影响的实证研究[J]. 中国卫生经济,2016,(1):60-62.

3. 为助力崛起注入政策新动力，实施创新动力提高工程

创新政策和制度推动创新动力持续。一方面创新政策推动万众创新，以蚌埠自主创新示范区政策为蓝底再闯政策的先行先试，激发科技创新活力与科技创造潜能，推动系统性、整体性、协同性创新改革试验；另一方面创新制度冲破制度藩篱，以皖北"四化"协调发展示范区政策为蓝底制定用好、留住人才的"特区"制度以及吸引大学毕业生到皖北就业的优惠制度。创新成果转化处置收益制度，激活创新主体的开创活力。此外，建立科技创新能力提升的市场导向机制并建立鼓励和支持创新发展政策制度，营造服务科技创新的体制机制。

（二）为崛起构建新格局，实施协调发展战略

1. 为加快工业崛起构建新格局，实施工业协调发展战略

构建工业发展"六市一盘棋"的内合外联协同发展战略。一方面打破行政区划藩篱，行政区转向经济区。推动资金人才和资源技术要素自由流动，优化配置；另一方面打通经济区的产业合作、互补、协同发展沟通链，由产业生态链群落向产业创新链价值链集群发展。此外，打造区外合作共建发展平台，主动伸展引资引智的双臂，抓握皖南、皖江"两环"产业和配套产业，深化与之进行能源电力、劳动力资源及农副产品精深加工，加快实现南北合作共建等"引体向上"的发展。

2. 为提升新型城市构建新格局，实施城市协调发展战略

构建"双核二群二圈"空间辐射带动的皖北城市群发展战略。一是将蚌埠、阜阳建设成为双核，打造宿淮（宿州和淮北）蚌淮（蚌埠和淮南）两城市群及阜阳、亳州两城市圈，形成产业空间布局一体、辐射带动能级强的城市群。二是构建"双核二群二圈"科技、人才、教育和医疗等抱团协作的发展格局，形成经济区多极合作的局面。三是延伸"双核二群二圈"交通轴线，形成轴线经济带的溢出效应，辐射传递技术要素带动轴线周边县域产业，推动工业强县、农业强县和生态旅游文化名县建设等，形成"双核二群二圈"的多点多极的副中心。

3. 为现代农业发展构建新格局，实施农业协调发展战略

农业是协调发展的"定盘星"。一是对传统农业实施现代化改造，"互联网+"信息技术、农艺农机农信等提高农业技术化、机械化和信息化，构建现代农业发展方式；二是对农业组织实施现代化武装，建设现代农业示范区（已创立国家和省级现代农业示范区 30 个），发展龙头企业、专业合作组织、家庭农场，推动新型经营主体大力开展规模经营和产业化经营，提高土地产出率、资源利用率和农业劳动生产率；三是对农业经营实施现代化服务体系建设，创

新农业集约化经营规模，创新农产品流通服务体系，构建生态农产品和区域特色农产品精细加工的产业集群基地等。

（三）为崛起培育新优势，实施绿色发展战略

1. 为崛起培育绿色产业，实施资源利用红线战略

红线战略即实施能源和水资源、用地总量和强度双控指标管理。一是加快绿色工业崛起，依靠科技促进传统资源加工产业向新兴节能环保、新材料、新能源等绿色产业转型，依托国家扶持政策，推动循环经济、循环生产、循环组合、循环改造，构建循环工业体系；二是加快生态有机农业崛起，构建生态有机绿色农业体系，发展有机粮油、有机瓜果蔬菜、有机水产畜牧等；三是加快生态休闲养老服务业崛起，抢抓工商业资本大举进入农村的新机遇，积极发展乡村生态休闲养老产业。绿色生态是皖北最大的财富，打造“生态休闲养老”服务品牌，对接发展大势，抢占发展高端，释放生态“红利”，加速迈入“生态创富”的“上升通道”。

2. 为崛起培育绿色环境，实施环境保护黄线战略

黄线战略即实施“水清、天蓝、地绿”的环保工程，一是“水清”工程，针对淮河北岸15条支流水质污染，实施“一河一策”。源头上对县城生活污水处理率达到85%、工业污水达标排放。二是“天蓝”工程，企业脱硫脱硝除尘设施改造升级、机动车尾气治理和工地扬尘防治，建立跨区域大气联防联控机制。实施森林增长工程，创新造林新模式，以民众认养公益林提高森林覆盖率。三是“净土”工程，抓好土壤污染治理与修复，加强农业面源污染防治，实施河道专项治理和水土流失治理工程。实施农村垃圾处理工程，农药化肥地膜等减量使用，种养业废弃物资源化利用、无害化处置。

3. 为崛起培育绿色制度，实施生态补偿绿线战略

构建以政府转移支付为补充、市场运作为基础的生态补偿制度。一是创新水资源环境区域补偿制度，实现淮河流域上下游之间的跨行政区补偿机制，开征生态环境保护资源税；二是探索市场化生态补偿机制，试点碳汇权及排污权交易，制定交易价格和碳权出让收入管理，让绿色生态资源环境成为皖北涵养生态保护建设新的财政来源；三是健全多元的生态保护投融资机制，针对水资源短缺，实施调水给水及海绵城市建设工程，尝试发行生态资源股票、设立生态发展基金，鼓励和引导社会资本和金融资源投向生态资源及环境保护项目。

（四）为崛起拓展新空间，实施开放发展战略

1. 为崛起拓展动力空间，对接融入国家“三大”发展战略

以劳务输出、国家煤炭能源供给和粮棉油主产区三大优势，紧抓新一轮

对外开放机遇打造安徽开放新高地。一是提高人力资源要素走出去的国际化步伐,加强教育培训,提高外出劳务人员的综合素质;二是提高产业开放发展能力,打造成国家大“粮仓、肉铺、菜园”供给地、优质煤炭能源资源供应基地、中药材出口基地、鞋服出口基地和汉文化旅游纪念品出口基地;三是创新“引进来”“走出去”的新模式,提高“来去”的组织化程度,政策扶持鼓励皖北龙头企业产能转移及并购国外先进技术的企业,重构皖北产业结构。

2. 为崛起拓展合作空间,继续实施南北合作共建发展战略

完善南北共建“3+6”现代产业园区的机构、组建机制创建,把园区打造为皖北崛起的一面旗帜。一是要主动彻底全面地融入合肥经济圈、皖江城市带,按照互通有无、取长补短、利益共享、组团发展的理念,快速嵌入长三角经济带中;二是要主动消除封闭,以阜阳合肥、亳州芜湖、宿州马鞍山三个现代产业园区示范作用,积极推动县域结对共建园区;三是拓展南北合作共建空间,开展产业项目、金融、干部培养和人才智力等全方位合作共建,形成宽领域、高层级、内涵丰富的南北合作共建大格局,创造崛起新模式。

3. 为崛起拓展新空间,实施淮河生态经济带开放发展战略

一是开放发展淮河黄金航道,打造以蚌埠港为枢纽的港口群,辐射带动阜阳—亳州、蚌埠—宿州—淮北为两翼的淮河两岸经济区发展。打造阜阳机场为航空物流空港,带动皖北腹地的开发开放。二是依托黄金水道港口码头和空港机场,建设“铁公航水轨”互联互通的交通网络,实现生产基地、中心城市和大型商品集散地的客货运无缝衔接,激活皖北对外开放、对内搞活的大商贸中心、大专业市场和大物流配送中心。三是以千里淮堤为开放旅游的发展主干,打造“美丽淮河千里生态长廊”,形成生态旅游风光带,重点开发串联淮南八公山、茅仙洞、焦岗湖和蚌埠荆涂山、阜阳八里河等景区,以及宿州皇藏峪国家森林公园、亳州花戏楼景区、淮北相山景区等淮河风情旅游线路。

(五)为崛起普惠新成果,实施共享发展战略

1. 为崛起普惠精准的扶贫脱贫,实施精准度战略

皖北贫困人口占全省的48.5%,贫困发生率高于全省平均水平0.3个百分点。针对皖北集中连片的特困地区,创新精准扶贫、精准脱贫机制。按照扶持生产就业一批、移民搬迁安置一批、低保政策兜底一批、医疗救助扶持一批的要求,实施产业、就业、旅游、智力、健康等脱贫及基础设施建设扶贫、金融扶贫、社会扶贫等多种方式,把输血与造血、扶贫与扶智结合起来,真正实现聚焦精准“拔穷根”,对贫困人口实施精细化管理,对扶贫资源实施精确化配置,对贫困农户实施精准性扶持等。

2. 为崛起普惠完善的公共服务,实施保基本战略

皖北在科技教育、卫生医疗、劳动就业、社会保障等基本公共服务方面与

全省均值有差距。因此,要建立健全皖北民生补短板强保障机制。教育事业上,全面实施15年义务教育,政策安排省属重点高校在皖北三市建立分校,安徽农业大学对口宿州市,安徽大学对口阜阳市,安徽中医药大学对口亳州市①。政策推进省属重点医院与皖北医院合作共建结对帮医,选派专业技术人员赴皖北支医支教,力争到"十三五"末,每个县区均有一家三甲医院,每千人口拥有医师、护士数达到全省平均水平。

3. 为崛起普惠均等的民生投入,实施可持续战略

实施财政、金融等公共政策服务与全省均等化,实施科技教育、卫生医疗、社会保障等公共产品公民享有的同权化,实施水、电、路、气、房等民生工程建设成果惠及全体人民,为皖北人提供能够体现公平正义原则的均等的公共产品和服务供给。推进财税体制改革,完善转移支付制度,统筹皖北人口规模、地域面积、经济社会发展水平等权重因素,探索建立科学合理的财政转移支付机制,增强皖北市、县财政基本公共服务保障能力。在教育、医疗、文化等公共资源布局方面,探索与人均指标相挂钩的机制,加大向皖北倾斜,加快提高城乡基层设施均衡化和基本公共服务均等化,逐步缩小与全省城乡的差距。

① 房建. 安徽支持皖北发展十年政策及绩效的实证研究[J]. 安徽行政学院学报,2016,(3):33-39.

供给侧结构性改革视角下安徽省特色农业产业发展新动能研究

江六一

摘　要：针对安徽省特色农业产业发展不均衡、特色农产品国际竞争力不强的现状，文章从特色农产品的供给侧出发，运用熵值赋权法对我国东、中、西部具有代表性的12个省份特色农产品竞争力进行统计，通过比较发现：安徽省特色农产品在发展速度、技术水平、生产总量、生产效率、生产能力、投入水平等各项竞争力指标方面差异较大，并且其投入水平竞争力严重不足，生产总量竞争力也相对较弱，结合安徽省特色农业的特点，提出安徽省特色农业产业发展的供给侧结构性改革建议。

关键词：安徽；特色农产品；竞争力；熵值赋权

一、引　言

(一)发展特色农业产业的紧迫性及思路

根据WTO基本原则，参照国际规范，我国农业市场会进一步开放，国外质优价廉的农产品将大举入侵，我国农产品将面临日益激烈的国际竞争环境。为此，我国政府明确提出走中国特色农业现代化道路，大力发展特色农业，将特色农产品培育成为区域农村经济的重要支柱和出口创汇的重要产品②。安徽省作为中国的农业大省，也必须重视特色农产品的发展，要从供给侧角度研究安徽省特色农业产业在国内外的竞争力状况，找出特色农产品发展存在的问题，从而优化农业产业和农产品结构、提升农产品质量，增强供给结构对需求变化的适应性和灵活性，提高其竞争力水平，促进安徽省特色农

作者简介：江六一(1975—)，男，安徽安庆人，铜陵学院副教授，教研室主任，硕士。

② 张宏建．提高湖南特色农产品国际竞争力的对策研究[J]．中南林业科技大学学报，2010，(6)：61-63.

业产业的发展。

（二）农产品竞争力理论

国外对竞争力的研究较早，最早的竞争力理论可追溯到1776年古典经济学家亚当·斯密提出的绝对优势理论；1817年大卫·李嘉图在绝对优势理论的基础上提出了比较优势理论；1990年美国经济学家迈克尔·波特教授提出了产业竞争优势理论——“钻石模型”，从而奠定了产业竞争力分析基本框架①。

国内对竞争力的研究主要集中在方法上，徐欣等（2010）通过比较中国与泰国、澳大利亚等主要食糖出口国的产业技术经济指标，找出中国糖业竞争力强弱的环节②；陈炜（2010）采用SWOT分析法研究新疆特色农产品竞争力的优势、劣势、机遇和挑战③；万行（2012）采用模糊层次分析评价法（FAHP）找出各影响竞争力因素的权重，并用模糊综合评判确定竞争力大小④；田洪铭（2014）运用德尔菲法专家评估方法对生产竞争力、市场竞争力、技术竞争力和资本竞争力四个方面进行评价，研究青海省特色农产品竞争力的大小⑤；丁家云（2015）⑥、晓阳（2016）⑦认为，通过延伸农业产业链达到涵盖农业、林业、畜牧业、渔业等多个产业部门提升农产品竞争力。从评价农产品竞争力大小角度来看，各种评价方法基本上涉及对不同类型的指标赋权重，再加总进行比较。

二、研究方法

（一）指标选取

本文选择影响农产品竞争力的35个指标，并分成发展速度、技术水平、生产总量、生产效率、生产能力、投入水平等六个类型，结合辽宁省、江苏省、浙江省、安徽省、江西省、山东省、河南省、湖南省、四川省、贵州省、陕西省、云南省等12个省份2015年的数据，涵盖了中国东、南、西、北、中地区，采用熵值赋权法评价各省的农产品竞争力大小，所选择的指标和分类见表1所列。

---

① 迈克尔·波特．国家竞争优势[M]李明轩，邱如美，译．北京：华夏出版社，2002：9-19.

② 徐欣，郑传芳，陈如凯．中国□泰国□澳大利亚糖业竞争力比较与政策启示[J]．甘蔗糖业，2010，（6）：39-43.

③ 陈炜．基于SWOT模型的新疆农产品品牌战略选择[J]．新疆财经大学学报，2010，（3）：12-17.

④ 万行．新疆特色农产品品牌竞争力评价研究——基于模糊层次分析法[J]．商，2012，（19）：212-213.

⑤ 田洪铭．青海特色农产品市场竞争力研究[J]．青海大学学报，2014，（2）：75-81.

⑥ 丁家云，周正平．基于农业产业链延伸的农产品国际竞争力研究[J]．南京审计学院学报，2015，（3）：26-34.

⑦ 晓阳，姜会明．我国农业产业链的发展要素及升级途径[J]．学术论坛，2016，（1）：80-83.

表 1　农产品竞争力评价指标构成(以 i 省为例)

指标类型	指标名称	指标变量	指标类型	指标名称	指标变量
发展速度	农业总产值指数(上年=100)(%)	X_{i1}	生产效率	豆类单位面积产量(公斤/公顷)	$X_{i,19}$
	农业增加值(亿元)	X_{i2}		棉花单位面积产量(公斤/公顷)	$X_{i,20}$
生产能力	有效灌溉面积(千公顷)	X_{i3}		花生单位面积产量(公斤/公顷)	$X_{i,21}$
	水库总库容量(亿立方米)	X_{i4}		油菜籽单位面积产量(公斤/公顷)	$X_{i,22}$
	除涝面积(千公顷)	X_{i5}	能力消耗	农用化肥施用折纯量(万吨)	$X_{i,23}$
	水土流失治理面积(千公顷)	X_{i6}		农村用电量(亿千瓦小时)	$X_{i,24}$
	果园面积(千公顷)	X_{i7}		农用柴油使用量(万吨)	$X_{i,25}$
	实有茶园面积(千公顷)	X_{i8}		农药使用量(万吨)	$X_{i,26}$
	茶叶产量(万吨)	X_{i9}		农用塑料薄膜使用量(吨)	$X_{i,27}$
技术水平	农业机械总动力(万千瓦)	$X_{i,10}$	生产总量	农业总产值(亿元)	$X_{i,28}$
	农用大中型拖拉机数量(台)	$X_{i,11}$		豆类产量(万吨)	$X_{i,29}$
	小型拖拉机数量(台)	$X_{i,12}$		棉花产量(万吨)	$X_{i,30}$
	大中型拖拉机配套农具(部)	$X_{i,13}$		油料产量(万吨)	$X_{i,31}$
	小型拖拉机配套农具(部)	$X_{i,14}$		花生产量(万吨)	$X_{i,32}$
	农用排灌电动机数量(台)	$X_{i,15}$		油菜籽产量(万吨)	$X_{i,33}$
	农用排灌柴油机数量(台)	$X_{i,16}$		糖料产量(万吨)	$X_{i,34}$
	联合收割机数量(台)	$X_{i,17}$		麻类产量(万吨)	$X_{i,35}$
	机动脱粒机数量(台)	$X_{i,18}$			

(二)研究方法

熵值赋权法是一种客观赋权方法,根据数据离散程度确定权重,若某项指标数据离散度越大,其熵值就越小,为总体提供更大的信息量,因此赋予该指标的权重也会相对较大,反之亦然①。熵值赋权法的第 j 项指标的权重计算公式如下:

$$W_j = \frac{1 + \frac{1}{\ln m} \cdot \sum_{i=1}^{m} (Y_{ij} \cdot \ln Y_{ij})}{\sum_{j=1}^{n} \left(1 + \frac{1}{\ln m} \cdot \sum_{i=1}^{m} (Y_{ij} \cdot \ln Y_{ij})\right)} \tag{1}$$

其中 Y_{ij} 表示第 i 个省份的第 j 项指标经标准化后的数值, $i = 1,2,3 \cdots\cdots m$; $j = 1,2,3 \cdots\cdots n$,为研究的方便和保证公式中取自然对数有意义,本文中对数据的标准化采用与平均值比较的方法,即:

$$Y_{ij} = \frac{X_{ij}}{\sum_{j=1}^{n} X_{ij}/n} \tag{2}$$

各省份的农产品竞争力水平就可以把各项标准化后的指标与其权重相乘并求和得到,即:

$$K_i = \sum_{j=1}^{n} (W_j \cdot X_{ij}) \tag{3}$$

利用公式(3)也可以计算某省份各种类型的竞争力水平。

三、实证分析

(一)指标权重

本文从中华人民共和国统计局网站收集了辽宁省、江苏省、浙江省、安徽省、江西省、山东省、河南省、湖南省、四川省、贵州省、陕西省、云南省等 12 个

① 江六一. 新型城镇化视角下皖江城市带转变城市发展方式研究[J],中国名城,2015,(2):39-42.

省份2015年的35个指标的数据[①]，经过公式(2)标准化处理后，再根据公式(1)利用EXCEL软件计算各指标的权重，见表2所列：

表2　农产品竞争力评价指标的权重

指标类型	指标名称	指标权重	指标类型	指标名称	指标权重
发展速度	农业总产值指数	0.00003	生产效率	豆类单位面积产量	0.00336
	农业增加值	0.00697		棉花单位面积产量	0.00183
生产能力	有效灌溉面积	0.01104		花生单位面积产量	0.00492
	水库总库容量	0.01259		油菜籽单位面积产量	0.00175
	除涝面积	0.04009	能力消耗	农用化肥施用折纯量	0.01370
	水土流失治理面积	0.01033		农村用电量	0.04422
	果园面积	0.01183		农用柴油使用量	0.01546
	实有茶园面积	0.02872		农药使用量	0.01321
	茶叶产量	0.03290		农用塑料薄膜使用量	0.01260
技术水平	农业机械总动力	0.01623	生产总量	农业总产值	0.00754
	农用大中型拖拉机数量	0.02606		豆类产量	0.01600
	小型拖拉机数量	0.04985		棉花产量	0.05933
	大中型拖拉机配套农具	0.05041		油料产量	0.02521
	小型拖拉机配套农具	0.06823		花生产量	0.06552
	农用排灌电动机数量	0.01529		油菜籽产量	0.02915
	农用排灌柴油机数量	0.03490		糖料产量	0.13442
	联合收割机数量	0.03775		麻类产量	0.07621
	机动脱粒机数量	0.02235			

(二)中国部分省特色农产品竞争力比较

根据表2中各项指标的权重大小，利用公式(3)，可以计算各省的农产品竞争力水平，各省特色农产品竞争力水平如图1所示。

从图1中可以发现，安徽省特色农产品竞争力在所选取的12个省中，排在第四位，仅比河南省、云南省、山东省要低，从现实情况来看，河南省历年来是中国的农产品大省，人口众多，发展农业生产具备优势；云南省要得益于其良好的日照条件和优越的边境贸易条件；而山东省更是依靠沿海资源并发展

① 其中辽宁省麻类产量、实有茶园面积、茶叶产量数量太小，基本为0，为避免出现求其对数时数值溢出，故设其为最小值0.001。

对韩国、日本的农产品贸易而提高其农产品的竞争力。

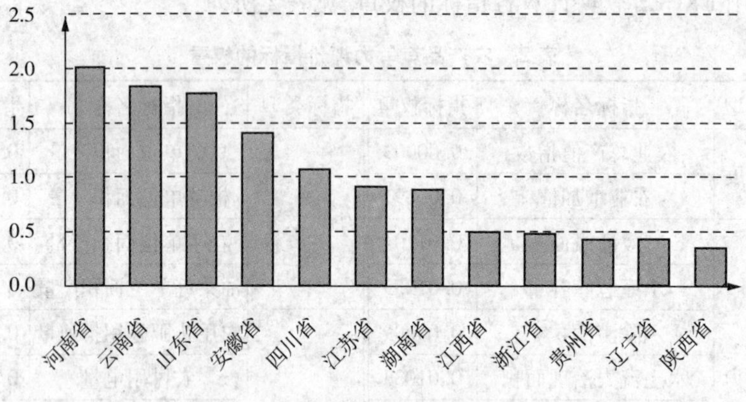

图 1　2015 年中国部分省特色农产品竞争力比较

（三）安徽省特色农产品竞争力分析

根据表 2 中各项指标的权重大小，再利用公式（3），还可以计算各省的特色农产品在各指标类型上的竞争力水平，把安徽省各指标类型除以 12 个省份中该类型指标的最大值，就可以得到安徽省各指标类型的相对值，制成雷达图，如图 2 所示。

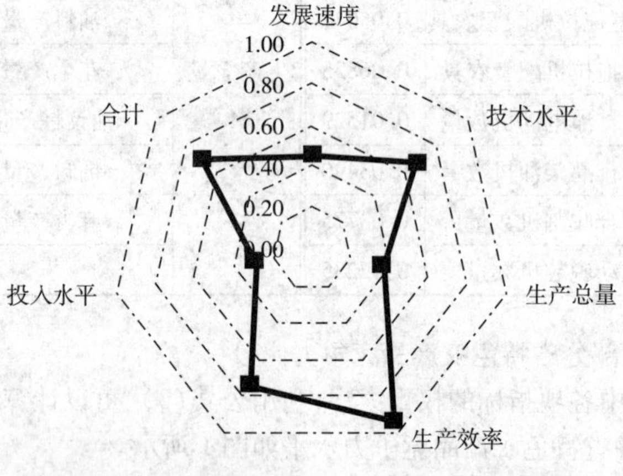

图 2　2015 年安徽省特色农产品竞争力分析

从图 2 中可以发现，安徽省特色农产品生产效率的竞争力与 12 个省份的最高水平比较接近，但其他类型的竞争力与 12 个省份的最高水平相差较大，差距达 20% 以上，尤其是投入水平的竞争力和生产总量的竞争力都特别偏低，低于 40%。

总之，安徽省特色农产品竞争力整体水平较高，但各类型的竞争力均不占优势且不均衡,只有农产品的生产效率竞争力相对较高,而农产品的投入水平竞争力和生产总量竞争力严重偏低。

四、安徽省特色农业产业发展对策

(一)制定农业财政补贴政策,提高特色农业生产科技水平

农业既是国民经济的基础产业,也是高风险的弱质产业,只有在强有力的财政支持下,农业的发展才能得到保障,其生产科技水平才能得到提高。因此,必须调整财政支出结构,加大农业财政补贴力度,财政要扶持农业基础设施及生态环境设施建设,扶持农业科研及技术推广及农产品加工等建设;必须加大农机购置补贴力度,并确保农机购置补贴实时准确到位,提高农业机械数量和总动力水平,从而提升其农业生产投入水平。

(二)加大特色农产品宣传力度,提高特色农业生产总量

采取多种形式加强对特色农产品的宣传,引导农民和农业企业引进新品种、新技术、新标准、新加工工艺等,落实特色农产品品种和农业新型实用技术的引进、改良、推广,积极引导农民改良特色农产品的种植品种和种植方法,提高特色农产品的附加值,调动农民和农业企业的积极性,扩大特色农产品的种植面积,提高特色农业生产总量。

(三)优化特色农产品结构,提高特色农业发展速度

首先,要加强特色农产品推广工作,引导农户种植附加值高的特色农产品,提高农业的增加值,提升特色农产品发展速度的竞争力;其次,要加快引进新的品种的论证工作,利用高新技术做好新品种的培育和提纯复壮,使引进新的品种能够自主繁育;最后,要保护地方良种资源,强化原产地的保护工作,建立和完善农作物良种体系。

(四)深化农村土地制度改革,提高特色农业的发展效率

稳步推进农村集体产权制度改革,深化农村土地制度改革试点。鼓励和引导土地、林地的所有权、承包权、经营权分离,并与集体经济股权、农民住房财产权等以转让、租赁、入股、抵押等方式进入平台流转交易,促进村集体资产和农民所持股份在流动中优化配置、保值增值[①],发挥土地资源的规模效应,提高特色农业的发展效率。

① 申瑶. 基于SWOT分析的苍南县特色农业的发展对策研究[D],舟山:浙江海洋大学,2017.

基于长三角一体化的政府人力资本投资协同

——以皖江城市带与苏南城市群为例

周 娟

摘 要:政府及其人力资本投资是促进区域一体化的关键要素,政府人力资本投资协同将推动区域一体化。基于DEA-VRS模型以及投影分析,发现皖江城市带政府人力资本投资效率较苏南偏低,二者虽同属长三角城市群,发展并不平衡,财政分权体制、政府补偿机制的不健全等更是加深了这种不平衡;皖江政府人力资本投资没有充分显示其对于经济发展的贡献,投资外溢效应较强;皖江政府人力资本投资还有较大提升空间。长三角各地政府需要以共性需求来进行战略协同,以区域合作网络分层体系来进行组织协同,重点加强教育、科技、医疗、劳动力流动等方面的资源协同,从而通过政府人力资本投资协同机制来促进长三角区域一体化。

关键词:政府人力资本投资协同;长三角一体化;皖江城市带;苏南城市群;DEA-VRS模型

一、引 言

随着2008年长三角一体化、2010年皖江城市带成为国家发展战略,长三角各地区之间的合作进入了新阶段。在市场、交通、制度等一体化的过程中②,政府将扮演积极角色。虽然长三角的整体经济发展水平位于全国前列,各地区也都有着丰富的物质资源,但地区内部的经济发展却并不平衡,这将会严重制约区域的一体化③。政治和制度因素一直是造成地区经济发展不平

作者简介:周 娟(1986—),女,铜陵学院工商管理学院教师,助教。

② 张贵,温科. 协同创新、区域一体化与创新绩效——对中国三大区域数据的比较研究[J]. 科技进步与对策,2017,34(5):35-44.

③ 孙亚南. 新常态下长三角一体化的机遇与挑战[J]. 当代经济管理,2015,37(10):65-68.

衡的重要原因,而且长三角一体化本来就是政治活动的产物,政府的决策、行为等都将影响一体化的发展。研究表明,物质资源在创造经济价值方面的贡献已愈发有限[①],人力资本投资才是经济增长的真正驱动力,而政府是最为重要的人力资本投资主体[②],所以科学合理的政府人力资本投资将有利于消除地区之间的不平衡,促进区域的一体化。

区域一体化需要各个要素之间的协同,例如人才、信息、政策、制度等,因此政府以及政府人力资本投资都是促进区域一体化的关键要素。区域一体化的外在问题是各地区经济发展水平如何趋同,而内在问题就是各地的人力资本投资如何协同。区域经济归根结底是人的问题,例如政府首脑、智囊团的观念与认识;创新创业以及专业技术人才、企业家等高素质人力资源的吸引、保留和激励等问题。皖江城市带作为长三角后来加入者,其发展要落后于苏南城市群,区域呈现较明显的梯度性,要使得各地区之间能够更加协同,皖江就需要在公共产品与服务、政策制度等诸多方面与苏南城市群等地区进行对接,逐步融入长三角的深度合作中。因此,有必要对各地区政府人力资本投资进行比较,在定位与缩小地区政府人力资本投资差距的基础之上,总结各个地区如何进行政府人力资本投资要素的对接与协同,促进区域一体化。

二、皖江城市带与苏南城市群政府人力资本投资效率比较

(一)研究方法与指标的选择

本文主要采用数据包络分析(以下简称为DEA),它可以对多投入、多产出的多个决策单元进行效率评价[③]。由于政府人力资本投资需要政府结合地区实际情况统一规划,会受到财政支出等因素的影响,每年的投资情况不断改变,因此不可能处于规模报酬不变的状态。因此,本文选取DEA模型中的规模报酬可变模型(VRS);在政府人力资本投资领域,财政资金的投入较产出更可控,同时为了更直观地反映地区之间在各项政府人力资本投资形式上的差异,本文选取VRS中的投入导向型来进行评价。基于文献分析以及数据

① 谢波. 中国区域资源诅咒问题的研究——基于双轨制体制、人力资本异质与技术创新视角[D]. 重庆:重庆大学,2012.

② Schultz, T. Investment in Human Capital[J], American Economic Review, 1961, (1):1-17.

③ 刘文丽,夏芳,卿琛. 基于DEA模型的湖南省烟农专业合作社烟叶生产效率评价[J]. 湖南财政经济学院学报,2016,32(6):124-130.

的可靠性、可获取性，本文提炼出如表 1 所列的政府人力资本投资效率评价指标体系①。其中投入指标主要包括 5 个指标，产出指标选取 2 个指标——人均 GDP、专利授权量，以此来反映政府人力资本投资与地区经济增长、科技创新之间的关系②。

表 1　政府人力资本投资效率评价指标体系

投入指标	公共教育财政支出
	财政科技支出
	文化体育财政支出
	医疗卫生财政支出
	社会保障和就业财政支出
产出指标	人均 GDP
	专利授权量

（二）实证分析

1. 投资效率分析

通过 DEAP2.1，分别计算得出 2015 年皖江城市带与苏南城市群③共 13 个城市的政府人力资本投资效率情况，见表 2。两个地区政府人力资本投资效率达到 DEA 有效的，苏南有 4 个城市，有效率达到 80%；皖江有 3 个城市，有效率仅仅 37.5%。皖江综合效率均值为 0.729，小于苏南 0.909，表明总体上皖江政府人力资本投资的平均效率水平较低，各地政府资源的配置和利用能力还需进一步增强。虽然皖江各地的技术效率和规模效率的均值都大于综合效率，但均未达到相对技术有效，造成综合效率更低。8 个城市中，只有马鞍山、铜陵、池州的综合效率值为 1，投入产出相对达到最优水平，而剩下除芜湖之外的其他 4 个城市的综合效率都低于均值，处于 0.3 ~ 0.7 之间，表明皖江各地政府人力资本投资的不平衡、部分城市的投资不合理，导致两大地区之间效率水平存在较大差异。

① 劳动力流动方面的数据缺失情况比较严重，本研究未设计相关评价指标。

② AG Akpolat. The Long-Term Impact of Human Capital Investment on GDP: A Panel Cointegrated Regression Analysis [J]. Economics Research International, 2014,(8):1-10.

③ 皖江城市带包括安庆、池州、滁州、合肥、六安、马鞍山、铜陵、芜湖、宣城 9 个城市，但六安不属于长三角城市群，故未进入统计范围；苏南城市群包括 5 个城市：常州、南京、苏州、无锡、镇江，都进入统计范围。本文的数据来源不作交代则主要来自各年省市统计年鉴。

表2　基于 DEA 的政府人力资本投资效率评价结果

地区	决策单元	综合效率	技术效率	规模效率	规模报酬
皖江	合肥	0.614	0.647	0.95	递增
	滁州	0.467	0.579	0.807	递增
	马鞍山	1	1	1	不变
	芜湖	0.877	1	0.877	递增
	宣城	0.489	0.612	0.799	递增
	铜陵	1	1	1	不变
	池州	1	1	1	不变
	安庆	0.382	0.463	0.824	递增
	平均	0.729	0.788	0.907	—
苏南	南京	0.547	0.576	0.997	递增
	无锡	1	1	1	不变
	常州	1	1	1	不变
	苏州	1	1	1	不变
	镇江	1	1	1	不变
	平均	0.909	0.915	0.999	—

由表2可知,皖江有4个城市的技术效率大于均值水平,说明各地具有一定的财政教育、科技、文化等经费的管理与利用水平,但还有上升空间,而且很多城市的规模效率处于递增状态,说明这些地方政府人力资本投资还会产生边际收益递增效应,具有较大发展潜力,但现阶段仍因投资不足影响了产出。值得注意的是,芜湖的技术效率等于1,但规模效率小于1,表明资源的使用是有效率的,但规模无效,因此,当地政府可以通过合理增加投资比例以及优化人力资本投资结构来实现产出的增加,从而提高效率。

2. 投资优化

结合投影分析,可以分析非 DEA 有效的单元投入产出配置未能达到最优状态的原因,考察其投入要素的冗余状态,从而确定未来政府人力资本投资的调整方向和幅度。如表2所示,合肥、滁州、宣城、安庆的技术效率、规模效率均无效,因此下文重点对这4个城市进行投影分析,见表3所列。

表3 投影分析①

城市	投入	教育(万元)	科技(万元)	文化体育(万元)	医疗卫生(万元)	社保就业(万元)	产出	人均GDP(万元)
合肥	冗余值	-533028	-181086.5	-34311.5	-183295	-231060.7	不足值	4.301
	冗余率%	-48%	-49%	-35%	-35%	-35%	不足率%	545%
滁州	冗余值	-229733.5	-26200.4	-18309.8	-180898.3	-190397.4	不足值	1.519
	冗余率%	-48%	-42%	-42%	-50%	-51%	不足率%	52%
宣城	冗余值	-159346.3	-29865.4	-12804.3	-119885.4	-95439.3	不足值	1.074
	冗余率%	-448%	-39%	-39%	-48%	-39%	不足率%	31%
安庆	冗余值	-379680.4	-38515.7	-29838.5	-232727.7	-232363.2	不足值	1.705
	冗余率%	-60%	-54%	-54%	-55%	-57%	不足率%	63%

投入冗余值是指保持原产出不变,各非有效单元减少投资的数量,用负数表示。4个城市在5个方面的投资均有不同程度的冗余,冗余率最低35%,最高达到61%,表明总体上皖江与苏南的差距还是很大。就教育投资而言,皖江各地由于教育投资外溢效应显著、成本补偿机制缺失以及财政分权等原因,“孔雀东南飞”的现状将长期存在,地方政府的教育投资长期无法回收,投资意愿与投资能力都将被削弱,如此将持续扩大地区之间的差距。在科技投资方面,这些城市的规模效率偏低,说明科技支出的规模效应还需要加强,同时R&D活动的投资重点还须调整,要加强公共产品属性最强的基础研究投资,由于私人不愿介入,它对政府的资金依赖最大。政府虽将绝大部分的R&D资金投向了高校和科研机构,但它们可能并没有将基础研究作为其发展重点,据调查,2015年宣城的基础研究支出占R&D支出的比重还不到1%②。因此,科技投资的目标、标准、力度等均与苏南存在差距;就文体财政支出而言,地方政府在中央政府的干预下进行公共文体事业投资,可能缺乏比较科学的规划,尤其是致力于特色的、高质量的公共文体供给的财政支出规模还明显不够,特色文化产品挖掘层次还比较低、种类较少,相关专业人员青黄不接,基层公共文体设施闲置等制约了公共文体服务质量的提升;医疗卫生财政投资的高冗余,暴露了这些地区医疗卫生结构布局和资源配置得不合理、医疗卫生总费用投入不足以及政府财政补偿机制的不健全、医疗卫生管理机制和激励机制不完善等问题的存在;就社保和就业财政支出而言,该项支出

① 4个城市的专利授权量均未出现产出不足。

② 根据2015年安徽省统计年鉴整理。

的就业效应很有可能负向抑制作用较大，社保支出对居民收入分配的“逆向”效应较强，意味着皖江与苏南等地区的收入差距还将扩大。

产出不足值反映了综合效率不足所导致的投入损失，用正数表示。4个城市主要在人均GDP方面存在产出不足，除了宣城，其余3个城市的产出不足率都超过50%，可见，皖江城市带通过政府人力资本投资所创造的经济效益并没有得到相应的体现，各地政府应注重投资质量，提高投资利用率。

综上所述，可得到三点结论：首先，皖江城市带政府人力资本投资潜力巨大，存在较大的上升空间。8个城市均处于规模收益不变或递增状态，因此未来皖江政府人力资本投资应向规模化、规范化和一体化方向发展。其次，各地政府人力资本投资效率存在显著差异，区域发展不平衡。皖江与苏南的综合效率最低值与最高值相差甚至超过0.6，结合投影分析可知，两地政府在投资目标、标准、力度等也存在较大差距；此外，财政分权、政府补偿等种种机制问题的存在也会导致只有“梯度流”而缺乏“反梯度流”。最后，公共品投资外溢效应强、投资规模不经济等原因造成皖江政府人力资本投资对经济的贡献没有充分体现，可谓“公平与效率难以兼得”。

三、建议与对策

众多研究表明，人力资本在缩小地区经济差距、促进区域一体化方面有着积极作用。因此，皖江与苏南差异过大将阻碍长三角一体化的顺利发展。皖江城市带除了加强地区政府人力资本投资、补齐自身短板、提升经济发展内生动力、缩小长三角地区之间差距之外，还必须积极同苏南城市群等其他地区协同发展。但是，各地政府人力资本投资的协同情况并不乐观。例如，诸如户籍制度以及附加在其上的教育、医疗、社保制度等政策妨碍了区域内的人力资源优化配置，不利于人力资源的整合；地方政府追求地方利益的最大化，通过各种优惠扶持政策来抢夺人才，干扰了市场的配置功能；政府缺乏足够资金支持医疗卫生、教育基础设施等公共品或半公共品的供给，不利于科技创新要素的集聚等等。总之，人力资本投资协同机制的建立很重要，其主要包括战略协同、组织协同和资源协同。

（一）战略协同机制

各地政府之所以采取“地方保护主义”政策，是因为他们之间的协作并非自发地建立在共性需求的基础之上，而是大部分来自上级政府乃至中央政府的行政命令，若是合作出现了问题，也是依赖上级用行政手段来解决。他们还人为设置了很多政策性障碍，相互封锁，形成恶性人才竞争与地方保护，由于种种行政分割而造成地区间人才市场的分隔，阻碍了人力资源的自由流动以及整体优化配置①。众多研究表明，实现区域经济发展的一体化，关键是人力资源开发的一体化②。所以实现人力资源开发的一体化应当作为长三角各地政府人力资本投资的最高战略。只有彼此相互认同、相互信任、互惠互利才能真正形成合作资本促进合作，从而降低交易成本，规避利益冲突。在政府人力资本投资战略协同过程中，各地政府可以更好地协调各方利益，原来不同甚至对立的竞争与合作观念将趋于一致，激励各方相互依存、自发自觉地建立共同的追求与使命，从而减少零和博弈或负和博弈、实现“1+1+1>3”的协同效应、促进区域的一体化。

（二）组织协同机制

组织协同是通过两个或两个以上组织之间的有效互动，从而实现整体效益提高的社会化活动③。组织协同通过构建合理的组织安排及地区合作形式，将为政府人力资本投资协同提供组织保障。结合国外经验以及长三角的实际情况，可以考虑设立以下三个层次的制度化组织机构，实现多层次的协调与互动，如图1所示。

首先，中央和上级政府的参与问责考核等不可或缺，通过他们的鼓励扶持能够更好地引导地区之间的协作。中央和上级政府要积极搭建一体化的区域合作网络体系，并且设立长三角区域协同发展中心来统一协调人才发展规划，与各地政府、企业以及非政府组织进行紧密合作，促进人才资源跨区合理流动和优化配置。政府人力资本投资内容大部分属于公共服务，但各地政府合作普遍重经济发展、轻公共服务供给；很多合作协议的内容并没有得到真正落实，甚至只是为了应付上级才签订的，并无实质进展与效益④。此外，财政分权体制、政府补偿机制的缺失等容易加大政府人力资本投资的外溢效应，因此加大与调整中央财政转移支付，上级组织的参与、问责与考核等对于诸如以上问题的有效解决具有一定的价值。中央和上级政府可以通过相关法律法规的制定，对社会保障、医疗卫生等一体化作出明确规定；对于涉及公

① 彭彦强．区域经济一体化、地方政府合作与行政权协调［J］．经济体制改革，2009，(6)：138-141.

② 张同全，高建丽．环渤海区域一体化人力资源开发模式研究［J］．现代管理科学，2012，(11)：95-97.

③ 张新民．社会网络、组织协同与价值创造——基于组织间制度距离的视角［J］．天津商业大学学报，2012，32(5)：9-14.

④ 潘小娟．加强我国地方政府合作的对策建议［J］．行政管理改革，2015，(3)：38-42.

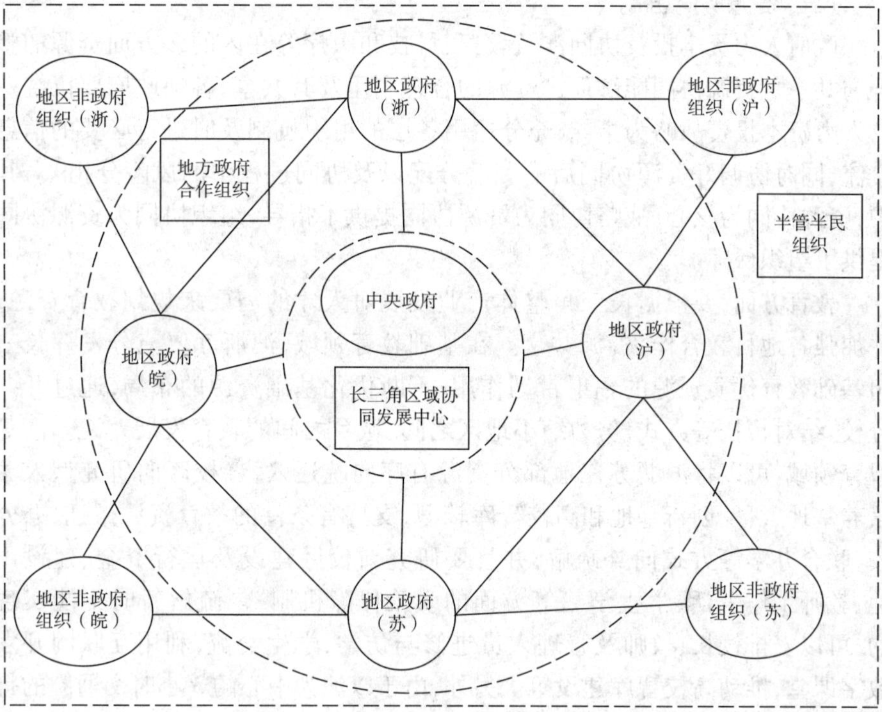

图1　长三角区域合作网络分层体系

共产品与服务领域、并符合一体化发展目标与政策的合作，要给予资金、政策上的充分支持。

其次，为了深化合作以及更有力地限制地方政府在合作中对市场的不当干预，还可以将它们的行政权力让渡给地方政府合作组织，例如人才服务合作、医保异地就医合作。这些组织由地方政府合作设立，形式可以多样化，包括地方首脑定期协调会议、设立合作论坛、签订合作协议、组建科技发展战略研究联盟等，这些柔性协商机制将保证政府间合作的持续进行以及过程监督。例如共同签订教育战略合作协议，推动长三角地区教育一体化的发展。

最后，联合政府及非政府力量推进地区政府合作，鼓励建立"半官半民"的跨地区组织。民间组织思想框框少，没有地区利益等方面的影响，以他们的力量推动地方政府协同，不仅成本低而且见效快[①]。例如集合各地专家学者或者企业人士成立专为政府人力资本投资决策的咨询参谋机构，共同制定区域人才发展规划及市场规则，推进区域人力资源的整合。

① 于绪艳. 长三角区域经济一体化中地方政府合作机制研究[D]. 长春：吉林大学，2009.

（三）资源协同机制

政府人力资本投资协同涉及教育、科技和医疗等在内的多方面资源的整合与共享。资源协同能够促进资源的合理利用及其共享，各地政府要以统一的人力资本投资战略为指导，充分运用各层的组织机制及时进行必要的信息交流，同时协调好资源协同后的利益分配以及协同过程中的风险分担①。其中，资源协同为核心，战略协同为资源协同提供了指导，组织协同为资源协同提供了组织保障。

教育方面，要根据长三角整体产业发展对人才的需要来规划教育资源，并加强各地科教合作、资源共享。在基础教育领域，沪浙苏要充分发挥长三角基础教育优质资源的辐射带动作用，不断优化基础资源的布局，通过开办分校、结对帮扶等方式，努力缩小地区之间、城乡之间的教育发展差距。高等教育领域，可以将沪浙苏三地部分资源有序向皖迁入，老校区向研究型人才培养基地、研发创新基地和高校智库转型，支持有条件的教育资源搬迁、办分校、联合办学等方式向外疏解，并且要研究新校区建设及运行资金、建设用地、教师工作生活、学生学籍等方面的政策保障机制②。疏解暂时不能实现的，可以安排校长、教师及管理人员进修与访学、学生交流，利用互联网开发数字课堂，推动高校智库建设等。另外，由于以沪为中心的3小时交通圈的打造，教师异地教课与挂职锻炼、学科共建等方式也可以完成合作与共享。同时，标准的统一也是关键。例如招生制度、课程互修、学分互认、学籍管理、就业平台等各个方面都要逐步实现一体化，真正促进资源共享与地区公平。近年来，国家积极推动职业教育，三省一市还可以建立跨地区职业教育中心，共同推动师资培养、实习实训基地的建设，加快推进学校与学校之间以及校企之间的合作、产教融合。

科技方面，三省一市在科技投资目标、标准、力度等方面还存在较大的差异性，造成区域内科技系统的混沌，例如科技资源的重复建设、技术壁垒与信息闭塞、生态环境保护问题突出等。因此要加大长三角各地人力资源、物质资源、财力资源、信息资源等科技资源的整合力度，例如设立“长三角公共技术创新基金”、建立区域专家智库等，各地政府以及政府与其他科技创新主体之间也要进行整合，例如建立官产学研介协同创新网络，使科技创新资源可以在不同主体之间自由流动，提高科技资源的配置效率，减少重复建设，促进

① 崔蕊．产业集群知识协同创新网络构建［J］．情报科学，2016，34（1）：155-166.

② 张帅，孙雯雯，闫志利．人口疏解背景下北京市职业教育发展策略研究［J］．河北科技师范学院学报（社会科学版），2016，（3）：96-100.

技术与信息的共享、科技成果的转化等。利用"政府投资"加"社会参与"的多元化方式来募集科技创新资金，并把资金更多投入基础研究领域、投入科技企业、自主高技术产业等，优先发展低碳产业，减少区域环境纠纷，促进区域科技创新的可持续发展。

医疗方面，应加快医保、医疗、医药领域的资源一体化。医保互认、跨地区结算、基本药物、综合管理等要整体推进，实现全面的互联互通。沪浙苏皖四地政府可以通过整体搬迁、设立分院、远程会诊与咨询、人才培养等形式，实现医疗卫生机构的紧密合作。同时，进一步放宽市场准入及管制，联合有实力、有资源的民营企业等与长三角优质医疗机构在资源短缺地区合作办医。鉴于移动互联、大数据、网上支付等技术的发展，医疗信息的一体化将使得医疗服务更为便捷，四地政府可以建立统一的医疗卫生信息平台，建立电子病历、健康档案等，实现长三角居民健康一卡通，建立信息标准与安全支撑体系。沪浙苏集聚了国内顶级的专家学者等智力资源，而皖正在打造多个医药产业集群，所以可以统筹四地产学研资源，通过科研协作、人才交流与培养等方式，促进长三角医药产业协同发展。各地政府要积极出台关于资金、税收、人才等方面的优惠扶持政策，搭建公共技术服务平台和孵化器来支持区域医药科研创新体系的打造，促进医药重大技术成果在区域内的快速转化。

此外，劳动力流动对区域经济的贡献程度也不可忽视，长三角各地政府也在积极响应中央的一系列政策，很多公共政策及制度开始"松动"，对于流动人口的政策逐步从严格管控朝向加强服务与管理的方向变革。总之，劳动力流动方面要继续深化权益与福利的意识。各地的人力资源公共政策及法规体系要不断统一，例如，逐步消除户籍制度、社会保障等影响人才流动的刚性约束。新的人口登记与管理制度要逐步取代旧的户籍制度，合理引导地区间劳动力的有序迁入与迁出，取消针对户籍问题的人力资源歧视性政策。将地区之间共享的劳动力纳入社会保障覆盖范围，并逐步扩大到更大范围。要推动统一的长三角人才资源库、交易市场以及人才信息分享和合作交流平台的建设。在就业政策上构建信任体系，例如从业资格证要实现区域性一证通，地区之间相互认可，实现长三角各地区的人力资源服务标识与标准逐步统一化，降低劳动力流动的成本。

经济增速下行条件下金融风险预警与金融稳定性研究

张　凌

摘　要:从国际上看,金融稳定作为各国中央银行和金融监管部门工作任务,其重要性一直备受关注。20世纪末频发的金融危机,使得各国金融监管机构纷纷再次重申金融稳定和金融安全的重要性,并将其提到议事日程。如何预警金融潜在风险,维护金融市场稳定,建立与此相关的信息共享机制,成为金融监管和金融稳定机构探讨的重要课题。文章基于经济增速下行的经济新常态,剖析了金融稳定性与经济增长的联动机制,并就目前经济形势,分析了房地产、股市等因素对金融市场的影响,以此构建的金融风险预警机制和金融稳定性指标对我国金融监管和当下经济发展具有重要意义,有利于维护我国金融安全和经济安全。

关键词:经济增速下行;金融风险;风险预警;金融稳定性

我国从2013年开始逐步进入经济发展新常态,经济增速维持在7%左右,与之前长达10年8%以上经济增速相比,目前我国处于经济增速下行阶段。在此阶段,增强金融风险防范和风险预警能力是维护金融市场稳定的重要内容。我国面临房地产持续低迷、不良贷款增加、股市波动以及金融开放等因素所导致的金融风险,必须构建超前、合理、信息充分、国际趋同的金融风险预警指标体系和金融稳定指数,同时也应从信用评价、宏微观审慎监管、风险防范和预警信息共享等多方面提高金融市场稳定性。

一、新常态下金融稳定与经济增长效应

中国经济在过去的36年间,每年保持9%左右的增长速度,而从2012

作者简介:张　凌(1968—),男,安徽桐城人,博士,铜陵学院会计学院教授。

年年初至2014年年初，各季度GDP增长率均维持在7%～8%。2014年8月后我国经济下行压力不断加大，主要经济指标呈现整体下滑态势，经济增长的三驾马车中，除消费略有增长外，投资、出口增速均大幅下降。2014年，我国GDP增长率仅为7.4%，是1990年以来经济增长最为缓慢的一年；2015年前两季度，我国GDP增长率继续下滑至7%，我国经济已进入从高速增长向中高速增长换挡的新常态。伴随着经济增速下行，经济已悄然进入新拐点，主要表现为：第一，受经济整体下行、部分行业产能严重过剩以及国内外市场需求不振的影响，工业增加值逐年下降，工业已率先进入调整期。第二，投资增速调整力度加大，全社会固定资产投资增长率首次在2013年跌破20%。第三，房地产出现长周期调整拐点，主要指标全面回落，甚至个别指标出现负增长，房地产投资增速持续下降直接和间接加大了短期经济下行压力。

（一）经济增速下行对金融稳定和经济增长的影响

受经济新拐点出现和经济增速持续下行影响，经济结构以及社会供需水平也出现了新常态。具体而言，一是社会供需发生变化。人口红利消退，储蓄率出现拐点，劳动力比较优势丧失，社会供给大幅缩减。同时全球化红利衰退，全球经济从失衡到再平衡，外需和外资从涨潮到退潮，GDP增速等宏观参数在外需疲软、内需回落、房地产周期性调整等力量作用下持续回落，社会需求整体下降。二是经济结构的变化。经济增速持续下行使得国内经济结构性矛盾更加尖锐，而国内经济结构性矛盾又加大了经济下行压力。无论是投资、消费、出口需求结构，还是三大产业结构抑或市场竞争与经济增长动力结构均存在一定的失衡，经济结构根据消费升级以及政策调整等途径实现优化再平衡也将成为我国经济未来一个时期的新常态。社会供需以及经济结构转变对金融市场和金融结构产生了巨大影响，经济增速下行条件下，金融结构出现了打破金融垄断、让利实体经济的新常态。具体表现为：第一，金融混业趋势逐步形成，随着国家关于金融简政放权系列政策的出台，尤其是央行《关于促进互联网金融健康发展的指导意见》颁布，互联网金融市场不断打开，同时民营银行牌照管制逐步放松，符合条件的民营资本设立的证券经营机构、券商、基金公司与传统公司机构等可以交换持牌。互联网金融的快速发展以及金融机构的业务交叉、相互渗透使传统银行业局面被打破，金融开放不可避免。第二，资本市场结构深度分化，主要表现为主板和创业板市场分化、传统产业和新兴产业板块分化、估值分化、交易分化等。第三，金融推动实体经济转型升级的作用越来越大，金融行业利率市场化、机构改革、业务和产品创新等举措将为实体经济提供更为便利的融资环境和融资条件，未来金融机构角色将有所调整,从享受政府红利的盈利前台向为实体经济让利的幕后主体转变。

(二)金融稳定性与经济增长的关联机制

"金融稳定"内涵丰富。首先,金融稳定是一个不断发展的综合概念,稳定不代表一成不变或固化的金融运行模式,而是随着经济发展而不断发生相应变化的稳定状态,而且这种稳定既涉及金融体系中关键性金融机构的稳定,也包括金融市场的稳定。其次,金融稳定必须是有效益的稳定,如果金融市场和金融机构稳定在一个低效、缺乏福利改进的状态下,反而不利于经济金融发展。金融稳定要以实现其分配资源、评估风险、抵御市场各种冲击等功能,以及提高运行效率和改善金融环境为着重点,建立于这些基本条件之上的金融稳定才会对提高金融体系的可持续发展能力和市场竞争力发挥重要作用,才会有利于社会、有利于经济效益发挥。

海曼·明斯基的金融不稳定假说已经表明金融脆弱性和经济发展的密切关联性,本文在已有研究基础上,重点梳理金融稳定与经济增长的关联机制。首先,金融稳定是金融发展的前提,无论是长期经济增长还是短期经济增长都离不开金融发展。其次,良好稳定的金融市场能促进金融发展,金融通过资金融通、价格发现、风险管理三大职能作用于长期经济增长的两大决定因素——资本积累和技术创新,并同时作用于短期经济增长的主要决定因素——个人消费、企业投资、政府支出及对外贸易。因此从宏观经济角度看,经济增长取决于社会总供给和总需求,金融稳定发展通过促进资本积累和技术进步实现社会总供给提高,促进长期经济增长。金融稳定发展的同时,通过带动消费、企业投资、进出口贸易等方式实现社会总需求提升,促进短期经济增长。另外,金融本身通过向社会提供各种金融服务实现的增长效应,对经济也有微观层面影响。如一个功能良好的金融体系可以满足社会经济交易、融资、储蓄、资产增值、支付结算等金融功能,从而为生产、交换、分配和消费提供服务和保障。因此,金融作为现代经济核心,在宏观和微观方面均影响经济增长,由此可见金融稳定对经济发展的重要性。

除此之外,宏观经济政策影响金融稳定的运行机制,金融体系的稳定又对国家宏观经济稳定产生较强的关联作用,一国经济环境和经济安全是金融稳定的重要基础,而金融稳定是确保一国经济安全的重要保障。当一国出现金融大动荡或金融危机时,国家经济安全则面临巨大挑战,甚至出现国家危机。因此,我们必须谨防造成金融不稳定或金融风险的一系列状况出现,如管制过度或管制过松、效率低下、结构失衡等,而在当前中国经济增速不断下行的情况下,影响金融稳定的因素将不断出现。

二、经济增速下行条件下的金融风险及产生原因

当前,房地产市场持续低迷,银行不良贷款上升,股市剧烈波动,这些因素加剧了金融市场的脆弱性以及金融风险,也在一定程度上加大了经济增速下行压力。

(一)房地产市场持续低迷导致的金融风险

过去10多年中,房地产成为中国经济发展的重要支柱。房价不断上涨和土地升值使得房地产投资成为投资扩张的核心动力。房价上涨激发了开发商的投资意愿,土地升值也通过抵押品渠道放大了信贷作用,从而造就了过去10年房地产的黄金时代,但目前中国正在逐渐失去房地产这个支柱。近年来,我国房地产市场有过多次调整,2014年之前的几次调整主要是受货币政策紧缩和限购政策出台等外部因素影响,而2014年以来出现的房地产销售和投资下滑则更多表现为高房价导致的按揭压力大和人口老龄化引起的内生性收缩。由此房地产投资开始萎缩,房地产市场进入持续低迷期,长周期调整已经开始。另外,近年来CPI持续高企,房地产市场泡沫加大,商业银行更大范围地面向房地产行业过度投放贷款,使得一旦房地产价格大幅下跌,银行体系就会面临大规模的信用违约风险。因此,随着我国通货膨胀不断加大,房地产市场收缩使得银行体系风险逐渐暴露。房地产市场收缩导致的金融风险主要表现为:第一,房地产价格下跌直接影响商业银行投向房地产的贷款质量。第二,在房价上涨时期,大量资金通过影子银行和民间借贷机构涌入房地产市场,房价下跌势必造成这些领域风险陡增,由此殃及银行体系资产安全。第三,房地产市场萎缩可能导致地方政府财政收入减少,进而影响地方政府银行贷款偿还能力。第四,房地产价格下跌会导致以土地和住房等不动产为抵押品的银行贷款信用风险上升。总之,一旦房地产价格下跌乃至失控,很可能造成银行不良资产大规模爆发。

(二)不良贷款增加导致的金融风险

贷款作为商业银行的主要金融资产,其质量优劣关系到银行自身经营效益和发展,还关系到国家经济发展和金融安全。我国商业银行不良贷款主要是当前金融体制带来的,较之于计划经济时期政府指令银行发放形成的不良贷款,当前面临的不良贷款也被称为新不良贷款。近几年新不良贷款有增无减,存在巨大的金融风险。产生不良贷款的金融风险因素较多,主要有:第一,我国在经济体制、经济结构以及金融体制改革中存在着政策衔接不到位、

政策滞后于改革现实等政策缺位,导致部分企业借转制、兼并、破产之机悬空、逃废银行贷款。第二,社会

信用环境恶化,整个社会信用体系缺失,执法、监督不到位导致还贷难以保证。第三,借款企业往往更多考虑自身短期利益,当市场经营环境恶化、竞争压力加大、经济效益不佳时,部分企业采取转移资金和抵押品等手段逃避银行监督和控制。第四,银行自身缺乏完善的信贷管理机制,缺少对贷款企业的信用评估,甚至出现人情贷款和关系贷款,人情贷款和关系贷款的存在说明银行内部控制制度不健全,不相容职务未做到完全分离。

(三)股市波动导致的金融风险

2015 年上半年,我国股市经历了巨幅波动,上证指数从 6 月 15 日的 5178. 19 点最高值跌至 7 月 9 日的 3373. 54 点,7 月 9 日当天振幅达到 375 点,之后又在 7 月 24 日升到 4184. 45 点,而 8 月 18 日又开始暴跌。受外围市场风险升高,国内流动性紧缩、通货膨胀加重以及企业盈利预期下降等多重不利因素影响,我国股市震荡加剧,股价持续下跌,极有可能引发系统性金融风险。有效市场理论认为股价剧烈波动将导致理性投资者信心下降,如果众多投资者撤资,会导致股票价格暴跌,银行、券商、保险等诸多机构面临巨额亏损,银行亏损的连锁反应可以触发流动性危机传导机制,银行要求股权质押企业抵债等行为又使得企业融资困难,负债压力加大,甚至迫使大量中小企业和民营企业面临破产,最终股票市场将影响实体经济发展。受当前股市波动影响,实体经济发展速度放缓,国企改革面临困境,产业结构、经济结构转型升级难以顺利实施。另外,股票价格的异常巨幅波动容易产生泡沫经济,股市崩盘还易引发金融动荡,威胁国家经济安全;股市价格的一路下跌还致使居民财富缩水,导致居民消费意愿下降。

(四)金融开放导致的系统性风险

系统性风险对金融市场而言是一直存在的,但新常态下金融开放将可能导致系统性风险增大。新常态下的金融改革旨在开放金融市场,实现金融混业化。金融混业化使得分业经营的界限模糊,不同地域、行业、类型的业务相互交叉,跨业态、跨地区、跨国金融业务不断增多。随着未来我国金融市场的进一步开放,金融机构将逐渐国际化,这虽有利于增强自身竞争力,却导致金融市场同质化,使得金融稳定性要求的市场异质性条件难以满足。另外,金融网络中不稳定因素逐步累积,国际化进程加快,使得金融机构面临的汇率利率风险、资本外逃风险、流动性风险等加剧,也促使一些新的风险形式出现,金融风险更加多样化。不仅增大了整个金融市场的不稳定性,甚至产生宏观经济的不稳定因素,为系统性风险滋生创造了条件,而且金融开放导致

系统性风险在全球范围内迅速传递,其导致的金融体系不稳定大大增加了监管难度。

三、经济增速下行条件下加强金融风险预警和金融稳定性的路径

面对经济增速下行条件下出现的房地产持续低迷、不良贷款增加、股市波动、金融开放等因素导致的金融风险,国家监管者必须在这类金融风险产生初期进行风险预警和防范,从而遏制金融风险的传导,维护金融稳定性。

(一)构建金融风险预警机制

目前虽然有部分商业银行已经关注到风险预警机制的重要性,也采取了一定的措施,但当前我国商业银行风险预警机制建设中仍存在诸多问题。相对于国外的银行监管机制而言,我国商业银行的信贷风险防范与预警机制仍不完善,风险管理手段也相对落后。主要问题表现为风险防范和预警工作相对薄弱,层层上报、逐层管理的工作流程严重影响了信贷业务管理的效率;风险预警指标缺乏合理性,部分指标体系具有明显的滞后性,预警作用体现不出来;多数商业银行的风险预警仅有内部预警,缺乏外部预警,风险预警指标主要从内部考察,缺乏对宏观风险和行业风险的关注,缺乏全面系统的信息共享。金融风险预警指标体系应当与国际接轨,引入国际一些先进的计量模型和指标,同时,由于我国的经济金融环境具有特殊性,金融风险预警的指标体系建设必须与国情尤其是当下的经济情况相吻合。因此,金融风险预警机制首先应有一个专业机构,组成一个风险预警中心,从外部监控整个金融市场的各种系统和非系统风险。然后再按照风险预警机制的基本程序,即风险信号采集、风险信号处理、风险状态测评、风险类别识别、风险状态度量、风险等级评估、风险总体判断、风险管理决策来开展工作。最后在商业银行或其他金融机构具体应用时,还要根据每个金融机构的内外部条件和所选用的风险预警测评工具做出相应调整。

(二)构建金融危机压力预警机制

金融危机是金融脆弱的最大表现,历次世界金融危机发生,其影响范围之大、破坏性之强,给各国造成持续、大规模经济动荡。维护金融稳定主要方面是避免金额危机的发生,建立金融危机的压力预警机制,从而在金融危机发生前采取行动,降低和防范金融危机风险,及时化解和防范金融危机,避免金融危机对一国经济产生破坏性影响。金融危机预警主要是运用构建危机

预警指标体系,并通过统计分析等方法对金融危机预警指标进行监测,以及建立危机识别方法。建立早期危机预警系统对于预防金融危机意义重大,目前国际上存在多种危机预警机制,如早期预警系统(EWS)等,在预警机制中采用的统计方法也较多,如FR模型、STV模型等,因此国外金融危机预警机制已经较为健全。我国还未发生过大规模金融危机,但是对于金融危机的预警不能缺失。我国建立金融危机预警机制应借鉴国外预警模型构造中适合我国情况的金融危机压力指数,根据预警对象不同,筛选不同压力预警指标,采用不同危机识别方法计算危机压力指数。

(三)构建金融稳定机制

根据金融稳定的目标,从金融机构面临的经济环境和金融环境两个方面入手,主要围绕金融市场体系、金融基础设施、金融监管系统、金融机构行为等方面进行金融稳定机制的构建。其中,价格稳定、银行稳定是其重要内容,这主要是由于金融资产的价格关系着金融稳定以及实体经济的正常运转,因此维持相对较低且稳定的膨胀率可以为金融市场提供稳定预期,维持资本价格稳定是维护金融稳定的重要方面。其次,银行稳定是金融稳定的核心,银行业尤其是中央银行在国家金融体系中扮演着举足轻重的角色。我国的金融稳定体系也可以参考国际上关于金融稳定的指标体系构建,如国际清算银行成立的金融稳定研究所和金融稳定论坛,以及霍洛等人2012年提出的金融稳定系数等。为维护我国金融稳定,国家金融监管部门也应当积极与国际金融稳定组织寻求合作,如金融稳定理事会(FSB)、国际货币基金组织(IMF)等,推动监管理念的国际化和监管合作,规范金融体系和金融制度,不断建立和完善我国金融部门评估规划(FSAP)相应的工作机制和原则,稳步推进金融改革和强化金融市场稳定性。

(四)构建金融预警与金融稳定的信息共享系统

金融稳定性监管不仅仅是国家部门的事,更为重要的是要从外部监管到内外部结合监管转变,建立跨行业和跨部门的经济金融信息实时共享机制,解决金融风险预警机制与金融稳定机制相互脱离问题,尤其是在互联网金融不断壮大的背景下,建立一个有效的信息系统对于金融稳定性监管具有重要作用。金融机构以及金融监管部门应当强化信息技术以及云计算等在金融风险预警和金融稳定指标体系建设中的作用,通过对大数据的信息分析建立行业信息共享和资源共享系统。国家同时应对金融风险预警和金融稳定的信息共享系统建立相应的辅助制度和机构保障,从规范金融主体行为方面建立稳定高效的金融秩序和健全的金融保障制度,从而为防范和化解金融风险提供有力武器。

四、提高金融风险预警能力和金融稳定性的对策建议

随着经济新常态的出现,新一轮金融业的全面开放,为降低和规避我国金融领域长期积累的系统性风险,减少金融体系的整体脆弱性,提高风险预警能力,国家金融监管部门和金融机构应分别从内外部建立相应的机制。

(一)完善金融风险预警能力与金融稳定性的外部机制

完善金融风险预警能力和金融稳定性的外部机制主要是从国家金融监管者角色出发,构建有利于金融机构和金融市场发展的制度和政策。

1. 加强宏微观审慎监管

首先,对于金融风险的监管,一直是国家宏微观监管的重点,面对当下经济增速下行压力不断增大的局面,国家监管部门应设计适合我国国情的监管指标,建立明确的监管框架,并针对金融的脆弱性进行持续性监管,不断完善监督职能,提高金融监管效率。其中,系统性风险是影响金融稳定最为重要的内容,监管部门在制定系统性风险监管框架时,应将资产价格稳定目标纳入框架范围。因为资产价格泡沫是系统性风险累计而爆发的过程,如果系统性风险监管缺失,则会导致资产价格和金融不稳定。其次,对于我国越来越开放的金融体系,不应只是简单的"法有许可则可为"的合规性监管,而是应从监管理念上转变,即从合规性监管转移到对潜在性风险的重点关注上,从单纯的维护金融安全监管向兼顾金融安全和提高金融业核心竞争力方面转变。另外,监管部门应构建合理的流动性风险监管体系,重点加强金融监管的微观制度建设以及协调全球性监管。因此,未来如何做好金融风险管理服务,确保开放风险最小、收益最大化,以及如何完善监管体系的协调机制、提高金融监管效率是金融监管的重点。

2. 构建风险防范和预警的制度体系

在我国金融市场发展中,国家常扮演着参与者的角色,政府干预式的金融市场资源配置极易增加金融体系的脆弱性以及扰乱金融市场的运行规律,从而使宏观调控政策失效,如近期政府对于股票市场实施的一系列遏制股价下滑的护盘行动并未起到积极作用,反而加剧了金融波动。因此,面对诸多因素影响的金融风险,国家应加强金融机构风险防范和预警的制度体系建设,且针对当前诸如互联网金融类型的金融创新,需与银行本身的风险控制和风险防范能力相匹配。针对当前时期经济下行压力大的宏观环境,首先,国家应深化行政体制改革,转变国家在金融市场中的职能,从参与者向监督

者、引导者的角色转变,最大限度地减少政府参与式投资项目。其次,完善宏观决策制度,严格界定不同政府部门之间的监管权限和监管范围,如国家发改委、财政部、人民银行等部门之间应权责清晰又可以相互协作,避免制度或决策漏洞和决策重复。最后,完善政府担保的约束机制,减少政府对金融机构的直接调控和行政干涉,充分利用经济手段和市场手段调节金融市场主体行为。

(二)完善金融风险预警能力与金融稳定性的内部机制

完善金融风险预警能力和金融稳定性的内部机制主要是从金融机构内部出发,构建有利于金融机构和金融市场发展的制度和政策。

1. 完善信用评价和信息披露机制

完善信用评价是金融机构应对不良贷款的有效防御。银行等机构可以严格规范贷款管理和开户管理机制,利用互联网等信息技术建立企业信用体系,并量化企业信用指标。对信用程度不高、有过不良贷款记录的企业或者多次逃债的企业,应利用法律手段保障落实债权,制定严厉的惩罚制度。银行可以在职能机构上设立贷款审计委员会和风险管理委员会,并建立严格的审批制度和授权制度。此外,减少信贷活动中的信息不对称问题也是降低不良贷款的关键,银行机构应要求贷款人健全信息披露制度,提高贷款企业的信息公开程度。同时银行机构应提高自身信息识别技术,完善自身法人治理结构,降低内部信息不对称可能产生的道德风险问题。

2. 加强金融机构内部控制

银行等金融机构应从内部加强重点业务的内部控制和风险管理,提高风险管理意识和信贷资金管理水平。同时,银行应加强内部风险的严格管理,健全银行业务和提高银行的应变能力,加强重要方面的风险管理与控制能力的监管,完善对各级分支行经营权的监督机制,完善法人授权制度,建立健全在独立性、权威性上的上级稽核检查制度。同时在传统业务中注重银行资产的多样化,建立健全贷款管理责任制度。银行等不仅需要创新金融服务,同时还需跟进风险防范预警体系。另外,国内银行在进军国际市场时,尤其需要重视国家经济和国际市场变化的潜在风险,在推进国际化和跨国综合化业务时提高风险防范和预警能力。

3. 建立风险排查和处置机制

针对银行内部可能存在的风险,银行等金融机构可以建立风险排查机制和风险处置机制。在明确岗位职责的基础上,重点围绕银行高风险业务,定期开展内部所有岗位的风险点查找活动,找准每个岗位每个环节可能存在的风险点和容易发生的风险事项,对排查出的各类风险点,列出可能发生的违法违规违纪情形和涉及的法律法规、规章制度等情况,并逐一提出相应的防控措施。针对发现的问题,特别是重要岗位、重要环节可能存在的风险,持续不断地健全管控机制,优化业务流程,明晰岗位责任,有效地加强岗位的风险防范。此外,银行可以进一步规范内部工作流程和员工行为规则,建立内部控制检查领导小组,将内部监督检查结果作为员工考核的重要参考依据。

参考文献:

[1] 付卫艳. 金融发展、金融稳定与经济增长的关联机制与实证分析[D]. 长春:吉林大学,2014.

[2] 贾晨. 浅谈我国金融风险形成的原因及防范对策[J]. 山西财政税务专科学校学报,2009,(1):17-19.

[3] 李妍. 宏观审慎监管与金融稳定[J]. 金融研究,2009,(8):52-60.

[4] 张晓晶,孙涛. 中国房地产周期与金融稳定[J]. 经济研究,2006,(1):23-33.

[5] 解凤敏. 经济全球化下中国金融危机压力预警研究[D]. 北京:中国矿业大学,2011.

[6] 李正辉,曾得利. 金融稳定性评估体系的发展与方法论的演进[J]. 统计与决策,2009,(4):125-128.

关于金融新常态下政府投融资研究

——以铜陵市为例

陈晓燕

摘　要：文章围绕“金融新常态”和“政府投融资”展开研究，其中所谓“金融新常态”是指在近几年国内金融环境迅速变化，互联网金融逐步兴起并发展，多层次的资本市场体系逐步健全，金融产品创新层出不穷，金融在发挥服务实体经济的重要作用得到更高体现。“政府投融资”是由“政府”和“投融资”构成，其中地方政府是相对于全国范围强调区域的概念，“投融资”是投资和融资的结合。文章首先以铜陵市为例对近些年来政府投融资发展现状进行阐述，其次对铜陵市政府投融资存在的问题进行分析，最后以金融新常态下创新投融资模式为切入点，提出改善铜陵投融资的建议与对策。

关键词：金融新常态；地方政府；投融资；互联网金融模式

近年来，铜陵市投融资领域的深化改革使得全市综合实力跃上新台阶，城市基础设施建设及公共事业发展使得人民生活及生态环境不断改善，经济结构调整及产业转型升级加速推进使得经济发展呈现新气象。总之，全市政治、经济、文明、生态等各个领域均取得了显著的成绩，而政府投融资起到了非常重要的推动作用。同时，铜陵政府投融资也存在诸多问题，将会制约地方经济的长远发展，尤其是在目前金融新常态的趋势下，对政府投融资进行创新研究十分有必要。

一、铜陵投融资近年来发展概况

（一）全社会固定资产投资各项指标呈现良好状态

第一，“十二五”期间，铜陵市固定资产投资累计达到 3236 亿元（不含

作者简介：陈晓燕（1968—），女，铜陵学院金融学院讲师。

枞阳县,下同),是“十一五”期间累计的3.1倍;2015年固定资产投资额最高达871亿元,是2010年(“十一五”末)的2.4倍,同比增长率居全省第六位(见图1)。第二,铜陵市人均固定资产投资额在稳步提升,2015年高达118027元/人,是2010年的2.4倍;2015年铜陵市人均固定资产投资额高于全省78629元/人。第三,“十二五”期间,铜陵固定资产投资产业投资结构累计计算如下:第一产业投资占比为2.1%、第二产业投资占比为47.1%、第三产业投资占比为50.8%,铜陵市第三产业投入产出效率较低,提升空间很大(见表1)。

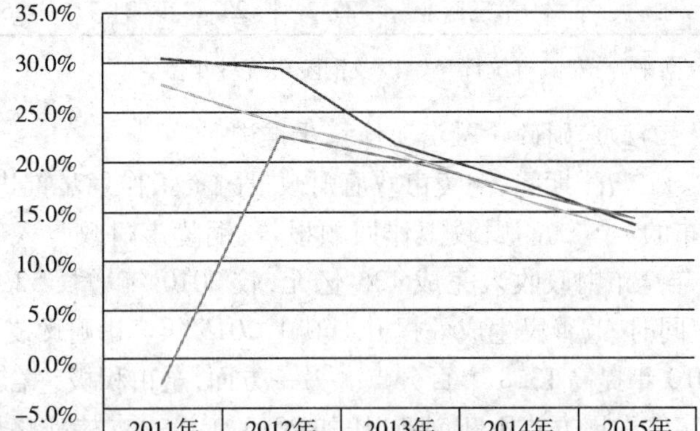

	2011年	2012年	2013年	2014年	2015年
铜陵增长率	30.4%	29.5%	21.7%	18.1%	13.5%
全省增长率	27.8%	23.9%	21.2%	16.5%	12.7%
皖江示范区增长率	-2.3%	22.5%	20.3%	17.0%	14.2%

图1 “十二五”期间铜陵市、皖江示范区及全省固定资产投资年增长率

表1 铜陵市经济结构与产业投资结构统计表

			2010年	2011年	2012年	2013年	2014年	2015年
产业投资结构	产业投资额(亿元)	第一产业	3.9	6.7	9.9	17.0	21.0	14.4
		第二产业	144.4	188.6	250.6	307.6	351.3	424.4
		第三产业	205.1	217.4	273.8	325.6	395.3	432.2
		总计	353.4	412.7	534.3	650.2	767.6	871.1
	投资占比(%)	第一产业	1.1	1.6	1.9	2.6	2.7	1.7
		第二产业	40.8	45.7	46.9	47.3	45.8	48.7
		第三产业	58.0	52.7	51.2	50.1	51.5	49.6

（续表）

			2010 年	2011 年	2012 年	2013 年	2014 年	2015 年
产业投资结构	产业投资额（亿元）	第一产业	9.7	11.0	11.8	12.0	12.6	13.2
		第二产业	339.5	433.0	456.3	491.0	510.5	493.2
		第三产业	117.6	135.4	153.2	177.6	193.3	214.9
		总计	466.7	579.4	621.3	680.6	716.4	721.3
	投资占比（%）	第一产业	2.1	1.9	1.9	1.8	1.8	1.8
		第二产业	72.7	74.7	73.4	72.1	71.3	68.4
		第三产业	25.2	23.4	24.7	26.1	27.0	29.8

数据来源:安徽省统计年鉴以及铜陵市统计年鉴。

（二）政府财政投融资工作稳步推进

“十二五”期间,铜陵市政府财政投融资工作稳步推进。根据铜陵市财政局公布的“十二五”财政工作回顾报告,铜陵市财政收入实现平稳增长,其中2015 年全市财政收入完成 135 亿元,较 2010 年增长 52%,年均增长率约为9%。同时,改善民生成效提升。其中 2015 年全市财政支出完成 110.2 亿元,较 2010 年提高 13.8 个百分点。另一方面,全市积极整合资金扶持企业发展,支持实体发展方式不断创新,比如 2013 年设立支持战略性新兴产业、现代服务业、现代农业等发展的“1+4”专项资金;认真落实惠农政策,借助美好乡村建设,推动财政投入,且积极申报农业发展试点,争取试点资金等。

（三）依托项目建设扩大有效投入

近年来,铜陵各级政府认真落实以投资促增长的政策措施,实施“千百十亿工程”,以项目建设为支撑,扩大有效投入。根据《关于铜陵市 2015 年国民经济和社会发展计划执行情况与 2016 年计划的报告》,“十三五”规划项目库共梳理出 563 个项目,总投资达 5541 亿元,较“十二五”规划项目库增加 167 个项目,投资额增加 2690 亿元。全市以项目建设为重要抓手,围绕民生建设、新型城镇化、贫困地区建设、重大基础设施以及社会公共事业建设、产业转型升级等领域开展项目谋划,以项目提质提效为核心,强力推进社会及经济发展。

（四）政府融资平台积极作为

2008 年以来,我国地方政府投融资平台的数量和融资规模呈现飞速发展的态势,铜陵市的政府融资平台融资能力不断提升,据调查可知:铜陵市建设投资控股有限公司是铜陵市最有影响力的综合性融资平台,主要职责是负责城市建设、融资、运营和还贷。2015 年市建投公司在安置房和保障房中梳理落实棚户区改造房源 3861 套;2016 年积极参与投资城乡基础设施建设涉及 23.6 亿元投资额;从光大银行贷款7亿元置换原横港扫把沟土地收储项目贷款,利率由原来的9%降为5.5%,有效降低融资成本;稳步推进铜陵建投16公司债、绿色债券项目申报工作等。铜陵大江投资控股集团有限公司作为铜陵区县级政府融资平台,近年来努力尝试开辟新的融资渠道,2016年成功发行短期融资券和公司债,截至2016年4月底,直接融资22.5亿元,占总债务的50%,且融资成本下降至年利率6.76%;2016年7月公开发行小微企业增信集合债券,所筹资金将主要用于支持铜陵经济开发区辖内中小微企业发展等。

二、铜陵投融资存在的主要问题

铜陵市投融资近年来发展状况良好,为带动地方经济发展发挥了重要作用,但是无疑也存在着很多问题。

(一)投融资模式缺乏创新

政府的融资模式主要是国家政策性银行贷款以及商业银行贷款,政府融资对于银行的信贷资金依赖性很强,间接融资比重较大,直接融资占比相对较低,"十二五"期间,铜陵全社会固定资产投资资金的11.4%来自于国内贷款,约2倍于国家预算资金;发行债券筹集的资金约占1.2%;社会融资中直接融资占38%,通过贷款融资约占62%。全市利用资本市场直接融资进展较为缓慢,增长速度远落后于全省平均水平(见表2)。另一方面,由于信贷市场环境低迷,各大型商业银行和股份制银行为规避风险,以存定贷,信贷投放倾向于大型企业,对中小微企业信贷投放规模进行控制,加上铜陵农村金融机构长期处于无钱可放的局面,很难满足中小微企业的新增贷款需求。铜陵市中小微企业融资主要依赖银行信贷、集合票据、准金融机构小额贷款以及民间借贷;中小新兴产业企业通过银行间接融资非常困难,银行对企业抵押资产的评估折扣已低至3折,但同时债券、IPO等直接融资途径门槛依然高企,企业资金链极度紧张;铜陵市市级、区级制定的支撑战略性新兴产业发展的相关金融政策,主要通过委托贷款、债转股和奖励补助等传统方式进行融资,融资模式和渠道较为单一。

表2　铜陵及全省社会融资相关数据统计表　(单位:亿元)

指　标	区　域	"十一五"累计	"十二五"累计	增长率
社会融资总量	铜陵	340.3	557.9	63.9%
	全省	9243.0	19540.0	111.4%

（续表）

指　标	区　域	“十一五”累计	“十二五”累计	增长率
股票融资	铜陵	64.2	75.9	18.2%
	全省	728.5	1143.1	56.9%
债券融资	铜陵	50.1	129.1	157.9%
	全省	928.2	2741.8	195.4%

数据来源：于安徽省统计年鉴、安徽省金融运行报告以及铜陵市金融运行报告。

（二）政府投融资环境有待进一步优化

目前，铜陵市一些地方性金融法规条例、规章制度不健全，地方金融管理机构职责不明确，导致地方金融体系发展规划不足。同时，信用体系不健全，尚未形成覆盖城乡，涵盖政府、企业和个人的社会征信体系，逃废债务现象仍较为严重，对债权人保护不力，严重影响了金融机构放贷的积极性。另一方面，区域金融改革优势和特色体现不足，方向和任务还不够明确。近年来，随着我国金融体制改革的不断深化，具有专项性的、“自下而上”的区域性金融改革已成为其中的一项重要内容。作为金融改革的重要组成部分，区域性改革立足本地实际，突出区域特征，对金融改革和区域发展具有重要意义和推动作用。从铜陵市情况看，虽然已有不少设想，但总体看区域优势和特色体现不足，方向和任务还不够明确，区域金融改革仍有待突破。

此外，地方金融体系建设有待加强。铜陵市金融体系仍然由银行主导，非银行金融机构发展缓慢，尚未形成金融产业聚集发展的局面，金融业增加值增长缓慢，且在地区生产总值中的占比仍然偏低。“十二五”期间铜陵金融业增加值增长率自 2012 年开始逐年下滑，2014 年增长率最低为 8.5%。城乡金融资源分布不均衡，市各类金融机构主要集聚在市区，县域金融机构以国有大型银行业金融机构为主，农商行、农信社等地方金融机构实力弱小，难以与国有大银行抗衡。从地方金融服务体系看，金融中介服务机构较少，新型金融主体发展不足，创业投资、风险投资等各类股权投资机构数量少，法人基金公司、农村资金互助社、金融租赁公司、综合性保险公司和消费金融公司尚属空白，且融资担保体系建设尚不完善。[①]

（三）投资主体较为单一以及投资资金短缺

目前，铜陵市基础设施建设和社会公共事业建设等大都是政府投资为

① 金利娟．关于发展铜陵金融业的研究［R］．铜陵：市软课题研究领导小组办公室，2015：306-307

主,而在政府投融资体系中,存在管理主体和投资主体不明确、政企不分、垄断经营等现象,以及鼓励社会资本进入的政策环境未有效营造、利益激励机制不完善等诸多问题。近年来铜陵在城市道路建设、城市公益事业等项目建设上,市场投资准入门槛较高,政府一股独大,这一缺乏竞争的资本经营方式被实践证明效率较低,政府很难依靠自身的运营实现投资的良性循环。另外,政府虽积极引导国外和民间资金进入基础设施建设以及实体经济投资,但由于风险投资资本市场运作机制以及风险资金退出机制等尚不完善,因而民间资金进入的积极性不高。

另一方面,"十二五"期间铜陵市财政收入与支出增长不平衡,全市财政收入增长落后于财政支出的增长,支出增长率高于收入增长率5.2个百分点。当前经济发展进入新常态,铜陵市工业税收增收压力加大,加上房地产市场低迷等各种矛盾交织,财政收入增幅将逐步减小。根据铜陵市未来五年的发展规划,"十三五"规划项目库共梳理出563个项目,总投资达5541亿元,每年需要的资金都在1000亿元以上;同时,铜陵市实有负债200多亿元,预估平均每年需要支付的利息约30亿~50亿元。据目前经济形势进行预测,铜陵市未来五年财政收入增幅下滑、投资总量加大、债务高企,政府投资资金缺口将逐步扩大。

(四)融资平台存在风险

目前,铜陵投融资平台面临的风险日益加大。首先,债务风险较大。一方面铜陵市融资平台投资的项目一般投资周期较长、利润低、回收慢;另一方面市场化的土地交易模式易受到土地价格的波动和中央政府宏观调控政策的影响,使得债务偿还得不到有效保障。例如铜陵市建投公司债务负担过重,资产负债率过高,2015年铜陵市建投公司城市建设和还本付息已进入高峰期,预计还本付息额高达53.7亿元,2015年末债务总额高达214亿元,资金缺口巨大。而铜陵市则由地方财政对平台债务兜底,间接地鼓励了地方政府通过提供担保和过度举债来进行经济建设,潜藏着巨大的债务和财政风险。其二,流动性风险较大。铜陵市建投公司目前的负债规模已远超市财政的实际承受能力,如果银行融资未能有序衔接,随时可能出现流动性风险。其三,运营风险较大。全市融资平台资金收支信息大多游离于必要的公共监督体系之外,比如基础设施项目具有公益性,但基础设施收费并未向社会征询意见,运营的账目也未公开披露等,财政投融资信息不透明,缺乏社会监督和债务监管,加大了投融资平台的运营风险。其四,管理风险较大。地方投融资平台一般是政府独资组建,政府完全掌握人事、财务和投融资的决策权,加上内部法人治理结构不完善,多头借款、违规挪用等问题普遍存在。

三、金融新常态下铜陵投融资优化建议与对策

(一)推动投融资模式创新

1. 以金融产品创新推动投融资模式创新

结合铜陵经济发展水平和区域经济地位现状,建议全市应在继续巩固传统银行信贷融资的基础上,积极探索新型信贷融资模式,比如银团贷款、产业链信贷模式等,并加快推广其应用步伐。银团贷款操作形式多样,不仅可向融资方提供多种形式贷款,且融资方可以选择不同的货币或货币组合。针对全市城市交通建设项目等重点建设项目,企业集团或大中型企业的重大项目、技术创新或大型设备租赁等大额资金需求可采取银团贷款。建议政府积极倡导发展银团贷款,视银团贷款发展情况适时推进区域性银团贷款交易系统平台建设,逐步建立银团贷款转让交易机制和退出机制。为进一步推动战略性新兴产业发展,提高对地区生产总值和财税的贡献度,探索建立以房地产开发项目、本辖区战略性新兴大型企业为核心的产业链信贷金融,在大型企业优质应付账款的基础上,全面打造产业链金融下的中小企业应收账款质押贷款融资模式。除此之外,传统信贷模式应围绕各类经济实体的融资条件和特征,积极开发服务新模式。探索免担保免抵押的流动资金小额贷款业务,鼓励金融机构灵活设计不同还款方式、还款周期的金融信贷产品等。针对小微企业、农业等部门难以提供足够的抵押物现状,可参考亳州"信用社联保""零售信贷"的创新实践在铜陵进行推广。促进银企对接、银政交流,加强银银、银证、银保合作,规范发展委托贷款、信托贷款等信贷业务。利用官产学研的创新平台,完善政府、企业、高校以及科研机构之间的合作机制,遵循"政府监督—企业主导—高校研究—金融机构开发"的职责分工,加快制定科学有效的产品开发流程,以提高金融创新产品开发效率。

2. 依托多层次资本市场推动投融资模式创新

在"三期叠加"背景下,安徽经济步入新常态,为拓宽政府及企业融资渠道,全省树立"大融资"理念,积极推进区域多层次资本市场建设,通过实现直接融资股权与债权融资"双轮驱动",公募与私募融资"双轨并行",提高直接融资规模和比重,进一步促进经济结构调整和产业升级转型。建议铜陵市政府对于已上市公司的分红制度进行约束,通过重视投资者回报提升股票价值,从而优化新股发行和增发环境;由于中小企业板、创业板、新三板、产权交易中心等场内外交易市场的上市条件和费用各不相同,结合公司发展规模和

发展阶段,应有不同的市场定位。尝试与合马芜等兄弟城市合作,发展区域性股权投资市场、产权交易市场和创业投资市场等。针对铜陵土地储备、国有资产等政府不动产可开发不动产资产支持证券产品,针对中长期经营型基础设施建设项目贷款以及大型企业或企业集团贷款等优质贷款,由于期限较长且未来现金流有保障,可依托国开行推广信贷资产证券化或未来收益证券化类产品。发展资产证券化的同时,应推进区域性资产支持证券转让市场建设,在建设过程中建议政府加大对其的财税政策支持力度,积极引导财务公司、证券公司、保险公司、信托公司等非银行机构投资者参与市场交易。总之,铜陵市应该积极利用区域多层次资本市场,有助于投融资模式多元化。

3. 结合互联网金融发展契机推动投融资模式创新

互联网和金融结合形成的互联网金融具有便捷、高效、低成本等特点,逐步成长为新投融资模式,一方面对于引导民间资本投资,破解政府投资资金短缺、中小企业、新创企业和农业等"融资难融资贵"的问题具有天然的优势;另一方面扩展了广大中小投资者的投资渠道,有利于实现普惠金融,提高了投资和融资的双重效用。目前,互联网金融破冰投融资困境的模式主要有:P2P 模式、小额贷款模式、众筹模式以及电子金融门户模式。以上四种模式具有不同的适用性:比如 P2P 模式为资金供给者(更多的是个人投资者)和需求者提供对接平台,适用范围广,任何有信用保证的企业和农业项目皆可通过该模式完成投融资;小额贷款模式只是针对特定融资者,因而适用范围相对较小,像阿里巴巴筹建的小额贷款公司主要对入驻淘宝且商誉良好的商户提供贷款服务;众筹模式比较适用于农业、初创企业、中小微企业,除了能使其获得融资资金,还能起到宣传产品、项目的作用。电子金融机构门户模式仅提供产品信息,政策风险较小,适用范围较广。鉴于政府投融资引入民间资本的发展诉求和对于信用风险的防范,建议打造"政府投资+政策性银行担保+地方性银行第三方支付"的服务于地方经济的区域 P2P 融资平台。建议铜陵市政府视情况以独立开发建设、联合开发建设或者与平台合作的方式,尝试鼓励利用众筹为民生工程项目、农产品生产项目等进行融资,积极营造信用、技术和知识产权等环境,在现有法律许可范围内探索股权式众筹的推广应用。为防控道德风险和市场风险,建议监管部门严把市场准入关,制定相关法规,明确投融资双方的权利义务,对网上合同的有效性提供法律依据,充分维护投资者的资金安全和信息安全。

(二)优化投融资环境

为加快促进铜陵投融资模式创新,需进一步优化金融投融资制度和业态环境。在投融资制度优化方面,亟须健全政府金融主管部门与金融监管部门之间的协调机制,搞好辖区内金融运行情况的监测、分析、引导,以金融安全为前提,加快完善金融风险预警监控机制、金融市场舆情快速反应机制、金融突发性事件应急和处置机制,建立起政府投融资办、人民银行、银监局、经信委、商务局多方协调的金融监管机制,进一步完善金融业监管体制。整合分散在各部门的地方金融管理职能,理顺金融管理权力的纵横关系,加强监管部门之间的信息共享和业务合作,加强对上市公司风险、民间融资风险以及银行债务风险的防范和处置,加大对网络金融、网络借贷等新兴金融业态的运行监测、风险研判和预案处置力度。铜陵市政府应该高度重视信用体系建设,逐步建立完善的信用体系制度框架和平台,不断加强政务、商务、社会、司法等重点领域信用建设,逐步发展信用评级、信用咨询等服务业,使得铜陵市征信系统建设步伐加快,企业和个人信用信息数据不断充实,切实保护债权人的权益;同时,积极宣传金融知识,加强群众对金融投融资的认知度及参与度。另一方面,要健全铜陵县域金融体系,增加金融中介服务机构网点,培育区域新兴金融主体,逐步完善融资担保体系的建设。

(三)保障各类投资主体公平参与投资机会

进一步拓展投资主体,最主要的是深入挖掘民间投资。民间投资是扩大基础设施有效投入的重要支撑,要进一步改善投资环境,保障各类投资主体公平参与的机会,推广政府和社会资本合作模式,稳定市场预期,提振投资信心,需激发民间投资潜力和创新活力。具体来说,可以推广政府和社会资本合作模式,根据需要和财力状况,通过 PPP、特许经营等方式,在重大交通、水利工程、市政基础设施、棚户区改造等“短板”领域采取单个项目、组合项目、连片开发等多种形式,破解基础设施建设融资瓶颈制约。同时,积极引导民间投资,加大民间投资力度。政府推进的重点事项和重大建设任务一律向民间资本开放,政府在财政补贴、税费优惠、信贷资金、用地指标、专项建设基金、产业基金等方面,给予民营企业同等待遇。此外,还要规范合作关系保障各方利益。政府有关部门要制定管理办法,尽快发布标准合同范本,对项目的业主选择、价格管理、回报方式、服务标准、信息披露、违约处罚、政府接管以及评估论证等进行详细规定,规范合作关系。合理把握价格、土地、金融等方面的政策支持力度,稳定项目预期收益,平衡好社会公众利益与投资经营者合法权益之间的关系。

(四)化解融资平台风险

针对铜陵投融资平台存在的各方面风险,做好风险防范工作,建议把握好政府与市场的边界,建立地方政府投融资责任制度,优化投融资流程,提高投融资决策的科学性。针对盈利程度不同的公共投资项目建设,采取不同的投融资模式和考核激励机制。建议加强政府投资预算,科学制订政府财政投融资年度计划和中长期规划,对投融资规模、范围和原则等方面做出详细规定。建立地方政府债务约束机制和资本预算约束机制,强化对基础设施建设以及社会公共事业建设的中长期投资计划及其资本预算约束。完善投资绩效评估,在投资项目开展的各阶段,做好全方位的分析和评估。积极探索地方政府投资退出机制,实现政府资金的有序退出和及时回收,提高公共资金的使用效率等。要加强对地方政府投融资平台债务风险的监控和管理,完善投融资平台公司治理结构,从投资立项、预算管理、资金拨付、资产盘活和债务控制等各个环节加强监管,同时探索建立“合作+竞争”的监管机制,即政府监控、监管部门监管、银行监测地方融资平台自律以及群众监督的五级监管机制,确保融资平台公司的风险可控,安全运行①。推动融资平台公司以及国有资产整合,可通过整合现有资源、重建平台或者混合所有制改革等方式②,改善当前融资平台和国有资产的布局,不断创新融资平台的经营管理机制,提升平台运作效率,降低资金和管理成本,提高适应市场的能力。加强风险内控管理,建立风险再平衡循环机制,建立健全政府财政信息披露制度,实现财政阳光化。政府相关部门要加快引进高层次金融人才步伐,拓宽引进高层次金融人才的渠道,建立金融人才信息库和需求信息发布制度。

① 刘兆云,钟毅．地方政府投融资平台风险及其防范措施[J]．金融论苑,2011,(06).

② 李天德,陈志伟．新常态下地方政府投融资平台转型发展探析[J]．经济理论与实践,2015,(4).

进入壁垒、R&D 激励与社会福利

——兼评我国高新技术产业的市场准入标准

李　停

摘　要:如何营造有利于创新和技术进步的产业组织环境一直是理论界争论的焦点问题。文章应用新产业组织理论建立 Cournot 模型,比较自由进入、进入壁垒和计划最优三种情形均衡特征,在统一的模型中权衡静态效率和动态效率。研究发现:理论上行业存在一个最优生存企业数将福利损失降到最低,理想的企业数与行业技术机会系数高度相关。自由进入对社会最优福利的偏离高于存在进入壁垒情形,且技术机会系数越高的行业偏离越严重。高新技术产业技术机会丰富,应适当提高市场准入的技术标准以增进动态效率。制定市场准入标准时,切忌政策"一刀切",政府应更关注那些产出对技术进步更敏感的高新技术产业。

关键词:R&D 激励;市场准入标准;技术机会;高新技术产业;动态效率

一、问题的提出和相关文献评述

创新为经济增长提供持续原动力,长期内也是增进一国社会福利的源泉②。如何营造出有利于创新和技术进步的市场环境一直是产业组织领域争论的焦点问题。约瑟夫·熊彼特强烈批评将当代资本主义的繁荣完全归功于充分竞争的新古典经济学观点,认为集中市场和市场势力的存在是大企业从事 R&D 活动和技术创新的基础③。作为回应,Arrow 在新古典框架下证明竞争比垄断市场更能激励企业从事 R&D 活动,学术界称为"熊彼特-阿罗"之争④。

作者简介:李　停(1972—),男,安徽池州人,副教授,经济学博士,主要研究方向为产业组织和计量经济。

② ROMER P M. Endogenous Technological Change [J]. Journal of Political Economy, 1990, 98(5): 71-102.

③ 约瑟夫·熊彼特. 资本主义、社会主义和民主[M]. 北京:商务印书馆,1999.

④ ARROW K J. Economic Welfare and the Allocation of Resources for Invention. In the Rate and Direction of Inventive Activity: Economic and Social Factors [M]. Princeton: Princeton University Press, 1962: 609-625.

围绕着“熊彼特-阿罗”之争,国内外学者做了无数次的经验检验,遗憾的是至今尚无统一结论。Kraft 和吴延兵的研究支持熊彼特观点①②,而 Nichell、寇宗来等找到竞争强度和 R&D 激励正向关系的经验支持③④。从产业组织角度讲,“熊彼特-阿罗”之争的实质就是社会面临静态效率和动态效率的权衡抉择问题。一般而言,充分竞争和分散市场能够获得更多的静态资源配置效率,而存在进入壁垒的市场集中有利于激励大企业从事 R&D 活动带来更高的动态效率。

国内外对“熊彼特-阿罗”之争的过往研究存在以下两点不足:一是将市场结构视为模型外生变量,包括 R&D 在内的技术创新活动不会改变市场结构,以此为基础建立计量模型检验市场结构变量和各种 R&D 投入、产出变量间的系统性联系。新产业组织理论强烈批判将市场结构视为外生的传统产业组织观点。诺贝尔奖得主谢林认为,企业为提高其利润会利用包括 R&D 活动在内的各种策略性行为改变它所处的市场环境⑤。在新产业组织理论模型里,行业均衡企业数目进而市场结构是企业间(包括潜在进入者)追求利润最大化,进行策略互动博弈均衡的内生结果;二是跨部门大样本经验研究忽视了产业间的异质性,尤其是各产业技术进步对 R&D 活动的敏感性,即技术机会的差异性。实践中,传统工业行业技术机会相对较小,创新活动具有连续性和可预见性,企业竞争更多呈现出为市场份额而战的“市场内竞争”(competition in the market)形式。与此相反,高新技术产业技术机会丰富,创新活动具有跳跃性并常常伴随着技术范式的转移,企业竞争转变成为生存而战的“为市场竞争”(competition for the market)形式。

高新技术产业以高新科技为基础,从事一种或多种高新技术及其产品的研究、开发、生产和技术服务的企业集合。高新技术产业的国际竞争决定着一国未来的兴衰荣辱,其行业产业组织运行绩效也备受学界关注⑥。近年来,我国高新技术产业获得长足发展。科技部《国家创新指数报告 2013》显示,我国高新技

---

① KRAFT K. Market Structure, Firm Characteristics and Innovative Activity[J]. Journal of Industrial Economics,1989,37(3):329-336.

② 吴延兵. 市场结构、产权结构与 R&D—中国制造业的实证分析[J]. 统计研究,2007,(5):67-73.

③ NICKELL S J. Competition and Corporate Performance[J]. Journal of Political Economy,1996,104,(4):724-746.

④ 寇宗来,高琼. 市场结构、市场绩效与企业的创新行为—基于中国工业企业层面的面板数据分析[J]. 产业经济研究,2013,(3):1-11.

⑤ 托马斯·谢林. 冲突的战略[M]. 北京:华夏出版社,2011.

⑥ 刘志彪. 现代产业经济学[M]. 北京:高等教育出版社,2003.

术产业创新能力稳步上升,国家创新指数排名列全球40个主要国家的19位,创新能力持续领跑金砖国家。导致高新技术产业快速发展的原因是:一方面,国家近年来不断加大对高新技术产业的政策扶持力度,减少审批程序,加快关键领域改革,营造良好的发展环境;另一方面,加快清理不利于民营资本和外资进入新兴产业的准入条件,努力培育出由高端产业引领、具有创新发展实力和国际竞争力的高新技术产业集群。2013年12月28日,为鼓励个人创业、提升高新技术产业创新能力,十二届人大通过了《公司法》修正案,甚至取消了高新技术企业最低注册资本的规定,全部使用技术出资成为现实。

正是在这样的政策环境和舆论导向下,加之长期以来"竞争越充分、越有效率"的新古典思想仍禁锢着人们对进入壁垒、竞争和社会福利的理解。当前在我国学术界普遍存在一种理论上的认识误区,认为高新技术产业需要降低市场准入标准,鼓励进入,才能促进技术创新、增进社会福利①。毋庸置疑,降低市场准入标准、鼓励竞争,有益于在高新技术产业实现静态效率。问题是市场集中度降低,无论是因为企业从事R&D活动的能力下降,还是专利保护难度上升,都会有损高新技术产业的动态效率提升。高新技术产业技术机会丰富,动态效率对社会福利的相对影响也更加重要,使得我们有理由质疑"降低高新技术产业市场准入标准,鼓励进入,就能促进创新、增进社会福利"的传统观点。

本文关注行业进入壁垒、R&D激励和社会福利问题。鉴于传统产业组织经验分析的不足,本文基于新产业组织理论建立博弈模型,比较自由进入、进入壁垒情形下的均衡特征,并与计划最优情形对比,揭示背后的社会福利含义。关注焦点问题是:自由进入是否会导致福利偏离最优水平?如果政府可以设定市场准入标准控制行业企业数,存不存在所谓"理想"的企业数目?如果存在,其影响变量是什么?理想的企业数能否通过自由进入实现?文章结构安排如下:第二部分是构建模型计算计划最优、自由进入、进入壁垒的均衡特征;第三部分是均衡比较、数值模拟及福利含义;第四、五部分实证检验论文主要研究结论,并对我国高新技术产业的市场准入标准进行评价。

二、模型构建和均衡特征

(一)模型基本假设

(1)市场需求函数为线性形式 $p(Q)=a-bQ, Q=\sum q_i$ 为行业产量。

---

① 范柏乃,沈荣芳. 降低高技术企业市场准入门槛、促进我国高技术产业的发展[J]. 上海企业,2000(10):30-31.

（2）企业成本由生产成本和R&D支出构成。生产边际成本为 c，R&D支出额为 y。边际成本 c 是R&D支出 y 的减函数，也是企业从事创新活动的动因。

（3）显然仅当 $c < a$ 时市场才会有正的供给。为分析方面起见，定义企业成本削减函数 $R = a - c$。由于 c 是R&D支出 y 的函数，故 R 也是 y 的函数。假定R&D活动对成本削减不存在报酬递减，成本削减函数具有常值弹性形式：$R(y) = \beta y^{\alpha}$。这里 $\alpha = \frac{dR}{dy}\frac{y}{R}$ 用来衡量不同行业的成本变动对R&D支出变动的敏感性，可以看作技术机会的替代变量，也是区分行业的重要特征变量。

（4）企业选择最优产量 q 和 y 最大化其利润。R&D活动支出 y 发生在本期，但对成本削减和社会福利的影响是动态多时期的，假定各经济主体对时间偏好率为 r。

（5）如果行业自由进入，模型假设企业进行Cournot竞争，推测弹性值为0。参与Cournot竞争的企业假定其他竞争者产量水平保持不变，选择最优产量 q 和R&D水平 y 以最大化其利润。

（二）计划最优

先考虑计划最优的社会福利最大化情形。尽管已经证实计划经济在实践中运行效率低下，但作为福利的“镜子”或参照系，计划最优在理论分析必不可少。显然，价格p等于边际成本c是计划最优的充要条件，相应社会最优产量 $Q=(a-c)/b=R/b$。结合线性需求函数，可计算出每期社会福利增量为消费者剩余 $R^2/2b$，无限期社会福利流的现值是 $R^2/2br$。考虑到本期的R&D支出成本 y，社会福利净现值 $W=\frac{R^2}{2rb}-y$。

社会计划部门选择 y 最大化社会福利 W。注意到成本削减函数 $R(y)=\beta y^{\alpha}$，对社会福利净现值函数 $W=\frac{R^2}{2rb}-y$ 取一阶条件，可得计划最优R&D支出水平 y_s：

$$y_s=\left(\frac{\alpha\beta^2}{rb}\right)^{1/(1-2\alpha)} \tag{1}$$

将式(1)分别带入至 $Q=(a-c)/b=R/b$、$R(y)=\beta y^{\alpha}$ 和 $W=\frac{R^2}{2rb}-y$，可依次解得计划最优情形下的行业总产出、成本削减额和社会总福利，在表1中列出。计划最优情况下，全社会生产由“全知全能”的计划管理部门统一组织，均衡时的产量、R&D水平都是社会最优值，自然也不存在静态效率和动态效率的矛盾。

表 1　不同情形下 R&D 支出、成本削减、行业产出和社会福利的比较

类别	计划最优	自由进入	进入壁垒
R&D 支出	$y_s=\left(\frac{\alpha\beta^2}{rb}\right)^{1/(1-2\alpha)}$	$y_f=\left(\frac{\alpha^2\beta^2}{rb}\right)^{1/(1-2\alpha)}$	$y_b=\left(\frac{\alpha\beta^2}{rb(n+1)}\right)^{\frac{1}{1-2\alpha}}$
成本削减	$R_s=\beta\left(\frac{\alpha\beta^2}{rb}\right)^{\alpha/(1-2\alpha)}$	$R_f=\beta\left(\frac{\alpha^2\beta^2}{rb}\right)^{\alpha/(1-2\alpha)}$	$R_b=\beta\left(\frac{\alpha\beta^2}{rb(n+1)}\right)^{\frac{\alpha}{1-2\alpha}}$
行业产出	$Q_s=\frac{\beta}{b}\left(\frac{\alpha\beta^2}{rb}\right)^{\alpha/(1-2\alpha)}$	$Q_f=\frac{(1-\alpha)\beta}{b}\left(\frac{\alpha^2\beta^2}{rb}\right)^{\alpha/(1-2\alpha)}$	$Q_b=\frac{n\beta}{(n+1)b}\cdot\left(\frac{\alpha\beta^2}{rb(n+1)}\right)^{\frac{\alpha}{1-2\alpha}}$
社会福利	$W_s=\frac{1-2\alpha}{2\alpha}\left(\frac{\alpha\beta^2}{rb}\right)^{\alpha/(1-2\alpha)}$	$W_f=\frac{1}{2}\left(\frac{1-\alpha}{\alpha}\right)^2\cdot\left(\frac{\alpha^2\beta^2}{rb}\right)^{1/(1-2\alpha)}$	$W_b=\left[\frac{n(n+2)}{2\alpha(n+1)}-n\right]\left(\frac{\alpha\beta^2}{rb(n+1)}\right)^{\frac{1}{1-2\alpha}}$

注:下标 s、f、b 系英文 social、free、barrier 的首写字母,用于区分计划最优、进入自由和进入壁垒情形。

(三)自由进入

再来考虑不存在进入壁垒的自由进入情形,建模核心是博弈均衡时厂商数目的影响因素。已经假定企业本期的 R&D 活动对未来各期成本削减额相同,考虑到未来收益的折现,企业 i 本期从事 R&D 活动后产生利润流的贴现净值为:

$$\underset{q_i,y_i}{\mathrm{Max}}:\pi_i=\frac{1}{r}\left[a-b\left(q_i+\sum_{j\neq i}q_j\right)-\left(a-R(y_i)\right)\right]q_i-y_i \tag{2}$$

式(2)中边际成本 $c=a-R(y_i)$,不存在固定成本时亦即平均成本。对式(2)分别对 q_i 和 y_i 求偏导数,由 Cournot 假设推测弹性 $d\sum_{j\neq i}q_j/dq_i=0$ 可得利润最大化的一阶条件:

$$\frac{\partial\pi_i}{\partial y_i}=\frac{1}{r}R'(y_i)q_i-1=0 \tag{3}$$

$$\frac{\partial\pi_i}{\partial q_i}=\frac{1}{r}\left[R(y_i)-b\left(q_i+\sum_{j\neq i}q_j\right)-bq_i\right]=0 \tag{4}$$

注意到 Cournot 竞争的对称性特征,均衡时所有参与企业的 R&D 水平和产量相等,于是式(3)和式(4)略去下标后可进一步简化:

$$\frac{1}{r}R'(y)q-1=0 \tag{5}$$

$$(n+1)bq=R(y) \tag{6}$$

式(6) 中的 n 表示均衡时行业中生存企业数目。式(5) 和式(6) 两个方程无法求得三个未知量 y、q 和 n。因为建模假设进入自由且不产生沉淀成本，只要行业存在正利润进入就不会停止。当且仅当停留下来的企业利润为 0 时，市场长期均衡才会实现。于是令式(2) 等于0，注意到对称性，可得模型均衡的第三个方程：

$$\frac{1}{r}[R(y) - nbq]q = y \tag{7}$$

联立式(5)、(6)、(7)，可得自由进入情形下，行业均衡时的企业数目：

$$n_f = \frac{1-\alpha}{\alpha} \tag{8}$$

式(8) 是论文的核心结论，它揭示了在没有规制的自由经济体中，行业均衡时生存企业数是技术机会系数的一元函数，与其他变量无关。为考察技术机会系数对行业均衡企业数的影响方向，式(8) 对 α 求导：

$$\frac{dn_f}{d\alpha} = -\frac{1}{\alpha^2} < 0 \tag{9}$$

式(9) 说明行业技术机会系数越高，均衡的企业数目越少。当然，自由进入的均衡企业数未必是实现社会福利最大化的最优企业数目。将成本削减函数 $R(y) = \beta y^{\alpha}$ 和式(8) 依次带入到式(5)—式(7)，可得到自由进入情形下的企业 R&D 支出、成本削减额、行业产出水平和社会总福利，在表1 中列出。

（四）进入壁垒

最后考察存在进入壁垒行业中企业的 R&D 博弈过程。进入壁垒既可以是政府通过提高行业准入标准的行政性进入壁垒，也可能是因为在位厂商的策略性进入壁垒，使行业企业数目保持在固定的 n 个。存在进入壁垒时，企业的博弈逻辑并没有改变，式(5) 和式(6) 仍是均衡条件。所不同的是因为存在进入壁垒，长期均衡时企业可能获得超额利润。利用式(5) 和式(6)，可得到进入壁垒情形下，均衡点处企业的 R&D 支出、成本削减额和产出量，也在表 1 中对比列出。

相比较参照系计划最优情形，存在进入壁垒时产量下降会导致社会福利的损失。由于 n 个企业 Cournot 竞争，均衡时行业总产量为市场容量的 $n/n+1$，比理想产量减少了市场容量的 $1/n+1$。再考虑 n 个企业的总 R&D 支出，比照计划最优情形下的社会福利，可计算出存在进入壁垒时的社会福利值：

$$W_b = \left[\frac{n(n+2)}{2\alpha(n+1)} - n\right]\left[\frac{\alpha\beta^2}{rb(n+1)}\right]^{\frac{1}{1-2\alpha}} \tag{10}$$

三、模型均衡比较、数值模拟及福利含义

现在转向不同情形下均衡时 R&D 支出、成本削减量和产出水平的比较,当然模型最关心的是社会福利水平。对于数学性态难以处理的表达式,可通过数值模拟的方式,以得到其福利和政策含义。从表 1 中均衡值展示出的数学形式来看,“作商”法比较大小十分方便。

(一) 自由进入与计划最优

将表 1 中自由进入情形下的均衡结果除以计划最优的对应值,可得:

$$y_f/y_s = \alpha^{\frac{1}{1-2\alpha}} \tag{11}$$

$$R_f/R_s = \alpha^{\frac{\alpha}{1-2\alpha}} \tag{12}$$

$$Q_f/Q_s = (1-\alpha)\alpha^{\frac{\alpha}{1-2\alpha}} \tag{13}$$

$$W_f/W_s = (1-\alpha)^2 \frac{\alpha^{\frac{1}{1-2\alpha}}}{\alpha(1-2\alpha)} \tag{14}$$

式(11)—(14) 都是 α 的一元函数。无所例外的,自由进入与计划最优情形下的 R&D、成本削减、行业产量和社会福利都仅与行业技术机会系数相关。注意到式(11)—(14)都是 α 的幂指函数,通常的微分过程掌握函数形态并不方便。解决这一问题的常用思路是在 α 的合理值范围内进行数值模拟,考察技术机会系数的变动对这些比值的影响。Mansfield 估算的 α 均值是 0.12,故经验估计取 $0<\alpha\leqslant 0.2$ 应该是可取的①。表 2 列出 α 取合理值时,自由进入与计划最优的 R&D、成本削减、行业产量和社会福利的比值。表 2 中第 1 列是根据式(8) 计算的自由进入情形下均衡企业数目。所有数值模拟使用 Matlab7.0 软件完成。

表 2　自由进入与计划最优的均衡比较

n_f	α	y_f/y_s	R_f/R_s	Q_f/Q_s	W_f/W_s
100	0.01	0.01	0.955	0.945	0.910
50	0.023	0.018	0.922	0.906	0.851
40	0.033	0.02	0.910	0.888	0.826

① MANSFILELD E. Size of Firm, Market Structure, and Innovation[J]. Journal of Political Economy, 1962,71(6):556-576.

（续表）

n_f	α	y_f/y_s	R_f/R_s	Q_f/Q_s	W_f/W_s
30	0.036	0.026	0.889	0.861	0.791
25	0.047	0.03	0.874	0.840	0.764
20	0.064	0.036	0.853	0.810	0.729
15	0.078	0.043	0.821	0.768	0.677
12	0.1	0.048	0.791	0.732	0.633
9	0.12	0.055	0.751	0.676	0.571
6	0.144	0.067	0.677	0.582	0.473
4	0.2	0.069	0.586	0.469	0.366

比较表2中第1、2列，成本削减对R&D投入越敏感的行业（α值越高），自由进入均衡时的企业数越少，正如式(9)所反映的那样。比较自由进入与计划最优均衡时的各种比值，不难发现，随着技术机会值增加，除R&D支出比值上升以外，成本削减量、行业产量和社会福利的比值都呈下降趋势，表现出对社会最优情形的偏离。这说明，对于技术机会系数很高的行业，允许企业自由进入，虽然厂商从事R&D活动有很高的激励，但R&D的效率却不尽如人意，折射出需要重新审视这类行业的市场准入标准。

对于任何一个追求社会福利最大化的政策制定者而言，就不可能对企业自由进入熟视无睹，毕竟自由进入不是社会福利最大化的充分条件。表2中还透视出一种重要结论，自由进入导致福利偏离社会最优的程度在不同行业是不同的。对于技术机会系数值很小的行业，如$\alpha=0.01$，自由进入福利占计划最优的0.910，福利损失很小；而对于技术机会系数值很高的行业如$\alpha=0.2$，自由进入福利仅占计划最优的0.366。说明在制定行业的市场准入标准时，不应该“一刀切”同等对待，政府应更关注那些产出对技术进步更敏感的高新技术产业。

（二）进入壁垒和计划最优

再来比较进入壁垒和计划最优情形，这里仅比较社会福利的比值是如何随企业数目n和技术机会α值变动的。将表1中进入壁垒和计划最优的社会福利相除：

$$W_b/W_s=\frac{n(n+2)-2\alpha n(n+1)}{1-2\alpha}\left[\frac{1}{(n+1)}\right]^{\frac{2-2\alpha}{1-2\alpha}} \tag{15}$$

由于进入壁垒情形下，企业数目n是可控的外生量，相应的式(15)中W_b/W_s是n和α的二元函数，其数学性态就更为复杂。表3列出不同的n、α值组合下，进入壁垒和计划最优的福利比值。作为比较，表中第1列也列出对应自由进入时的企业数。

表 3 进入壁垒与计划最优的福利比较

n_f	α	$n=1$	$n=2$	$n=3$	$n=4$	$n=5$	$n=6$	$n=9$	$n=15$	$n=20$	$n=30$	$n=50$	$n=100$
100	0.01	0.746	0.874	0.916	0.933	0.941	0.945	**0.948**	0.944	0.940	0.934	0.925	0.912
50	0.023	0.740	0.860	0.894	0.906	0.909	**0.910**	0.906	0.893	0.884	0.870	0.853	0.830
40	0.033	0.737	0.852	0.883	0.893	**0.894**	0.893	0.885	0.868	0.856	0.840	0.819	0.791
30	0.037	0.732	0.840	0.865	**0.870**	0.869	0.866	0.851	0.827	0.812	0.791	0.764	0.729
25	0.048	0.729	0.829	0.850	**0.852**	0.848	0.844	0.824	0.795	0.778	0.753	0.722	0.682
20	0.065	0.723	0.814	**0.829**	0.826	0.818	0.808	0.785	0.750	0.729	0.670	0.663	0.617
15	0.078	0.713	0.788	**0.792**	0.782	0.769	0.754	0.723	0.677	0.651	0.615	0.573	0.519
12	0.1	0.702	**0.762**	0.756	0.740	0.721	0.704	0.663	0.609	0.579	0.539	0.492	0.434
9	0.12	0.683	**0.719**	0.697	0.670	0.644	0.622	0.570	0.506	0.472	0.428	0.377	0.317
6	0.144	**0.645**	0.631	0.582	0.539	0.503	0.473	0.409	0.337	0.302	0.257	0.210	0.159
4	0.2	**0.578**	0.499	0.423	0.366	0.323	0.291	0.227	0.164	0.136	0.104	0.075	0.047

从表 3 的纵向信息来看,在行业企业数目一定时,技术机会系数越小的行业福利损失越低;有意思的是,从表 3 的横向信息来看,给定技术机会系数,W_b/W_s 与 n 的变动并不是简单的线性关系,呈现出先增后降的倒"U"形变动关系。于是,尽管因为进入壁垒导致福利偏离社会最优水平,但客观上存在一个最优企业数目,这时候 W_b/W_s 值最大,社会福利损失降到最低,在表 3 中以黑体字突出。表 3 中黑体字对应的 n 值可以理解成存在市场准入标准限制时,行业社会福利最大化的一种"次优"选择,也就是该行业最优生存企业数。

(三)自由进入和进入壁垒

综合表 2 和表 3 信息,图 1 绘制了当技术机会 α 取值 0.2 ~ 0.01 时,自由进入、进入壁垒和计划最优的福利比值变动折线图,自下而上依次是 W_f/W_s、W_b^*/W_s 和 W_f/W_b^*。对于进入壁垒情形,仅考察行业企业数目取最优值的情形。图 1 各折线图反映出来的变动都是上升趋势,技术机会值越低,各福利比值越高。对于相同的技术机会值,比较而言,W_f/W_s 值最低,W_b^*/W_s 值次之,W_f/W_b^* 值最高,且比值无一例外都小于 1。于是得到建模的中心结论,自由进入对社会最优福利的偏离高于存在进入壁垒情形(企业数取最优值),说明对适当提高市场准入标准可能更好地增进社会福利。

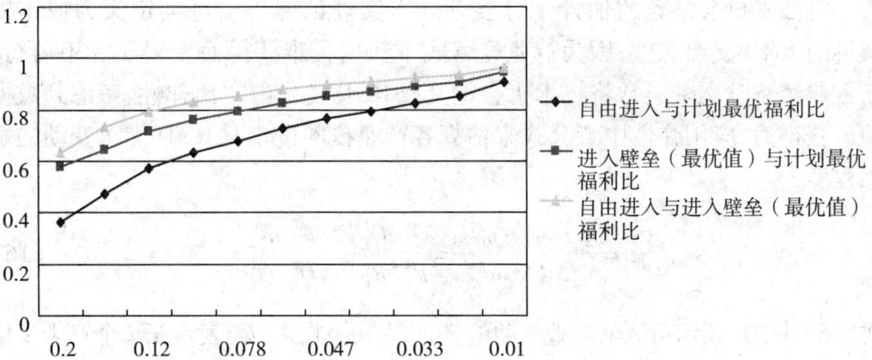

图 1　计划最优、自由进入和进入壁垒福利比较

自由进入对社会福利的偏离程度与技术机会系数相关。在表 4 中,对应所有的技术机会系数,自由进入企业数都比进入壁垒最优企业数多,导致社会福利的偏离。进一步,这种偏离随着 α 加大,偏离程度越严重,体现在 W_f/W_b^* 值变动与 α 的关系上。再一次证明,产出对技术进步更敏感的高新技术产业更有必要实施严格的市场准入制度。

表4 自由进入、进入壁垒(最优)均衡企业数及福利比较

α	0.2	0.144	0.12	0.1	0.078	0.065	0.048	0.037	0.033	0.023	0.01
n_f	4	6	9	12	15	20	25	30	40	50	100
n_b^*	1	1	2	2	3	3	4	4	5	6	9
W_f/W_b^*	0.632	0.734	0.795	0.831	0.856	0.880	0.898	0.910	0.927	0.938	0.963

四、高新技术产业的实证检验

普遍认为高新技术产业具有动态竞争特征,基于传统产业组织理论的SCP分析范式很难适用。高新技术产业的创新具有非连续性、颠覆性的技术范式转移特征,使静态效率和动态效率的矛盾在高新技术产业表现得更加鲜明。前述理论部分已经论证行业技术机会是影响行业集中度的关键变量,自由进入确实使总福利偏离社会最优。在余下的篇幅,我们以中国高新技术产业为例,首先估算出各行业技术机会系数,再计算出行业最优生存企业数并与现存企业数比较,从而对论文主要研究结论进行实证检验。

(一)高新技术产业技术机会系数的估计

对技术机会系数的估计十分复杂。本文理论分析中将其定义为成本削减量的R&D支出弹性,因为行业经营成本数据很难获得而变得实际不可行。新古典经济学文献通常将技术机会定义成R&D支出的产出弹性,考虑到数据的可获得性,应用弹性中点公式来估算各产业技术进步对R&D支出变动的敏感程度:

$$\alpha_i=\frac{\Delta Qnew/Qnew}{\Delta Rd/Rd}=\frac{Q_i^t-Q_i^{t-1}}{R_i^t-R_i^{t-1}}\cdot\frac{R_i^t+R_i^{t-1}}{Q_i^t+Q_i^{t-1}} \tag{16}$$

式(16)中,Q_i^t 表示第 i 个产业 t 期的新产品销售收入,R_i^t 表示第 i 个产业 t 期研发人员全时当量表示的R&D支出。式(16)可估算出各产业技术进步对R&D活动的敏感性,并作为技术机会很好的替代指标。

《中国科技统计年鉴》以小类产业口径将高新技术产业划分成医药制造业、飞机制造修理、航天器制造等14个行业。选用2008—2014《中国科技统计年鉴》为数据源,利用式(16)计算出2008—2009、2009—2010、2010—2011、2011—2012、2012—2013、2013—2014年间各高新技术产业R&D支出的新产品产出弹性值,再取平均数作为该行业弹性估计值。各高新技术产业技术机

会系数 α_i 估计结果在表 5 中第 2 列。

表 5　我国高新技术产业机会系数、最优企业数和实际企业数比较

行业名称	技术机会系数 α	自由进入企业数 n_f	行业最优企业数 n_b^*	实际企业数
医药制造业	0.0004	2499	401	640
飞机制造及修理	0.008	124	21	51
航天器制造	0.02	48	6	14
通信设备制造	0.0025	399	64	156
雷达及配套设备制造	0.009	110	18	59
广播电视设备制造	0.004	249	40	94
电子器件制造	0.001	999	162	226
电子元件制造	0.008	124	20	61
家用视听设备制造	0.003	332	53	118
电子计算机整机制造	0.0024	402	67	176
电子计算机外设制造	0.001	999	164	192
办公设备制造	0.0082	117	20	27
医疗设备及器械制造	0.002	499	76	118
仪器仪表制造	0.0004	2499	401	623

（二）高新技术产业最优企业数和实际企业数比较

表 5 中第 3 列根据式(8)计算出来的行业自由进入时的企业数 n_f，第 4 列是根据式(15)估算出来的进入壁垒情形下，行业社会福利实现“次优”的理想生存企业数 n_b^*，第 5 列是通过 2008 年《中国科技统计年鉴》查阅的各高新技术产业的实际企业数。从表 5 上我们可清晰地看出，各高新技术产业实际企业数目不同程度地高于行业最优生存企业数目，这也是当前我国高新技术产业集中度低、过度竞争的现实写照。

直觉上，高新技术产业实际企业数比照行业最优数偏离越多，社会福利损失越严重。定义 $\lambda=(n_r-n_b^*)/n_b^*$ 为偏离度，n_r 为行业实际企业数，根据表 5 第 4、5 列可计算出各高新技术产业企业实际数比照最优数目的偏离度。由于技术进步后动态效率的增进对高新技术产业更重要，故可用 2014 年《中国科技年鉴》中新产品占主营业务收入比重近似衡量高新技术产业的社会福利。图 2 绘制了各高新技术产业 λ 和动态效率增进变动的折线图。对企业数偏离最优度序列做线性变换，在原始值基础上乘以 0.1，显然这不改变折线图变动趋势,同时增强了与行业动态效率折线图趋势变动的比较效果。

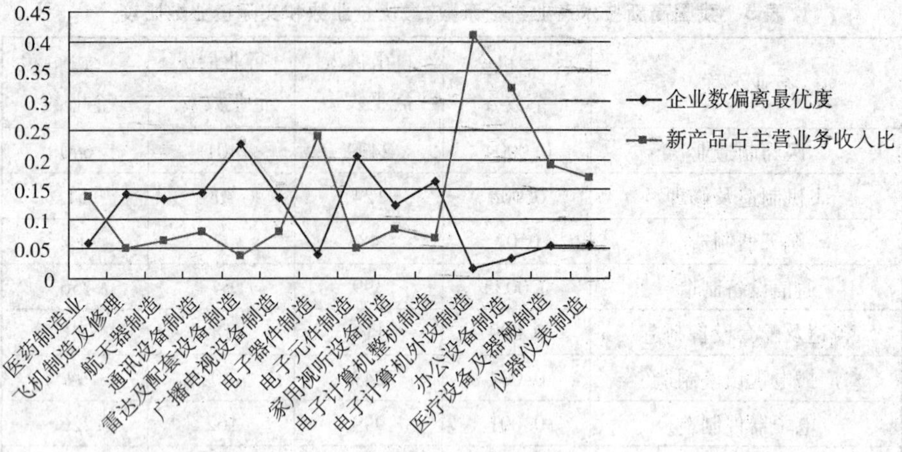

图 2　高新技术产业企业数偏离度与动态变动折线图

图 2 中,高新技术产业偏离最优度与行业动态效率(以新产品占主营业务收入比)折线图呈现交错状,反映了二者变动趋势上的负相关性。对 14 个行业企业数偏离最优度和新产业占主营收入比序列的统计检验表明,二者表现为很强的负向关系,且通过极高的显著性水平检验。这就验证了高新技术产业实际企业数偏离最优企业数程度越高、对社会福利的损害越严重的直觉。考虑到表 5 体现出来的技术机会系数越高的行业,行业实际企业数偏离最优数也越高的事实,再一次说明对技术进步敏感的行业提高市场准入标准、限制进入,提高动态效率的必要性。

五、简单结论和政策启示

从经济学一般意义上讲,社会追求福利最大化是通过静态效率和动态效率来实现。如何营造出社会福利最大化的产业组织环境备受理论界关注,但遗憾的是二者实现的产业组织环境是背离的。静态效率追求分散市场,帕累托效率在充分竞争中才能实现;而动态效率需要产业适度集中,技术创新和扩散更容易进行。本文应用新产业组织理论建立 Cournot 博弈模型,通过自由进入、进入壁垒和计划最优情形三种情形下均衡的比较,在统一的分析模型中权衡静态效率和动态效率。研究发现:自由进入并不能自动实现社会福利最优,且技术机会系数越高的行业偏离越严重;理论上行业存在一个最优生存企业数,社会的福利损失降到最低;理想的企业数与行业技术机会系数高度相关，理论和高新技术产业实践都证实自由进入企业数超过最优生存企业数。论文研究结论对我国高新技术产业的市场准入和竞争政策的制定有一定的启示意义。

首先，要摒弃“降低高新技术产业市场准入标准，鼓励进入，就能促进创新、增进社会福利”的观点。市场准入标准，是有关国家政府准许公民和法人进入市场，从事生产经营的条件和程序的各种制度和规范的总称，包括主体资格、注册资本、环保标准、安全标准和技术标准等。市场化改革取向要求高新技术产业在主体资格上清理不利于民营资本进入高新技术产业的准入条件，取消最低注册资本的规定，这些都是沿着正确方向发展的举措。但借此认为任何场合都要降低高新技术产业的市场准入标准就十分武断，论文研究已经表明，自由进入会严重损害高新技术产业的动态效率。具体而言，环保和安全标准应实行“一票否决权”，不存在降低标准触及政策红线的问题。当前我国高新技术产业在技术标准上普遍存在设置太低，其实最终事与愿违，损害高新技术产业的良性发展。“穿新鞋走老路”骗取国家对高新技术产业的扶持资金的事时有发生，正是市场准入技术标准偏低造成的不良后果。

其次，要摒弃“竞争越充分越好”的竞争理念。“竞争越充分越好”的理念仅适用于成本驱动的传统工业经济，与创新驱动的高新技术产业现实并不一致。诚然，行业自由进入有益于静态资源配置效率的提升，但不利于企业从事R&D激励。产业分散、集中度偏低一直是困扰我国高新技术产业发展的症结，也不利于专利保护。过度竞争和产业分散直接导致我国高新技术产业的创新投入强度和创新绩效亟待提高。2012年，全国规模以上工业企业R&D经费占主营业务收入的比重为0.77%，仅比2000年提高0.2个百分点；新产品销售收入占主营业务收入比重为11.9%，仅比2000年提高0.8个百分点。企业创新投入强度和创新绩效不高，对高新技术产业发展形成制约。在高新技术产业中，由于竞争的性质、效应与成熟的工业经济十分不同，传统的竞争模型在此应用十分有限。根据西方国家实施竞争政策的传统经验来建立我国的反垄断和竞争政策，有可能忽视高技术的产业背景，损害我国处在幼稚状态的高新技术产业的健康发展。这是制定高新技术产业竞争政策时必须审慎的重大理论和实践课题①。

再次，高新技术产业市场准入标准要根据行业特征分类制定，切忌标准“一刀切”。同样是高新技术产业，其技术机会系数也有高低之分。论文中心结论是，产出对技术进步更敏感的高新技术产业，更有必要实施严格的市场

① 刘志彪．现代产业经济学[M]．北京：高等教育出版社，2003．

准入制度，社会从中也更能获得社会福利提升。对于技术机会系数很小的高新技术产业，如医药制造、仪器仪表制造，应该适度降低市场准入标准，甚至完全放开。由此给行业带来的静态效率损失并不严重，相反，却能从充分竞争中获得静态效率提高；而对于技术机会系数很高的高新技术产业，如航天设备制造、雷达及配套设备制造，应该提高市场准入的技术标准以限制进入。由此可能会失去部分静态资源配置效率，但动态效率的增进却是多倍的。唯有这样，静态效率和动态效率才能权衡①。

最后，政府要善于使用"市场准入标准"工具，充分发挥在高新技术产业选择和培育中的引领作用。必须清醒地看到，目前我国高新技术产业发展中与之相匹配的市场机制还未最终形成，互联网金融、跨境电子商务、新能源等产业依然在传统运行监管体制之下运行，与之相匹配的创新型政策环境亟待完善。对高新技术产业，发展的重点并不仅仅是做大，更不是盲目的数量扩张，而是要有自己的核心技术。要杜绝"穿新鞋走老路"现象，政府必须善用"市场准入标准"工具，充分发挥在高新技术产业选择和培育中的引领作用。具体而言，高新技术的遴选和标准制定主要包括三个方面：基础性、公共性和战略性。当然，在支持哪个潜在"成功者"的问题上，不能用政府的判断来取代市场，对高新技术产业的遴选，既要立足市场又不能过于依赖市场。

① 李停，陈家海．从"市场内竞争"到"为市场竞争"：创新型行业的反垄断政策研究［J］．上海经济研究，2015，(2)：68－76.

“共享经济”的经济学分析与安徽省实践研究

张汗青

摘　要:“共享经济”的诞生,掀起了一场经济学和管理学理论的革命。经济思想史的演变表明,虽然对“共享经济”的理论起源有不同观点,但综合国外已有研究,交易成本理论和协同消费理论是最常用的理论分析框架;中国式的“共享经济”既体现了新增长理论、制度变迁理论的微观内涵,也充分体现了中国新经济发展的实践要求。安徽省在大力推行“共享经济”的进程中,须继续坚持先行先试,不断探索符合市场规律和现行制度的共享发展模式,走经济的可持续发展之路。

关键词:共享经济;安徽实践;创新发展

以 Airbnb 和 Uber 为代表的商业模式在全球范围内的成功复制,不仅拉开了资源全分享的序幕,更宣告了共享经济的崛起。共享经济是一个在实践中不断丰富和完善的概念,其主旨是借助互联网、物联网的“正反馈”以及“去脱节化”效应,高效匹配和利用现有资源,实现个体的福利提升和社会整体的可持续发展[②]。作为经济新常态的重大实践创新,共享经济不仅对世界经济产生深远影响,并正在逐步成为中国经济新的增长点和推动力,中国拥有先进的互联网技术和 7 亿多网民,移动支付的广泛使用,加上不断释放的政策红利,让“共享经济”出现爆发式增长。国家信息中心发布的《中国分享经济发展报告 2017》显示,2016 年我国共享经济市场规模达 39480 亿元,同比增长 103%(见图 1);融资规模约 1710 亿元,同比增长 130%。未来几年共享经济仍将保持年均 40% 左右的高速增长,到 2020 年交易规模占 GDP 的比重将达到 10% 以上,就业人数有望超过一亿人。目前,中国各省市都在积极推进产业结构升级,寻求经济发展模式的转型,“共享经济”正是实现转型的有效手

作者简介:张汗青(1988—),女,安徽铜陵人,铜陵学院经济学院专任教师。

② 李权. 共享经济创新,全球经贸合作机制[N]. 第一财经日报,2016-10-31(5)

段之一。如何理解“共享经济”的内涵并指导实践,推动安徽省加快产业结构的调整、实现供给侧结构性改革的新发展,是本文需要深入研究的问题。

图 1　2013—2020 年中国“共享经济”市场规模走势预测

资料来源:2017—2022 年中国共享经济市场深度调查及未来前景预测报告,智研咨询整理

一、共享理论:经济学的理论演变及创新

(一)“共享经济”的理论演变

“共享经济”的理论基础最早可以追溯到交易成本理论。共享的过程就是通过为资源的拥有者和消费者之间搭建平台,利用数字手段缩小参与方的时间和空间来节省交易成本,(搜寻成本、谈判成本和签约成本等)这同时又是一个外部资源内部化的过程。在共享平台出现之前,由于交易成本过高,很多交易无法实现,例如资源的拥有者不清楚为谁服务以及消费者不清楚从何处寻求服务。平台的出现基本上消灭了搜寻成本,提高了服务双方的匹配度,建立起真正的由供给和需求决定的有效市场。共享服务链自成一体,又与企业组织的形成具有很大的相似性,最终诞生了一种新的经济模式和一批成功的创业企业。“共享经济”这一名词,最早是由美国得克萨斯大学社会学教授马科斯·费尔逊和伊利诺伊大学社会学教授琼· 斯潘思首次提出,当时被称为“协同消费”,也有将其译为“合作式消费”。他们将这种新的消费方式

描述为:“个体通过第三方市场平台实现点对点的直接的商品和服务的交易。”[①]1984 年美国社会学者保罗·瑞恩提出了“LOHAS”(Lifestyles of Health and Sustainability)理念,倡导爱健康、爱地球、自给自足的“乐活派”生活方式,但受限于当时的技术条件,这种生活理念难以付诸实践。直到互联网技术的成熟,使这种生活理念成为可能,并推而广之,真正做到了对资源的“物尽其用”和“按需分配”。互联网的出现加速了社会的共享进程,“互联网+”也就成了经济全球化过程中最重要的共享模式,可以说,现代企业制度、证券保险制度、经济全球化、可持续发展、一带一路、城镇化及各种社会组织、国际组织等,都在以不同的方式演绎着共享的理念。

(二)“共享经济”的理论创新

1.“共享经济”是对供需均衡理论的深化

“需求-供给”分析是经济学最基本的方法论之一,其精髓就是认为价格机制可以促成供需自动均衡,然而,这种局部意义上的市场出清已经无法解释我们今天所强调的供给侧和需求侧“双边结合”的宏观均衡。我们面对的是一个有效供给和有效需求共同作用的经济形态:随着消费市场的细分,消费需求日益多元化,单纯谈论市场调节而不去探讨供需双方的主观心理评价是无法实现经济的宏观均衡的。因此,无论是“供给创造需求”抑或“需求创造供给”在今天都会被认为是偏激的观点,因为两者是相互影响的。“共享经济”产生,既满足了有效需求,即消费者的差异化需求和瞬时需求,又保障了有效供给:它通过对闲置资源合理配置,减少浪费和错配,提高了供给效率;借助互联网技术和社群分享,丰富了供给层次;通过对旧产能的改造和对新产能的创造,优化了供给结构。

2.“共享经济”是对“熊彼特式”创新理论的深化

熊彼特在其 1912 年出版的《经济发展理论》一书中首次将创新定义为“新的生产函数的建立”即“企业家对生产要素的新组合”。他的经济创新理论包含了很多颠覆性的观点,其中具有代表性的,是他认为经济创新是对原有经济模式破坏性的重建。熊彼特将创新类型归纳为产品创新、技术创新、市场创新、资源配置创新和组织(制度)创新,根据定义,企业家才能在创新中发挥“灵魂”作用,而“共享经济”正是一次成功的“熊彼特式”的创新实践,它以对传统商业模式的突破为起点,进而引爆了对全球技术市场、产品市场和要素市场的大洗牌,推动经济进入新业态,甚至直接推动了生产力新旧动能

① Marcus Felson, Joe L Spaeth. Community Structure and Collaborative Consumption: A Routine Activity Approach. American Behavioral Scientist, 1978 ,21 (4) :23.

的转换,而这一切的开始都来自企业家个人意志和才能的奉献,这符合了熊彼特对于创新阶段的认识。

3.“共享经济”是对有效市场理论的深化

信息不对称是导致市场机制失灵的重要原因,造成了资源配置的低效率,而“共享经济”正好可以解决效率问题。有效市场理论假设价格机制可以充分反映过去的全部信息,并且无论是哪种有效市场,弱式、强式或半强式,共同点都在于假设信息从被公开到被接收是高效的以及经济主体可以依据信息作出正确决策。然而,现实环境中,信息不对称情况时有发生,例如供求信息、产品质量信息、消费行为信息都难以准确知晓。根据制度经济学的安排,消除信息不对称可以通过在企业内部创建信息流通渠道或者设计有效的委托代理机制来解决,但是仍然不能保证信息在传递过程中是否完整、准确,因为这种传递方式并未脱离“人”作为媒介。共享平台的信息系统的“去中心化”特征就很好地解决了这个困境,共享系统采用机构间协商定义数据、自愿共享的方式,平台并不是信息的生产者,而只是“搬运工”,既不实际接触数据,也无法复制、留存和修改数据,这有助于保护各机构的数据权益,实现商业信息全方位互联互通。

二、“共享经济”的安徽实践:先行先试与成效初显

共享经济越来越成为一股不可忽视的力量,它在降低企业成本,精准对接信息以及去产能的过程中逐步实现了对制造业的转型。鉴于此,为实现“调结构、促发展”的目标,越来越多的省市都将目光聚焦到发展共享经济上来。安徽省始终围绕着国家经济发展战略大局,坚持先行先试,为推动“共享经济”新业态的落地生根做出了初步探索:根据国家发改委的统一部署,2017年7月9日,国家共享经济创新交易示范中心在合肥落户。作为七大领域布局之一,创新交易示范中心以实体为基础,以产业为依托,以互联网技术为纽带,将生产者和消费者联结在一起,打造一个全新的生态圈和一条完整的产业链,为合肥在共享经济领域的发展奠定了坚实的基础。安徽省正在用更加自信、开放和包容的心态,迎接各种“共享经济”下的新生事物的涌入,大到共享单车和共享汽车,小到共享充电宝、共享雨伞、蚂蚁短租,各种产品陆续登陆合肥、芜湖、马鞍山等省内主要城市,极大地方便了民众的生活,带热了“共享经济”的势头。2017年7月16日,合肥三孝口书店宣布成立全球首家共享书店,读者只需缴纳99元押金就可免费把书带回家,这是安徽省在打造本地

特色的“共享经济”中迈出的坚实一步。

未来，安徽省共享经济的发展方向包括以下两个方面：

(1)共享经济将向全体民众和全过程发展，我们每个人都将成为共享模式中的一部分，不仅要充分体验“共享”的服务，还要实现全民参与，共享这种经济领域的变革带来的新成果。2017年7月20日，《安徽省“十三五”促进就业规划》正式发布，明确支持发展共享经济下的“新型就业模式”。这标志着共享经济不仅在消费和生产领域发生作用，在未来还将在分配领域发生作用。“共享经济”催生了大批新的行业和职业，为缓解我省乃至我国当前严峻的就业压力提供了极大的岗位扩容，未来除了要加大高、精、尖端产品和服务的供给，还要继续发展劳动密集型的共享产业，形成多层次的产业链，将高校毕业生、农村劳动力等重点人群的就业问题作为产业结构调整的主要目标之一。

(2)共享经济将向全行业发展，安徽省将在未来五年推动共享模式在交通运输、住宿、餐饮、金融服务、教育培训、技术咨询等领域率先突破。物流作为一个复合型服务产业，以基础地位支撑着各行业的发展，也不可忽视，随着移动互联网对全行业的改造与优化，线下交付所对应的物流行业却发展相对滞后，物流行业亟须互联网技术的支持，传统供应链接受O2O的改造是必然趋势。教育和医疗领域是未来共享经济发展的重点，虽然这两个领域已经取得一些令人瞩目的成果，如远程医疗协助和知名大学的网络课程等给人们带来了实实在在的收获，但是相比于其他行业起步仍然较晚，并且这两个领域涉及面广、需求巨大，资源的分配又极不均衡，因而发展的潜力无限。

三、“共享经济”的安徽展望：创新驱动与取长补短

对于安徽省经济发展而言，长期目标就是走经济的可持续以及稳定增长道路。核心方案就是要推动经济发展方式与全要素生产率的有机结合。全要素生产率的提升包括两方面内容：一是知识更新、技术创新和人力资本提升，二是各类资源配置效率的提升，而“共享经济”则完美地为“两个提升”提供了技术协助：首先是“互联网+”有力地打破了资源相互流动和融合的壁垒，实现了知识、技术和信息资源的快速传播和更新，大大降低了市场交易成本；其次，越来越多的商业组织可以借助共享模式而无须通过内部化就可以实现资源的聚合与配置。近几年来，安徽发展速度很快，居全国前列，在中部地区处于首位，人民群众在发展中增强了“获得感”，但与共享理念的要求尚有差

距,积累了许多“短板”问题。实际条件的不足和认知的滞后在一定程度上抑制了共享发展模式在全省的推广和示范。因此,搞清楚短板情况,加快“补齐各种短板”,为“共享经济”的发展创造良好的动力机制、制度基础和环境条件成为当务之急。

(一)补齐创新驱动的短板

创新是培育“共享经济”的关键。但无论是新技术的突破还是人力资本的积累,安徽省在发展本地化的“共享经济”时都表现出了创新主体内在动力的不足:一是创新的主体地位没有完全建立,高水平的科技类和服务类初创企业较少,传统民营企业创新动力不足,缺乏现代服务意识,缺少具有冒险精神的企业家团队和创业阶层;二是创新活动的发展环境还不够健全。在发展相对落后的地区,市民对“共享经济”的内涵和内容了解得不够充分,接受度较低,出现了代际偏见;在高校教育中,对大学生创新创业活动支持力度不够,只注重理论的灌输以及浮于形式的实习活动;一些小微创业企业由于自身轻资产的特性无法获得充足的启动资金而使得一些好的项目中途夭折,再加上政府的扶持力度不够,行业垄断因素、知识产权保护等问题依旧制约着公平竞争外部环境的建设,使得我省尚未涌现出如摩拜、滴滴这样的全国性乃至跨国共享服务提供商。为补齐短板,我们需要按照中央提出的“创新发展”的新理念,加快技术创新、服务创新、管理创新,以有效供给引领新消费;还要加快创业阶层的培育,完善资本要素市场,鼓励企业家“闯出去”;要设立集研发中心和孵化器于一体的共享经济创新实验室,依托合肥市这一地区性科创中心的建设,搭建高校、研究机构与共享经济创业项目的产学研转化平台,真正按照“成本-收益”原则,发展一批创新型小微共享企业。

(二)补齐公共服务的短板

商业模式的变革或者技术的创新都需要相应的制度供给,因此在强调市场基础性作用的同时,也要强调发挥地方政府的作用,尤其要建设一个有为政府。地方政府在发展“共享经济”时,应该结合新情况、新问题对政府的公共服务保障做出及时改进。“共享经济”发展的影响之一就是催生了新型劳资关系。传统上,就业与全职工作为基础的雇主制度捆绑在一起的,企业雇用职员并为之支付社会保障金来维持工作和退休后的福利,雇主与雇员之间的联系也因此变得长期而稳定。“共享经济”模式兴起后,工作方式也随之改变,很多互联网企业雇用员工,呈现短期化特征,工作时间弹性也很大。另外需要关注的是,无人驾驶汽车出现后,部分行业和部门失业压力的增大将不可避免,收入向少数人迅速集中,可能出现较高的失业率以及收入差距扩大的局面。在这种情况下,劳动者的权益如何保障?首都经济贸易大学劳动经济学院副院长冯喜良就提出，应按照“谁受益，谁负责。受益多少，负责多少”的原则，制定适应新业态下的劳动保障规范。最后，政府应在“共享发展”“协调发展”的基础上引入“绿色发展”的新理念，注重城市生态环境建设，引导资本市场进入公共服务领域，扶持绿色健康产业的发展，为城市居民提供更加优质和高效的公共服务。

（三）补齐政府监管的短板

“共享”服务中产品的“公共性”与私人占有的“排他性”之间的界限日益模糊，可能制约市场经济有序运行，这就离不开政府对市场的有效监管。传统政府监管的短板在于政府职能转换滞后，监管理念还无法适应全球化、市场化和信息化突飞猛进的时代要求，尤其是面对互联网背景下形式多样的平台经济，缺乏完善、统一的监管细则[①]。如共享单车对市民公共活动空间的侵占、网约车无序发展的问题，都给政府监管带来很大挑战，网约车平台利用资本优势，向乘客提供高额奖励、向驾驶员发放超额补贴，抢占市场份额，扰乱了原有的运输市场秩序，形成不公平竞争；再如发展成熟度最高的共享单车行业，激增的用户带来的是巨量的押金，如果这些沉没资金没有得到妥善的管理，就很有可能被非法挪用。共享经济平台作为一个社群，涉及的群体性利益具有公共性，一旦出现负面效应会产生很大的社会破坏力，比如在“互联网+”的背景下，企业为了方便产品精准投放，积累了海量数据，易造成隐私的泄露。近年来，网络诈骗、电信诈骗，随着互联网的普及一同崛起，并逐渐从撒网式诈骗向精准诈骗升级，使人民的财产遭到严重的损失，也给社会的稳定带来极大的不确定性。为了确保公众利益，政府要尽快建立统一社会信用评价制度和完善的背景调查系统，还要从明确监管主体、纳入监测体系、市场准入和退出机制、主动信息披露制度等方面加强对共享经济平台的监管。平台公司自身作为供给方和需求方的“新中介”，也要加强行业自律，通过交易双方实名制、引入第三方征信平台、互联网曝光信息等手段增加行业的透明度，对供需双方加强监管以确保市场秩序。

① 蔡朝林．共享经济的兴起与政府监管创新[J]．南方经济，第101页．

第三专场

优秀传统文化与文化自信

全球化背景下的文化自信问题探析

刘 灿 王 燕

摘 要:文化自信是对自身文化价值的肯定与坚守。全球化背景下,坚定文化自信是提升综合国力的重要保障,是维系社会和谐的有效手段,也是守护精神家园的根本要求。在全球化时代,我国的文化自信面临着西方国家价值输出、话语争夺、传媒扩张、网络霸权等多重挑战。重塑中华民族的文化自信,需要以"不忘本来、吸收外来、面向未来"原则为基础,从守住根脉、厚植土壤、激活动力等层面探索可行的路径。

关键词:全球化;文化自信;价值;挑战;路径

全球化是当今时代的鲜明特征,它以新一轮科技革命为先导,以更为广阔的世界市场为纽带,通过生产要素的跨国界流动和分配,使世界各国之间的联系程度日益紧密与深刻。伴随着全球化进程的发展,不同国家间文化、核心价值、意识形态的强弱差异,被经济、科技发展的巨大鸿沟不断强化,各国间文化交流的不平衡性以及由此产生的文化霸权、文化殖民等问题,成为难以回避的现实。在此背景之下,如何在与世界各国频繁互动过程中,坚定更为深厚的文化自信,凝聚更为强大的精神合力,是一个值得思考的理论与现实课题。

基金项目:安徽农业大学2016年繁荣发展哲学社会科学基金项目"多元文化背景下的大学生文化自信问题研究"(2016zs04)阶段成果。

作者简介:刘 灿(1987—),男,山东邹城人,助教,法学硕士,现为安徽农业大学工学院专职辅导员,研究方向为思想政治教育理论。

王 燕(1988—),女,安徽合肥人,助教,教育学硕士,现为安徽农业大学理学院专职辅导员,研究方向为大学生思想政治教育。

一、全球化背景下坚定文化自信的价值意蕴

全球化语境之下，没有对自身文化价值、文化生命力的肯定与坚守，国家富强便会失去强大的“软实力”支撑，民族复兴便会失去应有的“凝聚力”支持，社会和谐便会失去有效的“软整合”手段。

（一）坚定文化自信是提升综合国力的重要保障

综合国力是一个国家能够充分调动的各种力量的总和。在众多要素之中，文化实力的强弱是一个重要衡量指标。伴随着全球化进程的深入推进，不同文化间相互交流、交融、交锋日益频繁，世界各国间正演绎着一场“文化战国”的鲜活剧目。当今世界，谁在文化领域掌握了主动权、占据了制高点、赢得了自信心，谁就能在日趋激烈的综合国力较量中赢得先机。塞缪尔·亨廷顿在其著作《文化的重要作用——价值观如何影响人类进步》中曾做过这样一个有意思的对比：20 世纪 60 年代加纳和韩国两个国家的经济发展水平和经济结构极为相似，人均国民生产总值、进出口商品类型、受援助水平等几乎相等。然而，经过 30 年的发展，韩国经济实力跃居全球第 14 位，同时各项社会事业也有了长足进步，而加纳却没有出现同样的奇迹，此时其人均国民生产总值仅为韩国的 1/14。亨廷顿认为，造成如此巨大悬殊，固然是多种因素共同作用的结果，但文化是不容忽视的一个基础性原因。他认为，韩国民众注重教育、勤劳、节俭、纪律等文化因素，正是这样文化基因的传承，有力支撑了战后韩国的腾飞。不仅如亨廷顿所言，进入 21 世纪以来，韩国、日本等新兴发达经济体正积极对内推行“文化立国”战略、对外推行“文化输出”战略，以壮大自身文化自信力，提升自身文化影响力。从世界未来发展趋势来看，亦如“软实力”理论创建者小约瑟夫·奈所描述的那样，一个文化自信、强大的国家，“必然会使其他的国家追随它、欣赏它、模仿它”[1]。

（二）坚定文化自信是维系社会和谐的有效手段

随着全球化进程的加快、全面深化改革力度的提升，传统僵化封闭、高度统一的文化生态已不复存在。当前，我们所面临的文化生态日益多元，人们的价值观念更加多样，各种社会思潮也更加多变。从思想文化领域来看，就当代中国“从何处来”、未来中国“走向何方”等根本性问题，各类社会思潮层出不穷。这些社会思潮，力图争夺中国发展道路的话语权，严重冲击着人们

的文化自信心。此外,随着消费主义思潮的蔓延,大众文化、流行文化迅速壮大,精英文化、传统文化日渐式微,功利性、实用性正成为衡量文化价值越来越重要的标尺。在经济快速发展,改革深入推进的背景之下,如果整个社会系统内部产生了文化危机,那么文化对社会各子系统的整合功能以及对社会成员的价值认同培育功能势必会削弱,整个社会的运行也将会陷入一种无序状态;如果不加以调控,发展下去将可能导致整个社会的解体。因此,面对多元、多样、多变的文化新格局,只有充分利用好博大精深的优秀传统文化、奋发向上的革命文化、继往开来的社会主义先进文化,积极做好各种思潮引领整合工作,让先进文化真正能够掌握群众、指导实践,才能为维护社会和谐稳定提供坚实的基础。

(三)坚定文化自信是守护精神家园的根本要求

习近平总书记强调,“坚定文化自信是事关民族精神独立性的大问题”[2]。文化是一个民族特殊的存在方式,每一个民族的文化中都有自己的情感态度、生存哲学、甚至死亡方式。因此,文化便成为最值得一个民族守护的基本特质。正是因为这种特质,才有了黑格尔“一提到希腊就自然会引起一种家园之感”;才有了虽然少小离家,却一直乡音未改;也才有了都德《最后一课》中“亡了国当了奴隶的人民,只要牢牢记住自己的语言,就好像拿着一把打开监狱大门的钥匙”。然而,现代科学技术的发展、物质文明的进步却并未带动人类精神文化层面的大幅提升。人情关系的日渐冷漠,技术对人冷冰冰的统治,不安全感、焦虑感、孤独感正一步步吞噬着人类的心灵,人类似乎正被逐出自己赖以生存的精神家园而走向“无家可归”的状态。国际社会上,以往的军事霸权正日渐被更为可怕的文化霸权所代替,世界文化的多样性亦如生物的多样性一样遭受着人类的亲手破坏。全球化背景之下,我们只有挺起文化自信的脊梁,才能在相互激荡的文化图景下建构起民族安身立命、永续发展的精神家园。

二、全球化背景下文化自信面临的多重挑战

当今世界,以美国为首的西方国家为争夺世界文化的话语权和领导权,依靠其强大的经济、科技和传媒优势,在全球范围内极力倾销自身文化观念、生活方式、制度模式,企图实现对他国的“软控制”,达到“不战而屈人之兵”的目的。这无疑使处于“守势”地位的发展中国家的文化自信面临巨大挑战。

（一）价值输出对文化自信的挑战

在西方国家看来，西方的文化和价值观包含了人类思想史上最为先进和高级的内容，世界各国人民都应当学习和信奉。因此，对外输出自身的价值观便成为这些国家的一项重要“职责”。它们将自由、平等、民主等本应是全人类普遍追求的价值观说成自己独有，然后按照本国国家利益进行重新美化和再次“赋义”，并将其改造后的所谓“普世价值”在全球散播。这一过程中，人权问题、民族问题便成为一些西方国家传播其所谓“普世价值”的常用借口。自1976年卡特政府开始实施所谓人权外交政策以来，美国便常常借助人权问题、民族问题对他国内政指手画脚，甚至动用各种手段横加干涉。然而，我们应看清的是，西方国家所热衷的人权外交的真正兴趣点并不是他国人权问题，其目的只不过是以人权为借口，干涉他国内政，输出自身价值观。并且，美国在人权问题、民族问题上从来都是实施“双重标准”。现在美国国内也还存在着诸多人权问题、种族歧视问题，但美国政府对此却一向闭口不谈。由此可见，一些西方国家关心他国人权状况是假，维护本国国家利益是真，只不过是借人权之名，行价值霸权之实罢了。

（二）话语争夺对文化自信的挑战

当前，以美国为首的西方国家积极推行西方中心主义政策，大肆宣扬西方政治制度和价值观念，极力争夺文化话语权。新自由主义、民主社会主义、普世价值等思潮通过学术包装，打入其他国家，对这些国家的政治、经济、文化产生了巨大影响。由于未能掌握对这些思潮的解释权和话语权，再加上一些国家急于摆脱国内矛盾和危机，对这些思潮都存在全盘接受的倾向。如20世纪80年代以来，新自由主义思潮泛滥就使得拉美地区、东欧各国以及俄罗斯产生了严重的经济和社会危机。在国内，受新自由主义思潮的影响，一些人鼓吹放弃公有制，实行全盘私有化；受民主社会主义和普世价值影响，有些人主张放弃中国共产党的领导地位，放弃马克思主义的指导思想；受历史虚无主义影响，一些人肆意歪曲党的历史，恶意诋毁老一辈革命家……此外，受西方强势话语霸权的影响，在人文社会科学研究领域，从各种“主义”到各种“‘后’主义”的话语层出不穷，我们似乎正陷入跟着西方说的迷局，学术研究本应有的问题意识、创新精神和独立品格正越来越成为稀缺资源。正如有学者一针见血指出的那样，“中国文化的可能危机在于：中国的文化理论越来越远离中国问题，以重复西方话语作为先进的、创新的话语，在重复式的发展式中沾沾自喜，这样的文化态势越来越弱化了中国的国家意识和民族意识”[3]。

（三）传媒扩张对文化自信的挑战

现代传媒是建立在网络、通信、电子信息等先进技术手段和雄厚资金基础上的。西方国家依靠其在技术和资金上的优势，牢牢控制着传媒领域的“头把交椅”。在影视领域，美国控制了全球75%的电视节目和60%的广播节目，每年向全世界发行的电视节目总时长达30万小时。而美国本土电视节目中，却仅有1.2%来自国外。美国电影产量虽不足全球的10%，但放映时间却占全球的一半以上。从孩子们喜爱的《狮子王》、《玩具总动员》、《哈利·波特》，到成年人热捧的《肖申克的救赎》《泰坦尼克号》《阿凡达》等，美国不仅在世界电影票房史上创下了一个又一个奇迹，同时也把“铁盒”里的道德规范、价值观念甚至意识形态潜移默化地植入了人们的头脑。在新闻媒体领域，美国的《华盛顿邮报》《纽约时报》以及CNN、BBC已成为全球最及时、最全面的每日新闻来源，就连美国前总统肯尼迪也曾骄傲地称BBC为“政府的一只臂膀”。与此同时，美国为了整合其传媒资源，成立了“全球传播办公室”，积极支持“自由亚洲电台”等境外媒体运作，企图牢牢掌控世界舆论的喉舌。传媒领域的不断扩张，不仅成为西方国家对外输出自身文化和价值观的有效手段，也成为制造“中国威胁论”“唱衰”中国的常用工具。西方国家依靠其传媒领域的霸权地位，不负责任地肆意扭曲事实，对于缺乏第一手资料的民众来说影响极大，我们的文化自信也因此受到严重影响。

（四）网络霸权对文化自信的挑战

全球化时代，随着网络这一新兴载体的迅猛发展，世界各国文化交流、文化形象塑造有了更为便捷的手段。然而，由于经济、科技实力的差异，网络信息资源的发布权、占有权和主导权是极不平衡的。放眼全球，微软公司执全球软件业之牛耳，英特尔公司掌控着全球芯片的生产研发。凭借着强大的技术优势，美国主导并规定着互联网运行标准，许多发展中国家由于不能及时跟上网络发展的步伐，正逐渐沦为美国等互联网强国的附庸。据统计，目前，互联网信息资源90%来自西方发达国家，13台顶级域名服务器有10台在西方发达国家，美国等西方国家依靠其在互联网领域的强势地位，将其价值观念、意识形态、流行文化传播到世界各地，极大地冲击着他国公民的思想意识、文化观念。此外，网络虽然号称无国界，然而，英语作为网络通用语言，其影响力已是其他任何一种语言无法抗衡的。尽管全世界大约有2万种语言，但微软发布的软件只有64种语言，国际互联网上的英文信息超过了80%，中文信息仅占不到1%[4]。语言不仅仅是人与人交流的工具，它还是一个民族的特殊标记和文化自信的特定载体，它深刻影响着人们的思维方式和表达方式。英语在网络世界中的霸主地位正帮助西方国家“达到暴力、金钱无法征服的目的”[5]。

三、全球化背景下重塑文化自信的路径选择

胜人者有力,自胜者强。我们只有对自身文化保持自立、自强、自信意识,才能促使别人对我们文化的礼重。面对全球化带来的多重挑战,重塑文化自信,需要以习近平总书记提出的“不忘本来、吸收外来、面向未来”[2]原则为基础,从守住根脉、厚植土壤、激活动力三个层面着力探索增进文化自信路径,在“实践—认识—再实践—再认识”不断创新中重塑文化自信。

(一)坚持不忘本来,守住文化自信的根脉

不数既往,不能知将来。文化自信不是悬浮在半空的“空中楼阁”,它深深根植于传统文化的沃土之中,是长久历史积淀的产物。中华民族历经5000多年孕育和创造的传统文化,镌刻着中华民族最独特的精神坐标,彰显着中华民族最持久的精神追求、孕育着中华民族最原始的发展动力。与美国等一些文明史较短的国家相比,这是我们重塑和坚守文化自信的独特优势资源。因此,我们必须善于从中汲取丰富的精神营养,充分发挥传统文化在民族共同精神家园建构中的价值,使之成为巩固和发展文化自信心的根本性力量。当前,我们应当以实施中华优秀传统文化传承发展工程为契机,以社会主义先进文化发展方向为指引,深入挖掘传统文化所蕴含的核心思想、优良美德和人文精神,不断创新传统文化表达方式和呈现方式,做好将传统文化融入生产生活、融入国民教育、融入文艺创作、融入互联网世界等工作,使传统文化更加富有时代内涵和生活气息,为重塑文化自信奠定坚实的基础。

然而,中国传统文化毕竟发端、发展于农业文明时期,其中一些内容与当前文化自信建构并不完全协调和契合。因此,对于传统文化我们既不能“照单全收”,也不能“全盘否定”,必须采取辩证扬弃的态度加以保留和弘扬。毛泽东早就指出,对传统文化“决不能无批判地兼收并蓄”。习近平也强调,对待传统文化“不能采取绝对主义态度”[6]。那么,在重塑文化自信的语境之下,我们该怎样去甄别和传承传统文化?著名中国思想史专家匡亚明在评价孔子思想时曾采用过“三分法”,当前我们对中国传统文化的扬弃也可以参照“三分法”:对于那些超越时空限制的伦理道德、审美取向、人生信条和处世原则,饱含着传统文化的精华,能够契合当前国人文化心理,适应社会主义先进文化发展需要,我们要毫不犹豫地传承并发扬光大,使之成为重塑文化自信的根本力量;对于那些由于时空条件的变化,在当今社会只具有部分合理性

内容的传统文化,我们要做好重新诠释和当代转换的工作,使之成为重塑文化自信的新生力量;对于那些站在维护封建专制制度提出的,与社会主义先进文化发展方向和人民精神文化需求背道而驰的内容,我们要坚决予以批判和摒弃,不能使其成为重塑文化自信的阻碍力量。

(二)坚持吸收外来,厚植文化自信的土壤

海纳百川,有容乃大。真正的文化自信,不仅表现在如何正确对待“自己”,同样也表现在如何辩证对待“他人”。古往今来,没有任何一种文化能够在闭关锁国状态下生机勃勃、长久传承,也没有任何一种文化能够在孤芳自赏中实现自信、自强,都是在兼收并蓄、博采众长的基础上成就万千气象。特别是在全球化进程加速发展的今天,各种文化间相互交流与采借已成为大势所趋。面对纷至沓来的外来文化,一些国人在“乱花渐欲迷人眼”中丧失了“自我”,丢掉了应有的自信力和判断力,主张拒外来文化于“千里之外”的本位论者有之,主张外来文化“拿来主义”的全盘论者亦有之。这些争论虽然促进了学术争鸣,却并不能真正解决如何正确对待外来文化,坚定本民族文化自信的问题。那么,如何才能有效吸收外来文化呢?毛泽东早在1958年同音乐工作者座谈时就强调,要使中国的和外国的“两个半瓶醋变成两个一瓶醋”[7]。习近平也反复强调,“要在比较、对照、批判、吸收、升华的基础上”[8]开展文化交流与借鉴。因此,对待外来文化,我们也应借鉴“三分法”,进行系统甄别、改造与提升,使之真正能够契合中国的民族特色、实践特色和时代特色,真正能够为我们民族文化自信培育提供丰厚的滋养。

当然,文化交流从来不应当是单向度的。面对西方国家一些人对中国的误解、偏见甚至是“唱衰”,我们在吸收借鉴外来文化的同时,还应注重对外讲好中国故事,以强烈的文化自信向世界展示一个多维度的中国。讲好中国故事,既要注重讲好中国经济层面的故事,也要注重讲好中国文化层面的故事;既要注重讲好古老中国的故事,也要注重讲好当代中国的故事;既要注重讲好呈现特色中国的故事,也要注重讲好展现立体中国的故事。这样,才能在对外文化交流中增强底色和底气。当然,面对西强我弱的世界舆论格局,讲好中国故事并不是一件容易的事情。一方面,要坚持“先声夺人”的理念,主动把我们的情况与想法展示清楚,着力解决好我们国家在国际舞台上存在的“失语”甚至是“挨骂”问题。在此基础上,要精心构筑展现中国精神的对外话语体系,不断创新宣传中国形象的对外传播方式,积极争取文化交流话语权。另一方面,我们要统筹各方资源,坚持久久为功,着力打造外国民众看得懂、易接受的当代中国文化品牌,改变国际社会对中国印象停留在“四大发明”的古典辉煌中,让国际社会对21世纪的中国给予更多理解与支持。

(三)坚持面向未来,激活文化自信的动力

重塑文化自信不是今天建个文化馆、明天修个大剧院就能实现的,从长远来看,还要有细水长流的动力保障机制。长期占据全球文化霸主地位的美国,虽然没有专门的文化部,但其总统直接领导的广泛涉及各部门的"国家安全委员会"却一直为其文化建设提供高规格的战略指导;英国政府早在1997年就提出"文化创意战略",经过近20年发展,英国文化产业已占其国内生产总值的8%,成为全球第二大文化创意国;日本自提出"文化立国"战略,相继制定了《21世纪文化立国方案》《内容产业促进法》,并计划在全球增设100个"日语学习中心"传播日本文化;韩国也于亚洲金融危机后提出"文化立国"战略,并颁布了《文化产业发展5年计划》《文化韩国21世纪设想》,并计划在全球设立100所"世宗学院"来扩散"韩流"。这些国家由政府主导,积极抢占全球文化发展战略制高点的经验值得我们借鉴。同时,在维护好国家文化安全与意识形态安全的前提下,我们应进一步深化文化体制改革,逐步推动政府由"办文化"转向"管文化",由依靠行政命令管理转向依法管理,以增强文化主体活力,壮大文化主体实力,为我国文化事业的发展和民族文化自信的培育注入不竭动力。

此外,随着信息化时代的到来,网络文化在整个文化系统中所占据的比例越来越大,对人们的思想认识、价值观念的影响也越来越深刻,网络已成为文化交流、交融、交锋的主战场。顺应网络时代要求,正确把握网络舆论导向,加强和改进网络思想政治教育工作,应是面向未来重塑文化自信不容回避的课题。面对"西强我弱"的网络态势,一方面我们要巩固壮大网络主旋律阵地,实施"互联网+文化建设"工程,着力打造一批传播力广、影响力大、引导力强、公信力高的网络主流文化传播载体,使网络成为传播中国文化、展现中国形象、塑造中国精神的生动载体。另一方面,我们要按照依法、有序、规范的要求,深入开展网络舆论斗争,稳妥做好网络突发事件处置,不断完善网络空间治理,形成依法治网与以德治网相得益彰的良好局面。同时,要顺应全球化的要求,积极参与网络空间命运共同体的构建,积极推动网络全球治理体系的变革,使我们的国家和民族在复杂纷繁、变幻莫测的"无国界"网络空间里,真正能做网络文化安全的坚定维护者、网络文化主权的坚决捍卫者和网络文化自信的坚强塑造者。

参考文献:

[1] Joseph S · Nye, Jr. The Paradox of American Power[M]. New York, NY: Oxford University Press, 2002:9.

[2] 习近平．在中国文联十大、中国作协九大开幕式上的讲话[N]．人民日报,2016-12-01(02).

[3] 黄力之．先进文化论[M]．上海:三联书店,2002:244.

[4] 胡惠林．中国国家文化安全论[M]．上海:上海人民出版社,2005:201.

[5] [美] 阿尔温·托夫勒．权利的转移[M]．北京:中央党校出版社,1991:465.

[6] 中共中央宣传部．习近平总书记系列重要讲话读本[M]．北京:人民出版社,2016. 202.

[7] 中共中央文献研究室．毛泽东文集(第1卷)[M]．北京:人民出版社,1999. 82.

[8] 习近平．在哲学社会科学工作座谈会上的讲话[N]．人民日报,2016-5-19(02).

高校红色文化传扬的平台优化与模式构建

项银霞

摘　要:红色文化是价值观的基因,作为红色文化传扬的主阵地,高校应从平台和路径上探寻可操作性强、便于应用推广的示范性红色文化传扬模式。遵循价值指向、人本指向、问题指向和实践指向的目标指向;通过整合红色文化教育体系、诵读红色文化经典、投身红色主题实践和拓展网络虚拟空间,借以优化"多维互动"的传扬平台;从策划组织、运作实施、成果打造和推广应用等层面入手,着力构架"协同一体"的红色文化传扬模式。

关键词:高校;红色文化;理念;路径;机制

2016年4月,习近平到革命老区大别山调研时指出:"全面建成小康社会,一个不能少,特别是不能忘了老区。老区精神积淀着红色基因。""让红色基因代代相传",是习近平为核心的党中央领导集体的新要求,是历史与时代赋予的使命。2017年教育工作会议中也要求"教育引导广大青少年继承革命传统,传承红色基因,大力弘扬革命传统文化。"高校应充分利用好红色文化教育资源,彰显红色文化传扬主阵地作用。本文针对新时期大学生群体的思想特点,探寻高校红色文化传扬理念,优化红色文化的传扬路径,构架红色文化的传扬模式。

一、高校红色文化传扬的目标指向

高校理应针对思想政治教育实效性难题,在准确掌握国家发展战略的前提下,以红色文化传扬为底色,以社会主义核心价值观践行为统领,开展创新研究,致力于红色文化资源的创造性转化,着力遵循价值指向、人本指向、问

作者简介:项银霞,合肥工业大学马克思主义学院教师。

题指向、实践指向的目标理念。

第一,价值指向。当代大学生始终坚守“立德树人,弘扬社会主义核心价值观”目标,其作为教学的本质要求和目标向度,高校“应把思想价值引领贯穿教育教学全过程和各环节”,力促个人成长融入国家需要。红色文化是中华文化的独特标志,是党领导民众在特定历史时期积淀而成的特定文化形态,是由革命理论、革命经验及革命精神共同凝结的革命传统,吸纳融汇古今中外有益文化成分而创造的先进物质文化、精神文化和制度及行为文化的有机统一,“是马克思主义中国化、大众化的直接成果,是致力于实现中华民族当家作主的先进文化”。红色文化与社会主义核心价值观之间具有同源、同一、同向、同质性:价值意蕴同源,即核心价值观既传承革命价值观优质基因,又凸显时代特色和意蕴创新;价值主体同一,即领导主体和实践主体均为中国共产党及人民群众;价值目标同向,都是致力于社会主义共同理想和共产主义远大理想;价值指向同质,彰显先进文化的前进方向,共同架构文化自信主题。

第二,人本指向。人是社会活动和历史活动的主体,作为价值指向的延伸,人本指向是马克思主义理论诉求在高校红色文化传扬中的客观要求及逻辑展现。大学生是教育的对象,更是高校思想政治理论课教学的主体,红色文化教育中应“融入‘学生为本’‘学生参与’的理念,充分尊重他们的主体地位和自身发展需求,发挥学生间朋辈教育的积极作用”,变革传统的对象性教育形式为新形势下的互动性、交往式教育。利用红色文化增强思想政治理论课及核心价值观教育实效,应注重知识灌输与加强情感培育作为有力配套手段,力求得人心、暖人心,在关心学生、帮助学生中有效解决其思想上存在的偏差,实现个性养成与全面发展的有机统一。当代大学生既要有扎实的理论基础,更应具备丰富的社会实践经验,构建高校红色文化传扬模式,力求理论教育和实践教育相结合,力求“遵循思想政治工作规律、遵循教书育人规律和学生成长规律”。

第三,问题指向。问题是时代的烙印、社会的呼声,其由人衍生而来,最终也需要通过人来解决。因此,问题指向是人本指向的实施手段。当前国内经济结构转型,社会深刻变革,带来人心浮躁、唯利是图;国际背景下,来自世界各地多元思潮的碰撞,西方话语尘嚣不绝于耳,也通过各种渠道来影响当代大学生。国内外环境的急剧变化,使原本和谐安定的局面产生松动,颠覆性冲击着人们内心根深蒂固的思想观念,权威话语体系被瓜分,形形色色的问题扑面而来,高校红色文化传扬也不可避免地面临前所未有的挑战。因此,需要红色文化“主动出击,有所作为”。习近平在党的十八届三中全会上高屋建瓴地指出:“要有强烈的问题意识,以重大问题为导向,抓住关键问题进一步研究思想。”这一指导性思想不仅仅限于国家经济发展领域,落实到大学生红色文化传扬中同样适用,即其实施过程中,应与学生关注的历史和现实社会问题结合,着眼于学生的生活逻辑和成长成才需求,将学校教育内容与学生的学习生活进行和谐有效对接。要让大学生带着问题思考去强化理论学习,并主动带入红色教育,抓住其兴奋点和动情点,实现深度结合与优势互补,借以打造现实与虚拟、基地建设与网络开发相结合的多重传扬渠道,进一步传扬红色文化、营造爱国主义氛围,形成一定的社会效应。

第四,实践指向。实践指向是问题指向的社会依归,其打通了从理论到现实的通道。高校应着力贴近时代主题和国家发展需要,组织学生深入开展红色主题实践,“深化中国共产党史、中华人民共和国史……学习教育,利用我国改革发展的伟大成就、重大历史事件纪念活动、爱国主义教育基地、国家公祭仪式等组织开展主题教育,弘扬以爱国主义为核心的民族精神和以改革创新为核心的时代精神。”通过革命精神熏陶,学习红色文化中深蕴的艰苦奋斗、团结奉献、勤劳勇敢、自强不息精神和优良传统,帮助大学生树立正确的“三观”,借以养成其忠贞的爱国热情、乐观向上的生活态度、高尚的道德情操、无私奉献精神和果敢创新意识,更好地自我认知和社会认知,切实把握我国国情和社会民情,增强历史使命感和社会责任意识,为社会尽自身应有的公民责任和使命担当,实现理论认同与行为践履的有机对接。

从价值指向、人本指向到问题指向、实践指向,进一步将本质具象化,总体凸显从宏观把握到微观落实、从内化到外化的逻辑理路,进而确立高校红色文化传扬的目标理念。

二、“多维互动”的高校红色文化传扬平台

“传扬路径”是高校红色文化传扬模式的主线。构建高校红色文化传扬模式,应牢牢把握大学生思想品德形成发展的基本特征和成长规律,从人的全面发展、社会进步、国家强盛、民族复兴的内在逻辑出发,针对当前大学生群体个性化、差异化成长需求,立足多样的红色教育资源,通过生动的教学形式和丰富的教育载体,实现红色文化教育立体化、常态化、实效化,教育和引导学生坚定爱国信仰、传承红色基因。

(一)理论课堂融入,搭建红色文化教育体系

高校是意识形态主阵地和前沿风向标,应紧紧围绕红色文化传扬的红线,将红色文化、革命精神的传扬纳入教育教学全程与管理服务各个环节,实

现全覆盖,力求“寸土不能失、片瓦不能丢、丝毫不能让”。实践证明,“教学实施过程中,机械、硬性地对学生进行行为主义式的灌输与填塞,使教师和学生的主动性、能动性和创造性受到抑制,其主体地位和开拓意识受到扼杀。”换种视角而言,红色文化在一定程度上具有“非传递性”的特征,如“艰苦奋斗的革命精神,不是理解或背诵了语言文字所表达的意义就能够继承或学到的”,因此必须“先破后立”,拒绝片面地将学生作为输入知识的“容器”,带来“事倍功半”的结果。而是应以国家丰富独特的红色资源为依托,探索和创造更多贴近性、对象化、接地气的有效载体。尤其在话语体系上,应不断更新、充实红色教学语言表达,增强红色教育的针对性和亲和力,避免甚至消除教师课堂教学话语与学生话语和时代话语之间的“鸿沟”,使学生学习能够真正达到“动情、动心、动脑、动口、动手”的“五动”状态。另一方面,力求课堂理论教学与社会实践互动,让红色文化变得可闻、可见、可感、可行。从知行统一上,让红色文化牢牢根植于当代青年的价值观和理想信念中,借以巩固教学内容,使理论得以拓展和延伸,使学生把个人成长成才建立在对社会的准确了解和自身正确定位上,实现社会进步与自身成长有机结合。这样,既确保红色文化的思想引领性和导向性,更以其高度体验性与和浓郁趣味性,使学生通过身临其境的精神洗礼,进一步增强教育教学实效,真正让“90后”大学生感知党史、坚定信仰。

(二)校园文化渗透,创新红色文化经典诵读活动

红色主题社会实践以“观”和“听”为主导,是一种感性认识,而诵读红色革命经典,则是“站在前人肩膀上”的理性思考,有利于进一步重温伟大的革命历程和英雄史实。两者都是获取“知”的有效手段,明晰“红色基因”的内涵,探寻社会主义先进文化的“红色源头”。组织学生赴红色传统教育基地接受革命精神洗礼,作为一种辅助却典型性的红色教育形式,仅能针对部分学生开展,受众有限、影响力较小,而在全体学生中广泛开展“红色经典诵读”活动,还原传统课堂教学这一主导形式,能够实现教育范围全覆盖。“大水滴灌”配套“小水漫灌”,耕耘在这片“红色土壤”中,更易发挥校园文化的渗透作用,实现形式和内容上的创新提升。这就要求学生一需善学,通过学校推荐一本、学院指定一本、学生自选一本的方式广泛征集,研讨确定一批耳熟能详的红色文学作品。各种题材的红色经典,都将中国共产党的光荣传统,如为人民服务、集中统一、团结一致、艰苦奋斗等精神实质表现得淋漓尽致,为后人提供了范本;二需多思,邀请党史理论研究者、一线党务工作者和相关学科教授,开设红色经典讲坛,开展读书沙龙、读书会友等多重交流活动,引导学生研读国史党史,深度思考如何从红色文化中汲取养分、实现成长成才。

（三）社会资源整合，红色文化主题社会实践

高校红色传扬不能一蹴而就，其时间跨度长、教育资源地域分布不平衡，其中，红色教学过程松动、国家大政走向的变动、学习热潮的“退烧”以及学生兴趣的有限周期等诸多因素，都会导致红色教育的低效性和延续性断裂。因此，必须将转化红色资源作为红色文化传扬的有力举措，一方面促成课程教学内容体系化，以丰富而新颖的教学内容抓住学生眼球；另一方面则转化为日常行为践履，用红色激情和脉动探寻情感依附和精神归宿。目前，我国红色资源仍难以满足国家日益重视的革命传统教育的需要，应加强全国红色文化资源的系统性研究，推动全国尤其是区域的红色教育资源横向和纵向挖掘与开发利用，在条件允许的情况下，设立红色教育基地，进而实现各地红色文化资源共享共建，集挖掘、保护、创新、运用于一体，把整合而成的资源最大限度地重组、转化为红色文化教育体系，力求其动态稳定与良性循环。

（四）虚拟平台跟进，优化红色文化虚拟实践

“互联网+”以其智能性、即时性、平民性等独有特点，为人们的生产生活带来极大便利。新媒体发展及其对大学生成长带来的影响，综合表现在生活方式、交往模式、思维观念和情感归依上。权威数据显示：到 2016 年 6 月，在中国 7.1 亿网民中，学生群体占比位居榜首，高达 25.1%。因此，针对高校大学生的红色文化传扬模式构建，应充分利用互联网平台这一“万能钥匙”，借助各种新媒体推介渠道，借力移动端“指尖”特征和学生个体能动性实践，引导大学生正确“上网”、合理“用网”、安全“离网”，实现虚拟平台与现实实践相互契合，既是时代背景巨大变化的内在要求，又与红色主题社会实践相辉映，借以推动红色文化大众化、生活化。平台上，力求现实基地建设与网络虚拟平台的耦合，在省内外创建红色主题社会实践基地，真正将核心价值观教育渗透到全国各地的红色资源中，着力完善网络虚拟教育平台，通过对红色革命资源转化等主题网络文化产品推送等做法，建立红色文化产品体系，创新传播机理。

三、构架“协同一体”的高校红色文化传扬模式

“传扬机制”是高校红色文化传扬模式的核心，构建集红色文化传扬组织、实施、成果共享及推广方式于一体，探寻以策划组织协调为依托，实施运作为重点，成果打造为宗旨，多渠道推广应用为保障的长效机制，实现各环节协同一体。

（一）高校红色文化传扬的课堂教学的“协同一体”

红色文化传扬体系是一项系统工程，从参与主体看，传统意义上认为由教师和学生组成，但在新的教育背景下，高校教学管理部门主要由专业课教师、选修课教师和思政理论课教师组成，要在各体系之间形成合力。其一，将思政理论课教师单独列为一类，缘于其在思想和价值引领方面的独特作用。红色文化属于德育范畴，其教育教学任务主要由思政理论课教师完成，因此，这类教师要加强自身队伍建设，对革命传统、红色精神做到真学、真懂、真信，尤其在今天物化的社会，人们普遍注重物质享受、忽视精神安顿，思政理论课教师更需增强自身的“免疫力”，把国家大力倡导的“红色基因代代传”的任务记在心上、扛在肩上、抓在手上、落到点上，这样才能正确引导学生。其二，对于专业课教师，其主要职责在于文化引导。所谓“术业有专攻、隔行如隔山”，其在党性觉悟及思想水平上参差不齐，有些专业课教师自身对以红色文化为主要代表的思政课程缺乏正确认知，尤其是“今天的理工类大学教育模式，长期化的分科教学和窄口径的专业设置，在突出教育深度的同时，却牺牲教育的广度，”他们认为学得“一技之长”远比“空话套话”实在，这在一定程度上削弱了专业课的渗透和濡化作用，未能“与思想政治理论课同向同行，形成协同效应”。其三，选修课课程的设定，多根据教师的研究方向与学生的兴趣使然。然而纵观当前高校，关于红色文化相关课程门类甚少，少数历史类选修课也少有学生问津。因此，高校红色文化传扬应以课程设置上为突破口，增设红色教育选修课程，并以此为内容强化对学生的生活引导和心理疏导，以文化人，以红色文化育人，进而培育学生学习红色文化的兴趣。

（二）高校红色文化传扬主题实践的“协同一体”

大学生红色文化传扬模式是一个复杂的系统，蕴含设计、建设、维护、扩容、优化及其协同运行对策体系，虚实教育平台的考核评价及其成果提炼等元素。在红色文化传扬实施过程中，在解读红色文化内核、厘清传扬实效性的影响因素基础上，从主题凝练、实施路径、耦合机制、评价考核、成果使用、保障条件诸层面入手，形成成熟有效的红色文化传扬模式及其主题动态跟进机制，进而实现目标系统、主体系统、客体系统、保障系统、运作系统、环境系统等优化整合：通过红色文化相关课题研究，展开深度分析，集思广益；紧紧围绕党的教育方针，将理想信念教育放在首位，在全校范围内选拔一批又红又专、全面发展的大学生作为领头骨干，组建“国家引导、典型示范、合力发扬、心灵共鸣”的红色社团，并依托其牵引作用，进行形式多样的社团活动；学校通过举办红色主题创新竞赛，能够进一步激发广大学生学习红色文化的兴趣，活跃学生思维、增强校园文化渗透；围绕红色主题开展社会调查和国情考察活动，借以拓展大学生综合素质；通过典型人物事迹“生活化”示范效应，寓教于乐地将红色文化生动呈现，更易为学生所接受认同。

（三）高校红色文化传扬成果共享的“协同一体”

高校应依托教学科研团队，凝练构架出特色性实践与体验式实践相结合、教育资源与地方需求相贯通、阶段性集中与常态化运作相帮衬、跨学院组队与全员化参与相呼应的工作特色，构建体系成熟的红色文化传扬模式，逐步扩大社会影响，在多方努力下形成协同一体的红色文化教育成果：第一，书面形式。立足红色教育实践，紧扣红色文化传扬过程中的现象与问题，在专业教师的指导下，形成具有学理性与实践性优势的调研报告并结集出版。这对参与撰写调研报告的学生和老师提出更高的要求，即教师的“教授”与学生的“接受”、教师的“传递”与学生的“领会”须达到融洽的状态。第二，“对面”形式。参加实践的学生或教师根据个人经历或想法编辑 PPT 等课件，与他人面对面进行报告交流，以演示的方式介绍实践的方法及感受，在校内能够有效调动其他学生参与的积极性，同时也可以在省内外相关会议上作经验交流，以期对兄弟高校红色文化传扬有所助益。第三，“画面”形式。即将红色实践成果浓缩为微视频，其图文并茂，画面的直观生动、配合专业的文字解说，兼顾教育内容的深刻性，能够对受众产生强烈的视觉冲击，实现寓教于乐，更加利于理解与记忆。第四，“网面”形式。高校针对红色文化主题实践，依据优秀实践成果，在相关网络平台作宣传推介与媒体报告，尤其是国家级及省级传播平台，如中国青年网、中国新闻网等网站，其权威性强、认可度高、传播面广，是扩大活动影响的最佳手段。第五，“微面”形式。即通过微信公众号、微博等“微载体”固化红色实践成果。如今，微媒体已经成为一种崭新的交往方式，其“在传播速度上呈现出短、平、快的特点，在内容上则具有简单化、浅表化与平面化的特征”。这一特性突破传统的“长篇大论、侃侃而谈”，为更好地取得红色教育实效提供可能。

（四）高校红色文化传扬推广应用的“协同一体”

多样性红色文化成果的形成是集体智慧的结晶，但不能陷入“孤芳自赏、闭门造车”的困境，因此应通过不同方式将成果推而广之。但是这一过程中，评价红色文化成果好坏的系列指标以及权威专家的反馈及推介等因素，都会影响成果的推广效果，应设计一套成熟完善的推广过程及体系。以空间为向量，以校级、省级和国家级为单位，点、线、面逐步扩大推广范围。其一，校内试点试行。为贴近时代主旋律，设立红色相关主题，如以长征胜利 80 周年纪念、抗日战争爆发 80 周年等历史事件为契机，一方面为缅怀先人、居安思危；另一方面，将这类主题与当地红色历史联系起来，以本地红色资源为参照，建立区域实践基地，也为增强当地红色历史的影响力做出贡献。其二，省内共建共享。由所在省份优势学科的高校牵头，组织省内多所不同性质高校，包括师范类、理工类、艺术类等院校共同举办红色主题研讨会、教育论坛等，以相关高校大学生和相关专业教师为主要参与群体，其主旨在于交流红色文化学习心得，学习红色实践经验。其三，省际联动联盟。建立省内与省外有机结合的现实实践组织机制，"打铁在自身硬"的情况下，有效地"引进来"和"走出去"必不可少。"引进来"，即跟踪研究校外实践基地的发展情况和现实需求，实现其与学校实践主题的对接，以为自身课题研究汲取素材和资料。"走出去"，即推进与现有省内外实践教育联盟单位的合作，依托寒暑期时间，统筹安排各团队与校外实践基地及联盟单位的接轨和实地活动，组织高校红色文化实践教学联盟，在兄弟组织或单位的切磋中增强实践协同实力。其四，全国推行推广。"协调一体"式高校红色文化传扬模式的建成也非一日之功，需要多年、多次实践活动的持续开展，这样凝练而成的经验更具说服力和感染力，在全国进行梯次应用推广的价值更大。"协同一体"式高校红色文化传扬机制流程，详见图1所示。

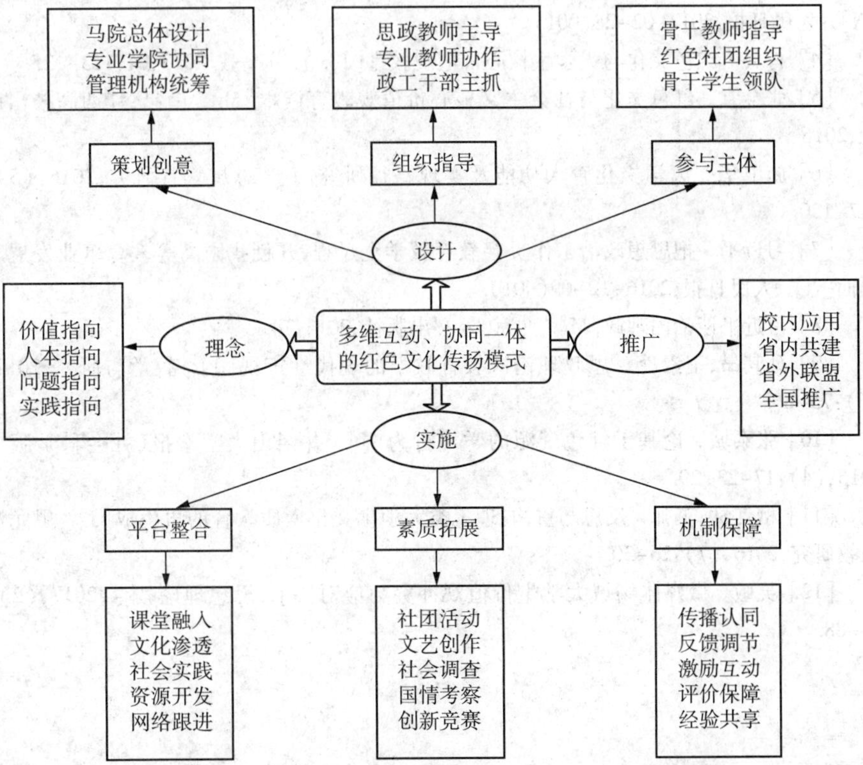

图1 "协同一体"式高校红色文化传扬模式建构

纵观全文,红色文化是党在长期奋斗中锤炼的精神品质、坚定信仰、光荣传统和优良作风,是中华民族的精神纽带和激励国人砥砺前行的精神动力。当代大学生是大学生红色文化传扬的主体,应从理念出发,以实践路径为抓手,以协同一体的机制为保障,按照“可信、可亲、可敬、可学”的原则,构建全方位覆盖、多渠道融入、情理贯通的集国家、社会、区域、学校、个人于一体的“多维互动”传扬路径,助推理论课堂、校园文化、网络阵地和社会实践的四元合一,借以内化于心、外化于行、固化于果,引领大学生自觉成为红色文化的传扬践履者。

参考文献:

[1] 习近平春节前夕赴江西看望慰问广大干部群众　祝全国各族人民健康快乐吉祥,祝改革发展人民生活蒸蒸日上[N]. 中国教育报,2016-02-04(001).

[2] 办好中国特色社会主义教育,以优异成绩迎接党的十九大胜利召开[N]. 中国教育报,2017-02-07(001).

[3] 中共中央国务院印发《关于加强和改进新形势下高校思想政治工作的意见》[N]. 人民日报,2017-02-28(001).

[4] 肖灵. 红色文化与大学生核心价值观教育[J]. 江苏高教,2013,01:123-125.

[5] 张金堂. 红色文化与社会主义核心价值观教育读本[M]. 南昌:江西高校出版社,2016.

[6] 施卫华. 大学文化育人功能及实现路径研究[J]. 思想教育研究,2016,(5):117-120.

[7] 习近平. 把思想政治工作贯穿教育教学全过程,开创我国高等教育事业发展新局面[N]. 人民日报,2016-12-09(001).

[8] 习近平谈治国理政[M]. 北京:外文出版社,2014:74.

[9] 孙其昂,王素玲. 思政理论课教育教学的现代性审视[J]. 教学与研究,2012,(6):75-80.

[10] 张泰城. 论基于红色资源的学习行为[J]. 井冈山大学学报(社会科学版),2016,(4):17-23+29.

[11] 檀江林,王帅. 反思与重构:理工类大学生文化素质教育的再生成[J]. 黑龙江高教研究,2016,(7):26-30.

[12] 吴敏. 微媒体场域大学生价值观冲突与应对[J]. 思想理论教育,2017,(2):84-88.

古代徽商精神及其当代价值

张 绪

摘 要:徽商是指明中叶以来从徽州走出去并在全国商业舞台上具有重要影响力的一支地域性商帮。徽商在推动明清中国商业发展及地域经济开发的同时,也给后人留下了一笔宝贵的精神财富。这些古代徽商精神主要表现为:敢为人先、顺势而为的思变精神;开拓进取、锲而不舍的创业精神;诚实守信、以义取利的职业精神;富而有德、积而能散的仁爱精神;贾而好儒、富而重教的尚智精神。徽商精神既是安徽优秀地域文化的重要内容,也生动地体现出敬业、诚信、友善等中华优秀传统文化的价值内涵,这对于培育和弘扬中国社会主义核心价值观有着一定的现实意义。

关键词:徽商精神;当代价值;诚信;仁义;贾而好儒

作为一个历史名词,徽商主要是指明代中叶以后从徽州走出去并在当时全国的商业舞台上产生重要影响的一个商人集团,也是明清时期中国商业经济发展中一个十分突出的历史现w象。他们在铸就商业辉煌的同时,也给后人留下了一笔宝贵的精神财富。虽然徽商的事迹已经成为百余年的历史,但是他们的精神却历久弥新,时常会闪烁出耀眼的光芒。解读徽商精神,能够让我们更好地了解中华传统商业文明的优秀价值和理念,提升民众对于中华传统民族文化的自信力和认同感,这对于浮躁、功利、媚外的现代社会来说,其现实意义更为明显。

关于古代徽商精神,概括来讲,主要有以下几方面:

一是敢为人先、顺势而为的思变精神。

"穷则变,变则通",对于古代徽商而言,思变精神是促使他们走向成功的一个重要原因。徽商的家乡地处皖南山区,当地山多地少,自给能力不足,生存环境恶劣。据称:"徽之山大抵居十之五,民鲜田畴","厥土骍刚而不化,高

作者简介:张 绪,安徽大学徽学研究中心。

水湍悍,少潴蓄,地寡泽而易枯,十日不雨则仰天而呼,一骤雨过,山涨暴出,其粪壤之苗又荡然空矣。大山之所落,多垦为田,层累而上,指至十余级,不盈一亩,快牛利剡,不得田其间,刀耕火种,其勤用地利矣。自休之西而上,尤称斗入,岁收堇不给半饷,多仰取山谷,甚至采薇葛而食。"①面对此种困境,徽人并没有坐以待毙,不思进取,而是敢于冲破传统"四民观"的束缚,提出"能贾名而儒行,贾何负于儒"的新见,这不仅彰显出徽人的自信,更体现了他们的思变精神,弃读经商、以儒助商的事例屡见不鲜。如嘉道时期歙县人许仁,"其少聪颖,喜读书,以父老且贫,囊书就贾。"②休宁人汪如铖,"幼读书,长弃举子业,贾江汉间。"③另外,徽商在商业经营活动中,也能根据时势需要,灵活地加以应变,在经营的行业、地区、方式等方面不断变化,及时地改变和调整自身的经营策略,以适应瞬息万变的商业竞争的需要。如歙县人江大用,"三岁父卒,家庭中落,稍长,从兄开杂货店,常苦不克,服下贾不利,仰天叹曰:'丈夫贾则贾耳,固当择地逐时,用不在大,宁能规规然析薪而爨,数米而炊乎?'遂辞兄北贾青、齐、梁、宋,业日起。"④歙县商人黄崇德,"……善治生,不惟任时,且惟择地。淮海为都会之地,鱼盐之饶,于是挟资之淮南。……一岁中其息什之一,不数岁致万金。"⑤该县商人吴彦先"能权货之轻重,揣四方之缓急,察天时之消长,而又知人善任,故受指出贾者利必倍"⑥。商人程致和在商业经营中亦能做到灵活应对,"趋时观变若猛兽鸷鸟之发,以生以息,凡廿年而业振"⑦。商人黄存芳也有杰出的经商才略,"甫弱冠,即能与时俯仰,握计然之划,数年遂累千金,已而治鹾居市天门,审积著,察低昂,择人而任时,故财货日振,致资累万。"⑧类似的记载尚有很多,因而康熙《徽州府志》称徽州商人"善识低昂,时取予,以故贾之所入,视他郡倍之"⑨。可以说,这种思变精神是让徽商能在明清商业市场竞争中拔得头筹的一个关键因素。

二是开拓进取、锲而不舍的创业精神。

如前所说,历史上,徽人因生计所迫,多外出经商。他们在商业上的成功,离不开他们自身优秀的精神品质,勇于开拓、积极进取、锲而不舍的创业

① 康熙《徽州府志》卷2《舆地志下·风俗》。
② 许承尧撰:《歙事闲谭》,第14册。
③ 嘉庆《休宁县志》卷15《人物·乡善》。
④ [明]汪道昆:《太函集》卷67。
⑤ [明]方信:《歙县竦塘黄氏宗谱》卷5《黄公崇德传》,明嘉靖四十一年(1562)刻本。
⑥ 《丰南志》第五册《明处士彦先吴公行状》。
⑦ [清]程善述:《歙县褒嘉里程氏世谱》。
⑧ [明]方信:《歙县竦塘黄氏宗谱》卷5,明嘉靖四十一年(1562)刻本。
⑨ 康熙《徽州府志》卷2《舆地志下·风俗》。

精神就是其中之一。在明清商业市场上，徽商的足迹无远弗届，“诡而海岛，罕而沙漠，足迹几半禹内”，他们不畏艰辛，跋山涉水，四处射利。徽州人不仅经商人数众多，而且经营地域范围广阔，“窃我新安一府六邑，十室九商，经营四出”[①]，“虽滇、黔、闽、粤、秦、燕、晋、豫，贸迁无不至焉，淮浙楚汉，又其迩焉者矣”，以至在沿江地区，“向有无徽不成镇之谚”[②]。明万历《歙志》亦称：“今之所谓都会者，则大之为两京、江、浙、闽、广诸省；次之而苏、松、淮、扬诸府，临清、济宁诸州，仪真、芜湖诸县，瓜州、景德诸镇。故邑之贾，岂惟如上所称大都会皆有之，即山陬海壖、孤村僻壤，亦不无吾邑之人，但云大贾则必居都会耳。”[③]富有开拓进取精神的徽商不仅促进了国内市镇商业的繁兴，而且还积极参与对外贸易，成为推动当时中国海外贸易发展的一支重要力量，为明清商业经济的发展与繁荣注入了巨大活力。如明嘉靖、万历年间的程汝概，“尝涉齐鲁燕赵之郊，其后逾瓯越至闵海，历漳、泉，与蕃舶贸货而还。”[④]在嘉靖年间，歙县的许辰江亦是一位著名海商，“航大海，驾沧江，优游自得，而膏沃充腴，铿锵金贝，诚古逸民中之良贾也。”[⑤]在古代徽商的商业文化基因中，还有着一种锲而不舍、驰而不息的执着精神，所谓“徽之俗，一贾不利再贾，再贾不利三贾，三贾不利犹未厌焉”[⑥]，面对商业市场上的激烈竞争与挑战，徽商韧性十足，从不轻易言败，徽人也因此获得“善贾”之名。

三是诚实守信、以义取利的职业精神。

徽商“贾而好儒”，素称“儒商”，先“儒”后“贾”是他们许多人共同的人生经历。在儒家文化的强烈熏陶下，他们踏入商界后，除了喜读诗书，乐与文人墨客结交游会以外，还会自觉地以儒家思想来指导自己的商业经营活动，遵循着儒家所倡导的义利观，强调以“义”取“利”，并将之贯彻于具体的商业实践中去。如婺源人詹元甲曾在安庆开设磁铺，因为擅长诗词，与知府陈其崧交好。后遇大祲之岁，“陈橐金二十余万，力请采办米粮，谋再三，乃诺。既至其地，逆旅主人曰：‘此地买米，例有抽息，自数百两至千万两，息之数视金之数。今君挟巨资，可得数千金，此故例，无伤廉也。’元咈然曰：‘今饥鸿载途，嗷嗷待哺，予取一钱，彼即少一勺，瘠人肥己，吾不忍为。’”[⑦]作为商人出身的

① ［清］佚名：《典业须知录》。
② 民国《歙县志》卷1《舆地志·风土》。
③ 万历《歙志·货殖》。
④ ［明］程嘉燧：《松圆偈庵集》卷下《故处士程君墓志铭》。
⑤ ［明］许可复：《续修新安歙北许氏东支世谱》卷5《练溪辰江则叙》，明隆庆三年（1569）刻本。
⑥ ［清］倪望重等：《祁门倪氏族谱》卷终《诰封淑人胡太淑人行状》，清光绪二年（1876）刻本。
⑦ 光绪《婺源县志》卷34《人物十·义行七》。

詹元甲,并没有按照成例,为满足一己私利进行抽息,成为投机贪利之徒,而是心怀慈悯,舍利取义,克己奉公,秉承了“义利相兼、以义为先”的做人与做事原则。在这种义利思想的影响下,注重商品质量,讲求商业信誉,成为徽商职业精神的一个主要特征。正如有的学者所言:“绝大多数徽商坚信‘财自道生、利缘义取’,讲究商业道德,以价廉物美吸引顾客,以讲究信用立稳脚跟。这可以说是徽商经营中的最大特色。”①如徽商朱文炽,曾贩茶到广州,“逾市期,交易文契,炽必书陈茶两字,以示不欺。牙侩力劝更换,坚执不移。屯滞二十余载,亏耗数万金,卒无怨悔。”②在沪开设典当铺的汪通保,亦以诚实守信作为自己的经商原则,“与诸子弟约,居他县毋操利权,出母钱毋以苦杂良,毋短少;收子钱毋以奇羡,毋以日计取盈。”③商人吴南坡也一直信奉着诚实守信的经商原则,“人宁贸诈,吾宁贸信,终不以五尺童子而饰价为欺”。这一做法最终为他赢得了很好的商业信誉,生意事业也变得越来越红火,“四方争趣坡公,每入市视封,识为坡公氏字,辄持去,不视精恶长短。”④又如鲍雯,“一切治生家智巧机利悉屏不用,惟以至诚待人,人亦不君欺,久之,渐致盈余。”⑤“义”本自于心,见之于行,在逐利的过程中,诚信的商人能以“义”来规范和引导自己的行为,并由此建立与顾客的信任与互动,从而形成一种良性的商业关系。这可以说是古代徽商取得成功的一大要诀。徽商在商业经营活动中所表现出来的诚实守信、以义为先的精神品质也体现了中华优秀传统文化的一大精髓。

四是富而有德、积而能散的仁爱精神。

由于深受儒家仁义思想影响,徽商还具有宽厚的仁爱精神。他们在追逐商业利润的同时,还不忘回报社会,经常会用自己所积累的财富,广施善举,积极参与地方公益事业建设,成为明清时期中国义商的典型代表,正所谓:“我江南言乐善好施者必曰徽人,言多财善贾者必曰徽人,徽人遂好施善贾名天下。”⑥修桥铺路、助赈灾民、扶危济困、伸张正义等等,都是他们广行善举的重要表现。如休宁珰坑街人朱德粲,“贾于皖,尝成潜山县石梁,造救生船于大江以拯溺,制水桶于皖城以救火灾,并置义地,施茶汤,保姜氏子,赎许氏女,义行甚众。”⑦歙县江村人江承东,“少服贾于汉阳”,“乾隆辛酉岁,棚民蛸

① 卞利:《徽商经营管理对现代企业的启示》,《浙江树人大学学报(人文社会科学版)》,2008年第2期。

② 光绪《婺源县志》卷35《人物十·义行八》。

③ [明]汪道昆:《太函副墨》卷4《汪处士传》。

④ [清]吴雯清:《古歙岩镇东磡头吴氏族谱·吴南坡公行状》,清康熙十三年(1674)钞本。

⑤ 鲍诚猷:《歙县新馆鲍氏著存堂宗谱》卷2《鲍解占先生墓志铭》,清光绪元年(1875)活字本。

⑥ 周赟:《义仓序》,光绪《绩溪县南关惇叙堂宗谱》卷8《序》。

⑦ 道光《休宁县志》卷15《人物·尚义》。

集汉口，承东帑遣子侄于除夕，每棚暗给银钱，同辈有仿而行之者，全活甚众。”[①]黟县商人余应庚，“性仁厚，贾于鄂汉，有所获，辄济人灾难，其因匮乏而假贷者，不计利，不责偿。又置义冢于旅地，任乡人埋葬。”[②]该县商人王廷璧亦是乐善好施之人，“尝贸易东流县，值水灾，居民纷纷流移，有年老艰于行者，璧出三百金于城隍庙给发。越二日，金尽，适县令请赈，难民得老幼完聚，至今东流人犹称廷璧之德。”[③]类似的善行义举在相关的历史文献中还有很多记载。在仁爱思想的影响下，包括徽商在内的徽州人对于财富也有着自己的理解，在他们看来，财富是上天赐予的一种福报，应“积而能散”，施惠于人，这样做才能符合天道，避免“满招损”的结局。可以说，富而有德、积而能散的仁爱精神也是古代徽商群体的一个普遍特征。

五是贾而好儒、富而重教的尚智精神。

在明清徽州地区，重教之风向来兴盛，素有“十户之村，不废诵读”的美誉，生长于斯的徽商也在此种风气的长期浸染下，形成了“贾而好儒”、“富而重教”的尚智精神。不少徽商在经历由士而商的转变后，仍然持守着儒士的精神和品质，不仅能自觉地以儒家的义利观来指导和规范自己的商业行为，而且在经商之暇，依然持之以恒，手不释卷。如歙县人鲍雯，“君少敦敏，喜读书，手录六经子史大义，积数十箧。……自遭父丧，急欲以科目自奋，而连踬于有司，愭拄门户，艰辛万状。先生曾治盐策两浙间，不得已往理其业。虽混迹廛市，一以书生之道行之……”[④]歙县的黄望云，“少业儒，以独子挡门户。父老，去之贾。以儒术饬贾事，远近慕悦，不数年资大起。……虽游于贾人，实贾服而儒行……性喜吟咏，所交皆海内名公……”[⑤]绩溪西关的章策，早年亦以习儒为业，后“弃儒承父业学贾，往来兰、歙”。在经商期间，他仍对儒学保持着极为浓厚的兴趣，“……虽不为帖括之学，然积书至万卷，暇辄手一编，尤喜先儒语录，取其有益身心以自励，故其识量有大过人者。”[⑥]可以说，正是得益于儒家文化的熏陶与滋养，徽商才具备了较高的职业素质，这为他们在商界取得如此巨大的成就提供了重要前提。与此同时，徽商在子弟的培养和教育上，也常常是不遗余力，全力以赴，积极捐资兴学，延师教子。如歙县商人鲍柏庭，“世居歙东新馆。……家初以贫，奉亲未能隆，后以业浙鹾，家颇饶裕。其教子也以义

① 《歙县志》卷9《人物志·义行》。

② 余攀荣、余旭升：《黟县环山余氏宗谱》卷18《懿行》，民国六年（1917）木刻本。

③ 道光《黟县续志》卷7《尚义》。

④ 鲍诚猷：《歙新馆鲍氏著存堂宗谱》卷2《鲍解占先生墓志铭》，清光绪元年（1875）活字本。

⑤ ［明］黄玄豹：《歙县潭渡黄氏族谱》卷9《望云翁传》，明隆庆间重编，清雍正九年（1731）校补本。

⑥ 章尚志：《绩溪西关章氏族谱》卷26《幽光录·墓志铭·例授儒林郎候选布政司理问绩溪章君策墓志铭》，民国五年（1916）活字本。

方，延名师，购书籍，不惜多金。尝曰：'富而教不可缓也，徒积资财，何益乎？'"[①]徽商凌珊，"早失父，弃儒就贾。……恒自恨不卒为儒，以振家声。殷勤备脯，不远数百里迎师以训子侄。起必侵晨，眠必丙夜，时亲自督课之。每日外来，闻咿唔声则喜，否则嗔。"[②]对于家乡的文教事业，徽商真的是不吝赀产，十分积极地给予扶持和兴办。另有学者统计，"乾、嘉数十年间，歙盐商为修复歙县的山间书院和紫阳书院，共捐输银计七万余两，其中两淮总商鲍肯园两次独捐银一万一千两。"[③]其他由徽商参与兴建的学校、书院，更是难以尽数。在徽州，读书参加科举通常被视为一条正途，这从当地流行的俗语中也能知晓一二，如"三世不读书，等于一窝猪"，"三世不学问，不仕宦，不修谱，便流为小人"[④]，等等。在这样一种文化认识环境中，徽商的兴学重教行为也就很容易被理解了。徽商的尚智精神不仅为其商业的成功助了一臂之力，而且也为自己的家庭树立了诗书传家、富而好礼的优良家风。徽商对于教育事业的重视，使得徽州地区的文化日渐昌盛，以至形成"商成帮、学成派"的独特格局。

以上所谈论的古代徽商精神，对于当前社会来说，仍然具有很重要的价值和意义。比如，在商业经营理念方面，古代徽商所遵循的"诚实守信、以义取利"的职业精神，对于树立现代企业的诚信观，加强企业的道德自律就具有很好的榜示作用。在企业家精神培育方面，徽商"敢为人先、顺势而为"的思变精神、"开拓进取、锲而不舍"的创业精神正契合了现代企业经济发展的需要，理应成为现代社会中企业家精神的核心要素。在社会责任与价值理念方面，徽商"富而有德、积而能散"的仁爱精神、"贾而好儒、富而重教"的尚智精神很好地展示了商人对于社会发展和家庭教育的正面意义，它们在引导现代社会商人群体的行为取向方面也会产生积极的指示作用。应当说，古代徽商的这些精神对于现代社会来说，仍然显得弥足珍贵，无论是个人和家庭，还是企业与社会，似乎都能从中汲取各自所需要的精神养分，以补充其精神钙质，强壮其精神骨骼，进而提升自我认知能力，增强自觉意识，培育出适应现代文明社会所需要的商业精神和价值理念。值得指出的是，徽商精神不仅属于安徽优秀地方文化，更是中华优秀传统文化的一个典型代表，它秉承了中华传统文化的精髓——求变、坚韧、诚信、仁爱、尚智，这些精神特质对于重构现代中国社会文化价值理念、培育现代中国社会公民道德观念，具有不可忽视的现实价值和意义。

---

① ［清］鲍诚猷：《歙新馆鲍氏著存堂宗谱》卷3，清光绪元年（1875）活字本。

② ［清］凌应秋：《沙溪集略》卷4《文行》。

③ 李琳琦、王世华：《明清徽商与儒学教育》，《华东师范大学学报（教育科学版）》，1997年第3期。

④ ［明］程弘宾：《歙西岩镇百忍程氏本宗信谱》卷11《族约篇》，明刻本。

徽州历史上乡贤文化的基本要素

张小明

摘　要:徽州乡贤文化是徽州文化的重要组成部分,曾在乡村治理和地域文化构建中发挥重要作用。文章以文献志、方志及族谱等地方文献为依据,反映出徽州历史上乡贤文化有着三大基本要素:文化认同、道德约束、热心公益。整理徽州历史上乡贤文化的基本要素有助于更好地认识徽州文化的人文精神,有助于总结徽州历史上乡村治理的经验,从而为当代乡村文化建设和乡村治理提供有益的启示。

关键词:徽州;乡贤;乡贤文化

从历史的角度看,狭义的“乡贤”主要是指经过“公议”并被祭祀于“乡贤祠”中的贤达;广义的“乡贤”一般是指在本乡本土有较高声望、知书达理、为人正派、办事公允、热心公益的人士。乡贤文化是以乡贤为主体,经过历史的积淀而形成的有关乡村社会的生产、生活、思想、情感、习惯及民间信仰等要素的总和,它是中国传统文化、更是地域文化的重要组成部分。本文讨论的“徽州乡贤”属广义范畴,主要依据文献志、方志及族谱等历史文献所记。当代乡村建设中涌现出的新乡贤尚须通过实地走访并做总结,因此不在本文讨论范围之内。

弘文重教、崇尚朱子理学是徽州文化的重要内核,徽州乡贤在历史上是乡村场域内享有较高声望的群体,他们既在徽州文化建构的历史进程中发挥了重要的作用,又共同促成了具有良好影响的徽州乡贤文化。徽州乡贤文化经过长期的发展演化,形成了具有相对稳定性的结构。若对其展开分析,至少有三大基本要素:文化认同、道德约束、热心公益等。

作者简介:张小明(1974—),男,安徽歙县人,硕士,副教授,黄山学院文学院院长,研究方向:中国古代文学及徽州文化。

一、文化认同

徽州文化博大精深之内涵的形成,原因自然十分复杂,与人口迁徙、地理及社会环境、风俗习惯等因素都有关,当然也与历代徽州乡贤不断提升对徽州文化的认同度有关。徽州乡贤自身对于徽州文化有强烈的认同,同时又通过一定的方式促进人们认同徽州文化,从而使人们能够较好地追求共同的文化理念、秉承共同的思维方式和行为习惯。徽州乡贤建构徽州文化认同的方式主要有:重视撰修方志,搜集地方文献,强化宗族认同。

首先,重视编修方志。编修方志并非徽州所独有的现象,但是徽州乡贤通过编修方志来丰富地方文化,促进地域文化的认同却有着特殊的贡献。这种贡献突出地体现在徽州乡贤较早地重视修志,形成延续性的修志传统,尤其是重视人物志的编修。

如康熙十二年(1673)的《徽州府志》辑录人物有2000多名,篇幅几乎占全书一半;康熙三十八年(1699)的《徽州府志》总共18卷,其中人物志就有12卷;道光《徽州府志》共16卷,人物志有8卷,等等。可以说,徽州方志"材料的撷取、逻辑的架构、理论的阐发、内容的厚薄均以人物志为基础"①。徽州志书中的人物志,事迹必核其实,不虚美、不隐恶。当然,徽州志书中的人物志多选取品德高尚、政声良好、才华卓著、操守坚贞的贤人,尤其是宣扬忠孝节义之士,为后人提供人生的范例。通过褒善贬恶、清风洁俗、敦教节义等,一方面不断强化徽州文化重儒学的内核,另一方面又启发后人怀抱对先贤的崇敬之心、敬仰之情,生发出对家乡的自豪感和认同感。

第二,搜集地方文献。地方文献是地方文化的重要载体,搜集地方文献有助于提升人们对地域文化的自觉认同。徽州历代乡贤致力于乡邦文献的搜集整理,形成了一批具有特色的徽州地方文献,其中较有影响的有《新安文献志》《新安学系录》《寄园寄所寄》《歙事闲谭》等。

明代弘治年间,徽州乡贤程敏政以一己之力、积三十年之功编纂而成《新安文献志》,可以说是徽州首部图书文献汇编,他明确提出:"宣子聘鲁,而嘉周公典籍之大备;孔子说二代之礼,而叹杞宋之难征。则生于其地,而弗究心于一乡之文献,非大阙与?"②《新安文献志》开篇就辑录从南朝(齐)到明朝的

① 刘道胜.正统化的学术活动与地方性的知识积累[J].历史档案,2005(4):127-134.

② 程敏政.新安文献志[M].何庆善,于石点校.合肥:黄山书社,2004:10.

历代徽州先贤，其目的是通过表彰徽州先贤的精神品格激励后人效法，同时又欲以朱子之学统一徽州的文化观念，凝练徽州文化的基本要旨，为文化认同夯实基础①；徽州休宁乡贤程瞳撰成《新安学系录》梳理了新安学派的源流，维护北宋二程（程颢、程颐）与南宋朱熹在新安学派中的宗师地位，试图借二程和朱熹对徽州的学术思想文化进行系统的归纳和总结，尤其是朱子之学在明代面临挑战和危机的情况下，程瞳通过为新安理学家立传立言，全力维护朱子之学②，意在向世人宣示：理学源自徽州，文化最盛于徽州，从而抬高徽州文化的地位，为文化认同提升自信；清代徽州休宁乡贤赵吉士的《寄园寄所寄》和近代徽州歙县乡贤许承尧的《歙事闲谭》则以笔记杂录的方式，或记载亲身见闻，或摘录所见古籍中的资料，为徽州文化的建构起资料补充和整理的重要作用，为文化认同提供丰富视角。徽州乡贤对地方文献的整理，既荟萃地域文献精华，又集中体现地方乡贤精英的学术思想，有力促进地域文化的认同。

第三，强化宗族认同。徽州宗族的族长一般都由德高望重的长辈乡贤担任，徽州乡贤在强化宗族认同、维护乡村秩序中发挥重要作用，这突出地表现在主持或参与修订族谱、修建祠堂等宗族事务方面。强化宗族认同不仅仅是血脉上的认亲和归宗，更是文化上的寻根和认同。

《中国古籍善本书目》所录族谱中就有徽州一府六县41种姓氏的族谱175部，其中涉及徽州大姓——程、汪、方、吴、胡、黄等姓氏的族谱有93部。徽州族谱的修订离不开乡贤的力量，比如明代程敏政的《新安程氏统宗世谱》、清顺治间歙县张习孔和张士麟父子所撰《新安张氏统宗谱》、清乾隆二十四年（1759）休宁吴兆元和吴肯堂编修的《吴氏忠孝城南支谱》、清道光二十二年（1842）歙县许廷瑞编修的《歙西稠墅许氏宗谱》、光绪二十五年（1899）歙县汪道让编撰的《歙县潜川中市汪氏宗谱》等③。值得珍视的是，程敏政的《新安程氏统宗世谱》以统宗收族为根本、以存疑存阙为史法，有意纠正以往同姓族谱各自为政、对祖先谱系附会作伪的现象，实现大宗小宗统宗收族的目的，强化了宗族的统一与认同。徽州宗族祠堂数量众多，其大规模的兴建始于明代。据明代嘉靖《徽州府志》所记，徽州有宗祠204个。站在今天的角度看，祠堂一定程度上也是乡贤治理乡村所留下的物质文化遗产。徽州乡贤与宗祠的关系至少体现在两个方面：一是乡贤是主持和筹划修建祠堂的重要力

---

① 张小明．建构地域文化自信：《新安文献志》的范式意义［J］．社会科学家，2017（4）：156-160.

② 张健．程瞳及其《新安学系录》［J］．安徽师范大学学报，2000（3）：351-354.

③ 翟屯建．徽州私修家谱与公修族谱的差异［J］．安徽史学，2006（6）：76-78.

量，如著名的绩溪县龙川胡氏宗祠就是明嘉靖二十五年(1546)由同乡——兵部尚书胡宗宪倡导并捐资扩建；二是乡贤与祠堂制度的形成密不可分，尤其是促成朱子《家礼》与祠堂礼仪、祠堂功德配享与捐资立主、大小宗并举等制度①。更为重要的是，徽州祠堂有着其文化方面的引导，这从其命名就可见一斑，如婺源考川的“明经祠”、黟县南屏的“叙秩堂”、歙县潭渡的“思诚堂”、歙县西溪南(今属徽州区)的“敦本祠”“敬爱堂”等。徽州祠堂作为宗族文化的显性符号，不仅是族人的精神寄托，而且引导族人不断强化文化认同。

徽州历史上的乡贤通过撰修方志，搜集地方文献，强化宗族认同等多种方式不断丰富徽州文化的区域特征、学术理念、人文精神、本土情怀、社会规范等内涵，以有形或无形的方式，将徽州文化融入徽州人社会生活的方方面面，使人们能秉承共同的文化精神，认同共同的文化理念。

二、道德约束

从历史上看，徽州乡贤是维护乡村社会秩序的中坚力量。从官方政令的落实到乡民意愿的上达，乡贤无疑发挥着桥梁和纽带的作用。乡贤威望的形成，当然与其自身的才学、品德有关。《论语》有云：“其身正，不令而行；其身不正，虽令不从。”的确，乡贤高尚品德的示范效应，使其在施行乡村教化、实现乡村的道德约束方面能够起骨干的作用，从而更好地维护乡村基层的社会秩序，提升社会公德及影响力。徽州乡贤从私德出发实现对社会公共道德的约束，其根本途径是以良好严谨的家风带动淳朴厚道的乡风和民风。

家风是家庭或家族历代传承并谨守的传统风尚，家风往往渗透在家庭或家族成员的日常生活之中。徽州乡贤特重家风，其家训格言往往见于家谱、族谱、祠堂、厅堂之中，世代传承。如《紫阳朱氏宗谱》中即有朱熹撰写的《家训》，《绩溪积庆坊葛氏族谱》亦有“家训”，黟县宏村承志堂的厅堂上就悬挂家训对联——“淡泊明志，清白传家”。徽州的家训格言无一不是教育子孙恪守为人之道、持家之道、求学之道、为政之道等。家风既关乎家庭之小家，亦关乎社会之大家，体现家庭道德与社会道德的融合。

朱熹对徽州民间重视家风起着关键的作用，朱子《家礼》在徽州有很深的影响，有极强的道德约束功能。《家礼》源于《周礼》，承《孔子家语》《颜氏家训》之脉。朱熹与其他儒家学者一样，认为家国具有同构的性质，其作《家礼》

① 林济．明代徽州宗族精英与祠堂制度的形成[J]．安徽史学，2012(6)：90-97.

意在用伦理精神和道德力量来约束家族成员，将庶民之礼与国家之礼对接，进而起到管理民众与社会的目的[①]。《紫阳朱氏宗谱》中保存了朱熹所撰的《家训》，篇幅虽短，但提纲挈领地将君臣、父子、兄弟、夫妇、友朋、长幼、主仆等复杂社会伦理梳理得十分清楚，尤其强调个人的品行与修养，注重发挥道德的力量及约束功能，贯穿儒家"仁义礼智信"的人文精神和道德追求。

朱熹的《家礼》《家训》在徽州已不限于对朱氏一族的约束，而取得了广泛的影响。承朱熹《家礼》，休宁县吴氏家族的《茗洲吴氏家典》即是明证。吴氏为休宁的世家大族，《茗洲吴氏家典》在乡贤吴翟编辑成书之前，至少经过九至十代人的酝酿和努力。《茗洲吴氏家典》开宗明义就点明"遵文公《家礼》"，开篇就立了"家规八十条"，用儒家的道德伦理约束家族成员，内容广涉琐细的日常生活。徽州乡贤为什么要重视朱熹《家礼》？康熙五十五年(1716)，另一徽州乡贤李应乾为《茗洲吴氏家典》所写的序言中就阐述得很清楚："我新安为朱子桑梓之邦，则宜读朱子之书，服朱子之教，秉朱子之礼，以邹鲁之风自待，而以邹鲁之风传之子若孙也……由一族以推之一乡，由一乡以推之一邑一郡，由是而遍及四方焉，风俗宁有不厚？人心宁有不古者哉？"[②]徽州乡贤崇尚朱子理学，其深意是不言自明的，就是欲以朱子理学恢复古道，以道德约束来净化家风、民风及社会风气。

正是在严谨的家风、乡风和民风的影响下，徽州人无论求学、为官、经商等都涌现出优秀的典型，生动地诠释徽州文化及徽州乡贤文化的精彩内涵。徽州特别重视教育，至今民间还流传"富不丢猪，穷不丢书"的谚语。徽州人才辈出，休宁县是历史上有名的"状元县"，"连科三殿撰，十里四翰林"更是徽州重视教育的真实写照。戴震、胡适、陶行知等一大批徽州乡贤更是留下刻苦求学的佳话，为徽州子弟树立楷模。徽州人入仕为官者多能坚守"穷不忘操，贵不忘道"的原则，如明代洪武年间黟县人胡寿安，离任信阳县令时，作有《任满谒城隍庙》诗："一官来此几经春，不愧苍天不负民。神道有灵当鉴我，去时还似来时贫。"他历任数职，都能做到布衣蔬食，全然一介平民。明代嘉靖年间歙县人凌琯，历任河南参议、贵州提学、四川参政、山西按察使等职，为官施政，公道正派，毫不徇私。凌琯一家亦是如此，明万历皇帝为表彰其一家的操守及政绩，恩准其建牌坊，上书"父子明经""三世承恩"八个大字，可谓"三代忠良，一门清誉"[③]。徽商以诚信为本的经营理念享誉中国，雄踞中国商

① 郑春．朱子《家礼》与人文关怀[M]．福州：福建教育出版社，2010：7.

② 吴翟辑，刘梦芙点校．茗洲吴氏家典[M]．合肥：黄山书社，2006：3.

③ 《古徽州官吏勤廉史迹》编委会．古徽州官吏勤廉史迹[M]．北京：中国方正出版社，2014：166.

界数百年。清代两淮盐业总商——歙县人江春诚信经营、乐善好施,赢得良好的声誉。徽商胡雪岩则亲作《戒欺》一文,高悬在胡庆余堂的大厅之上,以不欺诈、守诚信作为经商之道、立身之本,这实际上体现出严格的道德约束和为人准则。

严谨为人—刻苦求学—清廉为官(或诚信经商)—回报桑梓,徽州乡贤正式通过这一经典途径在确证自身人生价值的同时完成报效社会的宏愿,也促成徽州乡贤文化的独特风景。溯其缘由,这得益于徽州良好的家风、乡风和民风,得益于崇德向善,明礼知耻的徽州文化的主流价值观,更得益于徽州乡贤对"修身、齐家、治国、平天下"的儒家传统文化精华的汲取与传承。

三、热心公益

徽州乡贤热心公益,如参与建桥、修路等基础设施建设,参与防汛、抗旱、赈灾等应急事务,参与兴办蒙馆、延聘教师、资助贫寒子弟等教育基业①。徽州乡贤通过参与处理社会公共事务,助推徽州社会形成良好的风气,从而在基层的社会治理中发挥重要作用。

道路、桥梁、水利设施等与乡民的日常生活息息相关,凭普通百姓一己之力却难以改善,既需要政府的支持,又需要通过集体的力量合力解决,这从现存的徽州古道路会组织以及古桥梁旁树立的功德碑即可看出。当然,徽州历史上基础设施建设的核心力量依然是乡贤。徽州方志对此类事迹记述较详,如民国十四年《婺源县志·人物·义行》记载:清代乡贤俞德任捐资修桥,"远祖所建水口石桥,乾隆壬子被水冲坏,搭木暂济,狭险难行。任念桥乃通卫要道,非甃石不可,独以父遗田三亩倡首捐输,众多其义,咸相踊跃。嘉庆九年告竣。"婺源县仁村乡贤胡同寅修建婺源樟村大龄道路,"承父志,独力捐造,不下二百余金。"清道光三年(1823)《休宁县志·人物·尚义》记载休宁县乡贤黄楷捐资并率领乡人兴修水利,"先捷石晒渠,随高下蓄泄,引溉赖之"。《新安旌城汪氏家录》记"汪怿兴水利"的事迹,"汪怿,字必恭……曾迁居十二都珰坑,户之税钱六十九贯三百有奇,该苗米八十八石三斗三升而赢。会珰坑大旱,而此方在先无兴水利者,农皆病之。公乃出己见相源度委,以其可陂处为堨,至今利之。"②

① 钱念孙. 乡贤文化为什么与我们渐行渐远[J]. 学术界,2016(3):38-44.

② 汪炤. 新安旌城汪氏家录[M]//徽学:第二卷. 合肥:安徽大学出版社,2002:353-354.

徽州乡贤还热心参与防汛、抗旱、赈灾等应急事务，如民国《歙县志·营建·水利》记载，当时歙河淤塞，歙县岩镇（今属徽州区）乡贤汪尚光热心公益，他“请于官，首倡疏浚，至今赖之。”民国《歙县志·人物·义行》还记载明初歙县水利设施欠缺，多旱涝灾害，另一歙县乡贤江远荫“输资开浚，胥受其益”。徽州乡贤对于赈灾亦是不遗余力，道光《徽州府志·人物志·义行》就记载明嘉靖年间徽州乡贤（典商）汪通保的义行，“嘉靖癸卯岁大祲，郡守议发粟，通保谓不如以金便，即首输以倡。”汪通保的义行可以说是贯穿始终，《岩镇汪氏家谱·处士汪思云公传》记载他“就里中设糜粥，饭饥人”；《岩镇汪氏家谱·处士汪思云公行状》评价他：“为田以待宗人之不能自食者，为茔域以待其不能丧者。”①

当然，徽州乡贤热心公益最根本的还是体现在崇教助学方面。徽州乡贤坚持教育为根本，他们资助贫寒子弟，奖掖后进：置义田、兴乡校、办文会；广建书院，网罗人才，弘扬义理，坚守道统等等，这些有力的措施都有效推动徽州教育事业的发展。徽州各地方志中的《营建志·学校》《人物传·义行》中都记载徽州乡贤资助府学、县学、书院、义塾和义学等实例。如道光《徽州府志·人物志》记载，休宁乡贤程子谦于康熙十四年“捐银一千两，置学田取租为诸生科举费”；民国《歙县志·人物志》记载，歙县乡贤汪坤祖，“于道光二年遵父仁晟遗命，捐银一千两为乡试卷烛费”。《新安旌城汪氏家录》记汪泳置义庄、义学，其“所立义学，承事秩下及凡族之秀，皆入学，诗礼之风，到今未坠，良有自也。学之所以可久周者，盖分庄中租入具膳给俸延师，俾掌事位岁以其目关报会计，而不仰给于他故也”②。

徽州宗族在乡贤的主持下，一般都会给予求学的子弟以特殊的照顾，尤其是给予有功名的子弟以特殊的礼遇。如绩溪《盘川王氏宗谱》卷一《春秋办祭规则》在祭祖时就对有功名的子弟进行“分胙”的规定：“凡其有功名以及应试童生，均得于祭毕再入奖劝祠祭奠。与祭生胙：生员肉一斤，包两只，新生读祝加给肉一斤，赴闱监生照生员例；廪生与恩拔副岁优，肉两斤，包四只；举人肉四斤，包六只；进士肉六斤. 包八只；翰林肉八斤，包十只；及第肉十斤，包十二只。”③徽州祠堂除发挥祭祀祖先及举办大型活动的功能外，也重在弘扬徽州宗族崇文重教的传统，激励族内子弟崇教好学。如徽州祠堂的祠规祠训一般都激励子孙好学勤学，呈坎的罗东舒祠中就左右各高悬四块祠规牌子，

① 安君．明代岩镇汪氏宗族与地方社会互动论略[J]．中国地方志，2016(7)：55-61.

② 汪炤．新安旌城汪氏家录[M]//徽学：第二卷．合肥：安徽大学出版社，2002：352-353.

③ 李琳琦．徽州教育[M]．合肥：安徽人民出版社，2005：157-158.

即“妥神灵、严非族、戒妄婚、勉右文”和“敦本业、勖长厚、警入祀、议综理”,其中“勉右文”就是要求后人知书达理,勤学修德。

徽州乡贤热心公益,促进了社会和谐,维护了社会稳定。徽州乡贤的义举既为个人树立了良好形象,也为乡贤群体在徽州社会树立良好声望。乡贤由此为乡民所推崇,推动乡贤文化在徽州不仅成为人们内化于心的心理认同,也成为外化于行的社会实践。

四、结　语

初步考察徽州历史上的乡贤文化,我们似有以下基本认识:一是徽州乡贤数量众多,既有生于斯长于斯的本土乡贤,又有生于斯(或祖籍于此),后旅居在外的乡贤。这两类乡贤都曾对徽州本乡本土产生重要影响;二是就其本质而言,徽州的乡贤文化植根于丰厚的中国传统文化土壤之中,是徽州成为集中地传承中华文化的典型地域的又一个明证;三是徽州的乡贤文化与其他地域的乡贤文化相比,有同有异,但彼此间的共性大于个性。

当然,本文所论仅是徽州历史文献所载的部分乡贤,所论及乡贤文化的要素也仅是从最基本的共性特征入手,范围是有限的。许多徽州乡贤作为乡土社会的精英阶层,他们通过各种方式曾为徽州乡村社会的稳定与和谐做出不同的贡献,由于名不传青史,后人无从详解其事迹,但乡贤的精神却永存于徽州民间。毫无疑问,徽州历史上的乡贤文化或多或少带有历史的局限性,但徽州乡贤以文化认同、道德约束、热心公益等嘉德懿行为后人树立楷模,引起人们的高度认同和仿效,从而形成扎根于徽州乡村、贡献于基层治理的乡贤文化。当代乡村文化建设需要以社会主义核心价值观为统领,但历史上乡贤文化的合理之处依然具有借鉴价值。

文化自信：文化创新的新向度

——论徽州文化传承与创新的当代使命

丁 惠

摘 要：道路自信、理论自信、制度自信和文化自信的价值格局，表明文化在任何时期都具有主导作用。徽州文化与藏文化、敦煌文化并称为“中国三大地域文化”，其所具有的文化内涵异彩纷呈。我们应立足徽州文化并赋予其全新的时代内涵，让薪火相传的徽州文化在新时期迸发出新的力量，在创新中升华文化自信，最终成为中华崛起之强大动力。文章简要说明文化自信及其创新的价值，阐述辉煌的徽州文化及其创新路径，论述它对文化自信的促进作用。

关键词：徽州文化；创新；文化自信；当代使命

徽州不仅属于地理范畴，更是一种文化标签。徽州文化富有强烈的地域色彩，具有系列性和整体性的特征。它涵盖了东方文化的方方面面，其内容也是绚烂多姿：社会民生、经济政治、地域演化、古今文化无所不包。

结合国际形势来看，经历战火洗礼和文化变革后的中国已步入繁荣富强的轨道并在高速进步，中国文化在国际上的影响力也在日益提升。若想在国际竞争中取得优势，实现中华崛起之愿望，增强文化认同、确立文化自信是十分重要和必要的。优秀文化能树品格、立新风，唯有在徽州文化这样的优秀文化中融入崭新的时代内涵和精神，增强国民的文化自信，形成文化创新与文化自信相互促进的局面，才能使我国在国际舞台中占据一席之地并屹立不倒。

一、概 述

（一）文化自信

文化自信实际上还包含着另外两方面内容，一个是文化自觉，另一个则

作者简介：丁 惠（1983—），女，安徽农业大学外国语学院讲师。

是文化自强。文化自觉是实现文化自信的重要前提,而文化自强则是文化自信的最终目的①。无论是在国际交流中,还是在社会民生中,文化的作用都显得尤为重要,人们更倾向于追求精神方面的满足。纵观中华几千年演变进程,我们的民族至今屹立不倒的重要因素便是文化的力量,民族自信与文化自信之间也是不可分割的,文化自信是民族自信的源泉和基石。

(二)文化创新价值

文化交流是文化传播的重要方式,文化交流是在文化继承中不断演化的,在演化的过程中势必会融入新的内容和内涵,而其本质就是文化创新②。以"求同存异"为基础,根据文化的形式可以将文化分为两个种类,一种为物质文化,另一种则为精神文化,这两种文化的创新方式各有不同,但其实质上却是相同的,都是立足本土文化,取精去糟,增添新的内涵。实际上文化创新也是一种文化传播的方式,就此来看,文化创新对文化传承具有巨大推动力,同时,文化创新对文化自信也具有极大的促进作用,二者腹心相照、声气相求,其中包含的价值无法以数来计。

二、徽州文化的主要内容

徽州文化融合了自然与人文、物质文化遗产与非物质文化遗产,其内容主要包括以下几方面:

(一)地域文化

徽州文化实际上是一种合流文化,在环境变化和人类迁徙中不断演化形成,春秋前江南地区优秀的越文化也是其中的重要构成部分③。在社会环境等多种因素的影响下,徽州人走向四面八方,通过经商谋生。在世界各地的往来之间,徽州人积极吸收并融入其他地域文化当中,构建出具有徽州特色的新型文化。徽州文化起源于徽州,在各地生长并最终在徽州汇聚。本土文化是其整体构成的根基部分,汲取中原及异域文化当中的精华部分,经过历史的激荡和时间的洗涤融汇而就。徽州文化不仅具有其自身的稳定性和特异性,又具有汲取外来文化的包容性和系统性。

① 张红明. 浅论青年干部文化自信的弱化与重塑[J]. 中共珠海市委党校、珠海市行政学院学报,2017,(3):71-74.

② 田亭亭. 徽州文化对古祠堂建筑特征的影响与创新的研究[D]. 长春:东北师范大学,2015.

③ 周蓉蓉. 徽州民众文化自信现状考察及思考——以休宁籍民众为例[J]. 文化学刊,2016,(9):76-79.

（二）儒学传承

“东南邹鲁”和“程朱阙里”都是徽州的代名词，程颢、程颐和朱熹这三名程朱理学的创建者均来自徽州。徽州地区儒风盛行，徽州人对儒文化十分推崇，徽商在经商的过程中也在自觉地传扬儒学文化。儒学文化是徽商经营的指导方针，儒学在徽商中的指导方针包括两个方面：一是“仁义为本”，经商不仅是经济收益活动而且是个人道德修养的过程；二是“以义统利”，义和利是一对矛盾体，既处于对立面，又具有统一的关系，见利思义的思想也是儒学当中的重要内容。古籍有载，历史上，朱熹曾经回到徽州省墓三次，在这三次省墓中他都坚持宣讲其所奉行的儒文化。因此，徽州在儒学文化的继承和传扬中起到了至关重要的作用。历史悠久的儒学文化在华夏儿女心中的地位不可比拟，是中华之瑰宝，在当前新形势下，儒文化的创新是极为必要的。

（三）徽商文化

东晋时就有徽州人经商的记载。徽商活动的鼎盛期为明清时期，然而，旧时代的商人是得不到统治政权认可的，在封建的社会阶层中甚至居于末流。但是，徽商为实现自身报效国家的伟大理想，发展“儒商文化”，一步步造就了“儒商”这一集文化与商业于一身的独特的社会集团。他们以儒学思想来约束各种商业活动，将经商所获取的财富用于儒文化的发展，因此，徽商文化不仅得到流传，而且在传承过程中越发巩固了徽商的文化价值观。在长期的努力中，徽商依靠庞大的财力结交官府垄断市场，从中获取了一定的政治权力，自此之后，徽州文化便得到了更加久远和广泛的传播。从本质上来看，徽商文化为整个徽州文化的流传提供了强大且长久的经济支持，为徽州文化的传播与承袭做出了卓越贡献。

（四）建筑文化

徽派建筑通常以石、木、砖架构为主，将风俗文化融入建筑当中呈现出独特的韵味。徽州文风盛行，因此徽州人多以“牌坊”的形式来传扬文化，体现了徽州人重视教育、尊崇儒学的文化价值。徽派建筑在我国各大建筑流派中占据着重要地位，是徽州文化中的关键部分，徽州建筑在国内外享负盛名，其风格极具灵气，是各种文化的精华构成①。其中最具特色的有牌坊、祠堂和民居，这三种建筑被称为“古建三绝”。在其整个体系构建的过程中，徽州人文和地理都对其产生了深远的影响。总体来说，徽派建筑是徽州文化的具体展现，不仅仅是物质文化，更是各种徽式精神文化具体化的表现，在现代化的建筑当

① 卓方勇．旅游发展下徽州古村落社会—生态系统适应性研究[D]．上海：华东师范大学，2016.

中应融入徽派内涵,通过文化创新增强国人的自豪感,从而深化文化自信。

(五)徽茶文化

徽州种茶历史要追溯到汉末三国时期,具有悠久的历史积淀。茶实际上也是徽州商人经商的主业,茶树、茶园、茶楼、茶亭、茶艺、茶礼、茶道、茶文学等都是徽州茶文化的构成。唐宋茶道是徽州茶文化的精华,其中包含着"天时地利人和"的道家思想。茶文化还具有极强的艺术审美价值,从茶叶、茶具、茶水到品茶具有十几个阶段,这其中也包括养神静气的养生内容。茶道礼仪中包含着丰富的儒家思想,而烹茶的过程又极具道家内涵。徽州茶叶的种类繁多,其中包含"黄山毛峰"、"白岳黄芽"、"老竹大方"、"太平猴魁"、"黄山翠兰"、"琅源松萝"等。茶文化所蕴含的文化十分广泛,若加以创新定能成为文化自信构建的强大动力。

地域文化、儒学传承、徽商文化、建筑文化、徽茶文化这五者是密不可分的,其中都蕴含了相互交融的部分,渗透在徽州人的生活中,形成特色鲜明的徽州文化。

三、徽州文化的创新路径

徽州文化历经千年,在生活节奏逐步加快的21世纪,人们对其文化内涵的理解和认知仍旧存在偏差,因此应采取措施创新徽州文化,通过各种渠道来使徽州文化大放异彩,以下为笔者提出的几点建议。

(一)增强政策支持

"文化兴,国运兴;文化强,民族强",习总书记的十九大报告专门把文化自信提出来,他说,只有文化自信才能实现中华民族伟大复兴的中国梦。由此可见,把文化自信上升到中国梦的实现是必须面对的一个重要话题。结合实际状况来看,当前国家对文化建设的重视程度确实有很大层面的提升,但在各种措施落实的过程当中,偷工减料和形式主义的情况时有出现,这对文化创新是极其不利的[①]。城市风貌是最能展现文化内涵的,在城市化建设中,可以考虑适当引入徽派建筑文化。城市是展现文化的重要窗口,具有很强的直观性。政府应发挥主导作用,制定完善的政策扶持,同时还应发挥监督职能,让文化创新建设得到确切的落实,为文化创新提供支持。例如,邀请知名徽派建筑专家来指导整个建筑的设计,将徽派建筑以新颖的方式展现出来,

① 朱梅.文化自信促进创新型安徽州文化强省战略实现[J].安徽文学月刊,2017(8):112-113.

加强监督，避免形式主义，让人们更为直接地感受徽派文化，让国内外游客对博大精深的徽州文化叹为观止，从而在更深层次上提高整体的文化自信。

（二）强化媒体运用

互联网的兴起使世界各地的联系更为紧密。以往，文化都是通过书籍和口口相传的方式得以传播的，而在互联网时代，信息的传播速度发生了惊人的转变——这不失为文化传播的重要渠道，其正面作用是不容忽视的。但在网络环境中，文化的理解存在偏差，因此一定要掌握文化的具体内涵，避免出现文化错位状况，在其中融入更多创新的内容，展现与时俱进的精神内核①。例如，可以通过纪录片的方式，将徽州茶文化记录下来并上传到互联网上，让更多人了解徽州茶文化，如此一来，必定会有大量人员慕名而来，品茶香、学茶道、习茶文化，这对文化的传承具有极大的推进作用。此外，还可以创新茶文化，将徽州茶文化与其他地区的茶文化进行对比，取其精华并保持自身个性，从而在一定程度上增强徽州茶文化的艺术性。

（三）创建文化主题

徽州文化具有众多分支，文化主题的构建能够使文化的影响力得到提升，举办主题活动来提升文化重视度，增强大众的文化意识②。在创办主题活动时以徽州文化为题，通过互联网来征集意见，提高群众参与度，还可以让国外友人参与其中。活动应以广大群众为主体，创新徽州文化并推出精湛的艺术作品。例如，以徽商文化为主题，探寻徽商文化的历史演变，通过征文的方式向社会各界征文，还可以征集动画、书法、绘画等各种形式的作品；活动可以分为几个部分，以收录的所有作品举办大型徽商文化主题展览会，邀请各界人士品评欣赏。另外，文化传承需要从少年抓起，在活动当中还可以加强对青少年作品的征集，增强青少年的文化自信和认同感，从而为徽商文化的创新输入新鲜血液。

（四）助力商业活动

徽商文化为当前的经济带来了诸多启示，经商当中应奉行儒学文化。当前的商界存在一种唯利是图的风气，因此，可以借助徽商文化来构建新时代商业文化。各大企业可以将徽州文化中的精粹——儒学思想增添到自身的企业文化中，使整个商业文化更加丰富，并以此来约束和激励员工。例如，在经商过程中，学习徽商“仁义”的经商理念，不仅使徽州文化理念融入企业文

① 程祖杰，夏曙．依托徽州文化优势开展文化资源资产保护利用审计试点[J]．徽州社会科学，2017，(6)：6-8.

② 缪爱诚．从坚定文化自信看党建文化的创新发展[J]．国家治理，2016，(33)：46-48.

化，还要将文化内核设计到产品当中，从而实现精神的物化表现，提升我国商界的文化内涵，形成秩序井然、文化丰厚的中国特色商文化。再如，深入研究徽州文化并通过动画重现徽州文化，一方面能够使文化得到创新发展；另一方面也能够丰富动画产业的精神文化，增强经济效益。

（五）挖掘教育功能

文化具有极强的教育功能，挖掘徽州文化的教育功能，通过构建旅游景点、宣扬文化知识、开展文化竞赛活动等各种形式来为其增添教育功能，使文化得到更深层次的创新。比如，建立徽州文化网站，开发各种板块，让全国乃至世界各国人民参与其中，在网站内举办各种有奖竞答活动，人们在潜移默化中必定会对徽州文化印象深刻，在此环境中，大众的文化自信自然会得到提高，国外友人也会为徽州文化的独特魅力所折服。再如，将徽州文化作为一门选修课程加入到高校或中小学教学中，让学生了解徽州文化。在系统学习徽州文化后，可以组建学生志愿讲解团队，宣扬徽州文化，扩大其影响范围。同时，可以召开各种有关徽州文化的讲座，讲解的人员不一定局限为专业人士，可以是社会各界人士，只有这样才能呈现出全民参与的状态，文化自信的构建才会更加全面和广泛。

四、徽州文化创新与文化自信

文化创新和文化自信实际上是相辅相成、相互促进的：一方面，唯有坚守文化自信才能使文化中所包含的具体内容得到充分的展现，才能对具体的文化进行创新；另一方面，文化创新能够赋予文化新颖的展现形式和与时俱进的时代内涵，使徽州文化更加饱满，民众对徽州文化的认识和认同也会得到深化，文化自信也就随之增强。

（一）结构优化，提升民族自信

文化创新不仅能够无限扩大文化的传播范围，还能够优化整体的文化结构，是对整体徽州文化的总结和全面概括。习总书记多次强调文化自信的重要性，在构建文化自信时应注重基础性、深厚性和广泛性①。文化是国家的灵魂所在，是民族的精神所在。作为中华文化的重要构成部分，徽州文化理应受到珍视。我们应通过创新让徽州文化传承于世，并在社会各界发挥出与众不同的力量，为道德建设、和谐社会建设、经济建设提供强大的文化支持，最终使整个文化产业的结构达到最优。文化并不是口号，更不是理论，而是切

① 周飞然，张宇峰．论坚定文化自信的现实意义与途径选择［J］．世纪桥，2016，（11）：69－70.

实存在的精神底蕴，历经千百年依旧不朽。在新时代，人们虽明确文化的重要意义，却知之甚少，通过创新让更多人坚守文化、继承文化、传扬文化，最终形成坚实的文化自信。

（二）承前启后，积蓄复兴力量

习总书记指出，我国当前的历史使命仍旧是“民族复兴”，民族复兴的实现不仅需要依靠强大的经济实力，文化的作用也是不容忽视的。徽州文化中的“天人合一”“仁义为本”“诚信至上”等都与当前的文化建设相契合，是中华文化的厚重累积。在徽州文化创新中把握好承前启后的作用，对各种浸润到民众心中的徽州文化进行深入创新，从而使国人的精神更加饱满，成为中华文化的文化基因，发挥地域文化的独特作用，推动地区经济的建设，从而带动全国经济繁荣。徽州文化中的儒学思想与当前的“以人为本”具有异曲同工之效，在治国当中将法制与儒学相结合形成中国特色的“儒法共治”体系。实施过程中，华夏儿女必定会产生共鸣，生发出浓厚的民族身份认同和文化自信感，从而为中华复兴积蓄强大能量。

（三）践行自信，拓宽文化影响

文化，是国家软实力的重要标志，是国家战略不可或缺的组成部分。文化软实力在国际交往中的作用日益凸显，因此，各种文化创新的理念应落到实处，避免出现形象工程状况。徽州文化在徽州地区已经深入人心，而在其他地区的影响力仍旧不足，因此应践行创新机制，使徽州文化的影响跨越地域，传向全国范围甚至传到国外，让全国人民为徽州文化而感到自豪①。徽州文化作为中华文化的重要一分子，不仅能够体现拥有深厚历史积淀的中华文明，而且能够展现拥有强大智慧的中华民族，这也是文化自信的来源。立足中华文化，创新徽州文化，将徽州文化的磅礴之气发挥到极致，从而使文化养分得到广泛传扬，汲取养分的国民也会受其影响，坚定社会主义前进方向，文化自信的践行就成为必然。

（四）从容奋发，焕发文化活力

从传承中华文化的角度来说，孔子学院在世界各地的成功建立就能说明我国文化的影响力。而徽州文化蕴含丰富的儒学文化及儒商文化，我们应从容奋发，坚定文化自信，为古文化增添更多的创新因素，展现我国近年来崇尚和平并稳步崛起的成果，深化和平理念，通过文化交流与世界各国建立更为友好的联系。在此基础上还应更新理念，转变文化传扬模式，为文化传承注

① 任泽锋．着力繁荣发展徽州文化[J]．徽州社会科学，2016，(10)：6-6.

入新的活力①。例如,在国际交流中适当引入徽州茶文化,让国外领导人领略中华茶文化的魅力,从而对我国产生憧憬崇敬之情。同时,还可以增设徽州文化旅游景点,这些景点应实行免费政策,旨在宣扬文化,使文化焕发新生活力,逐步增强我国人民的文化自信。

(五)兴邦立世,深化时代主题

国家若不具备硬实力,受到侵略时可能会战败,但战败后尚有机会东山再起;而国家若不具备软实力,极有可能会出现不打自败的情况,清朝的灭亡就是最好的例证。因此,我们应站在兴邦立世的角度,在徽州文化中加入时代主题,使整体文化效果得到最大程度的展现。例如,可以举办“文化自信,徽州异彩”等主题活动,彰显徽州文化的内涵和魅力;依托各高校和研究机构,以教学和科研等形式传承、研究徽州文化,将文化融入科技当中,深化文化的时代内涵。“欲人不疑,必要自信”,唯有坚定文化信仰,从容奋发才能使徽州文化得到发展,才能使举国上下充满文化自信。

五、结束语

文化是一个民族赖以发展的精神支柱。无论是我国的新文化运动,还是欧洲的文艺复兴,都可看出文化在社会发展中的深远影响。徽州文化自春秋以来,历经风霜形成规模完整、特色鲜明的地域文化。在建设社会主义的道路上,我们应传承徽州文化、向世界推广徽州文化,提升我国各方面的软实力,从而使国家拥有更加稳定的复兴环境。创新徽州文化,深化文化自信,强化二者相辅相成、相互促进的态势,这是徽州文化创新的新向度,也是徽州文化传承的当代使命,终将会使徽州文化在中华文化中迸发出巨大生机和活力。

① 张树华. 坚持文化自信、促进中国智库的创新与发展[J]. 经济导刊,2017(4):38-39.

皖籍历史文化名人的治家之道及其当代价值研究

吕君丽 陈恩虎 李晓萌

摘 要：历史文化名人是一个地方的品牌，是一种无形的文化资产。皖籍历史文化名人的治家之道涵盖了“修身、齐家、治国、平天下”各个层面，体现出明显的重儒、求变特征，并呈现出地域与时代差异。研究皖籍历史文化名人的治家之道，不仅是对安徽人文历史脉络的延续，而且对于拓展安徽区域社会文化研究视野、传承优秀地域文化、塑造“地方感”、增强民众的凝聚力和认同感具有重要价值。发掘治家之道中的精华并赋予其时代内涵，对于推动当代家庭道德建设，强化家庭的教化功能，具有积极的借鉴价值和启迪意义。另外，研究安徽名人文化可提高安徽城乡建设文化品位，为城乡建设规划、文化产业、旅游业打文化精品战略牌提供有价值的依据。

关键词：皖籍历史文化名人；文化世家；治家之道；家风家训；当代价值

安徽有徽州文化、皖江文化、江淮文化三大文化体系，是中国优秀传统文化的一个重要组成部分。而皖籍历史文化名人正是这一地域文化的集中体现。但目前学术界对历史文化名人在社会价值引领、内化民族自信和经济发展等方面的研究有待深入。天下之本在国，国之本在家。因此，研究历史文化名人的治家之道及其当代价值，不仅是对安徽人文历史脉络的延续，更是当代精神文明建设的现实需求。

一、文化世家是皖籍历史文化名人治家之道的显著体现

皖籍历史文化名人在年代、地域、类型分布上受地理、文化、政治、经济和

作者简介：吕君丽（1982—），女，巢湖学院旅游管理学院，教研室主任，副教授；陈恩虎（1962—），男，巢湖学院旅游管理学院，院长，教授；李晓萌（1987—），女，巢湖学院旅游管理学院，教师，助教。

军事等多重因素影响,呈现出自身特征。梳理皖籍历史文化名人的信息不难发现,地域式、家族式聚簇状态明显,这本身就说明了治家之道对一地家风学风的扩散效应。这种呈聚簇状态的家族式名人大量出现,就萌生出文化世家现象。文化世家是指在中华文明发展史上对中国文化或者区域文化发展做出杰出贡献或在家学传承上有典型表现的家族。有效的治家之道滋养出文化世家,文化世家是历史文化名人有效的治家之道最显著的体现;反过来,文化世家又孕育了集团式的历史文化名人。文化世家凸显了文化传承的中国方式,也积淀了中国人最深沉的精神追求,人才辈出的显赫文化世家作为一个区域的文化地标,影响深远。

"皖籍文化世家"是指在"人文教化"的某一领域做出了安徽人们所公认的杰出贡献,并能在世系传承中长期保持这一"文化"特色的家族。它深刻地展示了扎根于安徽地域的一种与"人文教化"共生的软实力,展示了安徽特有的厚重气质。但目前对作为历史文化名人治家之道重要体现的皖籍文化世家的研究还是偏少,与文化世家在中华文明史和地域文化史的历史地位和作用不符,安徽的文化世家只有一部普及型读物《安徽文化名人世家》和4篇期刊论文《桐城方氏:中国文化世家的绝唱》、《徽州文化世家的形成及其特征》、《贾而好儒的徽商文化世家》和《朱元璋的文化世家》,对皖籍徽州一地和朱元璋文化世家材料做了初步梳理,虽然也有文化世家形成和特征的分析,但比较简单,更多的是生平和传承关系的介绍,对治家之道和当代价值研究有待深入。

二、家风家训蕴含着皖籍历史文化名人丰富的治家思想

一个文化世家承袭数代,往往形成有自身特色的治家之道,以家风、家训、家规的形式传承下来。这既是中国历代知识分子"修身、齐家、治国、平天下"传统人生价值观培育的先天环境和成长土壤,也是文化传承代代相因的一条主渠道。

皖籍文化世家为数不少,据明代嘉靖时人程尚宽纂修的《新安名族志》所载,到明代中期,仅新安的世家名族就有84个,其中大都有自己一脉相承的家学传统。诸如商学、理学、经学、文学、医学、艺术、篆刻、藏书等等,每一方面都有为数众多的世家群体。他们在各不相同的文化领域,志同道合,施展才能,守成创新,共成辉煌,形成了自成系统且各具特色的徽人贾道、新安理学、皖派经学、徽州文学、徽州戏剧、新安画派、新安医学、徽派工艺等,分别在中

国文化史和中国学术思想史上占有重要地位,影响深远①。黄季耕先生著的《安徽文化名人世家》②梳理了69个安徽文化世家并对他们的事迹都有所阐述。除了比较出名的包拯家训,其余大部分治家之道都散布在名人家谱族谱、与亲朋好友往来书信和自己的一些著作中,笔者通过各种志书、丛书等的仔细梳理求证,整理了一些皖籍历史文化名人的治家之道(见表1)。

表1 皖籍文化名人世家的治家之道

序号	代表性的皖籍文化名人世家	家族代表性的名人	地域	家风家训——治家之道
1	桓氏经坛育帝王	桓荣、桓郁、桓焉、桓麟	怀远	—
2	建安风骨耀史册	曹操、曹丕、曹植、曹　睿、曹　志	亳州	《戒子植》、《诸儿令》:“任人唯贤”、《遗令》
3	“龙性难驯”真名士	嵇　康、嵇　绍、嵇　含	濉溪	《家诫》:重礼教
4	雕画琴书隐士风	戴　逵、戴　勃、戴　颙	濉溪	—
5	崇文尚武重清淡	桓　彝、桓　温、桓　玄	怀远	重文、尚武、重义、求变
6	清身洁已道心存	何尚之、何　偃、何　胤	庐江	—
7	中原文献品家传	吕夷简、吕公著、吕希哲、吕好问、吕本中、吕祖谦	凤台	吕本中的《童蒙训》,吕祖谦的《少仪外传》、《家范》、《辫志录》。其中《官箴》:清、慎、勤人生内无贤父兄,外无严师友,而能有成者少矣。——吕公著·宋
8	“孝肃家风”世代传	包　拯、包　绶、包永年	合肥	“后世子孙仕宦,有犯赃滥者,不得放归本家;亡殁之后,不得葬于大茔之中。不从吾志,非吾子孙。”
9	区术医德满杏林	张　扩、张　挥、张　果	歙县	—
10	一代儒宗传理学	朱　松、朱　熹	徽州(今婺源)	《朱熹家训》:重德修身

① 史向前. 徽州文化世家的形成及其特征[N]. 光明日报:2001-08-21.

② 黄季耕. 安徽文化名人世家[M]. 合肥:安徽教育出版社,2005:106-111.

（续表）

序号	代表性的皖籍文化名人世家	家族代表性的名人	地域	家风家训——治家之道
11	冰雪肝胆铸雄词	张　祁、张孝祥	和县	诗礼传家、刚毅清廉、修德立仁
12	江城如画父子诗	贡　奎、贡师泰	宣城	以忠孝礼法、学术和文学传家。重视教育、互济互助
13	儒生辅国出良谋	朱　升、朱　同	休宁	—
14	洪武朱门书香浓	朱元璋、朱　棣、朱　楠、朱　权、朱载靖、朱　奁	凤阳	《皇明祖训》
15	妇科盛传“峒山杨”	杨隐真、杨柳溪、杨新吾	巢湖	—
16	医学流派数“新安”	汪　渭、汪　机	祁门	—
17	筣社中坚民放魂	吴恩周、吴应箕	贵池	—
18	理学通博诗情美	方学渐、方大镇、方维仪、方　文	桐城	重视教育、诗礼传家、勤学著述
19	笔墨高秀画新安	渐　江、江　注	歙县	—
20	穷究天人理玄思	方以智、方中德、方中通、方中履	枞阳	礼仪节孝
21	心诗为史纾国难	钱澄之、钱法祖	桐城	—
22	江左名家举世尊	龚鼎孳、龚引生	合肥	—
23	官品廉正诗品高	施闰章、施琛、施念曾	宣城	—
24	梅氏书香数学奇	梅文鼎、梅钰成	宣城	崇文、箴仕
25	胸藏韬略笔如枪	方　岳、方　石、方　谦	祁门	—
26	父子双星传佳话	李天馥、李孚青	合肥	—
27	史识史才皆绝论	戴　硕、戴名世	桐城	—
28	才气横绝著文章	朱光陛、朱　书	潜山	—
29	存传文献建丰功	张习孔、张　潮、张　渐	歙县	《家训》
30	天下好书马家藏	马日啗、马日璐、马　裕	祁门	—
31	煌煌“义法”耿千秋	方中舒、方　苞	桐城	重读书
32	勤政务实为养民	方观承、方维句	桐城	—

（续表）

序号	代表性的皖籍文化名人世家	家族代表性的名人	地域	家风家训——治家之道
33	郑氏喉科天下闻	郑梅涧、郑承瀚、郑承洛	歙县	—
34	承前启后桐城祖	刘　柱、刘大宾、刘大櫆	桐城	—
35	妙笔淋漓绘士林	吴敬梓、吴　娘	全椒	—
36	前清学者第一人	戴　瀚、戴　震、戴中立	屯溪	—
37	渴于书籍是贤才	鲍廷博、鲍士恭	歙县	—
38	桐城文派集大成	姚　范、姚　鼐	桐城	—
39	贾而好儒荐人才	曹文埴、曹振镛	歙县	—
40	韵胜神丰完白书	邓一枝、邓石如、邓传密	怀宁	—
41	徽墨馨香沁文苑	胡天柱、胡余德、胡贞益	绩溪	—
42	女中丈夫亦英雄	王者辅、王贞仪	天长	—
43	执着文统守“桐城”	方东树、方宗诚	桐城	《大意尊闻》
44	论书著文作艺舟	包世臣、包世荣、包　诚	泾县	—
45	桐城文章得真传	姚　莹、姚浚昌、姚永朴、姚永概	桐城	—
46	徽班领袖德艺馨	程祥芑、程长庚	潜山	老者安之，朋友信之，少者怀之。饿死事小，失节事大，“读书人”的体面不能丢
47	洋务运动开先河	李文安、李鸿章、李瀚章	合肥	（家族辈分）文章经国、家道永昌
48	爱国精神励后人	刘铭传、刘朝望、刘肃曾	合肥	—
49	“实业救国”展奇才	周　馥、周学熙、周叔媜、周志俊	东至	《负暄闲语》家训六条、家规十八条。家训六条中，有培心地；积阴功等。在家规十八条中有：重孝悌；端表率为家长者，必须谨守礼法，以御群弟子；勤学业等。
50	江南大儒出“韬庐”	汪泰安、汪宗沂	歙县	—

（续表）

序号	代表性的皖籍文化名人世家	家族代表性的名人	地域	家风家训——治家之道
51	宗师英声腾八海	吴汝纶、吴闿生	桐城	—
52	将军本色爱平民	冯有茂、冯玉祥	巢湖	为国不为家、为公不为私、为人不为己；消除烦恼需无我
53	武剧杨派誉“宗师”	杨月楼、杨小楼	怀宁	—
54	画登高峰品亦高	黄白山、黄定华、黄宾虹	歙县	—
55	末代进士檀干人	许恭寿、许承尧	歙县	—
56	桐城晚出自千秋	马其昶、马茂元	桐城	—
57	鲁谼方家集群英	鲁谼方家：方守敦、方孝岳、方令孺、方玮德、方管（舒芜）	桐城	勤俭礼让
58	是非功过漫量评	陈独秀、陈延年、陈乔年	怀宁	—
59	真知笃行育平民	陶槐卿、陶行知	歙县	追求真理做真人。《怎样选书》儿童是创造产业的人，不是继承遗产的人
60	卓尔不群女词人	吕凤歧、吕碧城	旌德	—
61	智慧之光耀学林	胡　传、胡　适	绩溪	《学为人诗》：重学、合群、自立
62	“两弹元勋”赤子心	邓以蛰、邓稼先	怀宁	立不朽之德、立不朽之言、立不朽之功
63	美学宗师励后学	朱光潜、朱　陈	桐城	—
64	誓凭斑管策奇勋	苏锡爵、苏雪林	黄山	—
65	通俗小说树丰碑	张兆甲、张恨水	潜山	—
66	果然捷足占鳌头	杨武之、杨振宁	合肥	—
67	左翼作家立潮头	钱杏邨、钱　毅	芜湖	—
68	格律诗派称健将	朱延熙、朱　湘	太湖	—
69	爱国、民主终生志	章伯钧、章诒和	桐城	—

（续表）

序号	代表性的皖籍文化名人世家	家族代表性的名人	地域	家风家训——治家之道
70	康雍乾父子宰相	清河张家：张　英、张廷玉	桐城	张英《聪训斋语》“守田者不饥，积德者不倾，读书者不贱，择交者不败。”张廷玉《澄怀园语》：廉俭礼让，聪训传家。治家之道，谨肃（谨慎恭肃）为要
71	创办京师大学堂	孙士谦、孙家鼐、孙少侯、孙多慈、孙传樾、孙多鑫、孙多森	寿县	朝内无人莫做官，家门无官莫经商。讲道理
72	《资本论》中唯一人	王茂荫、王铭诏、王铭慎、王铭镇	歙县	《家训和遗言》修身、齐家、治国、平天下：格物致知，饱读诗书识义理；诚意正心，名利财色身外物；尽孝齐家，正德立身传家风；治国安邦，青史留名平天下

（备注：世家数量在黄季耕先生《安徽文化名人世家》的基础上略作补充）

三、皖籍历史文化名人的治家之道

皖籍历史文化名人明清以后较多，明清之前的历史文化名人材料留存少，涉及治家之道的更少，名人成家族式聚集形成文化世家的也多出自明清以来。家风家训中蕴含了丰富的治家之道，涵盖面较广，包含了一个人从出生到死亡的全过程，在人生重要的阶段如择偶婚配、丧葬都有涉及，在为人处世的方式方法如亲邻、交友、处世、教子、持家都有较多阐述。

（一）皖籍历史文化名人的治家之道内容

1. *修身层面*

《大学》有语：“欲治其国者，先齐其家；欲齐其家者，先修其身。”

生存能力的强调。立身的根基在于自己的实际能力。生存是第一要义。“万般皆下品，唯有读书高”，读书做官是最好的谋生出路，但不管是让子孙读书考科举做官,还是有一技之长从医、绘画、雕塑等,都是希望子孙有一技之长,能够谋生。安徽历史文化名人治家都强调读书的重要,这和大多数历史文化名人出身科举做官有关,这样的治家之道不胜枚举,如王茂荫《家训和遗言》:“以书籍传子孙,胜过良田百万”。合肥李鸿章家族的辈分取名排序为“文章经国、家道永昌”。

品性道德的重要。涉及品德修养温良恭俭让等方方面面。寿州吕氏家族8代出过5位宰相、17位进士,与强调家规家风家训的治家之道密切相关。吕氏家族中数位历史文化名人如吕希哲、吕本中、吕祖谦都有家规家训传世。吕祖谦集历代治家之道汇编为《家范》,其中不仅强调了读书学问的重要,更强调重德修身,要有做人的根基、品性的砥砺和处世的担当。

2. 齐家层面

勤勉节俭。宰相张英《聪训斋语》中载:“予于归田之后,誓不着缎,不食人参”,要后世子孙要把一年的日常开支费用分为十二股,一月用一股,月底总结所余,“别作一封”,用来应付贫寒之急,或者“多做好事一两件”。抗日爱国将领冯玉祥将军被称作“布衣将军”,一生勤劳节俭,教育儿女做人最根本的就是要自立、自强,“要自爱,要靠自己的双手生活。”

谦逊礼让。桐城宰相父子张英、张廷玉家族留有《聪训斋语》《澄怀园语》等治家著作,也是强调“廉俭礼让,聪训传家”和“治家之道,谨肃(谨慎恭肃)为要”。桐城“六尺巷”的故事至今传为美谈,桐城方言“宰相肚里能撑船”是对张英廉俭礼让美德的最好诠释。

3. 治国、平天下层面

清廉无私。在此方面,最著名的莫过于合肥包拯《包氏家训》:“后世子孙仕宦,有犯赃滥者,不得放归本家;亡殁之后,不得葬于大茔之中。不从吾志,非吾子孙。”巢湖冯玉祥将军戎马一生,多次强调做人要“为国不为家、为公不为私、为人不为己”。

勤政。寿州(今凤台)吕氏家族名人辈出,吕公著《官箴》:“当官之法,唯有三事,曰清、曰慎、曰勤。”

树立远大志向。1929年,邓稼先刚满五岁进学堂前夕,父亲邓以蛰就向他灌输了读书人“三不朽”的远大志向,成为“三不朽”之人的家训,就成了邓稼先读书做人的奋斗目标,他为此终生身体力行,终成“两弹元勋”,为国家民族立下不朽的功勋,做出了不朽的贡献。

(二)皖籍历史文化名人的治家之道特点

1. 蕴含深刻的儒家伦理道德观念

受到儒家传统思想的影响,皖籍历史名人的治家之道中有非常突出的儒家文化因素，“修身、齐家、治国、平天下”的价值理念在整个安徽治家之道中都有显示，而其中以古徽州一带更为突出，如强调修身、礼法、德治、报国等，道德因素总体比较突出。如潜山京剧鼻祖程长庚，其父程风祥是落魄的读书人，务农为业，家道艰难。为谋生卖掉了程长庚的姐姐，也不愿送程长庚去唱戏，认为“读书人，怎么可以辱没祖宗”，“饿死事小，失节事大”，“读书人的体面不能丢”。后来程长庚被迫从事戏剧艺术，也一生都爱亲近读书人，以出自书香门第为荣。八国联军入侵中国时，程长庚表现出了高贵的民族气节。垂死时仍说：“余家世本清白，以贫故，执此贱业。近幸略有积蓄，子孙有啖饭处，不可不还吾本来面目，以继书香也。”在他看来，下海唱戏是失去了“清白”，走了人生最后一步出路。再下一步，就是绝路了，这些都和他重视名节、气节的家风家训密切相关。名士嵇康一生潇洒不羁，但终因得罪人太多，下场凄惨，所以在留给子孙的《家诫》中，反而处处强调为人处世的重要，体现出强烈的重礼教色彩。

2. 体现出一定的地域差异

世家大族的形成大致有三条途径：政治途径、经济途径、文化途径，受儒家思想影响，安徽依靠文化途径形成的较多。文化本身就有地域差异，受政治经济等因素的制约。与皖江和江淮相比，南方历史文化名人的治家之道，尤其是古徽州一带显得更务实。虽强调读书做官，但更强调生存技能，这样就避免了死读书、不知变通的书呆子的出现。

3. 治家之道稳中有变

皖籍历史文化名人的治家之道有相对的稳定性，但为了家族的兴盛发展，在环境的刺激下，家族名人顺应时代，治家之道会呈现出一定的变化。如龙亢（今怀远）桓氏家族崇儒入玄、崇文尚武的转变。

龙亢（今怀远）桓氏家族历东汉、曹魏、西晋、东晋数朝，经十几代人，绵延三百多年，累世官宦，不愧为名副其实的世家大族。桓氏家族自东汉初步入政治舞台，东汉一朝代代都有五品以上的官员，出了六个帝王之师，后在政变后被司马氏夷灭三族，一直到西晋桓氏家族都处于衰微状态。东晋初期，桓彝积极改变治家之道，一方面崇儒入玄，顺应时代风气，向玄学靠拢；另一方面崇文尚武，重视军事成就，志在建功立业，大大提高了家族社会地位。其后的桓温和桓玄都崇尚武力，使得桓氏家族成为东晋四大执政高门之一，对东晋中后期政局产生了极大影响。

四、皖籍历史文化名人的治家之道及其当代价值

治家之道具有不可估量的现代价值。成功的治家之道使一个家族绵延

几百年长盛不衰,孕育了灿如繁星的历史文化名人;治家之道既是中国历代知识分子"修身、齐家、治国、平天下"传统人生价值观培育的先天环境和成长土壤,也是文化传承代代相因的一条主渠道。

(一)充实安徽区域文化研究内容,传承安徽地域文化

从"历史文化名人的治家之道"的角度探讨安徽文化的发展规律和传承特色,是一个很值得注意的角度。文化世家的家风、家规,是成功治家之道的显著体现。皖籍文化世家多有自己的文化个性,如果将这些个性组织起来,又构成了一个强有力的有意义的群体。这个群体非常重视基础教育,群体成员自幼就奠定了较好的品味修养,熔铸成特定的思维方式和行为准则。当安徽无数个这样的群体组合起来,就构成了我们的文化大省形象。通过对皖籍历史文化名人治家之道的论述,把治家之道放在更大的区域文化和时代背景中,就可以把握安徽文化的时代特征和地域特色。研究皖籍历史文化名人的治家之道,是对安徽人文历史脉络的延续,能够丰富继承安徽的历史信息,丰富安徽文化遗产研究,传承优秀地域文化。

(二)拓展安徽区域社会文化研究视野

立足于治家之道角度研究安徽地域文化,有助于促进全面系统的安徽文化框架的构建。安徽区域文化虽然取得一定的成果,但尚未形成全面、系统的研究体系。围绕安徽文化的研究可谓多学科角度,有文学、历史学、宗教学、旅游学、社会学等等,但各自发展,各自为政,忽略了各学科之间的相互联系,也没有在吸收其他学科研究成果的基础上再创新。研究多为单篇独段,缺乏整体性、全局性和系统性。人的因素是文化创造的关键,皖籍历史文化名人的治家之道研究是一个统率多学科、多角度的连接点。从"人的教育"的角度研究安徽文化具有不可替代的价值。

(三)发扬优秀传统文化,增强安徽民众的向心力和自豪感

传承优良家风,培育精英成长土壤。家庭是社会的细胞,治家之道对家庭成员的行为规范和价值标准起着重要的作用,这些观念长期延续,通过续修家谱代代相传,从而积淀为传统伦理道德的重要内容。就一个家族而言,正是依靠持续编修的族规家法,成为一个家族内部的精神连线和传家珍宝,教化族人,代代相传①。通过对皖籍历史文化名人治家之道的总结,来揭示代表人物成长的规律,为后世家族治理、家庭教育提供借鉴。发掘治家之道中的精华并赋予其时代内涵,对于推动当代家庭道德建设,强化家庭的教化功

① 从文化世家看文化中国[N]. 光明日报:2014-02-25

能,促进社会稳定,具有积极的借鉴价值和启迪意义①。

利用文化世家效应,积极弘扬地域文化。历史文化名人的治家之道与地域文化息息相关关,皖籍文化世家在传承家学门风的同时,也是在传承安徽地域文化;历史文化名人是弘扬地域文化的有力推动者,历史文化名人资源可以丰富地域文化内涵。历史文化是现代文明的基础和源头,研究皖籍历史文化名人的治家之道,对塑造安徽"地方感",增强民众的凝聚力和认同感有重要价值,能有效提升安徽的文化自信。

(四)增强安徽现代经济发展的内驱动力

历史文化是现代经济发展的内驱动力。研究皖籍历史文化名人,继承与弘扬安徽优良的历史文化基因,对安徽城市形象塑造、公共艺术推进、城市人文艺术氛围提高、节庆品牌培育、场馆全面提升、特色产业引领等都有不可替代的价值,可提高安徽城乡建设文化品位,提高安徽的知名度和美誉度,为安徽城乡建设规划、文化产业、旅游业打文化精品战略牌提供有价值的理论和实践依据,推动区域经济发展。

随着安徽城乡建设的开展,政府和学术界意识到地方特色文化和文化品位的重要性,历史文化名人是一个地方重要的出产,是独一无二的特色资源。研究皖籍历史文化名人的治家之道,寻绎优秀传统文化传承的轨迹,探求著名历史文化名人成长的家族文化因素,可为安徽当代新型家庭文化建设提供丰富的文化滋养和历史借鉴;提取安徽历史文化名人资源的独特成分并转化为经济文化开发的感性显现,为安徽的文化强省建设服务。

① 郭长华传统家训的治家之道及其现实价值[J]. 北方交通大学学报(社会科学版):2003,(3):77-80.

创新设计视角下安徽非物质文化遗产品牌构建研究

崔　磊

摘　要:通过对非物质文化遗产品牌保护的政策法规演进、概念名词的规范、品牌形象的建构进行梳理,并从生命化、产品化、系统化、数字化的品牌构建趋向分析现有安徽省非物质文化遗产保护模式,进而提出创新设计视角下通过量身定制,提升品牌化运营的精确度;深挖精髓,提炼核心品牌符号和价值;创新驱动,加强品牌形象的创意开发;明确主体,增进品牌价值的知识产权保护等途径,以使文化资源转化为文化生产力,最终建构安徽非物质文化遗产品牌体系。

关键词:创新设计;非物质文化遗产;品牌;数字化遗产

非物质文化遗产(下文简称“非遗”)走入民众视野已近二十年,发展也已步入新的阶段,品牌化是非遗产业化的核心要素,也是提升民众文化素养、发展地域经济的重要途径之一。但在实际保护、传承过程中,依旧存在误解、背离的现象,非遗的品牌标识和品牌形象尚不够鲜明,品牌融入度有待升华,尚未转化为品牌资产。因此,通过追溯保护、传承的进程和演进,对安徽省现有品牌化保护模式的检讨与反思,创新设计非遗品牌的内涵和外延,能够重塑非遗品牌,凝聚其品牌资产,为民族非遗品牌塑造提供可资借鉴的参考模式。

一、非物质文化遗产品牌保护的缘起

(一)政策法规的演进

由于经济全球化加速发展、人类活动的加剧、多样性文化形态渐渐趋同

作者简介:崔　磊(1982—),男,安徽萧县人,铜陵学院科研处科技开发科科长,讲师,华中师范大学博士,研究方向:文化创意、非物质文化遗产保护。

的综合环境影响,对代表民族和地域文化传统的非物质文化遗产保护日趋重要,对其保护的政策法规日趋完善。联合国教科文组织是保护传承非物质文化遗产的国际性倡导与组织者。1972 年 10 月即通过了《保护世界文化和自然遗产公约》,为文化遗产的保护提供了制度化保障。之后颁布的系列政策法规,1989 年的《保护传统和民间文化的建议》、2000 年的《人类口头非物质文化遗产代表作计划》、2001 年的《世界文化多样性宣言》、2002 年的《伊斯坦布尔宣言》,都从保护人类社会文化多元性的高度着重强调了保护非物质文化遗产的价值意义,也强调了在全球经济一体化背景下保护非物质文化遗产的紧迫性,认为"这些遗产都应当作为人类经历与期望的见证而得到保护、开发、利用,并代代相传,以支持各种创作和各文化之间的真正对话"①。2003 年 10 月通过的《保护非物质文化遗产公约》是第一部关于非物质文化遗产保护的重要的国际法律文书,该公约为各成员国制定相关国内法规提供了国际法依据。与此相呼应,各文化遗产保护先进国先后颁布和修订保护行政法规:日本的《古器旧物保存法》《国宝保存法》《文化财保护法》,韩国的《文化财保护法》《文化产业振兴基本法》《出版与印刷基本法》,法国的《景观保护法》《纪念物保护法》《历史街区保护法》《城市规划法》,意大利的《文学艺术版权法》《文化遗产保护法》《联合法》,等等。同时,以美国、突尼斯为代表的国家,主要采取知识产权法模式进行保护。

我国的非物质文化遗产保护工作起步较晚,但是非遗保护与传承思想源远流长,加之受国际社会非遗保护浪潮的影响,我国政府在借鉴各文化遗产保护先进国非遗工作相关经验的基础上,我国大力推动非物质文化遗产保护与传承的法律政策的制定。1997 年 5 月,国务院颁行实施了《传统工艺美术保护条例》,这是我国最早与非物质文化遗产保护相关的法律;2004 年发布《关于实施中国民族民间文化保护工程的通知》,并正式加入联合国教科文组织《保护非物质文化遗产公约》。2005 年,国务院办公厅颁发《关于加强我国非遗保护工作的意见》,要求建立国家、省、市、县四级非物质文化遗产代表作名录体系,逐步创设相对完备且独具特色的保护传承规范体系;2005 年 12 月,颁行《关于加强文化遗产保护工作的通知》,决定从 2006 年起的每年 6 月的第二个星期六为"文化遗产日"。2006 年 10 月,文化部发布《国家级非遗保护与管理暂行办法》。2011 年 2 月,颁行了《中华人民共和国非物质文化遗产法》,标志着我国的非遗保护工作走上了依法保护的轨道。

① 苑利,顾军. 非物质文化遗产学[M]. 北京:高等教育出版社,2009:24.

（二）概念名词的规范

非遗概念产生、由来和发展经历了三个阶段，从1972年的《世界遗产公约》到1989年的《保护民间创作建议案》，再到1998年的《人类口头和非物质文化遗产代表作条例》，“非物质文化遗产”的概念经历了从“世界遗产”到“民间文化”，最终到“人类口头和非物质遗产”的概念确定这一变化过程。“非物质文化遗产”一词首次出现在1977年联合国教科文组织制定的《联合国教科文组织第一个中期计划》（1977—1983）中。2003年10月通过的《保护非物质文化遗产公约》，详细界定阐释了“非物质文化遗产”概念的内涵与外延范围，即“被各群体、团体、有时为个人视为其文化遗产组成部分的各种实践、表演、表现形式、知识体系和技能及其有关的工具、实物、工艺品和文化场所”①。

在我国文化实践中，“中国民族民间文化”（Ethnic and Folk Culture of China）是长期以来使用的一个约定俗成的概念。国内还曾先后使用过“传统民族民间文化”“民间传统文化”“无形文化遗产”“人类口述（口头）与非物质遗产”等概念。2005年，由国务院办公厅颁布的、代表中国政府权威意见的《关于加强我国非物质文化遗产保护工作的意见》之附件《国家级非物质文化遗产代表作申报评定暂行办法》对非物质文化遗产作了以下界定：非物质文化遗产指各族人民世代相承的、与群众生活密切相关的各种传统文化表现形式（如民俗活动、表演艺术、传统知识和技能，以及与之相关的器具、实物、手工制品等）和文化空间。非物质文化遗产可分为两类：传统的文化表现形式，如民俗活动、表演艺术、传统知识和技能等；文化空间，即定期举行传统文化活动或集中展现传统文化表现形式的场所，兼具空间性和时间性。非物质文化遗产的范围包括：口头传统，包括作为文化载体的语言；传统表演艺术；民俗活动、礼仪、节庆；有关自然界和宇宙的民间传统知识和实践；传统手工艺技能；与上述表现形式相关的文化空间。

国内学者对非物质文化遗产及其相关概念如文化遗产、有形文化和无形文化、文化空间、物质与非物质也做了理解性说明，提及了国内外学术界对非遗概念的不同界定；同时，对非物质文化遗产与其他人类遗产的关系做了较为细致的阐述，包括非物质文化遗产与自然遗产、文化景观遗产、世界文化遗产以及传统民族民间文化遗产之间的关系。苑利和顾军在借鉴联合国教科文组织非遗分类方法的基础上，将非物质文化遗产明确分为八类：民间文学类、传统仪式类、表演艺术类、传统生产知识类、传统节日类、文化空间类、传

① 王文章．非物质文化遗产概论[M]．北京：教育科学出版社，2008：68.

统生活知识与技能类、传统工艺技术类。在以上归类的基础上，还可以通过合并同类项方式，将其分为表演艺术、传统工艺技术、传统仪式和文化空间四类①。

（三）品牌形象的建构

非物质文化遗产品牌形象的建构过程经历了三个阶段，即从地方认同下的“口碑”到产品认同下的“牌子”，再到产品认同和文化认同并行下的“品牌”。建构过程的发展演进是与经济体制改革相伴随，与城市空间的改变相依连，与产权变动相平行。

地方认同下的“口碑”代表了公众意见，即大众对非遗产品形成趋同性评价，具有无所指向性、非功利性。它主要产生在前近代，尤其是民国时期，新中国成立后渐趋消失，皆因城乡产业结构的巨变导致了非遗产品产权变动。传统时代城乡基本产业机构以消费休闲产业为主，但清道光以降，社会动荡加剧，交通格局发生转变，未曾改变却渐益增加了物质贫乏，低端化消费依然占据主流，非遗此时不再是抽象的传统，而是现实中的谋生手段。通过买卖消费关系，非遗成为人们社会关系的中介联结，以活化的形态联结了人们之间的社会关系，对非遗产品的“闲谈”评价容易达成共识，由此产生了扬褒抑贬的“差异的聚合”，地方认同油然而生。

产品认同下的“牌子”是伴随新中国成立后公私合营运动而产生的，运动改变了非遗产品的权利归属，从而改变了非遗的社会属性。公私合营使非遗传承中的代表性人物都归于国家管理之中，并对其经济收入加以限制；在技艺传承方面消解师徒授受中的功利性，形为师徒、实比父子的象征意义被抹除，行业的归属感淡化；在产品销售方面，流动摊贩被纳入政府管理，进入商场、大棚等封闭空间，使非遗产品通过他们嵌入人们日常生活世界的交际介质空缺；在交往空间上，以庙会空间为中心的流动空间和以祠庙为中心的神圣空间被限制，附着其上的非遗“买卖”以及带来的“谈论”空间销声匿迹。②由此，直至市场经济兴起的20世纪90年代，人们对非遗商品的认同感从“口碑”替换为“牌子”。

产品认同和文化认同并行下的“品牌”是伴随20世纪80年代后期以来的非公有制经济格局而产生的。在非公有制经济活动中，对非遗产品的推销以享受的“独特性”取代了之前实用的“有用性”，使得人们确信自己占有消费

① 苑利，顾军. 非物质文化遗产学[M]. 北京：高等教育出版社，2009：25.

② 耿波，史圣洁. 口碑、牌子与品牌：北京非物质文化遗产品牌化问题[J]. 浙江师范大学学报（社会科学版），2016，（2）：19-26.

产品的独特性，而忽略甚至拒绝他人对此的共享，这便为我们解释了品牌的内涵，即非公有制经济体制背景下经济行为出于凸显自我独特的需要而主观建构的满足人们心理需要的幻象。人们在旅游活动等各种流动过程中，将对非遗产品品牌的独特体验作为对过往时光想象的绝佳载体。非遗产品作为满足人们猎奇心的象征符号促使建立起其独特的品牌效应，最深层次地挖掘内在的经济效益。

二、现有保护模式及其品牌构建趋向

非遗品牌自产生起就决定了对其独特性体验的保护，近十年来，我国在非遗保护理论和实践研究方面发展迅速，相关研究成果层出不穷。就保护方式而言，已有抢救性保护、生产性保护、整体性保护和服务性保护等方式，结合非遗现有保护的不同模式和发展趋向，将对构建行之有效、目标明确的品牌指明方向，也有利于提升非遗品牌的知名度，延伸非遗自身的生命历程，适应数字化时代的现实诉求。

（一）抢救性保护与生命化趋向

抢救性保护主要是针对那些濒危的民间文化门类、形态、项目、作品等。濒危的原因众多且复杂，或因传承人年事已高，或因建设移民，或因生产方式发生改变，或因后继乏人，或因时世邈远而群体技艺部分失传等。如民族史诗、叙事诗、某些表演艺术、某些技艺等。由于民间文化一旦消亡就不可再生，故对这类濒危的民间文化，应尽快采用文字记录、摄影、音像等手段，将其生存状态与传播状态立体地、形象地记录下来，将可能搜集到的民俗文物尽可能地搜集起来。一方面，可以收藏和陈列于博物馆或陈列馆，以供观众永远观摩其鲜活形态，以供研究者研究其文化传统；另一方面，也可以制成光盘或纪录片，或编录入民间文化资料数据库，以供永远保存①。抢救性保护是一种静态的保护理念，主要方式有记录、整理、保存、出版、建立代表作名录及传承人名录等。虽然这种保护理念因与非遗的活态流变性质有相违之处而显得有些消极，但其原状保护可以为未来保留下珍贵的历史材料，避免破坏性保护带来的问题。

（二）生产性保护与产品化趋向

非物质文化遗产生产性保护模式系指借助市场流通管理与市场竞争机

① 刘锡城．非物质文化遗产：理论与实践[M]．北京：学苑出版社，2009：86-87.

制，把非物质文化遗产资源及其物质载体和人文自然环境转化为具有经济效益的市场产业和产品，并通过有效的经营管理获取经济社会效益，这样非遗的保护和市场经营行为有机统一起来，以非遗保护促进文化产业的发展和经济社会效益的提升，同时，文化产业的发展反过来不断促进非遗的保护与传承，非遗的保护传承工作与经济社会的发展相互协调共同发展。生产性保护的形式多种多样，具体来说，有以下几种：第一，商业会展。商业会展将展演、销售、商贸洽谈等结合起来，在宣传、展示非遗的过程中为市民、商家提供近距离了解、观赏、消费、贸易的机会，为非遗进入市场提供了良好的平台。目前较有声望的会展有全国非物质文化遗产展示会和博览会。例如 2010 年 9 月 29 日，全国非遗展示会在天津正式开幕，文化部非物质文化遗产司给予了大力支持。这是目前国内层次最高的非物质文化遗产专题博览会，展示会采取了展览、展示、展销相结合的全新方式。第二，影视传媒产业。目前，以非遗为题材的具有重要价值的电视剧、电影、歌舞剧、纪录片、文艺演出层出不穷、数量众多。从投资方的角度来说，是借用非遗文化元素进行的影视创作；从非遗保护的角度来说，是借助影视媒体展开的立体式文化遗产宣传。影视传媒已经成为非物质文化遗产进行生产性保护的一种重要商业途径。第三，文化旅游开发。非遗是活着的传统，具备历史价值、文化价值和艺术价值，容易成为现代人观赏、消费的产品，与旅游业有着天然的联系，所以非遗与旅游的结合是生产性保护不可避免的一种模式。比如，2009 年 10 月，浙江省启动了“浙江省非物质文化遗产旅游经典景区”的申报和认定活动，活动旨在充分挖掘和合理利用浙江省优秀非物质文化遗产资源，促进非遗的生产性保护，大力发展旅游文化产业，合理开创相关文化产品，增强非遗的影响效力①。

（三）整体性保护与系统化趋向

整体性保护系指把非遗置于完整的原生文化环境中开展保护传承的一种理念。它强调非遗与周围环境的关系、传承人在生活中的状态等，是一种立体的保护模式。目前我国非遗的整体性保护的集中体现是创建文化生态保护实验区。文化生态保护区系指在特定时空条件下，通过利用多元化策略将特定区域环境中的非物质文化遗产以及与之相互依存的物质文化遗产完整地归结保存和修复在一起，以使两者间以及两者与自然社会环境间相互联系、相互促生、共同发展演化，形成一个欣欣向荣、具有内在生命力的生态保护系统。文化生态保护区更注重所属区域的群众作为文化主体的主观能动

① 康宝成．中国非物质文化遗产保护发展报告（2011）[R]．北京：社会科学文献出版社，2011：320-322.

性和自主性,更注重对非遗所属民族群域和生产生活方式状态的整体性保护。到目前为止,文化部相继命名设立了闽南文化、徽州文化、热贡文化、客家文化(梅州)、羌族文化、武陵山区(湘西)土家族苗族文化、晋中文化、海洋渔文化(象山)等21个国家级文化生态保护试验区①。

(四)服务性保护与数字化趋向

服务性保护是包含在我国公共文化服务体系建设之中,通过非遗保护与公共文化服务两者的联动互促、相互融合,实现非遗保护。这不仅可以探索非遗保护的新路径,亦可以提供公共文化服务,满足人们文化需求和保障其文化权益。在当今科技时代,服务性保护的重要路径是借助数字化信息获取与处理技术,全面介入非物质文化遗产信息的采集、管理、传播、服务等领域,通过数字摄影、三维图像信息处理、虚拟现实等图像图形处理技术及多媒体与宽带网络技术,实现数字化,以网络影响受众。近年来随着我国非物质文化遗产保护工作的开展以及国家制度建设的不断完善,针对非遗数字化保护的法律和政策陆续出台,为数字化保护实践提供了更为完整的制度保障。国务院相关部门颁行的非物质文化遗产保护法规文件明确指出要运用文字、影像、录音、数字化多媒体等各种方式全面真实记录非物质文化遗产资料,为非物质文化遗产普查的成果创建完备的档案和信息库等,这就鲜明地显示出了未来我国非遗保护传承工作方法的先进技术路线与发展潜力②。

三、安徽非遗品牌创新设计的建构路径

(一)量身定制,提升品牌化运营的精确度

国家、省、市、县四级保护体系下的非遗数量巨大,四批国家级非遗名录即收录1372项,且类目繁多③,而且不同类目之间差异较大,必须针对非遗技术传播的特点、方式、途径,有选择、有针对性地定位个性化品牌运行渠道和方式。一是对民众认可度高、生产工艺简单、市场前景广阔,且可复制、可标

① 康宝成. 中国非物质文化遗产保护发展报告(2011)[R]. 北京:社会科学文献出版社,2011:32-35.

② 康宝成. 中国非物质文化遗产保护发展报告(2011)[R]. 北京:社会科学文献出版社,2011:30-35.

③ 国家级非物质文化遗产名录将非遗划分为民间文学、民间音乐、民间舞蹈、传统戏剧、曲艺、杂技与竞技、民间美术、传统手工技艺、传统医药、民俗十类,其下更有不同类型的条目,如民间文学可划分为神话、传说、故事、歌谣、史诗、长诗、谚语、谜语等。总体看来,类目众多,此不赘述。

准化生产的非遗产品，可采取产业化生产。如徽州盆景、舒席制作、萧县农民画等具有知名度的民间美术、传统手工技艺、传统医药及其制作工艺可根据市场要求，进行机械化生产线批量生产，提升品牌的影响力。二是对主要依赖手工生产、文化创意度高的劳动密集型产品，应保护和尊重传承人个性化创作和生产，适当引入现代工艺，定位高精品牌，通过发挥市场功能，保护非遗产品的核心技艺，增加文化附加值，以推广其产品和服务。三是对民间文学、民间音乐、民间舞蹈、传统戏剧、曲艺、民俗等类目，产生于民众娱乐消费项目，但因受现代社会消费方式、休闲娱乐途径多样化的冲击而日渐萎缩，应定位于打造精品，梳理品牌，利用现代传媒技术广泛宣传和传承。鼓励非遗文化资源与当地旅游资源、地理景观、生态资源等相结合，促进文化产业与旅游业、休闲娱乐业的融合发展。

（二）深挖精髓，提炼核心品牌符号和价值

1997 年，戴维森提出了著名的“品牌的冰山”理论，指出品牌的标志和符号只占 15%，85% 是隐藏不可见部分的价值观、智慧和文化，这些核心价值具有排他性、号召性和兼容性三大特征，是品牌战略的关键元素和核心基础。非遗传承，亦是同理，延续核心价值重于形式回归，应做到以下几方面：一是注重传承非遗的核心技艺和文化内涵。非遗蕴含着深刻的人文内涵和文化价值，其品牌化运营的关键在于提炼核心品牌符号和价值，这些很新品牌符号和价值是非遗发展历程中凝结的内涵、精髓或核心技艺，是民众对其进行识别的关键因子，可使民众体味其中精绝高超的传统技艺、厚重的历史文化内涵和朴质的实用价值。二是在坚持传统技艺的同时注重吸收现代工艺。传统时代非遗传承多采取口授身教，限制了技艺传承的辐射面，致使部分非遗技艺濒临断绝。此时，适当引入现代工艺既能满足市场需求，更能保存和挽救传统技艺。如皖南三雕、宣纸制作、阜南柳编、界首彩陶的发展复兴即是最佳证明，它们在坚持手工技艺、保持传统手法的同时，引入现代新技术，研制和开发出兼具现代气息的新产品①。但需注意的是，非遗保护不能一味拒绝现代技术的进入，但也不能全部依赖新技术，必须保持其内在本真的核心价值。

（三）创新驱动，加强品牌形象的创意开发

开发非遗蕴含的潜在文化价值和经济价值，提升非遗产品的附加值和影响力，将文化资源转化为文化生产力，是目前非遗保护的最佳途径。资本时

① 许敏娟，左金刚，晋文婧．安徽非物质文化遗产生产性保护问题研究［J］．中共合肥市委党校学报，2015，(9)：25-29.

代已经一去不复返,创意的时代已然置身其中,这是已成共识的认可。我国众多传统文化资源都被国外开发以发展其文化产业,如美国动画片《功夫熊猫》《花木兰》,日本动漫《七龙珠》《三国志》。非遗品牌的创意开发带来的是意想不到的巨大成功。如今夏火爆的奇幻动画电影《大鱼海棠》的主要场景"神之围楼"即取材于客家土楼这一非物质文化遗产。国内外系列成功的创意实践开发表明,文化创意是沟通传统文化资源和现代产业资源的转化桥梁,它将蕴含在非遗文化产品和文化活动中经由历史积淀和现代创造的文化基因和文化元素开发、重组,建构成新的非遗文化品牌。

当下,非遗品牌形象的创意开发关键在于创新驱动,创意激发,创造形塑。一是挖掘和开发非遗蕴含的核心文化符号和文化价值,建构新的文化创意。原创性和排他性是非遗产品彰显文化标识、获取社会认同感、提升市场竞争力的关键,要在梳理、整合的前提下,提炼出非遗的核心文化符号和文化价值,建构新的文化创意,扩大非遗的辐射力、吸引力、影响力和生命力。二是选择最具承载力和表现力的载体,打造创意时代全新的非遗品牌。要针对消费者的审美情趣和消费欲求,借助高科技手段,将文化资源转化为文化生产力,将文化创意转化为文化产品,发挥品牌的集聚、衍生、扩散、放大、带动、联动等效应,创造新的经济、社会和文化效益,进而反哺文化传承,形成良性循环发展模式,真正使非遗的核心价值得到保护、传承和创新。

(四)明确主体,加强品牌价值的知识产权保护

伴随法律法规的产生和市场经济的发展,非遗品牌价值得到认可,但由于产品权利人的认定较难明确,传统技艺是否构成商业秘密尚存争议,维权的困难、法律的空白、保护的缺失等诸多困阻,以及非遗品牌价值的知识产权保护等问题一直是学术界和司法界谈论的热点。因此,要做到:一是明确非遗权利人的主体地位。目前可作为非遗保护的相关现行法律包括知识产权法、著作权法、专利法和非物质文化遗产法,这些法律的保护都要求明确非遗权利人,其具有代表性、唯一性和主体性。现行保护中基层传承人知识积累的缺乏和经济利益的不良导向都增加了权利人主体地位确认的困难。[①] 同时,知识产权的法律保护追求的是"代内公平",即垄断性保护仅限于权利人,而非国人认同的师徒、父子等长幼间的"代际公平"。二是加强非遗传承地域的社区保护。非遗传承中群体传承是非常重要的一种方式,因此很难确定唯一的主体权利人,如果强行以行政手段进行确认,但未建立良好的利益分享

① 李华明,李莉. 非物质文化遗产知识产权主体权利保护机制研究[J]. 中央民族大学学报(哲学社会科学版),2015(2):104-110.

机制，极有可能造成唯一权利人的孤立。传统社区是非遗传承的原生境域，如果两者远离，就会造成非遗传承的异化。因此，要明确传统社区独立的法律主体，确立社区集体共享的知识产权权利。三是加强数字化传承传播的知识产权保护。传统时代非遗传承主要通过家庭内部和师徒之间传承，杂以少许群体间传承，但现代信息技术的快速发展，丰富了非遗传承传播方式，同时也产生了数字化遗产。这些数字化遗产植入了非遗标识性的核心文化元素，以影视音像、动漫网游、服装玩具、餐饮食品、出版物等形式出现①，增强非遗品牌综合竞争力的同时也带来了知识产权保护的必要性和紧迫性。

最后，需要特别指出以下几点：第一，创新设计视角下非物质文化遗产品牌构建必须遵循现代品牌设计的规律，运用创新设计的思路和方法，挖掘非遗核心价值，以创新、实用、时尚的理念开展设计活动。第二，非遗品牌构建必须是建立在非遗保护基础上的传承、开发，除了保护非遗及其产品，还应加强非遗传承地域的社区保护，加强对产品深层次的传统技艺的保护，这才是非遗保护的精髓实质之所在。第三，创新设计视角下非遗品牌构建的实质是要使传统的技艺能够理想地存活在现代化社会中，培育适合其文化生态、生存环境、传承方式，在传统与现代、物质与精神、民族与世界的矛盾发展中和谐发展。

① 王耀希．民族文化遗产数字化[M]．北京：人民出版社，2009：251.

论中国共产党“规矩思想”的新内涵

王生怀

摘　要:中国的规矩思想自古以来就是中国治国理政的重要思想,是中国政治文明的重要组成部分。古代的规矩思想是以“唯心主义”为其哲学基础,中国共产党成立以来,中国的规矩思想开始建立在“唯物主义”的哲学基础之上,特别是改革开放以来,规矩的性质、规矩的有机构成、规矩的身份对应三个方面展示了规矩的新内涵。把握规矩思想的新内涵,对于成就新中国新的政治文明的新辉煌,尤其是取得反腐败的成功具有特别的意义。

关键词:政治“四化”;国家公共哲学观;国家理论;“规矩思想

中国共产党的“规矩思想”是马克思主义话语体系中国化的重要成果之一,是中国共产党从“讲政治”的高度,借用古老的中国政治文明中的规矩思想,把中国共产党建党以来一直以经典马克思主义强调的“组织性”“纪律性”的术语转化成为中国共产党治国理政的本土化术语——“规矩性”。早在1995年,江泽民同志在《领导干部一定要讲政治》一书的“代序”中就指出:“对严重的违纪违法问题,都要一查到底。要立一条规矩:哪里有严重问题不查处,就追究那里领导的责任。”可见,这里的“规矩”不仅指党的纪律而且包含国家法律。2015年习近平总书记在党的十八届中纪委第五次全会上,在讲话中更把“‘守纪律,讲规矩’摆在更加重要的位置”。于是“规矩”逐步成为中国共产党治国理政的重要政治术语。综观十八大以来习近平总书记的系列讲话可以看出:以习近平为核心的党中央,已经赋予中国的规矩思想以新的内涵。

作者简介:王生怀,复旦大学公共管理博士后流动站。

一、规矩思想的起源

中国的规矩思想起源于春秋战国时期的"百家争鸣":当时的"法家"主张"人性恶",采取"道之以政,齐之以刑"的法治思想,所以有秦国的"焚书坑儒",其结果是"民免而无耻",秦统一六国,至二世而亡;"儒家"主张"人性善",采取"道之以德,齐之以礼"的教化思想,所以有汉代的"罢黜百家,独尊儒术",希望达到"有耻且格"的境界,但仍然摆脱不了"王朝更替"的命运;而墨家既不主张"人性恶",也不主张"人性善",而主张"天治主义",认为上天的意志(实际上是"天道",这又与"道家"的思想相联系)"譬若轮人之有规,匠人之有矩,轮匠执其规矩,以度天下之方圆,曰:'中者是也,不中者非也'"。也就是说,正如工匠不以规矩无以成方圆一样,上天的意志(天道)就是人的行为规矩。人的行为只有符合上天的意志(天道),才能中规矩、成方圆、得善果,规矩思想于是诞生。

二、规矩思想的新的哲学基础

承接中国古代政治文明的规矩思想,1921 年,中国共产党一成立就开始订立党的自身规矩——《中国共产党第一个纲领》,共立规矩 15 条;1949 年新中国成立,在中国共产党领导下开始订立国家规矩,制定《中国人民政治协商会议共同纲领》,共立规矩 60 条,代行国家《宪法》功能。自从中国共产党的创立和新中国的建立,党的规矩经历革命时期、建国时期、改革开放时期、中华民族伟大复兴时期这四个时期,党的规矩已经达到 160 多部;国家的规矩经历建国时期、改革开放时期、中华民族伟大复兴时期,国家的规矩已经逐步形成比较完善的体系,尤其是党的十八届四中全会通过的《中共中央关于全面推进依法治国若干重大问题的决定》以来,国家规矩更加完善。不过这里的规矩所体现的是建立在马克思唯物史观基础上的新的思想体系,使中国五千年的政治文明呈现出一个重大的分水岭。马克思主义的唯物史观使中国古代政治文明中的规矩思想实现了性质的飞跃,从理论上摆脱了"政权更替"的周期率。所以新中国一成立,中国共产党立即启动了体现新中国的公共哲学观,体现新中国的国家理论的政治国家化、国家政治化、政治社会化、社会政治化的国家政治"四化"的进程。这个四化的进程,在毛泽东时代表现为激情澎湃的"运动式",在改革开放时代表现为公平正义的"法治式"。无论是"运动式"还是"法治式"都体现了规矩的新内涵、新功能。

三、规矩思想的新内涵

这里的规矩是指中国共产党创立以来,以马克思主义唯物史观为基础,基于信仰,同时基于信仰而从事的革命和执政的实践而逐步创立和完善的规矩,与其他形态的规矩(封建主义规矩、资本主义规矩)比较起来规矩的新内涵是指规矩的性质、规矩的"有机构成"、规矩的身份对应三个方面。

(一)规矩的性质

有比较才有鉴别,规矩的性质是通过比较而鉴别出来的。这里的比较选取的:一是与我们当今的社会主义规矩一脉相承的"封建主义的规矩",也就是文明的延续;二是与我们当今的社会主义规矩共处一个"地球村"的"资本主义规矩",也就是文明的竞争。关于封建主义规矩,从总体上看,封建主义规矩中的精华已经作为中国政治文明中的优秀传统被我们继承下来了,比如政治文明中的秦始皇创立的大一统的中央集权体制,过去由皇帝"一人说了算"的"家天下",现在演变成由中国共产党领导全国人民"共同说了算"的"天下一家",但体制还是那个体制,已经两千多年了,成了社会主义规矩了。封建主义规矩中的糟粕,如"三纲五常"等,一是经过中国共产党96年政治"四化"的涤荡,逐步湮没于历史的尘迹之中;二是随着代际的自然更替,封建主义规矩作古的时间越久远,越远离新生态;三是中国政治文明越进步,中国政治"四化"越彻底,封建主义的规矩越失去市场。所以对于封建主义规矩我们有"扬弃"的信心:让精华为我所用,让糟粕成为历史。而资本主义规矩则不同,资本主义规矩与社会主义规矩虽然在国家理论和国家公共哲学观上有本质的不同,但由于在时间上同处于一个时代,在空间上同处于一个"地球村",所以资本主义规矩与社会主义规矩目前处于"竞争状态"。不可否认,资本主义规矩有其伟大的历史功绩,这种伟大的历史功绩与社会主义规矩一样都体现在"战胜"封建主义的规矩上,都为人类社会的发展开辟了新的道路。但由于资本主义规矩早于社会主义规矩"战胜"封建主义规矩,所以资本主义规矩的哲学基础、理论体系相对于社会主义规矩来说,比较完善,传播得也较为久远,同时由于目前的资本主义规矩在全球仍然处于"强势"的地位,所以才有习近平总书记提出的加快"构建中国特色、中国风格、中国气派的哲学社会科学学科体系、学术体系、话语体系"的要求。加上由于社会主义规矩立起来的时间还比较短，仍然处于探索期，优越性还未彻底展示出来，而资本主义规矩在实践上取得的成就又符合一般人的"如果真理不能兑现为现世的成功那就一钱不值"的共同心理，所以一些人对于资本主义的规矩，总是"乐此不疲"，张口闭口资本主义规矩那一套，忘记了自己的身份；忘记了自己生活在"社会主义规矩规范的社会里"；忘记了社会主义规矩与资本主义规矩一道"战胜"封建主义规矩之后，中国没有选择"资本主义规矩"而选择"社会主义规矩"的中国经济社会发展的"历史规律性"，正如毛泽东在《论人民民主专政》一文中所总结的："自从1840年鸦片战争失败那时起，先进的中国人，经过千辛万苦，向西方国家寻找真理……向日本、英国、美国、法国、德国派遣留学生之多，达到了惊人的程度……努力学习西方，我自己在青年时期，学的也是这些东西"。但是，"帝国主义的侵略打破了中国人学西方的迷梦"，"西方资产阶级的文明，资产阶级的民主主义，资产阶级共和国的方案，在中国人民的心目中，一齐破了产"[1]1469-1471。社会主义规矩的真理性，正如公元前489年孔子所说的："真理就是真理，生命的意义就在于对真理之道的认知和践行"，社会主义规矩的真理性正在被社会主义规矩的实践所展示、所证明。所以在这里就有必要把社会主义规矩与资本主义规矩本质不同的地方讲清楚、说明白：从"国家理论"来看，按照马克思主义对人类社会发展规律的把握，人类社会一般是从原始社会、奴隶社会、封建社会、资本主义社会、社会主义社会、共产主义社会这种从低级到高级演进的。这里的"资本主义社会""社会主义社会"指的是"国家制度"，由此可以看出中国与西方国家的国家制度是不同的。二是从"国家的公共哲学"来看，资本主义国家的公共哲学是以"个人权利的优先性、国家中立性的理想、个人作为自由选择的、无负荷的自我的观念"等三个方面构成国家公共哲学的支柱。[2]38这种国家的公共哲学造就资本主义国家展示的是以"个人主义"为核心、以"公民权利"为特点、以"除了法治没有其他准绳"的"公民社会"，亦称"宪政社会"，国家一般实行立法权、行政权、司法权"三权分立"。而社会主义国家的公共哲学则是以"个人义务的重要性、国家正义性的理念、每个人的自由发展是一切人的自由发展的条件"等三个方面构成国家公共哲学的支柱，因此，社会主义国家展示的是以"集体主义"为核心、以"人民为他人、为国家、为社会做出的贡献"为评价标准、以"法治作为保障"的"人民社会"。这种"人民社会"表现在以中国的"国家理论"为指导，以中国的"国家公共哲学"为支柱，确立了以"人民为中心"的治国理政理念。所以，社会主义新中国的《中华人民共和国宪法》的第二条规定：中华人民共和国的一切权力属于"人民"[3]9，而不是"公民"。因此国家叫"人民共和国"，行政机关叫"人民政府"，立法机关叫"人民代表大会"，司法机关叫"人民检察院"、"人民法院"。以人民为中心把国家的行政权、立法权、司法权有机地统一起来。从以上的分析可以看出,规矩是有性质划分的,我们的规矩是社会主义的规矩,而绝不是封建主义规矩、资本主义规矩,决不能让封建主义规矩、资本主义规矩干扰我们的政治生活,影响我们的政治文化,破坏我们的政治生态,进而阻碍我们政治文明提升的进程。

(二)规矩的"有机构成"

规矩的性质解决了,接下来就要分析规矩的自身。正如马克思在《资本论》中分析资本有机构成一样,规矩也有自身的有机构成。由于社会主义国家的"人民社会"与资本主义国家的"公民社会"亦称"宪政社会"的这种本质上的区别,因此,理解中国的规矩,要从规矩的"有机构成"来理解。从总体上看,目前的中国规矩按照国家理论,依据"宽与严的程度"分布在以下三个从高境界向低层次的逐步演进的三个层次上:一是党内的规矩。创制党内规矩的"理论依据"是"信仰",因为信仰使人崇高,信仰使人的心灵得到净化。党内规矩呵护的也是"信仰"。基于"信仰"的呵护,所以党内成员之间的关系是以信仰结合起来的"志同道合"的同志式关系。创制党内规矩的"实践依据"是党员干部在实践中的"全心全意为人民服务"的具体行为,呵护的是党员干部在实践中的"无私奉献精神"。所以立党内的规矩的目的就是要把共产党人打造成"特殊材料制成的"有崇高信仰的人的群体,也就是为了人民的利益,无条件地"听党指挥,服从组织安排"。"砍头不要紧,只要主义真",就是这个规矩"精神"的真实写照。这是奉行资本主义规矩的人所无法理解的,也是不可能理解的(因为在"公民社会"或"宪政社会"里这些规矩是"违法、违宪"的),这正是社会主义社会与资本主义社会的本质区别的本质所在。二是社会的规矩。当今的中国社会是从远古走来,所以中国社会与西方社会的"基因"是不同的:数千年来中国社会的价值取向是此岸世界,认为现实的世界是真实的、唯一的、可信的;强调的是"关系本位";奉行的是"团体主义"。而西方社会的价值取向是彼岸世界,认为上帝的世界是美好的;强调法律本位;奉行"个人主义"。在这两种不同的社会基因之上,西方社会建立了资本主义规矩体系,而中国社会则建立了社会主义规矩体系。三是国家的规矩。当今的中国是世界四大文明古国中"唯一"存续下来的国家,为什么?因为我们中国自古就有强大的国家规矩:国家领袖是"美德的化身",大禹治水三过家门而不入,"舍小家顾大家",所以形成祭祀的"天地君亲师"的国家规矩(现在仍然保留在乡间祠堂的正堂之上)。除了天和地以外,国家领袖是最为崇高的,现在的乡村90岁以上的老人还有亲自见到习主席能延长"三年寿命"之说。在国家领袖美德的感召下,治理国家的各级官吏也被称为"父母官"。

在这种国家规矩的规范之下，国家即使暂时地遇到了灾难，也能够进行自我修复。例如，1840年开始，国家遇到了灾难，1949年新中国在古老的废墟上重新站立起来，这与“苟利国家生死以，岂因祸福避趋之”的国家规矩的精神是密不可分的。现在新中国已经进入新阶段，由于“政治”是规矩的“分水岭”，所以这里的规矩是马克思主义的，是人民的规矩。中国历代王朝为什么无法摆脱“其兴也勃焉，其亡也忽焉”，关键就是没有重视人民的规矩。人民的规矩是什么？人民的规矩就是“得民心者得天下，失民心者失天下”；也就是习近平总书记所讲的“人民对美好生活的向往就是我们的奋斗目标”；也就是我们日常工作中的“人民拥护不拥护、赞成不赞成、高兴不高兴、答应不答应”。我们平时所讲的“重规矩”，正是因为重的是“人民的规矩”，所以在现实的工作与生活中是重西方政党的规矩，还是重马克思主义政党的规矩？是重资本主义普世价值观，还是重社会主义核心价值观？是重西方“三权分立”的国家体制，还是重“以人民为中心”的国家体制等，也就迎刃而解了。

以上三个层次的规矩立体地构成了规矩的“内容”体系。从已经惩处的腐败的党员干部来看，都遵循这样的规律：首先是弃守党内的规矩，接着是突破社会的规矩，然后是滑向违反国家规矩的深渊而不能自拔，最后等待的是党纪、国法的惩处。这个规律至少给予我们这些启示：对于党员干部来说，党内的规矩、社会的规矩、国家的规矩，任何一个方面的规矩都马虎不得，要一体地、系统地遵循与遵守，不要认为“八小时之外不重要”；对于全党来说，这就为党在哪些方面与环节上，扎紧制度的笼子，创制新的规矩指明了路径与努力的方向，使规矩立体起来，使规矩联动起来，使规矩活起来。要知道腐败的党员干部并不“天生腐败”，一方面腐败的党员干部的内因要承担主要责任，“不想腐”是党员干部的主观世界，是党员干部的主观修为，是“良心”，是品行的高境界，不守住“良心”，不坚守“上品”（中国古代的“九品中正制”把人的品行分成“三个等级，九个层次：上品分为上上、上中、上下，中品分为中上、中中、中下，下品为下上、下中、下下），自甘堕落为“下品”，是对《党章》的亵渎，是对国家规矩的犯罪；另一方面，我们党、我们国家的责任也不可忽视，“不能腐”与“不敢腐”是外部的客观世界，是外因作用于内因的不可或缺的条件。外部的客观世界实现了“不能腐”与“不敢腐”，内部的主观世界即使想腐败，也会因腐败无门而偃旗息鼓，这也符合马克思主义哲学中“物质决定意识”“客观决定主观”的基本原理。当然，“不想腐”应该是党员干部的基本修为、基本品行，否则，对不起“党员干部”这个崇高的身份、崇高的名号。

首先是党内的规矩，党内的规矩是以《党章》为核心的党内法规体系。党内的规矩本身是“立意高远”的，是以马克思主义唯物史观为其哲学基础的，针对的是"以人民为中心观的有理想、有信念、乐于奉献的群体",也就是毛主席在《纪念白求恩》中所讲的"一个高尚的人、一个纯粹的人、一个有道德的人、一个脱离了低级趣味的人、一个有益于人民的人"的这样的群体,也就是党员与党员干部群体。按道理,治理这样的群体,一部《党章》足矣!中国古代就有"半部《论语》治天下"之说。为什么会出现150多部以《党章》为核心的现行党内法规?关键是有两个方面的原因:一是应对在职的党员干部的蜕化变质,保持党的纯洁性。在职的党员干部蜕化变质,这是客观存在,为什么这么说呢?因为党员干部队伍中总有"意志薄弱者",哪怕是经历"血与火"的洗礼,这也符合"大浪淘沙"的自然规律。毛泽东早在1949年3月5日的《在中国共产党第七届中央委员会第二次全体会议上的报告》就指出:"资产阶级的捧场可能征服我们队伍中的意志薄弱者。可能有这样一些共产党人,他们是不曾被拿枪的敌人征服过的,他们在这些敌人面前不愧英雄的称号;但是经不起人们用糖衣裹着的炮弹的攻击,他们在糖衣炮弹面前要打败仗。"况且我们现在是在搞市场经济,党员干部的本身就是市场经济的主人,至少也是参与者,还不需要资产阶级"捧场"。既然我们在搞市场经济,这是客观实际,在这里,法国名著《茶花女》的作者小仲马的一句话说得好"不要把钱看得太重,也不能把它看得太轻",因为看得太重,它就是一个"坏主人";看得不太轻,它就是一个"好奴才"[4]412。腐败的党员干部就是把"钱看得太重",没有把"钱"置于一个恰当的位置,乃至忘记初心,没有了良心,由表面上的"上品"蜕化成真正的"下品"中的"下下品",所以习近平总书记强调"必须把纪律规矩立起来、严起来","要对现有的制度规定进行梳理,该修订的修订,该补充的补充,该新建的新建"(十八大以来中央出台或修订的党内法规近60部)。二是应对从组织上入了党,但思想上还没有入党的党员,保持党的先进性。在现实的组织发展中,有不少是"中品"的人,甚至少数"下品"的人总是有办法混入党内(2016年发展党员191.1万,),比如""五假"干部卢恩光从街头混混到副部级干部就是鲜明的例子。政治必须社会化,通过政治的社会化,发现和吸收符合入党条件的积极分子加入党组织,但党员不能全民化,不能让"中品",甚至"下品"的人进入党内,这当然增加了建党、治党的难度。我们一定要吸取苏联亡党亡国的教训:"20万名党员取得十月革命的胜利、200万名党员取得反法西斯的胜利、2000万名党员亡党、亡国"。2016年中共中央号召全党要"两学一做",学习《党章》、学习近平总书记的系列讲话,做合格党员。作合格党员是不容易的,笔者通过学习和研究《党章》发现,党章是把党员按照当代"贤人"的标准来设计的,把党员干部按照当代"圣人"的标准来定位的,难怪毛泽东自谦为"贤人",难怪毛泽东说:"如果我们党有一百个至两百个系统地而不是零碎地、实际地而不是空洞地学会马克思列宁主义的同志,就会大大地提高我们党的战斗力。”毛泽东在这里说的是“一百个至两百个”而不是说“一百万个至两百万个”,实际上,在现实的中国世界,我们对照《党章》的要求,我们国家没有那么多“贤人”和“圣人”,我们不能“掩耳盗铃”(无论是从数学上的“概率”来看,还是从管理学上的“宽幅度”来看:在残酷的革命战争年代,党员的数量越多越是“好事”;在繁荣的和平年代,党员数量越多越是“坏事”。)。从这里可以看出,做一个合格党员不容易,做一个合格党员干部更不容易。所以党内的规矩,主要是要求8944.7万名党员(2016年底的统计数字)向党员的标准靠拢,数百万党员干部向党员干部的标准靠拢,在腐败的面前做到“不想腐”。

其次是社会的规矩。1939年刘少奇在《论共产党员的修养》中讲得好,“我们共产党不是天上掉下来的,而是从中国社会产生的。每个党员都是从中国社会中来的,并且今天还是生活在这个社会中”[5]103。由于党员本身就是社会中的一分子,加上长期的“政治社会化”和“社会政治化”,党员干部固守社会的规矩就成为“应有之义”。社会规矩,从大的方面讲,既有数千年中华文明延续下来的规矩,也有现当代社会衍生出来的规矩,更有改革开放以后产生出来的新规矩,这些规矩目前集中体现为以社会主义核心价值观为主要内容的规矩——倡导富强、民主、文明、和谐,倡导自由、平等、公正、法治,倡导爱国、敬业、诚信、友善。从小的方面讲,是以家庭为核心的“家风”为主要内容的规矩。家庭是社会的细胞,党员干部的家风,不是个人的小事、家庭私事,而是党员干部作风的重要表现。党员干部的家风具有鲜明的政治属性,从《领导干部个人事项报告暂行规定》,到《中国共产党廉洁自律准则》,到《中国共产党纪律处分条例》等,都对党员干部的用权、家属子女经商办企业、生活作风、家庭道德等都作出了全面系统的规定,具有约束力。所以,习近平总书记强调:“每一位领导干部都要把家风建设摆在重要位置,廉洁修身、廉洁齐家,在管好自己的同时,严格要求配偶、子女和身边的工作人员”。对于党员干部,政治家风化、家风政治化,既是“政治社会化、社会政治化”的内在要求,更是“廉洁修身、廉洁齐家”,引领社会风气的客观要求。所以社会规矩具有涵养“党风、政风、民风”的重要“功能”。

最后是国家的规矩。国家的规矩早期指的是国家习惯传统,现在更多指的是国家法律,指的是“以宪法为核心的社会主义法律体系”。国法在社会主义中国是人民意志的体现,是党领导人民,通过人民代表大会等立法机关,将人民的意志上升为国家的意志,是国家的强制力。由于中国共产党的长期执政地位,实现了党员干部在国家机关、事业单位、经济组织、社会组织的全覆盖,这一方面为党员干部掌握“公权力”造就了平台,另一方面也为通过制定国家法律“硬约束”党员干部的“公权力”行为提供了路径。党的十八届四中全会指出:“全面推进依法治国”,“坚持依法治国、依法执政、依法行政共同推进,坚持法治国家、法治政府、法治社会一体建设”[6]4。这两个“一体化建设”,为人民的意志、党的主张上升为国家法律扫清了道路。人民满意什么、反对什么,党主张什么,反对什么,只要条件成熟,符合成为“法律”的条件,党就领导人民科学立法,铸就国家法律的党员干部蜕变的最后一道防线。绵密而强大的国家法律是党员干部不能腐、不敢腐的铜墙铁壁。

从规矩内容构成的立体层次看:党内法规、社会规矩更多体现的是“软约束”,是基本上属于“劝导型”的。就拿党纪、党规来说,对党员干部的违纪、违规的处罚有“警告、记过、记大过、留党察看、开除党籍”等五个层级,最高的莫过于“开除党籍”,而“开除党籍”对于丧失理想信念的党员干部,那是无关“痛痒的”,正如我们俗话讲的“死猪不怕开水烫”!所以,一段时间内,党内政治生态出现“劣币”驱“良币”,管党、治党出现“宽、松、软”问题,其根本的症结就在这里。这就需要国家的规矩来“接力”,让“全面从严治党”与“全面依法治国”实现既有“功能上”的分工,又有“职能上”的对接,使“无良”(无良心)、“下品”(九品中的“下下品”,国家监狱是专门为“下下品”的人设立的)的党员干部无所遁形,彰显“国家正义”。只有这样,政治“四化”成果才能得到巩固,才能自成一体且坚如磐石,充分展示国家政治的中国特色、中国风格、中国气派。

(三)规矩的对应身份

习近平指出:“营造良好的政治环境,要从人抓起,从人做起,也就是从各级领导干部……做起。”[7]29-30这里的人已经不是一般意义上的人,正如马克思所说的“社会结构和国家经常是从一定个人的生活过程中产生的。但这里所说的个人不是他们自己或别人想象中的那个人,而是现实中的个人”[8]29。所以这里的人首先至少有两种身份,一是经济人,一是社会人。由于国家是公权力让渡的产物,只要涉及公权力,就与政治相联系,如果关心政治、参与政治活动,那就同时具备第三种身份——政治人。政治人对中华文明特别重要,中华文明为什么经久不衰?世界四大文明古国为什么唯一只有中国延续到现在?主要是中国在关键的时候总是有“成群”的政治人的存在,也就是我们经常说的“仁人志士”的存在。中国为什么叫“中国”?就是因为这些政治人创立了中华文明的“中国中心观”使然,当然这时候的中国中心观是建立在“唯心主义”的哲学基础之上。现在的中国为什么叫“新中国”,是因为现当代的中国政治人,把国家理论建立在“唯物主义”的哲学基础之上的,是更加科学的,是更加适应人类社会发展的规律的。我们中国之所以有伟大复兴的“中国梦”,是因为这个“梦”不是想当然的、不是自封的,是中国历史观和马克思主义唯物史观双重作用的结果——必然复兴、应该伟大!所以新中国的政治人们,包括毛泽东、邓小平、习近平一方面巩固中国历史观——曾经的“人类文明中心”,一方面灌输马克思主义唯物史观。这“一巩固、一灌输”使新中国出现“政治国家化、国家政治化、政治社会化、社会政治化”的“四化”现象。在毛泽东时代“四化”的特点是“运动式”,在改革开放时代“四化”的特点逐渐转变成“法治式”。所以,在新中国,尤其是党员干部,首先是“政治人”的身份,那自不必说,同时还兼具“社会人”、“经济人”的身份,这样就有了三重身份,这三重身份决定了党员干部守规矩不同层次上的具体内容及其逻辑关系。当然在这三重身份之中,政治人的身份是统帅,社会人的身份是基础,经济人的身份是补充。

在“政治人”上守规矩。“政治人”是党员干部的第一种身份,是最高层次的身份。在最高层次身份上守规矩主要立足于两个方面:一是在中国历史观上守规矩,一是在唯物史观上做表率。关于在中国历史观上守规矩,这涉及“本原”,涉及“中国梦”的根和本,“中国中心观”是我们祖先留存给我们的“荣耀”,我们要把它放在心里好好收藏。当年的“协和四方,万国来朝”,虽然历经沧桑,已经成为历史的陈迹,但鲜活的文字典籍总是乐意穿越时空与我们这些后人对话——“中国梦”来源于中国历史观、“一带一路”来源于中国历史观、“不忘初心”更是来源于中国历史观。作为政治人、作为党员干部一定要成为把“中国历史观”转变为现实实践的强大“动力源”,经得起“心志之苦”、抗得住“筋骨之劳”、受得了“体肤之饿”、正得过“拂乱所为”,以勇揽大任的苦乐观,践行“先天下之忧而忧,后天下之乐而乐”的博大情怀,让“为官不为”的行为与现象远离我们。关于在唯物史观上做表率,中国共产党作为以马克思主义政党,唯物史观是其理论的基石,唯物史观在政治上的术语就是“先进性”。马克思恩格斯在《共产党宣言》中虽然没有直接使用先锋队概念,但描述了共产党人的先锋队性质,那就是理论觉悟优越与实践上最先进、最坚决。在各种后期的文本中,马克思直接使用了“开路先锋”与“先锋队”的概念,强调了先锋队思想觉悟与坚定的革命精神。列宁主义则从党与阶级概念的不同出发,更加明确了党的先锋队功能,特别强调了党的先进性,强调党员的理论自觉与自我牺牲精神[9]24-25。而在中国共产党党内起《宪法》作用的《中国共产党章程》开宗明义就指出:“中国共产党是中国工人阶级的先锋队,同时是中国人民和中华民族的先锋队”。“三个”先锋队的性质,决定了党员干部作为党的一分子,时时、处处、方方面面都要体现先进性。也就是说,作为"政治人",仰望星空,有一颗不变的星辰,那就是共产主义;脚踏实地,有一颗赤子之心,那就是为人民服务。

在"社会人"上守规矩。"社会人"是党员干部的第二种身份,是承上启下的中间层次的身份。刘少奇在《论共产党员的修养中》中指出:"每个党员都是从中国社会中来的,并且今天还生活在这个社会中,还经常和这个社会中一切不好的东西接触"。由于党员干部生活在这个社会中,而且常和这个社会中一切不好的东西接触,这就要求党员干部在这个社会中具有"出淤泥而不染"的定力,尤其是在市场经济的魔力无坚不摧的情况下,让我们的"定力"抑制住"魔力"、战胜"魔力",打破市场经济魔力无坚不摧的"神话",表率社会。其实,我们今天的社会与刘少奇撰写《论共产党员的修养》时期的社会已经有了长足的进步,物质贫乏的时代已经一去不复返了,古人云的"仓廪实而知礼节,衣食足而知荣辱"中的"仓廪实"和"衣食足"对于党员干部来说,都已经成为历史。加上政治上的长期"四化",已经实现了马克思主义在那个时代的艰难的"马克思主义中国化"向当今的"中国化的马克思主义"转变。"中国化的马克思主义"更贴近生活、贴近社会、贴近实践,更容易为党员干部和人民大众所理解、所接受、所实践。从宏观的方面来说,社会主义核心价值观的提出与实践,这就为党员干部在"社会人"上守规矩提供了基本遵循。从微观的方面来说,"家风"的提出与实践。家风既是人们的精神家园,又是连接个人与社会、政党的天然纽带。家风好,厚德立家、勤俭持家、廉洁兴家,利于大家、繁荣国家;家风差,亲情利化、家庭腐化、心灵丑化,既害自家又害国家。好家风是涵养好品德、好风尚、好作风的源头活水;坏家风是强烈的毒剂,害个人、害家庭、害社会。所以,作为"社会人",党员干部"正家风"又是做社会表率的基础性的责任与义务。

在"经济人"上守规矩。"经济人"是党员干部的第三种身份,是最低层次的身份。党员干部除了政治属性、社会属性,还具有自然人的"经济属性",具有满足自身、发展自身的物质需要,正如马克思所指出的那样,"我们首先应当确定一切人类生存的第一个前提,也就是一切历史的第一个前提,这个前提是:人们为了能够'创造历史',必须能够生活,首先就需要吃喝住穿以及其他一些东西。"这正与弗洛伊德提出的"本我""自我""超我"三个概念中受现实原则支配的"本我"与"自我"相联系;也与马斯洛的"人的需求的五个层次"理论中的最低层次相呼应,"人的需要的等级越低,必然也越自私"[10]4-6。自然属性决定了"本我""自我",以及"最低层次需求上"的自然性、物质性的"经济人"的特征。这种"经济人"身份的特征,对于掌握公权力的党员干部而言,始终是一种无法忽视的客观存在。"趋利性"是"经济人"身份存在的本质特征。如何做到"君子爱财,取之有道"。儒家所提倡的"仁爱"思想,在这里可以转化为具有现实意义的行为规范,即"利己不损人"的小节行为观,这里的人不仅是指经济活动的相对人,而且还指让渡出公权力的所有人。之所以称之为"小节",是因为它意味着最低要求的规范性与普遍意义的可行性。对于党员干部,以自身身份的最低层次在社会经济生活中的行为而言,如果能做到"利己不损人",本身就具有肯定的意义;如果在此基础上能够做到"利己利人",那么这种行为就具有更高价值,就符合在"经济人"上守了规矩;如果"利己不损人"和"利己利人"都做不到,那就必须持守"宁可清贫自乐,也不可独富多忧"的古训。

总之,"规矩思想"是中国共产党治国理政的新思想和新实践。作为思想必然开辟 21 世纪马克思主义发展的新境界,让当代中国马克思主义的真理的光芒更加灿烂;作为新实践,必然开创中国事业和人类发展事业的新征程,让中国人民与世界人民一道共享新的中华政治文明的新辉煌。

参考文献:

[1] 中共中央文献编辑委员会. 毛泽东选集(第 4 卷)[M]. 北京:人民出版社,1991.

[2]〔美〕迈克尔·桑德尔. 民主的不满[M]. 曾纪茂译. 北京:中信出版集团股份有限公司,2016.

[3] 中华人民共和国宪法[M]. 北京:中国法制出版社,2014.

[4]〔法〕小仲马,莫列尔. 茶花女[M]. 胡小跃等译. 桂林:漓江出版社,1995.

[5] 中共中央文献编辑委员会. 刘少奇选集(上)[M]. 北京:人民出版社,1981.

[6] 本书编写组. 中共中央关于全面推进依法治国若干重大问题的决定[M]. 北京:人民出版社,2014.

[7] 中共中央文献研究室. 习近平关于全面从严治党论述摘编[G]. 北京:中央文献出版社,2016.

[8] 中共中央编译局. 马克思恩格斯选集(第 1 卷)[M]. 北京:人民出版社,1972.

[9] 李文堂. 党内政治文化的理论渊源[J]. 理论视野,2017,(5).

[10] [美]马斯洛. 人的潜能和价值[M]. 林方,译. 北京:华夏出版社,1987.

皖南优秀传统文化的当代价值

夏建圩

摘　要:皖南地区位于安徽省南部,主要指安徽长江以南地区,明清以后主要为徽州府、宁国府、池州府、太平府及广德州管辖区域。现今指安徽省南部黄山、芜湖、马鞍山、铜陵、宣城、池州六市(不包括江北地区)。皖南地区自唐宋明清以来,就是中国传统文化渊薮,有很强的文化认同感,是典型的地域文化圈,积累了丰富的文化传统资源。这其中有糟粕成分,需要剔除,但大量的优秀传统文化在当代仍具有价值,对当今各项事业建设,尤其是文化与社会建设有借鉴作意义。怎样让"沉睡"在历史长河中的人与事,穿越时空,焕发出新的生命力,这是社会科学者的任务。

关键词:皖南;优秀传统文化;当代;价值

中华优秀传统文化,博大精深,经受了数千年的检验,凝聚了古往今来人们共同的价值认同,时间越久,内涵越是丰富,并积淀为深厚的精神财富,当今社会,媒体发达,价值、文化、思想日渐多元、复杂,各种思潮鱼龙混杂,尤其青少年明辨是非能力有限,容易被一些光怪陆离的现象迷惑,误入歧途,因此,增强文化自信,增强对民族文化的认同,提高辨别能力尤其迫切,这些问题的解决,都需要从优秀传统中汲取。

中共中央历来重视传承中华民族的优秀传统文化,2017 年 1 月,中共中央办公厅、国务院办公厅印发了《关于实施中华优秀传统文化传承发展工程的意见》(以下简称《意见》),要求各地区各部门结合实际认真贯彻落实。《意见》是关于传承、发展优秀传统文化的最高纲领,而且指明了文化发展的方向。《意见》指出:中华文化独一无二的理念、智慧、气度、神韵,增添了中国人民和中华民族内心深处的自信和自豪。这不仅是建设社会主义

作者简介:夏建圩,男,安徽郎溪县人,博士,合肥工业大学副教授,研究方向:明清史、区域历史文化。

文化强国,增强国家文化软实力的需要,而且是实现中华民族伟大复兴中国梦的重要内容。

通过学习并领会《意见》的精神,并结合皖南地区历史文化实际,梳理总结出以下五个方面。

一、爱国保家,负责担当

爱国是一种最高尚、最能激励人心的情感,是一个民族最可宝贵的精神财富,皖南人民有着丰富而具有影响力的爱国传统。古人讲求"修身、齐家、治国、平天下",从小至大,不断累积,修身是开始,在家养成。众所周知,明嘉靖胡宗宪总督东南数省,任用俞大猷、戚继光等名将,长期与倭寇战斗,基本平定了东南倭患,保一方平安。而明末沈有容先后打败倭寇及荷兰殖民者的入侵,三次保卫了台湾,知之不多。

沈有容(1557—1627),字士弘,号宁海,宣城洪林沈氏第十三世祖,沈有容少年时性情豪放不羁,《明史》载其"幼走马掣剑,好兵略",常常随叔父沈懋学(1539—1582,明状元)读书、了解边疆形势,决心要以武报国。万历七年(1579),他参加乡试,中武举第四名,补任河北昌平千总,后从李成梁镇守辽东,冲锋陷阵立下战功,升为广宁中卫千户。万历二十五年(1597),日本发动第二次朝鲜战争,企图南北双线作战,夹击大明。明朝为迎战来敌,在浙江、福建集结大量水师,严阵以待。福建巡抚金学曾,知人善任,选聘沈有容来福建抗敌。从万历二十五年至万历四十七年(1619)年间,沈有容镇守在闽海前线约十五年,在此期间他曾三入台湾及澎湖列岛,歼擒倭寇,驱逐荷兰殖民者,成为中国历史上第一个成功从外国侵略者手中收复台湾的将领。万历三十年(1602)冬天,倭寇侵占台湾,四处残害商民与高山族的同胞,沈有容不顾海上台风危险,他说:"破敌立功,就此足矣!"率领21艘战舰抵达台湾,生擒倭寇十八名,斩首十二级,全歼倭寇。商民与高山族同胞得以重见天日,恢复往日的生活。这是中国军队首次在台湾本岛进行反侵略斗争的重大胜利。但沈有容并未因功受赏,反而遭人诬陷,没有得到升迁。稍有私心的人,怕是再也不愿冒着生命危险冲锋陷阵了,而沈有容忠于国家,把百姓与国家的利益奉为至上,没有受到影响。万历三十二年(1604),刚成立不久的荷兰东印度公司的韦麻郎等人驾着三艘巨舰,假装借"互市"的名义占领了澎湖岛。消息传到福建地方,顿时议论大哗,有主张"互市"的,有主张"征剿"的,众说纷纭。沈有容临危受命,统兵征剿侵略者，沈有容对侵略者的意图有清醒的认识，他说："荷兰人的意图难道为了'互市'吗？他们借此贿赂、蒙蔽我们的官员，一旦得手，就会像葡萄牙占领澳门一样夺取澎湖列岛，并进一步侵略我国。"为了战胜"船坚炮利"的荷兰侵略者，沈有容主张"谕以理、惧以祸、令其自疑"，他用兵行事虚虚实实，公开声明"业已买粮给兵，约二十艘开缆直抵澎湖，用圜阵批杀之法"，来迷惑、威慑敌军。经过严密部署，沈从容身穿便装，驾单舟驰往驻扎在澎湖列岛的荷兰舰队。韦麻郎见后装腔作势说："请问将军来这里有什么事情？"沈有容直陈利害，指出荷兰的侵略用心，韦麻郎不断狡辩，甚至以武力挑衅。沈有容慷慨陈词："中国一贯不能容忍外敌入侵，你们说是经商，因此得到允许。但是你们又说要动用武力，想来是有别的意图。我们的军队已经做好了准备，等着杀敌。"荷兰侵略者被沈有容的气魄降服，又震慑于中国的兵威，被迫挂帆拔锚，狼狈撤离，韦麻郎离开时，还请画师画了沈有容的像，以示尊敬。澎湖宝岛，重新回到祖国怀抱。

万历四十五年（1617），日本幕府将军德川家康派军占领台湾，沈有容率水师冒风出海，围倭寇于东沙岛（也称白犬岛）。他先命水师以炮环攻，尽毁倭寇工事。同时，"即麾率官兵奋力冲攻，义船飙集、火器雷震，当将三船立刻犁沉；惊涛骇浪中，止捞斩二级。……军威益张，倭计益穷。"沈有容率军击败明石道友的军队，并生擒马祖白犬岛上全部倭寇，第三次保卫了台湾的安全。消息传回闽中，闽人大喜，当时的工部右侍郎董应举说："某生六十一矣，未见有此不伤一卒、不折半矢、不糜斗粮、不旷时日，去如振叶、归若系豚，捷速而完，功难而易；即使俞（大猷）、戚（继光）再生，亦当首肯矣。""东沙之役"，是明代抗倭战争史上最大的一次胜利。德川幕府以"远征违背国策"的罪名，将村山等安一家满门抄斩。至此，日本率先挑起的多次侵台战争，均以失败收场。为彰显沈有容的功绩，其好友董应举，特意在大埔岩壁上题写了"万历疆梧大荒落地腊后挟日宣州沈君有容获生倭六十九名于东沙之岛不伤一卒闽人董应举题此"等大字。1965 年春，国民党马祖防卫司令部为保存古迹，指示驻地部队建亭于石刻之上，名为"怀古亭"，并在亭两侧立有两块释碑文及一块部队建亭碣。

沈有容三次入台澎，歼倭驱荷之举，使明王朝统治阶级上层人士逐步认识到台湾地位的重要性。明神宗曾夸奖沈有容是"良将才"，并特别垂问其家世，以示褒奖。今天在台湾澎湖马公的天后宫，至今保留着一块石碑，上面刻有"沈有容谕退红毛番韦麻郎"，虽字迹斑斑，却清晰可辨，它是台湾地区现存的最古老的一块石碑，不仅记载沈有容赫赫战功，而且以铁的事实证明了台湾历来就是中国领土。

二、崇尚道德，正直仁爱

人无德不立，道德是为人的根本。所谓“三立”：立德、立功、立言，立德居首位。历史上的皖南名人及其家族，都将道德培养作为首要任务，道德养成之后，无论为官、务农、经商、读书，都能行得端，做得正。皖南有众多品行高尚的人物，如梅尧臣、吴潜、沈寿民、许楚、郑旻、程守、孙默、施闰章、梅文鼎、张光藻等，他们为人、做官、为学、处事等方面，值得学习借鉴。

沈寿民(1607—1675)，字眉生，号耕岩，是复社名士，性情严毅，不苟言笑，博通经史，学问尊孔孟。著名文学家艾南英“一见奇之”，沈寿民声名鹊起，与芜湖沈士柱并称为“江上二沈”。崇祯九年(1636)举贤良方正，应天巡抚张国维特荐沈有容，当时明政权内忧外患，岌岌可危，清军大兵压境，李自成、张献忠率领的农民起义如火如荼。兵部尚书杨嗣昌信任熊文灿，主张招抚，无所事事。沈寿民一到京城，即上“纲常正而后可以正世风”一疏，弹劾杨嗣昌因循误国，他上奏道：“杨嗣昌因居丧起用，应当慷慨誓师，主动请缨出征，然而他因循偷安，军纪散漫，空耗国财，祸害无穷……如果全力剿匪，什么样的凶徒不能击垮呢？匪徒是乌合之众，已经穷涂末路，捉住他们，绑着交给朝廷，皇恩浩荡然后宽宥他们，让他们痛心悔改，只有这样招抚才能成功，但现在杨嗣昌等人的做法很被动，丧失时机，养虎为患，我不知道结果会是什么啊！”奏疏被通政使张绍先以书写格式不合规范退回，沈寿民据理力争，还是没有上报给皇帝，不了了之。沈寿民立即辞官返乡。少詹事黄道周感叹说：“这是什么事啊，朝中高官不敢说的话却由一个草野之士说出了，我们这些人真是惭愧死了！”于是沈寿民更是名动天下了。回到宣城后，沈寿民在麻姑山下筑讲堂，耕读其中，四方学者、名流不远千里，前来问学，常达数百人，著名学者施闰章、吴肃公等都是他的学生。崇祯十一年(1638)，阮大铖流窜南京，四处活动，企图为魏忠贤翻案。于是复社成员对此极为愤慨，贵池吴应箕执笔撰写《留都防乱公揭》来反对阮大铖的政治活动，当时在南京的复社成员有140余人纷纷在《留都防乱公揭》上署名，作为重要成员沈寿民也在其中，《留都防乱公揭》发表后，反响巨大，阮大铖的阴谋也因此破产。

1644年，明朝灭亡，南明小朝廷在南京建立，阮大铖掌握大权，他开始打击报复复社成员，按《留都防乱公揭》上的署名进行迫害，大兴党狱，周镳被杀，顾杲、黄宗羲等人被逮，沈寿民赫然列入名首，于是沈寿民改名为“王子云”携子逃到浙南武义山村岩坞隐居，清顺治十二年(1655)其孙千里寻亲，一直到顺治十五年(1658),沈寿民父子才依依不舍地告别武川山水回到宣城,但他回宣城后足不入城市,继续隐居麻姑山授学著述,常年“皂帽裹头”,盛夏依然。有好友归顺清朝后举荐沈出仕,自然是自讨没趣。沈寿民著有《姑山遗集》30卷、《闲道录》16卷和《剩庵诗稿》多卷,他对大明朝廷和自己的人文追求忠贞不贰,气节修学仿佛清末民初沉湖遗民王国维。后人将沈寿民与吴县人徐枋、嘉兴人巢鸣盛并称明末清初“海内三遗民”。孟子说:“天下有道,以道殉身;天下无道,以身殉道”,沈寿民极为推崇孟子,他也是这么做的,沈寿民在世经常对门生说:“士不穷无以见义,不奇穷无以见操”,他临终命弟子吴肃公记下遗言:“以此心还天地,以此身还父母,以此学还孔孟”,去世后门人私谥沈寿民为“贞文”先生。

从清顺治十八年(1661)到康熙六年(1667),施闰章任江西参议,分守湖西道(管辖吉安、临江、袁州三府)。由于该地遭受多年战争,破坏巨大,湖西地区家破人亡,田园荒废,但朝廷对军粮、赋税的征收仍在继续,当地百姓迫于生计纷纷逃亡,有的甚至组织起来反抗,官府立即进行残酷镇压,村舍田园被毁坏,生灵涂炭,一片荒凉景象。施闰章到任后,认为朝廷应该实行“与民休息”的政策,否则民不安国不宁。他一改简单的镇压方式,以教化恢复地方秩序。他走遍湖西各地,安抚百姓,并释放了聚众起义的首领,让他们安心恢复生产。施闰章还向上级力争减轻赋税,告诫属下不准欺压百姓,几年后湖西地方经济逐渐恢复过来。施闰章到民间寻访时,见到百姓疾苦,他十分痛心,常常解囊相助,以自己的薄俸赈济饥民,以致自己一贫如洗,官橐空空,老百姓称之为“施佛子”。他卸任回乡时,亲故买船赠给他,因要乘船横渡鄱阳湖,而行囊少船体轻,压不住湖上大风,当地百姓争着买来石膏,装在船内对抗风浪。因缺乏粮食与路费,上岸后施闰章只好将船卖掉。做了七年地方官,结果他回乡时,两袖清风,两手空空。在当时贪污成风的官场,像施闰章这样清廉爱民的官吏,真是凤毛麟角了,是真正的儒者。施闰章家法严格,他的子孙多能淡泊名利,发愤读书著述。子施彦淳、彦恪,毕生为亡父整理遗著,著有《施氏家风述略续编》。孙施瑮,号随村,一生“耻趋炎俗”,后隐居田园,有《随村诗集》,人品与诗风直追乃祖。

三、诚信务实,经世致用

诚信,是一个社会文明的重要标志;务实,是一个人成熟的重要体现,皖南历史上形成了诚信务实的传统,皖南人民讲诚信、重实干。明代嘉靖年间歙县商人汪忠富对其长子说:“职虽为利,非义不可取也。”小儿子去读书,他又对幼子说:“学贵自修,非专为名尔,惟勤励俟命,吾不以利钝责汝也。”“北有同仁堂,南有庆余堂”,说的是南北中医制药的老字号代表,胡庆余堂就是由绩溪人胡雪岩创立的,他立下“戒欺”的堂训,并声明:“凡百贸易均着不得欺字,药业关系性命,尤为万不可欺。余存心济世,誓不以劣品弋取厚利,惟愿诸君心余之心,采办务真,修制务精,不至欺予以欺世人,是则造福冥冥,谓诸君之善为余谋也可,谓诸君之善自为谋亦可。”这是胡庆余堂制药的铁定规则,也是胡庆余堂称雄制药界的原因所在。在职业观上,皖南人也务实,读书不一定为求做官,通过读书,知晓为人处世的道理,知书达理,才是读书的本义,“读书变化气质”,从事一切行业都要读书、知理。从“耕读传家”到“读书好营商好效好就好”再到“四业均等”,反映出皖南人求真务实的职业态度。明清时期,徽州府、宁国府商帮能够发展,最重要的因素就是重务实、讲诚信。

四、工匠精神,“进技于艺”

历史上皖南民间大量分布祠堂、民居、牌坊,被称为“三绝”,另有石雕、砖雕、木雕,被誉为“三雕”,都是皖南工匠创造的艺术品,既发挥教化等实用功能,还有着很高的艺术欣赏价值,是皖南工匠勤劳和智慧的结晶,例如绩溪太极湖村,是“三雕”代表之所,值得研究、保护。明末清初,歙县虬村黄氏刻工,享誉东南。另外,还有旌德的汤氏、刘氏、李氏、鲍氏刻工,雕刻技术世代相传,逐渐形成精湛而圆熟的刻画技艺。他们以刀代笔,曾活动在杭州、南京、苏州等地,进行创作,留下大量具有珍贵价值的版画作品,精雅绝伦,被国内外博物馆争相收藏。清嘉庆《宁国府志》由洪亮吉、凌廷堪两位著名学者主持修撰,是方志中的精品之作,旌德乔亭刻工刘光显雕琢《北楼》《敬亭》《景梅亭》《麻姑山》《桃花潭》《琴溪》《龙池》《西津》《南湖》等24幅山水版图,并模仿梅清、蔡晓原、半山等画家笔法,均为弥足珍贵的艺术品。他们不仅是“剞劂匠”,更是艺术大师,他们精益求精,进技于艺的追求值得提倡。

五、艰苦创业,继承创新

明清时期皖南地域商人在大江南北、长城内外甚至海岛沙漠,都留下经商的足迹,人们称之为“徽骆驼”“绩溪牛”。他们艰难创业,大都从伙计开始干起,依靠诚信、勤奋、节俭,或就地取材,或进行长途贩运,积累一定资本后,独立经营,数十年不辞艰苦,经历无数挫折失败,积少成多,成为富商大贾,徽州商帮称雄明清商界达300余年。除了大盐商、"红顶商人"胡雪岩之外,绩溪胡位咸、泾县黄田朱氏、旌德舒氏等也是商界代表,还有众多不为人知的商人,他们的创业经历,对我们仍具有启发。

在商界"没有最好,只有更好",创新是商品及企业生命力源泉,胡开文墨就是通过一步步创新而不断发展壮大。胡开文的创立者是胡天注(1742—1809),绩溪上庄人。少年从业于休宁城汪启茂墨店,娶汪启茂之女为妻,当时墨店林立,汪启茂在同行竞争中折了本,难以为继,在这种情形下,胡天注继承了汪启茂墨店。为创出高质量产品,他不惜巨资买上等原料,聘良工刻模制墨,打出"胡开文"品牌,给顾客全新的感觉,并开创出各种形式、档次的品种。其子胡余德又在徽州各县及安庆、芜湖、扬州、上海、武汉等地开设分店,使胡开文墨业扩展到大江南北,名扬中外。1915年,胡开文生产的"地球墨"夺得巴拿马万国博览会金质奖章,把徽墨推向了世界。而今天,胡开文墨厂借助网络销售,开拓了海外市场,已经将胡开文墨卖到了全世界!

知易而行难,这也是古人留给我们的精神财富。习近平总书记曾语重心长地对青年学生说:"道不可坐论,德不能空谈。"我们应该"于实处用力,从知行合一上下功夫,核心价值观才能内化为人们的精神追求,外化为人们的自觉行动",让中华优秀传统文化在实现中华民族伟大复兴的中国梦的征程中焕发出新的时代生命力。

论文化记忆与文化自信

左路平

摘　要:文化记忆是一个民族和国家在长期历史发展中形成的、以文化方式记载和传承的共同记忆,是一个民族最独特的文化标识,也记载着一个国家和民族漫长历史中的兴衰、荣辱、成败,成为宝贵的精神文化财富。推动文化自信的生成则是中国共产党提出的时代课题和历史任务。而文化记忆的传承与文化自信的树立之间存在着紧密的联系和双向互动的关系。一方面,文化记忆为文化自信的生成提供丰厚的文化滋养、坚实的文化底蕴和共同的文化身份认同和心理基础;另一方面,文化自信的生成也促进文化记忆的传承,并推动文化记忆的激活与当代重构。在新的历史境遇下,要以文化记忆的当代重构为契机;以文化记忆为精神纽带;以文化记忆为文化滋养,推动文化自信的广泛生成。

关键词:文化记忆;文化自信;文化认同

树立和提升当代中国人的文化自信是十八大以来习近平总书记在多重场合强调的重要文化发展战略目标,对中国特色社会主义文化的繁荣发展、增强我国文化软实力都具有重要意义。在建党九十五周年大会上,习近平正式把文化自信纳入"四个自信"的范畴,并强调,相较于道路、制度和理论自信而言,"文化自信,是更基础、更广泛、更深厚的自信。"①文化记忆则是一个民族经过长期历史积淀而不断传承和延续的,进而彰显一个民族特质的通过文化形式和符号展现出来的共同记忆,这种记忆不仅包括文字和书面形式记载下来的知识,还包括风俗习惯、礼仪等通过日常生活体现出来的生活、生产方

基金项目:国家社科基金重点项目"当代中国价值观念对外话语体系的构建与传播研究"阶段性成果(14AZD041)。

作者简介:左路平(1991—)男,安徽庐江人,安徽大学马克思主义学院,博士研究生,研究方向:意识形态理论。

① 习近平.在庆祝中国共产党成立95周年大会上的讲话[N].人民日报,2016-07-02.

式。共同的文化记忆则是文化自信生成的思想根源和精神动力,中华民族的文化记忆则为当代民族文化自信的树立奠定了坚实的文化底气,也为文化自信的生成提供了优质的文化基因和文化滋养。因此,探讨文化记忆与文化自信二者之间的内在联系和互动关系,有助于厘清文化自信生成的深层根源,推动当代中华民族文化自信的树立与提升。

一、文化记忆的概念与文化自信的提出

文化记忆的概念首先是由国外的学者提出,随后被引入中国并引起广泛关注,其中最主要的开创者是德国的扬·阿斯曼和阿莱达·阿斯曼夫妇,19世纪90年代他们在前人研究记忆理论的基础上提出了"文化记忆"理论,并随之对此进行了深入探索和研究。文化自信则是十八大以来中国共产党在总结和把握文化发展规律、深刻洞悉我国社会发展现实状况基础上提出的重要时代命题,目的是为中国特色社会主义的探索和发展提供文化维度的支援。

(一)文化记忆的概念及其内涵

文化记忆的首倡者是德国的阿斯曼夫妇,他们对文化记忆的概念进行了深入的研究和概念分析。他们认为记忆是一种社会现象,只有在实践交往中才会产生记忆并得以延续,因而文化记忆的概念超出了个体层面,在集体的层面上才具有意义。扬·阿斯曼指出:"文化记忆是集体记忆的一种形式,在此意义上,它是由若干人共享并向这些人传达的一种集体的,也就是说文化的身份认同。"同时,他还认为,文化记忆是一种机制。它被外化、对象化并以符号的形式储存,这些符号形式是稳定的、超越情境的:它们可以从一种情境向另一种情境迁移,并从一代传递给另一代①。文化记忆的传承媒介主要是以各种文本、图像、舞蹈、仪式和表演为中介;以"典雅的"或其他正式的(各种)语言为中介。而在《《集体记忆与文化身份》一文中,扬·阿斯曼则把文化记忆界定为:"包含某特定时代、特定社会所特有的、可以反复使用的文本系统、意象系统、仪式系统,其'教化'作用服务于稳定和传达那个社会的自我形象。在过去的大多数(但不是全部)时间内,每个群体都把自己的整体性意识

① [德]扬·阿斯曼,管小其译. 交往记忆与文化记忆[J]. 学术交流,2017,(1).

和特殊性意识建立在这样的集体知识的基础上。”①综合可知，在扬·阿斯曼看来，文化记忆是集体记忆的一部分，是一种被集体所共享的文化身份认同，是通过对象化为符号、仪式等形式得以储存的文化内容，文化记忆通过文化层面的符号和象征（如文化、图像、仪式、意象等）建构并展现为集体所认同的形象。王蜜基于对其文化记忆理论的研究，认为可以从五个维度对文化记忆加以理解②。第一，从时间维度看，文化记忆因为脱离了生命体，依靠文化符号来传承，因而其时间跨度是巨大的。“文化记忆包含那些久远的、边缘的、被放逐的记忆。”③第二，从媒介维度看，文化记忆不只是使用一堆抽象的概念，而是借助“文本系统、意象系统、仪式系统”等文化符号来形成并得以传承。第三，文化记忆被分为功能性记忆和储存性记忆。人类储存的记忆越来越多，但只有一部分是在现实中被不断经验着的、具有象征意义的记忆，称为功能性记忆；而大量潜藏的、未受关注的记忆仅仅以档案、遗迹等形式存在着，称为储存性记忆。第四，权力维度看，文化记忆的背后隐藏的是一种权力逻辑，既然过去是选择性的，那么谁来选择、选择什么无疑遵循着权力的逻辑。第五，建构的维度看，文化记忆是在各方的综合作用下具有生成性和建构性，可以在一定权力逻辑的引导下有目的和计划地建构。综上可以发现，文化记忆是一个很复杂的概念，笔者在这里简单的列举一些现实实例以明晰关于文化记忆的具体直观印象。依据阿莱达·阿斯曼所指：“一个社会的文化记忆要依托于诸如图书馆、博物馆、档案馆、纪念馆、教育和艺术机构之类的组织。”④可知，那些图书馆中以文化形式所记载的、储存于博物馆的文物、档案馆的档案以及纪念馆的纪念品等都属于文化记忆。同时，我们日常生活中的传统节日文化、风俗习惯、礼仪、各种纪念仪式等等都属于文化记忆。

（二）文化自信的提出与当代使命

文化自信是我们党在新的历史时期提出的重要时代课题。十八大以后，习近平就在多个场合提出要树立中华民族的文化自信，但学术界对此的关注并不多见，直至2016年建党95周年大会上，习近平把文化自信提高到与“三个自信”同一高度，并形成“四个自信”的理论框架，学术界开始对文化自信进行了广泛的研究和深入的探讨，并形成了一系列的研究成果。关于文化自信的概念，廖小琴做了较为全面的分析，他指出：“从国家、民族或政党角度而

① ［德］扬·阿斯曼，陶东风译．集体记忆与文化身份［G］//文化研究，北京：社会科学文献出版社：2011.

② 王蜜．文化记忆：兴起逻辑、基本维度和媒介制约［J］．国外理论动态，2016，(6).

③ ［德］扬·阿斯曼，陈国战译．什么是“文化记忆”？［J］．国外理论动态，2016，(6).

④ ［德］阿莱达·阿斯曼，教佳怡译．历史与记忆之间的转换［J］．学术交流，2017，(1).

言,文化自信体现在一个国家、民族或政党能正确看待自身文化,理解并认同自身文化的内涵与价值,并对这种文化的生命力和发展前途具有信心,同时对待不同文化时具有兼容并蓄的包容态度;就个体角度而言,文化自信是个人对所属国家和民族文化的积极态度和充分肯定,标志着对所属国家和民族文化的价值取向认同和身份认同。"①简单来说,文化自信就是对于本民族文化价值的认可、文化生命力的肯定、文化身份的认同以及正确的文化心态等。既然文化自信是中国共产党在新时期提出的时代命题,那么其当代使命可以从以下几个方面分析。

首先,树立文化自信的首要任务就是提高我国文化软实力。当前时代,文化的作用在各国实践交往中越来越凸显,要通过不断提升我国文化软实力来增强我国国际影响力、获取国际话语权。文化自信的树立为文化软实力建设提供推动力,为文化软实力的提升奠定心理基础。文化自信有助于形成对本国文化形成正确的认知,树立正确的文化发展观和积极的文化心态,进而激发民众对于提升我国文化软实力使命的自觉担当意识。其次,文化自信的树立可以为中国特色社会主义发展提供文化维度的支援。文化自信就是要通过树立本国人民对于民族文化的信心,进而促进中国特色社会主义文化的大繁荣、大发展,而文化的发展是中国特色社会主义"五位一体"建设的重要组成部分,可以满足人民的思想精神文化需求,为人民参与中国特色社会主义建设提供精神力量和思想动力。再次,文化自信的另一个当代使命就是传承和重构民族文化记忆,正如扬·阿斯曼等人指出的,文化记忆有正在被实践和经验着的功能性记忆,也有被遗忘在角落里的储存性记忆。而树立文化自信就是对民族文化记忆保持高度自信、自觉和认同,深度挖掘民族文化传统中那些被遗忘的优质文化记忆,进行创造性的转化,为当代中国特色社会主义文化发展提供丰富的文化资源。同时,对一些负面的、消极的文化记忆进行清除,进而重构当代中国人的文化记忆,为增强文化自信提供厚实的文化底蕴。

二、文化记忆与文化自信的双向互动

文化记忆是一个民族文化发展的重要根基,为文化自信的树立奠定基础、提供底气、并且具有重要的促进作用;而文化自信的树立则为文化记忆的

① 廖小琴. 文化自信:精神生活质量的新向度[J]. 齐鲁学刊,2012,(2).

延续与传承提供信心和动力,二者之间存在着紧密的联系和双向互动的关系。科学厘清二者的互动关系和内在联系,则不仅有助于推动当代中华民族文化自信的生成,还有助于中华民族文化记忆的传承与当代重构。

(一)文化记忆是文化自信生成的最深沉根基

文化记忆是一个国家经过长期历史积淀、不断传承和延续着的、以文化形式保存下来并被当代人经验着的记忆内容,它代表着一个国家和民族最深层的文化基因,彰显了一个民族最核心的文化特征,建构着一个民族的文化身份认同。而对于文化自信来说,文化记忆是其生成和提升最深沉的根基,可以主要从以下几个方面着手分析:

首先,文化记忆为文化自信的生成提供最为优质的文化基因。文化自信的生成如果没有传统文化的滋养、没有深厚文化积淀的支撑,则难以形成具有坚实底气、高度自信的文化自信。要想树立强有力的文化自信,必然要有深厚的文化积淀、优质的文化基因作为坚强后盾和滋养土壤。而文化记忆则是一个民族对于传统文化优秀内容的传承和当代延续,是被经验着的、被选择性保留下来的传统文化,它为当代中国人理解、认知世界提供象征意义和文化解释,使其在民族文化记忆的熏陶下形成对中华文化的正确认知、深刻认同和高度自觉,这些都为文化自信的生成奠定基础。其次,文化记忆为文化自信的生成凝聚共识、提供精神力量。扬·阿斯曼等人认为共同的文化记忆可以为群体传递一种集体的文化身份认同,可见,文化记忆具有身份塑造和身份认同的功能,这种塑造和认同深化了特定时代的人对于本民族文化的认知和信赖,它可以帮助凝聚群体的共识,为群体形成关于共同拥有的文化的自信心提供精神力量。同样,中华民族共同的文化记忆可以为当代中国人树立文化自信凝聚共识、集聚精神力量,中华民族有56个民族,但是经过长期历史的实践交往与融合,56个民族早已形成了一个大家庭,虽然在文化记忆方面有着属于各自民族的不同内容,但是也有着大量关于中华民族大家庭的共同文化记忆,这些共同的文化记忆是各民族团结一致、齐心协力的文化基础,也是各民族身份认同的文化根基,为当代中国人民文化自信的生成提供了共识基础和力量源泉。再次,文化记忆为文化自信的生成奠定共同的文化心理基础。从心理层面来看,众所周知,一个人的心理活动对一个人信心的树立起着至关重要的作用。文化记忆是一个民族源自内心深处的独特文化标识,这种独特标识可以成为一个民族的成员对自身文化产生自信心的心理基础。中华民族的共同文化记忆使得当代中国人在生活习性、风俗习惯、思维方式、节假日仪式等方面具有共同的意象体系和表达方式,进而为文化自信的树立提供共同的心理归属感和心理认同感。

(二)文化自信为文化记忆的延续与传承提供坚实保障

文化自信是一个民族的成员对自身文化价值的肯定、对文化生命力的坚信、对文化发展的正确文化心态以及对文化的身份认同和高度的文化自觉意识,它标志着这个民族最深沉、最广泛的自信和自强,也彰显了这个民族文化所拥有的强大的凝聚力。文化自信对于一个民族巩固和传承共同的文化记忆具有重要促进作用,为文化记忆的当代重构提供动力和信心,具体可以从以下几个方面着手分析。

首先,文化自信内在地要求树立对于共同文化记忆的自信。文化记忆是经过长期历史积淀传承下来的、是中华民族共同拥有的宝贵文化财富,以文化育人的形式滋养了一代又一代的中华儿女;文化记忆也随着历史的推进和民族的发展不断增添新的内容,在历史进程中,文化记忆有的被磨灭和遗忘,有的被世代传承和弘扬,有的又被更新而赋予新的内容,有时候又有新时代的文化内容应运而生,成为新的文化记忆,无论如何,能够被当代中国人所记忆的文化内容,都有着其独特的民族韵味和历史意义。对此,我们不仅要形成保护意识,更要树立其对此的文化自信心。其次,文化自信要求我们发展当代中国特色社会主义文化,而要促进文化繁荣和发展,就必然要汲取文化记忆中丰富的文化资源、吸收其中的营养内容,进而有助于文化记忆的传承和挖掘。对于当代中国人来说,文化记忆不仅包括我们日常生活中能够直接感知和记忆的文化内容,如传统节日文化、家教文化等,还包括那些书本中用文字记载的、建筑物中承载的文化内容,如传统儒释道思想、一些名川和传统建筑承载的文化等,这些都为中国特色社会主义文化的发展赋予了民族特色内容,是当代文化自信生成的重要基础。同时,文化记忆不仅包括远景的封建社会传统文化,还包括近景的革命文化,对于革命文化而言,甚至可以由活着的人的个体记忆予以承载,并且进行口口相传予以强化记忆,这些文化记忆都为中国特色社会主义文化发展注入精神内核并提供文化滋养。再次,文化自信也是心理层面的文化自觉和文化认同,是心理和精神上的自觉、自信和自强,这种心理层面的信心会为文化记忆的传承和当代重构提供精神动力。文化自信促使当代中国人以更加开放和包容的态度去面对和接受外来文化,世界各民族都有着自身独特的文化记忆,这些文化记忆成为各民族内部团结和联结的精神纽带。各民族的文化记忆都有其独到之处和出彩的地方,可以成为中华民族文化繁荣发展的文化资源和重要借鉴。文化自信就是要让当代中国人更加自信地接受并吸纳外来的优秀文化内容,重构本民族的文化记忆,塑造新时期符合时代要求和实践特征的新的文化记忆,这对于文化记忆的传承和弘扬具有重要的促进意义。

三、以文化记忆为根基，推动当代中国文化自信广泛树立

文化自信的树立和提升是当代中国特色社会主义事业发展的重要时代课题和历史任务，要从不同的层面和维度加以把握并不断推进其生成，落实到具体的实践层面，就要以中华民族共同的文化记忆为根基，夯实文化自信生成的文化底蕴，丰富文化自信生成的文化滋养，巩固文化自信生成的文化身份认同基础。

（一）以文化记忆的当代重构为契机，推动文化自信的广泛生成

文化记忆是以当代社会实践为中心对文化传统的再现，文化记忆的传承和延续也是为当代人民服务的，文化记忆的价值就在于为当代人民的实践生活提供文化解释、象征体系和意义支撑。因此，每个时代必然都会对文化记忆进行基于现实需求的重构，补充时代文化内容而形成新的文化记忆，对于当代中国来说，要以文化记忆的重构为契机，在重构中树立民族文化自信。

重构当代中国人的文化记忆，应当以传统文化记忆为深层根基，以革命文化记忆为精神滋养，以社会主义先进文化记忆为主体，吸收部分外来优秀文化为补充。首先，关于传统文化的记忆是当代文化记忆重构的根基。在记忆的重构中，应当自觉拂去历史的灰尘和阴暗部分，让传统文化中积极的、优秀的内容彰显出来，并以此为根基，重新树立当代中国人对于传统文化的自觉和自信。这就需要我们重新审视传统文化并进行认真研究和系统梳理，建构传统文化的"记忆之场"，所谓"记忆之场"就是文化记忆得以延续和传承的场所、位置及身份，如文化遗址、古建筑群等等。举个例子，如北京市的圆明园遗址，就是一个文化记忆的"记忆之场"，它总是能够唤起中国人民关于民族耻辱的记忆，传统文化在当代的"出场"需要更多这样的"记忆之场"。通过"记忆之场"重新激起部分被遗忘的却有价值的文化记忆，进而重构当代中国人的文化记忆。其次，革命文化记忆是当代文化重构的精神滋养。在革命时期，中国共产党领导中国人民进行艰苦卓绝的斗争，形成了革命文化，历练了多重革命精神，如井冈山精神、长征精神、延安精神等等，这些文化记忆都是当代文化重构的宝贵财富，对于文化自信的树立具有重要促进作用。再次，社会主义先进文化是新中国成立以来广大群众建设社会主义过程中形成的文化，这种文化记忆属于最直接、最容易回忆的部分，因为这个社会的多数成员直接经历着这段历史，文化记忆也通过个体记

忆形式得以传承,要以这部分文化记忆为主体进行记忆重构,重塑当代中国人的文化自信。再次,文化记忆的重构还需要借鉴和吸收外来优秀文化内容。当代中国文化记忆的重构不是简单的继承、选择本国传统文化,而是要在传承基础上构建属于当代中国人的、新的文化记忆,对外来优秀文化的借鉴和吸收是当代文化记忆构建必不可少的部分,对于文化自信的树立和开放文化心态的形成都具有重要促进作用。

(二)以共同的文化记忆为精神纽带,奠定文化自信的坚实心理基础

共同的文化记忆是一个国家、民族的成员形成身份认同的文化基础和心理保障,共同的文化记忆会给社会成员之间增添了维系感情的精神纽带,赋予了成员共同的价值观念和思维方式,进而促进成员内部的团结和凝聚力,这些都为文化自信的树立提供了心理保障和精神力量。

首先,要努力挖掘那些可以强化民族文化身份认同的文化记忆,达到凝聚社会共识、增强内部凝聚力的目的,进而为文化自信的树立提供文化身份认同基础。随着时间的推移和当代日常生活节奏的加快,很多文化记忆在快速的生活节奏下被渐渐淡忘和遗弃,而这些文化记忆部分是因为功能性的缺失,即不能被当代中国人所经验和需要而被选择性遗忘,但另一部分却是由于各种原因而被迫淡化。如传统节日仪式的简单化、淡化,传统家教文化的遗失等。为此,要不遗余力地拯救那些仍然具有当代价值的文化记忆。其实,近年来国家已经开始重视这些问题,如采取传统节日放假的形式,放缓生活节奏,让社会成员共同体验传统节日的各种仪式,进而强化共同的文化记忆;更加注重对传统古村落、文物遗址的保护,为激活文化记忆创造条件;加强革命文化教育基地的建设,激起社会成员关于革命的文化记忆等等。对共同文化记忆的挖掘和再激活,有助于社会成员强化文化身份认同,增强民族自豪感和自信心,为文化自信的生成奠定坚实基础。其次,以文化记忆为纽带,增强各民族之间的亲缘性,拉近社会成员之间的心灵距离,强化各民族的心理认同。心理层面的归属感和认同感对于一个国家文化自信的生成具有重要的影响,而共同的文化记忆可以塑造社会成员之间的心理认同。文化记忆的传承让各社会成员在相同的文化熏陶下成长、在共同的文化背景下形成各自的价值观、人生观和世界观,拥有着相似的象征意义体系,并且在思维方式和生活习惯等方面都具有相似性,这些都是心理认同和心理归属产生的稳定基础,也是文化自信产生的心理支撑。

(三)以文化记忆为滋养,提供文化自信生成所需的优质文化基因

文化自信的生成和不断提升需要有丰富的文化滋养和优质的文化基因,否则文化自信就难以形成或者持续不久,这种自信就没有底气。而文化记忆

因其是经过历史长期洗礼而传承的文化内容，是历史积淀的产物，则可以为文化自信提供优质的文化基因和文化滋养，提振文化自信的底气。

首先，文化记忆的主要内容是中国封建社会长期形成的传统文化，传统文化可以为文化自信的生成奠定深厚的文化底蕴。对于当代中国来说，部分传统文化是应当被遗弃而且已经被遗忘的文化记忆，这些文化记忆，即是扬·阿斯曼所指认的储存性记忆，应当化为符号留在文本中或附着于其他载体被储存起来，现实生活的实践并不需要这些文化记忆。而对于当代中国人来说，重要的是“我们必须仔细梳理传统文化中相关的文化智慧，发掘古人的文化心理和应对难题的策略等等。通过这种反观，让传统文化中积极的、优秀的成分融入我们的时代，在我们的集体记忆中扮演重要的角色。……我们重构文化记忆，必须立足于新的社会（空间），围绕新的时代中轴。”①我们需要重新思考和梳理文化记忆中传统文化的内容，对其进行深入分析和价值判断，立足于当代社会实践的需要和现实情况，保留传统文化记忆中的精华内容，甚至是重新激活部分有价值的文化记忆，如习近平总书记在多种场合多次强调的家教文化；剔除传统文化记忆中的糟粕和过时内容，把其送进文本中、档案馆以及博物馆中，如封建社会一些过时的礼教束缚。在此基础上，重构当代中华民族的文化记忆，为文化自信的广泛生成提供优质的传统文化基因。其次，革命文化记忆是文化记忆重构的重要内容，可以为文化自信的生成提供丰富的文化资源。革命文化记忆是党带领中国人民浴血抗敌，建立新中国过程中所形成的文化内容，这些文化记忆不仅通过各种纪念馆、红色教育基地以及史料文本的方式被传承和记载下来，而且由于部分参与革命的老兵或群众还依然健在，这些文化记忆还通过个体记忆的方式被传承。对于革命文化记忆，以个体记忆的方式进行传承更加直观、更具感染力，要把握当前难得的机会，推动革命文化记忆以个体记忆的方式进行弘扬和传播。当代文化记忆的重构也要把革命文化记忆纳入其中，通过开展各种纪念仪式活动、红色教育实践活动，强化当代中国人对于革命文化的记忆，为文化自信的生成提供红色文化基因。

参考文献：

[1] 习近平. 在庆祝中国共产党成立95周年大会上的讲话[N]. 人民日报，2016-07-02.

① 王蜜. 集体记忆的重建与文化自信的生成[J]. 阅江学刊，2017，(1).

[2] [德]扬·阿斯曼. 交往记忆与文化记忆[J]. 管小其译. 学术交流,2017(1).

[3] [德]扬·阿斯曼. 集体记忆与文化身份[G]. 陶东风译. 文化研究,北京:社会科学文献出版社:2011.

[4] 王蜜. 文化记忆:兴起逻辑、基本维度和媒介制约[J]. 国外理论动态,2016(6).

[5] [德]扬·阿斯曼,陈国战译. 什么是“文化记忆”?[J]. 国外理论动态,2016(6).

[6] [德]阿莱达·阿斯曼,教佳怡译. 历史与记忆之间的转换[J]. 学术交流,2017(1).

[7] 廖小琴. 文化自信:精神生活质量的新向度[J]. 齐鲁学刊,2012(2).

[8] 王蜜. 集体记忆的重建与文化自信的生成[J]. 阅江学刊,2017(1).

清代徽州汉学再认识

陈居渊

摘　要:徽州汉学萌发于明清之际,没有明清之际学人社集的经学活动,也就没有徽州的汉学,而徽州汉学本身也不是可以孤立形成的,所以徽州汉学的出场,又是明清之际学术形态演变发展的结果。从地域性学派的本身而言,徽州汉学也有一个自我完善的过程,从学术的发展而言,也是徽州汉学内涵不断加深的过程。徽州汉学的特色与吴地汉学的特色的同一,并取得后来居上的压倒性优势,就在于它在学术取向的同一中,仍然能够保持徽州汉学独特的学术性格,并且形成了徽州学术的新传统。

关键词:清代;徽州;汉学

清代徽州汉学的研究,一直是海内外学术界关注的焦点,人们纷纷著书立说,成果可谓密集。然而综观各家之见,多数仍旧局限在章太炎、梁启超等清学大师既定的框架内打转。笔者认为,重新认识徽州汉学的形成、实现的途径、思想力度与运思方法、学术实践与对外传播等,是深化徽州汉学研究的前提。对此,笔者不揣鄙陋,略述管见,以求正于专家学者。

一、清代徽州汉学的形成

徽州汉学的形成,论者都认为导源于徽州的特殊地域环境与明清之际歙县诸生黄生率先跳出理学的藩篱而从事六书之学的研究,后经婺源学者江永的进一步推动,休宁学者戴震继起而弘扬师说,才奠定了徽州汉学的规模。如黄生编撰的《字诂》,"于六书多所发明,每字皆见新义,而根柢奥博,与穿凿者殊。于古音古训皆考究淹通,引据精确,不为无稽臆度之谈。虽篇帙无多,

作者简介:陈居渊,安徽大学徽学研究中心。

其可取处不在方以智《通雅》下。”①“盖生致力汉学而于六书训诂尤为专长,故不同明人之剿说也”,“白山当江、戴、胡、阎、惠诸氏之前,不假师承,无烦友质,冥然独处山村溪舍之中,上下古今,钩深致远”,“白山能肩随亭林,而为有清一代朴学之先登者矣”,②刘文淇说“夫训诂之学,于今日称极盛,而先生实先发之”,所以章太炎称“其言精塙,或出近世諸師上”。③ 这里的所谓“穿凿者”“臆度之谈”“明人之剿说”等词语,那是明清之际到乾嘉时期的汉学从业者,对坚守宋明理学立场学者所持有的一种鄙夷的言辞。如江藩就认为“程朱理学,或诋为穿凿,或斥为邪说,先儒古义,弃如土梗矣”④。至于方以智,则被四库馆臣赞誉为清代考据学风的开山人物之一,诚如《四易全书总目提要》所说:“惟以智崛起崇祯中,考据精核,迥出其上。风气既开,国初顾炎武、阎若璩、朱彝尊等沿波而起,始一扫悬揣之空谈。”而方氏所撰《通雅》一书,是一部综合性的名词汇编,因此将黄生的《字诂》与《通雅》并提,足以证明黄生确是开徽州汉学风气之先的学者,致使后来江永、戴震不仅以《尔雅》《说文》治经,而且“皆主考据,定独锐意深求义理”,于是“汉经师硕儒授受微言,遂大显于世”。从清代学术发展的一般过程而言,这样一种观察,是有一定的历史理由的。不过,我们需要追问的是:黄生何以摒弃徽州自宋元明以来所崇尚的理学传统,毅然转向汉学的研究?是个人的学术兴趣所致?还是别有其渊源所自?上述对于黄生的学术描述,那是出自后人的追记,是否过于简单?所以又有学者从思想史的角度,指出徽州汉学的成因,是基于明清之际对理学的反动,特别是徽州理学传统中“道问学”与“尊德性”的争执,于是学术研究转向了汉学,这显然是借用了余英时教授的“内在理路说”的观点,即所谓的“清代学术的发展,必然是继续沿着宋明以来“性即理”与“心即理”两者异同的义理辨析为其目的,而且“从义理的战场转移到考证的战场”。事实果真如此吗?江永曾经撰有《朱陆异同论》一篇,明白地表达了他对这一问题的理解。他说:“说者谓朱子道问学,陆子主尊德性,此亦非确论。朱子主敬力行,何尝不尊德性哉?然则朱、陆之学皆无同者乎?不然,其反躬为己,孜孜于圣人,则二子未尝不同也。”⑤在这里,我们看不到江永有意识地另觅解释经典新路的自觉,讨论的仍然是关于朱、陆阐发圣人思想的路径不同,这也是清初以来学者的共识。如黄宗羲曾说:“况考二先生之生平自治,先生之尊德性,何

① 许承尧:《歙事闲谭》卷4《黄承吉注〈字诂〉〈义府〉》,合肥:黄山书社2001年版,112页。
② 许承尧:《歙事闲谭》卷4《黄承吉注〈字诂〉〈义府〉》,合肥:黄山书社2001年版,114页。
③ 章太炎:《太炎文录初编》卷1《说林下》,上海:上海人民出版社1985年版,120页。
④ 江藩:《汉学师承记·经师经义目录》,上海书店1983年据商务印书馆1935版复印,138页。
⑤ 江永:《善余堂文集》,台北:“中央研究院”中国文哲研究所2013年刊本,5-6页。

尝不加功于学古笃行？紫阳之道问学，何尝不致力于反身修德？特以示学者之不入门，各有先后，曰：此其所以异耳。”①作为诗人的施闰章也认为“尊德性未有不道问学者”②，“夫不尊德性，所学何事；不道问学，德性又安在？二贤之教未尝不相成，而卒于相反，互相訾诟，其徒又加厉焉。”③然而清代学者孜孜不倦地追寻经书文本的原义（回向原典），崇尚的是东汉的古文经学。两者的区别，前者讲训诂，后者谈考据。清代学术之所以又称汉学，显然是由其特定的学术内涵所决定的。同时，清代学者的学术研究，是恢复在他们看来可以信从的汉代经注，并不着意于理学的义理是非，所以单就“内在理路”来解释徽州汉学的形成，也只是提供了一种新的视角。

事实上，作为一个地域性的学术流派，它是以某种鲜明的学术理论主张或独特的治学方式为基础而形成的学术群体。换言之，一个学术流派之所以能够创立和发展，那是因为它在学术信仰上有了新的内涵。而这个新的内涵就是该学术流派所显现的思想力度与运思方法有别于同时代的其他学术流派所没有或不充分具备的，它既能填补当时学界的空白，而且也能开拓新的研究领域。从这一意义上说，任何关于形成徽州汉学的描述，也都不是唯一的实态。笔者认为，形成徽州汉学的渊源，我们可以追溯到明清之际徽州学人社集的学术活动。如明中叶后，徽州的学人结社呈现出一派繁荣的图景。如休宁范如珪、吴琼、汪少廉等人所结的“紫芝社”，风雅冠一时，又有所谓“人文郁起，为海内之望，郁郁乎盛哉”一说④。至明末清初，徽州的学人结社达到了鼎盛时期，特别是歙县的古在社、同言社皆“承东林、复社之流意，凡有井水处，皆有文社矣”⑤。所谓“东林、复社之流意”，那是指明清之际，从东林党人的“以清议格天下”，到复社的订盟，江南学人社集风靡一时。对它的研究，以往的学者每每将其称为“党社”或者“文社”（文人结社）。也正因此，从政治层面和文学层面解释的多，而对其学术的旨趣则少有认识。如谢国祯先生的《明清之际党社运动考》一书的“自序”中就说过：“以党争和结社为背景，来叙述明清之际的历史，以起民族之精神。”⑥揆之史实，明清之际的学人社集并非完全专事议论时政或从事文学创作，而是以“尊经复古”为其学术宗旨。如被

① 黄宗羲：《宋元学案》卷58《象山学案》，北京：中华书局1986年版，1886页。

② 施闰章：《学余堂文集》卷27《复孙钟元书》，文渊阁《四库全书》本。

③ 施闰章：《学余堂文集》卷25《朱陆异同略》，文渊阁《四库全书》本。

④ 万历《歙志》卷5《风土三》。

⑤ 许承尧：《歙事闲谭》卷6《古在社同言社》，合肥：黄山书社2001年版，183页。

⑥ 谢国祯认为：“明代末年，政治和社会里有一种现象：一般士大夫阶级活跃的运动，就是党；一般读书青年人活跃的运动，就是社。党和社，名词虽然不同，但都是人民自觉的现象。”（《明清之际党社运动考》，辽宁教育出版社1998年版，1页）

当时视为“小东林”的“复社”的命名，就表示“兴复绝学之意”，夏允彝、陈子龙等在江苏松江创立“几社”，取“绝学有再兴之几，得知几其神之义”。而明清之际学人对传统经学的研究，也常常被史家称为“绝学复萌”。如张溥序林尊宾《春秋传》说：“制义盛，而绝学微，五经之义，终世不能明也。”①黄宗羲说：“士子之为经义者，亦依仿之而立社，自余涉事至今，目之所睹，其最著者，云间之几社，武林之读书社，娄东之复社。……丁未、戊申间，甬上陈夔献创为讲经会，搜故家汉学之书，与同志讨论得失。”②戴震称江永的学术研究是“上溯汉、唐、宋以来之绝学，以六经明晦为己任”③。可见，所谓“绝学”，不但是指传统经学，而且事实上也是专指汉代的经学，所以被推为复社宗主之一的钱谦益就认为“六经之学，渊源于两汉”，提倡“学者之治经也，必以汉人为宗主”④。同时，苏州冯梦龙的韵社⑤，以专治《春秋》著称；吴江的惊隐社，也是名家聚集、群彦荟萃。其中顾炎武、朱鹤龄、吴炎、潘柽章等都是经史名家。朱鹤龄弟子张尚瑗在刊刻朱氏遗著《诗经通义》序文中称赞他们的汉学研究时说：“亭林、愚庵二氏，穷经复古，起考亭而相对，当乐与扬榷，以益衷于无弊。”章太炎则认为“朱鹤龄、陈启源于《诗》独尊毛、郑，扫徽国《集传》之芜，其功不在阎百诗之下”⑥，认同朱、陈他们同属清初学术大师，对清代汉学影响很大。当时浙江杭州有“读书社”，虽然社会影响远不如复社的传播那样广泛，但是“多通经学古之士”、所学内容则长于考索而“皆经生之不讲者”。清代康熙初年，浙江宁波学者万泰、陆文虎组织“文昌会”，提倡穷经读书，“取近代理明义精之学，用汉儒博物考古之功，加以湛思，直欲另为传注”⑦。

此外，江苏淮安有“望社”，虽然以“饮酒赋诗，朝夕行吟”著称，但是其中也不乏热衷于精研“三礼”之学的学者。阮癸生《茶余客话》说：“陈碧涵先生

---

① 朱彝尊《经义考》卷270《春秋》，文渊阁《四库全书》本。

② 黄宗羲：《南雷文约》卷二《陈夔献墓志铭》，《四部丛刊》刊本

③ 江永：《善余堂文集·附戴东原撰寿序》，台北：“中央研究院”中国文哲研究所2013年刊本，页70。按，关于此篇戴震所撰写的寿序，学术界有不同的看法。如漆永祥认为这是一篇新发现的戴震撰写的佚文，徐道彬则指出其是一篇伪作，分见于《中国典籍与文化》2005年第1期、《中国典籍与文化》2010年第4期。笔者认为，无论是伪作抑或是真作，其将汉学称为“绝学”，那也是清代学者的共识。

④ 钱谦益：《初学集》卷79《与卓去病论经学书》，上海：上海古籍出版社1985年版，1706页。

⑤ 有关冯梦龙参加的社集，一般都主“复社”说。但是细检陆世仪的《复社纪略》、吴应箕的《复社姓氏前、后编》及吴铭道的《复社姓氏补录》等，均不载其名。近人据上海图书馆所藏墨憨斋自刻本《古今笑》前有匿名氏所撰《题古今笑》，考证出冯氏为韵社社长，社员有钱谦益、文震孟、姚希孟等人。见金德门《冯梦龙社籍考》，载《中华文史论丛》1985年第一辑，上海古籍出版社1985年版。

⑥ 支伟成：《清代朴学大师列传》卷首《章太炎先生论订书》，长沙：岳麓书社1998年版，2页。

⑦ 黄宗羲：《南雷文约》卷2《陆文虎先生墓志铭》，《四部丛刊》刊本。

为望社名诸生，专精三礼之学，淮士治《礼经》者多从之游。”[①]据李元庚《望社姓氏考》所载，当时望社人员达三十余人，其中便有大名鼎鼎的《尚书古文疏证》的作者阎若璩。与“望社”性质相似的还有安徽桐城方以智创建的“泽园永社”，该社虽然规模不大，可考者也仅六七学子，但是他们读书其中，持续时间达七年之久。其中方以智编写的《通雅》《物理小识》对名物训诂的考证，提出“藏理学于汉学”，以六经统领理学，被誉为“卓然独立”。同时，一些以“尊经”“经社”“昌古”命名的社集相继涌现。如原属“山左大社”的左懋第，在崇祯初年出任陕西韩城知县时，即与当地学人创立了“尊经社”，有所谓“二年以来，通三经者彬彬矣”一说。韩城地处西此，而已濡染当时江南学人社集尊经之风。山东张尔岐的“经学社”，一以穷经为务，对《仪礼》的名物制度作了详尽的历史复原工作。当时深受学人社集这股“尊经复古”思潮影响的，一些社集人员和著名藏书家的堂名和他们所编撰的藏书目录的命名，也显示出这种特有的文化倾向。如常熟毛晋的“汲古阁”与编撰的《汲古阁书目》、钱曾的“述古堂”与编撰的《述古堂书目》、海宁马思赞的“道古楼”，海盐胡震亨的“好古堂”，嘉兴向承埏的“稽古堂”等等。甚至还有以建宗祠为讲经之所，如仁和卓火传的“传经堂”“藏其遗经，使子孙日讲习于中”就是一例[②]。这种风气也同样渲染到徽州。如休宁学者姚际恒的“好古堂”与编撰的《好古堂书目》，婺源汪勋的“勦经斋”，“读经书屋”，江永的“受经堂”，歙县汪凤梧的“启经堂”，绩溪胡氏世世传经，其藏书楼的命名便有“受经堂”“耘经楼”“吟经楼”等等，可以说徽州学术信仰的转向汉学化，正与明清之际学人社集的这股“尊经复古”思潮相对接。

在中国历史上，固然有所谓学无师承的学者，但是真正能够一空依傍、完全不深受当时学术思潮或文化影响的学者是不多见的，黄生也不例外，虽然他对徽州汉学的复兴起着导夫先路的重要作用，但是他也曾经是徽州社集中人，他曾经“率同志结社赋诗，极陶写性情之乐。晚年与高阳、西溪、双桥、屏山、傅溪诸友，联素心社。国变后，历钱塘、渡大江与屈翁山相遇淮海之间，典裘沽酒，高咏唱和，旁若无人。归里后，闭门著书三十年”[③]。黄生的这样一种人生遭际，也正是明清之际社集学人共同的境遇。由此可见，徽州汉学正是渊源于明清之际学人社集内部经学氛围浓厚这一社集文化的特殊背景，从而也就形成徽州汉学的学术特色。

---

① 转引谢国桢《明清之际党社运动考》，沈阳：辽宁教育出版社 1998 年版，147 页。

② 李文胤：《杲堂文钞》卷 5《卓氏传经堂记》，《杲堂诗文集》，杭州：浙江古籍出版社 1988 年版，493 页。

③ 许承尧：《歙事闲谭》卷 23《黄白山父子》，合肥：黄山书社 2001 年版，827 页。

二、清代徽州汉学的特色

徽州汉学的学术特色,章太炎通过对吴、皖学术的比较研究后说:"其成学著系统者,自乾隆始。一自吴,一自皖。吴始惠栋,其学好博而尊闻。皖南始戴震,综形名,任裁断,此其所异也。"此后,梁启超又加以阐明:"惠派之治经也,如不通欧语之人读欧书,视译人为神圣,汉儒则其译人也,故信凭之不敢有所出入。戴派不然,对于译人不轻信焉,必求原文之正确然后即安。惠派所得,则断章零句,援古正后而已。戴派每发明易义例,则通诸群书而皆得其读。是故惠派可名之曰汉学,戴派则确为清学而非汉学。"张舜徽著《清代扬州学记》又分别以"专""精"来概括吴、皖二学术特征,俨若定论。后来的清学史研究者几乎都无例外的以此作为评判徽州汉学的前提,少有异议,成为一个指标性的观点。那么章太炎等人上面所指出的徽州汉学的学术特色是否确切?能否概括徽州汉学?笔者认为值得再作新的探讨。事实上,所谓"好博而尊闻",并不是贬词,是指在广取古代文献的基础上重视古训,如汉代董仲舒引曾子说"尊其所闻,则高明矣"。所谓"综形名,任裁断",是指审视事物的内容和名称而阐述自己的见解。古代思想家常用作专门术语,以讨论实体和概念的关系、特殊和一般的关系。《庄子·天道》:"分守已明而形名次之。"郭象注:"得分而物物之名各当其形也。"然而检之清人的相关论述,吴学不仅"好博而尊闻",而且同样的"综形名,任裁断"。如惠栋除撰写了《周易述》、《易汉学》等"尊闻"之作外,还撰写了《易微言》,共列六十二条目,用考据的方法,对宋儒"理""道""天理""人欲""人心""道心"等概念作了易学的梳理。戴震《孟子字义疏证》则沿用这种方法,如上卷解释"理"字,中卷解释"天道""性",下卷则分释"才""道""仁义礼智""诚""权"等,而又以"疏证"名其书,正表明他与惠栋一样,都抱着重新界定宋学理论的态度。又如惠栋的《荀子微言》对《荀子》篇目的改编,重点阐明了《荀子》一书的微言大义。同样,徽学虽然"综形名,任裁断",但是未必不"好博而尊闻"。如江永撰写的《乡党图考》便是"自圣经至一名一物,必稽诸经传,根诸注疏,讨论源流,参证得失"①,被誉为"自汉经师康成后,罕其俦匹"②,成为当时汉学研究的范本。

① 江永:《善余堂文集·乡党图考序》,台北:"中央研究院"中国文哲研究所2013年刊本,100页。

② 戴震:《戴东原集》卷12《江慎修先生事略状》,清乾隆五十七年(1792)刊本。

钱大昕说“江南乡试，以《乡党》篇命题，士子主先生说皆得中式，由是海内益重其学”[①]。戴震撰写《考工记图》，被视为“天下奇才”，洪榜称他：“其学信而好古，于汉经师贾、马、服、郑诸儒，散失遗落，几不复传于今者，旁搜广摭，裒集成书，谓之古义。”[②]这说明当时推重徽州汉学的并不是“综形名，任裁断”的学术特色，而是“博学”“尊闻”之学。钱大昕曾分别为惠栋、戴震作传，表彰其学术特色，前者是“讨论古字古言，以博异闻，正俗学”，后者是“研精汉儒传注及《方言》《说文》诸书，由声音文字以求训诂”，二者可谓异曲同工，所以徽州学者凌廷堪不无感慨地说：“元和惠氏、休宁戴氏继之，谐声诂字必求旧音，援传释经必寻古义，盖彬彬乎有两汉之风焉。浮慕者，袭其名而忘其实；得其似而遗其真。”[③]可见，徽学与吴学所追求都是以小学为问学途径的汉学研究，两者本质上不存有相异之处。吴学中的王鸣盛曾经道出其中的奥秘，他说：“今交天下士，得通经者二人，吴郡惠定宇，歙州戴东原也。间与东原从容语子之学与定宇何如？东原曰：‘不同。定宇求古，吾求是。’嘻！东原虽自命不同，究之，求古即所以求是，舍古无是者也。”[④]他又说：“方今学者，断推两先生。惠君之治经求其古，戴君求其是。究之，舍古亦无以为是。”[⑤]在王鸣盛看来，求古与求是不存在本质的区别，可以说代表了当时学者对徽、吴学术异同的一个最为基本的看法，所以钱穆说：“盖乾嘉以往诋宋儒之风自东原起而愈甚，而东原论学之尊汉实有闻于苏州惠氏之风而起也。”[⑥]这里不深论钱氏所说是否确切，但充分说明任何判定徽州与吴学的学术特色相异，不完全符合当时的实际情况。

正因为徽、吴学术特色的不相异，也就意味着两者在学术取向方面的基本一致。徽学的江永不仅撰有精深的考据著作，如《深衣考误》《春秋地理考实》《乡党图考》等汉学名著，而且还有被称谓尊信朱熹理学的《近思录集注》《礼书纲目》《河洛精蕴》等，致使唐鉴《国朝学案小识》将其列入“翼道学案”，与清初大儒李颙并列，赞誉江永“凡紫阳之极广大、极精微处，先生推广之、研穷之，不遗余力”。[⑦] 又如绩溪胡匡衷虽然主“实事求是，以经证经”的汉学研究，但是他撰写的《周易传义疑参》也同样“以析程朱之异同，补程朱之罅漏，

① 钱大昕：《潜研堂文集》卷39《江先生传》，上海古籍出版社1989年版，709页。

② 洪榜：《戴东原行状》，钱仪吉《碑传集》卷50，中华书局1993年版，第4册，页1439。

③ 凌廷堪：《校礼堂文集》卷23《与胡敬仲书》，北京：中华书局1998年版，203页。

④ 王鸣盛：《西庄始存稿》卷24《古经解钩沉序》，乾隆三十一年（1766）刊本。

⑤ 洪榜：《戴东原行状》引。

⑥ 钱穆：《中国近三百年学术史》，北京：中华书局1986年版，322页。

⑦ 唐鉴：《国朝学案小识》卷5《翼道学案·江慎修先生》，《四部备要》刊本。

大抵多采宋元各家,羽翼程朱之说以相订正而时出己见"①。事实上,这也是吴学的学术取向。如惠栋虽然以恢复汉学为职责,同时也认为:"尧、舜,性之也;汤、武,身之也。此先自治而后治人者也。以《大学》言之,诚意正心,修身规矩准绳,所谓先自治也;齐家治国平天下,所谓先自治而后治人也。由本达末,原始反终,一贯之道也。"②《大学》是《礼记》中的一篇,专论儒家修身治国之道的观念,它既是宋儒所尊奉的治国、齐家、修身的理论基础,也是宋儒提倡理想人格的主要经书依据。惠栋对它的认同,正说明他希望将汉儒的训诂之学与宋儒的立身之学统一起来,成为众望所归的大儒,即他所说的"汉人经术,宋人理学,兼之者乃为大儒"③。这也是当时众多汉学家的共同理念。如惠栋的再传弟江藩治学虽然独尊汉学,但对宋学的道德自律却也是倍加推崇。他说:"学者治经宗汉儒,立身宗宋儒,则两得矣。"④同时他又在《宋学渊源学记序》中列举惠栋之父惠士奇不反宋学为例说:"本朝为汉学者,始于元和惠氏,红豆山房半农人手书楹帖云:'六经尊服郑,百行法程朱',不以为非,且以为法,为汉学者背其师承何哉'! 藩为是记,实本师说。"⑤钱大昕也称赞朱熹:"孔孟已远,吾将安归? 卓哉紫阳,百世之师。主敬立诚,穷理致知。由博返约,大醇无疵。山高海深,日丽星垂。浩然元气,入人心脾。庆元党禁,守正靡佟。立德不朽,斯文在兹。"⑥"正心修身、主敬立诚"正是钱大昕认同于宋儒的地方,这也反映了钱大昕治经注重道德修养的思想倾向。王鸣盛在谈到汉、宋学术关系时也说:"两家本一家,如主伯亚旅宜通力以治田,醯醢盐梅必和剂以成味也。"⑦戴震的弟子段玉裁虽然终生从事文字音韵训诂之学,但是也竭力称赞朱熹说:"朱子集旧闻,觉末裔,本之以立教,实之以明伦敬身,

① 唐鉴:《国朝学案小识》卷12《经学学案·绩溪胡先生》,《四部备要》刊本。

② 惠栋:《易微言》卷上,上海:上海古籍出版社1990年版。

③ 惠栋:《九曜斋笔记》卷2,清光绪间《聚学轩丛书》刊本。

④ 江藩:《经解入门》"汉宋门户异同"条,天津:天津古籍书店出版社,1990年版。

⑤ 江藩:《宋学渊源记》卷上,上海:上海书店1983年版,第2页。按,有学者对皮锡瑞《经学历史》所转引的楹帖提出疑问。认为六经宗孔、孟,百行法程、朱,又不明言楹帖为惠氏谁人所书,且称惠宅为"红豆山斋",与江藩所述显著不同,而后人遂衍生楹帖出自惠士奇儿子惠栋之说。其次,晚清汉学家陈庆镛与莫与俦分别使用两副与红豆山房楹帖十分相似的对联,但他们指联语来自顾炎武及阎若璩,又仿似不知道红豆山房楹帖的存在。惟据本文作者考订,皮锡瑞所述楹帖的内容,并不可取;且惠宅名称虽多,却无"红豆山斋"之名。而近人指楹帖出自惠栋,固惑于皮锡瑞之说,亦因误读江藩的记载而生。至陈庆镛与莫与俦谓所用联语分别来自顾炎武及阎若璩,乃出传闻,并无实据。(见何冠彪:《六经尊服、郑,百行法程、朱-惠士奇红豆山房楹帖问题考释》,《台湾师范大学历史学报》第38期,2007年)

⑥ 钱大昕:《潜研堂文集》卷17《朱文公三世像赞》,上海:上海古籍出版社1989年版,274页。

⑦ 王鸣盛:《十七史商榷》卷64,清乾隆五十二年(1787)洞泾草堂刻本

广之以嘉言善行，二千年圣贤之可法者，胥于是乎在。”[①]皮锡瑞说：“戴震作《原善》、《孟子字义疏证》虽与朱子说经抵牾，亦只是争一‘理’字。”所以他认为戴震、段玉裁等人均“未尝薄宋儒也。”[②]

历史地看，徽州汉学与苏州汉学本身并不是一种思想而是一种学问，而从事这种学问的主要从业者，大部分都来自江南一隅的徽州地区与苏州地区，就当时全国学术界而言，也仅仅是占有极少的一部分，而且相当一部分汉学者对宋学基本上还是持有肯定的态度。如刘台拱平生以宋贤之义理涵养身心，而又以汉儒训诂理董经籍，汪喜孙说他“言性天道，发明孔氏微言大义”[③]。钱馥“治宗汉儒，而饬躬则慕宋贤”，一生推重张履祥之学，“拳拳服膺，以至没齿”[④]。又如段玉裁就认为“今之言学者，身必伦理不之务，谓宋之理学不足言，谓汉之气节不足尚。别为异说，簧鼓后生，此又吾辈所当大为之防者”[⑤]，钱穆曾以此作为汉学家“其心犹不忘宋儒之理学”的证据[⑥]。再如尽管惠栋、戴震、钱大昕等汉学家对宋儒汉学理学化抱着鄙夷的态度，然而他们否定的是宋儒摒弃训诂之学而专以性理之学解释经书，并不反对宋儒提倡正心诚意立身制行之学。可见，即使在汉学鼎盛时期，汉学家并不反对宋儒重义理的长处，而批评其思想内容，也非重义理之学之本身。从这一点上来说，徽州汉学家崇尚汉学未必就一定反宋学，诚如钱大昕批评某些浅学之士：“说经必诋郑服，论学先薄程朱，呈一孔之明非无可取，而其强词以求胜者，特出于门户之私，未可谓之善读书也。”[⑦]由此可知，宋学在汉学鼎盛时期也未必完全退场，而是仍然具有一定的空间。

我们过去一直认为汉学家批评宋儒的语言就视为反对宋学，事实上是当时学者是在比较汉宋学术异同前提下作出的学术评判，词语虽然激烈，但是并非真心反对宋学本身。犹如我们今天不屑某人的学术研究，但并不否认某人所学专业仍有学术价值一样。清代著名校勘学家顾广圻说：“汉学者，正心诚意而读书者是也。宋学者，正心诚意而往往不读书者是也。俗学者，不正心诚意而尚读书者是也。是故汉人未尝无俗学，宋人未尝无汉学也。论学之

① 段玉裁：《清经世文编》卷2，清光绪十二年（1886）思补楼石印本。

② 皮锡瑞：《经学历史》10《经学复兴时代》，北京：中华书局1981年版，313页。

③ 汪喜孙：《刘氏遗书跋》，清《刘端临先生遗书》刊本。

④ 钱馥：《小学庵遗稿》，清光绪十一（1885）年海宁钱保塘清风室四川什邡校刊本。

⑤ 段玉裁：《经韵楼集》卷8《娱亲雅言序》，上海：上海古籍出版社2008年版，193页。

⑥ 钱穆说：“东原举义理、考据、辞章为学问三大纲，而独以能言义理自务。懋堂承其师说而变之，谓学问当首重考核。考核当在身心性命伦理族类之间，而以读书之考核辅之，其意首发于为其师《东原集》作序，而及是又发之，与其师所言，意趣有异，盖其心犹不忘宋儒之理学也。”（《读段懋堂〈经韵楼集〉》，《中国学术思想史论》八，合肥：安徽教育出版社2004年版，264页）

⑦ 钱大昕：《潜研堂文集》卷25《严久能娱亲雅言序》，上海：上海古籍出版社1989年版，424页。

分,不出斯三途而已矣。”[①]顾广圻认为重视内心道德修养而勤勉读书的是汉学,轻视读书但是专门讲究内心道德修养的是宋学,勤勉读书而不重视内心道德修养的是俗学。这里不深论顾广圻对当时学术的三种分界是否合理,但是他所描述的当时学者治学的三种态度,无论是汉学还是宋学都不是绝对的,汉学中也会有俗学的存在,宋学中也有汉学的因子。如果从中国古代的学术嬗变来看,汉学也不完全占有主导地位,如今本《十三经注疏》中的《周易注疏》《春秋左氏传》《春秋穀梁传注疏》《孝经注疏》《尔雅注疏》《论语注疏》等六部儒家经典都不是汉学作品,所以凌廷堪说:“宋以前学术屡变,非汉学一语可尽其源流,即如今所存之《十三经注疏》,亦不皆汉学也。”[②]也正因此,以往学术界对徽州汉学一味排斥宋学的描述,今天仍有必要作出新的讨论。当然,徽州汉学之所以在清代产生广泛的影响,关键在于它的学术实践以及对外的积极传播。

三、清代徽州汉学的学术实践与传播

徽州汉学的学术实践,一般认为侧重于三礼之学的研究。如黄生著有《三礼会籥》、江永著有《仪礼释例》《礼书纲目》,绩溪胡氏世代研究礼学,胡匡衷著有《三礼札记》《仪礼释官》《仪礼释官考》等,其侄子胡秉虔著有《周礼小识》《礼记小识》《大戴礼记札记》等,其孙儿胡培翚著有《仪礼正义》,被称为“绩溪礼学三胡”而名重一时。又有方体著有《仪礼今古文考正》及《仪礼古文考误》,歙县凌廷堪亦著有《礼经释例》等。而吴学则偏重《周易》的研究,如惠氏祖孙三代对汉《易》不遗余力地探索,只要一瞥江藩《汉学师承记》中的《经师经义目录》所列徽、吴学者的专经研究著作,便可得到进一步的证明。然而江藩所录,仅仅是一种粗线条的概括,而粗线条的概括只是一种近似,近似与实态相去甚远,甚至完全相反。如吴学中惠士奇著有《礼说》,惠栋著有《明堂大道录》《禘说》,沈彤著有《仪礼小疏》,金日追著有《仪礼正伪》,褚寅亮著有《仪礼管见》等,完全不逊于徽州三礼学研究。桂文灿说:“国朝治经之家,远胜前代,而于‘三礼’尤深。如长洲惠氏、婺源江氏、歙县金氏、休宁戴氏,类能钩稽古训,辨名当物,往往有疑词奥旨,旧说隐晦,一经解释,涣然当于人心者。”[③]事实上,除了三礼之学外,徽州的《周易》研究也极富特色。如江

① 顾广圻:《思适斋集》卷23《壤室读书图序》,清道光二十九年(1849)刊本。

② 凌廷堪:《校礼堂文集》卷23《与胡敬仲书》,北京:中华书局1998年版,204页。

③ 桂文灿:《经学博采录》卷2,桂林:广西师范大学出版社2011年版,45页。

永著有《校正周易集解》《河洛精蕴》，汪绂著有《易经诠义》，支伟成《清代朴学大师列传》称其为："盖其学体勘精密，贯彻内外，毫厘必析，由不欺以至于诚，偶设一喻，能使盲者察愚者明。"洪榜著有《周易古义录》涉猎先秦汉魏易说，广采博引，两汉易家之训诂多为所取。胡廷玑《周易臆见》，虽尊崇朱子《本义》，亦不务为苟同，赵继序谓其"力埽附会支离，独寻象占本义，不肯为前人所蔀。"胡匡衷著《周易传义疑参》一书，不拘程朱书说，敢发己意，析程朱易学之异同。胡绍勋著有《周易异文疏证》，赵继序著有《周易图书质疑》，对宋儒图书易学的正当性提出质疑等。可以说徽州《周易》研究的成就，同样可以与吴学媲美。

需要指出的是，江永的《河洛精蕴》虽然有所谓"河洛之精"与"河洛之蕴"等比附穿穴悬空之失，但是该书中所绘的"横列太阳少阴图"与"纵列少阳太阴图"中，用线段来表达易学元素的比例，明显烙有明末引入西方几何学原理作图的印记，其"河洛未分未变三角图"则渊源于中国古代算学中的"乘方"，被誉为"易林不朽之盛业"。这种不再纠结于宋人"图学"的非儒学性质的考辨，而是转向完善和丰富汉代的象数易学，启迪了吴学对汉代易学研究中的创新。如惠栋为郑玄易学中的"爻辰"说作《十二爻辰作图》、《爻辰所值二十八宿图》，《四库全书总目》赞其为"考核精密，实胜原书"。王昶则从乾坤至既济、未既的六十四卦的每一卦的六爻与六辰错杂相配，一一复原，作《六十四卦爻辰分配图》。此外，何秋涛《爻辰图》、李道平《郑氏爻辰图》、戴棠《郑氏爻辰图》、《郑氏爻辰详图》、杨履泰《爻辰图》，何其杰的《爻辰简明图》，沈绍勋《八卦爻辰图》，秦嘉泽《十二月爻辰图》，萧光远《十二辰图》，冯道立《周易爻辰贯》《爻辰应二十八宿见众星共辰图》等达十五种之多。其中戴棠又深感上述各家仅有《爻辰图》而无星象图的缺憾，又作《近南极星图》《近北极星图》《赤道北十二星宫图》《南极十二星宫图》等等。郑玄的易学研究是否原来就有图，现在难以考实。然而在清代学者看来，以图像的方式来解读郑玄的"爻辰"取象说，最能体现郑玄易学的特色，诚如惠栋所说："朱子发卦图合郑前后注合而一之，学者几不能辨，余特为改正，一目了然矣。"[①]何秋涛说："定宇惠氏以爻辰及值宿分为二图，皋文张氏合而为一，今按惠图太略，张氏增之是已。然考郑康成传费氏易，费氏有《周易分野》书，虽不传而《晋书·天文志》注及《开元占经·分野略例》皆引其宫度之说。自应据以立图，张图乃用陈卓所定宫度，既在费氏之后，又乖郑君之旨，于义未安。今故改定兹图。

① 惠栋：《易汉学》卷6《郑氏周易爻辰图》，《象数易学发展史》第1卷，济南：齐鲁书社出版社1994年版，355页。

其八卦八风方位易明,图不复载,增十二次之名,与钟律节气相比附,庶使郑氏一家之学了若指掌,览者详之。”①这表明,清代学者研究郑玄的易学是图像结合《易》注入手的,可以说江永的《河洛精蕴》直接导致了由原先的宋儒“图学”而转入汉儒“图学”两种迥然不同的进路,从而为清代易学研究打开了一个崭新的图像世界,故有所谓的“吾徽学术兴如云,都是先生沛时雨”的赞辞②。

在中国古代社会,地域性学派,其实就是一个在相同地区的学术研究群体,在这个群体中,集合了一批相当数量而具有很高学术水准的学者,通过各自独立的学术研究,写出了各具特色的学术著作,最终才得到了社会的认同。然而,作为地域性学派的学术,如果不及时通过各种渠道和形式向外积极传播,其社会效果与历史作用往往被淹没不彰。徽州汉学的对外传播,不外乎科举、出仕、游学、移居等种种途径,主要体现以下几种:

一是走出徽州,寓居他乡从事家教或入主当地书院传播汉学。如江永曾因侍父参加科考,旅居江宁江义文家三年,以教书为业。又据江藩《汉学师承记》介绍,江永曾经一至江西,为学政金德瑛之邀,一游京师,以馆同郡程恂编修家,同时与当时担任三礼馆部裁的方苞及吴绂,就礼学议题讨论再三,传播他对礼学的理解。戴震往来于北京、扬州之间,凌廷堪旅居阮元家作家教,中举后回宁国担任教谕,又主讲扬州敬亭,传播汉学。汪莱旅居扬州,不时与焦循、李锐会面,“互相订正古算学,甚获朋友讲习之益”,时人称为“谈天三友”。洪梧主持过扬州梅花、钟山、惜阴等书院。程瑶田在江苏嘉定担任教谕。胡培翚又自立祁门东山书院,汲汲以引翼后进为己任。士饫其教,从学者百数十人,成才者不乏其人,汪士铎即其佼佼者,甚为曾国藩所器重。胡培翚不仅引翼后进,且笃于友谊。郝懿行、胡承珙之遗书,即赖其为之付刻。胡培翚一生虽不得大显,但其于学却孜孜以求,自少至老,研几探微,励学不倦。史载他每至一处,“负笈从之者恒数百人,所成就,半海内知名士。卒之日,四方吊者万人”③,可见其影响之大。稍后的黟县学者俞正燮则在江苏、浙江从事讲学活动,歙县程恩泽官贵州学政时,重刻岳珂五经以训士,又奉命刊刻《春秋左氏传》,推本贾、服,不专杜氏一家之学。

二是通过游幕传播汉学。如黄生曾入幕蒋虎臣幕府,戴震先后入幕卢见曾与朱筠幕府,凌廷堪先后入幕翁方纲、毕沅、谢启昆与阮元幕府,程瑶田入

---

① 何秋涛:《一镫精舍甲部稿》卷2《周易爻辰申郑义》,清光绪五年(1870),淮南书局刻本,1页。

② 江永:《善余堂文集·先贤江慎修公弄丸图题记》,台北:“中央研究院”中国文哲研究所2013年刊本,82页。

③ 绩溪县地方志编纂委员会编:《绩溪县地》第32章《人物传记》,合肥:黄山书社1998年版。

幕阮元幕府等等，而这些幕府的幕主，当时都以积极倡导汉学著称。如卢见曾"究心易学，尤心契于汉儒易学"，朱筠强调"识字以通经"，毕沅自称"文字默守许解，经礼则专宗郑学"，阮元则"推明古训，实事求是"为汉学护法，从而汇集了当时众多的一流汉学家。如惠栋入幕卢见曾幕府，汪中、王念孙、武亿等入幕朱筠幕府等。所以徽州学人在他们入幕后，他们的学术活动深受幕府汉学氛围的渲染，学术研究也都以汉学为帜志。如戴震在卢见曾幕府完成了名著的《考工记图注》《勾股割圜记》，协助秦惠田编纂《五礼通考》、又为卢见曾校订《大戴礼记》等。"戴学所被，不徒由皖而苏而浙，且及于齐、鲁、燕、豫、岭、海之间矣"。[①] 程瑶田在阮元幕府为阮元作《铸钟纪略》，凌廷堪则虽入阮元幕府，实为阮家课子。由于上述幕宾往往同时滞留于几个幕府之间，他们的学术活动，客观上为传播汉学提供了空间。

三是以书札为传播汉学的媒介。如戴震的《答卢侍讲召弓书》《与是仲明论学书》都强调治经当先以"六书"为途径。凌廷堪的《与阮伯元孝廉书》《与焦里堂论路寝书》，前者讨论了《仪礼》的称谓，后者对路寝之制提出新解。程瑶田的《答阮中丞论磬股端向人面书》《奉答阮中丞寄示李尚之郑注磬图又推论磬股直悬图》等，对古代乐器的讨论，推动了当时文物与考古的发展，所以王国维说"程氏磬折之说，诚妙悟绝人，磬氏、车人之制，自是始得确解"。可知当时书札不仅起到阐明自己学术观点的作用，而且已具有传播汉学的意味，可谓影响深远。梁启超说："清儒既不喜效宋明人聚徒讲学，又非如今日之欧美有种种学会学校为聚集讲习之所，则其交换知识之机会，自不免缺乏。其赖以补之者，则函札也。"[②]

综上所述，可以得出以下几点结论：

首先，徽州汉学萌发于明清之际，没有明清之际学人社集的经学活动，也就没有徽州的汉学，而徽州汉学本身也不是可以孤立形成的，所以徽州汉学的出场，又是明清之际学术形态演变发展的结果。它不仅打破了自南宋以来，徽州以朱熹理学为主体的学术格局，而且形成了不同于理学的新的汉学体系，其影响深远。我们要了解清代学术的发展面貌，都离不开对徽州汉学形成的进一步研究。

其次，从地域性学派的本身而言，徽州汉学也有一个自我完善的过程，从学术的发展而言，也是徽州汉学内涵不断加深的过程。在这样的一种过程

① 马宗霍：《中国经学史》，上海：上海书店 1984 年版，147 页。

② 梁启超：《清代学术概论》第 17，朱维铮《梁启超论清学史二种》，复旦大学出版社，1985 年版，52 页。

中,既需要保持学派自身的同一,也需要与并时段的其他地域性学派保持同一,徽州汉学的特色与吴地汉学的特色的同一,并取得后来居上的压倒性优势,就在于它在学术取向的同一中,仍然能够保持徽州汉学独特的学术性格,并且形成了徽州学术的新传统。

再次,徽州学人走出徽州、滞留幕府的学术传播,无论是直接的、面对面的,或者是间接的、书札形式的,但它所包含的学术信息或学术资源都是共通的,他们处于同一个汉学价值坐标系统之内,从而促成了以徽州、苏州、扬州等为中心的地域性汉学群体互动的态势,并由此向外辐射,逐渐形成了清代乾之际以江浙皖三地为一体的江南汉学研究网络。

我国公共危机事件网络舆论研究综述

昂 娟

摘 要：通过文献计量法，对2006-2016年间我国公共危机事件网络舆论的中文核心期刊进行统计分析，获知我国公共危机事件网络舆论的研究目前处在稳定发展阶段，核心作者群虽正在形成，但有所欠缺。情报类期刊和新闻传播类期刊是产出该领域高水平论文的主要文献来源，尤为情报类期刊刊载高被引论文数量位居首位。政府和高校成为主要研究对象，数据分析技术成为研究热点，舆论心理学研究尚较匮乏。提出未来可从交叉学科角度，采用定性与定量分析相结合的方法，寻找创新突破点。

关键词：网络舆论；网络舆情；公共突发事件；公共危机事件；文献计量

我国当前正处在社会转型期，各种矛盾错综复杂，公共危机事件频频发生，微博、微信等自媒体平台则成为引发、扩散公共危机舆论的重要场所。习近平总书记指出，“网络安全和信息化是事关国家安全和国家发展、事关广大人民群众工作生活的重大战略问题”，“做好网络舆论工作是一项长期任务”[1]。

如何做好公共危机事件中的网络舆论是我们正面临的严肃话题，对其研究现状进行梳理、归纳和总结将显得十分必要。本研究以“中国知网”该领域的核心期刊为研究对象，使用文献计量法探讨研究现状，分析研究趋势，试图为今后我国公共危机事件网络舆论管理提供参考思路。

基金项目：安徽省哲学社会科学规划青年项目“移动自媒体时代网络舆论传播与引导机制研究”（AHSKQ2015D104）

作者简介：昂 娟，马鞍山师范高等专科学校。

一、概念界定

研究本课题前,需对网络舆论、网络舆情和公共危机事件等概念做个梳理。

关于网络舆论与网络舆情的概念界定,尚无统一定义,学者见仁见智。网络舆论通常指公众对网络社会热点问题的一致性言论。网络舆情是在网络舆论的基础上发展而来的,是通过网络反映的社情民意,是态度、情感和行为的一致性表达。两者都有公众通过网络手段传播对社会现象的意见和行为表达的含义,故本研究将网络舆论与网络舆情纳为同一概念。

公共危机事件又称突发事件,指突然发生的危及社会公共安全和影响社会秩序的公共事件。根据危机内容可分为社会安全事件、公共卫生事件、自然灾害、事故灾难和社会矛盾五大类型。

二、研究对象与方法

(一)研究对象

核心期刊通常刊载着学科领域内的热点前沿研究成果,学术水平较高,影响较大。根据帕累托的二八定律和布拉德福定律,可认为:80%的重要论文发表在20%的核心期刊上[2]。故本研究以"中国知网"的"核心期刊"为研究对象,依照检索公式:主题=("网络舆论"或含"网络舆情")并且("危机"或含"突发"),时间限定至2016年,进行精确检索,检索日期为2017年8月1日,共获取678条记录,去除编者按、书评、短评、会议公告、无关键词和重复文献等,最终获得有效文献样本653篇。

(二)研究方法

选取Excel工具对检索结果统计分析,以文献计量学对年载文量、核心作者、期刊来源、被引频次和高频关键词等方面进行统计分析。

三、数据分析与结果

(一)载文分析

统计一个领域的年载文量趋势可反映该领域的发展阶段和研究水平。

图 1 描绘了 2016 年以前我国公共危机事件网络舆论的核心期刊年载文量变化趋势图。由图 1 可看出,载文量总体呈增长趋势,最早于 2006 年出现相关研究。

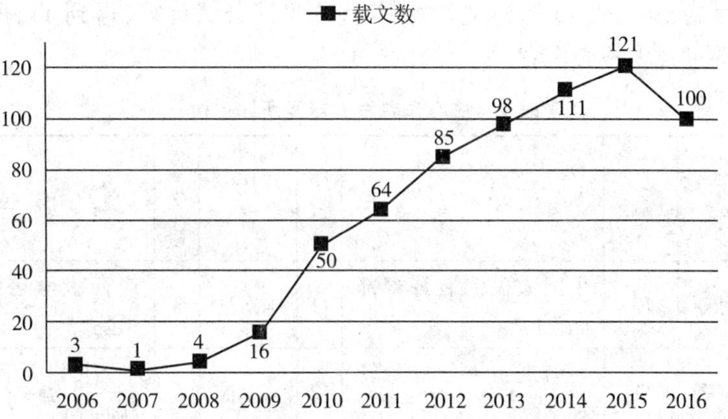

图 1　我国公共危机事件网络舆论研究载文量趋势图

由普赖斯文献增长理论可知,科技文献增长与学科发展息息相关,通常包含四阶段:萌芽期、快速发展期、稳定发展期和成熟期[3]。根据该理论,结合载文趋势图,可将我国公共危机事件网络舆论的研究分为三个阶段。

第一阶段,2006—2008 年为萌芽期,载文量共 6 篇,占总载文量 1.2%,相关研究较少。

第二阶段,2009—2010 年为快速发展期,年载文量增长态势迅速,这两年载文总量是前三年的 8 倍多。尤其是 2010 年微博元年的到来,它们成为形成网络舆论、引发舆论危机的重要源头,这同时也引起越来越多学者的关注,研究成果大幅增加,2010 年的载文量达到 50 篇,为前一年载文量的 3 倍之多。

第三阶段,2011—2016 年为稳定发展期,该阶段的载文量占总载文量 88.7%,载文量增长缓慢,呈线性增长趋势。稳定发展阶段,常会出现“总体增长、局部波动”现象,短暂的研究回落是不可避免的,如 2016 年便首次出现短暂回落。

综上所述,我国关于公共危机事件网络舆论的研究目前处在稳定发展阶段。

(二)核心作者分析

任何学科都有较稳定的核心作者群,他们是学科的研究主体,发文量较多,统计分析核心作者,有助于我们了解相应领域的研究进展。

1. 核心作者分析

根据普赖斯理论,核心作者最少发文量 T 需满足:$T=0.749\sqrt{t_{\max}}$,其中 $t_{\max}$ 是发文最多的作者论文数[4]。对第一作者发文量统计得知,发文最多的作者是兰月新,共发表15篇论文。将15代入上述公式计算,得到T1,即发文3篇以上的可视为核心作者。

表1　核心作者发文量及所属单位

序号	作者	发文量	单位	序号	作者	发文量	单位
1	兰月新	13	中国人民武装警察部队学院	11	陈璟浩	3	广西大学公共管理学院
2	张玉亮	11	河南理工大学应急管理学院	12	宫承波	3	中国传媒大学电视与新闻学院
3	丁菊玲	5	江西财经大学信息管理学院	13	姜景	3	中国科学院科技政策与管理科学研究所
4	方付建	5	华中科技大学公共管理学院	14	梁春阳	3	中共宁夏回族自治区委员会党校科研处
5	付业勤	5	华侨大学旅游学院	15	潘芳	3	东南大学经济管理学院
6	丁柏铨	4	南京大学新闻传播学院	16	孙玮	3	中山大学传播与设计学院
7	王国华	4	华中科技大学公共管理学院	17	喻国明	3	中国人民大学新闻学院
8	张一文	4	北京邮电大学经济管理学院	18	张倩生	3	广东外语外贸大学金融学院
9	曹学艳	3	电子科技大学经济与管理学院	19	宗利永	3	上海理工大学管理学院
10	曾润喜	3	华中科技大学公共管理学院				

表1列出了核心作者发文量及所属单位信息。由表1可知,共有19位作者为核心作者,发文量最多的为兰月新,共发表了13篇论文,其次为张玉亮,共发表了11篇论文,且这两位作者的发文量远高于其他作者。

根据普赖斯定律，核心作者数为该领域发文作者总数的平方根[4]。本研究的653篇论文样本，共有538位作者，通过计算得知，核心作者数约为23位，而表1所列核心作者仅有19位，说明该领域的核心作者略有欠缺。另通过统计得知，仅在该领域发表1篇论文的作者共有469位，占作者总数87.2%，说明大多数作者仅是偶尔有感而发，并没有进行深入研究，这必然会影响该领域的整体研究水平。

另外，统计核心作者发文年份得知，上述19位作者中，包含丁菊玲在内的7位作者(不包括仅近两年发文作者)，研究延续性不强，发文集中在一至两年中，之后，便无产出该领域的高水平研究论文。

综上分析，我国公共危机事件网络舆论研究领域的核心作者数量有所欠缺，大部分作者研究不够深入，研究成果的可靠性会受到一定的质疑。

2. 核心作者所属单位分析

从核心作者所属单位来看，可分为四类：

第一类是公安部所属高校，如兰月新来自中国人民武装警察部队学院。

第二类是党政部门，如梁春阳来自中共宁夏回族自治区委员会党校。

第三类为中科院研究所，如姜景来自中国科学院科技政策与管理科学研究所。

第四类是高等院校，除前三类所列3个单位外，其他作者所属单位皆属于该范畴，占上述单位总数的84.2%，且以管理类学院和传播类学院居多，如：方付建、王国华和曾润喜皆来自华中科技大学公共管理学院，其他作者分别来自河南理工大学应急管理学院、江西财经大学信息管理学院、北京邮电大学经济管理学院、电子科技大学经济与管理学院、广西大学公共管理学院、东南大学经济管理学院、上海理工大学管理学院等管理类学院；部分作者来自南京大学新闻传播学院、中国传媒大学电视与新闻学院、中山大学传播与设计学院和中国人民大学新闻学院等传播类学院；另，还有作者来自华侨大学旅游学院和广东外语外贸大学金融学院。根据表1数据统计，管理类学院占所列高等院校总数的62.5%。

综上分析，高等院校是研究公共危机事件网络舆论的核心力量，且以管理类学院为研究主力军。

(三)核心期刊来源分析

表2显示的是我国公共危机事件网络舆论研究领域的核心期刊来源，由于篇幅有限，这里只列举了刊载论文数为10篇以上的16种期刊，共刊载了310篇论文。

《情报杂志》位居之首，刊载了79篇相关论文，远高于其他期刊；《青年记者》次之，有 29 篇；《情报科学》第三，有 28 篇。

表 2　核心期刊来源

排序	期刊来源	篇数	排序	期刊来源	篇数
1	情报杂志	79	9	新闻知识	14
2	青年记者	29	10	新闻爱好者	13
3	情报科学	28	11	现代情报	12
4	人民论坛	18	12	领导科学	11
5	图书情报工作	17	13	情报理论与实践	11
6	当代传播	15	14	现代传播（中国传媒大学学报）	11
7	新闻与写作	15	15	新闻界	11
8	新闻战线	15	16	学校党建与思想教育	11

从表 2 所列期刊来源来看，主要集中于情报类、新闻传播类和党建类刊物。情报类刊物包括《情报杂志》《情报科学》《图书情报工作》《现代情报》《情报理论与实践》，共刊载 147 篇论文；新闻传播类刊物包括《青年记者》《当代传播》《新闻与写作》《新闻战线》《新闻知识》《新闻爱好者》《现代传播（中国传媒大学学报）》《新闻界》，共刊载 123 篇论文；党建类刊物包括《人民论坛》《学校党建与思想教育》《领导科学》，共刊载 40 篇论文。

图 2 显示的为表 2 所列期刊所属类别比例，情报类期刊为主要来源，占 47.4%，其次为新闻传播类期刊，占 39.7%，这两类期刊是产出该研究领域高水平论文的主要文献来源，也是学者主要的研究方向。

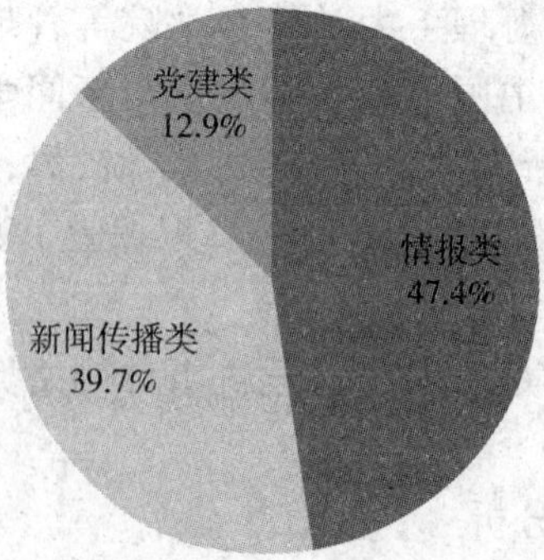

图 2　被引 10 次以上的期刊类别比例

（四）被引频次分析

被引频次是反映论文质量和影响力的一项重要指标。表 3 为被引频次为

100以上的论文列表及文献来源。

表3 高被引频次论文列表及文献来源

排序	篇名	文献来源	被引频次
1	微博网络舆情中的意见领袖识别及分析	系统工程	261
2	网络舆情突发事件预警系统、指标与机制	情报杂志	234
3	互联网内容及舆情深度分析模式	中国青年政治学院学报	222
4	突发公共事件网络舆情监测指标体系研究	华中师范大学学报(人文社会科学版)	168
5	公共危机事件网络舆情内在演变机理研究	情报杂志	149
6	网络舆情突发事件的生命周期原理及集群决策研究	武汉理工大学学报(社会科学版)	144
7	网络空间政府舆论危机及其治理原则	社会科学	140
8	网络舆情突发事件预警指标体系构建	情报理论与实践	139
9	网络环境下的舆论形成模式及调控分析	现代传播(中国传媒大学学报)	136
10	网络舆情指标体系设计与分析	情报科学	131
11	非常规突发事件网络舆情热度评价指标体系构建	情报杂志	127
12	网络舆情与非常规突发事件作用机制——基于系统动力学建模分析	情报杂志	108
13	突发事件网络舆情演进规律模型研究	情报杂志	106

经统计,这13篇高被引论文中,有7篇来自情报类期刊,5篇来自《情报杂志》,另有2篇分别来自《情报科学》和《情报理论与实践》,该数据与上述核心期刊来源分析结果一致。

其中,被引频次最高的是来自《系统工程》的《微博网络舆情中的意见领袖识别及分析》一文,被引261次;位居第二的为来自《情报杂志》的《网络舆情突发事件预警系统、指标与机制》一文,被引 234 次;其次,是来自《中国青年政治学院学报》的《互联网内容及舆情深度分析模式》一文,被引 222 次。

(五)高频关键词分析

1. 规范关键词

关键词是对文献主旨思想的高度概括,对关键词频次分析,有助于我们了解相应领域研究热点和预测未来研究趋势。关键词数量庞大,同一主题可能会有不同陈述,在统计前,需要进行词义转化、合并等规范化处理。下表 4 列举几类关键词的规范化处理,由于篇幅有限,在此仅列出部分关键词的转化结果。

2. 筛选关键词

在关键词规范化的基础上,需要对其进行筛选。首先,删除"公共危机事件"和"网络舆论"等原始关键词;其次,删除"本质""问题""方式""挑战"等广义词汇。最后,获得 266 个关键词,共 1790 次。

表 4　部分关键词规范化

原关键词	规范后的关键词
公共事件、危机事件、突发事件、公共危机、公共危机事件、公共性突发事件、突发公共事件、社会危机事件、非常规突发事件、重大突发公共事件、重大突发事件、重大突发性事件	公共危机事件
网络舆论、网络舆情、公众舆论、社会舆论、社会舆情、异质舆情、舆论、舆情	网络舆论
突发性群体性事件、群体性突发事件、群体性事件、网络集体行动	群体事件
聚类、聚类分析、BP 神经网络、SOM 神经网络、粗糙集、系统动力学、岭回归分析、KL 距离、Netica 仿真、多 Agent 仿真、指数拟合、HHM、LDA、Vague 集、马尔可夫链、信息熵、支持向量机、Gompertz 曲线模型、MapReduce、马尔可夫链、脉冲响应分析、Kaplan-Meier 分析、交叉信息熵、直觉模糊集结算子、Gompertz 模型、社会网络结构、网络簇结构、结构测度、结构化、微分方程、微分方程、微分方程模型	数据分析
新媒体时代、新媒体语境、新媒体环境、现代媒体、网络新媒体、融媒体时代	新媒体
网络舆论监督、预警、网络监管机制、舆情预警、网络舆情预警、应急预案模型、预警机制、预警研究、热帖预测、阶段性预警、网络监管、应急预测、有效预警阶段、预测模型、预警策略、预警监控、预警应急体系、预警指标、预警指标体系、预防	舆情预警防控

（续表）

原关键词	规范后的关键词
公共安全、公共卫生、H7N9、公害品、厦门 PX 事件、唐慧事件、黄岩岛、巴黎暴恐事件、哈尔滨“天价鱼”、手术室自拍、边疆民族地区、“火箭提拔”、异地高考、湘潭神女、魏则西事件、“故宫门”、动车追尾事故、矿难、深圳飙车案、踩踏事件、东方之星、危化品泄漏、甬温动车事故、环境污染、水污染、危险化学品水污染、环境突发事件、环境与健康、灾害事件、自然灾害事件、自然灾害、汶川地震	舆论案例
危机治理、危机沟通、应对策略、应对机制、应急管理、应急机制、应急决策、舆情应对、媒体干预、危机处理、平衡导控、协同治理、风险沟通、管控机制、管理策略、媒体干预	危机公关
政府、地方政府、地方党委、党政机构、检察机关、公职人员、税务机关	公权力

3. 高频关键词分析

表 5 列出频次为 15 以上的高频关键词，共 23 个。根据所列数据可知，高校作为网民较集中的场所，是舆论高发地，易通过微博、自媒体和新媒体等社会化媒体形成舆论危机，引发群体事件。网络舆论传播具有生命周期，在传播演化中易滋生网络谣言，在舆论引导方面，需重视意见领袖的作用。国内大部分学者侧重于通过数据挖掘技术，对舆论案例数据进行建模和算法分析，进而提出危机评估、舆情监测、预警防控和危机公关等机制。当然，这些研究都离不开公权力和公共政策的支持。

表 5　高频关键词列表

序号	关键词	频次	序号	关键词	频次	序号	关键词	频次	序号	关键词	频次
1	危机公关	183	7	高校	49	13	新媒体	23	19	危机评估	21
2	数据分析	126	8	舆情预警防控	47	14	舆情监测	23	20	公共政策	20
3	舆论案例	75	9	舆论危机	47	15	数据挖掘	22	21	网络谣言	16
4	公权力	61	10	舆论演化	41	16	舆论热点	22	22	意见领袖	16
5	舆论引导	59	11	微博	36	17	舆论效应	22	23	生命周期	15
6	舆论传播	57	12	群体事件	30	18	自媒体	21			

排在前 3 位的高频关键词依次为危机公关、数据分析和舆论案例。下面围绕这几个关键词展开分析。

(1)危机公关

危机公关是应对网络舆论的治理机制,用以协调公众与组织间的关系及维护组织形象。如表4所列,本研究将和危机公关相关的关键词都进行了转化。作为高频关键词,共出现183次,位居首位。

部分学者根据突发事件舆情发展的生命周期,进行危机公关分析。如兰月新认为政府需要在舆情发展的发生期、扩散期和平稳期,制定相应的对策[5];徐敬宏等学者根据突发事件事前、事中和事后三阶段,制定应急管理三步骤,包括预警、干预和评估[6];谢科范等学者提出应对网络舆情突发事件集群决策的原理与方法[7]。

部分学者从治理者主体角度,提出网络舆情管理方案。如张勤认为政府应树立“公民本位”的理念,规范网络生态秩序,加强网络治理[8];陈永福等学者根据高校网络舆情现状,提出高校需要构建可行的网络舆情引导处置机制[9]。

部分学者通过数据建模分析,提出网络舆情治理机制。如沙勇忠等学者建构了伪信息传播模型和真实信息伪信息对抗模型,对仿真结果分析的基础上,总结政府控制公共危机伪信息传播的一些思路[10]。

(2)数据分析

数据分析技术作为舆情分析的主要关键技术,受到众多情报类学者的关注。作为高频词,共出现126次,位居第二,这与上述分析中,情报类期刊作为核心期刊主要来源这一结论成正比关系。由表4部分关键词转化结果可知,学者常用的数据分析技术主要包括数学建模分析、聚类分析、社会网络分析和系统仿真分析等。

(3)舆论案例

以上将公共危机事件划分为社会安全事件、公共卫生事件、自然灾害、事故灾难和社会矛盾五大类型。本研究将涉及五大类型的具体公共危机事件统一界定为“舆论案例”,部分关键词转化结果见表4。

由图3可知,社会安全事件占主要比例,涉及37.3%的公共危机事件皆为社会安全事件,包括食品安全事件、公共安全事件、暴力事件和环境污染事件等;其次为社会矛盾,占18.7%,包含官民矛盾、警民矛盾、医患矛盾、教民矛盾和

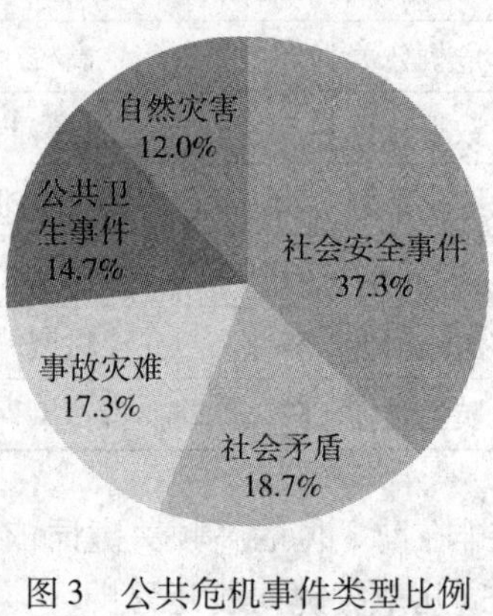

图3 公共危机事件类型比例

民族矛盾等;再次,分别为事故灾难(17.3%)、公共卫生事件(14.7%)和自然灾害(12.0%)。

四、研究结论

通过上述统计分析,可得出以下结论。

我国公共危机事件网络舆论的研究目前处在稳定发展阶段。该领域的核心作者群正在形成,但有所欠缺。高等院校是研究公共危机事件网络舆论的核心力量,且以管理类学院为研究主力军。大部分学者研究不够深入,延续性不强,研究成果的可靠性可能会受到一定的质疑。

情报类期刊和新闻传播类期刊是该领域高水平论文产出的主要文献来源,尤其是情报类期刊刊载高被引论文数量位居首位。网络舆论研究是涉及情报学、新闻学、传播学、政治学、社会学、管理学、心理学、系统工程学和计算机科学等多学科的综合研究。然而,分析文献样本,却鲜有作者从心理学角度加以研究,心理学类核心期刊尚无产出该领域的高水平研究论文。

结合高频关键词分析可知,政府和高校成为研究关注的主要对象,研究热点集中在通过数据分析技术,提出网络舆论的危机评估、舆情监测、预警防控和危机公关等机制,然而缺乏深度案例研究和定量分析。

随着研究的深入,学者需要整合资源,从交叉学科角度,采用定性与定量分析相结合的方法,寻找创新突破点。未来的研究将任重而道远,学者仍需不懈努力,为推动公共危机事件中网络舆论健康良性发展建言献策。

参考文献:

[1] 新华社.中央网络安全和信息化领导小组第一次会议召开.(2014-02-27)[2017-07-28].http://www.gov.cn/ldhd/2014-02/27/content_2625036.htm.

[2] 肖明.信息计量学[M].北京.中国铁道出版社,2014:110.

[3] 庞景安.科学计破研究方法论[M].北京:科学技术文献出版,1999:299-301.

[4] 昂娟.我国教育游戏文献分析[D].扬州:扬州大学,2013:38.

[5] 兰月新,邓新元.突发事件网络舆情演进规律模型研究[J].情报杂志,2011,30(8):47-50.

[6] 徐敬宏,李欲晓,方滨兴,刘颖.非常规突发事件中网络舆情的生成及管理[J].当代传播,2010,(4):41-43.

[7] 谢科范,赵湜,陈刚,蔡文静.网络舆情突发事件的生命周期原理及集群决策研

究[J]. 武汉理工大学学报(社会科学版),2010,23(4):482-486.

[8] 张勤. 网络舆情的生态治理与政府信任重塑[J]. 中国行政管理,2014,(4):40-44.

[9] 陈永福,陈少平,魏金明. 高校危机管理视阈下的网络舆情引导与处置机制研究[J]. 思想教育研究,2011,(11):37-40.

[10] 沙勇忠,史忠贤. 公共危机伪信息传播影响因素仿真研究[J]. 图书情报工作,2012,56(5):36-41,111.

祭祀首重社事:传统徽州社祭文化探析

张小坡

摘　要:社祭是中国传统乡村社会最为重要的一种民俗活动,相沿已久,形成颇具特色的社祭文化。传统徽州社祭分为春、秋两祭,由社首主持其事,有固定的祭祀礼仪,并与官府推行的乡村教化相互配合,注重对民众的道德说教,维持乡村社会秩序。明清徽州的社兼具地缘和血缘色彩,成为乡村社会各类祭祀活动的单位。社祭与元宵灯会实现了有机结合,并沾染上迎神赛会的因子,成为彰显民众狂欢精神的媒介,实现了娱人娱神的功能。

关键词:社祭文化;徽州;宗族;社会教化

自上古时期直至民国,对社的祭祀始终是中国传统乡村社会最为重要的仪式活动之一,牢牢地嵌入民众的日常生活框架中,深刻影响了传统中国社会的走向。海内外学者在关注社的同时,对社祭也给予了一定的重视。劳干、宁可、晁福林、郝春文、杨讷、须江隆、金井德幸、余欣等学者分别对我国宋元以前不同时期或不同地区的社作为社会组织及祭祀仪式等方面的问题作了深入考察。

至于与本文研究时段相关的明清时期社祭的研究,郑振满以莆田江口平原为例证,考察了不同层次的神庙系统和祭典组织形式,指出江口历史上的神庙祭典组织与台湾地区的"祭祀圈"颇为相似,但其不仅是一种宗教组织,同时也是一种社区组织,因而具有比"祭祀圈"更为丰富的内涵。赵世瑜对明清时期华北地区的社与以社为活动单元的民间表演形式社火之间的关系作了探讨,指出作为基层行政或税收组织的社,只是明清时期华北地区社的两套系统之一,华北地区社的另一套系统是从古代继承下来的,以祭祀为核心、兼及其他基层社会职能的作为"民俗聚落"的社。传统的岁末傩仪与二月初的社祭有可能逐渐向对方靠拢,最后选择了元宵这个居中的节日,集中进行

作者简介:张小坡,安徽大学徽学研究中心。

源自于社祭、却又在华北汉族地区保持傩事活动痕迹的社火。丁荷生《福建社神之转型》一文认为,从唐宋到明代,社一度是王朝推行乡村教化的一种手段,但在推行过程中,社祭的仪式和组织,一再偏离官方规定的轨道,成为地域社会建构认同的一个重要策略。在此过程中,社与宗族的关系及各自的演变轨迹尤其值得注意。王兆乾《安徽贵池的社祭祀圈》一文对安徽贵池社祭活动中的社祭源流、社祭与傩仪、社祭祀圈等问题进行了探讨,认为明代或明代以前贵池一带傩事活动已与社祭相结合,傩祭以社祭为依托,因而贵池傩戏也是一种具有浓厚宗法色彩的"社戏"。杜正贞的专著《村社传统与明清士绅:山西泽州乡土社会的制度变迁》以北宋以来山西泽州的阳城、沁水、晋城为中心,研究了当地村社的系统、结构与功能的演变历史,尤其是在明清以后村社与国家基层行政系统的关系,以及其在地方商业和士绅力量兴起过程中的表现。该书对社祭也进行了考察,认为在"社"的大部分时间里,其活动重点主要表现在信仰祭祀方面,村社的社众,以及各个村社在神庙、仪式中表现出他们对于彼此之间的关系的理解,反映并塑造了乡土社会中的秩序。姚春敏的专著《清代华北乡村庙宇与社会组织》亦以山西泽州为标本,考察了乡村庙宇在乡村社会所处的重要位置,以及乡村庙宇与左右乡村社会运行之社会组织的关系。对泽州乡村庙宇中的"社庙"的形成原因、认定标准、发展源流、主神选择、功能特色等以及依托"社庙"的乡村社会组织"社"的社界、构成、功能、活动方式、与官府及他社关系等进行了系统考察。认为在清代泽州村内庙宇中,社庙规模最大、祀神最全,是一定地域范围内乡民春祈秋报的中心,也是乡村社会最重要的自治组织——"社"所依托的载体。

学界对徽州社祭的研究也取得了一定的成果。日本学者牧野巽考察了明代徽州同族的社祭,认为明代徽州的社虽然不是一族的祖先,而是庙的一种,但可以视为一个地方性结合体的代表。郑力民以歙南孝女会为例,对祠社关系、社庙结构等社屋的基本形态作了全面深入的分析,并从接菩萨、嬉菩萨、坐菩萨、送菩萨四个阶段解读了迎神赛会。常建华在考察明代以前徽州祠庙祭祖的形式及其变化时,以歙县郑氏、休宁陈氏、歙县沙溪凌氏、祁门孚溪李氏为例,讨论了族祠与社庙的关系,认为徽州宗族祭祖与社祭有密切关系,徽州宗祠的出现并且与社祭发生兼容可以追溯到宋元时代。王振忠通过一份社祭菜单的介绍,对徽州的春祈祭社进行了考察。舒松钰通过对黟县屏山村长丰大社祭社组织仪程和习俗的分析,认为它是存在于民间各地社祭的典型代表,并指出社、社神祭的习俗及其有关活动充分反映了有关土地问题的丰富文化内涵和深刻的社会意义。陶明选考察了明清以来徽州会社所反映的信仰习俗,对会社兴盛的原因及其负面影响进行了分析,部分内容涉及社祭。史五一的博士学位论文《明清徽州会社研究》在探讨祭祀性会社时,对社日祭祀社神所举行的各种迎神赛社活动作了考察。这些成果丰富了我们对传统时期徽州社的认识,为我们考察徽州社祭提供了有益的启发,但因资料所限,多数成果没有揭示社祭祭仪的具体展开情况,对围绕社祭所举办的迎神赛会也没有过多涉及,这就为本文预留了一定的空间。

现存徽州各类文献中有关社的资料比较丰富,除了乾隆《橙阳散志》、民国《丰南志》等乡镇志的记述外,遗留下来的明清时期徽州族谱也保存了大量社的记载,其中既有立社的序文、社祭文,也有做社规约,还有社田的记载、社首轮值名单等。此外,可供披览的徽州文书中亦有不少社的文书,如安徽省图书馆古籍部就收藏有《生活纪事文稿》《春秋社簿》等数份社祭文书,《生活纪事文稿》分年记载了从天启元年(1621)到弘光元年(1644)婺源朱氏春、秋二社祭祀的轮值、开支等情况;《春秋社簿》为万历刻本,但粗糙不堪,字迹多漫漶不清,记录了项氏举办春秋社祭的规约、利银收入、买房置地文契以及万历九年(1581)清丈户册等,内容颇为丰赡,亦有助于我们对社的理解。

本文即综合利用地方志、族谱、文书等文献资料,对明清以来徽州社祭的举行状况、围绕社祭而举行的迎神赛会,以及由社祭习俗所折射出的民生问题进行初步探讨,不当之处,敬祈指正。

一、明清徽州春、秋二社社祭的举行状况

祭祀是立社的一项重要内容,"春社,同社者祀社神以祈年,祭毕馂余,秋社如之。凡新封之墓,咸于社前标扫,谚云:'新坟不过社。'"春社与秋社一般是在每年立春和立秋过后的第五个戊日祭祀活动,时人称"祭祀首重社事",洪武八年(1375),诏天下乡民立社,规定:"凡各处乡村人民,每里一百户内,立坛一所,祀五土五谷之神,专为祈祷雨旸时若,五谷丰登。每岁一户轮当会首,常川洁净坛场,遇春秋二社,预期率办祭物,至日约聚祭祀。其祭用一羊、一豕,酒、果、香烛随用。祭毕,就行会饮。会中先令一人读抑强扶弱之誓,其词曰:'凡我同里之人,各遵守礼法,毋恃力凌弱。违者先共制之,然后经官。或贫无可赡,周给其家,三年不立,不使与会。其婚姻丧葬有乏,随力相助,如不从众及犯奸盗诈伪,一切非为之人,并不许入会。'读誓词毕,长幼以次就坐,尽欢而退。务在恭敬神明,和睦乡里,以厚风俗。"可见,朱元璋力图将民间的社祭活动纳入官方的祭祀制度,但因经费所限,里社兴废无常,行之不久即多湮没无闻。嘉靖五年(1526),朝廷又重新明令地方立社。歙县知县孟镇

对洪武和嘉靖年间的两次兴社之举作了详细交代:

直隶徽州府歙县孟为申明乡约以敦风化事。抄蒙巡差总理粮储兼巡按应天等处地方都察院右都御史陈案验备,仰县遵照洪武礼制,每里建立里社坛场一所,就查本处淫祠寺观毁改为之,不必劳民伤财,仍行令各乡图遵行。嘉靖五年二月起,每遇春秋二社,出力办猪羊祭品,依式书写祭文,率领一里人户致祭,五行五献。设礼生冠带几人,务在诚敬丰洁,用虔祈报。祭毕就行会饮,并读抑强扶弱之词,成礼而退。仍于本里内推选年高矜式者一人为约正,有德行兼优者二人副之,照依乡约事宜置立簿二扇,或善或恶者各书一籍,每月一会,务在劝善惩恶,兴礼恤患,以厚风俗。乡社既定,然后立社学设教读以训童蒙,建社仓积粟谷以备凶荒,而古人教养之良法美意,率于此乎寓焉。果能行之,则雨旸时若,五谷丰登,而赋税自充;礼让兴行,风俗淳美,而词讼自简。何待于催科,何劳于听断,而水旱盗贼亦何足虑乎?此敦本尚实之政。良由此者,自当加意举行,不劳催督。各将领过乡约本数,建立过里社,所选过约正、约副姓名,备造文册,各另径自申报,以凭查核。其兴之有迟速,行之有勤惰,而有司之贤否于此见焉。定于分别劝惩,决不虚示等因。奉此。除遵奉外,今将备蒙案验事理刻石立于本社,永为遵守施行。

很显然,立社坛、设乡约、立社学、建社仓等举措已成为明朝治理乡村社会,构建乡村教化体系的重要环节,“其意大率本祈报之文,寓教养之法,栖神于坛,春秋祀之……一里之人咸聚焉。月有常会,会有常期,相与赏善罚恶,型仁讲义。立社学以训蒙,置社仓以贮谷,俾人自为教,家自为养”。存续数百年的绩溪庙子山寺后古社,教化之义代相传,民国《绩溪庙子山王氏谱》的编纂者王集成曾感慨道:“余生逢其会,粗窥诗书礼义微风,晴日好兴,二三君子徜徉于古社,审视‘嗣后’二字,想象当年之所以勖后人归厚德,未尝不低回向往,深自勉焉。”

明初规定的里社祭祀制度成为徽州各地进行春、秋二社祭祀奉行的标准。新安林塘范氏在宗祠条约中对社祭作了较为详细的交代,可以看出林塘范氏在社祭仪节方面完全比照《明会典》的相关规定:“古人重乡谊,如枌榆社之名,至今未泯。伏睹会典,有每里立坛一所,祀五土五谷之神。吾村春秋二社所从来远矣,后于成化十五年复建坛于宗祠之左,合本族为一社。万历初年增垣门,修葺坛埠,规制更肃。今照旧轮,该会首举行,但祭毕当依会典所载,先令一人读抑强扶弱之誓,然后长幼以次就饮,尽欢而退,务在恭敬神明,和睦乡里,以厚风俗。其间或有义士助置社田,如清明事例,则吾宗贫者亦得入社,不致废礼,神人胥庆,福有攸归。”新安正德毕氏也强调在社祭中要宣读劝善惩恶之言:“夫社稷之设,其来久矣。按史所载,五土五谷之神,谷无土不生,民无食不长,有功于世。故朝廷命府州县设坛场,春秋祭祀,民亦仿效立社屋,置龛座,至春秋置办牲牢以供祭祀。祭毕而饮,长幼次序列坐,内举德行相济一人,设端肃,或说书史,或说故事,或谓劝善惩恶之言。酒至半酣,少者子弟歌曲,奉长者乐饮。一社内凡遇冠婚丧礼之家,有相周顾吊之义。"广为人引用的能够证明徽州各地已形成社祭习俗的是康熙《婺源县志》中的一则记载:"俗重社祭,里团结为会,社之日,击鼓迎神祭而舞以乐之,祭必颁肉群饮,语曰:'社鼓鸣,春草生'。至秋而祭亦如之,闾里之欢,此为近古。"休宁茗洲吴氏则在家规中明确规定:"五土五谷之神,春秋社日率族众致祭。祭毕,饮社酒。先令子弟宣扬劝惩训辞,然后就席,不得免冠露体,不得长幼无序。"歙县江村的社祭也颇为兴盛:"人心尚朴,事多近古,即乡社之举,至今独能行之,而江村则尤称最焉。其奉祀社稷,素有朝献之仪。每岁轮轾,无论家居恪遵先典,即远游千里外者亦莫不届期而至,其奉醴牵牲,诚敬丰洁,能极情文,可称盛举。"据今人吴正芳的调查,歙县白杨源在民国年间"对于社神的祭祀,置于'祖庙'中的'社神',享受祖神的一切待遇;建在村内的只供奉一尊社公菩萨(或牌位)的社屋,祭祀时间则在'春秋'祭;而大量的建在村郊田地间谓之为'土地神'的社神,一般是在采种落土之后和庄稼成熟收获之前。其目的大多也只是单纯地祈求土地菩萨驱赶禽兽,保障种子顺利出土,苗粗苗壮,保护那将收获的五禾不受禽兽啃咬糟蹋,保证五谷丰登,生活安宁"。

今人柯林权对解放前歙县社祭的情况进行过整理,可供参考:"村(族)社祭,轮推社首若干人,以族(祠)田、社田之租举行祭祀,或将社属支丁分成若干'分'轮值举祭,负担所费。届时全族(村)男丁齐集社屋焚香燃烛拜祭,然后到宗祠祀祖,供社胙于先人灵前。春社之供以米馃、豆腐等粮食制品为主,祭祀亦以祈祷许愿为主。秋社之供则买猪宰杀,以猪头加祭。祭毕,按丁分享社胙(供品)。有些村社猪宰杀后,以整猪披红戴花作牺牲在社屋供祭一天,俗称'摆社猪'。洪村口一带许多过小愿人家,则于秋社日赶猪至社屋祭刀还愿,泼猪血于墙酬神。"根据柯林权的描述,结合上文史料可知,明清时期徽州社祭的环节大体上为致祭、饮酒、读誓词。歙县城东许氏的社祭流程明了清晰:"凡春祈秋报,祀社大典,首家以是日敬备豚羊牲醴蔬帛。致祭毕,例有馔品、整胙、鼓乐、乐散,四日尽欢。"休宁林塘范氏在宗规中详细记载了祭社仪节的程式,有助于我们了解明代徽州社祭的具体开展情况:

祭礼社仪节

祭品会饮,酒肴俱照旧。但入社者尽赴坛所,方为敬神。是日辰时,执事燃香明烛,置盥洗所巾、盆、拜毡,备祭物、楮钱于各神位前,擂鼓三通,会首以下各服常服入。

通　序立　鞠躬拜兴　拜兴　平身　盥手会首一人　诣五土神位前　跪　三祭酒　执盏者酌酒与会首祭酒三滴地,仍斟酒满,置神位　俯伏兴　平身　诣五谷神位前　跪　三祭酒同前仪　俯伏兴　平身　就读祝位　跪　与祭者皆跪　读祝　读祝者跪于主祭之左,读讫置于案　俯伏兴　平身　复位　鞠躬拜兴　拜兴　平身　焚祝文并焚楮钱　礼毕行会饮读誓之礼

里社会饮读誓仪节

与饮者序班齐立阶下,会首置香案厅前南向,安誓词牌,择音响洪亮者一人立牌左西向。

唱　序立　听誓词　随举牌西向读讫　唱　揖　平身　各就坐会首撤香案、牌,序坐欢饮。

钦须会典祭里社祝文

维万历　年岁次　月　朔　日徽州府休宁县由山乡嘉禾里范某等谨致祭于五土之神、五谷之神曰:惟神参赞造化,发育万物,凡我庶民,悉赖生殖,时维仲春,东作方兴;仲秋,岁事有成。谨具牲醴,恭申祈告、报祭,伏愿雨旸时若,五谷丰登,官赋足供,民食充裕,神其鉴之。尚飨。

嘉靖《休宁县市吴氏本宗谱》也抄录了东岸节义社的祭文:

维大明某年岁次某春秋某月某朔越某日,兹逢五戊之辰,会首吴文坚、文璇、吴贵实、得贵、玄文、璋文、光文、明文、魁玄、清文、琪文、恭文、巩文、敏文、美应、兆文、爵京、宝文、琳玄、荫本、宽本、厚仔、成象、高得、大潮、汶滋等谨具刚鬣柔毛之奠,致祭于东岸节义社稷明公尊神而言曰,里之有社,肇于古昔,暇食安居,敢忘先泽,惟我吴氏聚居,靡感系社之同,析报无歉,时丰人和。仰神之德善劝过,规亦神是,适有开,必先伊谁,作则收族恤匮,宜书于册,众志协和,神其鉴格,尚飨。

林塘范氏和休宁县市吴氏的社祭祝文基本上以《明会典》为蓝本,简明扼要。但明清易代以后,社祭祝文的内容不断增加,以至到民国时期洋洋千余字言,如婺源十都方思山胡氏文书中《春秋社请社稷祝文》所示:

伏以一犁春雨足,人民兴望获福于春祈秋报;万顷岁云丰,社稷广庇于昭垂,敬陈俎豆之仪,用申祭献之奠,上祈苗稼以丰盈,下鉴愚忱之处悬。以今大民国江南安徽省婺源县浙源乡嘉福里方思山新兴社,奉神信士弟子胡△△等,今当社节之期,特备全猪荤素、酒礼粽仪,端伸拜请,本属方山新兴社社稷

明公尊神、社母圣宫夫人、社子社孙圣众、掌管人伦罪福神君、五谷苗稼龙神、收摄蝗虫使者、五方社公社家眷属一切神祇同降香筵受沾供养。盖以人民社稷自古称传，苗稼至今咸仰祈求东作，获报西成，泽及下民，福滋乡党，使民出作入息，咸蒙庇佑之功，东作西成，均沾饱暖之德。伏惟社稷灵神，万古钦崇，一方主宰，恩同天地，德合乾坤，雨顺风调，四时获福以丰亨，国泰民安耕乐田园而美利，神灵自古以昭彰，至今申情而愈盛。言念众信人等，生居尘世，久赖匡扶，知恩有自，报答无由，今当五戊之辰，春秋社之节，弟子无表虔忱，特陈一炷心香，福仪薄礼，一心扳请，谅沐光临，有酒在樽，敬陈三奠。伏愿圣德垂祥，神慈降福，专保弟子等广进钱粮，大旺人丁，使其少者壮，壮者老，人人寿元绵远；贫者富，富者贵，个个运限亨通。男增百福，女纳千祥，门庭光显，事业维新，四时八节，福祉骈臻，春夏秋冬，祯祥咸集，读则名登，谋为显达，出外经商，十谐九合好主多财，财源倍获水陆往来，船车顺利，行商坐贾买卖兴隆，东西南北显达四方，钱财堆积，万贯腰缠。再祈耕种田园，天时和畅，雨顺风调，禾麻粟麦稷豆苗坵坵秀实，亩亩丰登，万子全收，千仓储积，至于螟蛉蟊贼，鼠雀山猪，蛇虺蝗虫，逐于境外，又有豺狼虎豹兔鹿獐麂，一切时灾瘟病远去他方，使人年年欢乐，岁岁优悠，仓廪余而标红插紫，财利兴而东进西来。更祈夫妇齐眉二天长地久，子孙绕膝，而为圣为贤，匡扶老幼常安常乐，保佑孩童无患无灾，幼童痳痘稀疏，孕妇临盆有庆，未曾婚娶者解却孤虚，而配人间鸾凤，未招子嗣者打退孤鸾而产人间鸑鷟，老安少怀长高无穷之福，子秀孙繁永传奕世之芳，再求各家炉前灶后火烛无惊，水星高照，口牙不生，是非不惹，盗贼埋藏，官灾殄息，供养猪只日长千斤，夜长万两，供养牛只脚踏实地，无凶无险，六畜成群，牲牲旺相。以上情款逐一敷宣，自今扳请之后，有求必应，件件如心，般般遂意，凡在炎凉之中，总赖匡扶之内，阴中护佑，暗里扶持，赦已前疏慢之愆，锡后来无疆之福，情款云周，礼不再陈，所有金银纸财风传火化，伏望社圣各回社坛，弟子恭身拜送。

许骥对民国时期歙县许村东升大社的春社祭祀礼仪描述颇为细致，仪式在社屋上进的大厅举行，神龛前横放一祭桌，桌上摆放炉、瓶、烛台“五什件”。祭桌的两边供奉三牲，左为一猪首，右为一全羊。祭桌前放红地毡，供跪拜之用。一个主祭和两个陪祭站在大厅的中央，祭桌的左前方站着读祭文者，右前方站着叫赞者。大厅的左右两侧各纵向摆放一张供桌，桌上各摆五件祭器。每桌后各站五个礼生，十个礼生分成两组，每组各有一个带班，由本村小姓人组成的乐队分立于天井的两侧。叫赞发出“祭祀开始”的号令后，行祭开始，乐队演奏《大开门》。两个带班礼生分别迈着方步走到各自的供桌前，先用双手恭敬地把其中的一件祭器从桌中抱出，摆放到靠身前的桌沿上。双手垂放后,再将祭器端起,迈着方步走到其他礼生前,将手中的祭器交给一个礼生。礼生在行进的过程中,遇到线路拐弯处必须先停顿,再转走直角弯,再前进。如此往复,将四件祭器送到礼生们的手中后,最后一件归自己。叫赞喊"进爵"时,手持爵的两礼生走出队伍,双方将两爵相对后,绕整个社屋一周后,才到主祭人身边。整个过程同样恭敬从容,走直线拐直弯。礼生在主祭边站定后,叫赞喊"端起""举上"时,礼生将爵举过头顶,恭敬地送到主祭前,叫赞喊"接过"时,主祭接过爵。随着叫赞的一声"上供",顿时钟鼓齐鸣。主祭同时行跪叩之礼。礼毕,再将爵交还给礼生。叫赞喊"退"时,两礼生相向而行,返回队伍中。其他四组依次而行。接下来是读祭文。祭文读后"踩万字"祈福。仪式结束后,所有参与祭祀活动的人一起吃"祭面",晚上在社屋前看"社戏"。

明清徽州社会在举办春、秋两社社祭时,一般推举社首若干人主持其事,明成化年间休宁陪郭程氏订立了13年的社首当值顺序,每年春祈秋报各有一至二人轮值。歙县潭渡黄氏的社首在社祭中不惜费资筹备酒菜,贫者甚至颇以为苦,"吾里春秋社皆设祭,社首凡百户,惟前后值年之二十户与祭。祭毕具饮福之礼,酒必老醇,肴必丰腆,炙鸡烹鱼,大胾肥脔,观者无不朵颐,稍有不善,则起訾之,盖循甲乙迭为宾主故也。然所费不赀,贫者每以为苦焉。"流传于民间的《村社竹枝词》反映了社首操持忙碌的景象:"提灯社长唤邻家,今夜须教算莫差;某项某钱该某步,丝毫准折到棉纱。"休宁李氏在明正统年间兴立了春秋二社,社祭的举办则以房为单位轮值,"坐春秋二社,乃朝献等福,庚戌年为始,议该□□房交管,甲寅年系□□房管办,四年一轮,周而复始。其遇本户酬赛福头,合众均同管办。"嘉靖十五年(1536),徽州项氏制定的社例条则主要是针对社首的职责,从中可以看出从筹备社祭到开始社祭以至社祭结束等各个环节中,社首皆事必躬亲,不可或缺:

一、各社首每遇春秋二祭,先三日示谕各社户并执事者一十六人,务要斋戒沐浴,至是日清晨各穿本色礼衣至祭坛行礼致祭,违者罚银五分入社公用。

一、各社首预集鼓乐敬具祝版,祭文整备桌面各一张,奠食各三盏,羹饭各一碗,全猪各一口,五更,社首鸣锣一通,晓谕社户亲临致祭,以敬为本,毋得懈怠喧哗,违者炤前罚银公用。

一、例支社银一钱买香烛纸敬神。

一、未祭祀前十日社首各出白糯米二斗,眼同上手社首造酒以备祭赛,众除干谷二秤抵还社首,如有造酒不如法者俱是社首倍偿。

一、祭祀毕,分胙外,其余猪首肝肺杂物烹熟,每户二株(?)好酒一壶,炤依昭穆次序而饮,所言者皆寓道理之事,如有搀越次序喧哗妄语,不依家规者亦炤前例罚银公用。

一、赛社毕,如不在家者,社首将所得酒肉送至大门之外,交与领去,如有不遵家规,闯至席内喧攘者,社首人户各炤前例罚银。

一、社户名目务要炤依房分子承父名,排行次序,以便轮该社首,如有搀越者,亦炤前例罚银公用。

一、每社首止许答牲首七斤、脚二只,余多不用。

一、社毕三日供,要将银两租谷结算明白交与下手社首,违者炤前例罚。

一、社银众举公道社首二人经管收支,如有不遵混收者炤前例罚。

崇祯年间的《生活纪事文稿》则记录了社祭中酒菜的准备情况,如崇祯六年(1633)八月,"秋报,十九日头首弟子朱祉祚酒肉羹饭俱好,鲞多一头,众议照前罚银三分整,家伙照旧不缺。"而崇祯四年(1631)秋社时,重新议定了祭神条规,并将社内器皿酒肴果品登录在册:

一、正月初五每户各出熏蹄包一个,首家出熟鸡二斤半,鸭子一百个,酒八杯,其蹄包肉每户各取三两,如以肉代蹄者,罚银三分。

一、大社之日无骨熟肉二十四斤,骨肉五斤,肚肺肝共二斤半,熟鸡二斤半,鳖鱼二斤,枝员斤半,柿丝枣榧二斤半,羹每户带漆碗二斤,饭一斤四两,净酒二十四杯。内日取一斤与斟酒人,羹饭首家每人各与一觔

一、接社之日,无骨熟肉三觔三两,酒三杯。

一、立秋之日,带肋骨熟肉五觔,熟鸡二斤半,酒八杯。

一、生日,酒、肉、羹、饭俱要齐整,如有肉生、酒淡、羹薄、饭烂,罚银一钱,社评挟私不举,众议罚银三钱入众。

一、坐社之日好歹公议,不许妇人出面拗众,违者罚银一钱。

一、坐席俱要次序,越位罚银三分。

一、坐社之日要衣冠整楚,违者罚银三分。

以上条款俱照前例,众议,非一人私见,毋得抗拒,永为遵守。

二、明清徽州的元宵灯会与社祭习俗

赵世瑜在探讨明清华北的社与社火时提出,以里社为单位分别组织或共同参与的神灵祭祀活动,并不仅限于春秋社日祭祀活动,祭祀的神灵并不见得是本社的社神。在明清徽州,社与宗族的关系非常密切,既有单一宗族所建的族社,亦有多姓共同举办的村社,而由多姓共建的村社有一部分在运作

过程中逐渐归于单姓控制。原本带有浓厚地缘色彩的社又兼具血缘关系,成为乡村社会各类祭祀活动的单位。许骥将许村一年中与社有关的风俗活动区分为正月十二的“上灯”和“还灯”、正月社祭、二月社(春社)、三月三日祝寿、八月社(秋社)等几次。并提出富溪大社是许村很特殊的一个社屋,除了负责春秋二祭外,还负有大年三十在社屋点烛并雇人守烛、接汪公保苗、组织参加协忠会和登堂庙会、组织元宵灯会的职责。民国《丰南志》的编纂者吴吉祜明确指出:“明时社内每岁共九祭:正月元宵、二月春祈、三月清明、五月安苗、六月遣蝗、七月荐新、八月秋报、九月重阳、十一月冬至。”如果说吴吉祜所言仅是指涉歙县西溪南一隅,尚不能囊括社在整个徽州社会的广泛影响力,那么元宵灯会与社具有密切关系则有实例可证。

在传统徽州民众的日常生活中,灯具有特殊的意义,新婚要上灯,添丁要还灯,寿庆亦要还灯,也即头年结婚、生子和过五十寿者都要到各自所属的社屋去上灯或还灯。“吾门旧例,新婚者,每遇元宵,送花烛一对,以求子嗣,例设醴以答众志。今变其规,每出银一钱五分入社。”歙县许村添丁还灯的整个过程包括上灯、接灯和还灯。据许骥对村中耆老访谈可知,“上灯”是指一家娶了新妇,先将一个大红灯笼挂于家中大厅之上,家里亲朋聚于灯下,开宴庆贺。次日,再将该灯笼挂于本姓祠堂中进横梁之上。一族之人聚于堂上,庆贺婚礼,谓之“新婚上灯”。新婚夫妇将灯上于祠堂的同时,将先前还灯者留下的“灯罩”接回家挂到厅堂之上。同时要在祠堂原来挂“灯罩”的位置上用红绳挂一个“抢位”的木雕寿桃印,此举意为抢先生子的愿望,该过程就叫“接灯添丁”。婚后生子,即为“添丁”,要在次年正月初九将添丁灯挂在接下来的灯罩之下,再送到祠堂。将抢位的寿桃印换下,挂上“添丁灯”,此为“添丁还灯”。还灯为期三天,从每年的正月初九开始,到正月十一结束。正月初九是“暖灯”,正月初十是“撑灯”和“夹灯菜”,正月十一晚吃“还灯酒”,酒席结束后,是添丁灯上社,上社仪式由族长主持。到了社屋,东家给管社的一些灯火费,恳请他将灯点到正月十八、正月十九,上香祷告之后,才将灯取下焚化。还灯仪式至此结束。香港中文大学劳格文在为许骥所著《许村》撰写的民族志导言中就此问题指出,春节游灯,社屋与祠堂之间来往的关系特别有意思,社的核心角色是在灯节时候。2009 年,笔者陪同劳格文在绩溪县做田野调查时,他就多次提醒注意笔者村民时不时说到的灯,其意为“灯”同“丁”,对讲究男性血缘关系与世系继承的徽州宗族社会而言,尤为重视添男丁延续香火。因而徽州各祠堂将除夕夜挂灯、元宵张灯敬神的要求写进祠规,如歙县城东许氏规定,“元宵张灯敬神,凡以祈风调雨顺、时和年丰也。群饮于祠,饮而有节,宗情浃洽,何乐如之。间有酗酒乱仪以妨众乐者,罚有差。其新娶之家例应请灯，务照尊卑名分次第而行，毋许搀越，以起争端。其请灯之期多于十三、十五、十四、十六有所不同，有所不及也。而饮灯之人每较茶果而越次规避，诚为可恶，宜加痛革。”绩溪盘川王氏规定，“元旦日，各派裔诣祠贺祖，值年头首须先期打扫祠宇，黎明拈香点烛，烛以一斤为对，吊香两挂，点至十八。元宵，寝室挂灯，点至十七夜，头首各守灯一夜。其拜请收灯时，头首四人各备供仪、香烛、纸箔，照收租例焚化。在事人等各宜恪恭将事，以祈神贶。”

有的宗族还设立灯会，置田收租，举办赛会，买灯入祠或置换新灯，以保证祠堂灯烛不致短缺。祁门善和程氏设有元宵灯会，每年正月十五举办，该会共有9会，每会1人。忏灯会则每年正月十五日、七月十五日、十月十五日祭等，该会共有18会，每会1人，每年设会首3人，系“点灯之家”，6年一轮，管办祭灯，每逢朔望之日，“洁净焚香，供献斋饭。”婺源双杉王氏于康熙年间创立兴灯会，“置租三百三十余秤，税归始祖户下完纳。会分四十户，每年八户轮收租谷，除散胙外，买灯入祠，元宵张挂。后来人心渐懈，上下轮值，互相推诿，以致旧灯日坏，新者不增，每遇元宵，人言啧匕。众议将会租内扒六十一秤送祠经收租利，贴完灯会钱粮，其买灯张掛，补旧更新，悉听祠首于公产出支。庶上不累始祖之虚供国课，下亦免会户推诿之弊矣。”

在明清徽州的民间习俗中，元宵前后二日为灯节，人们游龙嬉灯，观戏赛会，呈现出闹元宵的狂欢色彩。如嘉庆《绩溪县志》载：“上元日，各处土坛神庙张灯演剧，或扮童戏，持大马舞青衣，游烛龙遍巡衢巷，名曰‘闹元宵’。是夕，幼女具香烛迎紫姑，问年岁丰歉，卜休咎，谓之‘接三姑’。……十八日，落灯前夕，或摘神前花灯送新妇，谓之‘添丁’。诞育后，制灯酬神。”徽州元宵灯会的会期安排往往和对社神、汪公及其子，乃至程灵洗的祭祀活动结合在一起，乾隆《歙县志》载：“元夕并前后二日为灯节，乡落游烛龙于社，为汪越国寿，亦有燃蜡百斤为巨烛，以奉程忠壮公者，以二公皆正月诞云。”道光《祁门县志》亦载：“上元夜，庙宇张灯，或扮龙灯钲鼓游于里巷，以庆元宵。十八日，祀越国汪公，有演剧者。”

元宵灯会一般从正月十三开始，延续至正月十六，部分至正月十八方才结束。会期中间，也多设有与添丁相关的仪节，这既凸显了元宵灯会的特殊含义，也透露出传统徽州民俗的丰富性与复杂性，很多事物或环节相互纠合。如歙县西溪南吴氏从宋元时即设有仁德社宜男会，每年从正月十三夜起，至十六夜止，“放烛四夜，悬灯数昼，并悬满池兆。凡吾族各派后人，于新婚之次年正月十四日晚间子刻，挽福德者数人，至社领灯一盏，以兆多男。发灯时，闲人不能入内。期前数日，社中司箓预送灯牌，见牌发灯，以杜假冒。当吾族盛时，每岁数十户领灯加护灯及提堂灯者、燃炮者，每户请四五人，统计之约二三百人之众。虽在深夜,亦极一时之盛。吾分老屋祠乃在十五日傍暮发灯,手续较为简单,但铺张。兴仁德社等所谓满池兆者,其架篾制,广约三尺,单层,圆形,八棱沿糊白色剜空花纸。架下悬灯二十八盏,皆水族物,如鱼虾、螺蛤、鸳鸯、莲花、莲实等类。”

歙县许村的元宵花灯会从正月十三开始,到正月十七结束,具体安排是正月十三烧福,正月十四素祭,正月十五请神和游烛,正月十六游神,正月十七还福。据许骥的研究,烧福即祈福,由当年头首主持,祭品为纸、箔,供品为肉、酒。祭仪较为简单。中午参与者喝酒,吃猪肉面。素祭是用素食祭祀社神,祭品有纸、箔、官香、蜡烛、长钱、边炮、纸马,供品为木耳、豆粉、腐干、寿桃、酒,参与素祭者多为各姓和各派长者。请神是请汪公和其子下神龛,俗称“菩萨下座”。菩萨下座后,要用水纸蘸酒擦洗其面部和全身。游烛是在十五晚上,黄昏三通锣响后,旗锣方阵、长钱方阵、花灯方阵、大刀方阵、舞台方阵、排灯龙方阵依次出场。在排灯龙出场之前还要举行请龙头的仪式。花灯队的游行路线是从许村的官厅出发,沿街下,穿五马坊、大观亭、双寿承恩、高阳桥,到总祠前的广场上擂鼓,放爆竹,盘龙,表演节目。然后再沿今天的马路下到善德桥,到大小庙前略作表演后,从楼下当街而上到土地庙,过木桥,到东升大桥,演大刀割麦结束。正月十六的游神是当天一早,村中的青壮年听到三遍锣后,即按事先安排集中于社屋,焚香烧纸,敲锣打鼓,用菩萨轿将七相公抬出,通村游行。据现存《花灯会支用账》,我们可以用嘉庆十三年的开支账目管窥整个花灯会烧福、素祭、请神、游神、还福等各个环节的运行情况:

嘉庆十三年正月十五日当大首收支账开后

收到兴贵还龙头烛三斤。于乾隆五十五年正月十五夜领龙头烛,今酬还。共十七股,每股各出钱一百四十文。十二年十一月,支元银三两三钱六分六厘,买索面七十六斤半。

十三日烧福

纸一刀,五文。箔四百,二文。肉二斤十三两,一百八十文。索面三斤半,买有。付,四文。酒五乎,二十文。猪油,十文。共用前二百二十一文。

十四日素祭办账

官香一支,二文。纸一刀,六文。箔二百,四文。长钱一千,五文。木耳一两,三十五文。边炮一卜,十二文。豆粉一斤十二两,九十八文。付干,三十四块,七十五文。纸马红纸一张,一文。寿桃九斤,一百三十四文。烛一堆,换有。索面八斤,买有。

共用钱四百七十二文。

十五日请神办账

官香一支,二文。烛一对,换有。纸一刀,六文。箔二百,四文。边炮一卜,十二文。肉七斤半,七百三十文,平。索面十二斤,买有。游神利市纸,二十文。火炮五十个,四十一文。酒一乎,四文。

十五日游神,上社新义管出银六两四钱。外交原有足钱七百七十四文,交与寺上管领去。外原有六管众匣一个轮流交头。虎皮一张同交寺上管接领去。新义管又接德胜管账匣一个,来年元宵交于下首。

十五夜嬉烛办账

柜子换烛十九斤,于中八股出烛七斤,仍一股出钱九十六文,每出烛一斤,又加。兴贵还龙头三斤,共烛三十九斤,支钱十七文。交红棉纸、寨表纸补龙头,先补再嬉,鼓乐四名,钱二百文,未散伙。索面四十斤,买有。猪油化油,七百三十文。酒一百乎,四百文。余烛八斤四两,九十文。卖钱七百四十二文。支钱三十五文买纸贴许姓补龙头。支钱一百七十文买纸补花,还各家利市纸二十文。火炮五十个,四十一文。边炮三卜,三十六文。换排灯甲一个,四文。支钱十文,青菜十二把。共用足钱一千一百八十五文,买寿桃在内。支钱五十二文,寿桃二斤,索面四结,请神肉八块,送与叶树乾、叶长寿二名之胙。

十八日西环游神,首家要入社看穿袍,嬉还,担三牲上社请上座,纸箔前买有,水红纸一张,钱一文。酒一乎,四文。

二十六日还福办账

纸一刀,七文。箔二百,二文。肉三斤,钱三百文,平。索面四斤半,买有。付二斤,十二文。猪油,十文。酱,四文。酒八乎,三十二文。共用钱三百六十七文。于三月初二日原视古山下花二钵嬉破外,赔钱六十文。当年头首吴细贵、胡柏贵交下首胡社明、胡春贵。领盔一顶,神袍一件,护领一件,吊炉一堆,锣二面。同收处。

歙县潭渡以上元龙灯著称:

龙有二,编竹篾为龙头尾,糊以纸,绘以杂采,空其中以然烛,以木杆使人撑之,以灯笼为龙身,五灯为一排,凡百排亦以木撑之,人并一排,彼此相衔。十一日,社首十人制莲花灯数十,张乐而饮于神前,谓之"餪灯"。十四日,以灯送新娶妇之家，以齿序为先后，新娶者多往往达旦。十五日奉神出游，匕毕而祭，至夕而龙灯出矣，龙前各一毬，其制如浑天仪，以手旋转而行，毬旋而烛不动，龙身之排衔续既成，绕上下塘行三周，谓之“打三圈”。塘角有墙斜出，二龙于此相值，必益昂其首以较高下，谓之“赛龙头”。出村至三元殿还往，后许姓之人亦以花爆迎送之，由高峰大路而返，匕亦绕塘三周，谓之“后三圈”，二龙昂首于旌孝坊，多人举双毬立于栅外，指以千百计也。时鼓吹喧填，爆火腾镇，烛排之相衔者皆拔其楔折去，谓之“折烛”。继乃奉龙头龙尾供之于社，谓之“双龙进社”，村人最喜观之。事毕，复以神前之炬送新娶之巨室，以为宜男，其家以出壶觞以供客，尽醉而返。社火之夕，各门皆张灯，而春晖、思诚、蓼莪三门之灯尤盛。珠灯之大者值数百金，吾门灯屏出黄碧峰，手作番部射猎图，人马驰骤，各尽其态，村人亦喜观之。

乾隆《橙阳散志》在《风俗志》中专门记录了歙县江村元宵节的灯事、游神、还烛习俗：

灯事

正月上元前后，各祠堂张灯设饮，好事者具罗鼓音乐之属，曰“贺灯”。

十三、四日，各祠送灯张挂社坛前后，位置各有定次，间或移易。

十六夜，各祠设大烛二炬，重十余斤不等，以木驾烛于上，下笼红纱作六角灯状，内然(燃)细烛舁之以行，各色小灯前导曰“从灯”。合村齐集献入社坛，旧称“游烛”，环村而行，照耀数里，观者云集，雨则易期。

祠烛外有社公烛、汪公烛、夫人烛，所以奉各神者，悉殿各祠烛之后。更有献于痘神者，曰“梅花烛”，小儿未出痘者俗忌见之。

正月十三、十五及游烛夜，朝献首事家张灯演剧以酬社稷之神，例必达旦，亦金吾弛禁意也，虽值风雨间或移易，否则众口集焉。

游神

正月十五，奉社稷出游，以汪越国副之，凡村内供奉诸神像从焉，各具彩旗舆马环村而行，曰“游神”，所以驱疠疫也。

还烛

朝献迎神入祠后，司事用鼓吹送烛于新婚以及未经举子之家，其家酬以果饵之属。得子者备大烛二炬，如祠烛式，曰“儿烛”，游烛夜献入社坛，曰“还烛”，贫家则不尽行。

送烛家于十三日献灯于社，先至慈姑社坛，溯本始也，后至本里社坛，其灯曰“幢灯”，式如幢，而系灯于下，还烛之父兄自持之，献毕悬诸家堂，邀神贶也。

还烛日，设押烛酒食以款族邻，夜则设饮以酬贺客及从灯火炮之属，费用多至百余金、数十金不等。

引文中的朝献具体是指，“正月上元前三日设祭演剧，陈列方物，广张灯綵，曰‘朝献’。”江村朝献虽然仅为一祭，但“备极丰腆，奇珍异玩，弗惮千里采购以供享祀，襄事之诚为诸乡所不逮。”朝献礼在歙县东北乡广泛存在，影响力非同寻常，今人柯林权将江村朝献列为歙东四大著名神酬社会之一，其余三者为桂林社、溪头龙灯、竦口会。溪南灯会则较为惊险刺激，“出灯者，溪南俗，元宵后以灯娱神，例正月二十五出，不晴则更期，遂至此月。鼓乐前导、台阁、彩船、旗盖俱以灯为之。上饰倡女，凡二阁一船，后纱珠、羊角等灯，多至数百，后迎关神，巫以巨斧入额寸许，血淋漓披体，男女聚观，道路为拥。”对徽州元宵灯节的盛况，徽州启蒙读物，抄本《略要杂字》如此描述道：“元宵节，挂灯结彩，挂神账，铺棹垫，搭灯棚，挂字画，写对联，挂牌匾，搭台接箱，接菩萨，打锣鼓，放炮竹，打神铳，开锣职事，飞虎清道，金锣金鼓，鸾架招锣，提炉香盘，凉伞鼓乐，礼生做祭，礼壶爵杯，祭菜祭盘，梨园演戏，戏火火南，请老郎，做正本，做长套杂出，架官包中台，扮马戏，嬉台阁，嬉过元宵……”吴梅颠的《徽城竹枝词》以歙县为中心，对于村村迎神赛社的盛况描述非常生动：

村村赛社为春祈，四五百斤猪透肥。摆祭般般相赌赛，乡人好胜世间稀。
正月十三三月十，江村看罢又槐塘。争奇斗异做春事，人海人山奔若狂。
翩翩贵介佳公子，入九相公为土神。三月半边看降轿，或云是假或云真。
逐疫时当四月八，装形扮样嬉菩萨。傩虽古礼迁于嬉，镜鼓喧天人闹煞。
石埸头下水萦回，万年桥上人成堆。乡傩滥觞大义阁，四月八日先看来。
闰年做会为禳灾，华严龙舟锦绣堆。色按五方装五帝，轰天动地鼓声来。
峤山出会神骑马，披绣裙为锦障泥。卤簿铺陈无队伍，百余花伞百余旗。

三、余　论

祭祀是传统徽州社会的重要日常活动，深刻影响了徽州民众的日常生活。在每年春、秋两社的社祭活动中，通过恭谨严肃的祭祀仪式，宣读抑强扶弱、劝善惩恶之词，散胙聚饮等方式，强化了民众对社稷神灵的敬畏之心，形成特定的乡土习俗，有效地约束了民众的行为，稳定了乡村社会的基层统治秩序。虽然年复一年的社祭难免流于形式化，但也在一定程度上强化了宗族观念和认同，部分实现了宗族整合。

明清徽州的社兼具地缘和血缘色彩，成为乡村社会各类祭祀活动的单位。社祭与元宵灯会实现了有机结合,并沾染上迎神赛会的因子,成为彰显民众狂欢精神的媒介,实现了娱人娱神的功能。而元宵灯会的上灯、接灯、还灯习俗更是徽州宗族重视男丁的直接反映,在讲求世代延续不辍香火兴盛的徽州社会,借助一系列仪式化的行为,既满足了人们希求多子多福的心理,更给由于种种原因而面临继嗣乏人窘境的人们带来了一丝希望,求得暂时的心理慰藉。

安徽淮河流域文化遗产的时空格局及影响因素

——基于文物保护单位的视角

白如山　刘恺恺　张玥婷　高　雅　韦玉秀　刘　岩

摘　要:运用多维计量模型和ArcGIS空间分析工具对安徽淮河流域文物单保护位进行深入分析,探讨文化遗产时空演化特征与自然环境、人文历史的关系。研究发现:①从史前—先秦到明清—近现代6个时段中,文化遗产数量及在总数中的比重呈现倒倾斜式"N"子型变化,主要集中在史前至先秦、明清至近代以来两个时段。②不同时期,安徽淮河流域文化遗产分布类型具体较强的相似性,均属于集聚型。③总体上呈现"一轴三极"空间分布形态,但类型不同的文化遗产具有不同的空间集聚特征。④安徽淮河流域文化遗产空间格局经历了"多中心—单中心—多中心—双中心—双中心—单中心"的演化过程,整体上呈现由"多核聚散"演化为"一枝独秀"的发展模式,从以亳州、淮南、宿州为核心的聚散格局发展到以金寨为中心的分布格局。其空间分布重心移动距离呈波动变化的特征,移动方向呈现出向南、向东和再向西迂回移动态势。从河流水系、交通基础、历史积淀等3个方面探究文化遗产空间分布形态与地理环境的关系。结果表明:淮河流域文化遗产空间分布受河流水系、交通线路等"指向性"规律影响较为明显。

关键词:文化遗产;时空格局;淮河流域;安徽省

2016年《国务院关于进一步加强文物工作的指导意见》和《国家"十三五"文化遗产保护与公共文化服务科技创新规划》等国家重要文件明确提出:"……发挥文物资源在文化传承中的作用,丰富城乡文化内涵,彰显地域文化特色,优化社区人文环境。发挥文物资源在促进地区经济社会发展、壮大旅游业中的重要作用,打造文物旅游品牌,培育以文物保护单位、博物馆为支撑的体验旅游、研学旅行和传统村落休闲旅游线路,设计生产较高文化品位的旅游纪念品,增加地方收入,扩大居民就业。实行文物保护的分类管理、精准

作者简介:白如山,阜阳师范学院历史文化与旅游学院,讲师。

管理,针对城市、乡村、荒野等不同地域,以考古勘探等工作为基础,合理划定古遗产的保护区划……”①②。表明国家把分类管理、分区保护作为文化遗产保护和利用的重要工作方针之一。在此背景下如何定量刻画和识别文化遗产空间赋存现状、类型结构、时空演化特征等成为地理学亟待回答的关键科学问题。

国外学者的代表性成果主要集中在文化遗产保护与旅游、文化遗产数字化、文化遗产基金制度等领域,如 Greg Richards[1]、Alison J. McIntosh[2]、Konstantinos Andriotis[3]、Ching-Fu Chen[4]、Mimi Li[5]等。国内学者的成果主要集中在文化遗产保护与利用、文化遗产制度建设、文化遗产空间分布及成因机制等方面,如张朝枝[6-7]、戴湘毅[8]、溪雪松[9]、程乾[10]、刘丽华[11]、朱爱琴[12]等。总的来看,国内外学者对文化遗产研究主要呈现以下几个特点:其一,在地域范围上,以宏观的国家尺度文化遗产地理分布及影响因素居多,主要涉及我国农业文化遗产、矿业文物遗产、建筑文化遗产等,较少关注流域尺度文化遗产空间格局演化问题;其二,在时间尺度上,单时段静态比较研究较多,而多时段动态研究较少;其三,在研究内容上,学术界主要集中于基础理论、保护与开发利用、制度体系、方法技术等方面,多从历史学、旅游学、政治学、建筑学、考古学等角度研究文化遗产,地理学视角的研究较少。相比之下,鲜有从空间视角和微观数据出发探究文化遗产空间格局的研究。而空间视角和微观层面的研究不仅对传统优秀地域文化创造性转化、创新性发展具有指导价值,而且对决策或规划部门了解区域优秀传统地域文化特征、编制因地制宜的优秀地域文化创新性发展规划亦有较大意义。尤其是随着创新型“三个强省”战略的深入推进,亟须加强安徽省优秀传统文化格局研究的深度和广度。

有鉴于此,本研究以省级文物保护单位为数据基础,尝试综合运用多维计量分析方法和 ArcGIS10.2 空间分析工具对安徽淮河流域文化遗产类型结构、空间分布演变与地理环境的关系进行探究,以期为淮河流域文化遗产分类管理、分区保护及创造性转化、创新性发展提供基础参考。

一、数据来源及研究方法

(一)研究区概况

淮河流域处于长江流域和黄河流域之间,在中国历史上扮演着重要角

① 国务院关于进一步加强文物工作的指导意见:http://www.gov.cn/.

② 国家“十三五”文化遗产保护与公共文化服务科技创新规划:http://www.most.gov.cn/.

色。区域面积约 27 万平方公里，位于东经 111°55′~121°25′，北纬 30°55′~36°36′。主要流经省份为河南、安徽、山东和江苏，此次研究的区域为淮河中游的安徽段。安徽境内淮河流域面积约为 6.8 万 km^2，涉及 10 个地市，共 38 个区县，东西横跨距离较大，处于淮河文化区的中心地带（见图 1）。

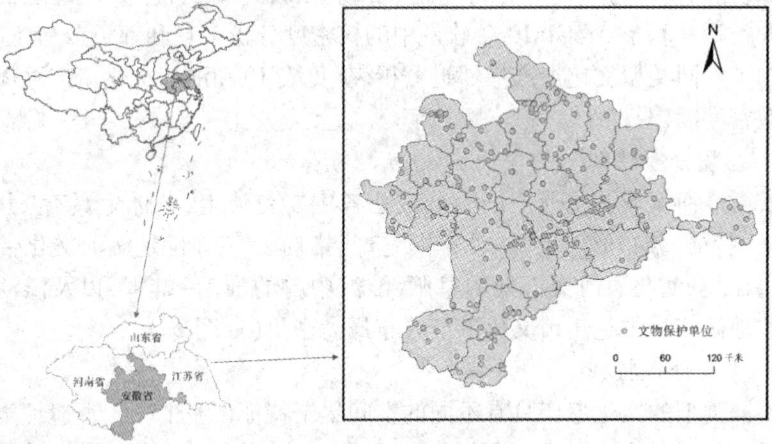

图 1　研究区地理位置

（二）数据来源

本研究区域的数据样本来源为安徽省文物局（http://www.ahww.gov.cn/）截止到 2013 年 1 月公布的七批次共计 217 项文物保护单位数据，并通过百度地图 API 坐标拾取系统获取文物保护单位的经纬坐标，将每一个文物保护单位抽象为空间上的点，建立文物保护单位的空间属性信息数据库，并绘制安徽淮河流域文化遗产空间分布图（如图 1）。

（三）数据处理和研究方法

本文所涉及的研究方法主要借鉴参考文献[9-12]中数理统计分析法、最邻近平均距离分析法、核密度估计等方法，由于这几个研究方法较为常见，具体思路过程本文不再一一赘述。

二、研究过程与结果

（一）总体分布

根据最邻近距离指数的计算结果判断安徽淮河流域文物保护单位在流域内的分布状态。通过计算其理论最邻近距离值 r_E = 8.85km，根据 ArcGIS 中的最邻近点距离工具计算出的实际最邻近距 $r_i = 7.13\text{km}$,得出的 $R = 0.8 < 1$,即淮河流域(安徽段)文化遗产分布类型为显著集聚型。

(二)类型分布特征

为了便于分析,根据《中华人民共和国文物保护法》对文物的属性分类法,将研究区文化遗产划分为古遗址、古墓葬、古建筑、石窟寺及近现代遗迹等五大类型。基于 ArcGIS10.2 软件中的核密度分析工具和邻近分析工具,分别绘制了不同类型文化遗产最邻近分析表(见表 1)和淮河文化遗产总体和不同类型密度图(见图 2)。

1. 总体分布特征

安徽淮河流域文化遗产广泛分散在各主要支流上,整体上具有"分散中的集聚"特征,分布形态呈"一轴三极"空间格局。"一轴"是涡河文化带,"三极"主要是颍河与泉河交汇处的阜阳,淮河中游的淮南-蚌埠,以及濉河上游的淮北地区。其中亳州市文化遗产分布最为密集(如图 2a)。

2. 类型分布特征

不同类型的文化遗产具有不同的空间集聚特征(见图 2)。古遗址类文化遗产呈现"多极"分布格局,其中亳州、阜阳、蚌埠等城市最为密集,其他地区分布较为稀疏(见图 2b)。古墓葬类文化遗产则呈现以亳州-淮南为"双核"集聚的空间分布格局(见图 2c)。古建筑类文化遗产空间分布形态呈现亳州、阜阳、淮南"三极"结构特征(见图 2d)。而石窟寺及石刻类文化遗产在数量上较少,没有明显的空间集聚现象(见图 2e)。这和流域地理环境密切相关,流域内地势低洼,以平原为主,没有石窟寺及石刻类文化遗产产生的有效载体即没有广泛分布的物质条件。而近现代遗迹方面,突出的表现是大别山区成为分布的密集区,流域中部地区分布也较集中,呈现"Z"字形空间分布特征(见图 2f)。

表 1　不同类型文化遗产最邻近分析表

文物类型	总体	古墓葬	古遗址	古建筑	石窟寺及石刻	近现代遗迹
样本数量	217	29	64	76	7	39
最邻近指数 R	0.81	0.72	0.97	0.74	1	0.98
分布类型	显著集聚	显著集聚	集聚	显著集聚	随机	集聚

(三)历史演变趋势

1. 时序变化特征

根据安徽省文物保护单位所具有的时间、类型及空间属性,结合各时间

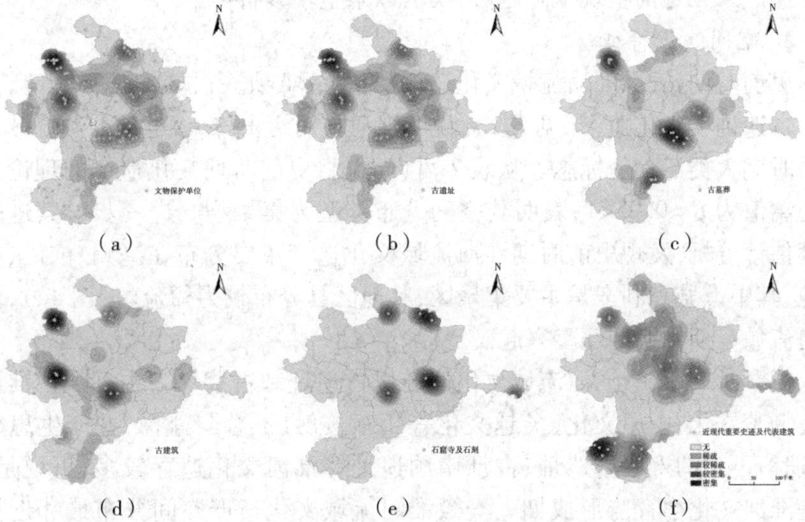

图 2　不同类型文化遗产密度分布图

段的实际分布数量，现将淮河流域文化遗产进行时间尺度上的划分，分为史前时期、先秦时期、秦汉至隋唐时期、宋元时期、明清时期以及近代以来等五个时段。据图 3 可知，淮河流域文化遗产历经时间较长，各个时期均遗留有文化遗产，但主要集中在明清时期，占淮河流域文化遗产的 36%；史前到隋唐时期的文化遗产在数量上并没有明显的波动，到宋元时期文化遗产明显下降，进入明清时期开始急剧上升，最后在近代以来逐渐回落，总体来看，淮河流域

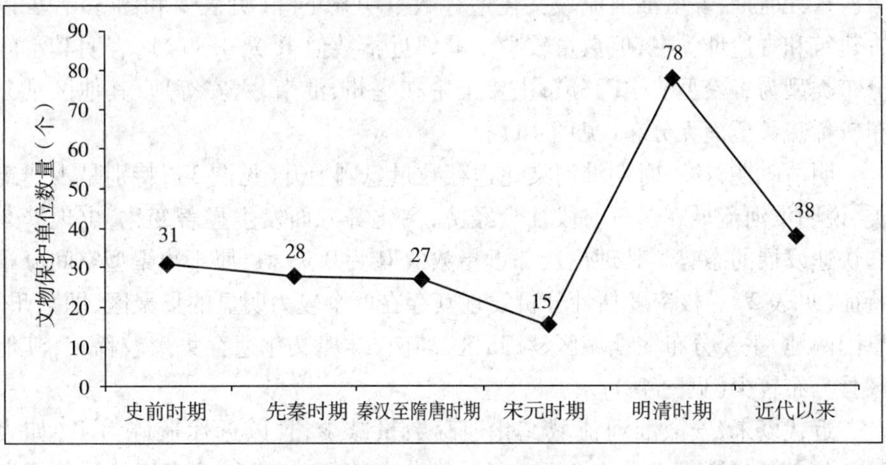

图 3　不同时期文化遗产数量变化图

文化遗产宋元之前呈现下降趋势,明清以来呈增多特征。

2. 空间演化特征

史前时期,安徽淮河流域文化遗产数量共31项,占总数的14.29%,且全部为古遗址类文化遗产(见表2),说明淮河文明历史悠久,也是淮河流域内新石器时期人类活动的标志。从表2可以看出,史前时期文化遗产的理论最邻近距离值为$R=0.92<1$,表明其空间分布类型为集聚型。进一步对其进行核密度估计分析,发现史前时期淮河流域文化遗产主要分布在亳州、淮南、宿州等地,其中谯城和利辛是主要集聚区;其他区县分布较为稀疏(见图4a),说明淮河流域早期文明的逐步兴起。

先秦时期,安徽淮河流域文化遗产以古遗址和古墓葬为主,此时,淮河流域是荆楚文化、中原文化、吴越文化等相互接触、汇合与碰撞,并产生思想火花,遗留下来的寿春城遗址、古淮南国遗址等淮河文化遗存较多,可说是,先秦是淮河文化孕育与形成期。安徽淮河流域文化遗产空间分布最邻近指数值R为$0.99<1$. 表明其空间分布类型为集聚型。核密度估计分析显示其空间分布主要集聚在寿县地区(见图4b),纵观楚东进江淮的历史,实际上也是楚文化东渐渗透最终高度成熟沉淀于寿县,因而遗留下来的楚郢都、楚墓葬、楚文化遗址较多。

秦汉至隋唐时期,安徽淮河流域文化遗产空间分布的最邻近指数值R为$0.96<1$,表明其空间分布为集聚型。核密度估计分析发现其空间分布主要集中在亳州、蚌埠、淮北、古镇、泗县等地(见图4c),其他区县分布相对稀疏,阜阳、六安、滁州等地尚无分布。

宋元时期,安徽淮河流域文化遗存数量明显下降(见表2和图3)。虽以古建筑和古遗址为主,但数量较少。最邻近指数值R为$0.89<1$,表明其空间分布类型为集聚型。空间分布主要集中在亳州、淮南、六安等地;其他区县分布较稀疏甚至尚无分布(见图4d)。

明清时期,这一时期淮河文化遗存数量急剧上升(见图3),特别是古建筑类,说明淮河流域在这一时段社会经济,文化等方面发生显著变化,出现繁荣和快速发展的态势。其理论最邻近指数值R为$0.79<1$,属于集聚型空间分布特征(见表2)。核密度估计分析发现其存在两个较为明显的集聚区,即亳州、阜阳两地,主要分布在谯城区、颍州区,淮南、蚌埠文化遗存集聚较稀疏,其他区县分布较少(见图4e)。

近代以来,安徽淮河流域文化遗存数量减少,且以近代遗迹为主(如表2)。最邻近指数值R为$1.01>1$,呈随机分布特征;但进行核密度估计分析发现其集中分布于六安市金寨县(如图4f),其他地区分布较少。

表2　不同时期文化遗产类型分布

	古建筑	古遗址	古墓葬	石窟寺及石刻	近代遗迹	其他	总计	分布类型
史前时期	—	31（100%）	—	—	—	—	31	显著集聚
先秦时期	2（7.14%）	12（42.86%）	14（50.00%）	—	—	—	28	显著集聚
秦汉至隋唐时期	2（7.41%）	12（44.44%）	10（37.04%）	2（7.14%）	—	1（3.70%）	27	集聚
宋元时期	8（53.33%）	5（33.33%）	—	2（13.33%）	—	—	15	集聚
明清时期	62（79.49%）	4（5.13%）	5（6.41%）	3（3.85%）	4（5.13%）	—	78	显著集聚
近代以来	2（5.26%）	—	—	—	35（92.11%）	1（2.63%）	38	集聚
总计	76（35.02%）	64（29.50%）	29（13.36%）	7（3.23%）	39（17.97%）	2（0.92%）	217	显著集聚
分布类型	显著集聚	集聚	显著集聚	随机	集聚	随机		

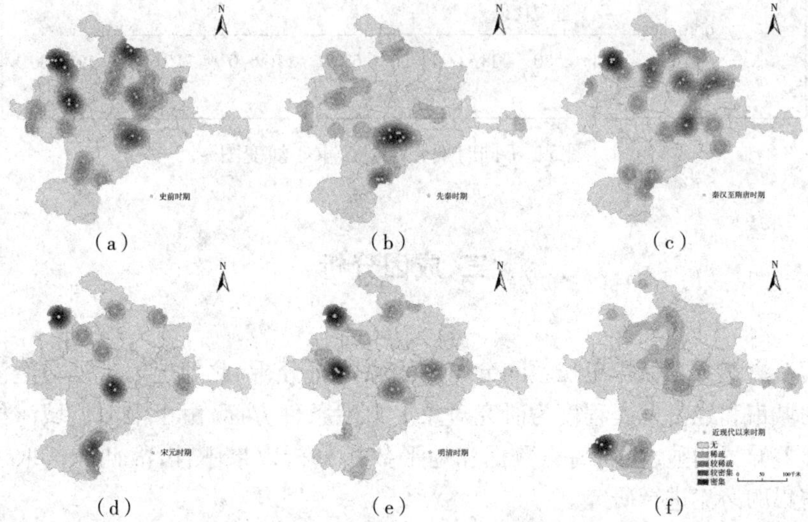

图4　不同时期文化遗产密度分布图

3. 重心演化趋势

为了直观展现安徽淮河流域不同历史时期文化遗产的空间演变特征，对其重心分析发现其空间分布重心移动距离呈波动变化的特征，移动方向呈现出向南、再向东和后向西迂回移动的趋势（如图5）。史前时期的重心在研究区西北部，先秦时期向东南方向移动，结合图4a可知，先秦时期寿县地区新增文物较多，重心向此处移动。秦汉至隋唐时期开始向东北部移动，是由于该时段亳州地区重新回到分布密集阶段，并且流域内东北部出现零散的分布。宋元时期重心向西北偏移，但偏移程度不明显，一方面是因为该时期的新增文物保护单位数量较少，另一方面是亳州和寿县两地区同时呈现密集分布，在一定程度上抵消了重心的偏移程度。进入明清时期，重心明显的向西部移动，主要原因是颍州的兴起，加上亳州持续繁荣。近代以来时期，重心开始向南部移动，主要原因是这一时期大别山区近代遗迹数量增加较多。

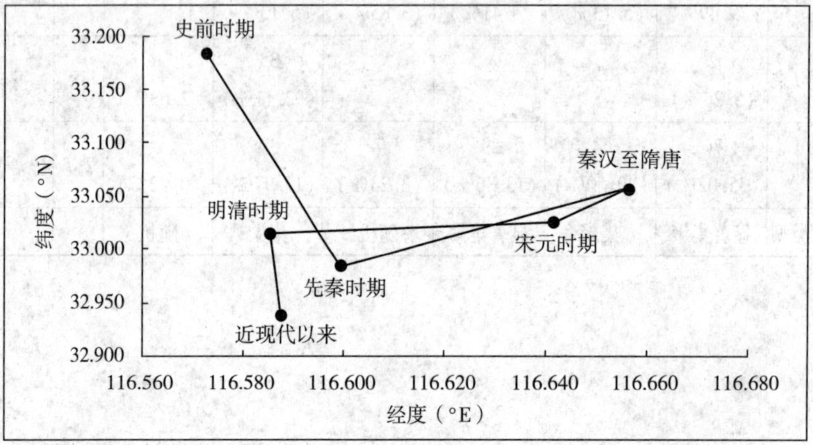

图5　不同时期文化遗产重心演变图

三、成因分析

对影响文物保护单位空间分布的因素进行分析，此处选取了社会经济条件的城市和经济发展程度为研究对象。自然条件方面，由于淮河流域海拔和地形差异不明显，叠加高程数据和地形数据分析效果不佳，故此处选取了分布密集的河流进行研究。

（一）与中心城镇的关系

基于GIS将文物保护单位和城市的空间数据进行叠加分析，具体的选取了各区县的中心城镇作为城市代表,因为中心城镇产生和发展的时间较悠久,对周边经济文化的影响也相对较强。据此,将区县中心城镇作半径分别为10km和20km的缓冲区,并计算落入区域内的文物保护单位数量。经分析统计可知,在区县中心城镇10km缓冲区内的文物保护单位数量为101项,占流域全部数量的46.5%,20km缓冲区内分布155项,占全部71.4%。由数据可知,绝大多数文物保护单位分布在中心城镇附近,可见其分布和城市密切相关。历史时期的城市不仅是人口的集聚区,更是人类社会发展和活动的场所及物质载体,文化遗产也是人类在城市发展过程中留下的产物。一定程度上说,城市为文化遗产的创造提供了物质基础和技术条件。

(二)与河流的关系

淮河流域河网密布,利用矢量化的河流水系网分别作1千米、3千米和5千米的缓冲区,并与文物保护单位进行叠加分析,统计各区域内文物保护单位数量,得到在河流缓冲区内的文物保护单位个数分别为57、125和152。当缓冲区为5千米时占全部数的70.05%,由此可知河流对文物保护单位分布影响较显著。河流是文明的起源,是早期孕育文明的摇篮,史前时期靠近河流地区可以获取丰富的食物和水;农业文明时期,河流可以提供稳定的灌溉水源从而保证粮食充足;随着社会经济的发展,工商业开始产生和发展,地区打破隔绝状态开始密切联系,河流的交通功能日益显现,商品贸易、人口流通、信息传递都以河流为媒介,总之社会发展的各阶段都离不开河流,文化遗产的分布有明显的趋河流性。并且依靠河流的城市可以获得更好的发展条件,沿河城市开始产生和兴起,从而叠加了城市的影响。所以,河流和文物保护单位的相关性十分密切和重要。

(三)与地区社会经济条件的关系

历史时期一个地区的社会发展条件对文化遗产的形成和保护都会产生一定的影响,一般而言,一方面,社会经济条件发展较好的地区往往是人口聚集、文化活动频繁的地区,给文化遗产的产生提供了一个良好的基础条件;另一方面,经济发展条件好的地区较早产生文化需求和文化保护意识,在文物保护、文化遗产传承上具有良好的外部条件。亳州和寿县都是历史时期流域内经济发达地区或者人口集聚区,给文化遗产的产生提供了一定的外部条件,在文物保护方面也有一定的物质基础。这一结论在各时段文物保护分布图中可以看出,各时段经济文化繁荣的地区都是文物保护单位密集区。

综上可知,文物保护单位的分布与城市及河流有一定关联,并受经济发展水平影响。河流是最重要的影响因素,河流不仅影响一个城市的起源,更影响一个城市的经济发展水平。由于城市是人类活动的物质载体,在历史进程中保留了人类活动所留下的大多数文化遗产,影响城市的分布就影响文化遗产的分布,所以淮河流域文化遗产的分布具有明显的沿河流分布特征,并且由于河网的特殊性,呈现和淮河羽状水系分布特征相一致的“》”型分布特征。

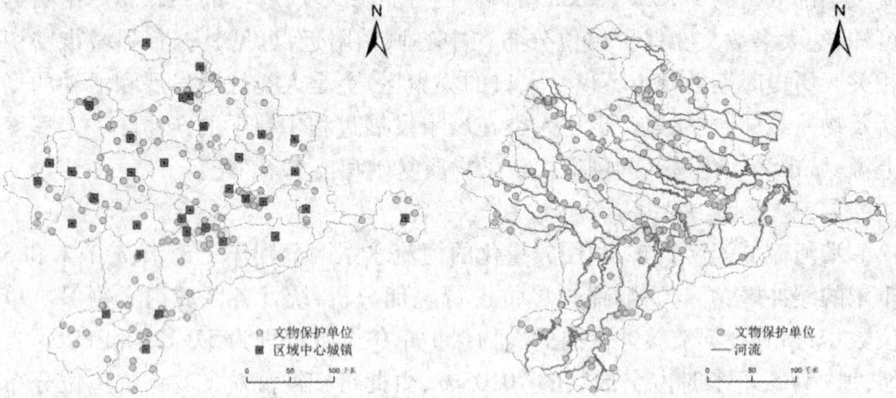

图6　影响文化遗产分布因素

四、结　语

本文以安徽省文物保护单位名录为基础数据,运用多维计量模型和ArcGIS空间分析工具对安徽淮河流域文化遗产时空演变格局进行分析,探讨文化遗产时空演化特征与地理环境的关系。得出如下结论:其一,从史前-先秦到明清-近现代6个时段中,文化遗产数量及在总数中的比重呈现倒倾斜式“N”形变化,主要集中在史前至先秦、明清至近代以来两个时段。其二,不同时期,安徽淮河流域文化遗产分布类型具体较强的相似性,均属于集聚型。其三,总体上呈现“一轴三极”空间分布形态,但类型不同的文化遗产具有不同的空间集聚特征。其四,安徽淮河流域文化遗产空间格局经历了“多中心—单中心—多中心—双中心—双中心—单中心”的演化过程,整体上呈现由“多核聚散”演化为“一枝独秀”的发展模式,从以亳州、淮南、宿州为核心的聚散格局发展到以金寨为中心的分布格局。其空间分布重心移动距离呈波动变化的特征,移动方向呈现出向南、再向东和后向西迂回移动的趋势。其五,研究区文化遗产分布、时空演化受政治、交通、经济等人文因素和河流水系、气候等自然因素综合影响,但安徽淮河流域文化遗产空间分布受河流水系、交通线路等指向性规律影响较为明显。

参考文献：

[1] Greg Richards. Tourism attraction systems: exploring cultural behavior [J]. Annals of Tourism Research, 2002,29 (4):1048-1064.

[2] Alison J. McIntosh. Tourists' appreciation of Maori culture in New Zealand[J]. Tourism Management, 2004,25 (1):1-15.

[3] Konstantinos Andriotis. Sacred site experience: a phenomenological study[J]. Annals of Tourism Research, 2009,36 (1):64-84.

[4] Ching-Fu Chen, Fu-Shian Chen. Experience quality, perceived value, satisfaction and behavioral intentions for heritage tourists [J]. Tourism Management, 2010,31(1): 29-35.

[5] Mimi Li, Bihu Wu, Liping Cai. Tourism development of World Heritage Sites in China: a geographic perspective[J]. Tourism Management, 2008,29(2):308 -319.

[6] 张朝枝. 旅游与遗产保护:基于案例的理论研究[M]. 天津:南开大学出版社,2008.

[7] 张朝枝. 文化遗产与旅游开发:在二元冲突中前行[J]. 旅游学刊,2010,25(4):7-8.

[8] 戴湘毅,阙维民. 中国矿业遗产的时空分布特征及原因分析——基于文物保护单位视角[J]. 地理研究,2011,30(4):747-757.

[9] 溪雪松,许立言,陈义勇. 中国文物保护单位的空间分布特征[J]. 人文地理,2013,129(1):75-79.

[10] 程乾,凌素培. 中国非物质文化遗产的空间分布特征及影响因素分析[J]. 地理科学,2013,33(10):1166-1172.

[11] 刘丽华,何军,韩福文. 我国东北地区近代工业遗产的基本特征及其文化解读——基于文物保护单位视角的分析[J]. 经济地理,2016,26(1):200-207.

[12] 朱爱琴,周勇,陈君子,等. 湖北省文化遗产时空演化研究——以文物保护单位为例[J]. 经济地理,2016,36(11):184-191.

徽文化的产业化与黄山“特色小镇”建设问题研究

许顺进

摘　要:“特色”是特色小镇的生命,产业是特色小镇的支撑,而文化是最能突显“特色”的元素,也是打造特色小镇的特色产业的最佳载体。作为中华文化三大显学之一的徽文化,无疑为黄山市特色小镇的发展提供了极为丰富的文化素材,也为打造融合地域文化色彩的特色产业提供了巨大的市场运作空间。要推进徽文化及其产业化与黄山市特色小镇的融合发展,就要有全市一盘棋的理念,统筹发展,错位发展;就要制定专业化的特色小镇、特色产业发展规划;就要坚持政府主导、市场化运作、名企引领的发展思路;就要用集约化发展的理念来开发我市的文化资源,把文化产业链拉长,产业价值链做深。

关键词:徽文化;文化产业化;特色小镇;特色产业

2015年年底,中央领导作出重要批示:“抓特色小镇、小城镇建设大有可为,对经济转型升级、新型城镇化建设,都具有重要意义。”一年多来,各地对特色小镇建设进行了大量探索,并取得了一定的成绩。与此同时,特色小镇建设也存在偏离初衷的苗头,如特色小镇不“特”,缺乏文化内涵,缺乏产业支撑,有局限于房地产开发的倾向与风险。黄山市的“特色小镇”建设同样存在着这样的倾向与风险。因此,从徽文化及其产业化角度探讨黄山市特色小镇建设问题,赋予黄山市特色小镇发展的文化内涵和产业支撑,对于促进黄山市特色小镇的持续平稳发展具有重要的现实意义。

一、文化及其产业化之于特色小镇建设的重要性

(一)特色小镇的生命力在于“特色”

在国人的观念里,常常将大作为好的判断标准,所以城市大就是好城市。

作者简介:许顺进,中共黄山市委党校。

如果按照这个思路，小城镇是没有竞争力的。那么，小城镇的生命力何在？怎么才能更好地发展？如何吸引人去小城镇？所以，对于小城镇而言，其发展、其生命力、其评判的标准就不应该着眼于体量的大小，而在于有特色，其发展模式就是要找到自己的特色所在。而且，从经济理论上讲，一个区域（或城镇）竞争力的形成或提升最主要的是在于差异化、在于特色。对于没有规模优势的小城镇而言，没有特色就没有优势、没有竞争力，当然也就没有生命力。所以，特色小镇的特质在于“特色”，魅力在于“特色”，其生命力同样在于“特色”。

（二）文化是最能突显“特色”的元素

对于小城镇来说，其“特色”的形成可以是产业的、地理的、生态的、文化的，其中文化特色是内涵最丰富、最多样化的，其发展空间以及与产业的关联性也是最大的。这是因为，文化的含义非常广博，从狭义角度看，文化包含着宗教、信仰、风俗习惯、道德情操、学术思想、文学艺术、科学技术、各种制度等人类在意识形态中所创造的精神财富；从广义角度看，文化泛指人类在历史实践中所创造的物质财富和精神财富的总和，某一历史阶段的文化一定包含着那一阶段的人类历史，某一地域、民族、国家的文化一定包含着那一地域、民族、国家的历史。所以，多样性、地域性、民族性、时代性成为文化的鲜明特点。

这一特点使得一般的小城镇都能挖掘出与众不同的特色文化，而且，这种与众不同的文化是浸淫到当地经济、社会、生活等各个方面的，因而与当地相关产业的融合也是天然的。

所以，文化既是小城镇最能突显“特色”的元素，也是小城镇最易突显“特色”的元素，可以说，文化是特色小镇的灵魂。

（三）文化与产业融合发展是形成小城镇特色产业的重要途径

产业是特色小镇的支撑，是特色小镇集聚人气、获得可持续发展的载体。然而，在大工业时代，小城镇因为自身的体量，在发展大工业、大产业所需的资金、技术、人才、市场等生产要素方面都无法与大城市竞争，因而很难形成大的产业，尤其是经济发展相对滞后的中西部城镇更是如此。因此，发展具有地域特色的产业就成了小城镇获取竞争优势、实现可持续发展的现实而有效的选择。其中融合了地域文化因子的产业就成了打造小城镇特色产业理想选择。而事实上，文化与产业的融合既有足够的广度，也有足够的深度。

（四）文化经济化与经济文化化是当今社会的一种普遍现象，并且其融合度越来越高

所谓“文化经济化”是指文化进入经济，文化中渗透经济的要素，使文化成为社会生产力中的一个重要组成部分；“经济文化化”是指所有的经济活动

都会留下文化的痕迹,文化是经济的引领和导向,文化过程贯穿经济过程的始终。事实上,在人类历史发展的长河中,文化与经济是相互影响,相互作用的,从广义文化的角度看,经济发展的过程就是文化创造的过程。在当代,人们更是通过文化与经济的这种联系,积极推动二者相互促进、相得益彰。所以,通过文化的产业化来推动特色小镇特色产业的形成与发展,既符合文化与经济发展的规律,又能在凸显特色小镇的特色产业基础上促进特色小镇经济与文化更好地发展。

二、徽文化及其产业化与特色小镇融合发展既符合黄山市发展特色小镇的最大市情,也是对黄山市所具文化资源优势的最大彰显

第一,黄山市小城镇的经济基础普遍薄弱,缺乏规模化的工业产业,更缺乏在规模化基础上所形成的工业特色产业。

一方面,从全市范围看,目前全市具有相对优势的如机械电子、新型精细化工、农副产品精深加工、新型印刷包装、旅游工艺品等几大主导产业中,也只有新型精细化工、农副产品精加工中的茶叶生产在全省、全国具有一定的影响力,而这种影响力也只是体现为规模比较大而已,实际上,这种规模是粗放型的,不是建立在产业分工协助、产业价值链不断延伸的基础上的,即没有形成产业集群,这种产业是缺乏竞争力的,也不能构成地方特色产业。另一方面,从目前我市确立的十二个特色小镇情况看,除休宁溪口镇是以汽车配件产业作为特色产业来打造特色小镇外,其他十一个特色小镇都不具有工业特色产业。这种局面既凸显出我市特色小镇工业基础薄弱的短板,也意味着我市特色小镇建设缺乏以现代工业文明为特色的产业基础,我市难以以工业特色产业来打造特色小镇。

第二,黄山市拥有代表农耕文明的、内涵极为丰富的徽州文化,它不仅为今天的黄山留下了众多的物质文化遗存,而且还以社会形态、精神形态延续至今,这种地域特色浓厚的文化既能彰显我市特色小镇的特色,也为发展融合了文化特色的特色产业提供了极为丰富的空间,为我市特色小镇的可持续发展提供了足够的产业内容支撑。

首先,徽文化的内涵极为丰富、地域特色极为凸显。所谓徽文化是古徽州一府六县历史上所创造或形成的物质文明和精神文明的总和,它是中华文化三大显学之一,有着极为丰富的内容,包括:徽州土地制度、徽商、徽州宗族

文化、徽州历史名人、徽州教育、徽州科技、新安理学、新安医学、徽派朴学、徽州戏曲、新安画派、徽派篆刻、徽派版画、徽州工艺、徽州文献、徽派建筑、徽州村落、徽州民俗、徽州方言、徽菜等等。可以说徽文化涵盖了政治、经济、文化、社会等各个领域,既包括了物质的文化遗存,又包含了知识形态和观念形态的文化,当然更深深地刻上了徽州大地上历史发展痕迹的烙印,因而也就凸显出浓厚的地域特色。

其次,徽文化具有打造相关产业或融合相关产业的巨大空间。一方面,文化本身就是一个巨大的产业。对徽文化而言,其大量的文献、文书、物化遗存以及延续至今的徽州民俗、徽州方言、徽州戏曲等,是研究中国封建社会后期农村社会实态的不可多得的资料,也是发展文化出版、文化演艺、文化观光、文化体验等文化产业的资源宝库。另一方面,地域特色明显、内容丰富的徽文化与相关产业融合发展既有巨大的产业空间,又能凸显产业特色,这就为黄山市打造特色小镇的特色产业提供了广阔的空间。如以新安医学为平台打造现代养生产业,以新安画派、徽派篆刻、徽派版画、徽州工艺为内容打造集观光、体验、购物于一体的旅游业,以徽菜为切入点打造集种植、养殖、食品加工、餐饮于一体的特色餐饮业,等等;同时,我市的农副产品加工业、食品加工业、丝织业等都可以融入徽文化的因子,赋予它们以地域特色文化的产业色彩。

第三,以徽文化及其产业化为支撑推动黄山特色小镇发展,既契合了黄山市打造国际旅游城市的战略目标,更助推了黄山国际旅游城市目标的实现。

从文化与旅游的关系看,随着旅游业的发展,文化在旅游业中的地位和作用越来越重要,从一定意义上说,文化是旅游业发展的灵魂,没有文化因子的旅游产品是没有竞争力的,旅游产品的竞争力最终体现为文化的竞争。当然,旅游也是文化发展的依托,文化只有蕴含在旅游活动中,才能表现出更强的魅力。所以,以徽文化及其产业化来打造特色小镇的特色产业,既能为我市特色小镇的发展提供坚实的产业支撑,又能推动我市文化与旅游产业的发展,助力我市国际旅游城市战略目标的实现。

总之,发展黄山市特色小镇,应该扬我市特色文化资源丰富之所长,避我市工业基础薄弱之所短,大力推动徽文化的产业化以及相关产业的文化化,以此打造地域特色明显的特色产业,实现特色小镇的可持续发展。

三、推动我市徽文化及其产业化与特色小镇融合发展的相关思考

(一)坚持全市一盘棋的理念,统筹发展,错位发展

徽文化历史悠久,内涵丰富,涉及面广,其文化的因子浸淫到当代黄山大

地的方方面面,所以,黄山市的每个城镇都能挖掘出徽文化的相关素材。如果每个城镇都以此来挖掘与打造文化及其相关产业,不仅会出现市场卖点雷同、产业雷同的问题,而且会因为文化资源的分散使用而影响产业规模、影响产业链、价值链的打造与延伸,进而造成一种粗放式的发展,以致极大地浪费我市所拥有的宝贵文化资源。所以,我市在推进特色小镇发展的过程中,一定要有全市一盘棋的思想,统筹全市的文化资源,合理布局,在综合考虑各个小镇具体情况、发挥各个小镇最大文化资源优势的前提下实现我市小镇的错位发展,以此来打造我市特色小镇文化特色浓厚、产业各有千秋的发展格局。

(二)制订专业化的特色小镇、特色产业发展规划

发展特色小镇,规划必须先行。这是理清特色小镇发展思路,明确特色小镇发展定位,引导小镇聚焦发展特色产业的基础性工作。规划制定得合理与否,决定着特色小镇建设的成败。所以,必须有懂规划、熟市场、善营销的专业化人士,在进行大量的调研、分析、比较的基础上来制订规划,规划既要突出小镇的特色,又要发挥小镇的优势,当然更要有可操作性。基于此,发展黄山市的特色小镇,不能全面铺开,而应该分批发展,有序推进。

(三)坚持政府主导,市场化运作,名企引领的发展思路

从特色小镇发展得比较快、比较好的浙江省看,“政府主导、市场运作、名企引领”是其推进特色小镇快速发展的普遍而有效模式。在实践中,相对于大中城市而言,小城镇普遍存在着经济发展水平偏低、基础设施相对落后的状况,这对于资金、技术、人才等各种生产要素的聚集是非常不利的。政府主导,制定相关的扶持政策,不断完善软硬件环境,对于弥补小城镇存在的以上不足是非常必要的。但政府主导不等于政府直接参与具体的经济活动,经济发展项目投资、产业发展都属于市场行为,因此需要市场化运作,这一过程中尤其要重视名企的引领作用。实践证明,名企因为其巨大的市场影响力,高超的市场运作水平、雄厚的资金技术人才实力,往往在推动特色小镇发展,特别是在推动特色产业的形成与发展方面作用巨大。所以,推动我市特色小镇发展,要坚持政府主导、市场化运作、名企引领的思路。

(四)用集约化发展的理念来开发黄山市的文化资源,把文化产业链拉长、产业价值链做深

我市的徽文化资源很丰富,也很宝贵,所以在利用文化资源打造文化产业的过程中,要深耕细作、集约化发展。也就是说,我市特色小镇在打造文化产业的过程中,不能不加选择地追求把本地所拥有的文化资源都打造成相关特色产业。因为徽文化是古徽州大地上长期历史发展、交融的产物,黄山各地都能挖掘出相似的文化因子,若各特色小镇都追求粗放式的发展,结果只

能是特色小镇发展雷同、特色产业发展雷同,最终失去特色小镇发展的生命力——特色。而且,在发展资源有限的情况下,粗放式发展的结果是每一个产业都做不大,甚至做不成,最终造成我市文化资源的极大浪费。

这方面我们可以充分借鉴浙江发展特色小镇的经验,譬如浙江就打造了一批文化元素极为单一、产业特色极为鲜明的特色小镇,如富阳药谷小镇、瓯海生命健康小镇、柯桥酷玩小镇、东阳木雕小镇、龙泉宝剑小镇、安吉天使小镇、嵊州越剧小镇、浦江水晶小镇、遂昌汤显祖戏剧小镇等等。这些特色小镇无一例外地只针对某一文化元素,将其打造为特色产业,并且在拉长产业链、挖掘价值链上做足文章,充分地开发、利用了相关文化资源。

所以,我市应该从全市统筹的角度,合理分配与使用文化资源,对于具有市场卖点和产业开发价值的文化资源,进行科学合理的设计、规划与布局,以使我市的特色小镇都能找到合理的定位,拥有合理的特色产业。

总之,文化及其产业化为特色小镇的发展提供了广阔的市场空间,而徽文化则赋予了我市特色小镇和特色产业发展以巨大的资源优势与市场操作空间,只要我们规划好、运用好这一宝贵的文化资源财富,我市特色小镇的发展就一定会迎来一个良好的局面。

安徽红色文化传承普及的路径选择

钱和辉

摘 要：安徽红色文化的内涵十分丰富，主要包括红色人物、红色遗址、红色纪念馆、烈士陵园、红色战役战斗、红色故事、红色精神等；多年来，安徽省相关职能部门在安徽红色文化的传承普及方面做了大量工作，既取得了一定的工作成效，同时也还存在着诸多有待解决的现实问题；传承普及安徽红色文化，必须着力构建统一的安徽红色文化传承普及机构，实施安徽红色文化弘扬传播工程，加大安徽红色文化保护力度，推进安徽红色文化旅游开发，同时注重红色文化人才的培训与引进。

关键词：安徽红色文化；传承普及；路径

一、安徽红色文化的内涵与特征

总体而言，安徽红色文化是中国共产党领导中国革命、建设和改革进程中，以安徽省籍人物英模事迹为代表、主要战斗或牺牲在安徽的烈士生平事迹以及在安徽省区域内孕育、发生、发展的有益于中国革命、建设和改革的事件等所积淀沿袭相传的集人、物、事、魂于一体的内容体系，是安徽人民积极参与中国革命、建设和改革的历史见证和真实映现，也是在纷繁复杂的现实社会中引领安徽人民匡正人生目标和升华灵魂的精神家园。

具体而言，安徽红色文化的样态展现形式繁多，主要包括：

(1)红色人物：安徽物华天宝，人杰地灵，在波澜壮阔的革命、建设和改革历史长河中，涌现出陈独秀、王稼祥、李克农、洪学智、沈浩等一批知名红色人

作者简介：钱和辉(1967—)，男，安徽财经大学马克思主义学院马克思主义中国化教研部主任，副教授。

物。这些红色人物凭着对共产主义的坚定信念和对人民的满腔热忱，为中国革命和社会主义建设贡献出自己的智慧和力量，对人们具有正向的示范和激励作用。

（2）红色遗址：1921 至 1949 年间，安徽境内先后开辟建立皖西革命根据地以及皖东抗日根据地、淮南、淮北、皖江抗日根据地等，遗存下来一批“红色革命”遗址，其中以新四军军部旧址、中原局旧址、淮海战役总前委旧址、渡江战役总前委旧址等为主要代表。红色遗址资源作为一种历史性文化遗产，是中国共产党波澜壮阔的革命历史、艰苦卓绝的奋斗历史、可歌可泣的英雄历史的见证，是中国共产党人永久的精神丰碑。

（3）红色纪念馆：陈独秀纪念馆、王稼祥纪念园、小岗村大包干纪念馆等。红色纪念馆通过珍藏的革命文物和党史资料，为开展爱国主义教育提供了丰富的物质载体，成为对人们进行革命传统教育、爱国主义教育、伟大理想教育的场所。

（4）烈士陵园：新中国成立以后，为祭奠烈士英灵，追思先烈事迹，安徽各地先后兴建数量众多的烈士陵园，诸如皖南事变烈士陵园、藕塘烈士陵园、淮海战役双堆烈士陵园等等。烈士陵园作为红色文化遗产的一部分，承载着浓厚的精神内涵，记录着先辈光辉的革命史迹，是缅怀、宣传为革命、建设而献身的英烈事迹的重要平台。

（5）红色战役战斗：民主革命时期，在中国共产党领导下，安徽人民积极参加革命斗争，在开辟建立皖西革命根据地的过程中，在新四军第四师和第七师活动的主要区域，在刘邓大军千里跃进大别山以及淮海战役、渡江战役期间，先后发起一系列战役战斗，诸如独山暴动、苏家埠战役、池淮阻击战、双堆集战役等。这些战役战斗场景的述说再现时刻昭示人们，坚定的理想信念、一往无前的英雄气魄是我们任何事业胜利的基础和保证。

（6）红色故事：沧海横流，方显英雄本色。在反对国民党反动政权、反对日本帝国主义侵略的斗争中，安徽涌现出许多八面威风、家喻户晓的传奇人物、传奇事迹，民间出现了许多关于他们的传说。如多谋善断的飞虎将军、“将军班”的故事、桃树岭新四军兵站等等。“讲述好”红色故事，让人们了解老一辈共产党人为信仰而战，忠于党、忠于人民的优良品德，涵养人们爱国情怀，激励人们的积极践行社会主义核心价值观，自觉奉献社会。

（7）红色精神：“一寸山河一寸血，一抔热土一抔魂”。红色精神是中国共产党革命精神的象征，是激发中国共产党人对理想和信念执着追求的力量之源。在长期的中国革命、建设和改革进程中，安徽大地孕育出新四军铁军精神、邓稼先精神、小岗精神等红色精神。红色精神作为特定历史时期的产物，蕴含着安徽人民积极向上、知难而进、拼搏奉献的气节风骨,具有感召、凝聚和净化人心的目的,有其跨越时代的精神品质,成为新时代人们的价值取向。

上述种种样态呈现的安徽红色文化蕴含着马克思主义信仰、社会主义理想和爱国主义、集体主义等信念,蕴含着从实际出发、实事求是、勇于创新的价值取向,集中体现了新民主主义革命、社会主义革命和社会主义建设时期中国人民不怕牺牲、艰苦奋斗、无私奉献、爱党爱军的优良传统,是社会主义核心价值体系的主要组成部分,是建设社会主义核心价值体系的重要资源。

基于安徽红色文化内涵的界定和剖析,我们不难发现,安徽红色文化呈现出直观性、区域性、时代性三方面的主要特征。

直观性:安徽红色文化中的革命旧址、红色人物故居和纪念馆、烈士陵园、红色雕塑景观等等,以其直观具体形象的形式进入人们的视野,诉诸人们的感官,使人们身临其境,以境育情,触景生情,由此熏陶人们的思想,启迪人们的思考,激发人们的爱党、爱国、爱岗敬业之情感。

区域性:安徽红色文化的形成与安徽特定的地理环境、地域民情以及社会心理、社会意识等条件因素有着诸多关联,安徽籍英烈的传奇事迹、安徽区域内发生的革命战役战斗,安徽大地上沿袭相传的英模故事等,赋予安徽红色文化鲜明的区域性特色。

时代性:安徽红色文化带有明显的时代印迹,历史时期不同,历史使命不同,其文化内容和形式的呈现也不同。在革命、建设和改革不同的历史时期,安徽涌现出不同的英雄人物、英雄事迹,展现出不同的精神风貌。安徽红色文化的时代性,内在的孕育了其持久旺盛的生命活力。

二、安徽红色文化的传承普及现状

多年来,在各级政府的大力支持下,在各级职能部门辛勤工作的基础上,安徽红色文化的传承普及取得了一定的成绩,同时也存在一些亟待解决的问题。

(一)既有工作成效的主要表现

(1)维护、搜集和整理承载安徽红色文化的相关红色文物,为传承普及安徽红色文化奠定良好的基础。具体而言,泾县通过设立红色名人故里管理机构,完善烈士纪念设施管理体制等举措,着力开展红色纪念地建设,维护红色遗址和革命历史文物,积极搜集革命文物、图片,搜集和整理革命史料,设立红色革命纪念(陈列)室、红色文化墙,展示革命先辈事迹。岳西县青天村抢修和保护鄂豫皖边区国共合作旧址，修复抗日碉堡、九龙坎岗哨等历史遗迹，搜集、陈列青天革命史、抗日救国事迹，利用其独特的红色、人文资源，突出展现“红色”，致力于打造成全省首个红色美好乡村。

(2)众多红色旅游景点得到宣传和开发。红色旅游景点是我们缅怀革命先烈、继承革命遗志、弘扬爱国主义精神的重要基地。多年来，全省各地以党和国家重大纪念活动为契机，强化红色旅游的宣传推广，营造健康浓郁的红色旅游氛围；同时因地制宜地开展红色旅游景区、景点整改提升工程，培育一批红色旅游景区，积极争取项目资金，支持红色旅游项目建设，各红色旅游景点的服务设施建设不断完善，为游客提供现代化、便利化的红色旅游服务，以安徽红色文化为品牌的红色旅游格局初步形成。

(3)红色人物故事得以挖掘，以安徽红色文化为主体的红色书籍相继出版。安徽省很多地区曾是中共中央机构和新四军军部、师部旧址所在地，周恩来、刘少奇、陈毅、叶挺、项英等老一辈无产阶级革命家在这里留下众多革命足迹和勤廉故事。各地相关职能部门积极追寻红色足迹发掘红色人物故事，展示老一辈革命家的红色革命优良传统、好作风，让人们在潜移默化中接受教育；组织编写《在烈火与热血中永生》《新四军廉政故事》《新四军军部在皖南》《抗战岁月》《安徽抗日根据地文集》等一批红色文化书籍，成为开展革命传统和爱国主义教育的生动教材。

(4)全省范围内建立起红色文化研究会的组织网络。中国红色文化研究会安徽省工作委员会成立以来，以崇尚红色文化、探索红色文化、传播红色文化、创新红色文化为主旨，开展了形式多样、丰富多彩的纪念活动和研讨活动，带动各地市研究安徽红色文化，传播安徽红色文化，让安徽红色文化体现时代风貌，让安徽红色文化伴随人们的日常生活，伴随美好安徽建设的各项实践，为实现中国梦，传递正能量做出了重要的贡献。

(二)存在的主要问题

(1)政府部门对安徽红色文化的传承普及缺乏高效的统一管理，从现有实际情况看，因为安徽红色文化比较分散，涉及各个地市和相关部门，在红色文化传播普及方面没有一个统一普适性的标准，给红色文化的传承普及增加了难度。各地红色文化传承普及工作力度不一，现状参差不齐。

(2)对安徽红色文化传承普及的认识不到位，宣传形式较为单一。大多数公民不重视红色文化，参加红色文化普及活动和教育活动较少，导致群众对安徽红色文化了解较少，漠视安徽红色文化在当今社会中的现实意义，安徽红色文化存在局限化、局部化问题。

(3)安徽红色文化保护力度不够，红色文化遗迹遗址存有毁损现象。受诸多因素的影响,部分安徽红色文化遗迹遗址存在着管理体制不顺、主体责任不明等问题,处于无法可依状态,未列入文物保护的红色遗迹遗址毁损现象比较严重。

(4)各地政府对红色文化传承普及经费投入不足,难以满足传承普及的资金需求。我省现有的红色文化遗产数量较多,较为分散,加之很多保护级别低,缺乏资金的支持和保证,因而在红色文化传承普及工作方面力不从心。

(5)安徽红色文化传承普及的专业人才缺乏,工作成效不彰。相关文化职能部门的从业人员中,专职管理人员缺乏,专职从业人员较少,专业知识匮乏,难以适应新形势下红色文化传承普及的技术性、学术性、实践性工作。

三、安徽红色文化传承普及的对策设计

总结安徽红色文化传承普及的既有经验,针对安徽红色文化传承普及工作方面存在的主要问题,为强化安徽红色文化的传承普及,必须致力于做好以下五方面的工作:

(1)构建统一的安徽红色文化传承普及机构,统筹规划安徽红色文化传承普及事宜。制定安徽红色文化传播普及相关政策,为安徽红色文化的传播普及加大政策支持力度;统一的安徽红色文化传播普及方案,要求各地市严格遵照施行;对安徽红色文化的传播普及进行立法,从法律上保障安徽红色文化的传承普及。

(2)实施安徽红色文化弘扬传播工程,加大安徽红色文化宣传力度。打造红色文化展示传播平台。利用互联网数字化手段,推进安徽红色文化数字化升级;综合运用报纸、广播、电视、新闻网站及所属新媒体等多种媒体平台,推动红色文化有效传播;运用微信、微博、客户端等新媒体,通过微展览、微课堂、微访谈、微视频等传播方式,提升红色文化影响力;常态化开展安徽红色文化主题教育实践活动,让安徽红色文化走进城市社区、企业,走进农村千家万户,让安徽红色文化融入人们的日常工作和生活。

(3)加大安徽红色文化保护力度,保障安徽红色遗迹源远流长。深入开展安徽红色文化资源的普查调查,对重点红色文化资源进行编辑整理、统计造册和分类归档,编写安徽红色文化家谱;探寻红色遗迹,搜集红色资料,加强红色文化整理和研究阐发,做好红色文化资源的整理、鉴定和建档工作;做好红色文化遗存遗迹保护和重点建设,加强红色文化资源价值评估和鉴定,对不同级别、不同价值的红色文化资源采用不同管理方式,实现红色文化资

源分级保护管理和资源分配最优化。

(4)推进安徽红色文化旅游开发,为安徽红色文化传承普及提供资金支持。对安徽红色文化资源进行优化整合,将安徽红色文化的传承普及与安徽红色旅游统筹起来,协调推进;加大安徽红色旅游的宣传和支持力度,广抓营销,扩展客源市场;鼓励社会资本参与安徽红色文化的传承普及,为安徽红色文化的持续传承普及提供资金保障。

(5)注重红色文化人才的培训与引进,为传承普及安徽红色文化提供后备力量。政府应当在政策和资金上给予足够支持,保障红色文化从业人员的在职培训;对于在红色文化领域做出特殊贡献的杰出人员给予奖励,调动红色文化工作者的参与热情;吸引更多高校专业技术人员参与到红色文化人才的培养工程中来,利用高校丰富的教学资源开办红色文化培训课程,实现红色文化专业人才的批量培养,保证红色文化人才具备较高的综合素养。

以红色文化涵养社会主义核心价值观

张正光　杨光宝

摘　要:红色文化与社会主义核心价值观一脉相承,不仅两者具有内在逻辑的一致性,而且其国家、社会、个人层面内容一脉相承;弘扬社会主义核心价值观必须立足于红色文化,其表现为可以为弘扬核心价值观指明方向、增强动力、提供载体;通过整合红色资源、搭建大众传媒平台、创作红色经典作品等方面开辟涵养社会主义核心价值观的路径。

关键词:红色文化;社会主义核心价值观;涵养

红色文化是中国共产党在领导全国各族人民在革命、建设、改革的实践过程中形成的独具特色的先进文化。它在中国革命、建设和改革的各个历史阶段都发挥了难以估量的作用。红色文化与社会主义核心价值观并不是完全割裂开来的个体,两者在组织领导、建设目的、核心内容和育人功能等方面具有逻辑的一致性和内在的传承性。

一、红色文化与社会主义核心价值观一脉相承

(一)红色文化与社会主义核心价值观的内在一致性

首先,核心内容的一致性。两者最根本最重要的是爱国主义。“在社会主义核心价值观中,最深层、最根本、最永恒的是爱国主义。”同样,以爱国主义为核心的团结统一、爱好和平、勤劳勇敢、自强不息的伟大民族精神,也蕴含了红色文化。其次,组织领导的一致性。红色文化与社会主义核心价值观的组织领导者都是中国共产党,红色文化是中国共产党领导人民在革命、建设、改革的过程中形成的,同样,核心价值观是中国共产党在新时期为

作者简介:张正光,安徽师范大学马克思主义学院。

增强国家文化软实力，加强社会主义精神文明建设而提出培育和践行核心价值观。最后，奋斗目标的一致性。从根本上来说，红色文化与社会主义核心价值观最根本的目的都是建设社会主义、发展社会主义、改善人民生活状况。

（二）国家层面内容的一脉相承

近代以来，中华民族面临的两大任务，一是争取民族独立和人民解放，二是实现国家繁荣富强和人民富裕。1945 年，中共七大召开，毛泽东同志在会议报告中指出："中国共产党和中国人民要彻底打败日本侵略者，把中国建设成为一个独立、自由、民主、统一、富强的新中国。"在即将打败日本侵略者的时候，中共对于国家的未来设计中已经提出了"富强""民主"。1954 年，周恩来在第三届全国人民代表大会第一次会议上代表中共中央提出，"在不太长的历史时期内，把我国建设成为一个具有现代农业、现代工业、现代国防和现代科学技术的社会主义强国"。这就在具体层面为社会主义现代化提出了建设目标。在改革开放后，中国共产党重提因文革中断的四个现代化目标，邓小平在十二大中提出建设高度文明、高度民主的社会主义国家，十三大第一次提出了建设富强民主文明的社会主义现代化国家。十七大对于现代化的价值取向融入和谐社会的理念，完整地提出了社会主义现代化的目标。至此，红色文化推动下的 21 世纪社会主义现代化目标被作为核心价值观国家层面的目标。

（三）社会层面内容的一脉相承

无产阶级反对资产阶级的斗争中，始终怀着对自由平等公正的新社会的向往。从群众中来到群众中去的群众路线作为中国共产党的三大法宝之一，为夺取革命的胜利做出重大贡献。新中国建立人民民主专政政体，把为人民服务作为政府的宗旨，由于对社会主义认识的偏差，在社会主义改造后采取集体主义的劳动方式、平均主义的分配方式，对人们工作积极性产生了伤害。1956 年，中共八大召开，董必武就法制建设提出"加强人民民主法制""依法办事、有法可依、有法必依"等宝贵的法制思想。"文化大革命"更是给中国社会敲响了关于平等法治的警钟。改革开放后，在经济所有制上采取以公有制经济为主体多种经济所有制并存，在分配方式上采取按劳分配为主以及多种分配方式并存，建立并完善社会主义保障体系。发展社会主义民主与法治，十五大将依法治国作为党领导人民治理国家的基本方略，随后中国法治建设取得一个又一个成果，当前已建立中国特色社会主义的法律体系，推进协商民主，保障人民合法权益，维护社会公平正义。核心价值观的社会层面的目标正是发源于红色文化社会建设层面的要求。

(四)个人层面内容的一脉相承

在革命时期,中国人民在中国共产党的领导下,以推翻三座大山为目标。新中国成立后,以全心全意为人民服务为个人最高价值标准。党先后开展“三反”“五反”运动,整顿党风社会风气。改革开放后,党先后提出培养“四有”新人、构建社会主义核心价值观、社会主义道德体系,强调“爱国守法、明礼诚信、团结友善、勤俭自强、敬业奉献”公民基本道德规范,提供个人发展的价值准则,最终构成核心价值观对于公民个人的要求。

二、弘扬社会主义核心价值观必须立足于红色文化

(一)红色文化为弘扬社会主义核心价值观指明方向

改革开放以来,我国面临国内外错综复杂的“左”和右等各种思潮的干扰,如新自由主义、民主社会主义、历史虚无主义等;其次,在市场经济的浪潮中,中国社会也产生了新的问题,道德滑坡、拜金主义、个人主义等盛行。近年来关于普世价值的争论、网络媒介中诋毁革命英烈的现象层出不穷,社会出现奢靡之风等不容忽视的现象。因此,抵制各种错误思潮,解决相关社会问题,必须要以红色文化涵养社会主义核心价值观。

社会主义核心价值体系是社会主义意识形态的本质体现。社会核心主义价值观是社会主义核心价值体系的内核,体现其根本性质和基本特征。不容置疑,红色文化是社会主义意识形态的一部分。因而红色文化是社会主义核心价值观的重要思想来源。

以红色文化涵养社会主义核心价值观,要传承其思想政治性以及人民大众性。首先,牢牢把握思想政治性。要坚持马克思主义在意识形态领域的指导地位,把握核心价值观建设的社会主义方向、无产阶级方向。在思想政治上要推动核心价值观的培育,因而在实践中必须运用历史唯物主义的辩证法,强调“两个三十年不能相互否定,不能用前三十年否定后三十年,也不能用后三十年否定前三十年。”“坚定不移高举中国特色社会主义伟大旗帜,不走封闭僵化的老路,不走改旗易帜的邪路”。其次,牢牢把握人民大众性。弘扬社会主义核心价值观必须弄清楚由谁培育、为谁培育的问题。红色文化是在中国人民革命、建设、改革的过程中产生的,其形成与发展的主体是广大人民群众,其落脚点在于凝聚广大人民对于革命、建设、改革的共识,万众一心、同心同德致力于社会主义建设。传承红色文化,从弘扬社会主义核心价值观

的角度来说就是，赓续红色基因，应对国内外各种思潮，坚定社会主义理想信念，凝聚社会共识。

（二）红色文化为弘扬社会主义核心价值观增强动力

“一个国家的文化软实力，从根本上说，取决于其核心价值观的生命力、凝聚力、感召力。”当前，我国正处于实现“两个一百年”目标的伟大征程之中，随着改革的不断深化，社会群体更加分化，社会利益更加复杂，社会意识更加多元，如何在改革的过程中，凝聚最广大人民群众对于国家社会的发展共识，是当前所必须面对的重要问题。习近平总书记强调：做好各项工作，必须要以社会主义核心价值观作为强大的价值引导力、文化凝聚力、精神推动力的支撑。

开发红色资源，传承红色文化，有助于弘扬社会主义核心价值观。通过学习红色经典、聆听革命战士讲述、参观革命战争博物馆等，广大人民群众能够认识到中国共产党是历史和人民的选择、社会主义道路是广大人民群众的选择。核心价值观不是空泛的，而是实实在在的，是与我们国家社会个人都是息息相关的价值追求和行为准则。“革命历史是最好的营养剂”，通过红色文化的精神产品和物质产品，加深广大人民群众对于社会主义核心价值观的认识，融入日常生活之中，形成价值观的最大“公约数”，从而内化于心，外化于行，使全体人民同心同德，团结前进。

（三）红色文化为弘扬社会主义核心价值观提供载体

2013 年 12 月，中共中央办公厅印发了《关于培育和践行社会主义核心价值观的意见》，通过教育引导、舆论宣传、文化熏陶、实践养成、制度保障等多个角度对于核心价值观的培育做出具体要求。深入推进马克思主义理论和建设工程，深化学雷锋志愿服务活动，开展革命传统教育等举措，都是在积极利用红色文化载体弘扬社会主义核心价值观。

红色文化形成于革命战争年代，成长发展于社会主义建设和改革时期。从文化氛围来看，红色文化已融入广大人民群众的日常生活之中，或多或少地影响了几代人的成长，以红色文化涵养社会主义核心价值观，使之具有天然的亲密性，更为广大人民群众所熟悉所接受；从文化内容来看，红色文化可分为红色精神、红色经典、红色人物、红色典故等，其蕴含了集体主义、爱国主义等民族精神，艰苦创业、自力更生的意志品质，不怕牺牲、勇于担当的理想信念；从展示形式来看，红色文化有博物馆、纪念馆、爱国主义教育基地、重要节庆日等，借助这些文化形式，对广大人民群众进行生动的红色文化教育，从而达到潜移默化、春风化雨的教育效果，更好地发扬红色文化的优良传统，弘扬民族精神和时代精神。

三、红色文化涵养社会主义核心价值观的基本路径

(一)整合红色文化资源,增强红色底蕴

1. 物质层面

首先,保护红色文物:修复馆藏革命文物,抢救濒危革命文物,保护材质脆弱革命文物。抢救性保护和修复重大隐患的革命旧址。其次,建设红色场馆:进一步加强红色爱国主义教育基地建设,形成各个时期相衔接的完整体系,进一步免费开放纪念馆、博物馆等场所,形成网络展馆与现实展馆相对应的局面。最后,发展红色旅游:必须规范红色景点的规划与发展,严格整治红色旅游中存在的问题。如景点规划中贪大求全,追逐利益篡改历史,过度商业化失去本色。发展红色旅游但不能失去红色旅游的底色。在发展红色旅游的过程中必须把"红色"和"旅游"相结合,进行红色教育,传承红色文化,接受精神洗礼。

2. 精神层面

首先,发掘保护口述历史:对于在社会主义革命、建设、改革过程中一些重大历史事件的亲历者,要及时进行抢救性口述史的记录与发掘,将其记忆整理成文字录音等,作为日后学术分析之用,以便更多角度地了解历史,尽可能还原真实历史事实。其次,组织重大纪念日活动:充分利用革命建设改革中重大节点所蕴藏的丰富教育资源,利用五四、七一、八一、十一等政治性节日,党史国史上重大事件、重要人物纪念日等,举办形式多样、内涵丰富的群众性庆祝和纪念活动。最后,深度挖掘红色文化:充分发掘红色文化所蕴含的精神内涵,并赋予其时代意义,采用普通民众所能理解的文字表达出来。以增强红色文化的亲和力、感染力,形成广大人民群众对于核心价值观的共识,营造践行的良好氛围。

(二)搭建大众传媒平台,拓宽传播渠道

1. 整治网络生态

中国互联网络信息中心发布第39次《中国互联网络发展状况统计报告》。报告显示,截至2016年12月,中国网民规模达7.31亿,互联网普及率达到53.2%,其中手机网民占比达95.1%。随着移动互联网的发展,微博、微信、QQ等网络社交媒体进一步兴起,极大地影响了人们的思维方式、生活方式;同时,我们也不难发现,对于互联网的监管仍存在不足。网上不乏质疑国史、党史的言论,诋毁为革命、建设、改革做出巨大牺牲甚至付出生

命的英模,如"作业本"抹黑邱少云事件等。由于互联网传播的迅速性、广泛性特点,这些言论在网上引起了极其恶劣的影响。网络空间不是法外之地,对于诋毁红色人物、红色历史的网络言行,必须加以立法规范,加强网络管理。

2. 充分利用大众传媒

宣传语言大众化:避免说教式语言,提取思想精华,采取通俗易懂的表达,让人民群众更易于接受。宣传形式多样化:除继续发挥好影视作品、新闻、报刊等传统媒介外,AR(虚拟现实技术)、动漫、游戏等方式,展示形式更易于被广大青少年所接受。传播载体多样化:如公益广告新媒体、微博、头条、微信公众号等,尽可能利用新的传播载体,为红色文化弘扬创造无处不在的氛围。

(三)创作红色经典作品,打造传播亮点

优秀的文艺作品能够顺应伟大时代的发展要求,反映时代特征,因而受到广大人民群众欢迎。在以红色文化涵养社会主义核心价值观的过程中,要以人民为中心,深入生活,深入挖掘红色文化的核心价值内涵,创作具有当今中国时代特征、反映当下中国人民精神面貌的红色经典作品,塑造出大众喜爱和认同的"红色人物"形象,为中华民族伟大复兴的中国梦做出贡献。"青年是祖国的未来、民族的希望,也是我们党的未来和希望"。培养又红又专的社会主义事业接班人是我们的重要任务,红色文化作品必须得到广大青年的认同和接受,因此在作品创作的过程中,既要弘扬主旋律,又要融入广大青年所熟悉的时尚元素、偶像因素、娱乐因素,使其更加富有时代感,拉近与青年的距离,打造具有脍炙人口的作品,如:徐克的《智取威虎山》《建国大业》《建党大业》《二十二》等。这些作品兼具历史的厚重感与现实的时代感,做到了宣传红色文化与无声教育的统一。

总之,红色文化作为中国特色社会主义先进文化的重要组成部分,作为中国共产党密切联系群众的大众文化,包含着深厚的核心价值要素。文化的核心是价值观,文化的宗旨在于育人。以红色文化涵养大众核心价值观,既能够传承发展红色先进文化,提升大众的文化自觉、自信意识,又能够使社会主义核心价值观更好地在大众中产生思想共鸣,增强大众对社会主导价值观的认同度与践行力。

参考文献:

[1] 习近平主持召开文艺工作座谈会强调坚持以人民为中心的创作导向创作更多无愧于时代的优秀作品[N]. 人民日报,2014-10-16(01).

[2] 中共中央文献编辑委员会. 毛泽东选集:第2卷[M]. 北京,人民出版社,1991:1004.

[3] 中共中央文献编辑委员会. 周恩来选集:下卷[M]. 北京:人民出版社,1984:132.

[4] 习近平. 在中共中央政治局第十三次集体学习时的讲话[EB/OL].(2014-02-25). news. xinhuanet. com.

[5] 习近平:《在庆祝中国共产党成立九十五周年大会上的讲话》,人民出版社,2017:27.

对大别山“两源两地”形成原因的深层解读

——基于安徽“将军县”金寨的考察

胡遵远

摘 要:金寨是传播和实践马克思主义思想较早的地区之一、是马克思主义思想的传播之源、实践之源;金寨是党领导的时间较早、规模较大、效果较好的革命武装起义的地区之一,是革命武装斗争的策划之源、行动之源;金寨是全国第二大苏区鄂豫皖苏区的核心区和先进典型,是革命薪火的启明之源、燃烧之源,因而成为中国革命的重要策源地。金寨是中国工农红军的重要组建地和兵员补充地,是人民军队的组建之源;从金寨走出去的红军队伍不断发展壮大、薪火相传,3 支重要的革命武装力量在此茁壮成长,成为人民军队的发展之源;至今仍有 6 个集团军与金寨红军有着渊源关系,是人民军队的血脉之源,因而成为人民军队的重要发源地。

关键词:金寨;中国革命;重要策源地;人民军队,重要发源地

安徽省金寨县是全国著名的革命老区、全国第二将军县、红 25 军的诞生地、红四方面军的主要发源地、红 28 军的成长地、战斗地、重建地。金寨是中国革命的产物,更是中国革命的摇篮之一,是中国革命的重点地区,成为中国革命历史的一个缩影。

2016 年 4 月 24 日至 25 日,习近平总书记视察金寨县时,对金寨在中国革命和建设中做出的巨大牺牲和无私奉献给予了充分的肯定和高度的评价。新华社在报道这一重大新闻时,称“金寨是中国革命的重要策源地、人民军队的重要发源地”,这是迄今为止对金寨县的最新定位和最高评价。

一年来,关于“两源两地”(金寨是中国革命的重要策源地、人民军队的重要发源地的简称)的最新提法和科学论断引起了理论界、学术界、军事界的浓

作者简介:胡遵远,六安市金寨县党史县志档案局党组书记、局长,金寨县红军历史研究会和金寨县新四军历史研究会副会长,六安市党史教育宣讲团成员、政协委员;安徽省大别山革命历史研究会常务理事、副秘书长。

厚兴趣和高度关注,很多专家、学者都对其进行了认真的研究和深入的思考,大家的思想越来越统一、认识越来越一致。这种最新定位和最高评价,越来越深入人心。在不久前由军事科学院军事历史和百科研究部、安徽省军区、中共安徽省委党史研究室、中共六安市委联合主办的“纪念建军90周年暨‘两源两地’研讨会”上,来自全国各地、各条战线的专家、学者都认为这种提法非常精准、非常科学。

总书记为什么会说,“一寸山河一寸血、一抔热土一抔魂。在过去的烽火岁月里,金寨人民以大无畏的牺牲精神,为中国革命事业建立了彪炳史册的功勋”呢?人们为什么会对金寨给予这么高的定位、这么高的评价呢?新闻界为什么称金寨是“中国革命的重要策源地、人民军队的重要发源地”呢?通过反复多次的、反复认真的学习,我们有了一些初步的认识和理解。

一、金寨何以成为中国革命的重要策源地

(一)金寨是马克思主义的传播之源、实践之源

金寨是传播和实践马克思主义较早的地区之一,是马克思主义的传播之源、实践之源。金寨县位于大别山腹地,与鄂豫皖的9个县区毗邻,是鄂豫皖三省的中心区域,在这里,马克思主义传播呈现以下几个特点:

(1)较早地涌现出一批进步的知识分子。20世纪20年代初,在俄国十月革命的影响和五四运动的推动下,以蒋光慈、袁汉铭、詹谷堂为代表的金寨籍进步知识分子和青年学生较早地接受了马克思主义进步思想,并在全国各地秘密地传播马克思主义思想,积极参加革命活动,使马克思主义迅速传播、影响全国。无产阶级文学的先驱者蒋光慈,1922年经陈独秀等介绍加入中国共产党,著有《少年飘泊者》《短裤党》等30多部优秀作品。他利用文学作品倡导和传播马克思主义,对中国革命进程产生了深远影响,胡耀邦、习仲勋、陶铸等老一辈无产阶级革命家都是受他的作品影响,才坚定地走上了革命道路。

(2)较早地成立了马克思主义学习、传播组织。1920年10月,原安庆政法学堂的学生徐守西回到家乡教书,在金寨燕子河的燕溪小学成立了“马克思主义学习小组”,吸收教师和校外进步人士参加,讨论如何在中国实现革命,如何推翻封建军阀的统治、打倒帝国主义、铲除一切不合理的制度,使封闭的大别山区的一些进步的知识分子开拓了视野、开始了新的探索。1922年,共产党员詹谷堂在金寨北部的固始志成小学任教,组织进步师生成立“青年读书会”,学习宣传马克思主义,介绍进步教师曾静华、杜孝芬入党。1922

年，一些进步教师在金寨县笔架山农校成立了“青年读书会”，学习研究马克思主义和进步书刊。

(3)较早地建立了一批党的基层组织。1924 年冬，詹谷堂来到笔架山农校，发展李梯云、周维炯等 5 名“读书会”骨干加入中国共产党，成立了金寨境内的第一个支部——中共笔架山农校支部。当年冬，在武汉商科大学读书的陈绍禹利用寒假回乡，在金家寨组建了“豫皖青年学会”，团结豫皖边区的商城、固始、六安、霍邱、霍山等县 100 多名进步知识分子，学习研究马克思主义，进行反帝反封建宣传。1925 年 3 月，詹谷堂回到南溪明强小学任校长，以学校为阵地传播马克思主义，发展进步教师入党，又成立了中共南溪支部。

(4)金寨籍的进步知识分子加入中国共产党、建立党的基层组织后，不仅在金寨传播马克思主义，还向鄂、豫、皖周边地区广泛发展。1925 年夏，袁汉铭受组织派遣，到河南商城城关县立第一小学，以任教作掩护，秘密培养先进分子，宣传党的纲领，发展党员和青年团员，成立了商城县第一个党团支部。1926 年秋，李梯云回到祖籍湖北省罗田滕家堡，与肖方等人组建了中共商罗麻特别支部，下辖 21 个支部，后发展为中共罗田县委。大革命期间，金寨籍党员先后在金寨、商城、罗田、固始建立了党的组织，培养了一批有献身精神的革命骨干，掀起了思想解放运动和反帝反封建斗争高潮。有资料显示，1924 年底，中共党员中金寨籍党员有 15 人，占 1925 年 1 月中共四大召开时党员总数 994 人的 1.5%。

(二)金寨是革命武装斗争的策划之源、行动之源

金寨是党领导的时间较早、规模较大、效果较好的革命武装起义的地区之一，是革命武装斗争的策划之源、行动之源。

金寨党组织在中共四大精神的指引下，积极发展党的组织，领导农民协会开展革命斗争。为了培养军事和农民运动骨干，先后派周维炯、漆德玮等一大批共产党员到武汉黄埔军校和农民运动讲习所学习，使之成为豫东南革命根据地的主要领导力量。大革命失败后，全国各地党的组织和农民运动均遭受严重破坏，金寨籍在外学习和工作的共产党员纷纷回到家乡，以教书、经商为掩护，宣传贯彻党的“八七会议”精神，发展党的组织和农民协会，积极准备武装起义，革命活动蓬勃发展。

1928 年底，金寨境内建立了 2 个区委、11 个支部。当年 10 月，中共六大精神传达到金寨，金寨党的组织确定了“不能无条件盲动”和“积极准备，待机而动”的武装起义指导思想。为使武装起义顺利进行，党组织派部分党员骨干打入地方民团，开展士兵运动、组织士兵起义。由于农民运动的不断发展，国民党地方政府开战了“清乡”，捕杀共产党员和农民协会骨干，一些地方农

民协会会员被捕、共产党员被杀害，革命面临着严峻考验。中共商罗麻特别区委在上级党组织的领导下，决定先发制敌，立即举行武装暴动。1929 年 5 月 6 日，商城南部的丁家埠、南溪、吴家店等十几个暴动点一夜之间发起武装暴动，并取得全面胜利。由于起义当天是立夏节，故称之为立夏节起义，暴动点地处商城南部，所以又称商南起义。第三天，起义队伍会师斑竹园朱氏祠，建立了中国工农红军第 11 军 32 师，下辖 97 团、98 团，共 200 多人。1929 年 12 月，红 32 师攻下了河南商城县城，在全国产生了很大影响。1930 年 3 月 18 日，中共中央来信给予很高的评价，表示无限的欣慰和敬意。

就在积极准备立夏节起义的同时，金寨东部的党组织——中共六安县委也在积极准备武装暴动。立夏节起义胜利后，中共六安县委下辖的中共六区区委秘密派员与红 32 师联系。1929 年 5 月 18 日，在红 32 师的大力支持下，金寨南庄畈的六保联络自卫团成功举行暴动，接着金寨东部的流波、金家寨、七邻湾等地相继举行武装暴动，成立了农民赤卫军。由于各暴动点原属于六安、霍山两地，故而史称六霍起义。为了统一各起义军的领导和指挥，1930 年 1 月 20 日，中共六安县委在金寨的流波召开会议，将各起义部队合编为中国工农红军第 11 军 33 师，下辖 106 团、107 团，共 200 多人。1930 年 1 月底，红 33 师攻占了在安徽省的第一座县城——霍山县城。

大革命时期，鄂豫皖地区一共爆发了三次著名的革命武装起义，其中，第一次黄麻起义是在湖北红安和麻城爆发的，第二次立夏节起义、第三次六霍起义主要都在我们安徽金寨爆发的。可见，金寨是鄂豫皖地区大规模革命武装起义的主要策源地和爆发地。

（三）金寨是革命薪火的启明之源、燃烧之源

金寨是全国第二大苏区——鄂豫皖苏区的核心区和先进典型，是革命薪火的启明之源、燃烧之源。

红 33 师与红 32 师并肩作战，不断壮大，开创了豫南、皖西两块革命根据地。豫南革命根据地以商城南部的南溪、丁家埠、斑竹园、吴家店为中心，纵 100 公里、横 70 多公里。皖西革命根据地以金家寨为中心，辖六安、霍山、霍邱、英山（现属湖北）、潜山 5 个县，纵 200 公里、横 100 公里，人口 40 余万。不久，两块革命根据地迅速发展，连成一片。1930 年 2 月，中共中央政治局常委、军委书记周恩来听取了中共中央巡视员郭述申关于鄂豫皖边区革命形势的报告，非常高兴。加之大别山的战略地位十分重要，党中央当机立断作出决定，将鄂豫皖边区的 17 个县划为鄂豫皖边特区，成立中共鄂豫皖边特委；将湖北地区黄麻起义成立的红 31 师与 32 师、33 师合编为中国工农红军第 1 军，直属中央军委指挥。中共鄂豫皖边特委和红 1 军的成立，将豫南、皖西与

鄂东北三块革命根据地统一为鄂豫皖革命根据地，成为全国六大革命根据地之一。从1930年冬至1932年6月，在党的领导和革命群众的大力支持下，这里的红军先后粉碎了国民党部队的三次“围剿”。鄂豫皖革命根据地红军发展到4.5万人，面积达到4万平方公里，拥有27个县级政权，人口350万，地方武装20余万人，成为仅次于中央苏区的全国第二大苏区。而且在苏区建设中，金寨苏区党组织建设和政权建设始终比较规范，先后设立了皖西北、豫东南2个特区（道区）委及特区苏维埃政府，辖商城、霍邱、六安、赤南、五星5个县级苏维埃政府，商（城）罗（田）麻（城）特别区、六安六区、英霍边区、五县边区区委、区苏维埃政府和五县10个区、100多个乡苏维埃政府，党政、军、群机关集中在金寨办公，是鄂豫皖苏区的政治、经济、军事、文化中心。根据地修建有红军飞机场，设立了赤色邮政局、列宁小学、银行等机构，各项事业欣欣向荣，成为苏区建设的典范，并且诞生了革命歌曲《八月桂花遍地开》。第四次反“围剿”失利后，中共中央鄂豫皖分局在金寨境内的燕子河举行紧急会议，决定西进。随后，红四方面军2万余人，越过平汉线，西进3000多里，后开创了川陕革命根据地。1935年3月，为策应中央红军长征，红四方面军发起了强渡嘉陵江战役、开始长征，于1936年10月在甘肃会宁与红一方面军胜利会师。

1932年11月，红四方面军西去川陕后，中共鄂豫皖省委重建了红25军。1934年11月，新组建的红25军开始长征，长征途中又创建了鄂豫陕革命根据，并于1935年9月率先到达陕北，与陕甘红军胜利会师，迎接党中央和中央红军。

在党的领导下，以金寨人民为主要组成力量的鄂豫皖红军先后创建了鄂豫皖、川陕、鄂豫陕三块革命根据地，这在全国都是屈指可数的。

红25军长征后，国民党反动派更加疯狂地对鄂豫皖根据地进行“清剿”。为坚持斗争，1934年12月底，中共皖西北道委在金寨全军乡将分散的红军队伍集中整编成红218团，坚持了艰苦卓绝的三年游击战争。敌人对鄂豫皖革命根据地组织实施了多次残酷清剿，鄂豫皖根据地大部分区域接连丧失，豫东南和皖西北老根据地依然保存着金寨境内长100公里、宽25公里的区域，使革命的红旗始终飘扬在大别山上。抗日战争全面爆发后，国民党安徽省政府迁驻金寨地区近八年时间。从1938年6月至1939年7月，中共安徽省工委、鄂豫皖区党委设在金寨的花石乡汪家老屋，以隐蔽的方式领导“津浦路以西、平汉路以东、浦信以南的广大地区工作”，积极宣传抗日，建立群众组织，秘密发展党的组织。金寨成为抗战初期安徽省乃至大别山区抗日救亡运动的领导中心。

1947 年 8 月底，刘伯承、邓小平率领的晋冀鲁豫野战军千里跃进大别山，在金寨的沙河乡下楼房设立前方指挥所。12 月 31 日，邓小平、李先念、李达等领导来金寨视察，在沙河下楼房召开了边区区委、县委负责同志工作汇报会，在这里度过了 1948 年新年。

金寨县在土地革命战争时期，是鄂豫皖革命根据地的中心区、核心区，抗日战争时期是安徽乃至大别山区抗日救亡运动的领导中心，解放战争时期是刘邓大军千里跃进大别山的目的地和实施战略进攻的重要后方基地，整个新民主主义革命时期，革命的火种在这里始终是生生不息、熊熊燃烧，并将革命烽火燃遍全国。

二、金寨何以成为人民军队的重要发源地

（一）金寨是人民军队的组建之源

金寨是中国工农红军的重要组建地和兵员补充地，是人民军队的组建之源，12 支主力红军队伍在这里诞生。据外媒调查考证，土地革命时期，鄂豫皖三省一共组建了 51 支主力红军队伍，其中湖北省组建了 29 支、安徽省组建了 16 支、河南省组建了 7 支，占全国总数 151 支的 34%。其中金寨境内先后组建了 12 支主力红军队伍，是全国第一。

（二）金寨是人民军队的发展之源

从金寨走出去的红军队伍不断发展壮大、薪火相传，3 支重要的革命武装力量在这里茁壮成长，使得金寨成为人民军队的发展之源。从金寨走出去的红军队伍薪火相传，遍及全国各地。金寨组建的 12 支红军队伍，按照中央的要求，相继合编成为主力红军队伍、改编成为抗日战争、解放战争的主要武装力量。1930 年 4 月，根据中央决定，红 32 师、33 师改编为红 1 军第 2 师、第 3 师。1931 年 1 月，红 1 军（主力为在金寨组建的红 32 师、33 师、红 1 军独立旅、中央独立 1 师）与红 15 军合编为红 4 军。红 4 军最初组建的 2 个师、1 个独立团共 7 个团，有 5 个团诞生于金寨。11 月，红 4 军与红 25 军在湖北红安七里坪合编为红四方面军。红四方面军最初组建时是 7 个师、1 个旅和 2 个团，有 5 个师、1 个旅诞生于金寨。1932 年 10 月 11 日，红四方面军离开金寨去川陕。1936 年 6 月，红四方面军与经过长征到达甘孜地区的红 2、6 军团会师。10 月，红四方面军与红一方面军在会宁地区会师。1937 年 8 月，红四方面军和红 29 军等整编为八路军第 129 师；解放战争时期，成长为中原野战军重要力量。红四方面军主力离境后，1933 年 4 月下旬，中共皖西北道委在金

寨的汤家汇地区再度组建了红 28 军 82 师。10 月 11 日，中共皖西北道委在金寨南溪吕家大院重建了红 28 军。1934 年 4 月 16 日，重建的红 25 军和重建的红 28 军在汤家汇豹迹岩胡氏祠胜利会师，红 28 军重新编入红 25 军，成为新的红 25 军。11 月 16 日，红 25 军高举抗日第二先遣队的旗帜开始长征，并率先到达陕北。1935 年 9 月 16 日，红 25 军到达陕北苏区延川永坪镇，与陕北的红 26 军、27 军会师合编为中国工农红军第 15 军团，改编为红 15 军团第 75 师。11 月初，红 15 军团编入红一方面军。1937 年 8 月 25 日，第 1 军团、第 15 军团和红 74 师合编为陆军第 115 师，红 15 军团 75 师改编为第 115 师 344 旅（一部）；解放战争时期，成长为华北野战军重要力量。

1935 年 2 月 3 日，高敬亭以在金寨全军乡沙河店组建的红 218 团为主体，与鄂东北独立团在安徽太湖县凉亭坳（现岳西县境内）第三次组建红 28 军后，坚持了三年游击战争。1938 年 2 月，根据中央指示，红 28 军在湖北红安七里坪改编为国民革命军陆军新编第四军第四支队。1938 年 2 月，新四军第四支队各部在金寨境内流波会师，金寨人民热烈拥军，200 多名青少年踊跃参加新四军。1938 年 4 月，新四军第四支队离开金寨，东进抗日，于 5 月 12 日在安徽的巢县伏击日军，取得了蒋家河口战斗的胜利，打响了新四军抗战第一枪。解放战争时期，新四军四支队成长为华北野战军的重要力量。

（三）金寨是人民军队的血脉之源

至今仍有 6 个集团军与金寨红军有着渊源关系，所以金寨是人民军队的血脉之源。今年新一轮的军改前，在中国人民解放军陆军 18 个集团军中，有 6 个集团军与金寨诞生的红军队伍有渊源、血脉关系。一是中国人民解放军第 12 集团军，它的前身是中原野战军第 6 纵队，主要发源于红四方面军。而红四方面军的主要力量是由诞生于金寨的红 25 军和红 32、红 33 师等组建而成。二是中国人民解放军第 13 集团军，它的前身是中原野战军第 4 纵队，是由土地革命战争时期的红 31 军、抗日战争时期八路军 129 师 386 旅发展而来。而红 31 军则是 1933 年 7 月在金寨麻埠成立的红 25 军第 73 师为基础扩编形成的。三是中国人民解放军第 16 集团军的摩步 48 旅，它是由中国人民解放军第 11 军第 32 师改番号命名、划调归 16 军建制，也是发源于土地革命时期的红四方面军、抗战时期的 129 师、解放战争时的晋冀鲁豫军区第 3 纵队 8 旅。这支部队发源于金寨，又解放了金寨。四是中国人民解放军第 21 集团军，它的前身是华北野战军第 2 纵队，是由土地革命战争时期中国工农红军第 28 军、抗日战争时期新四军第 2 师发展而来的。而红 28 军则是由发源于金寨组建的红 218 团。五是中国人民解放军第 38 集团军，它的前身是华北野战军第 1 纵队，是由土地革命战争时期红军第 1、第 15 军团部分部队为骨干发展起来的。红15军的75师发源于大别山区第二次组建的红25军。第38军第338团的前身是红25军第75师一部。红25军第75师组建于金寨的麻埠地区。六是中国人民解放军第39集团军,它的前身是东北野战军第2纵队。该纵队是由中国工农红军第15军团部分部队发展而来,主要力量也来源于诞生在金寨的红25军。今年新一轮的军改后,仍然有6个集团军与金寨红军有渊源、血脉关系。

此外,金寨还是人民军队中高级将领较多的县份之一。如火如荼的革命运动、转战南北的人民战争,培养和锻造了洪学智、徐立清、皮定均、陈先瑞等我党我军的一批杰出的高级将领和优秀人才。自1920年10月境内燕子河燕西小学成立马克思主义学习小组开始,到1949年全境解放,金寨境内30年革命红旗不倒、始终高高飘扬;从1929年5月6日立夏节起义(又称商南起义)开始,到1949年10月1日新中国成立,金寨境内先后组建了12支主力红军队伍,革命薪火在这里生生不息、熊熊燃烧,并且燃遍全国……革命战争年代,金寨先后有十多万英雄儿女参军参战,绝大多数血洒疆场、为国捐躯;在这块红色的土地上,先后走出了12支主力红军队伍、59位开国将军、600多位共和国高级将领。因此,新闻界称金寨是"中国革命的重要策源地、人民军队的重要发源地",得到了理论界、学术界、军事界的一致认可和充分肯定。

新徽派版画的风景意象与文化认同

刘坛茹

摘　要：在新徽派版画中，风景作为一种审美意象，表现出多重文化认同：风景与国家认同、风景与地方认同、风景与生态认同。而这种认同精神和情感具有重要的传承价值，也必将给新徽派版画重新振兴、发展带来契机。

关键词：新徽派版画；风景意象；文化认同

徽派版画作为非物质文化遗产，在当代社会面临着严峻的保护与传承问题。实际上，古徽派风景版画中所蕴含的审美情感和文化认同精神，便具有重要的传承价值。而新徽派版画在继承古徽派版画的线条描刻、构图饱满、婉约秀丽等艺术技法和风格的同时，也在风景绘刻中继承了文化认同精神和情感，并与新中国成立后的新时代、新气象合拍，拓展了文化认同的精神内涵和价值。

一、风景与国家认同

在明清时期的徽派版画中，风景绘刻占据相当的比重。风景不单单是作为人物活动的背景，或是作为独立的审美对象，还“掺入了道德的、观念的、政治的因素，使其具有了自然的、历史的、社会的符号学意义”[1]，表现出多重审美表征。其中，风景与国家认同的建构是徽派版画的重要审美表征。例如，萧云从创作《太平山水图》、渐江在《黄山志略》中创作《黄山图》，均是以皖南

基金项目：2014 年度安徽省哲学社会科学规划青年项目“徽派版画的风景建构与审美认同”（AHSKQ2014D115）

作者简介：刘坛茹（1980—），男，河北沙河人，安徽师范大学美术学院副教授，文学博士。

山水风景作为明朝故国山川的象征对象,以此凭吊亡国之恨[2]。这种风景的国家认同表征,在某种程度上,也被新徽派版画所继承,这主要表现在对于新中国社会主义建设的认同建构上。

作品通过鲜明的、具有时代可识别性的风景符号(例如,对于热火朝天的农业和工业建设风景的绘刻),来表现社会主义建设的蒸蒸日上。新中国成立后,百废待兴,急需通过发展工业和农业来巩固政权,因此,这时期的新徽派版画创作便有意识地绘刻了大量反映工业和农业建设的风景场面。《淮海战歌》描绘的是人民群众治理淮河的劳动场面,近景是手拉车组成的滚滚铁流,中景是林立的楼房建筑和忙碌的工程机械,随河道延伸的远景是皑皑白雪中涌动的人流和飘扬的红旗。这时的淮河风景已经成为一种背景,烘托出人们征服自然的雄心壮志。《淮海煤城》描绘的是矿山的建设,矗立的井架、堆起的煤山和冒烟的烟筒无一不在显示着建设的进行时,尤其是画面中渲染成片的树木红叶,更是昭示着劳动的火热。《金色的秋天》和《丰收赞歌》描绘了金秋时节,劳动人民在在金色或绿色的原野上的劳动场景,画面上洋溢着劳动人民丰收的喜悦。在这些作品中,自然风景并非作为独立的审美对象呈现的,而是作为一种背景或者烘托服务于矿山、船厂、铁路等农业或工业符号,以表达国家认同的政治理念。

这类作品的图像语言,在处理阶级、政治问题时过于机械和僵硬,直接在阶级和图像之间画上等号,从而造成版画语言缺乏艺术韵味。这种问题曾长期困扰艺术界,但也并非没有解决之道。美国著名艺术批评家克拉克便认为,一幅画并不能真正而直接地表现阶级和意识形态,除非这些范畴开始影响作品的视觉结构,迫使绘画的传统或惯例作出改变,图画才有可能表现社会现实[3]。这实际上是认为,通过改变传统表现阶级现实的绘画表现手法,另觅一种新型的表现语言,才可以真正表现社会现实。在新徽派版画的创作中,以郑震为代表的版画家便探索出了另外一条以风景语言表现国家认同的路径。

郑震的版画善于以风景绘刻来捕捉时代脉搏,1957 年创作的《在佛子岭人造湖上》标志着另外一种风景叙事的成熟。这是一幅纯风景黑白版画,作品并没有绘刻人山人海建设水库的热火朝天场面,整个画面沉浸在一种静谧的诗意氛围中,巍峨群山间横贯的大坝,犹如酣睡入眠的婴儿,坝前湖水波光涟漪,泛舟似动非动。画面上已然不见惯常的政治图式符号,但情景相融、诗意盎然,对于劳动人民的深厚感情和祖国建设伟大成就的咏叹融于其中。这种风景绘刻,不仅代表着郑震版画艺术风格的成熟,也意味着新徽派版画进入了一个崭新的艺术创作局面。

二、风景与地方认同

徽州山清水秀,风景怡人,中原文化与山越文化、儒道释文化在此融汇合流,共同孕育了明清时期徽州文化的灿烂繁荣。徽派版画浸润其中,在创作图式与精神上,挥之不去的是对于皖南风景和徽州地域文化的表现。

(一)山水徽州

在新徽派版画中,徽州的山水风景主要是作为一种独立的审美对象,乃至于一种精神品格呈现的。黄山是安徽最显著的自然和文化风景符号,新中国成立后,更是成为文化和旅游经济发展的一块招牌。因此,当赖少其、郑震、师松龄等人在1960年为新落成的人民大会堂安徽厅绘刻陈列版画时,其中两件作品都是关于黄山风景的。《黄山后海》中的山体浑厚凝重,轮廓线苍劲有力,尤其富有想象力的是,在视野的尽头——云海弥漫处,一艘喷烟快速行驶的船只,使云海与大海幻化为一体,暗合了黄山的"后海"题眼。《黄山宾馆》表现出自然风景与人文景观的完美结合,宾馆建筑错落有致地分布在山腰间,非但没有破坏黄山的山体,反而为黄山增添一份生机,越发衬托出黄山的秀美。

郑震《黄山晨曦》中的黄山则是一个纯粹的、褪尽政治图式的、诗意的审美对象。黄山的近、中、远景层次分明,并且赋予不同的色彩加以区别,尤其是中景青绿色的黄山主峰,犹如一堵傲然挺立的墙壁,再配以晨曦中的金色朝霞,黄山风景分外妩媚而妖娆。并且,创作主体的情感隐而不露,黄山雄姿伟岸,但又静谧而安详,观者于无形中融入黄山的审美氛围中,情景交融,获得一份独特的审美观照。

另一位新徽派版画的领军人物——师松龄,则选择了黄山松这一兼具审美与象征意义的物象。在师松龄心目中,黄山的松石云泉不再是亘古不变的自然面貌,而是具有时代性格的创造物,是活生生的情圣。正因如此,他无数次奔赴黄山写生,以一双浪漫主义的慧眼去观察和发掘黄山松的美。在他的刻刀下,既有《梦笔生花》中的独松,也有《黄山松云》中的群松,还有《黄山鸣弦泉》中的层松,不管是何种松树,都极尽造型与意境之美。师松龄在绘刻黄山松时,也尤为注重挖掘黄山松本身所蕴含的精神品格。在我国的传统文化里,松是高洁的情操和坚强的生命精神的象征,师松龄与时俱进,赋予黄山松新的民族和时代情感,黄山松已然成为地方文化和民族文化的象征。

(二)乡村徽州

徽州传统上是一个乡土社会,崇尚耕读生活,呈现出一种和谐恬静、悠闲自得的田园世界。但古徽派版画中的乡村风景具有排他性,它往往是文人仕宦阶层在经历人生种种不如意后,为心灵自我安慰寻求的一块栖居地。而劳动人民已经游离于边缘,纯粹成为风景的点缀。例如,在《环翠堂园景图》的大门部分,表现了民居、耕田以及村民耕作、砍柴等田园风光,但这显然不是为了赞美劳动人民,更多是汪廷讷为自己寻求心灵的寄托。

在新徽派版画创作中,风景的权利开始真正回归当家做主的劳动人民,成为劳动人民幸福生活的美好象征。在郑震的《热情似火》《薄暮时分》《晚晴》等版画中,以天空、树木、群山为首的自然风景占据画面主体,皖南的民居建筑和三五成群的劳动人民在画面的最下端,但丝毫感觉不到巨幅风景对于人居空间的压抑,恰恰相反,愈加烘托出劳动人民的生活之美。郑震善于以颜色来渲染劳动人民的生活之红火,在《热情似火》中,天之蓝、丰收之金黄、树木之红黄、皖南民居的黑白相间,再配上簇拥在墙壁上红榜前面的劳动人民,幸福生活之情跃然纸上。相较于《热情似火》中体现出的蒸蒸日上的生活激情美,《薄暮时分》和《晚晴》体现出的是静谧的生活诗意美。夕阳晚照中,画面前景错落有致的参天树木被夕阳染红了半边,三三两两的村民结伴回家,或骑或推的自行车作为现代生活象征的交通意象,说明劳动人民已经沐浴在现代文明生活中。另外一幅的背景是被夕阳染红半边的群山,炊烟正从山脚下的民居袅袅升起,村民正荷锄而归,那炊烟那黄牛,与前面一幅相合拍,反映了日落而息的田野生活。两幅合在一起,构成了皖南村民现代与传统交织的美好生活图景。

三、风景与生态认同

风景与人类的生存环境密切相连,关乎诗意栖居。在古徽派版画的风景绘刻中,体现出了人与自然和谐共存、诗意栖居的生态精神。这种生态认同情感,在新徽派版画创作中也得以传承,但在创作初期,部分作品由于受到国家政治意识形态的影响,人与自然是一种主客对立的关系,并不和谐。赖少其等人创作的《淮北人民学大寨》《淮北变江南》等巨幅套色版画,以全景鸟瞰的视角表现了淮北人民努力响应"农业学大寨"精神,与天斗,与地斗,努力改造自然、建设美好家园的图景。当然,随着全球生态环境的恶化,新徽派版画也逐渐开始关注生态问题,并积极予以表现。

新徽派版画对于生态的表现,呈现出一种回溯式的生态记忆与认同,即"在已逝的某些记忆中,重温人与自然的生态和谐,以此对抗现代工业社会,抚慰内心的生态裂痕,寻觅诗意的栖居"[4]。在新徽派版画创作中,这已逝的记忆主要表现为对于徽州生态山水、人文风景的无限追忆与向往。胡卫平是一位具有浓厚生态情结的版画家,在他的作品中,很少具有正面、直接揭示生态环境恶化的图像,更多的是通过一系列追忆故乡小河、村落、建筑风景的形式,间接传达出对于生态环境的忧思。《小河的回忆》是一幅乡愁之作,河面与房屋以一种近乎抽象的大面积肌理形式,象征着记忆的模糊与清晰,但不变的是对于故乡生态栖居的依恋和追思。《村韵》《永远的老屋》《老屋的故事》系列作品呈现的是徽州的老建筑,尽管斑驳陆离,但具有一种废墟美和场所感。在《文明启示录》系列版画中,则把代表古徽文化的建筑图像与现代工业意象的轿车图像进行抽象处理,然后叠加重构,表达出一种生态文明与现代文明的冲突。另一位新徽派版画的代表人物戴斌,对徽州传统生态文化也充满了深深的眷恋。在他的《远逝的山河》中,山河巍峨壮阔,但丝毫不给人压抑感,山脚下绵延的黑白相间的徽派建筑群,再配上河面上掠飞的鸟群,营造出一种天地人相得其乐的诗意栖居。

需要注意的是,新徽派版画对于生态风景的回溯式记忆,并不纯粹是一种浪漫式的回归,更主要的是以此作为批评工业文明的利器,在使人们重温美好记忆的同时,也激发起人们的生态意识,以及对于当前和未来生态文明图景的愿望。胡卫平的《清音山水》系列、白启忠的《和谐家园》、张洪奇的《生态之角》均描绘了一幅生态和谐的图景。

参考文献:

[1] 陈永国. 帝国风景:导读[C]//陈永国. 视觉文化研究读本. 北京:北京大学出版社,2009:181.

[2] 刘坛茹. 徽派版画的风景建构与徽州文化认同[J]. 艺术与设计,2015(12):124-125.

[3] T. J. 克拉克. 现代生活的画像:马奈及其追随者艺术中的巴黎[M]. 沈语冰,诸葛沂,译. 南京:江苏美术出版社,2013:19.

[4] 刘坛茹. 生态文化与记忆的联系、危机及艺术救赎[J]. 文艺评论,2011(7):20.

安徽非物质文化遗产的人文精神与当代价值研究

张黎黎

摘　要:本文在梳理中国非遗保护经验的基础上认为,非遗保护是新世纪从中央政府到基层组织,举国上下都在进行的一项文化复兴活动,它的内涵在于唤醒国人对于传统文化的认知,引发人们对家乡故土的眷恋,从而提升对本民族文化的自觉与自信。安徽省的非遗保护正是在这样一个大背景下,取得了较大的发展。省内的诸多非遗项目,如徽州文化生态保护实验区让我们看到了整体性保护传统文化群、保护文化空间的重要性和必要性;而传统音乐类的国家级非遗项目菠林喇叭周家班在2017年更是走出了国门,将中国民间艺术、将中国保护经验"活态的"带向了世界。周家班菠林喇叭2017年的辉煌证明了中国传统文化、中国非遗的不凡气质与无穷魅力。

关键词:非遗保护;文化自信;乡愁;文化重塑;周家班菠林喇叭

非物质文化遗产保护(以下简称"非遗")是这十几年来自官方到民间都非常重视的一项文化保护活动,如今非遗可以说是一个家喻户晓的名称。自2001年我国参与联合国教科文组织非遗项目的评选并以昆曲顺利当选后,非遗这个概念便渐渐地渗入人们的生活中,"民族文化""传统文化""文化保护"等诸如此类思想上文化复兴的意识、概念乃至行为在社会上广泛传播,被丢失冷落的传统文化在这样一个社会形势下颇有渐渐好转的迹象,而这一渐渐好转的迹象并不是一帆风顺的,这一过程也不是一蹴而就的,而是渐进的、缓慢的,尤其是意识形态的转变更是如此。田青认为:

近几年,我国的非遗保护工作取得了巨大的成就,一个几年前还不被人所知的陌生名词"非遗"突然成为热门名词和社会关注的热点,这本身便是中国社会"文化自觉"的一个标志和反映,也是中华民族"文化自觉"的重要内容。随着整个国家的现代化,越来越多的中国人认识到:我们的现代化不能

作者简介:张黎黎,宿州学院音乐学院教师,博士。

够以中断历史、丢掉文化传统为代价[①]。

诚然田青上述话语所要指向的重点另有他意,但是这也反映了国人对非遗,对传统文化保护意识的渐悟。

一、非遗保护现状概览

非遗保护迄今为止问题颇多,但也不能不看到它的收获与努力,这努力的主体有政府诸部门也有民间各组织,还有学者、科研人员。

继昆曲之后,古琴、新疆木卡姆、蒙古族长调民歌等艺术陆续成功申遗,中国政府更是加大支持力度,在短短的几年时间里接连颁布了一系列法律法规,全面加强和规范了非遗保护活动。例如:2004 年,全国人大常委会批准加入了联合国教科文组织的《保护非物质文化遗产公约》;2005 年 3 月,国务院办公厅公布了《关于加强我国非遗保护工作的意见》,其中,在附件中明确规定了我国现阶段非遗代表作申报的各种章程与办法,并且明确定义了我国非遗概念的范围。《意见》指出:"非物质文化遗产是指各族人民世代相承的、与群众生活密切相关的各种传统文化表现形式(如民俗活动、表演艺术、传统知识和技能,以及与之相关的器具、实物和手工制品等)以及与上述相关的文化空间。"[②]同年 12 月国务院还发布了《关于加强文化遗产保护的通知》,并在文件中首次规定统一使用"非物质文化遗产"这一概念,并且决定从 2006 年开始,每年 6 月的第二个星期六为我国的"文化遗产日"[③]。随着保护工作的进一步规范化,2011 年 2 月,我国颁布了《中华人民共和国非物质文化遗产法》,于 6 月 1 日起开始实施。这些法规使得"非物质文化遗产"在中国逐步走上了正规化的发展道路。

非遗保护迄今为止虽然问题颇多,但成果卓著。截至目前,我国已经选出了四批国家级非遗代表性项目,其中 2006 年公布的第一批是 518 项;2008 年公布的第二批国家级非遗名录有 510 项,同时还公布了第一批国家级非遗扩展项目名录 147 项;2011 年的第三批为 191 项;2014 年第四批代表性名录是 153 项,还有扩展名录 153 项;同时宣布将"国家级非物质文化遗产名录"的名称调整为"国家级非物质文化遗产代表性项目名录"。四批国家级非遗

① 田青. 我的反省与思考[M]. 北京:北京时代华文书局,2015(1):74.

② 王文章. 非物质文化遗产概论[M]. 北京:教育科学出版社,2010(2):8.

③ 从 2017 年开始,每年 6 月第二个星期六的"文化遗产日"调整为"文化和自然遗产日"。

代表性项目有1372个,国家级非遗项目代表性传承人已有近2000人,省级非遗代表性项目和代表性传承人均过万。此外,还建立了21个国家级文化生态保护试验区,有“闽南文化生态保护试验区”(2007)、“徽州文化生态保护试验区”(2008)、“羌族文化生态保护试验区”(2008)、“陕北文化生态保护试验区”(2012)、“格萨尔文化(果洛)生态保护实验区”(2013)、“客家文化(闽西)生态保护实验区”(2017)等。我国在联合国教科文组织人类非遗代表作名录(册)中的项目高达39个,位居世界第一。联合国急需保护的代表作名录我国有六项,分别是:羌年(2009)、黎族传统纺染织绣技艺(2009)、中国编梁木拱桥营造技艺(2009)、麦西热甫(2010)、中国水密隔舱福船制造技艺(2010)、中国活字印刷术(2010)。人类非遗代表作名录有29项,具体的有古琴艺术、京剧、昆曲、南音、西安鼓乐、南音等。这是新世纪从中央政府到基层组织、举国上下都在进行的一项文化复兴活动,它的内涵在于唤醒了国人对于传统文化的认知,引发人们对家乡故土的眷恋,从而提升对本民族文化的自信。

在讲到文化自信之前,先了解一下,何为“文化”。事实上,对于文化的定义至今没有统一标准,各人有各人的文化观,各国有各国的文化观,众说纷纭,莫衷一是。《中国大百科全书·社会学》中对“文化”的定义是:

文化有广义与狭义之分,广义的文化是指人类创造的一切物质产品和精神产品的总和。狭义的文化专指语言、文学、艺术及一切意识形态在内的精神产品。①

而《辞海》对“文化”的定义是:

文化有广义与狭义之分,“从广义指人类在社会实践过程中所获得的物质、精神的生产能力和创造的物质、精神财富的总和。狭义指精神生产能力和精神产品,包括一切社会意识形式,自然科学、技术科学、社会意识形态,有时又专指教育、科学、文学、艺术等方面的知识与设施②。

无论是前者对文化的定义还是后者对文化的定义,从中我们都看到保护非遗的价值与意义。保护非遗,就是提升文化,无论是广义人类社会实践中所创造的一切物质产品,还是狭义的精神生产能力和精神产品,都是非遗保护过程中所要面对的细节问题。目前的非遗保护活动,在全国有序地推进

① 中国大百科全书出版社编辑部编．新版·中国大百科全书(74卷)·社会学[M]．北京:中国大百科全书出版社,2004(2):4.

② 夏征农,陈至立．辞海[M]．上海:上海辞书出版社(第六版,彩图板),2009:2379.

着，尤其是党的十八大以来，非遗保护取得了诸多的成绩，这些成就的背后，贯穿着保护主体的文化意识，提升了传承群体的文化自觉，加强了社区群体的文化自信。那么，什么是"文化自信"？文化自信，是指"一个国家、一个民族、一个政党对自身文化价值的充分肯定，对自身文化生命力的坚定信念。"[①]这就是挖掘、整理、保护非遗的当代价值之一——提升国人的文化自信。

二、安徽省的非物质文化遗产保护

总体来说，非遗中国化的历史过程在稳中前行。从2014年十七大中共中央关于推动文化大发展大繁荣的决定，到习近平总书记在各种重要场合中反复提到的"一带一路"倡议[②]，再到十八大以来国家开始高度重视传统手工技艺的传承与保护，无不明确了传统文化在国家转型建设时期中的重要作用。国务院办公厅于2017年3月通过了三部委（文化部、工信部、财政部）联合制定的《中国传统工艺振兴计划》，该计划明确规定了我国传统手工技艺在未来几年的发展路线、方针政策和基本原则。近五年以来，全国有七十多所高校举办了数百场有关非遗保护的研修和培训班活动，部分高校甚至将具体的非遗项目纳入本科教学体系中。以安徽省为例，安庆师范大学于2006年成立了黄梅戏艺术学院、安徽科技学院成为凤阳花鼓的传习基地、安徽机电职业技术学院多年来培养了众多芜湖铁画锻制技艺的高材生，还有宿州学院也为泗州戏艺术培养了很多优秀人才，以及淮南师范学院对寿州窑非遗项目的保护与传承等。

在特定方针政策的扶持和引导下，中国传统文化的保护与复兴赶上了一个好时候。其中，安徽省的非遗保护在安徽省非遗保护中心的带动下也取得了诸多实质性的进展。2016年安徽省文化厅公布了关于安徽省非遗教育传习基地的名单，共有30所大学、技校及中小学承担了安徽省国家级非遗项目的教育传习工作，阜阳剪纸（安徽三联学院）、巢湖民歌（巢湖市苏湾镇司集初中）、花鼓灯（怀远师范学校、蚌埠市新城实验中学）、徽剧（黄山市屯溪荷花池小学）、徽州三雕（黄山职业技术学院）、徽派版画（歙县深渡中心学校）等艺术走进课堂，这将为我省的非遗项目储备各类人才提供了保障。

---

① 云杉．文化自觉文化自信文化自强——对繁荣发展中国特色社会主义文化的思考（中）[J]．红旗文稿，2010(16)．

② "一带一路"是习近平总书记于2013年9月访问哈萨克斯坦时首次提出来的，当时名为"丝绸之路经济带"畅想。

（一）徽州文化生态保护试验区

除了上述所列举的安徽高校与非遗项目的合作之外，其他有关非遗保护的成果也引人注目。自2006年以来，我省共有国家级非遗代表作项目88个，国家级代表性传承人74位。省级代表作项目有385个，代表性传承人有566位，还有一个国家级文化生态保护试验区——徽州文化生态保护试验区。

2007年，文化部批准建立了第一个国家级文化生态保护实验区——闽南文化生态保护实验区，这种国家级的生态保护区是根据《国家"十一五"时期文化发展规划纲要》而建立起来的，目的是整体性的保护传统文化生态，这也是我国非遗保护中对文化空间进行立体式保护的有效实践。徽州文化生态保护试验区设立于2008年，范围包括安徽省黄山市辖区及其绩溪县和江西省婺源县。主要"活态的"、全方位展示了徽州特有的"非物质"的民风、风俗和民情。

徽州属内地山区，原为"椎髻鸟语"的山越所居之地，其"东有大鄣山之固，西有浙岭之塞，南有江滩之险，北有黄山之扼"的地理环境；历经元、明、清三代，徽州府所辖歙县、休宁、婺源、祁门、黟县、绩溪六县，相对稳定状态的行政格局及人文环境，"造成了一个特有的区域社会生活体系"，"一个经济、社会、文化发展相对完整的区域社会，是我们认识传统社会的一个极好范本。"①

2010年，由安徽省文化厅申报的"徽州文化生态保护实验区建设工程"项目入选2010年十大"国家文化创新工程"②。在文化部要求下，生态区保护相关部门制定了《徽州文化生态保护实验区规划纲要》③，该《纲要》对基本概念、保护对象、保护范围、保护方法、保护原则等诸多方面做出了翔实的规定，并制定了多种形式的管理条例和管理办法，分别对非遗项目（文化表现形式和文化空间）、非遗传承人和生态区给予了政策上的保障，以便在实践的过程中有理可依，有法可循。除了政策上的保障之外，还有资金上的支持。安徽省和江西省及其所涉及的市、县政府分别设置了相关的财政预算，确保了生

---

① 张松．文化生态的区域性保护策略探讨——以徽州文化生态保护实验区为例［J］．同济大学学报（社会科学版），2009（3）：27．引文中双引号部分引自：唐力行等．苏州与徽州———16～20世纪两地互动与社会变迁的比较研究［M］．北京：商务印书馆．2007．

② https://baike.baidu.com/item/徽州文化生态保护实验区．

③ 有关《徽州文化生态保护实验区规划纲要》安徽省依据的是《安徽省非物质文化遗产条例》《黄山市古村落保护利用暂行办法》《黄山市非物质文化遗产保护传承利用工程实施方案》，江西省依据的是《婺源徽州文化生态保护实验区规划纲要》和《婺源文化生态保护小区和非遗传承单位管理办法》。以上内容引自：陈华文．中国文化生态保护区的实践探索研究［J］．浙江师范大学学报（社会科学版），2016（2）：5．

态保护区建设的顺利进行。

（二）唢呐艺术：灵璧菠林喇叭

安徽有着丰富的民俗文化，其民间音乐和民间舞蹈千姿百态，丰富多样。各种民歌小调、戏剧戏曲、民间乐班等都有国家级或省级的非遗代表性项目。以唢呐为例。唢呐又名喇叭，是吹打乐的主要乐器之一，常常用于民间社会的红白喜事，以及为老人祝寿、为小孩抓周等民俗事项中，属于礼俗用乐。这种吹打乐流行于全国大部分地区，但地区不同，主奏乐器不同，称谓也不相同。学界目前对这一乐种没有统一称谓，有鼓吹乐、吹打乐、笙管乐的不同叫法。京津、冀中地区多以管子领奏为主，名为笙管乐；山西八大套也是管子领奏，鲁西南鼓吹乐多以唢呐为主，也有以笛子作为领奏的。皖北地区的吹打班则以唢呐领奏为主，这种民间班社大部分属于商业性质。他们的师承关系早期具有家传性、族群性，20 世纪 80 年代以后渐渐开放，不再拘泥于“传内不传外”或“传男不传女”。

2010 年，安徽灵璧县周家班菠林喇叭入选安徽省第三批省级传统音乐类非遗保护名录，2014 年入选为第四批国家级传统音乐类非遗代表性扩展项目名录，随后，周家班在全国声名鹊起。“菠林喇叭是以落户在安徽最北部的灵璧尹集菠林村的，已故中国管乐大师周正玉等周氏族人为乐手成员的民间乐班所创造的唢呐演奏艺术。周家班自清末创始以来发展到现在，已传承家族七代，历经 100 多年沧桑。目前，周姓直系有男女老幼乐手共计 100 余人，外姓徒众上千人，形成庞大的民间音乐族群，横跨苏鲁豫皖，享誉民间海外。”① 事实上，周家班不仅在各种社会活动中具有一定的影响力，在学界也早有学者对其进行关注。有关周家班的学术研究早已有之，有《皖北民间乐班的现状调查与分析》（2012）、《皖北民间乐班的音乐文化特征与文化价值研究——以安徽省灵璧县“周家班”为例》（2013）等，这些文章大多以介绍周家班的演奏曲目和风格特点为主，并指出其在当地民间婚丧中的重要作用。

2017 年，周家班数次进京演出，在中国艺术研究院举办了两场讲座，现场和台下的观众互动，让在座的专家学者及同学们赞叹不已。6 月，周家班应北京大学邀请，走进北大百年纪念大讲堂举办了一场被誉为“摄心魂惊天地”的独奏音乐会，震撼了在场的每一个人。他们还走出了国门，让中国民间音乐，中国民间礼乐奏响在世界各国。2017 年 7 月 8 日，他们开启了欧洲的巡演之路，在德国参加了鲁多尔斯塔特（Rudolstadt）音乐节；在瑞典参加了马尔默-夏日舞台音乐节；在德国莱比锡民族志博物馆举办了音乐会；在英国 WOMAD

① 安徽非物质文化遗产网 http://www.anhuify.net/fyproject/TheFourthGY/332.html.

音乐节举办工作坊，并举行了音乐会；参加了比利时 SFINKS 音乐节的演出，还参加了爱尔兰利默里克大学举办的第 44 届国际传统音乐学会世界大会上的演出。此次欧洲之行，他们参加的演出活动有十多场，演出中展示了《凡字调-万年红》《咔戏》《迎生-庆贺令》《雁落沙滩》《百鸟朝凤》《小开门-祭祀》等独具中国特色的民间吹打乐曲。其中，在英国参加的演出，大英博物馆对他们进行了跟踪录音并永久收藏。

欧洲巡演结束回国之后，周家班同著名作曲家瞿小松合作，在北京市文化基金 2016 年度资助项目的支持下，共同创作了民族管弦乐《中国元气之八仙桌》，这是一个体现生命轮回的音乐故事，并于 2017 年 9 月在北京中华世纪坛隆重上映。周家班 2017 年的辉煌证明了中国传统文化、中国非遗的不凡气质与无穷魅力。

安徽的唢呐班很多，仅皖北地区的亳州、宿州、淮北、砀山及其下属的县、乡镇、村落就有上千个唢呐班子，加上安徽淮河边上的蚌埠及其他地区，总体的数量更是不可估量，这些民间艺术共同缔造了安徽非遗的根基与文脉。

弘扬传统文化，保护文化空间，除了提升国民文化自信以外，还可以为民众提供一个精神家园，让大家可以“看得见山、望得见水，记得住乡愁……”

三、非遗的人文精神与当代价值之“乡愁”

（一）“乡愁”的提出

非遗保护的提出为传统文化向现代化变迁与转型提供了一个重要的突破口。

2013 年 12 月，中央城镇化工作会议在北京举行，习总书记在会上发表了重要讲话，会议指出“非遗保护从来就是面对传统社会、社区的现代变迁而提出来的，其中最重要的社会变迁就是城镇化。”①会上提出了五点推进城镇化的重要任务，其第五点尤为引人关注。提出“提高城镇建设水平”，需要“体现尊重自然、顺应自然、天人合一的理念，依托现有山水脉络等独特风光，让城市融入大自然，让居民望得见山、看得见水、记得住乡愁；要融入现代元素，更要保护和弘扬传统优秀文化，延续城市历史文脉”。其中“让城市融入大自然，让居民望得见山、看得见水、记得住乡愁”这样诗情画意的语句出现在政

① 高丙中宋红娟．文化生态保护区建设与城镇化进程中的非遗保护：机制梳理与政策思考[J]．西北民族研究，2006(2)：200.

府会议报告中，引发了年度热议。“乡愁”一词也瞬间在全国蔓延开来，成为年度“热搜”，一时间，各种“乡愁体”的文章被妙笔生花，层出不穷地做着各种演绎。

“记住乡愁”，借助文化记忆推进现代化建设，推进城镇化建设，与2001年起步的非遗保护有着异曲同工之妙。那么，什么是“乡愁”？诗人余光中在异乡漂泊时，有感而发，曾写下了一首温情的脍炙人口的名作《乡愁》。诗中作者把“乡愁”比作“邮票”“船票”“坟墓”“海峡”，刻画出了海外游子对祖国的眷恋和思念。“乡愁”除了有王维“独在异乡为异客，每逢佳节倍思亲”的游子之愁以外，还有其他诸多愁绪，但万般愁绪都源自于对家乡情感体验的五味杂陈。刘奇在《人生何处起“乡愁”》中指出：“‘乡愁’的完整意义应当是‘城乡之愁’，概而言之，‘愁’出十脉。”①，作者认为这“十脉”分别是“一愁被城市一元生活文化包裹；二愁‘小桥流水人家’的故乡风貌何以得见；三愁承载几千年文明的物质文化遗产的消逝；四愁非物质文化遗产的承续断了香火；五愁‘近乡情更怯，不敢问来人’的窘迫；六愁亲善和睦的相邻关系是否依旧……等”②。

（二）“乡愁”与非遗

事实上，乡愁并不是感怀与忧伤，而是一种正能量，是一种激励人们前行的动力与信念。乡愁还是一种归属感，被这种归属感所牵引的是对故土亲情的渴望与眷恋。“乡愁它是下有根基、上有境界的，从下面来讲它的根基就是‘亲情’，表面上看乡愁只是对故土的乡情，其实中国文化的乡情的下面有一个更基本的亲情作为它的支撑。亲情是一种珍贵的情感，乡情的基础是亲情，它的价值是永恒的。”③中国的乡土文化孕育了中国传统的孝道礼仪，广大农村社会的“仁义礼智信”概念不是通过书本习得而来，而是通过墙上的年画，说书人口中的故事，奶奶哼唱的小戏，乃至从民间的神话传说中“道听途说”而来。这些年画、口头文学、神话故事、戏曲曲艺无不是现在的非物质文化遗产。这些生活过往成了远走他乡的人追忆少年时最美好的回忆。

2016年，生活在传统农业社会中的祖先通过观察太阳周年运动而形成的宇宙观、时间知识体系及其与之相关的实践——“二十四节气”，被入选为联合国教科文组织的人类非物质文化遗产代表作名录，这让我们倍感自豪。即使身处异乡，每一次“立冬”时节，仿佛都能感受到与此处不同的家乡的丝丝

① 刘奇．人生何处起“乡愁”[N]中国经济时报，2014(6)：10.

② 刘奇．人生何处起“乡愁”[N]中国经济时报，2014(6)：10.

③ 陈来．望得见山看得见水记得住乡愁——纪录片《记住乡愁》研讨会专家发言摘编[N]．光明日报，2015(8)：1.

寒意;每一次“立春”,仿佛都能捕捉到与此地不同的家乡的春意盎然;这种对家乡的记忆与乡愁,让进不去城市、回不去乡村的外乡人倍感孤独。而这些“生于斯,长于斯”的非遗项目就是一个个活态的乡愁空间,可以抚慰徘徊在城市与乡村之间背井离乡者的孤寂,即使身处他乡,也可以在心灵深处给自己一个归属的空间。

城镇化会议指出,“乡愁”是“让居民望得见山、看得见水”,但同时更要“保护和弘扬传统优秀文化”,这个“传统优秀文化”就是散落在民间的众多非遗和物质文化遗产。它们是众多像花鼓灯、泗州戏、吹打乐一样的优秀传统文化,也是众多像徽州文化生态保护区一样的宝贵的文化场所和文化空间。

此外,非遗保护不只是保护和抢救技艺与载体,更是要保护这些行业所遵行的伦理规范。无论社会如何发展、变迁,从这些保存在文化中的伦理规范,我们可以体会到乡土文化教给我们的历史、伦理与道德,这也是非遗保护的人文内涵与当代价值,无论是安徽省的非遗还是其他地区的非遗都是如此。

四、结　语

以前中国的主流文化可以说大多以“阳春白雪”为主,很少关注“下里巴人”的生存状态。无论是对历史人物的研究,还是对传统音乐的分析,都以“大传统”“大人物”“大事件”等这种具有典型中国风格的对象为主。而曾几何时,“将眼光向下”,关注底层、关注“小人物”、关注“小传统”的呼声越来越高,并渐渐地涌向台面,继而登堂入室成为现在中国发展、壮大传统文化的主流对象。从传统手工技艺、老字号到田野民间、老街旧宅,从食物、服饰到音乐、美术,从历史到现实,无不透露出这种转向。傅衣凌说“如果想了解明代及明代人,就要了解明代老百姓怎么生活”①,而我们非遗保护所做的难道不就是将老百姓生活中方方面面的技艺与记忆保存起来,无论是给学者的研究做素材,还是给当代人及后人一个永久的文化遗产;无论是给国家的历史做注脚,还是给前行中的人们一个回望乡愁的空间,这都是非遗保护正在做的,也是其题中应有之义。

此外,现代化、城镇化促进了中国当代社会的历史转型,也促使我们重新审视当代社会中的传统文化。在广大农村无论是以前还是现在传统文化都

---

① 傅衣凌,中国历史学家,中国社会经济史学主要奠基者之一,代表作《福建佃农经济史丛考》。上述这句话转引自其学生郑振满。http://fj.qq.com/a/20160401/014823.htm

担负着重要的教化职能。田青先生在一篇序言中写道：

包括环县皮影在内的民间艺术，曾经在中国最广大的农村地区长期负担着基础教育的功能。一辈又一辈普普通通的劳动者，没有进过一天课堂，甚至不会写自己的名字，但他们懂得并遵守孝道、熟悉并痴迷岳飞、杨家将的故事；平日里辛勤度日、和睦敦邻，到了中华民族的危难时刻，他们却会挺身而出，做出惊天动地的事业。……是谁、又是通过什么方式让他们懂得道德、懂得忠孝、懂得分辨是非、甚至谙熟历史掌故呢？是民间故事、是剪纸窗花、是炕头田间的说书曲艺、是农闲节庆时让人看不够、听不够、看一宿美半年记一生的地方戏剧[①]。

这是传统社会的教育方式之一，各个地方的戏曲曲艺、民间文学、手工技艺、民谣传说等，都具有教化人的作用。这种教化是无形的，但意义深远。我们安徽的泗州戏、黄梅戏、徽派建筑中的雕刻等等，除了才子佳人，还有忠孝节义，这些民间艺术都在潜移默化中形塑着我们的道德，强化着我们的乡愁。

① 王博颖．环县道情皮影民俗文化与造型观念[M]．兰州：甘肃人民美术出版社，2014：2.

附录

安徽省社会科学界第十二届(2017)学术年会专场入选论文目录

第一专场　国家治理体系与治理能力现代化

“四个全面”：习近平治国理政思想的核心内容	邸乘光
国家治理现代化视域下“制度治党”意义之维	贾绍俊
大市场监管体制改革：反思与超越——构建回应性监管新格局	徐　鸣
供给侧结构性改革与经济法制度之完善	张　珉
培厚青年创业生态路径探究——基于安徽省宣城市宣州区青年创业视角	张晓亮　吴　尹　朱迎一
志愿者参与应急管理相关问题研究	杨　燕
安徽省养老产业发展与金融服务策略研究	冯静生　宋士坤
文化自信及其当代意义研究	周银珍
注重系统性：习近平治国理政思想的鲜明特点	李业伟
论政府法律顾问的属性和价值定位	张文宝
哲学的品性	杨以谦
党内政治生态建设与净化优化路径选择	诸宗缘
基层党组织党内政治生活存在的问题与对策研究——基于宿州市的调查与思考	夏红莉
关于完善防治干部“带病提拔”的长效机制研究	房　建
时代·使命·战略——习近平总书记论全面从严治党的深层背景	李邦松

（续表）

全面从严治党视角下构建新型政商关系问题研究	沈启旺
对时空变换视野下马克思主义本土化的思考	朱绍学
道家文化视域下的“一带一路”周边外交战略	崔景明
论儒道至简思维与当下严实价值观的内在关联性	崔景明
国家治理:马克思主义意识形态“冲突”与“整合”的范式转换	王志红
论习近平脱贫攻坚思想的丰富内涵	房　彬　张子昂
网络共享:共享发展的新趋向	周甄武　廖婷婷　张　羽
面向地方智库的高校机构库协同机制研究	陶继华
讲政治、重规矩、做表率,筑牢做事创业、拒腐防变的精神长城	柳泽民　徐岩波
构建提升高校学生马克思主义理论素养的系统工程	柳泽民　胡译文
以“四个全面”战略布局引领微时代执政党意识形态安全体系构建	张筱荣
十八大以来党对反腐政治体系结构调整的思路轨迹探微	朱庆跃
试论推进中国特色社会主义总布局的实践性原则	王宏兴
大国竞争与国家治理——以孟子王道方案为中心的分析	陈　强
安徽农村基层协商治理的实践探索、现实困境与路径优化	张太保
安徽省二次葬风俗与殡葬改革调查研究	方　胜
国家治理能力现代化的四个路径——一个基于“中华人民共和国”国名的分析	王　平　余文砚
村落理事会的政治生态分析——基于鄂西南C村的调查	秦海燕
康德的超验论及其意义	温纯如
自然(界)本身是怎样可能的	温纯如
试论传统文化在乡村治理中的作用	丁成际
论协商民主在实践中的功能错位与发展取向	周仁标
国际航空保安公约的国内化——以劫持航空器罪为视角	黄　莹
安徽新型智库建设下人才建设战略探讨——以安徽、江苏、浙江为例	陈艾文　周敬来　栾　宁　马　玲
城市社区治理中大数据战略的实施路径——以芜湖市为例	纪媛媛
习近平关于党的制度建设思想研究	胡　媛

（续表）

新型城镇化背景下政府管理农村机制创新	陈　静
用社会主义制度逻辑规范资本逻辑	陶富源
用“四个全面”引领县域治理新常态——基于安徽省芜湖县的实证分析	沈燕培　盛学金
习近平治国理政思想的三大鲜明特征	汪盛玉
世界历史理论视阈下的人类命运共同体	邓　丰
论现代思想政治教育方法的偏误及矫正郭	超　王习胜
ATN 机制架构:行政约谈“刚柔并济”论——以道家哲学为视角	刘　炎　吴俊明
扶贫领域反腐败体制机制创新研究	王　璠
制度变迁视角下的政社关系:演变历程及其逻辑	叶则臣
新反腐背景下我国监察体制改革探析	余聪琴
侦监部门检察官业绩评价研究	陶云飞
良法之治、分配均衡、司法公正——论法治国家视野下社会和谐的实现	项子馨
报:社区社会组织成长的本土资源	张成龙　严　宏
行动主义视角下政府购买公共服务:利益结构与行为异化	张　娴
“微时代”视角下中国法治进程中的网络道德缺失研究	周美芳
监察体制改革视野下的反腐败制度构建	黄进晖
习近平“人才作为支撑发展的第一资源”理念研究	郭　理
五大发展理念实施绩效综合测度体系研究——以安徽省五大发展行动实施为视角	李旭辉　李认认
南京国民政府前期土地调查工作的经验与启示——基于乡村治理的视角	刘　巍
和谐社会视角下流浪儿童救助政策实施的困境与对策	刘　俊
论新时期我国就业优先战略的实施与完善	马海磊
构建中国特色哲学社会科学——哲学的思考与探索	刘新跃
马克思主义人学理论及其当代价值	圣雪琪
略论 20 世纪西方马克思主义文化哲学观的逻辑演进理路与启示	王素玲
马克思主义时代化与民族化——第二国际时期马克思主义的境遇	高　红　刘　莉　方章东

（续表）

第二国际思想家的工人阶级意识思想及其启示	刘　莉　方章东
新时期关于我国农村法治发展的思考	李虹曼
习近平法治思想综述	李虹曼
网络舆情视域下的学术腐败治理——从“107 篇中国论文撤销事件”谈起	王　健
主体主导说:马克思主义和中国传统文化关系的新解读	李元旭
区域公共治理合作中的价值困境及策略选择——以长三角区域为例	倪永贵
网络生态圈视域下高校大学生国家认同表征与提升路径	陈文亮
本体论与认识论对立下的精神及其客体化悖论	张　栋
习近平的绿色发展理念浅析	李艳峰
大学章程治理结构中的协商民主机制探微——美国一流大学章程透视	董柏林
主动应对高等教育普及化,推进安徽高等教育现代化	王全林
黑格尔的自由观与“内圣”之道	闻晓祥
政治关联影响企业债务融资吗——基于安徽民营上市公司的经验证据	吴克平
一带一路涉外法治的国际合作研究	王小骄
“权能分离”语境下农地承包经营权集合信托流转的反思与重构——基于安徽省农地承包经营权集合信托流转的分析	朱鹤群
为了国家的治理:当代中国乡村集体典型的治理实践分析	董颖鑫
美国新英格兰乡镇自治与我国乡镇治理	聂圣平
毛泽东时代中国现代化与人口治理	石庆海
讲信修睦:环巢湖地区传统农村社会互助习俗	王红丽
习近平精准脱贫思想视域下的脱贫短板研究——基于安徽中部某县农村贫困人口的调查	吴多智
弘扬马克思主义学风　学习贯彻习近平新时代中国特色社会主义思想	向泽雄
儒家德性理论及其现代观照	杨　芳

（续表）

如何构建新时代中国特色社会主义主流道德观——基于道德的唯物性视角	余京华
毛泽东治国理政思想的现实启示(1949-1957)	季春芳
治国理政视域下毛泽东国防和军队建设思想探析(1949-1957)	季春芳
论毛泽东治国理政思想的方法论蕴含(1949-1957)	季春芳
治国理政视域下陈云全面从严治党思想探析	季春芳
基于路径分析的高校教师组织认同研究	余　雷　向泽雄
论《共产党宣言》对自由的诠释——基于“每个人的自由发展是一切人的自由发展的条件”之解读	韩传强
从“画家”到“解剖学家”:哈奇森与休谟道德哲学的比较	陈晓曦
习近平民生思想的哲学底蕴	邬旭东　李　荣
全球化时代资本伦理考量及其价值重塑	张朝龙
中国共产党全面从严治党思想的伦理内涵浅析	赵　睿
马克思主义在意识形态指导地位的现实境遇与方法论自觉	霍广田
习近平生态理念对马克思生态思想的创新与发展	徐　平
健康中国背景下青少年体育素养促进	龙佳怀　刘　玉
构建中国特色哲学社会科学必须对马克思主义真懂真信	刘佳涛
新时代我国社会主要矛盾的变与不变的辩证法	鲁世山
新发展理念:新常态下党治国理政的思维新视野——基于马克思主义国家学说的分析	张宏志
新发展理念引领下职业教育的发展路径	金本能
探寻科学与信仰的融汇点——康德前期上帝证明路径	刘尚励
价值观转向逻辑方法论	魏燕燕　胡业生
价值观整合研究	魏燕燕
哲学社会科学价值的实践思考	冯兴吾
以科技创新助推精准扶贫的对策与思考——以安徽省为例	汪恭礼
农村因病致贫与精准扶贫研究	汪恭礼
领导干部接访基层涉法涉诉信访分离影响探析	伍万云

（续表）

中国特色哲学社会科学与社会主义伟大实践的关系	计金娣
国家治理现代化视域下政治制度资源开发的历史经验与未来走向	杨崇磊
马克思“真正共同体”思想视域下“人类命运共同体”的历史方位	陈　鑫
马克思主义立场、观点、方法：习近平治国理政思想的精髓要义	李　伟
“中国方案”的基本内涵、提出依据及世界性意义	周　虎
协商治理视阈下失地农民利益诉求表达机制研究	刘成兴
共产主义理想与传统社会追求价值观的辩证融合——基于习近平理想信念观的论析	王丽娟
理论、价值、实践——习近平治国理政思想的三个层面及其逻辑关系	曲　嘉
“中国方案”的生成逻辑探析	何家琪
“一带一路”：中国特色的全球治理之路	刘铭赜
从“小康之家”到“全面建成小康社会”——论“中国式现代化”思想的当代范型与实践内涵	王冰冰
西方权力制衡思想对我国反腐倡廉的启示	苟海博　王　健

安徽省社会科学界第十二届(2017)学术年会专场入选论文目录

第二专场　区域经济发展与安徽改革新路

高技术产业与传统产业的关联效应分析	王顺城
阜阳市金融扶贫评估与政策建议	朱道才
以强化改革意识为突破加快处置我省“僵尸企业”	任志安　金雨生
安徽省经济增长和产业结构对城镇化影响的实证研究	戚　莹　李　刚
创新投入驱动区域经济发展的实证研究	曹承龙　朱晓玲
长江经济带产业分工变化及其影响因素研究	王玉燕　汪　玲
建设现代化经济体系的安徽路径	成祖松
安徽省新型城镇化发展与产业结构升级的效应分析	贾兴梅
金融助力“中国制造 2025”建设:从“脱实向虚”到“脱虚向实”	江小国
我国区域创新空间关联网络特征及其影响因素研究——基于社会网络分析法	方大春
农业转移人口逆市民化:现象辨识、内涵辨析及扭转路径	袁维海　吴　波
农业供给侧结构改革视角下农村电子商务引发的思考——基于安徽省砀山县的研究	孙国荣　何柏林
安徽省高层次青年“创新创业领军人才”成长历程典型调查与政策建议——基于对 N 枚省“特支计划”人选个案实证研究	任少伟　赵　宁
脱贫攻坚新选择:乡村旅游——以安庆市岳西县响肠镇为例	李虹曼
高校外语学科服务安徽企业实施“走出去”战略之路径研究	孙志农　许宗瑞 刘成科　倪复生

（续表）

加强城市"双修"　形塑高品质城市	邢　军
完善政府购买养老服务研究——以安徽省为例	万　青
财政支持脱贫攻坚政策研究	余为民
支持农村集体经济发展的财政政策研究	张深友
政府和社会资本合作项目实施中的难点与对策研究——以安徽省为例	汪文志
我国碳金融发展及国际经验借鉴	王宗鹏
长三角经济一体化安徽区域分工路径研究	林　斐
现阶段安徽收入分配之思考	张　扬
推进绿色发展,加快安徽生态文明体制改革问题研究	胡　蕾
关于农民退休问题的若干思考	张兆昌
乡镇公共医疗服务面临的困境与出路——以安徽省X镇为例	王　伟
县域内义务教育阶段城乡教师交流机制的转向	李宜江
供给学派与我国供给侧结构性改革	申建旗
土地生态安全问题的伦理审思	孔德萍
关于特色小镇建设的思考	王　宇　宋春华　潘　炜
供给侧改革下全民健身供需矛盾与发展策略	龙佳怀　刘　玉
亳州生态旅游建设的思考——从绿色经济和供给侧改革的辩证关系出发	葛　跃　潘承尧
创新人才培养　助力世界中药之都建设	赵慧勇
城湖联动视角下的环巢湖休闲度假旅游地发展研究	方玲梅　胡茂胜
安徽省特色小镇的空间分布特征及其错位协同发展	雷若欣
基于熵值法的合肥市循环经济发展水平评价研究	林天水
五大发展背景下城市湿地的景观交互性设计及其实践——以合肥庐阳区三十岗湿地保护工程为例	丁明静　李峻峰
安徽省创新型企业集聚格局及影响机制	白如山　刘　岩　刘恺恺　张玥婷　韦玉秀
安徽共享经济发展问题研究	严建华　张雪梅

（续表）

农村消费升级背景下物流配送体系存在的问题及对策研究——以阜阳市为例	刘冀琼　冯　帅
双渠道下农产品消费者的满意度研究	冯　帅　刘冀琼
供给侧背景下安徽省资源禀赋对产业结构的影响研究	魏　遥　许　菲
做好贫困治理　共享地区发展	方　涛
提升安徽省新能源汽车产业竞争力问题研究	吴　骏　李海滨　张传坤
特色小镇建设背景下环巢湖地区乡村旅游特色发展研究与思考	顾大治
产业转型升级驱动下合肥工业设计创新机制研究	韦艳丽
新安房产网新媒体营销模式研究	张道升
借力共享经济　缓解城市“停车难”问题——以合肥市为例	王　敏
新一轮国企改革大势下国有煤炭集团改组为国有资本投资公司的路径探索	焦道杰
国有煤炭企业市场化债转股操作实践和路径探索	孙　方　战彦领　焦道杰
新常态下加快煤炭转型升级,促进经济持续健康发展	杨　森
大数据助推精准扶贫的路径研究	唐建兵
大数据视角下金融精准扶贫的机制优化与路径选择	柳晓明　贾敬全
农村孝道扶贫:理论蕴涵、实现路径和深刻启示	张文宝
黄山市创新对绿色经济发展的驱动效应与政策研究	方　亮
精准扶贫视角下基层领导干部扶贫能力提升研究——以899名基层领导干部为例	袁书杰
大别山特困地区特色产业扶贫模式实证分析——以岳西县响肠镇为例	严卫娇
推进“三重一创”建设,构建现代产业体系——以安徽宣城市为例	汪恭礼
以科技创新助推精准扶贫的对策与思考——以安徽省为例	汪恭礼
供给侧结构性改革视角下安徽省特色农业产业发展新动能研究	江六一
基于长三角一体化的政府人力资本投资协——以皖江城市带与苏南城市群为例	周　娟
高铁经济效应下中小城市应对之策——以铜陵市为例	张　凌

（续表）

关于铜陵进入“高铁时代”新产业新业态的对策研究	张　凌
经济增速下行条件下金融风险预警与金融稳定性研究	张　凌
铜陵市政府投融资平台投融资模式改革研究	张　凌
供给侧改革背景下铜陵市铜产业转型升级研究	张　艳
基于供需关系的铜价波动影响因素研究	张　艳　沈惟维
五大发展美好安徽建设背景下的特色小镇创新性发展的研究——以铜陵市大通特色小镇为例	高　鹏　谢　晶 涂正义　沙　君
城乡建设用地供求调节机制创新研究——以皖江城市带为例	徐诗举
借贷、投资行为对家庭消费影响的动态分析——基于现金流量模型的视角	朱文霞
货币结构视角下M1与M2增速剪刀差之谜的再解释	李增来
关于金融新常态下政府投融资研究——以铜陵市为例	陈晓燕
供给侧改革背景下安徽非银行金融业务发展研究	芮训媛
安徽精准扶贫工作的监督机制探索	方仙美
进入壁垒、R&D激励与社会福利——兼评我国高新技术产业的市场准入标准	李　停
“共享经济”的经济学分析与安徽省实践研究	张汗青
关于加强互助式养老模式品牌建设的思考	金利娟
大数据时代思想政治教育决策科学化论析	郭　超　王习胜
“一带一路”背景下的皖南国际文化旅游示范区的开发研究	凤　卓
历史经典产业的概念界定、现实困境和振兴路径研究——以安徽省为例	吴　琦
精准扶贫存在的问题与对策	姜华有
皖北地区创新型城市建设的实现路径探赜——基于蚌埠创新型城市建设实践和经验	王　海
做好贫困治理　共享地区发展	方　涛
关于铜陵实施五大发展行动计划的对策研究	方　元
中部平原集中连片贫困地区精准扶贫问题研究——以安徽省宿州市为例	宋远见
地方政府产业投资引导基金发展探析——以安徽省为例	汪恭礼

（续表）

安徽省大别山连片特困区精准扶贫优化研究	葛安佳
宏观审慎管理视角下房地产市场可持续发展的长效机制研究——以安徽省合肥市为例	贺　静
基于PPP模式的绿色区域经济发展与创新驱动研究——以怀宁蓝莓产业基地为例	张乐飞
五大发展战略与皖北区域经济崛起新路研究	房　建
农行践行绿色信贷的实践与思考	熊寿求
政府购买服务融资业务营销及风险防控问题研究——以农行安徽省分行为例	侯　杰
精准扶贫视角下美丽乡村发展路径探索	李　琴

安徽省社会科学界第十二届(2017)学术年会专场入选论文目录

第三专场　优秀传统文化与文化自信

全球化背景下的文化自信问题探析	刘　灿　王　燕
高校红色文化传扬的平台优化与模式构建	项银霞
古代徽商精神及其当代价值	张　绪
徽州历史上乡贤文化的基本要素	张小明
文化自信:文化创新的新向度——论徽州文化传承与创新的当代使命	丁　惠
皖籍历史文化名人的治家之道及其当代价值研究	吕君丽　陈恩虎　李晓萌
创新设计视角下安徽非物质文化遗产品牌构建研究	崔　磊
安徽非物质文化遗产的人文精神与当代价值研究	张黎黎
论中国共产党“规矩思想”的新内涵	王生怀
皖南优秀传统文化的当代价值	夏建圩
论文化记忆与文化自信	左路平
清代徽州汉学再认识	陈居渊
我国公共危机事件网络舆论研究综述	昂　娟
祭祀首重社事:传统徽州社祭文化探析	张小坡
安徽淮河流域文化遗产的时空格局及影响因素——基于文物保护单位的视角	白如山　刘恺恺　张玥婷　高　雅　韦玉秀　刘　岩

（续表）

徽文化的产业化与黄山“特色小镇”建设问题研究	许顺进
安徽红色文化传承普及的路径选择	钱和辉
以红色文化涵养社会主义核心价值观	张正光　杨光宝
对大别山“两源两地”形成原因的深层解读——基于安徽“将军县”金寨的考察	胡遵远
新徽派版画的风景意象与文化认同	刘坛茹
论中国共产党“规矩思想”的新功能	王生怀
六尺巷的文化意含与时代价值	舒和新
文化强省视域下的政府网络舆论工作研究——以淮南市为例	彭　晶　董　坤
安徽革命英烈遗书资料整理与红色家风研究	台　红　贾庆文
安徽文化品牌建设的理论思考与实践探索	赵淑芳
高校思想政治教育要让大学生有获得感	郭　超　王习胜
皖籍历史文化名人的治家之道及其当代价值研究——乱世中的中国自信:李鸿章的治国与齐家	张　滢
基于五大发展理念的安徽文化产业转型升级路径研究	陶爱萍　张淑安　杨　松
弘扬优秀传统文化　创新基层社会治理——徽文化助力基层社会治理创新实践探析	黄立侠
“大别山精神”的深刻内蕴及当代传承	胡遵远　项银霞
明清徽州族规家法的特征与功用探析	王　灿
中国特色社会主义文化自信的时代意蕴	邢娇娇
一带一路与徽州文化对外传播研究:现状、问题与对策	杜明业
以文化自信推进党内政治文化建设	张寒生
儒家和谐精神对现当代哲学思想的影响	柏达婷
红色文化资源保护开发与安徽红色旅游发展对策研究	甘振涛
坚定文化自信大力推进大别山“红色基因”传承工程建设	李国亮
徽州贞节牌坊探微——一种宗法文化载体的产生及其现代思考	林　洋
刘邓大军挺进大别山的历史贡献	汤祖祥
传承红色文化　坚定文化自信	汪先平
红色文化创新发展与促进核心价值观培育研究	张家智

（续表）

《淮南子》二十四节气的创立和传承	陈广忠
共享经济时代城市书店新型运营模式研究——以合肥三孝口共享书店为例	陆和建　李　杨
关于明清南京贡院的几个问题	孟义昭
国家·家族·个人——1630—1730年歙县吴一初家族研究	王　浩
新安理学家汪暐学术考论	王献松
中国古代书院德育人际环境及其当代启示	圣雪琪
2016年水灾舆情下安徽两大政务微博比较研究	董少林　高　雅
安徽茶文化创新发展研究	章传政
基于"大博物馆"视角的合肥城市文化建设浅探	蒋兆雷
新形势下地域文化在应对大学生思想危机中的价值与路径探究——以安徽地域文化为例	姚　伟
让文物"活在当下"——文化自信之秉持践行者单霁翔报告实录	朱铁军
身份自觉与文化迷思:安徽区域形象的建构与传播	马星宇
"受众本位"视角下的汉语国际教育与中华文化国际传播研究	李振政
《十兽演义》——安徽十兽灯非物质文化遗产活化研究	邓艺梅
韩非"利民"思想的当代启示	李晨冉　曹　磊
浅析地方媒体在徽州戏曲保护发展中的作用	朱李玲
反鲁拥胡:苏雪林自传中的事实错误	罗智国
托马斯·阿奎那复合实体理论研究	窦　婧
习近平对思想政治教育的创新	蒋夏潞
小学思想政治教育者的教学专业性研究——以阜阳市于营小学为例	王岩岩
新媒体时代大学生网络安全素养调查现状与应对	方　兵
休谟因果观念的非真性与必要性	武　斌
浅论太平天国的法律思想	黄　诚
学校传统文化教育的实践偏差与逻辑回归	吴文涛
基于数字媒介的文化遗产传播研究	秦　枫
论我国古代阴阳五行学说的现代教育教学价值	尹　达

（续表）

美育、实践、通才——我的良师益友廖家骅先生	黄　月
再论徽商与盐务官僚：传统官商关系的一种个案研究——以乾隆朝“盐务三案”为中心	王建辉
胡适与犬	王玉坤
教育网络舆论引导困境与应对措施	彭　晶　程秀霞
积极推进高校精神文明建设实现创新性发展	王拔群
论高校公民教育中学生的价值实现——基于文化价值哲学的视野	吕　延
大数据在社科普及进程中的应用价值探析	周良发
生态文明背景下高校生态教育的转型之路	李　洁
《胡晋接先生纪念文集》佚文三则考释	夏建圩
高校网络流行语的价值冲突与引导研究	魏　荣　袁　瑾
新形势下社会思潮的新表现、新特点、新影响研究	张才国　王雅洁
试从《读通鉴论》看王夫之的历史理性	刘　荣
论华夏姓氏视阈下的家风家教	崔景明
论红色资源视阈下高校如何弘扬延安精神价值	崔景明
萧衍与谢朓唱和诗中的隐逸之志	田丹丹
徽州与宁波两地古村落比较研究——以黟县南屏村和宁海县前童村为例	张　泉
论传承中华文化传统的三个阶段	曹兰胜
试论梁启超对戴震评价的前后迥异	毕民智
“贾谊通达国体”说之检讨	朱宏胜
戴震乡试制艺三篇述略	潘定武
文化生态保护区传统舞蹈类非遗项目的传承困境与保护路径研究——以徽文化生态保护区“徽州板凳龙”为例	陈文苑　汤洪丽
论朱子理学在台湾传播的起源	路善全
移动视频直播低俗化倾向及对策研究——基于三大直播平台的实证分析	陈志超　汪　昊
岳西出土的北宋花钱“天下太平国太人兑”铭文考辨	陈世庆
论高校图书馆创新非物质文化遗产保护模式的途径	张道升

（续表）

地方传统文化融入农民思想政治教育的路径研究	余利苹
自媒体时代大学生网络舆论现状调查及引导机制研究	昂 娟
空间美学的文化生产与现代性危机——以徽州古城为个案	黄继刚
主体主导说：马克思主义和中国传统文化关系的新解读	李元旭
意识形态安全视域下的执政文化问题	卢少求 程增俊
“为学”与“为道”——《管子》“四篇”与《老子》法哲学思想之别	程梅花
网络舆情视角下群体性事件的监控与引导	王 健
高校传统文化教育现状与路径探析	许 鹤 范小虎
高校武术文化教育传承的现状与对策	范小虎
文化自信：中华民族伟大复兴的精神力量	朱宗友 范守勋
信而不迷：民间宗教信仰现状调查与分析——以安徽江淮流域为例	信中贵
春秋时期巢国的政治地理结构	陈恩虎 吕君丽
环巢湖红色文化资源与旅游开发	张安东
《论语》论“学”及其对于学习型社会建构的价值	方习文
遗民意绪对查士标的绘画风格的影响	李超峰
何以必要与何以可能？——新时代中国道德重构之时代审思	余京华
景观体育视角下地方非物质文化产业发展研究——以蚌埠花鼓灯产业开发为例	赵东勇
赛珍珠《大地》中生育俗仪的淮畔地域风情	赵丽莉
论社会思潮的变化与核心价值观的引领——基于对“具有许多新的历史特点的伟大斗争”的认识	黄 春
曹操的节俭雅性之论析	魏宏灿
道家生命观、生态观对当代生态体育的现实意义	龙佳怀 刘 玉
论明清时期皖北孝子的孝道观——以光绪《宿州志》、《寿州志》和《亳州志》为考察对象	张文禄 张 凯
基于传统书院文化的当代大学精神建构	周凤梅 张玉霞
马克思主义课程融会优秀传统文化的逻辑考察——学习领会习近平在全国高校思想政治工作会议上的重要讲话	黄 伟 赵国付 余 鲲
民俗工艺今昔对比研究—以皖西民俗工艺为例	熊 辉

(续表)

“互联网+”视域下大学生的马克思主义信仰调查与研究	孙耀斌
产教融合视域下振兴芜湖铁画的路径探索	王荣才
习近平治国理政思想对传统政治思想的扬弃	王永红
试论明清桐城女性诗人诗歌艺术风貌及成因	开　健
《论文偶记》中“神”之美学构建	王雅琴
农业供给不平衡不充分要素探究	吴咏梅
徽州传统楹联文化的家风传承价值——安徽优秀地域文化与中华文脉传承研究	郗延红
定与“无定”的张力:试论亳州文化的三重定位	邱　乐
弘扬传统文化　提升文化自信——基于十八届六中全会关于理想信念的论述	王　兵
统一战线服务文化建设的优势、基点和路径	张　标
双创原则下的《道德经》和谐思想研究及其启示	陶　武
安徽文化事业与文化产业政策创新性研究——积极探索媒体深度融合发展的新理念新机制新路径	安徽省委讲师团课题组
同光派诗人何振岱的诗歌创作与古琴艺术研究	檀　力
入情入理　合理合法情感·信仰·利益:社会主义核心价值观教育的三个作用因子	李业伟
古圩大公圩和朱万滋《当邑官圩修防汇述》	霍光武
新安程氏名人调查与研究	程景梁
弘扬优秀村风　建设美丽家园——休宁县樟源里村以传统村规文化促推美丽乡村建设纪实	韩文杰
安徽花鼓灯艺术所蕴含人文精神及当代价值阐述	杨　春
国无德不兴　家无德不旺　人无德不立——弘扬“修身为本”的中华文化,培育和践行社会主义核心价值观	张乐群
安中华炎黄和谐理念是文化自信的理论源头之一	周克福
挖掘历史文化资源打造地域文化品牌——为建设阜阳文化品牌建言献策	周克福
试论管子文化的创造性转化	王好华

（续表）

气象变化周期律	曹玉亭
关于进一步促进中国红色旅游发展的几点思考	陈石松
两源两地大别山红色文化精神的成因及对策研究：基于对安徽金寨的实地调查	崔　健　李佳钰
刘邓大军“挺进大别山”研究现状综述	傅　敏
宣传“两地”论　建设“三基地”	胡本昌
“两地”论和“大别山精神”的集中代表：李云鹤	胡本昌
金寨红色文化资源开发利用现状与对策研究	胡遵远　汪丹丹
刘邓大军“挺进大别山”的深远意义及精神传统的再思考	胡遵远　曹能求　项银霞
刘邓大军挺进大别山旧址保护现状与政策研究	黄　熙　林　权
刘邓大军挺进大别山战略评价	李新军
传承红色文化，开发旅游资源——以阜阳地区刘邓大军挺进大别山事迹、遗址为例	梁家贵
追忆红色精神，体验艰辛历程之行走的文化宝典——台运行老先生采访篇	林　权
彭雪枫的功绩：江淮大学的前生今世	刘　茜
当代青少年革命传统教育模式的内容设计和机制构建——以全国青少年井冈山革命传统教育基地为视角	刘晶晶　尹志成　郑心语
发展创新是马克思主义科学化的第一要务	秦　军
岳西红色文化资源保护利用的现状与对策探析	尚长风　汪丹丹
为中国革命事业建立彪炳史册的功勋——以“将军县”金寨为视角的考察	台运行
金寨县第一支红军师及首位红军师长周维炯——写在中国人民解放军建军90周年前夕	台运行
中学生社会主义核心价值观的培育与践行现状与对策——基于合肥工大附属中学高中生的调查问卷	徐　静
农村包围城市革命道路理论形成于抗日战争时期探索	张克敏
雄鹰翱翔大别山——红二十八军的光辉足迹	赵东云
青少年社会主义核心价值观培育践行机制构建研究	纵　艺

（续表）

中国政党理论话语权增强的三个“自信”维度:历史文化、制度规范和意义自显	张　军
杨昌济改造社会习俗伦理思想探赜	许屹山
庄子养生哲学与马瑞诺夫“宁静法”	陈　红　王宇祯
道家视阈下的“身国同构”与“内圣外王”	阚红艳　黄洪雷
唯物史观视域下生态需要的本质和实现路径	王宏兴
安徽省基层党员干部精神信仰情况调查研究	年四华
嵇康玄学外壳中的儒学内核	郭淑新　孙　丽
论人类命运共同体与孟子仁政理想的三重理论关联	戴兆国
儒家生生哲学中的发展理念及其当代价值	章　林
论《淮南子》的亲民思想	陈德琥
淮河文化与人本哲学嵌入与同构	胡业生
王阳明思想对高校思想政治课的启示	门　莹
安徽地域文化对中国特色哲学社会科学发展初探	张燕莉
天人合一　人文化成——主体间对话的当代需求与中国传统智慧	程梅花
方东美对华严宗哲学的现代诠释及当代价值	孙　红
道德情境不确定性促生道德恐惧	周维功
关于美丽乡村建设的哲学思考	方谦贵
哲学视阈下的儒道佛	王家运
论现代新儒家的当代困境	徐　琳
丰裕社会的浮现与道德秩序的谋划	严学钧
手机出版的文化批判——基于法兰克福学派文化工业理论	周凤梅　张玉霞
社会主义核心价值观是优秀传统文化在近现代发展的结果	黄　伟　赵国付 余　鲲　谷玉叶 单　萌
浅谈孟子“仁政”思想及其治国启示	王保成
当代中国文化的价值诉求:自由　公平　法治	李季林
《乾》卦与君子率性进德而不息的智慧	余亚斐